ቢሮክራሲ

ምስ ቃልሲ ከተማ

ማና ባህረ

ቢሮክራሲ፡ ምስ ቃልሲ ከተማ
 ኣድራሻ፡
ኣልማዝ ተ/መድህን 07111391

ደራሲ፡ ማና ባህረ፡

ንድፌ መጽሓፍ፡ ሪታ ብርሃነ

ገበር፡ ዮሴፍ ኣረጋህኝ (Joሲ)

ኣድራሻ ደራሲ፤
ኣስመራ፡ ኤርትራ፡ ቁ.ተ 07358013

ኣብ ቤት ማሕተም ይመስገን እትሓትመ

ነሓሰ 2025

ISBN 978-99948-57-75-3

መቕድም

ቢሮክራሲ፣ ገዲም ምስጢራዊ ተጋዳላይ ህዝባዊ ግንባር ዝነበረ እዩ። ትሕዝቶ'ዚ መጽሓፍ ግን ልዕሊ ምግላጽ ቢሮክራሲ ይኸይድ፣ ታሪኽ ቢሮክራሲ ንብዙሕ ናይ ከተማ ቃልሲ ስለዝትንክፍ። ብዛዕባ ቢሮክራሲ ምዝራብ ማለት ዳርጋ ብዛዕባ'ቲ ካብ 1972 ክሳብ 1982 ዝነበረ ናይ ከተማ ቃልሲ ህዝባዊ ግንባር ምዝራብ ማለት'ዩ። እኳ ደኣ ናይ ከተማ ቃልሲ ብናይ ሜዳ ቃልሲ ዝጽሎን ዝምራሕን ስለዝነበረ ናይ ሜዳ ቃልሲ'ውን ከይተንከፍካ ዝሕለፍ ኣይኮነን።

ነዚ ዕዮ'ዚ ክሕዞ እንከለኹ፣ ብዛዕባ ቢሮክራሲ ይኹን ቃልሲ ከተማ ዝነበረኒ ሓበሬታ ኣዝዩ ድሩት'ዩ ነይሩ። ብሓፈሻ ህዝባዊ ግንባር ጽጹይ ሓበሬታን መጽናዕትን ረኺቡ ይሰርሕ ምንባሩ በቲ ዘመዝገቦ ዓወታት'ኳ ክግምገም ዝከኣል እንተኾነ፣ ናይ ከተማ ቃልሲ ብኸመይ ይካየድ ከምዝነበረን እንታይ ተራ ከምዝነበሮን ግን ምስ ኣተኻየ ጥራይ እዩ ብዝግባእ ዝረኣየካ። ናይ ከተማ ቃልሲ ኣዝዩ ጽንኩር ኮይኑ፣ ዝተዓጻጸፈ ተወፋይነትን ብልሕን የድልዮ ነይሩ። እዚ መጽሓፍ'ዚ መጒስ፣ ክብሪን ኣፍልጦን ነቶም ኣብ'ዚ መዳይ'ዚ ዝተቓለሱ ማእለያ ዘይብሎም ውፉያት ክኸውን ተስፋ እገብር።

ከም'ዚ ዝኣመሰለ መጽሓፍ ምድላው ብመጠን'ቲ ጽንኩርነት ቃልሲ ከተማ እንክርእ ከቢድ እዩ። ብቐንዱ ንጹር ስእሊ ሰባትን ፍጻሜታትን ክርከብ ዓቢ ዓቐበት'ዩ። ዝበዝሕ ምንጪ ቃለ-መጠይቓት ናይ ሰባት ስለ ዝነበረ ካብ ቃላቶም ኣዋጺእካን ኣለቓቒብካን ዝንበብ ትሕዝቶ ምህናጽ ኣዝዩ ኣህላኺ፣ ብቐሊሉ ዕግበት ክርከቦ ዘይከኣልን ፈታኒን ስራሕ'ዩ። ዓቕሊ፣ ክእለት፣ ዓቕሚን እኹል ግዜን ምቹእ ሃዋህውን ረኺብካ ክስራሕ ዝግባእ'ዩ። ኩሉ'ዚ ብቐሊሉ ዝርከብ ጸጋታት'ዩ ነይሩ ክብል ኣይክእልን። ግዳ እቲ ታሪኽ ኣገዳሲ፣ ኣዝዩ መሳጢ፣ ቢሮክራሲን ብጾቱን እቶም ነዚ ዛንታ'ዚ ክነግሩኒ ዝተቐረቡን ብጠቕላላ ማረኽቲ ሰባት፣ እኛሞም ኣብ'ቲ ቃልሲ ክኹላዕ ዝግባእ ኮይኑ ስለዝረኸብክዎ ኩሉ ጸገማት ተጻዊረ፣ ዘይግቡእ ንውሓት ግዜ ኣጥፊአ ስነይ ነኺሰ ዛዚመዮ።

ኣበገስቲ፡ መወልትን ናበይትን ናይዚ ስራሕ ብምዃኖም፡ እቲ ዝዓዘዘ ምስጋና ንስድራ-ቤት ቢሮክራሲ ብፍላይ ድማ ንሓፍቱ ኣልማዝ ተወልደመድህን፡ ይግባእ። ኣልማዝ ሓደ መዓልቲ ታሪኽ ቢሮክራሲ ተጻሒፉ ክትርኢ ብምምናይ ኣገዳሲ ሰነዳትን ኣስማት ሰባትን ሒዛ ብምጽንሓ ነዚ መጽሓፍ ቀንዲ መበገስን ደፊርካ ዝውፈረሉን ክትገብር በቒዓ።

ነዚ ስራሕ ዝሓጸዩኒ ሰሎሞን ጸሃየን ኣለምሰገድ ተስፋይን ኣዝየ ኣመስግኖም። ነዚ መጽሓፍ ቀዳማይ ዘንበቦ ኣለምሰገድ ተስፋይ ኮይኑ ኣገዳሲ ምምእዛንን ምእራምን ስለ ዘበርከተ ፍሉይ ምስጋና ይግብኦ። ተስፋይ ቀለታ (ኣሰናዳኢ መጽሔት ሕድሪ ዝነበረ) እውን ብግዲኡ ተገዲሱ ብምንባብ ኣገዳሲ መኣረምታ ብምልጋሱ ኣመስግኖ። ዘምህረት ዮሃንስ፡ ሓላፊ ምርምርን ሰነዳን ህ.ግ.ደ.ፍ፡ ብደቂቕ ኣንቢቡ እዚ መጽሓፍ'ዚ ጽፈት ንኸህልዎ ስለዝሓገዘ ዕዙዝ ምስጋና ይግብኦ። ንታሪኽ ውሽጣዊ ቃልሲ ብትኩርነት ጠሚቱ ዘይስገር ምእዛና ንዝገበረለይ ብ/ጀ ስምኦን ገብረድንግል ኣዝየ ኣመስግኖ። ብሞራል ልዑል ድርኺት ዝገበሩለይ ብዙሓት'ዮም። ዶክተር ብርሃነ ግርማይ፡ ግርማይ ተስፋይ፡ ሰሎሞን ንጉስ፡ ሰሎሞን ድራር፡ ኢሳቕ ጸጋይ፡ ሳምሶን ጳውሎስ ገለ ካብኣቶም ኢዮም።

ናይ ኣርትዖት ፍልጠት ምርኩስ ብምግባር ደቂቕ መኣረምታ ንዝገበረለይ ሄኖክ ተስፋብሩኽ ዝተዓጸጸፈ ምስጋና ይብጻሓዮ። ቢንያም ጸሃየ (ወዲ ዓላዊ) ተገዲሱ ኣንቢቡ ከም መርኣያ ተመስጦኡ፡ "ንእስነትካ ዘገምግም ታሪኽ!"፡ ብምባል ርእይቶኡ ብምልጋሱ ይምስገን።

ህቡብ ጸሓፊ ተስፋይ ገብረኣብ ነዚ መጽሓፍ ብደቂቕ ኣንቢቡ ትሕዝቶ ጽሑፍን ተክኒካዊ መዳያትን ኣብ ምምሕያሽ ዝተጻወቶ ተራ ዕዙዝ ብምዃኑ ኣመስግኖ።

ኣዜብ ጳውሎስ ብኮምፕዩተር ጽሒፋ ፈላሚ ቅርጺ ስለ ዘትሓዘትለይ ኣመስግና።

ሪታ ብርሃነ ናይ መወዳእታ መኣረምታ ብምግባራን ቅጥዒ መጽሓፍ ብምትሓዛን ኣመስግና። ኤፍረም ሃብተጽዮን ኣብ መወዳእታ ነዚ መጽሓፍ ዘጻፈፈለይ ኣመስግኖ።

እዚ መጽሓፍ'ዚ፡ ንብዙሓት ውፉያት ተቓለስቲ ከተማ ዝጠቕስ ትሕዝቶ ስለ ዘለዎ፡ ናቶም ሰነድ'ዩ ምባል ዘድፍር'ዩ። ልዑል ምስጋና ነቶም ኣብኡ ዝተቓለሱን ነዚ መጽሓፍ'ዚ ክዉን ንምግባር ዝፈልጡዎ ሓበሬታ ዘስነቑን ተረኺቲ ይኹን።

ደራሲ

ትሕዝቶ

መቕድም i

1. ፈለማ 1
2. ኣልማዝን ቢሮክራሲን 7
3. ንእስነትን ሓላፍነትን 15
4. ኣምለሱ ተስፋይ 26
5. ኣፈናዊ ንጥፈታት 41
6. ዕትብቲ ውድብ 48
7. ካብ ኩሉ ንስድራ ናብ ኩሉ ንሰውራ 56
8. ዘይድህሰስ መራኽብቲ 69
9. ስርሒታት ኣብ ከተማ 104
10. ርክባት ኣዲስ ኣበባ 122
11. ሓድሽ ማእካሊ ኣካል ኣዲስ ኣበባ 137
12. ካብ ኣስመራ ንሜዳ 156
13. ንቕሎ ንኣዲስ ኣበባ 162
14. ፈተነ ዳግመ ውደባ ኣዲስ ኣበባ 173
15. ድሬዳዋን ኣለም በቃኝን 199
16. ስለያን ስግኣትን 220
17. ሃድን 245
18. ናይ መወዳእታ ሰዓት 258
19. ማሕቡስ 271
መለቀብታ 303
መወከሲታት 323

1

ፊለማ [2]

በረምበራስ

ብጾቱ ኣብ'ታ ቀጸርኡ ይጽበዩዎ እዮም ኔሮም። በረምበራስ ብቐጸራኡ ጭቡጥ ስለ ዝነበረ ምድንጓዩ ገለ ከምዝረኸቦ ኣጠራጠሮም።

ኩነታት በረምበራስ ንምፍላጥ በታ ሒዞማ ዝጸንሑ ማኪና ተንቀሳቐሱ። ኣብ ከባቢ ባር ገጀረት ምስ በጽሑ ሰባት ዓጒጎም ጸንሑዎም። ሓደ ሰብ ብኣድራጋ ጠያይቲ ከምዝተሃርመ፡ ሞይቱ ክኸውን ከምዝኽእል፡ ወተሃደራት ኣልዒሎም ሕክምና መካነ ህይወት (ናይ ሕጂ ኦሮታ) ከምዝወሰዱዎ ኣረጋገጹ።

ኣብ ማኪናኦም ዕጥቂ ኔሩዎም'ዩ። በቲ ዝተጓነፈ ሓሪኖም ብቐልጡፍ ሕክምና ከይዶም ዘይሞተ እንተ'ኾይኑ ካብ'ቶም ዝሓዙዎ መንዚዖም ብመንገዶም ከሐክሙዎ ሓለኑ። ማኪናኦም ብናህሪ እናመርሑ ሆስፒታል በጽሑ። መእተዊ ግን ኣይነበረን። ድሮ ብዙሓት ወተሃደራት ነቲ ሆስፒታል ኣኽቢቦሞ ነበሩ።

በረምበራስ ተሃስዩ'ኳ እንተነበረ፡ ኣይሞተን። ሓካይም ጠያይት ኣውጺኦምሉ ክሓዊ ተስፋ ተነብረሉ። ኣዴኡ ማህረምቲ ወዳ ሰሚዓ ንብዓታ እናዘረወት መጺኣ። ወዳ ምስ ትንፋሱ ምጽንሑ ተስፋ ገበረት። ኣብ ጐኒ ዓራቱ ኮይና ን'ኽልተ ቐነ ክሓውየላ ተ'ኽና'ኽነቶ። ጽቡቕ ተስፋ ረኸበት። በረምበራስ ናይ ምሕዋይ ኣንፈት ኣርኣየ። እንተ'ኾነ፡ ኣይኮነላን ተሰወአ።

በረምበራስ ሓቀኛ ስሙ ክፍለ ዘካርያስ'ዩ። ኣብ 1972 ኣብ ኣስመራ ናይ ካልኣይ ደረጃ ተመሃራይ ነበረ። ኣብ'ቲ ዓመት'ቲ ሀ.ሓ.ሓ.ኤ. ናይ ክልተ ሰለስተ ዓመታት ዕሽል ውድብ ነበረ። ብርሱን ኩናት ሓድሕድ ምስ ተ.ሓ.ኤ. ተጸሚዱ'ኳ እንተነበረ፡ ጽልዋታቱ ኣብ ኣስመራን ኣዲስ ኣበባን ሱር ይሰድድ ነበረ። ሓደ ካብ'ቶም ኣድማዒ ጕስጓስ፡ ውደባን ርክብ ምስ ሜዳን ዘካይዱ ዝነበሩ በረምበራስ'ዩ። ንብዙሓት ኣብ'ቲ ግዜ'ቲ ካብ ኣስመራን ኣዲስ-ኣበባን ናብ'ቲ ህቡብ እናኾነ ዝመጽእ ዝነበረ ሀ.ሓ.ሓ.ኤ. ንኽስለፉ ዝመጹ መንእሰያት ናብ ሜዳ መሪሑ የውጽእ ነበረ። ካብ ዓንሰባ (ደቂ-ሽሓይ) ናብ ኣስመራ ናይ ጉዕዞ ልምዲ ዘጅንሐ ደልዳላ በረምበራስ ካብ ኣስመራ ናብ ባሕራ፡ ካብ ባሕሪ ናብ ኣስመራ ብቕልጡፍ ክመላለስ ዝእግሞ ኣይነበረን። መስዋእቲ በረምበራስ ኣብ ንጥፈታት ኣስመራን ርክብ ምስ ሜዳን ሓደ ሃጓፍ ፈጠረ። በረምበራስ ኣብ ነሓሰ 1973 ተሃሪሙ ድሕሪ ክልተ ቕነ'ዩ ተሰዊኡ።

ካብ ቀዳሞት ዘርኢ

ሀ.ሓ.ሓ.ኤ. ኣብ'ቲ ግዜ'ቲ ኣብ ከተማታት ሱር ክሰድድ፡ ብወልደሚካኤል ሃይለ ዝምእከል፡ ክፍሊ ርክብ ተባሂሉ ዝፍለጥ ኣብ ከባቢ ርእሲ-ዓዲን ድርፎን ኮይኑ ዝንቀሳቐስ ኣካል ኣቝሙ ነበረ። በቲ ሓደ ካብ ጸላኢ፡ በቲ ካልእ ድማ ካብ ተ.ሓ.ኤ. እናተጠንቀቐ ብውሑዳት ኣባላቱ ኣብ ኣስመራን ከባቢኣን ዘይንቀል ሰራውር ተኸለ።

ኣብ እምባደርሆ እንዳ ሓየሎ፡ እንዳ ባሻይ ገረመድህን ዝበሃሉ ስድራታት ዓይኒ ውድብ ነበሩ። ከምኡ'ውን በዓል ገብረክርስቶስ ዘገንፎ፡ ጭማር ዝተባህለ ቈራጽን ብልሓተኛን ውፉያት ተረኽቡ። ጭማር ንኣማኑኤል ዮውሃንስ ኣብ ስርሒት ምጭዋይ ነፋሪት ኢትዮጵያ ምስ በዓል ማርታ መብራህቱ፡ ዋለልኝ ኮይኑ ክሳተፍ ንኣዲስ ኣበባ ዘሰነየ ታሪኻዊ ሰብ'ዩ። ኣማኑኤል ዮውሃንስ ምስዞም ዝተጠቕሱ ኮይኑ ነፋሪት ምስ ጨወዩዋ ኣብ ውሽጢ ዝጸንሑ ጸጥታ ኢትዮጵያ ቀቲሎሞ። ዓዲ ንፋስ መነሃርያ ኣስመራን ሜዳን ኮይና። ፈለምቲ ውፉያት ስድራታት ኣበኣ'ውን ፈረዩ። እንዳ ድራር ብስድራኦም ተወደቡ። ኣስካሉ፡ ጓል ሃይለ፡ ጓል ዘርአ ዝብሃላ ኣንስቲ ከም ሴፍ ዝበልሓ ተጋደልቲ ዓዲ'የን ኮይነን። ኣብ ጸሎት መምህር ምሕረትኣብ ፍረዝጊ ኣዚዩ ውፉይ ኣባል ተረኽበ።

ሓደ ካብ ሜዳ ናብ ጸላኢ ዝሰለመ ንመምህር ምሕረትኣብ ኣትሒዞ። መምህር ምሕረትኣብ ጉዳም ሰብ'ዩ። ንመርመርቱ፡ ዝሓባእኩዎ ብረት ከርእየኩም፡ ኢሉ ናብ ገደል ዓዲ ጸሎት መሪሑ ወሲዱ፡ በቲ ገደል ሸለው ኢሉ ኣምለጠ። ብኡ ኣቢሉ ንሜዳ ወጺኡ ተጋዲሉ፡ ተሰዊኡ። ኣብ ከተማ ደቀምሓረ'ውን ዘርኢ ዝኾኑ ውፉያት ተጠርዮም። ካብ'ቶም ቀንዲን ምርኡያትን መምህር ተኽለሚካኤል፡ ደሓር መምህር ዓንዶም ዝብል መጸውዒ ሒዙ ኣብ ከተማ ኣስመራ ወዳቢ ዝኾነ፡ ኣብ 1975 ኣብ እንዳ ተኽልያ (እስመራ) ምስ ብጻዩ የማነ ሓይልንኪኤል ዝተሰውአ ነበረ።

ኣብ ኣስመራ ዘወንጌል ገብረእየሱስ ዝተባህለ ምሩጽ ምስጢራዊ ተጋዳላይ ከምዝንቀሳቐስ ተገብረ። ዘወንጌል ቅድሚ ምላድ ህ.ሓ.ሓ.ኤ. ኣብ ጀብሃ ኣዛዚ ኣሃዱ በጺሑ ዝነበረ ገዲም ተጋዳላይ'ዩ። ብቐዕ ወተሃደር፡ ንጡፍን ተሪርን ተጋዳላይ ከኣ ነበረ። ኣብ ፈላሚ ምንቅስቓሳቱ ሃሱሳት ንዕኡ፡ ሓደስቲ ተሰለፍትን በዓል መሓሪ ደበሳይ ዝርከቡዎም ካልኦት ውሑዳት ተጋደልቲን ኣብ ርእሲ ዓዲ፡ ግራት ስገም፡ ኣብ ዝተባህለ ቦታ፡ ብለይቲ ከቢቦም ተኾሲ ከፈቱሎም። ዘወንጌል ሓሙሻይ ርእሱ ኣብኣ ሓምለ 1972 ተሰውአ።

ርእሲ ዓዲ ቤት-ጽሕፈት ፈለምቲ ተጋደልቲ ህ.ሓ.ሓ.ኤ. ኢያ ኮይና። ስቱር ቦታታታን ስትራተጂያዊ ኣቀማምጣኣን መመዓደዊትን መዋፈሪትን ኣስመራን ከባቢኣን፡ መዘርግሒ መትንታት ንደቡብን ኣዲስ ኣበባን ከይተረፈ ክትከውን ዝበቕዐት ታሪኻዊት ቦታ'ያ።

ማሕታ ህዝባዊ ሓይልታት ኣብ ኣዲስ ኣበባ ንምውላዕ ስሑላት ተጋደልቲ ተላእኩ። ሓደ ካብኦም ርስቶም ገብረኣብ'ዩ። ኣብ ኣዲስ ኣበባ ዝነበሩ ኤርትራውያን ተመሃሮ ዩኒቨርሲቲን ኣብ ዝተፈላለየ ትካላት ብሞያኦም ዝሰርሑ ካልኦትን ልዑል ባህጊ ናይ ምቅላስ ጸኒሑዎም'ዩ። ርስቶም ሒዙዎ ዝመጸ መልእኽቲ ዕላማ ህዝባዊ ሓይልታት ተቐቢሎም ክነጣጠፉ ግዜ ኣይወሰዱን። ኣብ ኣጋ መወዳእታ 1971 ፈለማ 1972 በብጋንታ ተወዲቦም ናብ ህዝባዊ ሓይልታት ዝውሕዙ መንእሰያት ፈረዩ። ርስቶም ነተን ቀዳሞት ጋንታታት መሪሑ ሜዳ ኣብጽሐ። ብድሕሪ'ዚ ግን ብጸላኢ ተታሒዙ ተኣሰረ። ሓደ ካብ'ቶም ምስ ርስቶም ገብረኣብ እናተራኸበ ኣብ ኣዲስ ኣበባ ዝውድብ ዝነበረ መሲሕ ርእሶም

ይበሃል። ሽዑ ግዜ ብጥሕሻ ዝፍለጥ ውዱባት ሀ.ሓ.ሓ.ኤ. ዝጠርነፈ ጉጅለ ባልባል ዝብል ሰውራዊ ጽሑፋት እናዘርግሐ ሰፊሕ ጽልዋ ኣሕዲሩ ነበረ። ተመስገን ሃይለ - ኣሰናዳኢ ምስጢራዊ መጽሔት ጥሕሻ ኣብ ኣዲስ ኣበባ - ምስ ብጾቱ ሓያለ ኣባላት ወዲቦም ነበሩ። ስርርዕ ጥሕሻ ብጸላኢ ስለ ዝተፈልጠ ገለ ኣባላቱ ተታሒዞም። ተመስገን ሃይለ፡ ከምታ ናይ መምህር ምሕረትኣብ (ጸሎት) እትመስል ምኽኒት ብምፍጣር፡ ንዑናይ ዝሓባእኩዎ ከርእየኩም፡ ኢሉ ንመርመርቱ ናብ ፓላሶ ኣደይቡ፡ ካብ'ቲ ፓላሶ ብመስኮት ዘሊሉ ጸዲፉ ተሰወአ። በዓል መሲሕ'ውን ካብ ሃድን ጸላኢ ሰጊኦም ንሜዳ ተበገሱ።

ቀለቤት ሜዳ - ኣስመራ - ኣዲስ ኣበባ

ርስቶም ገብረኣብ ድሕሪ ምእሳሩ፡ መሲሕ ኣብ ኣስመራ ንናይ ኣዲስ ኣበባ ርክብ ምስ ሜዳ ዝተሓባበር ብሱል ሰብ ክረክብ ምስ ሓደ ብጻዩ ተዘራሪቡ ኔሩ'ዩ። እቲ ብጻዩ ገረዝጊሄር ገረመድህን ዝብሃል መማህርቱ ኣብ ዩኒቨርስቲ ኣዲስ ኣበባ ኢዩ ኔሩ። ገረዝጊሄር (ገሬ ጆገም) ምስ'ቶም ንሜዳ በብጋንታ ዝውሕዙ ዝነበሩ ክሰለፍ ኢሉ ኣብ ኣጋ መፋርቕ 1972 ተበገሰ። ብጾቱ ናብ ከባቢ ርእሲ ዓዲ ኣብጺሖ ምስ በዓል ወልደንኪኤል ሃይለ ምስ ተራኸበ ግን ቅልጡፍ ታዕሊም ወሲዱ ኣስመራ ተመሊሱ ርክብ ኣዲስ ኣበባ - ኣስመራ - ሜዳ ክቕጽሎ ምኺኑ ተነግሮ። ኣቐዲሙ ምስ መሲሕ ብዝገበሮ ምርድዳእ መሰረት ኣብ ኣስመራ ሓደ ዘተኣማምን ሰብ ሃሰስ ኢሉ ረኺቡ ነቲ ዕማም ዘሳልጥ ውፉይ ቀሪቡ ኔሩ ኢዩ። እቲ ውፉይ'ቲ በረምበራስ (ክፍለ ዘካርያስ) ኢዩ። ገሬ ጆገም ርክቡ ምስ ሜዳን ኣዲስ ኣበባን ቀጸለ። ኣብ ኣስመራ ድማ ብሜዳ ብዝተዋህቦ መምርሕን ሓበሬታን መሰረት ንጥፈታቱ ይፍጽም ነበረ። በረምበራስ የማናይ ኢድ ናይ'ቲ ኣብ ኣስመራ ዝካየድ ዝነበረ ጉስጓስን ውደባን ብፍላይ ከኣ ምልዕዓልን ምስላፍን ተመሃሮ ካልኣይ ደረጃ ኣብያተ-ትምህርቲ፡ ከምኡ'ውን ካብ ኣዲስ ኣበባ ዝመጹ ተሰለፍቲ ናብ ሜዳ ምብጻሕን ኮነ። ኣብ ሞንጎ ኣብ ሓምለ 1972 ዘወንጌል ምስውኡ ድማ ንስራሕ በረምበራስ ኣካበዶ።

በረምበራስ ኣብ ነሓሰ 1973 ክሳብ ዝሰዋእ ብተወፋይነት ሰርሐ። ኣብ'ታ ዝተሃርመላ እዋን ኣብ'ታ ንእሽቶይ ማኪና ኮይኖም ኣብ ቈጸርኡ

ክመጾም ዝጽበዩዎ ዝነበሩ ገሬ ጀገምን ሃይለ ወልደትንሳኤን ምስ ክልተ ካልኦት ብጾቶም'ዮም ኔሮም። ብመሰዋእቲ ቈጸራ ምስ በኹሪ፡ እቲ ናይ ሽዑ ህጹጽ ዕማም ኣስታት 30 ዝኾኑ ሓደስቲ ተሰለፍቲ ንሜዳ ምብጻሕ'ዩ ኔሩ። ብዓል ገሬ ባዕላቶም ኣብጺሖሞም።

ገሬ ጀገም ብድሕሪ መሰዋእቲ በረምበራስ ኣይደንጉየን ብጸላኢ ተታሒዙ። ሃይለ ወልደትንሳኤ (ድሩዕ) ናይ 1960ታት ተጋዳላይ ኢዩ። ምኩር ተጋዳላይ ብምንባሩ ምስ በዓል ወልደንኪኤል ሃይለ ኣብ ምውህሃድ ናይ ከተማ ስራሓት ከምዝተሓባበር ተገብረ። ብሰንኪ ምእሳር ርስቶም ገብረኣብ፡ መሰዋእቲ ዘወንጌል፡ ናይ ጉጅለ ጥሕሻ ብጸላኢ ምፍላጥ፡ ሓዲሽ ኣወዳድባ ንምትዕርራይ ኣዲስ ኣበባ፡ ኣስመራን ሜዳን ክመላለስ ተገደደ። ኣብ ኣስመራ ምስ ገሬ ጀገምን በረምበራስን እናተራኸበ ዕማማት የሰላስል ነበረ። ብወገን ኣዲስ ኣበባ ግን ነቶም ብሰንኪ ጉጅለ ጥሕሻ ብጸላኢ ምፍላጣ ንሜዳ ክወጹ ዝነበሮም ከምዝወጹ ብምግባር፡ ነቶም ዘይተፈልጡ ድማ ብሓዲሽ ኣገባብ ከምዝሰርሑ ተገብረ። ከምኡ'ውን ንገለ ካብ'ቶም ኣብ ኣዲስ ኣበባ ተወዲቦም ዝነበሩ ኣብ ርክብ ኣዲስ ኣበባ - ኣስመራ - ሜዳ ምእንቲ ከገልግሉ ናብ ኣስመራ ከምዝመጹ ተገብረ። ነዚ ዕማም'ዚ ካብ ኣዲስ ኣበባ ዝመጾ ሃይለ ናይዝጊ ነበረ። ሃይለ ናይዝጊ ብሕጊ ዝተመረቐ ምሁር'ዩ። እንተኾነ ከም'ቲ ንገሬ ጀገም ዘጋጠሞ ብጸላኢ ተታሒዙ ብኡ ንብኡ ተኣስረ።

መሲሕ ጉጅለ ጥሕሻ ብጸላኢ ድሕሪ ምፍላጣ ምስ'ቶም ንሜዳ ዝወጹ ኢዩ ከይዱ። ንሱ ኣብ ኣዲስ ኣበባ ንመሳርሕቱ ኣልማዝ ተወልደመድህን ወዲቡዋ ኔሩ'ዩ። ኣልማዝ፡ ተወልደመድህን ኣብ ባንክ ትሰርሕ ነበረት። ኣልማዝ ብመሰረት እቲ ንመስመር ኣዲስ ኣበባ - ኣስመራ ንምትዕርራይ ዝወጸ መደብ ኣብ ሰነ 1973 ካብ ኣዲስ ኣበባ ናብ ኣስመራ ከም እትመጽእ ተገብረ። ሃይለ ናይዝጊ ቅድሚ ምእሳሩ ምስኣ ከምዝሰርሕ ተገይሩ ኔሩ ኢዩ።

ኣልማዝ (ቸስ) ኣብ ርክብ ኣዲስ ኣበባ ቀለቤት ኮይና ክተገልግል ተመደበት። ነዚ መደብ'ዚ ስሉጥን ኣድማዒን ክኾነላ ግን ከም በረምበራስ ዝኣመሰለ ሰብ የድልያ ነበረ። ብዛዕባ'ዚ ምስ ድሩዕ ተዛተዩ። ኣልማዝ ኣጸቢቓ ምስ ዝፈለጠቶን እትተኣማመነሉን ሰብ ክትሰርሕ ደለየት። በዚ ተሰማሚያም ምስኣ ዝዓዩ መሳርሕቲ ረኺሓት። ንሱ፡ ቢሮክራሲ፡ ምንኣሳ ሓዋ፡ ኣፈወርቂ ተወልደመድህን፡ ነበረ።

ቢሮክራሲ ሓደ ዓቢ ኤርትራዊ ናይ ውሽጢ ከተማ ተጋዳላይ ኢዩ። ሓቀኛ ስሙ ኣፈወርቂ ተወልደመድህን ወልደመንቀርዮስ ይብሃል። ንሱ ካብ 1973 ኣትሒዙ ክሳብ ለካቲት 1982 ኣብ ኣስመራን ኣዲስ ኣበባን ተጋዳላይ ህዝባዊ ግንባር ሓርነት ኤርትራ ኮይኑ ብምስጢር ሰሪሑ።

ኣብ 1973፣ ዕድሚኡ 19 ዓመት ጥራይ ኔሩ። ቅድሚኡ ዓመት ናይ ዩኒቨርስቲ ተመሃራይ ኣብ ኣዲስ ኣበባ ነበረ። ንፉዕ ብብዙሒ ዘንብብ፣ ሕዉስን ትኩርን መንእሰይ ስለ ዝነበረ ፖለቲካ ኤርትራ ክርዳእ ከኣለ።

2

ኣልማዝን ቢሮክራሲን [3]

መምህር ተወልደመድህን (ኣቦ ቢሮክራሲ) ጌና ዱልዱል ሰብኣይ፡ ወዲ 46፡ ዓመት ክለዉ ኢዮም ኣብ 1960 ብሃንደበታዊ ሕማም ሞይቶም። በቲ ዝተላለዩዎ ዘመናዊ ህይወት ብልዑል ህርኩትና ኣብ መነባብሮኦም ዓቢ ለውጢ ናይ ምምዝጋብ ሕልናን ጻዕርን እናሃለዎም'ዮም ተቐጽዮም። ደቆም ኣብ ዝበጽሑዎ ዘይብሎም ኣብ ርእሲ-ርእሲ ዝተወልዱ ሕጻናት'ዮም። ኣብ ህልም ዝበለ ገጠር ተወሊዶም ካብ ኣሕዋቶም ንበይኖም ዘመናዊ ትምህርቲ ቀሲሞም ኣብ ዘበነ እንግሊዝ ካብ'ቶም ፍሉጣት ቀዳሞት መምህራን ኤርትራ ክኾኑ በቒዖም። ጌና ሓዳር ከይገበሩ ብዘመናዊ ትምህርቲ ዘመናዊ መምህር ክኾኑ ጥራይ ዘይኮነስ ዘመናዊ ልምዓት ብምስሳን ዓቢ ለውጢ ኣብ ህይወት ምግባር ከምዝከኣል ነቒሖምሉ ኣብ ከባቢ ሰመሞ (ከባቢ ዓዲ'ኳላ) ዝርከብ ለምለምን እኹል ማይ ዝርከቦን ቦታ ዘመናዊ ጀርዲን ክገብሩ ክኢሎም ኔሮም። በቲ ሽዑ ኣብ ኤርትራ ዝነበረ ኣቐለውላዊ ፖለቲካ ናብ ኢትዮጵያ ኬድካ ምንባር ይሓይሽ ኢሎም ብናይ ምምህርና ሞያኦም ኣብ መንግስቲ ተቐጺሮም ኣብ ኮረም ዝተባህለ ዓዲ (ኢትዮጵያ) ሓለቓ ናይ ሓደ ማእከላይ ደረጃ ቤት-ትምህርቲ ተመደቡ። ተመርዕዮም ስለ ዝኸዱ፡ ነቶም ብኣጋ ዝሓደጉዎም ሕጻናት ኣብ ኮረም'ዮም ወሊዶሞም።

መምህር፡ ካብ ገጠር ንዝተመርዓውዋ በዓልቲ ቤቶም፡ ወ/ሮ ሮማን

ወረሶም፡ ኣሰሮም ምህርትን ዘመናዊትን ምእንቲ ክትከውን ኣብ ገዛ ፊደላት፡ ቁጽሪን ካልእ ትምህርትን ምሂሮም ማዕረ ሰባ ከም ትኸውን ጌሮማ። ዝቐበል ኣእምሮ ስለ ዝነበራ ቀልጢፋ ማዕበለት። ፊደላት ኣብ ዝምህሩዋ እዋን ግን ንሓንቲ ፊደል ምባላ ትኣቢ ነበረት። ፊደል ተ። መምህር ብልሓቱ ጠፊኡዎም ንዓኣ ሰጊሮም መሃሩዋ። ኣማስያኡ ግን ምስጢር ምእባይ ፊደል ተ ተረድኦም። በቲ ናይ ቀደም ያኢ ስም ሰብኣይካ ምጥቃስ ነውሪ ነበረ። ፊደል ተ መጀመርያ መጸውዒት ሰብኣያ ብምዃና ሓፊራ'ያ ትኣብያ ዝነበረት። ኣብ ቤት ትምህርቶም ኣሰራርሓ ርክያሞ (እልሞ) እናረኣዩ ኣብ ገዛ ንበዓልቲ ቤቶም ምሂሮም ክሳብ ምስክርነት ትረኽበሉ ኣብቅዑዋ። ምዕባለ መምህር ኣብ በዓልቲ-ቤቶም ኣድማዒ ጽልዋ ኣሕዲሩ ብምንባሩ፡ ኣብ ኣተዓባብያ ደቃ ብቕዓት ኣጥርያ ጥራይ ዘይኮነስ ተቓጺራ ትሰርሕ በዓልቲ ሞያ ክትከውን ኣብቂያማ ነበሩ።

ኣብ ሸዊት ዕድሚኣም ምጿቶም ነታ ጌና ጓል 32 ዓመት ዝነበረት ወ/ሮ ሮማን ግዙፍ ኣደራዕ'ዩ ኲይኑዋ። ካብ ወረደ ግና ፍሉይ ሓቦ ተዓጢቓ ነዞም ቁልዑ'ዚኦም ኣብ ዝብጻሕ ከተብጽሖም ቈሪጻ፡ ብርትዕትን ብቕዕትን ኮይና ኣዕብያቶም። ኣኲሳኹሳኣ ኣብ ልዕሊ ደቃ ዓቢ ጽልዋ ኣሕደረ።

ኣልማዝ ተወልደመድህን (ቸስ) ሳልሰይቲ መትሎ'ያ። ኣቦኣ መምህር ተወልደመድህን ወልደመንቀርዮስ ኣብ ሸዊት ዕድሜኦም ኣብ ዝተቘጽዩሉ እዋን ምዕባይ ምዕባያ ኣስካለ ትሕቲ ዕድመ ሕጻን'ያ ኔራ። ምንኣስ ኣስካለ፡ ኣብርሃም፡ ኣዲኦም ሮማን ብመሰረት በዓል-ቤታ ዝመሃሩዋ ፊደል ቀመስነትን ዘመናዊ እልሞን ብወግዒ ተፈቲና መምህር ተቘጺራ ኣብ ዘይለመደቶ ቦታ ምስ ተመደበት ሓሚሙ ሞይቱ'ዩ። ኣልማዝ ኣብ'ቲ ግዜ'ቲ ዕሸል'ያ ኔራ። ኣፈወርቂ ተወልደመድህን (ቢሮክራሲ) ምንኣስ ኣልማዝ'ዩ። ትሕቲ ኣፈወርቂ ሙሉጌታ፡ ጸጋይ፡ ፍቓዱ ዝተባህሉ ረፈርፍ ሕጻናት ኣለዉ። ወይዘሮ ሮማን ነዚኦም ሒዛ'ያ ነቲ ድሕሪ በዓል-ቤታ ዝደበነ መዋእል ክትሓልፎ ዝቘረጸት። ኣተሓሕዛኣ ልክዕ ከም ኣቦን-ኣደን ዘለዎም ብሓደ ዝዓበዩ፡ ብስነ-ስርዓትን ህርኩትናን ሓላፍነትን ፍቕርን ክኹስኮሱ ጽዒታ። ኣልማዝ ካብ'ዚ ተመኩሮ'ዚ መሰለት ናይ ኣዲኣ ክትከውን፡ በቲ ሓደ ድማ ትምህርታ

ወዲኣ ቀልጢፋ ክትረድእ ሕልና ኣሕደረት። ኣብ ኮረም 8ይ ክፍሊ፡ ኣብ ደሴ ክሳብ 12 ክፍሊ ተማሂራ። ስድራ ብቕልጡፍ ንምርዳእ ኣብ ስራሕ ባንክ (ኣዲስ ኣበባ) ኣትያ ደሞዝተኛ ኮነት። እናሰርሐት ምሸታዊ ተማሂራ ናይ ሕሳብ ዲፕሎማ ተቐቢላ።

ኣፈወርቂ (ቢሮክራሲ) ብቕሩብ እትዓብዮ ምንኣሳ'ዩ። ከምኡ ስለ ዝኾነ ንሳ ትስጉም ንሱ ይስዕባ ዓይነት ዝምድና'ዩ ኔሩዎም። ደቂ ሮማን ብሓፈሻ ስጡም ጥምረት'ኳ እንተነበሮም ናታን ናቱን ዝምድና ግን ከም ምንኣስን ምዕባይን መጠን ፍሉይ ክኸውን ዘገደደ ኵነታት ኔሩዎም። ኣብ ኮረም ከለዉ ንሳ ክሳብ 8ይ ክፍሊ ኣብ እተማህረትሉ እዋን ኣብ ክንዲ ኣዲኣ ኮይና ትናብዮም ዝነበረትሉ ኣጋጣሚታት ኔሩ'ዩ። ወይዘሮ ሮማን ናብ ኣስመራን ዓድን ኣብ እትገሸሉ እዋን ነቶም ካብ ኣደ ተፈልዮም ክቕንዩ ዘይክእሉ ጸጋይን ፍቓዱን ምስኣ ትማልኦም። ኣልማዝ ዝዓባዮም ኣፈወርቅን ሙሉጌታን ገዛ የጽንሑላ። ብልሓተኛ ወ/ሮ ሮማን ንኣስካለ እታ ዓባይ ጓላ ኣብ ፋልማይ ግርዝውናኣ ብምንባራ ንኽትቀጻጸራ ኢላ ምስኣ ትማልኣ። ሙሉጌታ'ውን ካብ ኣፈወርቂ ብቑሩብ ስለ ዝንእስ ዳርጋ መሳቱ'ዮም። ሰለስቲኦም ከምታ ኣዲኦም ከላ ገይሮም ዝነብሩዋ ይጸንሑ። ኣፈወርቂ ካብ ቈልዕነቱ ኣትሒዙ ህርኩትን ተበላሓትን'ዩ። ሙሉጌታ ናይ ዓቢ ሰብ ዝግታ ዘለዎ ወዲ ዓይኒ-መዓር ዓይነት'ዩ።

ቈልዓ ብንኡሱ ቁርበት ብርሑሱ

ሓደ መዓልቲ ኣዲኦም ወይዘሮ ሮማን ንሙሉጌታ ናብ ሓደ ጉዳይ ልኢኻቶ ኣበየ። ወይዘሮ ሮማን ብኽንክንን ብስነ-ስርዓትን ፍቕሪን እትኣሊ ኣደ'ኳ እንተኾነት ደቃ ኣብ ዘጉደሉዎ ግን ተራር ተጋናሒት'ያ። ደቃ ነዚ ስለ ዝፈልጡ ተጠንቂቖም'ዮም ዝዓዩን ዝዋሰኡን። ወዲ ዓይኒ-መዓር ሙሉጌታ እምብዛ ስለ ዝተኸብረ ኣብያ ፈጸመ። ትሪ መግናሕቲ ኣዲኡ ድማ ኣብ'ዛ ኣብያ'ዚኣ ተጋህደ። ክትሻምጦ ሃሰውሰው እናበለት እንከላ በተግ ኢሉ ሃደመ። ህድማኡ መሊሱ ስለ ዘነደራ ክዳን ቤት ጥራይ ተኸዲና ብዘይትልባብ እንከላ ክትሕዞ ደድሕሪኡ ጉየየት። ወይዘሮ ሮማን ካብ ገዝኣ ክትወጽእ እንከላ ጽቡቕ ክዳውንትን ግሩም ነጸላን ከይወደየት ተራእያ ኣይትፈልጥን'ያ። እዚ ትርኢት'ዚ ዘይንቡር'ዩ ኔሩ። ግዳ ከይተፈለጣ ንግዚኡ ዝሓንገደ ሙሉጌታ ኣርኪባ ሒዛ ድኩቱ ከተስትዮ ተጓየየት። ፈጣን ኣፈወርቂ ነዚ ጋዶ'ዚ ብቕጽበት

ኣስተውዒሉ፡ ኣዷኡ ብዘይንቡር ደገ ክትርአ ስለ ዘሰከፎ ጉልባብ ነጸለኣ ኣልዒሉ ደድሕሪኣ ጐየየ። ሙሉጌታ ክሃድም፡ ንሳ ክትሰዕቦ፡ ኣፈወርቂ ድማ ጉልባብ ነዷኡ ከቕብል ተመራሪሖም ብጉያ ማእከል ሹቕ ኮረም በጽሑ። ሮማን ንሙሉጌታ ኣርኪባ ሕዝ ከተብሎ'ን፡ ኣፈወርቂ ድማ ጉልባብ ከረክባን ሓደ ኮነ። ዝተፈጥረ ዘይንቡር ሓሸውየ ተፈሊጡዋ ግዲ ኮይኑ ዝሓዘቶ ግዳይ ጠንጢና ጉልባባ ተቐቢላ ኣስተንፈሰት። በዚ ኣጋጣሚ'ዚ ዝሒላ ሙሉጌታ ከይተሃርመ ገዛ ተመልሰ።

ብሓፈሻ ግን ተኸኣኢልካ ናይ ምንባር ጠባይ ኣዷኦም ግርም ጌሩ ኣስሪጻትሎም'ያ። በብውልቆም ዝነበሮም ጠባይ ኣብ'ቲ ናይ ሓባር ህይወት ኣሰማሚዖም ይነብሩ። ኣልማዝ ኣዷኣ ብተደጋጋሚ "ካብ ኣወዳት እንተዘይ በሊጻስ ኣይትሓምቕን'ያ" ኢላ ተተባብዓ ስለ ዝነበረት ተራርን ደፋርን ፍጥረት'ያ። ኣብ ቤት-ትምህርቲ ዝትንክፉ ወይልኡ። ኣብ ትትንከፈሉ እዋን ብኢዳ ግብረ-መልሲ ካብ ምሃብ ድሕር ኣይትብልን። ከም ንእሽቶይ ጓል ደኒንካን ፈሪህካን ምኻድ ኣይነበራን። ካብ ምስ መሳቱኣ ኣዋልድ ምስ መሳቱኣ ኣወዳት ምኻድ ትፈቱ። ሓደ-ሓደ ግዜ ዝድንድኑዋ ኣወዳት ወይ ጠንቃማት ኣባኣስቲ ይርከቡ'ሞ ባእሲ የጋጥማ። ሙሉጌታ ብንእሱ ዓቢ ሰብ'ዩ። በቲ ጠባዩ ድማ ኩሎም ኣባላት ስድራ የኽብሩዎ፡ ኣዷኦም ከይተረፈት ብዝኾነን ዘይኮነን ኣይትልእኮን። ኣፈወርቂ ንኹሉ ናይ ምሕጓስ ጠባይ ኔሩዎ። ብፍላይ ነዷኦም ሓሊፉ'ዩ ዝጸንሓ። ንሳ ትሓስቦን ትደልዮን ባዕሉ ኣቐዲሙ ሓሲቡ የማልኣላ። ሓርኮትኮትን ነጠፍጠፍን ክብል'ዩ ዝውዕል። ጠጥዕሙ ዕላላት ኣይጠፍኣን'ዩ። በዚ ጠባዩ'ዚ'ዩ ዝኸውን ባዕሉ ብቐሊሉ ዝርከብ ኣገልጋሊ ክንሱ ክንዲ ሙሉጌታ ዘይክበር ዝነበረ። ብዝኾነ ንሱ'ውን ጥዑም ግን ከኣ ኣብ ዘድልዮ ደፋር ዓይነት'ዩ። ጸልማት ኣይፈርህን። ናይ ምርዳእን ንባብን ስምዒት ሰባት ስለ ዘይእግሞ'ዩ ዝኸውን ምስ ዝኾነ ሰብ ቀልጢፉ ይላለ፡ የዕልል፡ ይጫረቕ። ኣብ ውሽጢ'ዚ ከም'ዚ ዝኣመሰለ ሕዉስ ጠባይ ከኣ ዘይደሃል ነበረ።

ሓደ እዋን ኣዷኦም ሓጨመጭማ ሒዛ ናብ ኣስመራ ምስ ገሸት ኣፈወርቂ፡ ኣልማዝን ሙሉጌታን ሰለስቲኦም ዋናታት ገዛ ኮኑ። ኩሉ ዕማማት ሓቢሮም የሰላስሉ፤ ገዛ ዝዕረ እንተለዎ የዐርዩ፤ ዝጽረ የጽርዩ፤ መግቦም ባዕሎም ይሰርሑ፡ ክሳብ ተቐሪቡ ዝነበረ ጭቃን ሓሰርን ተጠቒሞም ገለ ክፋል ናይ ገዛ ለሚጾም። ኣልማዝ ከም ኣደን

መራሒትን'ያ። ንሳ'ቶም ካም ሽቁሎም ወይ ወፈሮም ዝኣትዉ'ዮም። ኣዲኦም ሓቢርካን ተመቓቒልካን ምስራሕ ኣልሚዳቶም'ያ። ስርሖም ምስ ወድኡ ልክዕ ከም'ታ ኣዲኦም ዘልመደቶም፡ መግቦም በላሊዖም እናዕለሉ ቡኖም ይሰትዩ። ኣልማዝ ከም ኣዲኣ ቡን ተፍልሕ፡ ንሳቶም ከኣ ከቢቦማ ይሰትዩ። እዚ ምስ ተወድአ፡ ከም'ታ ኣዲኦም ዘልመደቶም፡ ዕላል ይጅመር። ከምዚ'ሎም እናነበሩ ሓደ መዓልቲ እናኣዕለሉ ከለዉ ኣልማዝ ንኣፈወርቂ ብገለ ምኽንያት ጸረፈቶ። ሸዑ ኣፈወርቂ ዘይከም'ቲ ዘርእዮ ጥዑም ጠባይ ብእግሩ ረግሓ። ኣልማዝ ኣይተጻወረቶን። ክትጸፋፍዖ ምስተንሰአት፡ ኣፈወርቂ ገጠመ። ሙሉጌታ፡ ብንኡሱ ዓቢ፡ ንደገ ወጺኡ ጐረባብቲ ጸወዐ። ንበይኑ ከይዓርቀም ዘይክእሎ ባእሲ ኰይኑዎ ጐረባብቲ መጺኦም ዓረቑዎም። ሓያል ኣልማዝ ንበዓል ጠባይ ኣፈወርቂ ሓይሉ ክፍትን ደረኸቶ።

ምትሕይያሎም ግን ቀጻሊ ባእሲ ኣይፈጠረሎምን። እኳ ደኣ ዘረባ ከይወጸ፡ ጠባይ ከይገንፈለ ናይ ምርድዳእ ባህሊ ኣጥረዩ። ኣብ ኣገዳሲ መድረኻት ናይ ዕድሚኦም ድማ መራኸብቲ ኮኑ። ብዙሕ ከይተዘራረብካ ብውሑድ ቃላትን ኣብኡ ከሎ ብምርድዳእን ኣገደስቲ ዕማማት ይፍጽሙ ነበሩ። ኣብ ትምህርቲ ብኽልተ ደረጃ'ያ ትቕድሞ፡ ንሱ 7ይ ክፍሊ ክኣቱ ንሳ 9ይ ክፍሊ ኣትያ ንደሴ ከደት። ንሳ ኣብ ደሴ እናተማህረት ንሱ ናብ 9ይ ክፍሊ ምስ ሓለፈ ኣብኡ ኣርኪቡዋ፡ ብሓባር ይነብሩ ነበሩ። ካብ ኣዲኦም ተፈልዮም ምምሃር ዝከኣል'ኳ እንተዘይነበረ፡ ሳላ ኣብ ኣዲስ ኣበባ ዝሰርሕ ግርማይ ወረሶም፡ ንእሽቶይ ኣኮኦም፡ ኣብ ደሴ ክመሃሩ ክኣሉ። ህይወት ኣብ ደሴ ብዝያዳን ብፍሉይነትን ኣጣበቓም።

ብሓባር ኣብ ገዛ ባንዳ

ኣልማዝ ናይ ባንክ ሰራሕተኛ ኮይና ኣብ ኣዲስ-ኣበባ ምስ ሰፈረት'ውን፡ ኣፈወርቂ 12 ክፍሊ ወዲኡ ማትሪክ ሓሊፉ ዩኒቨርስቲ ኣተወ። ከም ቀደሙ ደድሕሪኣ ኣዲስ ኣበባ ሰዓበ። ህይወት ኣዲስ ኣበባ ከም ኣሕዋትን መሓዙትን ክምኮሩዎ ጀመሩ። ኣብ'ዚ እዋን'ዚ ንሱ ወዲ 18 ዓመት፡ ንሳ ድማ ጓል 20 ዓመት ነበሩ። ከም ግቡእ ተመሃሪት'ያ ክትከውን ኔሩዋ። ንስድራ ናይ ምሕጋዝ ድሌታ ግን ሓላፍነት ኣሰከማ። ድሮ ዋናን ተገዳሲትን ስድራ ኮይና መሃይኣ መቓቒላቶም ክትነብር ጀመረት።

ኣፈወርቂ ኣብ'ዚ ዕድመ'ዚ ብዙሕ ብስለት ኣጥርዩ ነበረ። ኣብ'ቲ እዋን'ቲ ሰውራ ኤርትራ ሰጉሙ ንሰርዓት ሃይለስላሴ ኣነቓኒቑዎ ነበረ። ጋህ ኢልካ ዝነበረካ ምስጢራዊ ርክባት ምግልላጽ'ኳ እንተዘይነበረ፡ ኣብ ሓደ መስመር ምህላዎም ግን ብውስጠ-ዘ ውህብ ጌሮም ይወስዱዎ ነበሩ። ድሮ እምነት ሓድሕድ ኣብ'ዚ ጉዳያት'ዚ ኣሕዲሮም ነበሩ።

ዝምድንኦም ኣዚዩ ጥቡቕ ናይ ፍቑራት ኣሕዋት'ዩ ኮይኑ። ካብ እግሪ ሓድሕድ ምትራፍ ነብሶም ዘይገብረሎም ብሓንሳብ ክህልዉ ልዑል ባህጊ ሓዲሩዎም። ኣልማዝ ብውድባዊ ስራሕ ናብ ኣስመራ፡ ሰነ 1973፡ ክትብገስ እንከላ፡ ኣፈወርቂ ኣሰንዩ ኣብጺሑዋ ተመልሰ። ንመስከረሙ ከኣ እግሪ-እግራ ሰዒቡ ኣብ ኣስመራ ኣልማዝ ኣብ ዝተኻረየቶ ገዛ ኣብ ገዛ ባንዳ ሓቢሮም ተቐመጡ።

ገድላዊ ጥምቀት - ኣርኣያ

ኣብ ርክብ ኣዲስ ኣበባ - ኣስመራ ዝተመደበት ኣልማዝ ንምንኣሳ ሓዋ ኣፈወርቂ ተወልደመድህን (ቢሮክራሲ) ከም መሳርሒታ መረጸቶ። ዕባይ ኢትዮጵያ ብምንባሩ ኣምሓርኛ ይመልኽ፡ ኩነታት ቃልሲ ኣብ ውሽጢ ኣዲስ ኣበባ'ውን ተላልዩዎ ነበረ። በቲ ካልእ ኣዲኦም ትግርኛ ከምዝመልኩ ጌሩ ስለ ዝመልመለቶም ጸገም ኣይነበሮን። ደቃ ዘይርስዑዎ ናይ ምሸት ምሸት ብኸበሮ ታኒካ ኣሰንያ ጣቕዒትን ሳዕስዒትን ብምዝውታር ትተኽለሎም ዝነበረት ናይ ገዛ ጓይላ ነበረ። ኣብ ዝተፈላለየ እዋን ኣስመራን መበቈል ዓድን ክትላልዮምን ክተላምዶምን ኣመላሊሳቶም'ያ። ኣስመራ መጺእካ ምስ ህዝብኻ ምጽንባር ለሚዶሞ'ዮም ጸኒሖም። ቃልሲ ካበይ ናበይ በጺሑ'ሎ ኣንፈት ኔሩዎም። ኣፈወርቂ ብትምህርቲ ኣብ'ቲ ግዜ'ቲ ብሱል ክበሃል ዝከኣል ደረጃ በጺሑ ነበረ። ብጠባዩ ሕዉስ፡ ስፖርት ዝፈቱ፡ ሙዚቃ ዘዘውትር፡ ዳርጋ ዕላሉ ክበሃል ዝከኣል ሰብ'ዩ ኮይኑ። ዝኾነ ጉልበታዊን ኢደ-ጥበባዊን ስራሕ ዝለመደ ብምንባሩ ኣብ ውሽጢ ኣስመራን ናብ ተጋደልቲ ዝርከቡሉ ከባቢ ባሕሪን ንምንቅስቓስ ዝጽግሞ ኣይነበረን። ፖለቲካዊ ብስለት ንምጥራይ ዝሕግዞ እኹል ናይ ምንባብ ብቕዓት ወኒን ኔሩ። ኣፈወርቂ ናይ በረምበራስ ዕማም ንምትካእ ጥራይ ዘይኮነ ምስ ኣዲስ ኣበባ ዝግበር ርክብን ውደባን ንምስላጥ ዘኽእሎ ብቕዓት ወኒን ብምንባሩ ብዝተዓጻጸፈ ክሰርሕ ከም ዝኽእል ኣየጠራጠረን።

ቃልሲ ብምስጢር ክኸይድ ስለ ዝነበሮ ምስጢራዊ መጸውዒ ክወሃብ ኔሩዎ። እታ ኩሎም ስድራ-ቤት፡ በዳሂትን መካቲትን ምንባራ ዝፈልጡዋ ናይ ዓባዮም ወላዲት፡ ኣምለሱ ተሰፋይ፡ ንኣልማዝ ብናታ መጸውዒ'ያ ትፈልጣ። ኣብ ክንዲ ኣልማዝ፡ ዛይድ ኢ.ያ ትብላ። እትምእምኣ ስም ስለ ዝነበረት ክሳብ ዕለተ ሞታ ብኣ ትጽውዓ ነበረት። ነዚ ዘኪራ'ያ ትኸውን፡ ኣልማዝ ዛይድ ዝተባህለት። ኣፈወርቂ ድማ ኣርኣያ ተባህለ። ናይ መጀመርያ ገድላዊ ስሙ ከኣ ኮነት።

ኣፈወርቂ ብሕጻንነቱ ዝሓልሞ ዝነበረ ነዲኡ ገጽ ገጻ እናረኣየ ኣብ'ቲ ትምነየ ምብጻሕ'ዩ ኔሩ - ንዓኣን ቤታን ንምዕጋብ ፋሕተርተር ምባል። ጽልዋታት ኤርትራን ቃልሳን፡ ካብኡ ሓሊፉ ምጽንባርን ምውዳብን ኣብ ህ.ሓ.ሓ.ኤ. እቲ ብኣንጻር ባህግታት ናብራን ርኸበትን ዝተጋጠሞ'ዩ። ንኣፈወርቂ ብኻልእ ስም ምጽዋዕ እምበኣር ካልእ መንነት ምውሳድ ነበረ። እቲ ዝሓለፈ ህይወትን ንእስነትን ተዓጽዩ ናብ ካልእ ምዕራፍ ምእታው'ዩ ኣመልኪቱ። ኣርኣያ ካልእ ሓዲሽ ሰብ ነበረ።

ኣርኣያ፡ ከም ትርጉሙ ህይወትካ ከይበቐቕካ ብዲስፕሊን ተቐይድካ፡ ኣንጻር ጸላኢ ዝቃለስ፡ ኣብነታዊ ሰብ ናይ ምኳን መለለዩ ነበረ።

ደሃይ ህዝባዊ ሓይልታት[4]

ኣፈወርቂ፡ ኣርኣያ ተባሂሉ ኣብ ዝንቀሳቐሰሉ ዝነበረ ኣጋ መወዳእታ 1973፡ ደሃይ ህ.ሓ.ሓ.ኤ. ከም'ቲ ኣብ መፋርቕ ናይ'ቲ ዓመት'ቲ ዝተወዓውዐ ኣይነበረን።

ቅድሚ'ዚ እዋን'ዚ፡ ነቲ ክፍሊ ርክብ ዘነጣጥፎ ዝነበረ ምንቅስቓሳት ሰዒቡ ሓደ ነብሱ ዝኸኣለ ታሪኻዊ ፍጻሜ ተኸሲቱ ነበረ። ዕብየትን ምስፋሕን ህ.ሓ.ሓ.ኤ. ንምርግጋጽ ናብ ከበሳን ምብራቕን - ዝጸዓቐ ህዝቢ ዝነበረሉ ከባቢታት - ኣስመራን ባጽዕን - በሪ ክፍጠር ተወጠነ። ነዚ ዘሳልጣ ክልተ ሓይልታት ናብ ከባቢ ርእሲ ዓዲ ተላእካ- ሓይሊ ወዲ ገብሩን ሓይሊ ጣህር መሓመድኑርን።

ጸላኢ ደሃየን ፈሊጡ ናይ ኮማንድስ ሓይልታት ናብ ግራት ኣውሊዕ ኣውፈረ። ኣጋ ምሸት 24 ነሓሰ 1973 ምስ ሓይሊ ጣህር መሓመድኑር ግጥም ኮነ። ሓይሊ ወዲ ገብሩ ረዲኣ መጺኣ ውግእ ቀጸለ። ኣብ ሰራዊት ኢትዮጵያ ሓዲሽ ራዕዲ ዝፈጠረ ናይ ልዕሊ 30 ሬሳታትን

ሓያለ ውጉኣትን ክሳራ ኣጓነፎ። ካልእ ረዳት ሓይሊ ጸላኢ ከይመጾ እተን ክልተ ሓይልታት ኣቐዲመን ኣዝለቓ።

ዜና ውጽኢት ውግእ ግራት ኣውሊዕ ኣብ ኣስመራ ተዘርጊሑ ተሰፋ ኣበሰረ። እቲ ከባቢ ካብ ጸላኢን ተ.ሓ.ኤ.ን ንግዚኡ ጸርዩ ከባቢ ርእሲ ዓዲ ኣብ ትሕቲ ቁጽጽረን ኣተወ።

ንሳተን ኣብ ከምዚ ኩነታት እንከለዋ መላእ ኣካላት ህ.ሓ.ሓ.ኤ. ኣብ ሳሕል ተጠርኒፉ ነበረ። ምስ ደጀን ዝነበረን ርክብ ሃጠመ። በቲ ሓደ ውሽጣዊ ኩነታት ህ.ሓ.ሓ.ኤ. ንምትዕርራይ፡ በቲ ካልእ ድማ ጸላኢ ወፈሩ ሰፊሕ ውግእ ስለ ዝተጀመረ፡ ንሳተን'ውን ንሳሕል ተሳሕባ።

ኣብ ኣስመራ ቢሮክራሲን ኣልማዝን ብጾቶምን ደሃይ ሜዳ ጸመዎም። ድሕሪ ቁሩብ ኣዋርሕ ግን እቲ ውድብ ዝያዳ ጉቢዙን ደልዲሉን፡ ሓይልታትን ክፍልታትን ናብ ከባቢ ኣስመራ ተቐላቐሉ።

ቢሮክራሲ ናይ ሜዳ - ኣስመራ - ኣዲስ ኣበባ ስርሑ ተበራቢሩ ክንጣጠፍ ጀመረ። ኣብ'ቲ ግዜ'ቲ ጌና ተመሃራይ ዩኒቨርስቲ ኣስመራ ኢዩ ኔሩ። ሽዑ ኣብ ትምህርቱን ንእስነቱን'ምበር ኣብ ገድላዊ ዕማም ከም ዝነበረ ብዘይካ'ቶም ውሑዳት ምስጢራውያን መሳርሕቱ ዘስተብሃለሉ ኣይነበረን።

3

ንእስነትን ሓለፍነትን [5]

ኣፈወርቂ ኣብ ዩኒቨርስቲ ኣስመራ

ኣብ 1973-74 ዓመተ ትምህርቲ ኣፈወርቂ ኣብ ዩኒቨርስቲ ኣስመራ፡ ጨንፈር ሳይንስ፡ ናይ ቀዳማይ ዓመት ተመሃራይ ነበረ። ኣርኣያ ዝብል ገድላዊ ስም ከምዘለዎ፡ ኣብ ህ.ሓ.ሓ.ኤ. ውዱብ ምዃኑ ዝፍለጥ ኣንፈት፡ ወይ ክትዕ ከየርኣየ ከም ሓደ ለይለይ ምጩው፡ ኣብ ኩሉ ንእስነታዊ ንጥፈታት ዝጽንበሮም ብጻዮም ተመሃራይ ጥራይ ጌሮም ዝርድኡዎ ኣዕሩኽን መማህርትን ነበሩዎ።

ኣብ ገዛ ባንዳ ምንባር ምስ ዝተፈላለዩ ኣዕሩኽ ኣላልዩዎ። ብምስጢር ምስኡ ዝሰርሑ ብሓደ መንገዲ፡ ብትምህርቲ ዝራኸቡዎ ብናቶም መንገዲ፡ ብዓርከ - መሓዛ ዝሕዞም ድማ ብናቶም መንገዲ ተዛሚዱዎም ይጉዓዝ ነበረ። ብኸም'ዚ ኣገባብ ቡብዓይነቶም ኣዕሩኽ ነበሩዎ።

ዋናታት ዝነበሩዋ ገዛ እንዳ ኣቶ ኣድም ዝብሃሉ እዮም ኔሮም። ሕዉስ ኣፈወርቂ ድሮ ሌላ ምስኦም ጌሩ ምስ ደቀም ዕርክነት መስረተ። ክሳብ 1980 እቲ ገዛ'ቲ ብጸላኢ ተኸርዲኑ ዝፍተሸን ኣፈወርቂ ንስክላ ዝወጸላን እዋን፡ መላእ ተቐማጦ'ቲ ካንቾሎ ኣንፈት ኣይነበሮምን። ክንድ'ዚ ዝኣክል ገድላዊ ዕዮ ንኸንድኡ ዝኣክል ዓመታት እናፈጸመ ኣብ'ቲ ቦታ ምንባሩ ደንጸዎም።

ካልእ ናይ ገዛውቱ ዓርኪ ከኣ ነበረ። እዚ ዓርኪ'ዚ ኣብ ቤት-

ትምህርቲ ጥልያን ትምህርቱ ዝወድአ ሚኪኤል ተኸስተ ገብረዝጊ ዝበሃል ወዲ ሃብታም'ዩ። ድሮ ስራሕ ጀሚሩ ቅጭን ዝኸደን መንእሰይ ኢዩ ኔሩ። ንኣፈወርቂ ኣብ ዩኒቨርስቲ ኣዲስ ኣበባ (1972-73) ኣብ ጨንፈር ሳይንስ ቀዳማይ ዓመት ክመሃር ከሎ'ዩ ዝፈልጦ። መፋለጢኦም ብኣጋጣሚ ደቂ ገዛውቲ ስለ ዝነበሩ'ዮም። ብዕላል ተፋሊጦም ንውሱን ግዜ መዛውርቲ ኮኑ። ኣፈወርቂ፡ ኣስመራ ኣብ ዝመጸሉ ግዜ ድማ ደቂ-ገዛ ባንዳ ኮኑ። እቲ ዘገርም ብምስጢርን ብውዱብ ኣገባብን ከይተሰርዐ መሳንይቲ ዝኾነ ንጥፈታት ኣፈወርቂ ኣብ ከተማ ኮነ። ክሳብ በዓል ኣፈወርቂ ናይ ውድብ ዱኳን ኣብ ገዛ ባንዳ ምስ መስረቱ፡ ናይ'ታ ዱኳን ኣካያዲ ከምዝኸውን ገይሩዎ ኔሩ።

ኣብ ገዛ ባንዳ ገለ ሰበ-ስልጣን ኣምሓራ ክቡር ገዛውቲ ሒዞም ይነብሩ። ኣፈወርቂ ኣብ ዩኒቨርስቲ ኣስመራ እናተማህረ ከሎ ዝተላለዩ ሓደ ኣምሓራይ መንእሰይ ኔሩ። ኣቦኡ ኣብ'ቲ ግዜ'ቲ ምክትል ኣመሓዳሪ ከተማ ኣስመራ ነበሩ። እንተስ ብከም'ቶም ዝጠቐስናዮም ኣዕሩኽ፡ እንተስ ምእንቲ መስሎኺ ናብ ምንጪ ኣገዳሲ ሓበሬታ፡ ኣፈወርቂ ነዚ መንእሰይ'ዚ እሙን ዓርኩ ገበሮ። በዚ ኣቢሉ ምስ መኮንናትን ሰበ-ስልጣንን ተላልዩ ይኸውን'ዩ። ኣማስያኡ እዚ ኢትዮጵያዊ መንእሰይ'ዚ ብመንገዲ ኣፈወርቂ ብባጽዕ ኣቢሉ ናብ ኣሜሪካ ተሰደ።

ሰለስቲኦም ኣዕሩኽ

ኣብ 1973-74፡ ኣፈወርቂ ወዲ 19 ዓመት እንከሎ፡ ኣብ ዩኒቨርስቲ ኣስመራ ተመሃራይ ቀዳማይ ዓመት ነበረ። ብቑመናኡን ኣፍሮኡን ግን ካብ'ቶም ቀንዲ ኣዕሩኽቱ ንሱ ዝዓቢ ይመስል። ኣኸሊሉ ጽልም ዝበለ ሕብሪ፡ ኩርድድ ዝበለ ጸጉሪ ዘለዎ ኾይኑ፡ ብዕድመ ንሱ ብክልተ ዓመት ዝዓቢ ክንሱ ሓጺር'ዩ። መልኣከ ብዕድመን ብቑመናን ካብኡ ይንእስ። ብፍላይ መልኣከ ኣብ ሞንጎኦም ከም ባሊላ'ዮም (ከምዚ ማንጁስ ወይ ንእሸቶይ ኣባል) ዝርእዩዎ። ብትምህርቲ ዝነፍዐ ንሱ'ዩ። ንእሸቶይ ምኳኑ ብገጹ ይልለ። ኣብ ኩሉ ዕላላቶም ከም ዘይኣኸለ ጌሮም ይጨርቁሉ ነበሩ። ትምህርቲ ብዘይካ ኣብ ክፍሊ ብሓንሳብ ምእታውን ጥቓ ንጥቓ ኮፍ ምባልን ናይ ዕርክነቶም መሰረት ኣይነበረን። ብሓባር ኣየጽንዑ፡ ብሓባር ኣይካትዑ። መራኸቢኦም ናይ ምዝንጋዕ ዕላል፡ ልብ-ወለድ መጻሕፍቲ እንግሊዝኛ ኣንቢብካ ብዛዕብኡ ምዕላል፡ ኣብ

ዘዘናግዕ ቦታታት ምዝዋር እዩ ኔሩ። ከምኡ'ውን ባህርያቶም ልዙብን ወረ ዝወገደን ብምንባሩ፡ ፖለቲካዊ ኩነታትን ኩነታት ኢትዮጵያን ኣርእስቲ ዕላሎም ኣይነበረን። ስሕት ኢሉ ፈታሺ ወረታት ወስ ዘብል ኣኽሊሉ'ዩ። መልኣከን ኣፈወርቅን ግን ዝኣትዉዖ ኣርእስቲ ኣይነበረን። ብፍላይ ኣፈወርቂ ነዚ ዝምልከት ኣርእስቲ ቅንጣብ ኣየዕልልን፡ ምስ ዝለዓል ድማ ብሓደ ዓጸዊ መልሲ ቀልጥፍ ኢሉ ይእለየሉ። ኣዕሩኽቱ ብዝተፈላለየ ዘይቀጥታዊ ትዕዝብትታት እንተዘይኮይኑ ኣርኣያ ተባሂሉ ብቐጥታ ምስ ናይ ሜዳ ተጋደልቲ እናተራኸበ ዝዋሳእ ዘምስሎ ምልክት ኣይረኸቡሉን። ኩሎም በብመንገዶም ናይ ቃልሲ መስመራት ኔሩዎም ይኸውን'ዩ። ብፍላይ ኣኽሊሉ ኣብ ባሕሪን ዓድን (ካርነሽም) ቤተ-ሰብ ስለ ዝነበሩዎ ቃልስን ተጋደልትን ኣጸቢቑ ይፈልጥ ጥራይ ዘይኮነ መጽሔታት ኣብ ከተማ ይዝርግሕ ኔሩ'ዩ።

ኣኽሊሉ ኣብ ሓደጋ

ሓደ መዓልቲ ኣብ መፋርቕ 1974፡ ኣኽሊሉ ምስ ተጋደልቲ ኣብ ከባቢ ድርፎ ተራኺቡ ዝዝርጋሕ መጽሔታት ኣብ ናይ ውሽጢ ጁባ ጃኬቱ ሒዙ ኣስመራ ኣተወ። ድሮ ዝኣተወላ መዓልቲ ብተጋደልቲ ኣብ ባር ፍሎሪዳ ብሰንኪ ዝተፈጸመ ስርሒት፡ ባሕረኛታት ኢትዮጵያ ሕነ ክፈድዩ ሃነፍ ሃነፍ እናበሉ ኣጋ ፍርቂ መዓልቲ ኣብ'ዛ ናይ ሕጂ ህንጻ ቴክኒክ ምምሕዳር ከተማ ኣስመራ ዘላታ ዝነበረት እንዳ ሻሂ ተኣኪቦም ንዝነበሩ መብዝሕትኦም መንእሰያት ከበቡዎም። ዓይኒ የብለይ ስኒ የብለይ ድማ ተኹሲ ከፈቱሎም። ብዙሓት ሞይቶም ብዙሓት ቈሲሎም ሓያለ ድማ ኣጋጣሚ ከይተሃረሙ ተረፉ። ኣኽሊሉ፡ ዑቕባልደት ንዝተባህለ ዓርኩ ንምርካብ ቀቅድሚ'ታ ከበባ ኣብኣ ኣትዩ ምስ ዓርኩ ተራኺበ። እቲ ዓርኩ ናይ ተ.ሓ.ኤ. ደጋፊ ስለ ዝነበረ ምስ ክልተ ዕጡቓት ኤርትራውያን ናብ ተ.ሓ.ኤ. ክሰልፎም ተቛጺሩ ነበረ። ኣኽሊሉ ነዞም ዕጡቓት'ዚኦም ንዓርኩ ኣእሚኑ ናብ ህ.ሓ.ሓ.ኤ. ንኽሰልፎም ተሃንጥዩ ኢዩ መጺኡ። እተን ምስኡ ዝነበራ መጽሔታት ክዝርግሐን'ውን ግዜ ኣይረኸበን። ከም'ዚ'ሎም ኣብ'ታ እንዳ ሻሂ ተራኺቦም ከለዉ'ዩም እቲ ናይ ወተሃደራት ከበባን ተኹሲን ዝተፈጸመ። ኣኽሊሉ ናይ'ታ ምስ ተጋደልቲ ዝነበሮ ተመክሮ ተኹሲ ምስ ተኸፈተ ኣብ ምድሪ-ቤት በጥ በለ። ብዛዕባ ብጥይት ከይህረም ዘይኮነስ ብዛዕባ'ተን መጽሔት ዝያዳ ተሻቐለ። ድዉይ ተጣባባይ

ከምዝበሃል፡ ነተን መጽሔታት ሓደ መቐርቀር ጣውላ ረኺቡ፡ ኣብኡ፡ ሰኹዐን። ተኹሲ ምስ ዘሓለ ወተሃደራት ክሕዙዎ እንክለዉ ጥራይ ኢዱ ጸንሖም። ዑቕባልደት ኣብ ኣፍደገ'ዩ ጠጠው ኢሉ ኔሩ። በቲ ፍጻሜ ደንዚዙ ኣብ'ታ ዝነበራ ደው ኢሉ ኣሕለፎ'ቲ ተኹሲ። እቲ ሓለቓ ናይ'ቶም ቀተልቲ ወተሃደራት ሸጉጡ ኣውጺኡ ብምዕጉርቱ ኣእተወሉ። ኣይወደቐን፡ ኣይሞተን። እቲ ሓለቓ ክደግሞ ክብል ሸጉጡ ጥይት ስለ ዘይነበራ ቂም ኢላ ተረፈት።

ኣሸሙር ፖለቲካ ውድባት

ሰለስቲኦም ኣዕሩኽ፡ ኣፈወርቂ፡ መልኣከን ኣኽሊሉን ክሰልችዎም ከሎ ጉደና ኮምብሽታቶ ሒዞም ክሳብ ቺነማ ሮማ ብእግሮም ይዛወሩ። እቲ ከባቢ ባህ ስለ ዝብሎም ሓደ ሓደ ግዜ ኣብ'ቲ ሞንጎ ክልተ ጽርግያ ዝርከብ ብየማነ ጸጋሙ ልሙዕ ሳዕሪ ዝኸበቦ ኮፍ መበሊ ኣዕሪፍካ ናይ ምዕላል ልምዲ ነበሮም። ሓደ መዓልቲ ኣብኡ ኮፍ ኢሎም እናዕለሉ ከለዉ፡ እቲ ናይ ገድሊን ፖለቲካን ወረ ናይ ምጥቃስ ልምዲ ዝነበሮ ኣኽሊሉ ብዛዕባ ህ.ሓ.ን ተ.ሓ.ኤን ኣልዒሉ ክዛረብ ጀመረ። ሽዑ መወዳእታ ኣዋርሕ 1973 ነበረ። ህ.ሓ.ሓ.ኤ. ደሃዩ ዝሕል ኢሉ ኔሩ። እቲ ምኽንያት ብዅናት ሓድሕድ ተደፊኡ ምርሓቑን፡ ብውሽጣዊ ጉዳያቱ ኣብ ሳሕል ምጽማዱን ይውረ ምንባሩ ጠቐሰ። ኣፈወርቂ ከም ኣመሉ ነቲ ዘረባ ዘየድህበሉ መሲሉ ይሰምዕ ነበረ። ኣብ'ታ ተኸርዲኖም መውጽኢ ስኢኖም ትብል ወረ ጸቚጡ ምስ ተዛረበ ግን ክሰምዓ ስለ ዘይደለየ "ሂድ! ኣንተ ደግሞ ሞኝ!" (ኪድ! ሃላይ!) ኢሉዎ ብድድ ኢሉ ገዲፉዎም ከደ። ኣፈወርቂ እቲ ብቐጥታ ምስ ኣባላት ህ.ሓ. ዝራኸብ ምንባሩ ኣኽሊሉ ኣይፈልጥን'ዩ።

ኣኽሊሉ ንኣፈወርቂ ከዛርቦ ወይ ሰምዒቱ ክትንክፎ እንድሕር ደልዩ ከምኡ'ዩ ዝገብር። ኣኽሊሉ ምስ ህ.ሓ. ርክብ ክህልዎ ይኽእል'ዩ ኢሉ ስለ ዝጠርጠረ'ዩ ነዚ ምኽርዳን ናይ ህ.ሓ. ጸቚጡ ዝጠቐሰሉ። ከምቲ ዝተጸበዮ ድማ ኣፈወርቂ ሰምዒቱ ክትንከፍ ከሎ ዝመልቀኦ ናይ ኣምሓርኛ ቃላት ኣውጽኣሉ።

ሰቡብ ፓፒዮን

ኣኽሊሉ ከም ዝፈልጦ፡ ኣፈወርቂ ተራ ዕላል ነዊሕ ኣየዕልልን'ዩ። ሽዑ ፍሽኽ ዘብል፡ ወይ ውሑዳት ጉዳያት ኣዕሊሉ ምሕላፍ'ዩ ዝፈቱ።

ኣብ ዝበዝሕ ግን ጽን ኢሉ'ዩ ዝሰምዕ። ብጉዳይ ኣዋልድ ወይ መጻሕፍቲ ከዕልሉ ከለው'ውን ተመሳሳሊ ጠባይ ኢዩ ዘርኢ።

ኣብ ዩኒቨርስቲ እናተማህሩ ከለዉ ዝተላለዮም ኣብ ጥቓ ዩኒቨርስቲ ተኻርዮም ዝነብሩ መንእሰያት ኢትዮጵያውያን መምህራን ነበሩ። እቶም ሰለስተ መምህራን ብመንገዲ ኣፈወርቂ'ዮም ተዓራሪኾሞም። ኣፈወርቂ ዕባይ ዓደምሓራን ጽጹይ ኣምሓርኛ ዝዛረብን ብምንባሩ ብቐሊሉ ክጽንበሮም ከኣለ። ዓርኪ ኣፈወርቂ ዓርኪ ኣኽሊሉን መልኣከን ስለ ዝኸውን ከኣ ሰለስቲኦም ኣዕሩኽ ምስ'ዞም ኢትዮጵያውያን ዕላልን ምብጽጻሕን ከዘውትሩ ጀመሩ። እቶም መምህራን ሰብ ደሞዝ ስለ ዝኾኑ ኣብ እዋን መሃያኦም ይጋብዙዎም፣ ኣብ ገዝኦም ዓዲሞም የዕልሉዎም፤ ዘዘንበብዎ መጻሕፍቲ ይለዋወጡ ነበሩ። ካብ'ተን ዝተለዋወጡወን መጻሕፍቲ ሓንቲ ፓፒዮን እትብል ብሓደ ፈረንሳዊ እሱር ዝተጻሕፈት ኣዝያ ህብብቲ መጽሓፍ ነበረት። እቲ እሱር ብናይ ሓሶት ምስክርነት ሰብ ቀቲልካ ተባሂሉ ኣብ 1930ታት ኢዩ ተሓቢሱ። ወዲ 25 ዓመት ለይለይ መንእሰይ ኣብ ፓሪስ በጋሚንዶነት ዝመለኸ ዕሉል ሰብ ነበረ። ከምኡ'ኳ ይንበር እምበር ብዘይፈጸሞ ገበን ስለ ዝተሓበሰ ካብ ቤት-ማእሰርቲ ብምፍንጣስ ሓርነቱ ንምርካብ ኣይተሓለለን። ኣብቲ እዋን'ቲ ዕሉላት ናይ ፈረንሳ ገበነኛታት ዝእሰርሉ ቤት ማእሰርቲ ኣብ ርሑቕ ናይ ካሪብያን ደሴት'ዩ ኔሩ። ካብኡ ምምላጥ ማለት ካብ ዝተረገጠ መዓሙቕ ጉድጓድ ከም ምምላጥ'ዩ ኔሩ። ብገለ ጥበብ እንተወጺእካ እውን ወይ ሰብ በረኻ ይቐትሉኻ፥ ወይ ኣራዊት ይበልዓካ፤ ወይ ድማ ኣብ'ቲ ከባቢ ብደዌ ዝሳቐዩ ዝነበርሉ ቦታ ኣቲኻ በቲ ሕማም ተለኺፍካ ጥፍኣት'ዩ። ነዚ ኩሉ እንተጥሒስካ'ውን ወይ ውቅያኖስ ክትሰንጥቕ ትጥሕል ወይ ድማ ድራር ዓሳ ትኸውን። ምስ'ዚ ኩሉ ግን ፓፒዮን ፈንጢሱ፥ ውቅያኖስ ብሰንኮፍ ጀልባ ሰጊሩ ኣብ ሜካታት ቬኒዝዌላ ምስ በጽሐ ኣብ ሓደ ዓዲ ቀያሕቲ ህንዳውያን ኣተወ። እቶም ህንዳውያን በይኑ ብድኻም ምስንጣቕ ውቅያኖስ ዝሃለኸ ጻዕዳ ምርኣዮም ከም ሓደገኛ ፍጥረት ዘይኮነስ ዘደንጹ እንታይነቱ ክፈልጡዎ ዘህንጢ ምኳኑ ረኣዩዎ። ሰብኡትን ቈልዓ-ሰበይትን ተኣኪቦም ድማ ቀረብዎ። ተቐቢሎም ኣብ ኣጉዶኦም ኣቐመጡዎ። ብቛንቋ ስለ ዘይራኸቡዎ ብምልክትን ድምጽን እናተረዳድኡ ኣብ ሞንጎኦም ንኣዋርሕ ኣቐመጡዎ። ኩሉ ልምዶምን ውዕሎኦምን ድማ ተላመዶ። ከም'ዚ'ሉ ክነብር ሓንቲ ካብ

ኣዋልዶም ኣፍቂራቶ ኣብ መደቀሲኡ ኩሎም እናረኣዩዋ ተመላለሰቶ። ፓፒዮን ሆየ ከምኡ ዓይነት ባህርያዊን ግሉጽን ፍቕሪ ስለ ዘይፈልጥ ንግዚኡ ተደናገረ። እታ ዝመጸቶ ጓል ግብረ-መልሲ ስለ ዘይረኸበትሉ ንምንኣሳ ሓፍታ ኣምጺኣ ምስኡ ኣላጊባ ኣደቀሰታ። እዚ'ውን ስለ ዘይተረድኦ ፓፒዮን ኣይፈጸሞን። ጸኒሑ ግን እዚ ባህርያዊን ግሉጽን ፍቕሪ'ዚ ስለ ዝተረድኦ ነታ ኣቐዲማ ዝመጸቶ ፍቕራዊ መልሲ ሃባ። ከም'ዚ'ሎም ተፋቒሮም ክነብሩ እታ ጓል ጠነሰት። ንእሽቶይ ሓፍታ በዚ ፍቕሪን ጥንሲን'ዚ ስለ ዝቐንአት ብፍቓድ ሓፍታ ንሳ'ውን ተደረበት፣ ክልቲአን ፍቑራቱ ገበረን።

ኣፈወርቂን ኣዕሩኽቱን ምስ'ቶም ኢትዮጵያውያን መንእሰያት ነዚ ዘንበቡዎ ዛንታ'ዚ ኣዕለሉ። እቲ ዛንታ ኣደንጻዊን ስምዒት መንእሰያት ዝቕስቅስን ብምንባሩ መሳጢ ዕላል ኮይኑ ረኺብዎ። ሓደ ካብ'ቶም ኢትዮጵያውያን መንእሰያት፣ "እንዴት ያሉ ደግ ሰዎች ናቸው! እርስዋን ሳይበቃት ደግሞ እህቷን ታመጣለች" (ከመይ ዝበሉ ለዋሃት'ዮም! ንሳ ከይኣኽላስ ሓፍታ ድማ!) ኢሉ ርእይቶ ብምሃቡ ኩሎም ሰሓቑ። በቲ ሓደ ወገን ድማ ኣፈወርቂ ካብ ተዛራቢ ናብ ጽን በሃሊ ተቐይሩ ብምንባሩ፣ ሓደ ካብ'ቶም ኢትዮጵያውያን መንእሰያት፣ "ንስኻስ ኣይትዛረብን ዲኻ!" ኢሉ ምስ ሓተተ፣ ኣኽሊሉ ትቕብል ኣቢሉ "እንዴት ያወራል! ራሱ ፓፒዮን ኣይደለም!" (ንባዕሉ ፓፒዮን'ዩ!) ኢሉ ንኣፈወርቂ ናይታ ኣዋልድ ቁሊሕ ዝብለኦን ቀልጢፉ ዝላለየን ምኳኑን ተንከፎ። ኣኽሊሉ ከም'ዚ ዝኣመሰለ ተንካፊ ነገራት ንኣፈወርቂ ከልዕለሉ ከሎ ክንድር'ዩ ኢሉ ስለ ዝሓሰበ እዛ ዘረባ'ዚኣ ተኩሱ ሃዲሙ ወጽአ። ናይ ጭርቃን ባእሲ!

ኣፈወርቂ ንናይ ፓፒዮን ዝመስል ፍቕሪ ኣየጋጠሞን። የግዳስ ኣዋልድ ዝብህግኦ ቁመናን መልክዕን ኔሩዎ'ዩ። ክንድ'ቲ ዝስሕብ መልክዑን ጠባዩን ዝኣክል ብቕልጡፍ ይላለየን። ኣዕሩኽቱ ኣብ'ዚ መዳይ'ዚ ብኣዋልድ ከይዝንብል ይስከፉ ኔሮም'ዮም። ይኹን'ምበር ኣፈወርቂ እቲ ብኣርኣያ ዝፍለጠሉ ዕማም ከምዘነበሮ ኣዕሩኽቱ ኣይፈልጡን'ዮም። ንሳቶም ዝርእዩዎ ፈታዊን ሃዳኒን ኣዋልድ ምኳኑ፣ ምስኦን ዝገብሮ ዝምድና የብዝሖ ከም ዝነበረ ጥራይ ኢዩ። ኣርኣያ ግን ካልእ ዝኸበረን ዝዓዘዘን ስራሕ ስለ ዝነበሮ ምስ ኣዋልድ ዝነበሮ ዝምድና ብዓይኒ ንእስነታዊ ፍቕሪ ጥራይ ዝርአ ኣይነበረን።

ንእስነት ዕዳ

ሓደ ግዜ ሰለስቲኦም ኣዕሩኽ ብማኪና መልኣከ ዓቐበት ገዛ - ባንዳ እናደየቡ ከለዉ ክልተ ኣዋልድ ደቂ ገዛ ባንዳ ኣጓነፈኦም። መልኣከ እቲ ዝነኣሰ ካብኦም ማኪና ደው ኣቢሉ ክንማለኣክን እንተተሰማሚዕክናና ዝዓይነቱ ዘረባ ደርበየለን። መልኣከ ናይ ትማሊ ሕጻን ኮይኑ ስለ ዝተራእየን፡ “ንስኻ ሕጻን ደኣ እንታይ ክንሰማማዓልካ. . .ካልኦት እንተዝኾኑ'ምበር!” ብምባል ኣናሸወኦ። ኣፈወርቂ፡ ቬትሮ ማኪና ከፊቱ፡ “ኣነኸ ቈልዓ ዶ እመስል?” በለን። “ንስኻስ ደሓን ኔርካ. . . ምስ ቈልዓ እናኸድካ'ምበር!” ተበሃሂሎም፡ ጸኒሖም ኣብ ባር ፒኮሎ ተራኸቡ። ኣፈወርቂ ንሓንቲ ካብኣን፡ “ንዒስከ ምስ'ዚ ቈልዓ ኮፍ በሊ!” በላ። ንመልኣከ ክትንክፍ ኢሉ'ዩ። ንሳ ድማ “ካብ ምስ ቈልዓስ ምሳኹም. . .!” ኢላ ኣብ ጐድኒ ኣፈወርቂ ኮፍ በለት። መልኣከ ምልካፍ ኣዋልድ ኣይገድፍን'ዩ። ብድሕሪኡ ንሓንቲ ምስ ተዛረበ፡ ኣፈወርቂ “ንስኻ ቈልዓ ኢኻ!. . .ሕጂኸ ክተዋርደና ዲኻ!. . .ንሕና ንዛረብ!” ክብል ናይ ጭርቃን ኣሕረቐ።

ኣብቲ እዋን'ቲ ፖለቲካዊ መንቀሳቐሲ ዝነበሮም፡ ብፍላይ ተማሃሮ ዩኒቨርስቲ ኣብ መዘናግዒን መተኣኻኸብን መ.ደ.ክ.ማ (YMCA) ኣብ ዕዳጋ ሓሙስ (ሕጂ ቤት ጽሕፈት ኮሚሽን ስፖርት) እናተኣከብካ ምስትምሃርን ምክታዕን የዘውትሩ ነበሩ። ናይ ክትዕ ክለባት ዘቑሙ'ውን ነበሩ። ኣፈወርቅን ኣዕሩኽቱን ግና ብዝያዳ ኣብ ካልእ ንእስነታዊ ጉዳያት ይነጥፉ ነበሩ። ሓደ ሓደ ህቡባት ናይ ልብ-ወለድን ፍቕሪን መጻሕፍቲ የንብቡ። ሓደስቲ ሙዚቃታት፡ ብፍላይ ብእንግሊዝኛ፡ ካብ መደበር ሬድዮ ቃኘው (ናይ ኣመሪካውያን ሬድዮ) ዝፍኖ ምስማዕ፡ ናብ ምጭዋት መዘናግዒታት ምኻድ ዝኣመሰለ የዘውትሩ ነበሩ። ሓንቲ ካብ'ተን ኣፈወርቂ ዝመርጸን መዘናግዒታት ባር ቱነል'ያ ኔራ። መልኣከን ኣፈወርቅን ቋንቋ ፈረንሳ ስለ ዝተማሃሩ ገለ ናይ ፈረንሳ ጠዓሞት ዝርከበን ቦታታት የፍቅሩ ኔሮም። ብፍላይ ከኣ መልኣከ፡ ዘፍቅራ ሓንቲ ፓስቲቸርያን ካፈን ፍረንች ቶስት ትሸይጥ። ነዚኣ ክጋብዞም ኣብኣ ይዕድሞም ነበረ። ሓደ ሓደ ግዜ ሳዕስዒትን ሙዚቃን ዊን ክብሎም ከሎ ኣብ ሓንቲ ብዙሕ ዝፈልጦም ሰብ ዘይርከባ ሲግሬቶ ይኣትዉ። ንሳ ኣብ ከባቢ ሞኖፖልዮ ነበረት። ኣብኡ ምስ ዝርከባ ኣዋልድ ሳዕሲያም

ገለ መስተታት ቀማሚሶም ቅድሚ ሰዓት 8፡00 ናይ ምሸት ገገዘኦም ኣለዉ። ንእስነትን ይደልዩዎ ቤተ-ሰቦም ግን ክፈልጡዎ ኣይደልዩን ነበሩ።

ሰለስቲኦም ሸጋራ የትክኹ። ንምንኣሶም መልኣከ ብላኼማ'ዮም ዘጥዕሙዎ ኔሮም። ኣፈወርቂ'ውን ሸጋራ ከም ዝስሕብ ክፍለጥ ኣይደልን። ምእንቲ ከይፍለጥ ገዛ ክኣቱ ከሎ ኣፉ ጉጽጉጹ፡ ፈውሲ ጨና ማስቲካ እናሓየኸ'ዩ ዝኣቱ። እታ ክንዲ ኣቦን ኣደን ዝርእያ ሓፍቱ ኣልማዝ ብጉድለት ኣደብ ክትጥምቶ ኣይደልን'ዩ። ሓደ መዓልቲ ግና ሰለስቲኦም ኣዕሩኽ ናብ ገዛ እንዳ ኣፈወርቂ እናምርሑ ሸጋራ የትክኹ ነበሩ። ኣፈወርቂ ጽብቕቲ ጃኬት ናይ ሓደ ዓርኩ'ዩ ለቢሱ ኔሩ። ዓቐበት ወዲኦም ናብ ጥቓ'ቲ ገዛ ክበጽሑ ከለዉ ኣጋጣሚ ኣልማዝ ጐፍ በለቶም። ኣፈወርቂ ተዘንጊዑ ከሎ ስለ ዝተጓነፈቶም እታ ሸጋራ ከየጥፍኣ ከሎ ኣብ ውሽጢ ጁባ'ታ ሓዳስ ናይ ሰብ ጃኬት ኣእተዋ። ንሰላምታን ናይ ደው ዕላልን ምስ ኣልማዝ ሓንሳብ ጠጠው በሉ። ጃኬት ብውሽጢ ትነድድ ነበረት። ምንዳድ ናይ'ታ ጃኬት እሞ ኸኣ ናይ ሰብ ጃኬት ዘስተውዓለት ኣልማዝ፡ "ደደብ! ደግሞ የሰውን ጃኬት ኣቃጠልክ" (ኣንታ ዓሻ! በል ናይ ሰብ ጃኬት ኣቃጺልካ!) ኢላ ኣዋረደቶ። ኣኽሊሉን መልኣከን መፍቶኦም ረኺቦም ኣፈወርቂ ክሳብ ርእሱ ዘድንን ሰሓቑዎ።

እንዳ ቐሺ ተኸስተ ሰሎሞን

ኣፈወርቂ ገድላዊ ዕማሙ ኣይዘንግዐን። ንኣኽሊሉ ዘልመዶ ጠባይ ነቲ ገድላዊ ስርሑ ዘገልግል ኢዩ ኔሩ። ኣኽሊሉ ንኣፈወርቂ፡ "ተድልዮ ጥራይ ዘዕልለካ፡ ክትመዝኖ ዘሸግር፡ ኩሉ ግዜ ብንጹር ተዛሪቡ ዝዓጹ፡ ዘድልዮ ክፍጸመሉ ዝደሊ፡ ተቐባልነት ክህልዎ ዝጽበ፡ ከይሓርቕ እትሕልዎ፡ ካብ ዝሓሰቦ ክትመልሶ ዘጸግም፡ ህዱእን ተሪርን ሰብ'ዩ።" ኢሉ ይገልጾ። ብዘይካ ንእስነታዊ ዕርክነት ኣብ ካልእ ዕሙቕ ዝበለ ጉዳያት ብጋህዲ ዘየዕልሉ ኣዕሩኽ ብዝለመዱዎ ናይ ዋዛ ዝመስል ጠባያቶም ኣብ ኣገዳሲ ጉዳይ ከውዕሉዎ ንዕዘብ። ሓደ መዓልቲ ኣፈወርቂ ንኣኽሊሉ "እስከ ዓርከይ በዚ ዓድኹም ዘወር ኢልና ንመለስ!" በሎ።

ኣኽሊሉ ዓዱ ዓዲ ንፋስ እያ። እታ ካብ ኣስመራ ንሰሜን ውሑዳት ኪሎሜትራት ርሒቓ ትርከብ ዓዲ - ንፋስ፡ መደበር ቀዳሞት ተጋደልቲ

ህዝባዊ ሓይልታት ኮይና ነበረት። ንዓዲ ንፋስ ዘወር ምባል ንኽልቲኦም ብውሽጦም እንታይ ውራይ ከምዝህሉ ብሩህ'ዩ ኔሩ። ከምቲ ዘልመዱዎ ጠባያት ድማ ሕቶ ምብዛሕ የለን። ኣኽሊሉ ጠባዩ ግርም ጌሩ ስለ ዘጽነዖ፡

"ሕራይ ንኺድ! መኣስ'ሞ ንበገስ?" በሎ።

"ሕጂ'ምበር! እንታይ ኣለዎ ብጽሒ ኢልና ዘወርወር ኢልና እቲ ዓዲ ንርእዮ። ገዛኹም ከኣ ንበጽሕ!" መለሰሉ።

ተተሓሒዞም ተበገሱ። ጉዕዞኦም ብእግሪ'ዩ። ምናልባት ወዲ ከተማ ስለ ዝኾነ ኣብ ጉዕዞ ሓንከስከስ ከይብል ኣኽሊሉ ሰግኣሉ። ንሱ ግን ኣብ መንገዲ ከምህ ኣይበለን። ዓዲ ምስ ኣተዉ ተመራሪሖም ናብ እንዳ ኣኽሊሉ ከዱ። ማዮም ሰትዮም ቁርሲ ምስ በልዑ፡ ኣፈወርቂ፡

"ኣብዚ ቤተክርስትያን በጺሐ ክመጽእ'የ!" ኢሉ ንበይኑ ወጸ።

ኣኽሊሉ ሕቶ ኣየሰዓበሉን። ብሓንሳብ ንኺድ'ውን ኣይበሎን፡ ነታ ጠባዩ ድሮ ኣጽኒዕዋ ስለ ዝነበረ። ናብ ቤተ-ክርስትያን ገጹ ኣምርሐ። ኣብ መንጎ ምኹልይ ኢሉ፡ ንሓደ ዝሓልፍ ዝነበረ ወዲ ዓዲ፡

"እንዳቦይ ቀሺ ተኸስተ ኣበይ ኢያ?" ክብል ሓተቶ።

እቲ ወዲ ዓዲ ድማ ሓበሮ። እንዳ ቀሺ ተኸስተ ሰሎሞን ኣቐዲሞም ምስ'ቶም ቀዳሞት ተጋደልቲ ዝተሓባበሩ ገዛ'ዮም ኔሮም። ብፍላይ ያሬድ ዝተባህለ ወዶም ድማ ካብ'ቲ ግዜ'ቲ ኣትሒዙ ንጡፍ ውፉይ ኢዩ ኔሩ። ኣፈወርቂ ንያሬድ ደልዩ ኢዩ ንዓዲ ንፋስ ዝተንቀሳቐሰ። ኣጋጣሚ ሽዑ መዓልቲ ንያሬድ ኣይረኸቦን። ግና ገዝኡ ኣርጊጹ ክፈልጥ ከኣለ። ኣኽሊሉ ኣብ ገዝኦም ክጽበዮ ጸንሐ። ኣኽሊሉ'ውን ንቤተ-ዘመድ ክበጻጽሕ ዘወርወር ኢሉ ኔሩ'ዩ። ኣብ ሓደ ገዛ ምስ በጽሐ ነቲ ኣፈወርቂ እንዳ ቀሺ ተኸስተ ዝሓተቶ ሰብ ረኸበ። እቲ ሰብ፦

"እዚ ብጻይካ ደኣ ንእንዳ ቀሺ ተኸስተ እንታዮም ኮይኑ'ዩ?" ኢሉ ንኣኽሊሉ ሓተቶ።

"ምናልባት ዘመዶም ይኸውን። ዓርከይ ኢዩ፡ ንዓናይ ዓዲ ኣባጽሓኒ ኢለ'የ ኣምጺኦዮ !" ኢሉ ዘረባ ዓጸወ።

ኣኽሊሉ ካብዛ ዘረባ'ዚኣ መምጽኢ ምኽንያት ናይ ኣፈወርቂ ተረድኦ። ብዛዕባ ገድሊን ፖለቲካን ምልዓል የለን። ግዳ ኣዚዩ

ምስጢራዊን ዕቑብን ምትሕብባር ምግባሮም ድማ ዘገርም'ዩ። እዛ ናይ ዓዲ ንፋስ ጉዕዞ ብሓቂ ዋዛ ኢያ ትመስል ኔራ። ኣኽሊሉ ድማ ንዕላማ ኣፈወርቂ ብተዘዋዋሪ መንገዲ'ዩ ተረዲኡዎ።

ጉዕዞ ርእሲ ዓዲ

ሓደ መዓልቲ ኣብ ፈለማ ኣዋርሕ 1975 ኣፈወርቂ ንኣኽሊሉ፥ "ርእሲ ዓዲ ንብጻሕ!" በሎ። ኣኽሊሉ ከም ቀደሙ ብዘይ ሕቶ ተበገሰ። መገዲ ምስ ወዲ ዓዲ ኮይኑ ነገሩ፥ ናበይ ንኸይድ ኣሎና ዘይብሉ፥ ብኻልእ እናዕለልካ ጉዕዞ ናብ ርእሲ ዓዲ ኮነ። ኣብ ርእሲ ዓዲ ሓንቲ ናይ ቀደም ዝተሰርሐት ገዛ ትርከብ ነበረት። ናብኣ ገጾም ኣምርሑ። ኣብኡ ምስ በጽሑ ምስ ተጋደልቲ ተራኸቡ። ኣኽሊሉ ኣብ ሓደ ቦታ ኮፍ ኢሉ ክጽበዮ ተሰማምዑ። ኣፈወርቂ ምስ'ቶም ተጋደልቲ ፍልይ ኢሉ ተራኸበ። ኣኽሊሉ ምስኦም ዘዕለሎ ኣይፈለጠን። ኣይሓተተን ድማ። እቶም ተጋደልቲ የማነ ሓይልንኪኤልን (ኣባ ግራይ) መምህር ተኽለሚካኤል ወልደሚካኤልን ኢዮም ኔሮም። ኣፈወርቂ ምስኦም ሓያለ ጸኒሑ ተተሓሒዞም ንኣኽሊሉ ተጸንበሩዎ። ኣኽሊሉ ኣቐዲሙ ብመንገዱ ይፈልጦም'ዩ። እዚ ግን ምስ ኣፈወርቂ ዝዛረበሉ ኣይኮነን። ካብኡ ተተሓሒዞም ጉዕዞ ማይድምነት ኣቢልካ ንማይ ዓሙስ፥ ዓዲ ንፋስ ኮነ። ካብኡ ተፈላልዮም ነንበይኖም ተጓዒዞም ኣስመራ ኣተዉ።

ኣብ'ቲ ሰሙን'ቲ የማነ ሓይልንኪኤልን መምህር ተኽለሚካኤልን ኣብ ኣርባዕተ ኣስመራ ጸላኢ ከበቦም። ብህይወቶም ካብ ዝተሓዙ መሰዋእቲ መሪጾም ኣብኡ ነብሶም ቀተሉ።

ዕርክነት ከተመ

መጀመርያ 1975 ደርጊ ስልጣን ሒዙ ኣብ ኣስመራ ብዘበን ዕግርግር ዝፍለጥ ጅምላዊ መቕተልቲ ዘዘውትረሉ እዋን'ዩ ኔሩ።

ኣኽሊሉን መልኣከን ካብ'ቲ ዘጋጥም ዝነበረ ሓደጋታት ንምድሓን እናተራኸቡ ናብ ዝሓሸ ዝብሉዎ ብማኪና መልኣከ ይንቀሳቐሱ ነበሩ። ሓደ መዓልቲ ናብ ገዛ ባንዳ እንዳ ኣፈወርቂ ክዕቑቡ ወሰኑ። ነቲ ገዛ ዝሓሸ ኮይኑ ስለ ዝረኸቡዎ ኣብኡ ንወርሒ ዝኣክል ምስ ኣፈወርቂ ተቐመጡ። ሓደ ግዜ ወተሃደራት ደርጊ ብማይጭሆትን ከባቢኡን ገዛ ገዛ እናኣተዉ ሰባት ክቐትሉ ሓደሩ። ኣፈወርቂ እቲ ተኹሲ ምስ

ተጀመረ ሰዓት ትሸዓተ ናይ ምሸት ካብ ገዛ ወጺኡ ከደ። ከም ልማዱም ናበይ ኢኻ ኣይበሉዎን። ነዊሕ ወጺኡ ጸኒሑ ተመልሰ። ብዛዕባ'ቲ ሰፊሕ መቕተልቲ ኣበይ ኣበይ ከምዝነበረ፣ ክንደይ ከምዝተቐትሉ ብኸመይ ከምዝተቐትሉ ኣዕለሎም። እዚ ሓቢሩዎም ግን ራዕዲ ኣየርኣየን። ብኸመይ ከምዝፈለጦን ንምንታይ ከምዘይዓጀቦን ኣዕሩኽቱ ተገረሙ።

1975 ንዕርክነቶም ዝበተነት ዓመት'ያ። እታ ዓመት'ቲኣ ክትጅምር ኣትሒዛ ዘበነ ዕግርግር'ያ ኔራ። ሰባት ብሰልኪ ምሕናቕ፣ ብጅምላ ምቕታል፣ ገዛ ገዛ ኣቲኻ ምቕታል ኣብ ኣስመራ ዝተዘዉተረትላ ዓመት'ያ። እዚ ዕግርግር'ዚ ንሰለስቲኦም ኣዕሩኽ ከም ቀደሞም ክራኸቡ ኣየኽኣሎምን። ኣኽሊሉ ካብ'ታ ጥቓ እንዳ ቴክኒክ እትርከብ ዝነበረት ካፈተርያ ወተሃደራት ደርጊ ብኣልማማ ተኲሲ መንእሰያት ዝቐተሉሉ ብህይወት ምስ ተረፈ ምስ'ቶም ካልኦት ብህይወቶም ዝተረፉ ኣብ ቀጽሪ ኤክስፖ'ዩ ተዳጒኑ። ቀጽሪ ኤክስፖ ሰባት ተተሓፊሶም ዝዳጐኑላ ገሃነም'ያ ተቐይራ። ሓላፊ ናይ'ዚ ግፍዒ'ዚ ኰሎኔል ዘነበ ዝተባህለ ዕሉል ፋሺሽቲ'ዩ ኔሩ። ኣብ ኢድ ኰሎኔል ዘነበ ዝበጽሐ ትንፋስ ክረክብ ኣይጽበን'ዩ። ኣጋጣሚ ኣኽሊሉ ዝኣተወላ እዋን ግን ካልእ ግዚያዊ ሓላፊ ስለ ዝጸንሐ ብዋሕስ ወጸ። ካብ'ታ ግዜ'ቲኣ ንደሓር ርክብ ሰለስቲኦም ኣዕሩኽ ሃሰሰ። ኣኽሊሉ ናብቲ ሰፈር ገድሊ ዝነበረ ምድሪ ዓዶም ሰሜናዊ ባሕሪ ገዓዘ። ብኡ ኣቢሉ ጋሽ-ባርካ ወሪዱ ሱዳን ኣትዩ ንወጻኢ ተሰደ። መልኣከ ንግዚያዊ ድሕነት ናብ መበቈል ዓዶም መጠራ (ጥቓ ሰንዓፈ) ከይዱ ድሕሪ ምጽናሕ መገዲ ረኺቡ ብኣዲስ-ኣበባ ኣቢሉ ንኣሜሪካ ኣተወ። ሳልሳይ ዓርኮም ኣፈወርቂ ግን ዕማም ገድሊ ንምፍጻም ኣብ ኣስመራ ተረፈ።

4

ኣምለሱ ተስፋይ [6]

ኣዕሩኽቱ ካብ'ቲ ናይ ኣፈወርቂ ዕላላት ዝናፍቕዎ ብዛዕባ ዓባዩ ኣምለሱ ተስፋይ ኢዩ ኔሩ። ኣምለሱ ተስፋይ ከም ዓባዮም'ኳ ዝፈልጡዋ እንተኾኑ፡ ንሳ ዓባያ ነዲኦም ኢያ። ኣምለሱ ተስፋይ ንእንኮ ጓላ ደሃብ ጴጥሮስ'ያ ወሊዳ። ደሃብ ጴጥሮስ ድማ ንወይዘሮ ሮማን ወረሶም፡ ኣዲኡ ንኣፈወርቂ ዝወለደት ኢያ። በቲ ፍሉይ ባህርያታን ኣገባብ ህይወታን ኣምለሱ ተስፋይ ብዝያዳ ትዝከር።

መርዓን ደርዓን

ወይዘሮ ኣምለሱ ተስፋይ፡ ርብሕትን ርኹብትን ብምንባራ ፈለማ መርዓ ቦኽሪ ጓል-ጓላ፡ ሮማን ወረሶም፡ ምዕሩግ ክኾነላ ዘድሊ ሸሻይ ክትቅርብ ግድን ነበረ። ጋርጋር ዝበለ ዳስ ኣብ ዳንጌር፡ ዓዲ ኣቶ ወረሶም፡ ተተኺሉ ሰብ ኣዛረበ። እንተኾነ ሸዑ ትሕቲ-ዕድመ ብምንባራ፡ መርዓዊ ድማ ከምኡ እኹል ጉብዝና ስለ ዘይነበሮ፡ ሕጽኖቶም ጸወታ ቈልዑ ኮይኑ ሓሊፉ። ሓዳሮም'ውን ኣይሰመረን።

ድሕሪ'ቲ መርዓ'ቲ ግን ኣቶ ወረሶምን ደሃብ ጴጥሮስን ኣይተቓደዉን። ሸዑ ተኸስተ፡ ኣርኣያን ግርማይን ብሕልፊ ኸኣ ግርማይ (ደቂ ወረሶም) ናእሽቱ'ዮም። ኣብ መወዳእትኡ ድሕሪ ክንደይ ፈተነ ዕርቂ ናይ ኣቶ ወረሶምን ወይዘሮ ደሃብ ጴጥሮስን ፍትሕ ኮነ። ደሃብ ነቶም ሰለስተ ናእሽቱ ቈልዑ ሒዛ ኣብ ደርዓንቶ ናብ ወ/ሮ ኣምለሱ

ተሰፋይ ተጠርነፈት። ኣብ'ቲ ግዜ'ቲ ሮማን ወረሶም ምስ መምህር ተወልደመድህን ወልደመንቀርዮስ ሓዳራ ሒዛ ነበረት።

ሕጻን ሂወት

መምህር ተወልደመድህን፡ ምልኩዕ ሰብኣይ ነበሩ። ቀይሕ፡ ለማሽ ጸጉሮም፡ ዘለግ ዝበለ ቁመት ዘለዎም፡ ክትርእዮም ከለኻ ዝማርኹ ነበሩ። ኣቦኦም፡ ፊተውራሪ ወልደመንቀርዮስ፡ ርቡሕን ዓቢን ሰብ'ዮም ኔሮም። ካብ ኩሎም ደቆም ሓርዮም ኣምሂሮሞም። ኣብ ቲቦ (መንደፈራ) ዝተማህረ ሰብ ሸው ወርቂ'ዩ ኔሩ። ብኡ ንብኡ ጥልያን ሰራሕ ቈጺሮሞም፡ ኣብ ኣስመራ ናይ ተሌግራፍ ኦፕሬተር ኮኑ። ካብኡ ኣብ ምምሕዳር ከተማ ኣስመራ ተቘጺሮም ግሩም ገስጋስ ህይወት ኣርኣዩ። ኣቐዲሞም ተመርዕዮም'ኳ እንተነበሩ፡ ክይወለዱ ተፈላልዮም። ብድሕሪኡ ምስ ወ/ሮ ኣወጣሽ ዝተባህለት ተዋሲቦም ንሂወት ወሊዶም። እንተኾነ ኣዲኣ ንሂወት ግን ጽቡቕ ኣይረኸበትን። እንግሊዝ ዝኣተወሉ እዋን'ዩ ኔሩ። እቲ ኣስራሒኣ ጥልያን፡ ንሳን ጓላን (ሂወትን) ኣብ ዓረብያ (ካሮሳ) ተሰቒሎም እናኸዱ እንከለዉ፡ ምስ ናይ እንግሊዝ ታንክ ተጋጭዮም፡ እቲ ጥልያንን ኣዲኣ ንሂወትን ሸው ሞይቶም። ሕጻን ሂወት ብዕድል ተሪፋ፡ ዓብያ፡ ኢሰያስ ይሕደጎ፡ ፍረዝጊ ይሕደጎ፡ ጸጋ ይሕደጎ፡ ንግስቲ ይሕደጎ፡ የናስ ይሕደጎ ዝበሃሉ ወሊዳ።

ፊተውራሪ ወልደመንቀርዮስ

ጥልያን ተሳዒሩ እንግሊዝ ምስ ኣተወ መምህር ተወልመድህን ካብ ስርሖም ንቑሩብ ተነቓኒቖም ናብ ዓዲ ጮማይ ወረዱ። ኣብ ዓዲ መረባዕ ሰሪሖም ኔሮም። ኣቦኦም ፊተውራሪ ወልደመንቀርዮስ ዳኛ ዓዲ ኮይኖም ዝተፈልጡ ሰብኣይ ነበሩ። ቀደም ጥልያን ንዓድዋ ምስ ወፈሩ ጉበዝ ዘበለ ኣኽቲቶም ኔሮም፡ ሸው ወዲ 18 ዓመት ከለዉ ዓድዋ ተዋጊኦም'ዮም። ጥልያን ኣይተዓወቱን። ካብቲ ውግእ ምስ ተመልሱ ዓደቦኦም፡ ዓዲ ጮማይ፡ ኣትዮም ኣጣይሶም፡ ገዝኦም ሰሪሖም ሰፈሩ። በረኻን ጣሻን ዝረኣዩ ኮይኖም፡ ኣንበሳ ቀቲሎም ሓኔታ ተባህሉ። ከንቲባ ዝብሃል ናይ እንዳባ ሸመት ካብ እንዳ ደግያት ዓዲ'ኳላ ረኸቡ። እታ ዓዲ ንእሽቶይ ኮይና ዳኛ ኣይነበራን፡ ዳንነት ኣምጽኡላ። ምርኡይ በዓል ዝና ስለ ዝነበሩ ከንቲባ ገረሙሰ ዝበሃሉ ሃብታምን ሹመኛን በዓል ዓዲ ዓንዴል፡ ጉኒ ይኾነኒ'ዩ ኢሎም፡ ጓሎም ሃብዎም። ኣርባዕተ

ኣወዳትን ሰለስተ ኣዋልድን ወሊዶም ዓዲ ኮኑ። በሊሕ፡ ርእሶም ግንግን ዝበሉ፡ ዶግዳግ ጽልም ዝበሉ ሰብኣይ ኢዮም ነይሮም። ትምህርቲ ጥልያን ይኹን ዲቁና ኣይነበሮምን። ግን ደፋርን መስተውዓልን ሕይል ዝበሉን ነበሩ።

ሓደ ግዜ ውሩይ ማሰኛ ተወልደ መዓሾ ብሓደ ነገር ተቐይሙሎም ቦምባ ኢድ ደርብዩ፡ ዕምሮም ነዊሕ ኮይኑ ኣይተተኮሰትን። ተወልደ መዓሾ በዚ ገበን'ዚ ተታሒዙ፡ እቲ ጉዳም ምምሕዳር ናይ ሸው ዘበን ኣብ ቤቶም ብዋርድያ ክሕየር ወሰነ። ኣብኡ ኮይኑ ተወልደ መዓሾ በቲ ቊንቊንኡ ጌሩ ኣሸሙር ኣዝነበሎም። ንሶም በዓል ዓቕልን ሕግን ስለ ዝነበሩ ግን ነገር ብፍትሒ ዓረፈ። ፍትሒ ዝፈልጡ፡ ዓዲ ሕጊ ዝብሃሉ ኣብ መንደፈራ ይዳንዩ ነበሩ። ካብ ደቂ ኣድከመን ደቂ ምልጋእን ይሕረዩ። ኣብ ዓዲ ዝተናገሩ ዳኛ ይፈርዱም፡ ሓደ ካብ ተናገርቲ ሓበል ኢሉ ንዳኛ ኸሲሱ ይግባይ እንተኢሉ ናብ'ዞም ዓዲ ሕጊ መንደፈራ ይኸዱ። እቲ ዳኛ ዓዲ ሒዙዎም ይኸይድ። ንሱ ነገሮም ብጭብጢ የፍስሶ። ንሳ'ቶም ከኣ ነገሮም የፍስሱ። ሸው በዞም ዓዲ ሕጊ ይፍረዱ። እቶም 6 ደያኑ እንዳ ኣድከመ ነቲ ሓደ ኣፍ ዝገብሮም ዳኛ እንዳ ምልጋእ (ብመወለድ ፍርቂ ስለ ዝብጽሖ ናቱ ፍርዲ ክንዲ ኹሎም'ዩ ዝሕሰብ) ርእይቶኡ ይጽበዩ። ናቱ ርእይቶ ምስ ናይ ኩሎም ኣንቢሮም ይፈርዱ። ጥልያን ብሕጊ እንዳቦኹም ተመሓደሩ ኢሉ ጾር ናይ ነገር ናብኦም ኣውሪዱዎ ኔሩ'ዩ። ፊተውራሪ ሓደ ካብ'ዚኦም ኮይኖም ይዳንዩ ነበሩ።

ፊተውራሪ ንቑሕ'ዮም፡ ኣብ'ቲ ዓዲ ሰፊሕ ደምበ ነበሮም። ብጅርባ በእዱግ ማይ ኣጓሪቶም ኣታኽልቲ ቡን፡ ሮማን ዝበሃል ተኽሊን ጌሶን ኣልሚያም ነበሩ። ኣብ'ቲ ከባቢ በቲ ግዜኦም ከምዚ ዝኣመሰለ ህርኩትና ዘርኣዩ ንሶምን ሓደ ክልተ ካልኦትን ኢዮም። ኣብ ደምቤኻ ሓደስቲ ተኽሊ ምፍራይ ቅድሚኡ ልሙድ ኣይነበረን። መምህር ተወልደመድህን ኣሰር ናይ'ዚኦ ርእዮም ግዲ ኮይኖም ጥልያን ምስ ተሳዕሩ ዓዲ ወሪዶም ኣብ'ታ መረብያም ሰፊሮም ለምለም ዝኾነ ጀርዲን ኩስኩሶም ነበሩ። ሩባ ሰሞሞ ቀረባ ዓዲ ጮማይ እዩ። ኣብ'ቲ ማይ ዝመልእ ቦታ ጀርዲን ጌሮም ነበሩ። ሸው ካብ ሓንቲ መሳርሕቶም ወዲ ወሊዶም፡ ሃይለስላሴ ተባሂሉ ዓዲ ኮይኑ'ሎ።

ኣይከም ምርጫን ከም ዕጫ

እንግሊዝ ምምሕዳሩ ምስ ኣረጋግአ ነቶም ብግዜ ጥልያን ዝተማህሩ ሃሰስ ኢሉ ከመሓድሮም ጀመረ፡ ገሊኦም ፖሊስ፡ ገሊኦም ስራሕ ቤት-ጽሕፈት፡ ገሊኦም ከኣ መምህራን ቆጸሮም። ሽዑ'ዩም መምህር ተወልደመድህን ኣስመራ ኣትዩም መምህር ዝኾኑ። ብድሕሪ'ዚ እዩ ድማ ንወይዘሮ ሮማን ወረሶም ዝተመርዓዉ። ንሳ ሕብራ ቀያሕ ውጽእቲ'ያ። መርዓ ምስ ኮነ መርዓት ትመረቕ ተባሂሉ። መርዓት ግን ዘምጽኡላ ክዳን ክትክደን ምስ ተቐረበ ምኽዳን ኣበየት። ተለሚና ምስ ኣቕበጸት፡ እምበኣር ደሓን መርዓዊ ይመረቕ ተባህለ። ውሽጢ ምስ ኣተወ ርእያቶ ሽዑ ክትክደን ሕራይ በለት። መርዓዊ ጸሊም ዘይምኳኑ ምስ ኣረጋገጸት'ያ ሕራይ ዝበለት። ብፍጥረታ ሓያል ስለ ዝኾነት'ምበር ኣይ ከም ምርጫን ከም ዕጫ ምኳኑስ መኣስ ጠፊኡዋ ክኸውን ኢሉ!

ሽዑ ግዜ፡ ናይ ፖለቲካ ሰልፍታት ተመስሪተን ንናጽነት ዝብሉን ሕብረት ምስ ኢትዮጵያ ዝብሉን ይንቀሳቐሱ ነበሩ። ኣብ'ቲ ግዜ'ቲ ወይዘሮ ኣምለሱ ተስፋይ፡ ጓላ ደሃብ ጴጥሮስ ምስ ዝሓዘቶም ደቃ ኣብ ደርዓንቶ ነበረት። ጸግዒ ናጽነት ሒዛ ንስድራኣ (ብፍላይ ንደቂ ጓላ) ተዕልሎም ነበረት። ናኣሽቱ'ኳ እንተነበሩ ምስ እንዳ ራእሲ ተሰማ ኣስመሮም ማዕረባ ወጊና፡ ንደቂ ደቃ ልጅ ዝብል ቅጽል ስም ሂባ ክተመዝግቦም ትደሊ ከምዝነበረት ይዝንቶ። ልጅ፡ ንደቂ ዓበይቲ (ራእስታት፡ ደግያት ወ.ዘ.ተ) ዝወሃብ ቅጽል'ዩ። ሮማን ሽዑ ሓዳራ ሒዛ ኣስመራ'ያ ኔራ። በ'ኹሪ ጓላ፡ ኣስካለ ተወሊዳ ናብራኦም ጀሚሮም ነበሩ። መምህር ተወልደመድህን ግን ናብ ምድሪ ኢትዮጵያ ሽዑ ተበገሱ። ሮማን ምስ በ'ኹሪ ጓላ፡ ምስ ኣምለሱ ተስፋይ'ኳ እንተተጠርነፈት፡ ብድፍኢትን ጻዕርን ወይዘሮ ኣምለሱ ኣብ ዓዲ ጮማይ ዝርከብ መረባዕ መምህር መን ክሰፍሮ፡ ምቅሊት መሬቱ'ኸ መን ክሓርሶ፡ ኢላ ኒሕ ዓጢቓ ሮማን ኣብ ዓዲ ከምትሰፍር ገበረት።

"ኮም ኢያ ትመቐል"

ሽዑ እዋን ኣርኣያ ወረሶም ተመሃራይ ነበረ። ቅድሚኡ፡ ሮማን ምስ ሓረሰት ንወይዘሮ ኣምለሱ፡ ኣርኣያ ቈልዓ ንኸታሕዛ ስደድለይ፡ ኢላ ሓቲታ፡ ሰዲዳትላ ኔራ'ያ። መምህር ሽዑ ኣብ እምበይቶ፡ ሰሓርቲ'ዩም ዝምህሩ ኔሮም። ኒሕ ናይ መምህር ሓያል ብምንባሩ፡ ንበዓልቲ ቤቶም

ወ/ሮ ሮማን፡ ምስ'ቶም ዝምህሩዎም ቈልዑ እምበይቶ ሓዊሶም ይምህሩዋ ነበሩ። ኣርኣያ ቈልዓ ይሕዘላ ንሳ ትመሃር። ኣርኣያ እዚ ባህ ስለ ዘይበሎ ናብ ዓባዩ ኣምለሱ ተሰፋይ ተመልሰ። ሽዑ ድማ ትምህርቲ ኣተወ።

ወይዘሮ ኣምለሱ እንዳቦኣ ዓዲ ባሕሮ'ዩ። ምስ ደቂ ሓምቦኣ ብጉዳይ መሬት ትዋጠጥ ነበረት። ኣብ ዓዲ ባሕሮ ናይ ኣቦኣ ብጽሒት መሬታ ደቂ ሓምቦኣ ይሓርሱዎ ነበሩ። እቶም ደቂ ደሃብ ኋላ ምስኣ ምስ ተጠርነፉ፡ "ንደቂ ኋለይ ዘይኮነኒ!" ኢላ "መሬተይ ምቐሉኒ!" በለቶም። ኣምለሱ ተሰፋይ ሕጊ ዝጠፍኣ ሰበይቲ ኣይነበረትን። ጅር (መዋልዲ) ደኣ'ዩ ዝውሕዳ'ምበር ብርትዕቲ ኢያ ኔራ። ብሕጊ ተማጉታ መሬታ ክትወስድ ትኽእል ኔራ። ግዳ ኣሕዋታ፡ ደቂ ሓምቦኣ፡ ስለ ዝኾኑ ብለባማትን ዓበይትን ክትላዘቦም ፈቲና ኣይኮነላን። ኣብ እንዳ ደግያት ወልደገርግስ (ዓዲ ኽላ) ወሪዳ ንኣርባዕተ ደቂ ሓወቦኣ በይና፡ ብዘይ ጠበቓ ሞጒታ መሬታ ረኸበት።

ወይዘሮ ኣምለሱ ብቚልዓኣ ኣቦኣን ኣዲኣን ስለ ዝተፈልዩዋ ምስ ሓወቦኣ ፋንቱ ኣብ ዓድ ባሕሮ'ያ ዓብያ። ምስ ጒርዘወት፡ ንቡር ምስ ፈተነት ኣብ እንዳ ዲኣ ደርዓንቶ ሰፈረት። ኣዲኣ ካብ ደርዓንቶ ታሕታይ እንዳ ኣዝማች የውሃንስ'ያ። ኣዲኣ ወራሲት'ያ፡ ኣብቲ መሬት ጽልሚ ናታ መሬት ሓዘት። ኣብ ላዕላይ ደርዓንቶ እንዳ ተሰፋኡ ዝብሃሉ ይብጽሑዋ'ዮም። ዓዲ ባሕሮን ደርዓንቶን ኣሕዋት'ዮም። ሰብ ዓዲ ባሕሮ ኣብ ደርዓንቶ መሬት ይምቀሉ'ዮም። ኣቦኣ ኣብ ላዕላይ ደርዓንቶ ብጽሒት መሬት ኔሩዎ'ዩ። መሬት ክመቕሉ ኸለዉ፡ "ኮም'ያ ትመቕል!" ኢሎም መሬት ሃቡዋ። ንሳ ሓንቲ ነቦኣን ነዲኣን'ያ። "ኮም'ያ፡" ዝበሉዋ ክንዲ ሰድራ ወይ ፈራዕ ትሕሰብ ማለት'ዩ። እቶም መዋልድትን መማቕልትን ኣቦኣ ኮም ይኣኽሉ'ዮም፡ ወሊዶም ተዋሊዶም ተባዚሖም። "ኮም ኢያ" ክብሉ ከለዉ ክንዲ ብዙሓት ብኣፍ (እጃም) ኣቦኣ ትምቀል ማለት'ዩ።

ዕረፍቲ ፊተውራሪ - ገጽ ንኣስመራ

መምህር ተወልደመድህን ናብ ኢትዮጵያ ምስ ከዱ ኣብ ኮረም (ኣውራጃ ወሎ) ዝብሃል ዓዲ ሰርሖም ርእዮም ሰፊሮም ምስ ኣጣጥሖ ከይደንጉዩ ንበዓልቲ ቤቶም ወሰዱ። ዓዲ ኣይሓሰሞምን፡ ግርም ተሰማሚዑዎም። ክልተ ወለዲ ንፋዓት'ዮም፡ ዓመት መጸ ዓዶምን ቤተ-ሰቦምን ንምርኣይ ኤርትራ ይመላለሱ። ካብ ዓዲ ድማ ኰእኰእ

ሰርናይን ሕምባሻን ሰኒቖም ይምለሱ። ባንዴራ ኤርትራ ዝወረደትሉ ዓመት ኣቢሎም ፊተውራሪ ወልደመንቀርዮስ ይዓርፉ'ሞ፡ ንመምህር ተወልደመድህን ናይ ኣፍ-ኣርከቡ መልእኽቲ ተሰደደሎም። ተቐላጢፎም ዓዲ መጺኦም ሓዘን ኣቡኦም ኣብ ዓዲ ጮማይ ኣሕለፉ። መምህር ፈላጢኦም ብዙሕ ኮይኑ፡ ካብ መንደፈራን ኣስመራን በጻሒኦም በርከተ። መሓዛ ናይ ሸው ዓበይትን መኳንንትን'ዮም ኔሮም። በዓል ብላታ መለስ ፍረ (ዳኛ ላዕለዋይ ቤት-ፍርዲ)፡ ኮሎኔል ገረመድህን ኣስሄል፡ ደግያት ፍስሓጼን ሃይለ፡ ደግያት ወልደሃንስ ዝብሃሉ ኣዕሩኽቶም ነበሩ። ምስ ጀነራል ተላ ዑቕቢት ኣብ ቱቦ (መንደፈራ) መማህርቲ'ዮም ኔሮም። ማሕበር ፍኖተ-ብርሃን ዝብሃል ምስ በዓል ከንቲባ ሓረጎት ኣባይ ኣብ ምቛም ተሳቲፎም ነበሩ። በዓል መምህር ኣስፍሃ፡ መምህር ኤፍሬም፡ መምህር ኣብርሃ ገብረስላሴ ዝበሃሉ'ውን ኣዕሩኾም ነበሩ። ኣቦኦም ክቐብሩ ምስ መጹ ብዙሓት ካብ'ዚኦም ሰበ-ስልጣንን ሰብ ጽቡቕ ስራሕን ኮይኖም ጸኒሖሞም። ምስ'ቲ ክእለቶም፡ ምስ'ቲ ትምህርቲ ዘለዎም ናብ ዓዶም ኤርትራ ክምለሱ ተማሕጸንዎም። ንሶም'ውን ዓዲ ክኣትዉ ቃል ኣትዮም ናብ ኮረም ተፋነዉ።

መምህር ተወልደመድህን ብዓንተቦኦም ብሩኽ ሓጋዚ ሰብ'ዮም ኔሮም። ምስ ጥልያን እናሰርሑ ከለዉ ንኽንደይ ሰብ ኮይኖም'ዮም። ኣብ እንዳ ጥልያን ስራሕ ዘእተውወን ሓያለ ኔረን። ዋርድያ ዝመስል፡ ኮኮ (ከሻኒ/ት)፡ ስራሕ ፋብሪካ፡ ዝኣመሰለ ዘእተውዎም ኔሮም። ወሓለ ከኣ'ዮም። ኣብ እምበይቶ (ስሓርቲ) ከለዉ ካብ ዕንባባታት መሮር ጨፍጪፎም ሕብራዊ ቀለም ሰሪሖም ንተመሃሮኦም ይምህሩሉ ኔሮም'ዮም። ከምኡ ዝኣመሰለ ኢደ-ጥበባዊ ሓርኮትኮት ዝነበሮም ሰብኣይ ነበሩ።

ናብራ ኮረም

ናብራ ዓደምሓራ ከይጽግሞም ኩሉ ቤተ-ሰብ ተሰኪፉ ነበረ። ወ/ሮ ሮማን፡ ንበዓል ቤታ ዕዙዝ ክብሪን ፍቕርን እኳ እንተነበራ፡ ዓዲ ኣርሒቖም ዘዋር ከይኮኑ ትሰክፍ ነበረት። ኣይከም ዝፈርሃቶን፡ ገዛ ዓጽዮም ምሂሮማ፡ ከም'ቶም ተመሃሮኦም ኣብጺሖማ። ኢደ-እግሪ ዘይነበራ ከም ድላያ ትጽሕፍ፡ ተንብብ ኮይና። መምህር ፈታው ቤቶም፡ ገዝኦም ምሉእ'ዩ። ሓርኮትኮት ኢሎም ገዛ ሰሪሖምላ። ከም'ታ ናይ ቀደሞም ከኣ ኣብኡ፡ ኣብ ኮረም፡ መሬት ሒዞም ኣሕምልቲ፡ ቀላሚጦስ፡

ደርሁት ኣፍሪዮም ደገፍ ረኺቦም። እቲ ዓዲ፡ ዓዲ በረኸት'ዩ። እኽሊ፡ እንስሳ፡ መዓር፡ ጠስሚ ብሕሱር ይርከብ። ጸኒሖም ካብ ኮረም ናብ ደሴ ኣተው። ሽዑ፡ ድሕሪ ኣስካለ ሓሙሽተ ተወሊዶም ነበሩ፡ ሻድሻይ ኣብ ጥንሲ፡ እቲ ንእሽቶይ ፍቓዱ ዝበሃል። ሽዑ እዋን'ዩ ኸኣ መምህር ኩሉ ፈታውን ቤተ-ሰብን ንዓዶም ክምለሱ ሃንቀው ኢሉ ዝጽበዮም ዝነበረ። ፈተውቶም፡ ክመጽኡ ኢዮም ኢሎም ስራሕ ሒዞምሎም። ገዛ ከይተረፈ ኣብ ኣስመራ ተኻርዮምሎም፡ ምጽእ ኢሎም ዘዕርፉሉ። ክመይ ዝበለ ገዛ ኣብ ዕዳጋ ሓሙስ ሒዞም ይጽበዩዎም ነበሩ።

ዕረፍቲ መምህር ተወልደመድህን

ኣብ ደሴ ስንብታ ሓቲቶም ድሕሪ ሰለስተ ወርሒ ክመጹ ቀጸራ ተዋሂብዎም ይጽበዩ ነበሩ። ሓደ መዓልቲ ናይ ተሌግራም መልእኽቲ ክቕበሉ ካብ ገዝኦም ምስ ወጹ ብሃንደበት ሓሚሞም ወደቑ። ቅድሚኡ ኣይሓመሙ ኣይጸመሙ ወዲቖም። ወይዘሮ ሮማን'ኳ፡ ዓዲ ጓና'ዩ፡ ኢላ ኢደ-ሰብ ከይከውን ጠርጠረት። ሽዓ ተጓይዮም ናብ ሆስፒታል ወሲዶሞም፡ ግን ኣይደሓኑን ዓሪፎም። ብጉበዞም ኢዮም ዓሪፎም። ንደቆም ኣብ ርእሲ ርእሲ ኣብ ውሽጢ ውሑዳት ዓመታት'ዮም ወሊዶሞም። ወይዘሮ ሮማን ሽዑ ጌና መርዓት ትመስል ለይለይ ኢያ ኔራ። ንሳ ብጉርዞኣ ንሶም ብጉበዞም ከለዉ'ዮም ዓሪፎም። ቤተ-ሰብ እዚ ኹሉ ዕምባባ ናብራኦም ዕውር ዝበለ ኮይኑ ተሰምዖም። ወይዘሮ ሮማን ነቶም ናጽላታት ሒዛ እንታይ ከምትኸውን ስክፍታ ኮነ። በደ ዘሎ በቦ፡ ኣብ ዓዲ ዘሎ ኣብ ከተማ፡ ኩሉ ቤተ-ሰብ ከዕብዩላ ሓሓደ ክትህቦም፡ ንሳ ንእስነታ ከይተብለ፡ ነብሳ ትኽእለሉ ክትገብር ተማሕጸኑዋ። ሮማን ግን ሓቦኛ ኢያ። "ደቀይ ኣይብትንን፡ ክንዲ ኣቦን ኣደን ኮይነ ከዕብዮም'የ!" ኢላ ሓቝፋ ሒዛቶም። ብመሰረት ፍረ ምህሮ መምህር፡ በታ ዝመሃሩዋ ክትነብር ናብ መንግስቲ ጠሪዓ መምህር ኢደጥበብ ኮነት። ግዳ ኣብ'ታ ፈለማ ዝለመደታ ዓዲ ኣይመደቡዋን። ንየው ቀላን ጨፈቃን፡ ባቲ፡ ናብ ዝበሃል ዓዲ ደቃ ሒዛ ወረደት። ኣብኡ ኣብርሃም ዝብሃል ድሕሪ ኣስካለ ዝተወልደ ቈልዓ ሞተ። ሽዑ ኩሎም ደቃ ደቀቕቲ'ዮም ኔሮም።

ብድሕሪኡ ጠሪዓ ናብ'ቲ ዝነበረቶ ዓዲ ኮረም ተመልሰት። ወይዘሮ ሮማን ቅጭን'ያ። ሕብራ ጻዕዳ፡ ክዳና ጻዕዳ፡ ኩሉ'ዩ ዘኽብራ። ናይ ሰብኣያ ግርማስ ቀጥ ኣቢላ ሒዛታ፡ ኣይሓመቐትን። ናብራኣ ጽቡቕ፡

ደላዩት ጽቡቕ፡ ደቃ ደቂ ርኹባት'ምበር ዘኽታማት ኣይመስሉን። ድሩት ትሕዝቶ'ኳ እንተ ነበረ፡ ሓቦ'ዩ ዘንብር፡ ብሓቦ ልዕሊ ሰብ መሲሎም።

ደሃብ ጴጥሮስ

እቲ በዓልቤታ መምህር ከለዉ ዓመት መጸ ንዓዲ ዘመላለሱዎ ዝነበሩ'ውን ቀጥ ኣቢላ ተኸተለቶ። ደሃብ ጴጥሮስ (ኣደ ወይዘሮ ሮማን) በዓልቲ ጠባይ፡ ደሃያ ዘይስማዕ፡ ደንጋጽ ሰብ፡ መዋእላ ምስ ኣምለሱ ተሰፋይ ኢያ ኔራ። ኣብ ቁላታት ነጭለባሽ፡ ኮማንድስ፡ ጦር-ሰራዊት ዓድታት ዘንድድሉ ዝነበሩ ዘበን (1967) ደሃብ ሓመመት። ሽዑ ኣብ ኢድ ኣዲኣ ኣምለሱ ተሰፋይ ዓረፈት። ደቃ በብሓደ ዓደምሓራ ሰፊሮም ትናፍቕ፡ ትነብዕ'ያ ኔራ። ወይዘሮ ሮማን ዓመት መጸ ተመላሊሳ ትርእያ'ኳ እንተ ነበረት፡ ግና ከይቀሰነት ሞተት።

ደሃብ ጴጥሮስ ትንሳኤ'ያ ትበሃል። ኣቦኣ ጴጥሮስ ዓቻ'ዮም ዝበሃሉ። ዓቻ ካብ ቱርኪ ዝተወርሰ ብግዜ ጥልያን ዝነበረ ሽመት ኢዩ። ጴጥሮስ ዓቻ ዓስከር ጥልያን ኮይኖም ኣብ መንደፈራ ነበሩ። ሽዑ'ዩ'ም ምስ ወይዘሮ ኣምለሱ ተሰፋይ ዝተራኸቡ። ንዓኣ ደልዮም ከኣ ብዙሕ ኮለል በሉ። መልክዖም ምስ ዕጥቀም ዛሳነ ግሩም ሰብኣይ ነበሩ። እንተኾነ ካቶሊክ ስለዝነበሩ፡ ኣምለሱ ተሰፋይ ብኣጋ ኣይፈተወትን። መበቀሎም ካብ ቢለን እዮም። ናይ ካልእ ተሪፋ ሃይማኖቶም ናብ ተዋህዶ እንተቐይሮም ከምእትቕበሎም ኣንፈት ምስ ሃበት ተመርዕዮማ ንደሃብ ወለደት። ናይ ወተሃደር ነገር፡ ብቅያር ናብ ሰገነይቲ ገጾም ምስ ከዱ ሓዳር ኣምለሱ ተሰፋይን ጴጥሮስ ዓቻን ኣይቀጸለን። ሽዑ ዓስከር ጥልያን ርቡሕ ሰብ'ዩ ዝሕሰብ ኔሩ። ኣምለሱ ሃይማኖቶም ኣቐይራ ዝተመርዓወቶም እጹብ ኮይኑዎ ሰብ። “ኣነ ኣምለሱ ኣነ፡ ንጴጥሮስ ዓቻ'ኳ ሃይማኖቱ ዘቐየርኩ'የ!” ኢላ ኸኣ ተዘምር ነበረት።

ኣምለሱ ተሰፋይ ጓላ መዋልዲ ዘይነበራ ንበይና ምኚና ትጉሂ ነበረት። እንተኾነ ንሳ ኣርባዕተ ወሊዳ ምፍራያ ኸኣ ኣሐጒሳ። ደሃብ ጅር ክህልዋ ብሂጋ “ዘይትወልድለይ!” እናበለት ንኣዲኣ ኣምለሱ ተሸግራ ነበረት። እንተኾነ ኣይገበረቶን። ኣቦኣ ጴጥሮስ ግን ገብረሚካኤል ዝብሃል ኣብ ሰገነይቲ ወሊዶም። ክምርያ ምስ ደለየ ሓፍቲ ከም ዘላቶ ሰሚዑ ስለ ዝነበረ፡ ሓታቲቱ ናብ ቤት ኣምለሱ ተሰፋይ ደርዓንቶ መጺኡ፡ ምስ ደሃብ ሓብቱ ተራኸበ። ምስኡ ከይዳ ዓደቦኣ ተላልያ ኣመርዕያቶ ተመልሰት።

ሓረግ'ዩ ወለዶ!

ወይዘሮ ኣምለሱ ተሰፋይ ምስ ጴጥሮስ ዓቓ ብወዝቢ'ዮም ተራኺቦም። ኣብቲ ዝተራኽቡሉ ቦታን ግዜን ቅድሚኡ ከላሊ ዘኽእል ድሕረ-ባይታ ኣይነበሮምን። ኣቶ ጴጥሮስ ትንሳኤ፡ ቤተሰቦም ኣብ ሓሊብ መንተልን ከረን ላዕላይን ይርከቡ። በዚ ኣጋጣሚ'ዚ ደቂ መምህር ተወልደመድህን ካብ ቢለን ከኣ ይውለዱ ማለት'ዩ። እምበር ብወለዶ ኣምለሱ ተሰፋይን መምህር ተወልደመድህንን ኣድከመ-ምልጋእ'ዮም። ኣድከመን ምልጋእን መናቱ ኣሕዋት ደቂ ኣከለጌን'ዮም። ኣከለጌን ቴድረር ከይዱ ሰመዲን ጓል ኣሕመድ ጻዕዳ ትበሃል ተመርዕዩ። ኣሕመድ ጻዕዳ ካብ ዓሌት በለው ኮይኑ ኣሕዋቱ ኣብ ባጽዕ፡ ቤት-መኻእ (ኣስመራ) ይርከቡ። ኣከለጌን ኣብ ደርዓንቶ ሰፊሩ። ኣድከመን-ምልጋእን ካብኣ ፈርዮም። መሬት ደርዓንቶ ዘይብጽሖ ውሉድ የለን። ምድሪ ኣድከመ-ምልጋእ ማይ-ጋርሳ ዝእግሩ ማይ-ልቡስ ዝርእሱ፡ ንመራጉዝ፡ ማይጻዕዳ፡ ተኸላ፡ ደቡብ (ክሳብ ተራእምኒ)፡ ቁሓይን፡ ዓረዛ፡ ደምበላስ፡ ዛይደኮሎምን ምድሪ ወዲ-ሰበራን የጠቓልል። ኣብ ታሕታይ ሓረግ ወለዶ ደርዓንቶን ዓዲ ጮማይን ደቂ ክርስቶስ መዋእል ኮይኖም ይራኸቡ። ከም'ዚ'ሉ ሓረግ'ዩ ወለዶ፡ ዝተለጋገበ ከም ሓረግ።

ኩሉ ኣሞይ ይብለኒ!

ሕጊ እንዳ'ባ ናይ'ቲ ከባቢ ሕጊ ኣድከመ-ምልጋእ ይብሃል። በዚ ሕጊ'ዚ ጓል ክብርቲ'ያ። እንተዘይመሰለት ብግቡእ ከም ወዲ መሬት ትምቀል። ኣብ ገሊኡ ኣቦ ብጉንዖ ክዕድላ ይኽእል። እዚ ብሕጊ ፍቑድ'ዩ። ጉንዖ ማለት ብገለ ምኽንያት ወላዲኣ ሓለፉ ክገብረላ ከሎ'ዩ። ኣምለሱ ተሰፋይ፡ ሓንቲ ነቦኣ ስለ ዝነበረት፡ ኣብ ኩሉ ኣቦኣ ዝውለዶ ወረሰት። ኣብ ደርዓንቶ፡ ዓዲ ባሕሮ፡ ዝኣክል መሬት ኈሩዋ። ጓል ኣድከመ ምልጋእ ንመሰላ ብቓልዕ ኣብ ባይቶ ክትምጉት ዝድርኻ እዚ'ዩ፣ ክንደይ ክብሪ ከኣ ትረክብ።

ኣምለሱ ተሰፋይ፡ መላእ ዓዲ የኽብራ ነበረ። ሓደ ግዜ ምስ ኣርኣያ (ወዲ ደሃብ፡ ወዲ ወረሶም) ንእሸቶይ ከሎ ብቅነ ሓየላ ንዓዲኳላ እናኸደት፡ እቶም ዓዲ ኣብ ባይቶ ተጋቢኦም ጸንሕዋ። ንኽብሪ ዓደቦኣ ጽላላ ዕጽፍ ኣቢላ ሰገደትሎም። ኩሎም ብድድ ኢሎም፡ "ከመዓልኪ. . . ጓል'ዞም ዓበይቲ. . ." ኢሎም ኣሕለፍዋ። ኣምለሱ ተሰፋይ ከም'ዚ

ዝኣመሰለ ኣከባባር ነበራ። ደቂ ዓዳን ፈለጥታን ኩሎም፡ "ኣሞይ!" ይብሉዋ፡ ብኡ ከኣ "ኩሉ ኣሞይ ይብለኒ!" ኢላ ትንየት ነበረት። ሕጊ ትፈልጥ ስለዝነበረት፡ ነገር ዝገበረ ንዓኣ ዘየማኽር ኣይነበረን። እንተኾነ ነገሮም ርእያ ትዓርቀም፡ ካብኡ ተረፈ ከኣ ነቲ ውጹዕ እታ ትፈልጣ ሕጊ ተማኽሮ።

ኣብቲ ከባቢ ከምኣ ዝኣመሰላ ሓያላት ከም ሰብኣይ ኮይነን መጕተን ወይ ሰሪሐን ገዛ ኣቦአን ዘተኽላ ኔረን'የን። ኣብ ዓዲ ሽሎሙን ሓደ ኣዋልድ ጥራይ ዝወለደ ሰብኣይ፡ ወዲ ዘይወለድኩ ኢሉ ክጉሂ ዝሰምዓቶ ጓሉ፡ ክንዲ ወዲ ኣነ ዘይኮነልካ፡ ኢላ ትወፍረሉ ነበረት። ኣቦኣ ሸምጊሉ ማሕረስ ምስ ጸገሞ፡ እጀ ጠባብ ብላዕሊ ጌራ፡ ርእሳ ከይረስሕ ጨርቂ ሸፊና፡ ባርኔጣ ወድያ፡ ሕርስ ውዒላ ትኣቱ ኔራ። ኣቦኣ ነዚ ምስ ረአየ፡ ነዛ ጓለይ ዝወሰድ ኣብዛ ዓዲ ምስኣ ሰፊሩ፡ ወራስየይ ክኸውን ኣለዎ፡ ኢሉ ኣማስያኡ ብኸምኡ ኣመርዕዩዋ። ደግያት ተሰፋማርያም ዝብሃሉ ሹመኛ ዓዲኳላ ሽመት ኣቦኦም ክወርሱ ከለዉ ንእሽቶይ ኢዮም ኔሮም። ደጓዐ (ካብ ደጕዓ፡ ከበሳታት ትግራይ ዝመጹ) መረብ ሰጊሮም እናወረሩ መከራ ጌሮምሎም። ኣብ ዘዝኣተውዎ ሰብ ኣሰኪሖም፡ ኣብ እዝኑ ውዑይ ቀሎ እናእተዉ ሰብ ኣሳቕዮም፡ ኣብ መጨረሽትኡ ደግያት ተሰፋማርያም ኣንጻሮም ክዓጥቁ ሰራዊቶም ሒዞም ባጽዕ ወሪዶም ምስ ጥልያን ተጸግዑ። ሓንቲ ደቃ ብሕጻውንቶም ሰብኣያ ዝሞታ ብርትዕቲ ጓሎም፡ ሓያላት ኢና ዝብሉ፡ ኣብ ኩዶ-ፈላሲ ዝርከብ እጃማ መሬት ክዕምጹ ምስ ተላዕሉ፡ መጕታ መሰላ ረኸበት። በዚ ኸኣ ንሳ'ውን ከም ኣምለሱ ተሰፋይ ፍልጥቲ ነበረት።

ካራ ትስኢት

ሓይሊ ኣምለሱ ተሰፋይ፡ ኣብ እምነታ ጕሊሑ ይርአ ነበረ። ሰበይቲ ክንዲ ሰብኣይ ክትከውን ከም ትኽእል፡ "ሰብኣይ ካባና ብምንታይ ይበልጽ፡ ዘይኣባጅጕ ክንዋሰብ ኢሉ ሰብኣይን ሰበይትን ጌሩ ፈጢሩና!" ዝብል እምነታ ኣግሂዳ ትገልጽ ነበረት። መጕታ ከም ትረትዕ፡ መሬታ ከም እተመሓድር፡ ስድራኣ ከም እትኣልን ዝተርፋ ከምዘይብላን ዘርኢ ጽኑዕ እምነት ነበራ። ሰብኣይ ኩሉሳዕ ሰብኣይ ከምዘይኮነ ንምርዳእ፡ ከንቶ ንዝኾኑ ሰብኡት፡ "ካራ ትስኢት!" ኢያ ትብሎም ኔራ። ካራ ትስኢት ማለት፡ መሬት ዘየገልግል ካራ፡ ጥጆእ ወይ ቡቕሊ ክትስኣለን ኢለን ኣንስቲ ኣብ'ቲ ጥጆእ ዝድርብያኦ ድርባይ ካራ'ዩ።

ባህጊ ውሉድ

ባህጊ ውሉድ ብዝምልከት ከም'ዚ ዝስዕብ ኢላ ትገጥም ነበረት፡-

ውሉድ'ሲ ወላድ ትገምግሞ
እንተላይ ኢሕታ 'ተላይ ጭራሞ
እንኳይ ሞይቱ ክኣቱ ናብ ጋህሲ
በረኻ ወፊሩ'ኳ ኣየምሲ

ኣምለሱ ተስፋይ ባህጊ ውላድ'ኳ እንተነበራ ንሓንቲ ደሃብ ጴጥሮስ'ያ ወሊዳ። ንሳ ንሮማን ወረሶም ምስ ሰለስተ ኣሕዋታ ብምውላዳ ግን ሕጉስቲ ነበረት።

ንብርታዕ፡ ተበላሓትነትን ትኩርነትን ክትገልጽ ከላ ድማ ከም'ዚ ዝስዕብ ትምስል ነበረት፡-

ሰይቲ ጸማም ብኾፉ ይሽኳሽኹሉ
ሰይቲ ዕውር ብኾፉ ይስዕምሉ

እቲ መልእኽቱ፡ ሰብ ድዉይ፡ ሰነፍ ክኸውን ከምዘይብሉ፡ ኣብ ሪሙ ክረማረም ከምዘለዎ እዩ።

ኣብ'ቲ እዋን'ቲን ኣብ'ቲ ከባቢ ዝነበረ ሃዋህው ንጹርን ተሪርን መርገጺ ኣንጻር ስርዓት ኢትዮጵያ ክነብራ ሰብ ብቐሊሉ ከይቅበሎ ይኽእል'ዩ። ደቂ ደቃ ከም ዝምስክሩዎ ግን ጸግዒ ናጽነት ኤርትራ ዝሓዘ ኣረኣእያ እዩ ኔርዋ። ነዚ መርገጺ'ዚ ዝገልጽ ሓደ ናይ ኣምለሱ ተስፋይ ከም'ዚ ዝስዕብ ብሂል ነበረ፦

ሃይለስላሰ ኣንታ ግራይ ንጉሰ
ኣይትምለስካ እታ ጽላተ ሙሰ

እዚ ብሂል'ዚ ንጉስ ሃይለስላሴ ብጥልያን ተሳዒሮም ካብ ሃገሮም ተሰዲዶምሉ ንዘነበርሉ እዋን እዩ ዝገልጽ። ይኹን'ምበር ኣብ ትዝታ ኣምለሱ ተስፋይ እናሻዕ ዝቀላቐላ ነበረ። ኣብ ግዜ ግዝኣት ሃይለስላሴ ከኣ ኣግሂዳ "ሓንቲ መዓልቲ ካብ'ዛ ዓዲ ክወጽእ'ዩ!" ኢላ ትንበ ነበረት። ድርኺቱን ጽልዋኡን ብዘየገድስ እምበኣር ተሪር ስምዒት ናጽነት ከም ዝነበራ እዚ ዝተጠቕሰ ብሂላት የረጋግጽ።

ንቢሮክራሲ ዓባዩ ኣዕሊሉ ዘይጸግቦ ኣርእስቱ'ያ ኔራ። ካብኣ ዝቐሰሞ ጽልዋ ከኣ ነበሮ።

ዝርዝር ምንጭታት

ንምዕራፋት 1 - 4

ቃለ-መጠይቅ ዘካየደ ደራሲ'ዩ

2. ቃለ-መጠይቅ ምስ ገሬ ጀገም (ገረዝጊሄር ገረመድህን) ነሓሰ 2009፣ ኣስመራ
3. ቃለ-መጠይቅ ምስ ኣልማዝ ተወልደመድህን፣ ሙሉጌታ ተወልደመድህን፣ ጸጋይ ተወልደመድህን፣ ኣስካለ ተወልደመድህን ጥሪ 2009፣ ኣስመራ
4. ቃለ-መጠይቅ ምስ ግርማይ ገብረመስቀል ነሓሰ 2009፣ ኣስመራ
5. ቃለ-መጠይቅ ኣሕዋት ቢሮክራሲ ቁ.3፣ ኣኽሊሉ ኣባይ ጥሪ 2009፣ ኣስመራ
6. ቃለ-መጠይቅ ኣሕዋት ቢሮክራሲ ቁ.3፣ ብርሃነ ተስፋማርያም ወልደመንቀርዮስ፣ ኣርኣያ ወረሶም፣ ኣሰፋው በየነ ተኸሊት፣ ኣስመራ 2009።

ቢሮክራሲ

ካብ ጸጋም ንየማን - ኣብ ሜዳ - ጸጋይ ተ/መ፣
ብርሃነ ተ/ማርያም፣ ኣልማዝ ተ/መ፣ ሙሉጌታ ተ/መ

ጭማር (ድራር ገረንስአ ማና)
ካብ ቀዳሞት ውድባት እምባደርሆ

ገረዝግሄር ገብረመድህን
ካብ ፈለምቲ ወደብቲ ኣብ ውሽጢ ከተማ

መም/ ተወልደመድህን ወ/መንቀርዮስ
ኣቦ ቢሮክራሲ

ወ/ሮ ሮማን ወረሶም
ኣደ ቢሮክራሲ

ኣልማዝ ተወልደመድህን
ምዕባይ ቢሮክራሲ

ኪሮስ ወልደስላሴ
በዓል-ቤት ኣስካለ

ኣስካለ ተወልደመድህን
ዓባይ ሓፍቲ ቢሮክራሲ

ቢሮክራስን ኣልማዝን ኣብ ገዛ ባንዳ ጥልያን

ሙሉጌታ ተወልደመድህን ምንኣስ ቢሮክራሲ

ዓባይ ዓባዮም ኣምለሱ ተስፋይ
ምስ ስድራቤት

ተኸስተ ወረሶም
ኣኮ ቢሮክራሲ

ኣኽሊሉ ኣባይ
ዓርኪ ቢሮክራሲ

እምሃጼን ዘርኣይ
ካብ ቀዳሞት ዉፉያት

ሚኪኤል ተኸስተ
ተሓዝ ዱኳን

ግርማይ ወረሶም
ኣኮ ቢሮክራሲ

ገብረሚካኤል ጴጥሮስ ሓው ዓባይ
ቢሮክራሲ

ብርሃነ ተስፋማርያም ወ/መንቀርዮስ
ወዲ ሓወቦ ቢሮክራሲ

ክንቲባ ወልደመንቀርዮስ
ኣቦሓጎ ቢሮክራሲ

5

ኣፈናዊ ንጥፈታት

ኣብ መጀመሪያ ናይ 1970ታት፡ መንእሰያት፡ ተመሃሮን ኣብ ዝተፈላለየ ኣብያተ-ጽሕፈትን ኣብያተ-ዕዮን ዝሰርሑ ሞያውያንን ንውዑይ ናይ ቃልሲ ድልየታቶም ዝጕስጕስ ሃዋህው ብፍላይ ኣብ ከተማታት፡ ኣስመራን ኣዲስ ኣበባን ተፈጢሩ ነበረ። ብዙሓት መንእሰያት ከኣ ነቲ ናይ ጸላኢ ናይ ምቁጽጻርን ምድቋስን ሜላታት በዲሆም ኣንፈቶም ናብ ሜዳ ኮነ። እዚ ጽልዋ'ዚ ልክዕ ከም መሳቱኦም (ንቢሮክራሲን ኣልማዝ ሓፍቱን) ናብ'ቲ ፈለግ ኣእተዎም። ኣተዓባብያኦምን ፍሉይ ሕውነታዊ ዝምድንኦምን ሓባራዊ ናይ ቃልሲ ድልየታቶምን ምርጫታቶምን ከኣ ዝተጣበቐ ገድላዊ ዕዮ ክፍጽሙ ሓገዞም።

ቢሮክራሲ ኣብ ፈላሚ ስራሓቱ ከም ከተመኛ መንእሰይ ክዋሳእ ኢና ንርእዮ። ባህርያቱ፡ እንታይነቱን ልምድታቱን ውጽኢት ስድራ-ቤቱን ኣተዓባብያኡን እዩ ነይሩ። ጽልዋ ወለዱን ዓባዩን ዕዙዝ እዩ ነይሩ። ኣተዓባብያኡን መነባብሮ ስድራቤቱን ካብ ያታን ባህሊን ክውንነት ሰፊሕ ህዝቢ ፍንትት ዝበለ'ዩ ነይሩ። ብዓቢኡ ኸኣ ኣብ ኮረም (ምድሪ ኢትዮጵያ) ስለ ዝዓበየ ክውንነት ሕብረተ-ሰብ ኤርትራ ክፈልጦ ሃንቀውታ ነበሮ። ባህርያቱ ጽን በሃሊ፡ ሓሳባት ሰባት ዝብርብር ዕላል ዘዘውትር ሰብ'ውን ስለ ዝነበረ ካብ'ቶም ዘዕልሉዎ ብዙሕ ይመሃር ነበረ። ንዕኡ ኣጋይሽ ዝኾኑ ሓደስቲ ኣምራትን ቃላትን ጥራይ ዘይኮነ፡ እምነትን ኣተሓሳስባን፡ ኣተራጉማን ኣናብራን ካልእ ህይወት እንታይ

ከም ዝመስል ተማህረ። ካብ ናይ ዓባይ ዓባዩ ሰፊሕ ዕላል ብዓቢኡ ብዙሕ ክፈልጥ ከኣለ። ኣውራ ኸኣ ምስ'ቲ ብሰውራዊ ጽልዋታት ዝቐሰሞ ገድላውን ሓርበኛውን ኣተሓሳስባ ዝቃዶ ሓርበኛዊ መርገጺ ዓባይ ዓባዩ ኣምለሱ ተስፋይ ጸለዎ። “ . . .ሃይለስላሴ እዚ ርጉም ንጉስ. . . .ክወጽእ'ዩ ካብ'ዚ ዓዲ. . .” መውጽኢ ኣፉ ነበረ።

ቢሮክራሲ፡ በዚን ካልእን ጽልዋታት ከምኡ'ውን ብመምርሕን ኣሰራርሓን ውድብን ተደሪኹ ኣብ'ቲ ቀላይ ናይ ከተማ ገድሊ ክዋሳእ ጀመረ።

ኣርኣያን ዛይድን

ኣብ በረኻ ዝሰፈሩ ተጋደልቲ ካብ ናይ ከተማ ኣባላቶም ብዙሕ ነገር'ዩ ዘድልዮም። ኣስመራ ምንጪ ቀረባት ጥራይ ዘይኮነስ ስሉጥ መራኸቢት ንኣዲስ-ኣበባ ኮይና ተገልግል። ሓደስቲ ተሰለፍቲ ናብ ሜዳ ምብጻሕ፡ ካብ ሜዳ መምርሒን ሓበሬታን ምቕባልን ናይ ዜናን ፖለቲካዊ ኣስተምህሮን ጽሑፋትን መጽሔታትን ምዝርጋሕን ኣገዳሲ ዕማም ነበረ። ብዓቢኡ ኸኣ ናይ ምንቅቓሕን ምውዳብን ዕማም ነይሩ። ሓደ ካብ'ቲ ወሳንን ኣድማዒን ዝኾነ ዕማማት ድማ ሓበሬታ ኩነታት ጸላኢን ህዝብን እናሻዕ ምምጋብ የድልዮም። ነዚ ዝመስል ዕማማት ንምፍጻም ቀጻልን ዘይብተኽን ርክብ ምስ ተጋደልቲ ግድን'ዩ። ክጥዕም ንውሽጢ ኣትዮም ዕማማቶም ዘሰላስሉ፡ ኣባላት ከተማ ድማ ወጺኦም ዝራኸቡሉ ኣገባባትን ቦታታትን ምፍጣር የድሊ ነበረ።

ሓንቲ ካብ'ተን መራኸቢ ክትከውን ዝኸኣለት ዓዲ-ሓወሻ'ያ። ጸላኢ ከባቢ ኣስመራ ኣብ ዘይተዘርገሓሉ እዋናት፡ እተን ቀረብን ዝርከባ ዓድታት ዓዲ-ንፋስ፡ እምባደርሆ፡ ክሳብ ዓዲ-ኣበይቶ እናሰሎኹ ዝራኸቡለን ዓድታት'የን ኔረን። ኣብ ዳሕራይ እዋን ግን ካልእ ቦታታት ምጥቃም ኣድለየ። ዓዲ-ሓወሻ ንዓላ ኣብ ዘጠምት ቀልቀል'ያ ትርከብ። ካብ ኣስመራ ኣስታት 15 ኪ.ሜ. ርሒቓ ኣብ ጥቓ ጽርግያ ኣስመራ-ደቀምሓረ ዝተደኰነት ኮይና፡ ግሩም ህድሞታት ነበርዋ። ኣብ ሓንቲ ካብ'ዘን ህድሞታት'ዚኣን ኣባላት ከተማን ወደብቲ ኣካላትን ይራኸቡ። ንሳ እንዳባቡላ ትበሃል። ኣባቡላ ሳጓ ናይ ኣቶ ገብረመድህን ገብርሄት'ያ። ኣቶ ገብረመድህን ኣቦ ክብሮም ወዲ-ቡላ፡ እቲ ዳሕራይ ህቡብ ናይ ከተማ ተጋዳላይ ዝኾነ፡ ኢዮም። ኣቶ ገብረመድህንን ብዓልቲ-ቤቶምን

ኣቐዲሞም ስለዝሞቱ መብዝሕትኦም ደቀም ኣብ ከተማታት ክሸቅሉ ዝረሓቑ'ዮም ኔሮም። መድህን ጓል ቡላ እታ ዝነኣሰት ሓደ ወለድ መንእሰይ ኢ.ያ ኔራ። እዚ ጋርጋር ዝብል ግሩም ህድሞን ክፍልታቱን ኣባላት ከተማን ወደብትን ዝራኸቡሉ ጽሙው ምቹእ ቦታ'ዩ ኔሩ። ኣብ'ዚ ቤት'ዚን ኣብ ካልእ ከምኡ ዝኣመሰለ ኣባይትን ወደብቲ ተጋደልቲ ከም በዓል ወልደንኪኤል ኣብርሃ፣ ሰመረ ሰሎሞን፣ ኤርምያስ ደበሳይ (ፓፓዮ)ን ካልኦትን ይመጹ ነበሩ። ካብ ከተማ ድማ ብዙሓት ኣባላት ክመላለሱ ተራእዩ።

ኣብ'ዚ ቦታ'ዚ ሓደ ፍልይ ዝበለ ዕማም ዝነበሮ ኣባል ወደብቲ ኣካላት ብወዲ-ልቢ ዝፍለጥ ነበረ። ናይ ሜዳ ስሙ ዘርኣይ፣ ሓቀኛ ስሙ ግን ተኸለ ዓንደ እዩ። ናብ'ዚ ሰብ'ዚ ካብ ዝመላለሱ ዝነበሩ ክልተ ወድን ጓልን ኣሕዋት ፍልይ ብዝበለ መንገዲ ይራኸቡዎ ነበሩ። ክመጹ ከለዉ ንበይኖም'ዩ ዝቕበሎም። ነቲ ዝውቱር ምምልላሶም ንዝተዓዘቡ፣ ውዱባት ዘይኮኑስ ኣሕዋት ወዲ-ልቢ ይመስልዎም ነበሩ። እዞም ክልተ ኣሕዋት፣ ኣርኣያን ዛይድን (ቢሮክራሲን ኣልማዝን) ኢዮም ነይሮም።

ምቕልቃል ድርፎ

ብምብራቕ ኣስመራ ቤት ጊዮርጊስ ሓሊፍካ ጥውይዋይ ጽርግያ ዓርበ-ረቡዕ ተኸቲልካ ብምውራድ ንጸጋም ምስ እትጥምት ሓደ ዓሚቝ ጋግ ይርከብ፣ ድርፎ። ብሰሜኑ ጎቦ ርእሲ-ዓዲ የጽልሎ። ብምዕራቡ ከኣ ገማግም ዓዲ ንፋስን በለዛን ይርከቡ። ካብ ቤት-ጊዮርጊስ ውሑዳት ኪ.ሜትራት ጽርግያ ዓርበ-ረቡዕ ተኸቲልካ ኣብ ምስላም ቤተክርስትያን ኣቡነ-ኣረጋዊ ክትበጽሕ ከለኻ፣ ንድርፎ ኣብ ዘቖልቅል ክሳድ እንዳ ገረመድህን ወልዳይ ትርከብ። ንየማን ናይ'ዚ ክሳድ'ዚ ሓያል ስድራታት ዝሰፈሩሉ ጎቦ ዓርጎሎ ዝብሃል ኣሎ። ገረመድህን ወልዳይ ኣብ'ዚ ቦታ'ዚ ብጉስነትን ሕርሻን ይነብር ነበረ። ህ.ሓ.ሓ.ኤ. ብውሑዳት ኣባላቱ ንፈለማ ግዜ ኣብ ዝተቖልቀለሉ እዋን ካብ'ቶም ቀዳሞት ተሓባበርቲ ኮይኑ ከገልግል ጀመረ። ኣብ'ቲ ከባቢ በዓል ወልደገብርኤል፣ ሃይለ ኣብርሀ፣ ተወልደ ዑቕባሚካኤል (ዓርጎሎ) ዝብሃሉ ንጡፋት ተሓባበርቲ ህ.ሓ.ሓ.ኤ. ነበሩ። ኣርኣያ እንዳ ገረመድህን ወልዳይ ሓንቲ ካብ'ተን ምስ ናይ ሜዳ ተጋደልቲ ዝራኸበላ መስኖ'ያ ነይራ። ገረመድህን ወልዳይ ምስ በዓልቲ ቤቱ ሃንሱ በራኺ ንቢሮክራሲ ከም ሓደ ብሰላሕታ መጺኡ ጸጸር ብምድርባይ ናይ ምምጽኡ ምልክት ዝህቦም መንእሰይ ኢ.ዩ ኔሩ።

ንጥንቁቕ ኣመጻጽኣኡን ኣካይድኡን ምስጢራውነቱን ከኣ ብተመስጦ ይዝክርዎ።

ቀላቕል ዓዲ ንፋስ [7]

ብዘይካ'ዚ ካልእ መራኸቢ መስመራት'ውን ነይሩ'ዩ። ቢሮክራሲ ዕዳጋ ዓርቢ ወይ ኣኽርያ ዝሓደረ መሲሉ ምስ'ቶም ካብ'ቲ ከባቢታት ዝወፍሩ ተሓዊሱ ናብ ማእከል ከተማ ዝኣትወሉ እዋናት ኔሩ'ዩ። ብምስጢራዊ ስራሕ ምስ ዝፋለጦ ረኺበዮ ኢልካ ወጃዕጃዕ የለን። ከምዘይትፋለጥ ትኽ ኢልካ ምሕላፍ'ዩ። ገሊኦም ከም'ዚ ብምግባሩ ይግረሙ ነበሩ። እንተኾነ፡ ተሰቲርካን ተመሳሲልካን ምስጢራዊ ስራሕ ምስላጥ ግድን'ዩ ኔሩ። ምስ ኣብ ዕዳጋ ዓርቢ ዝነበሩ ብዙሓት ኢትዮጵያውያን ተጸምቢርካ ጉዕዞ ብሓቂ ዘደናግር'ዩ። እቲ ዝዕመም ግን ብዘይእቶን ምስ ዘይትደልዮን ተጓዒዝካ ክፍጸም ዝሓትት ኢዩ። ብኣኽርያ ቁሪጽካ ቀላቕል ዓዲንፋስ ተኸቲልካ ተጋደልቲ ምስ ከተማ ዝራኸቡላ ስትርቲ ቦታ ኔራ'ያ። ንሳ ማይድምነት ትበሃል። ቢሮክራሲ ካብ'ዛ ቦታ'ዚኣ ዝተመላለሰላ ኣጋጣሚታት ኔሩ'ዩ።

ድርፎ ቀንዲ መራኸቢትን መዋፈሪትን እናኾነት'ያ መጺኣ። ካብ ከተማ ንድርፎ ምምልላስ ከም ንቡር'ዩ ተወሲዱ። ምስ ግዜ ዝቀያየራ ካልኦት መራኸቢታት'ኳ እንተነበራ፡ ከም ጤረር ዓዲ ቑንጺ (ቀልቀል ዓዲ ንፋስ)፡ እንኮዔላ (ቀልቀል ባሕሪ ዓዜን)፡ ዓደብስሉስ፡ ዝኣመሰላ፡ ድርፎ ግን ንነዊሕ ዝጸንሐት መራኸቢት'ያ። ናይ ከተማ ኩነታት ምስ ጸንከረ ሳቡርን ርድእትን ዝብሃላ ቦታታት መራኸቢ ኮይነን'የን። ሳቡር ካብ ቀላቕል ውርድ ኢልካ ዝርከብ ቦታ ሰሜናዊ ባሕሪ'ዩ። ርድእቲ ኣብ'ቲ ከባቢ እትርከብ እቶም ምስ ቢሮክራሲ ብፍሉይ ዝራኸቡ ዝርከቡላ መራኸቢት ቦታ'ያ ኔራ።

ውግእ ብሽጉጥ [8]

ቢሮክራሲ ናብ'ዚ ቦታታት'ዚ ንምብጻሕ ሓያል ብድሆታት የጋጥሞ ነበረ። ሓደ ግዜ ናብ ሜዳ እናወጸ ምስ ሚሊሻ ጸላኢ ጉፊ-ጉፍ ተራኸበ። ሃንደበት ስለ ዝነበረ ኣመሳሚሱ ክሓልፈሉ ዝኽእል ኩነታት ኣይነበረን። ጉዩ ከምልጥ'ውን ዕድል ኣይነበሮን። እቲ ኣማራጺ ምስኡ ብዝነበረት ንእሽቶይ ሽጉጥ ተኹሲ ከፊቱ ክእለየሉ ዝከኣል ሃዋህው ምፍጣር'ዩ ነይሩ። ተኹሲ ከፊቱ ኣዝለቐ፡ ብደሓን ድማ ካብኦም ኣምለጠ። ጉዕዞኡ

ግን በዚ ኣይተኾልፈን። ካልእ መውጽኢ መስመርን ጥበብን ኣናድዩ ድርፎ ኣተወ። ዕማሙ ኣሳሊጡ ከኣ ኣስመራ ተመልሰ።

ፍሉይ መደብ ኣብ እንዳ ባራቶሎ 9

ኣብ ኣስመራ ክሳብ'ቲ ደርጊ ዝዓጸዎ፡ 1975፡ ቢሮክራሲ ተመሃራይ ዩኒቨርስቲ እዩ ኔሩ። ኣብኡ ከኣ ውድባዊ ንጥፈታት የካይድ ነይሩ። ከም ተመሃራይ ክቕጽሎ ዝኽእል ኩነታት ስለ ዘተወድአ ካልእ ስራሕ ክናዲ ኔሩዎ። ምስ ኣባላት ወድብ ብምምኽኻር፡ ኣብ እንዳ ዓለባ ባራቶሎ (ጉዳይፍ) ስራሕ ኣተወ። እንዳ ባራቶሎ ኣዝዩም ብዙሓት ሰራሕተኛታት ስለ ዝነበሩዎ ንውደባ ኣገዳሲ ትካል'ዩ ኔሩ። ኣብኡ ኣብ ክፍሊ ሕሳብ ተቖጽረ። ካብ'ቶም ሓለፍትን ጸሓፍትን ውዱባት ስለ ዝነበሩ ንምንቅስቓሱ ዝሰማማዕ ኣከያይዳ ክህልዎ ይተሓጋገዙዎ ነበሩ። ኣብኡ ከም በዓል ጋይም ተኪኤ፡ ዝኣመሰሉ ፍሉጣት ውዱባት ኔሮም'ዮም። ቢሮክራሲ ምስ ሰባት ክተዓራረኽ ዘይጽግሞ ስለ ዝነበረ ብዙሓት ፈተውቲ ኣጥረየ። ሓደ ካብኦም ኣቶ ኣሰፋው ግርመ ይበሃሉ። ኣብ ባራቶሎ ገዲም ሰራሕተኛ ኢዮም ነይሮም። ቤቶም ኣብ ብሎኮ ጎዳይፍ ብምንባሩ ንኹሉ ኹሉ ጠቓሚ ዓርኪ'ዮም ኔሮም። ወዶም ስእላይ ኣሰፋው ውፉይ ኣባል'ዩ ነይሩ። ገዘኦም ከኣ ኣብ ኣገልግሎት ምስጢራዊ ቃልሲ ወዓለ። ቢሮክራሲ ኣብ'ቲ ገዛ ወድ-ቤት'ዩ ነይሩ። ኣቶ ኣሰፋው ግርመ ኣብ ናይ'ቲ ትካል ዕድጊ ይሰርሑ ነበሩ። ቢሮክራሲ ምስ ኩሎም ኣባላት'ታ ስድራ ጽቡቕ ርክብ ነበሮ።

ባራቶሎ ግርምቲ ሸፋን ንስርሑ'ያ ኮይና። ካብ ዋርድያ ጀሚርካ ክሳብ ሓለፍቲ፡ ብሰፊሑ ተላለዮም። ኣብ'ቲ ቦታ ብዝተፈላለየ ምኽንያት ንዕኡ ክረኽቡ ዝመጹ ብቐሊሉ'ዮም ዝኣትዉ። ንቢሮክራሲ ዝደለየ ኣይዕገትን'ዩ። ሓደ መዓልቲ ግን ዕግርግር ተፈጥረ። ሓደ ተኽለገርግሽ ዝተባህለ ሓምቦኡ ይመላለሶ ነበረ። ንሱ ምቕማጡ ዓዲ ጮማይ ኮይኑ ብስሪኡ ዝኑብር'ዩ። ብዙሕ ግዜ ወሰ ወሰ ዝብለላ ዘይፈልያ በትሪ ኣላቶ።

ሓደ መዓልቲ ክበጽሕ ምስ መጸ ዋርድያ ዓገቶ፡ ቢሮክራሲ ስለ ዘይነበረ ከኣ ምስ ዋርድያ ወጠጥ ኮነ።

ኣብ ዓዲ በቲ ናይ ወሰ ወሰ ልምዱ ጨርግድ እዩ ዝብሃል። ጨርግድ ማለት ብበትሪ ዝጻፋዕ ማለት'ዩ። ክፍክር ከሎ "ኣነ ጨርግድ ኣነ. . .." ኢዩ ዝብል። ዋርድያ ባራቶሎ ምእታው ምስ ከልኦ "ኣነ ጨርግድ

ኣነ. . .” ኢሉ ብምጭዳር ንዋርድያ በታ በትሩ ክስሃሎ ተዋጠጠ። ዕረቀ-ዕረቀ ኮይኑ ቢሮክራሲ ከምዘየለ ተነጊሩዎ ተፋነወ። ቢሮክራሲ ናብ ስርሑ ምስ መጸ፡ እቶም ንሓወቦኡ ከዕገርግር ዝረኣይዎ መሳርሕቱ፡ “ወዲ ጨርግድ” በሉዎ። ወዲ ጨርግድ ሓዳስ ሳጓ ቢሮክራሲ ከኣ ኮነት።

ቢሮክራሲ ኣብ እንዳ ባራቶሎ ምስ'ቶም ካድራት ደርጊ ተላልዩ ዓርኮም ኮነ። እዚ ኣካይዳ'ዚ ምስጢራዊ ስርሑ ንኽይጥርጠር ጥራይ ዘይኮነ ኣብ ውሽጦም ብምስላኹ ኣገዳሲ ሓበሬታታት ንኽረክብ'ውን ኣኽኣሎ። በዚ መገዲ'ዚ መድሕን ብጾቱ ዝኸውን ሓበሬታታት ይረክብ። ተፍትሽ ምስ ዝህሉ ኣቐዲሙ ፈሊጡ ቅድመ ምድላዋት ከም ዝግበር ይገብር።

ሌላ ሻይናክ፡ ደሱን ጠበቕን [10]

ገዝኡ ኣብ ገዛ ባንዳ ጥልያን መንበሪቱ ጥራይ ዘይኮነትስ መራኸቢቱ'ውን ነበረት። ተሌፎን ኣብ ስራሕ ገድሊ ወዓለት። እዛ ቤት'ዚኣ ከም መዋፈሪት ከተገልግል ጀመረት። ሓደ ካብቶም ዝግልገሉላ ሻይናክ (ብሪጋደር ጀነራል መብራህቱ ተኽለኣብ) ኢዩ ነይሩ። ሻይናክ ሓላፊ ናይ ከተማ ስርሒታት'ዩ ነይሩ። ሓበሬታ ንምርካብ፡ ተሌፎን ንምጥቃም፡ ክጽምወሉን ከዕርፍን ናብ'ዛ ቤት'ዚኣ የምርሕ ነበረ። ሌላ ቢሮክራሲን ሻይናክን ብውድብ ብመንገዲ ኣልማዝ ሓፍቱ እዩ ፈሊሙ። ቢሮክራሲ ኣገዳሲ ንጥፈታት የካይድ ነበረ። ብዛዕባ ወተሃደራውን ጸጥታውን ኩነታት ጸላኢ፤ ብወደብን መዓርፎ ነፈርትን ዝኣቱን ዝወጽእን ብረት ጸላኢ ሓበሬታ ይረክብ፤ ብደርጊ መን ተታሒዙ፡ ኢዱ ሂቡ ወይ ደርጊ እንታይ ሓበሬታ ረኺቡ ፈሊጡ ንዝምልከቶ ኣካል የመሓላልፍ ነበረ። ሻይናክ ኣብ ርእሲ ዕውት ስራሓት ቢሮክራሲ ጠባዩ ጥዑም፡ ዕላሉ ዘየጸሙን ተቐባል ጋሻን ብምንባሩ ከም ናይ ቀረባ ዓርኩ ሓሰቦ።

ሓደ መዓልቲ ቢሮክራሲን ክብሮም ገረመድህንን (ወዲ ቡላ) ሓንቲ ህጽጽቲ ሜዳ ትበጽሕ መልእኽቲ ነበረቶም። በቲ ብልሙድ ዝጥቀሙሉ መስመር ክይልእኩዋ ኣይጠዓመን። ቢሮክራሲ ሓደ ብልሓት ሓሰበ። ደሱ ተስፋጼን ከሳልጠሎም ከምዝኽእል ገመተ። ደሱ ሓደ ካብ'ቶም ውፉያት ኣባላት ኣሃዱ ሻይናክ'ዩ። ናብ እምባጋልያኖ ክይዶም ንደሱ

ሓደ ሰመረ ባህታ ምስ ዝተባህለ ብጻዩ ረኺብዎ። ሰመረ ባህታ ካልእ ኣባል ኣሃዱ ሻይናክ'ዩ። ደሱ ንሻይናክ ረኺቡ ፍቓድ ሓተተ። መልእኽቲ ብህጹጽ ዘብጽሓሉ ኣገባብ ሓሲቡ ግቡኡ ፈጸመ። ኣብ ዓዲ ንፋስ ኢትዮጵያ ትብሃል ወድብቲ ቀልጢፉ ከምተብጽሖ ገበረ። ደሱ ኣቐዲሙ ብመንገዲ ሻይናክ ምስ ቢሮክራሲ ተላልዩ ኔሩ'ዩ። እዚ ሌላ'ዚ ኸኣ'ዩ ነዚ ጉናዊ ምትሕግጋዝ ዘተባብዖ። ደሱ ንቢሮክራሲ፡ ብፍልጠቱ፡ ብዝረኸቦ ሓበሬታ፡ በቲ ስሓብን ዘይውዳእን ዕላሉ የድንቖ ነበረ። ካብ መሳርሕቲ ሓሊፉ 'ውን ከም ዓርኪ ቀረቦ። ሓደ ግዜ ቢሮክራሲ ብስራሕ ንሜዳ ምስ ወጸ ምስ ደሱ ተራኸበ። ምሉእ ለይቲ ከዕልሎ ብምሕዳሩ ንሓዋሩ ዘይርስዖ ትዝታ ሓደገሉ።

ብስራሕ ዝራኸቦ ካልእ ብጻይ ክብረኣብ ኪዳን (ጠበቕ) ነበረ። ክብረኣብ ኪዳን ሓደ ካብ'ቶም ውፉያት ከተማ ኢዩ። ኣብ መስመር ኣስመራ-ሜዳ ስሉጥ መልእኽታት ኣብ ምብጻሕ ዝተሓባበሮ ሰብ'ዩ ኔሩ። ክብረኣብ ናይ ገዛ ባንዳ መንበሪ ቢሮክራሲ ይፈልጦ ነበረ። ብስሉጥ ኣሰራርሓኡ ድማ ዕጉብ ነበረ። ንቢሮክራሲን ኣልማዝን ብስራሕ ገድሊ ግዱሳት፡ ዝተማልአ ንቕሓትን ፍልጠትን ዝነበሮም ብጾቱ ኮይኖም ረኸቦም።

6

ዕትብቲ ውድብ

ቢሮክራሲ ካብ መጀመርትኡ ኣገዳሲ ርክባት ምስ ውድብን ኣገደስቲ ተጋደልትን ዝመስረተ፡ ድሮ ኣብ ኣስመራ ብናህሪ ክነጣጠፍ ዝጀመረ ውፉይ'ዩ ነይሩ። ስለ ዝኾነ፡ ንሱን ካልኦት ናይ ከተማ ተጋደልትን ዝሰርሑሉ ዝነበሩ ስርርዕ ከተማ ምርኣይ ተራኦም ንምርዳእ ኣገዳሲ'ዩ።

ከመይነት ኣወዳድባ፡ ርክብን ኣሰራርሓን ምስጢራዊ ዕማማት ኣብ ከተማ ብዕትብትን ዕሽልን ክምሰል ይከኣል።

ህ.ግ.ሓ.ኤ. ከም ኣደ፡ ነዚ ዕትብቲ'ዚ ብዘድምዕን ስሉጥን ኣገባብ ክትፈጥሮ ነይሩዋ። እዚ ዕትብቲ'ዚ ንቓልሲ ከተማታት ዝከታተል ፍሉይ ኣካል ብምቛም ተማልአ። እዚ ፖለቲካዊ፡ ወተሃደራዊ፡ ስለያዊ፡ ውድባዊ፡ ቁጠባዊን ማሕበራዊን ዕማማት ዘሰላስል ዕትብቲ ክኾውን ኔሩዎ። ብሓጺሩ ንህ.ግ. ኣብ ከተማታት ዝውክል ዕትብቲ ክቖውም ኔሩዎ።

ካብ 1971 ጀሚሩ ኣብ ከባቢ ርእሲ-ዓዲ ኮይኑ ምስ ከተማታት ዝራኸብ ኣካል ነይሩ'ዩ። ሰራውርን መትንታትን ኣብ ከተማታት፡ ብፍላይ ከኣ ኣብ ኣስመራን ኣዲስ ኣበባን ምስ ተኸለ ኣገባብ ኣሰራርሓኡ ምስ ውድባዊ ምዕባሌ እናተመሓየሸ መጸ።

ኣብ መወዳእታ 1974 ሓሙሽተ ሓይልታት ንሰሜናዊ ባሕርን ከባቢ ወኪ-ዛግርን ተቖጻጸረኦ። ኣብ ከባቢ ሳቡር ዳግመ-ስርርዕ ተገይሩ ገለ ፍሉያት ኣሃዱታት ከኣ ቈማ። [11]

እዘን ኣሃዱታት ህዝቢ ናይ ምውዳብን ካልእ ዕማማትን ተዋህበን። ሓንቲ ካብ'ዚኣን ብሻይናክ እትምራሕ ናይ ውሽጢ ኣስመራ ኣሃዱ ስርሒታት ነበረት። ኣሃዱ ሻይናክ ናብ ኣስመራ ሰሊኺ እናኣተወት ሓያለ ስርሒታት ፈጺመት። ኣባላት እታ ኣሃዱ ነተን ፈለምቲ ስርሒታት "ንሕናን ዕላማናን" ኢዮም ዝብሉወን። "ንሕናን ዕላማናን" ሓደ ካብ ቀዳሞት መግለጺታት ህ.ሓ.ሓ.ኤ እዩ።

ኣሃዱ ሻይናክ ብ "ደቂ-ኣራዊት" ይፍለጡ ነበሩ። ደጀኖም ከባቢ ድርፎ ነበረ። ኣብ ሞንጎ ኣባላት እታ ኣሃዱ ኣማኑኤልን ሓለፎምን ዝበሃሉ ዝነኣሱ ብጾት ነበሩ። ዝፍለጡሉ ሳጓ "ታርዛን" ነበረ። ኣብ ድርፎ ደቂ-ኣራዊት ዝኸወሉሉ ቦታ ድማ "እንዳ ታርዛን" ተባሂሉ ይፍለጥ ነበረ። ደቂ ኣራዊት ኣብ 1974 ጀሚሮም ክሳብ 1977 ኣብ ኣስመራ ሓያለ ስርሒታት ፈጺሞም ካብ ስራሕ ከተማ ተሳሕቡ። ድሕሪኡ ስርሖም ብኻልእ ኣወዳድባ ተተክአ።

ምቛም ዕትብቲ - 06 [12]

ኣብ መወዳእታ 1974 ክፍሊ ርክብ ከተማታት ወይ ድማ ብተለምዶ ወዳቢ ኣካል ዝተባህለ ክፍሊ ዳግም ቆመ። ህዝቢ በብማሕበራዊ ቀጸላኡ ምእንቲ ክውደብ ናይ ተመሃሮ፡ ናይ ሸቃሎ፡ ናይ ሞያውያን፡ ወ.ዘ.ተ. ዝበሃሉ ክፍልታት ዘለዎ ኮይኑ'ዩ ተመስሪቱ። ብተወሳኺ ናይ ዞባ ደቡብ ከተማታት ወዳቢ ክፍሊ ከምኡ'ውን ናይ ኣብ ኢትዮጵያ፡ ብቐንዱ ኣብ ኣዲስ ኣበባ፡ ዝርከብ ህዝቢ ናይ ርክብ ክፍሊ ነበሩ። እዚ ኣሃዱ'ዚ ከኣ'ዩ 06 ተባሂሉ ዝተፈልጠ።

ኣብ 06 ክመርሑ ዝተመደቡ ሓለፍቲ ወልደንኪኤል ኣብርሃ (ሄርሽሚስ)፡ ዓንደሚካኤል ካሕሳይ (ካቦ)፡ የማነ ሓይልንኪኤል (ኣባ ግራይ)፡ መምህር ተኽለሚካኤል ሰለሙን (መምህር ዓንዶም)፡ ኤርምያስ ደበሳይ (ፓፓዮ)፡ ሃብተኣብ ተስፋጼን ከምኡ'ውን ተኽለ ዓንደ (ወዲ-ልቢ ወይ ዘርኣይ) ነበሩ። ኣብ መጋቢት ናይ 1975 ዓ.ም. ኣብ ዝተገብረ ምቅይያር ፍስሃየ ሃይለ (ኣፍሮ) ተጸንበሮም። ኣብ'ቲ እዋን'ቲ፡ ፈለማ ኣዋርሕ 1975 የማነ ኣባግራይን መምህር ዓንዶምን ናብ ኣስመራ ብስራሕ ምስ ኣተዉ ተሰውኡ። ስራሕ 06 እናገፍሐ ይኸይድ ስለ ዝነበረ፡ ንመተካእታን መመላእታን፡ ከምኡ'ውን ስራሕ ብሰሚንን ደቡብን ኣስመራ ተመቓቒልካ ክስራሕ ስለ ዝነበሮ፡ ወልደኣብ

ተኸለሰንበት፡ ተስፋልደት ግርማይ፡ ንጉስ፡ ረዘነ እምባየን ኣለም ኣርኣያን ዝብሃሉ ካድራት'ውን ተደረቡዎም።

ዓገብ ኣብ ማይ ድምነት [13]

ሓደ መዓልቲ ኣብ ሕዳር 1975 ዓገብ ተረኽበ። ደቂ-ኣራዊት ሓደ ሃሱስ ንምእላይ ኣብ ውሽጢ ከተማ ኣስመራ ተንቀሳቐሱ። ሓደ ምስኦም ክተሓባበር ዝተመደበ ተጋዳላይ ንብጾቱ ናብ ጸላኢ ኣሕሊፉ ክህብ ተበገሰ። ናይ እታ በዓል ሻይናክ ዝተበገሱላ ስርሒት ጭርታ ኔሩዎ'ዩ። ነታ ዓይኒ ዝኾነት መዋፈሪት ማይድምነት ሓይሊ ጸላኢ ለኣኸላ። ኣብ ውሽጢ ከተማ ድማ ብግምት ኣብ ሓደ ቦታ ድብያ ከምዝፍጸም ገበረ። ስርሒት ደቂ ኣራዊት ተዓዊቱ። ኣብ'ታ ግምታዊት ድብያ ድማ ጸጥታ ኢትዮጵያ ብዓይኒ'ይብለይ ስኒ'ይብለይ ኣልማማ ተኩሶም 18 ሰባት ቀተሉ። ብኣጋጣሚ ክልተ ኣባላት ደቂ-ኣራዊት ኣብኣ ተለከሙ። እቲ ንማይድምነት ከርዲኑ ዝሓደረ ሓይሊ ጸላኢ ድማ ኣገሪሁ ተኹሲ ብምኽፋት ኣርባዕተ ኣባላት 06 ተሰውኡ። ንሳ'ቶም ኣለም ኣርኣያ፡ ጆሜትራ ርእሶም፡ ሞገስ ሸኮራይን የውሃንስ ግደን ነበሩ። ሓንቲ ካብ ከተማ ንርክብ ዝመጸት ውድብቲ ኣባል፡ እሙና ተስፋዝጊ፡ ድማ ሽዑ ተሰውአት። ማይ ድምነት ምስ ተጠቕዐትን ምስ ተቓልዐትን ርሕቕ ዝበለት፡ ጤረር ዓዲ ቑንጺ ዝተባህለት ካልእ ሕይብቲ ቦታ ተመርጸት።

ተወሰኹቲ ኣባላት [14]

ኣብ መፋርቕ 1975 ዳግመ-ስርርዕ ተገይሩ ቦጦሎኒታት ቆመ። እተን ቦጦሎኒታት ካብ ከተማ ዘድልየን ንምርካብ ገለ ኣባላተን መዲበን ምስ ናይ ከተማ ውዱባት ርክብ ጀመራ። ወዳቢ ኣካል 06 ዘጽንዖ ኣገዳሲ ስርሒታት ከም ምጥቃዕ መዓስከራት፡ ምውጻእ ንብረትን ምውጻእ ሰባትን ድማ ክፍጽማ ጀመራ። ገለ ካብ እቶም ካብ ሓይልታት ኣብ ናይ ከተማ ንጥፈታት ዝዋስኡ ዝነበሩ ደበሳይ ወዲ ባሻይ፡ የማነ ተወልደ፡ ሳሙኤል ባሻይ ገብረ፡ ግርማይ በካዎ ዝበሃሉ ይርከቡዎም። ስርሒት 06 ኣብ 1976 እናሰፍሐ ስለ ዝኸደ ሰመረ ሰሎሞን ካብ ሓይልታት ተሳሒቡ ተወሰኸ።

ኣሃዱ ወዲ ሓጂ

ጐኒ-ጐኒ'ዚ ናይ ከተማ ናይ ርክብ ኣካላት'ዚ ሓንቲ ፍልይቲ ኣሃዱ

ናብ ከተማ እናኣተወት ትነጥፍ ነበረት። እዛ ኣሃዱ'ዚኣ ብወዲ ሓጂ (ዓብደልቃድር ሓጅ ዓሊ) ትምራሕ ነበረት። ወዲ ሓጂ፡ ዕባይ ድርፎ፡ ካብ ንእስነቱ ኣትሒዙ ምስ'ቶም ቀዳሞት ተጋደልቲ ህዝባዊ ሓይልታት ዝተሓባበር ዝነበረ'ዩ። ሸው ተሰሊፉን ኣብ ኣሃዱ ተዓሊሙን ኣብ'ቲ ከባቢ ምስ ዝነበረት ፍልይቲ ኣሃዱ ተመደበ። ሓንቲ ናይ ቁጠባ ኣሃዱ'ያ ኔራ። ወዲ ሓጂ ካብ'ተን ንኣስመራ ቀርብ ዝበላ ዓድታት ዝተሰለፉ ያሬድ ቀሺ ተኸስተ (1977 ኣብ ባጽዕ ዝተሰውአ)፡ ሳሙኤል መንግስ፡ ሞገስ ሸኮራይ (ማይ ድምነት ዝተሰውአ)፡ ካሕሳይ ዓንዳይ ዝተባህሉ ብጾት ከም ኣባላት ተዋህቡዎ። ንውድብ ዘድሊ ቁጠባዊ ትሕዝቶ ኣስመራ ሰሊኾካ ናይ ምውጻእ ስርሖም ስለ ዝገፍሐ ከኣ፡ ካብ ሓይልታት ጆሜትራ ርእሶም (ማይድምነት ዝተሰውአ)፡ ሳሙኤል ተዓገስ (ድምጻዊ)፡ ግርማይ ተስፋጼን ዝተባህሉ ተጋደልቲ ተወሰኽዎም። ናይ'ዚ ኣሃዱ ንጥፈት ምስ 06 ስለዝተኣሳሰር ኣማስያኡ ናብ 06 ተጸንበሩ።

መነሃርያታት 06

ማይድምነት ኣብ 1975 ምስ ተጠቕዐት፡ ጤረር ዓዲ ቑንጺ መነሃርያ ኮነት። ጸላኢ ኣስመራ ንኸሕሉ መከላኸሊ መስመራቱ ምስ ኣግፍሐ ግን መነሃርያታት ናብ ኣጻድፍ ገጹ ረሓቐ። ከረን፡ ደቀምሓረ፡ ጊንዳዕን ደንጎሎን ሓራ ምስ ወጻ ድማ ብሰሜናዊ ወገን እንኮዔላ ዝተባህለት መነሃርያ 06 ተደኲነት። ብደቡብ ኣስመራ ከኣ ዓዲ ሓወሻን ካልኦት ዓድታት ሰሓርትን (ዓደርዓዓ፡ ዳምባ፡ ዝግብ) ብቐጻሊ መነሃርያታት ኮይነን ኣገልገላ። ዓደብስሉስ (ዓዲ ሃብተስሉስ) ድማ ብምዕራብ ኣስመራ ከም ቅድመ ግንባር 06 ኮይና ተገልግል ነበረት።

ኣብ'ዚ ዝተጠቕሰ መነሃርያታት ኮፍ ኢልካ ጥራይ ምስራሕ ኣኻሊ ስለ ዘይነበረ ነተን ኣብ ኣፍንጫ ኣስመራ ዝርከባ ዓድታት ክጥቀሙለን ይግደዱ ነበሩ። ሰባት ክረኽቡ፡ ንብረት ክቕበሉ፡ መእተዊታት ከዋድዱ፡ መውጽኢታት ክምህዙ፡ ስርሒታት ከሳልጡ ናብ ኣፍንጫ ከተማ ምቕራብ ግድን ነበረ።

ኣብ ዓዲ ኣቤቶ ንእንዳ እዮብ ተኽለማርያም (ኣእዳወይ ይሰበራ)፡ ኣብ ዓደብስሉስ ድማ ንእንዳ ተወልደ ገብረመስቀል ይጥቀሙለን ነበሩ። ስራሕ ብሰሜን፡ ብደቡብ፡ ብምዕራብን ምብራቕን ኣስመራ እናተቓላቐልካ

ክስራሕ ስለ ዝነበሮ፡ ብፍላይ ኣብ'ቲ መጀመርያ እዋናት (1975 - 76)፡ ኣብ ዙርያ ኣስመራ ዑደት እናተገብረ'ዩ ዝሳለጥ ዝነበረ።

ኣወዳድባ 06 ኣብ'ዚ ደው ኣይበለን። ቀንዲ መነሃርያታት ምስ ንኡሳን መነሃርያታት ክራኽባ ኔርወን። ካብኡ ከኣ ንውሽጢ ኣስመራ ዘራኽብ መስመራት ክህሉ ኔሩዎ። ካብ'ተን ንኣስመራ ቀረባ ዝኾና ዓድታት ልኡኻት ተመልመሉ። ካብ ከተማ ንዘተፈላለየ ምኽንያታት ዝኣትዉን ዝወጹን ሓያለ ሰባት ተወደቡ። ካሮሳታትን ካልኦት ናይ መጓዓዝያ ተሽከርከርትን ኣእዱግን ኣብ'ዚ መስመራት'ዚ ብዙሕ ኣገልገላ።

ወሰናስን ሰፈራት፡ ኣብ ውሽጠን ስሉጥ ምስጢራዊ መራኽቢ ሜላታት ተፈጢሩለን ነበረ። ህዝቢ'ዘን ሰፈራት'ዚኣን ናብ ኩድርና ዝመሳሰል ተራ ተጻዊቶም'ዮም። ክሳብ ሓይልታት እናኣተዋ ካብ መካይን ዝተራገፈ ዝተጨውየ ንብረት ዝቕበላሉ ሰፍራ'ዩ ኔሩ (ካብ 1975 - 1977)። ሓደ እዋን 8000 ጎልፎ ዝጸዓነት ዓባይ ናይ ጽዕነት መኪና ተጨውያ ኣብ ማይ ተመናይ ሓይልታት ተቐቢሎም፡ ዝነበሮም ብላይ ክዳውንቲ ኣብኡ ቀይሮም ዝገደፉዎ ኣብ ፈቐዶ ተደርብዩ ይርአ ነበረ። ንገለ ካብ'ዘን ሰፈራት'ዚኣን ብምሒር ምስታፍ ንጥፈታት ገድሊ፡ ካድራት ጸላኢ ንኣኽርያ 'ንእሽቶይ ሶርያ'፡ ዕዳጋ ዓርቢ ድማ 'ንእሽቶይ ቬትናም' ኢሎም ኣጠሚቖመን።

ከምቲ ካብ ሜዳ ጀሚሩ፡ ብቐንዱ ሰሜናዊ ባሕሪ፡ ዕትብቱ ኣደልዲሉ ናብ ኣስመራ ዝቐረባ ዓድታት ሰኪዐታቱ ዝዘርግሐ ዝነበረ ኣብ'ዘን ዝተጠቕሳ ወሰናስን ሰፈራት ኣስመራ ድማ ሰኪዐታት ተተተዐ። ዋናታት ኣባይቲ ተወዲቦም ብተወፋይነትን ብእምነትን ዘገልግሉ ተመልመሉ። ከምኡ'ውን ብገንዘብ ውድብ ወይ ድማ ብገንዘብ ውዱባት ሃብታማት ሃገራውያን ለገስቲ ተጠቒምካ ክራይ ዝተሓዙ ኣባይቲ ነበሩ። ህዝቢ እምነቱን ንቕሓቱን ብሓፈሻ ክብ እናበለ ስለ ዝኸደ ብተወፋይነት ኣባይቶምን ነብሶምን ዝቐረቡ ብርክት ዝበሉ ነበሩ። ገለ ካብኦም ኣብ ማይተመናይ እንዳ ቐሺ ብርሃነ፡ ኣብ ቪያ ጅዳ፡ ኣኽርያ፡ እንዳ ቐሺ ዘርኣጋብር፡ ኣብ ሓዝሓዝ እንዳ ጸጋይ (እንዳ ጨጉራ)፡ ኣብ ማይጭሆት እንዳ (ገቲራ)፡ ኣብ ዘባን ሰንቀይ እንዳ ኣቶ ተኽለ ዝኣመሰሉ ነበሩ።

ኣሃዱ ቢሮክራሲ

ክፍሊ ርክብ ከተማታት ክቐውም እንከሎ ኣብ ኢትዮጵያ ናይ ዝርከብ ህዝቢ ዝከታተል ጨንፈር ምስኡ ቈይሙ ከምዝነበረ ዝዝከር'ዩ። እዚ ጨንፈር'ዚ ብወዲ-ልቢ ዝምራሕ ነበረ። ኩሉ ጸላኢ ኣብ ዝቈጻጸሮ ቦታታት ዝካየድ ኣወዳድባን ንጥፈታትን ብምስጢር ክኸይድ ግድን'ዩ። በብማሕበራዊ ቀጸላታቶም ዝውደቡ ኣካላት ዘካይዱዎ ስራሕ ኩሉ ምስጢር'ዩ፣ ግድን ካብ ዓይኒ ጸላኢ ክኸወል ስለ ዝነበሮ። ስለያ ግን ብመሰረቱ ኣድላዪ ምምስሳል ብምግባር ብምስጢር ሃለዋትካ ኣረጋጊጽካ ጸላኢ ብግልጺ ዘየውጽኦ መደባትን ሓበሬታቱን መዝሚዝካ ዝፍጸም'ዩ። ብሓጺሩ ከም'ቲ ናይ ዋህዮታት ናይ ሓፋሽ ውድባት በብማሕበራዊ ቀጸላኦም ዝውደብ ዝነበረ ዝኸይድ ኣይነበረን። ንምሕባእን ንምስላኹን ብዝጥዕም መንገዲ ዝስራሕ'ዩ ኔሩ።

እዚ ማለት ግን ናይ ዋህዮታት ስርርዕ ብዛዕባ ጸላኢን ተጻብኦን ዝእክቡዎ ሓበሬታ ኣይነበረን ማለት ኣይኮነን። ስለያዊ ኣካል በዚ ኣገባብ'ዚ ዝተጠርነፈ ሓበሬታ የገድሶ ጥራይ ዘይኮነ፣ ኣባላት ዋህዮ ንስለያን ንስርሒታትን ብቑዓት ዝኾኑ ኣለልዩ ክምልምል ይኽእል ነበረ። በዚ ኣገባብ'ዚ ኩሉ ንጥፈታት ዋህዮታት ሓፋሽ ውድባት ክከታተል፣ ብሜዳ ዝኣቱን ብኸተማ ዝወጽእን ኣፍልጦ ክህልዎ፣ ጸላኢ ኣብ ልዕሊ'ዚ ንጥፈታት'ዚ ዝፍጽሞ ተኸታቲሉ መድሕን ከዋድድ ግዴታኡ ነበረ። ናብ ጸላኢ ዝሰለሙ ዝሃቡዎ ሓበሬታ፣ ብጸላኢ ዝተታሕዙ ወይ ኣብ ውግእ ዝተማረኹ ኣብ መርመራ ዝሀቡዎ ሓበሬታን ብሰንኩ ብዛዕባ ክግበር ዝነበሮ ቅድመ-ጥንቃቐታትን ብኣጋ ክሕበርን ክዳሉን ዝግብኦ'ዩ ኔሩ።

ቢሮክራሲ፣ መጽሓፍ ዘይፍለዮ ካብ ፈለማ ኣትሒዙ ብዛዕባ ስለያ ዘንብብ ዝነበረ ሰብ'ዩ። ምስ'ቲ ሕዉስን ምቕሉልን ባህርያቱ ድማ ፍልጠቱ ኣብ ዝተዋህቦ ስራሕ ከውዕሎ ፋሕተርተር በለ። ነዚ ስራሕ'ዚ ዝተሓጋገዙዎ ኤርትራውያንን ኢትዮጵያውያንን ተሓባበርቲ ከጥሪ ከኣ ጸዓረ።

ስለያ ናይ ወገን ስርሒታትን መደባትን በቲ ሓደ፣ በቲ ካልእ ድማ ናይ ጸላኢ ኩነታት ብቐረባ ዝምልከቶ ስራሕ'ዩ። ቢሮክራሲ እቲ ዝበዝሐ ኣብ ኣስመራ ካብ መፋርቕ 1973 ክሳብ 1980 ዝነበረሉ ግዜ ዝሰርሓሉ ኣብ'ዚ መዳይ'ዚ ነበረ።

ቢሮክራሲ

ቀንዲ ስሙ ኣፈወርቂ ተወልደመድህን፡ ናይ መጀመርያ ናይ ገድሊ ስሙ ኣርኣያ፡ ካልኣት ምስጢራውያን መጸውዒታቱ ከም ዮሃንስ፡ ተወልደ፡ ንርኣዮን ክፍለን ሃሲሰን ቢሮክራሲ መፍለጢኡ ኩነት። ብድሑርን ቅዱምን ዝፈልጡዎ ብኣ'ዮም ዝዝክሩዎ። ቢሮክራሲ ናይ ሓደ ሃሰሰ ኢልካ ዘይትረኽቦ ስዉር ሰብ ስም ኮይና ተዘርግሐት። ገሊኦም ዝኾነ ይኹን መራኸቢ ዘይነበሮም፡ ሓንቲ ህብብቲ ስም ምዃና ዝፈልጡ ግን ከኣ ናይ ኣየናይ ሰብ ምንባራ ዝጠፍኦም፡ ቢሮክራሲ ደቂ ሕድርትና መሲሉ ዝተራእዮም ኔሮም። ባህርያቱን ስርሑን ስዉር ግን ከኣ ብውጽኢታቱ ዘንጸባርቕን ዘብለጭልጭን ስለ ዝነበረ'ዩ በዚ ስም'ዚ ኣብ እዝኒ ብዙሓት ክፍለጥ ዝኸኣለ። ንሱ ንባዕሉ ሓቀኛ ስሙ ክነግርስ ይትረፍ ካብ ግዜ ናብ ግዜ ምስጢራዊ ኣስማት እናቐያየረ፡ በብዓይነቱ መንነት እናሓዘ፡ ኣብ ዝወዓሎ ከይሓደረ፡ በብዓይነቱ ሜላታት እናተጠቐመ፡ ካብ ሓደ ናብ ሓደ እናሰለኸ፡ ኣሰሩ ከይርከብ መንነቱን ስእልታቱን እናጥፍአ ኢዩ ዝዓዪ ኔሩ። እታ ቢሮክራሲ እትብል ግን ካብኡ ርሒቓ እናበረረት መለለዪቱ ኮይና፡ ጸላኢ'ውን ነዛ ስም'ዚኣ ዝሓዘ'ዩ ሃሰሰ ዝብል ኔሩ። እናበረረትን ትቃላሕ፡ ካበየናይ ሰብ ትምንጩን ከይፈለጣ ንነዊሕ እዋን ሰሪራ።

ሓደ እዋን ምስ ብጾቱ (ናይ ከተማ ተጋደልቲ) ብሓደ ኣርእስቲ ተኻትዑ። ኣብ'ቲ ክትዕ ቢሮክራሲ ዝህቦ ዝነበረ ርእይቶታት ፍልይ ዝበለ ኮይኑ ተራእዮም። ኣብ'ቲ ግዜ'ቲ፡ መፋርቕ 1970ታት፡ ብዛዕባ ዝኾነ ኣርእስቲ ኣልዒልካ ክትካታዕ ከለኻ መብዝሕትኡ ግዜ ምስ ሰውራን ሰውራዊ ኣተሓሳስባን ዝተዛመደ'ዩ ኔሩ። ብፍላይ ቢሮክራሲ ንኣመራርሓ፡ ኣወዳድባን ኣካይዳ ስራሕን ኣድህቦ ጌሩ ይረዳዳእ ነበረ።

ቢሮክራሲ ህዝባዊ ሓይልታት ኣብ 1973 - 74 ዓ.ም. ክቀላቐል እንከሎ ብዛዕባ ምምእካል፡ ጥንቁቕ ኣሰራርሓን ካብ'ቶም ሽዑ ዝረኸቦም ዝነበረ ሓለፍቲ ተገንዚቡ ይኸውን'ዩ። ብተዛማዲ ቢሮክራሲ፡ ዕድሚኡ ንኡስ'ኳ እንተነበረ፡ ኣረዳድእኡ ብዛዕባ'ዚ ሕቶታት'ዚ ዝሰጉመ ነበረ። ኣብ ርእሲኡ ከም ሰብ ምቕሉልን ምእዙዝን ብምንባሩ ንሕቶ መዝነትን ኣወዳድባን ብኽብደት ርእዩ ዝጉዓዝ ሰብ ምንባሩ ዝእምቱ ሓቅታት ኣለዉ። ኣብ'ቲ ክትዕ እምበኣር ቢሮክራሲ ንኣመራርሓን ኣመቓቕላ

መዝነትን ኣድህቦ ጌሩ ስለ ዝተኻትዐ'ዩ ብጾቱ ቢሮክራሲ ዝበሉዎ። ንሳቶም ብዛዕባ መራሕን ተመራሕን ፈላልዩ ብምርኣዩ ዘጠመቑዎ ክኸውን ኣለዎ።

ኣበጋግሳ እዛ ስም'ዚኣ ብዘየገድስ፡ ብጭርቃን ኣቢልካ ከም ዝለግበካ ሳዃ፡ ናይ ሓዋሩ መለለዩቱ ኮይና። ቢሮክራሲ እትብል ስም ኩሉ መበገሲኣን ኣካታዒ ትርጉማን ገዲፋ፡ ኣብ ናይ ከተማ ገድላዊ ስራሕ ናይ ዝዓዩ ኣገዳሲ ሰብ መጸውዒት ኰነት።

7

ካብ ኩሉ ንስድራ ናብ ኩሉ ንሰውራ

ቢሮክራሲ፡ ከም'ቲ ኣብ ውሽጢ ቤቱ ኩሉ ንስድራ ኢሉ ብምሉእ ጸዓቱ ዝዋስኦ ዝነበረ፡ ኣብ ስርሑ ድማ ኩሉ ንሰውራ ኢሉ ይዓዩ ነበረ። ንሰውራ ዝብቀቕ ነገር የለን። ኩሉ ብቕዓቱ፡ ኩሉ ትሕዝቶኡ ኩሉ ሕልናኡ ምውፋይ፡ እንኮላይ ኣባላት ስድራን መቕርብን ከይተረፈ ንሰውራ ዝውፈዩ'ዮም።

ሰውራዊ ወረቓቕቲ ኣብ ደፖዚቶ [15]

ጸጋይ ምዕባይ ሕሳስ ልደ ሓዉ ኢዩ። ኣብ መወዳእታ 1976 ኣቢሉ ኣብ ኢትዮጵያ ብመንግስቱ ዝተኣወጀ ቀይ-ሽብር (ቀይሕ ራዕዲ) ንዝጠርጠርካዮ ኢደ-ወነናዊ ናይ ቅንጸላ ዘመተ ተረሳሲኑ ስለ ዝነበረ፡ ምንኣሱ ሙሉጌታን ጸጋይን ምስ ኣልማዝን ቢሮክራሲን ኣብ ኣስመራ ክነብሩ ካብ ኢትዮጵያ ተላኢኾም። ቢሮክራሲ ሓላዪን ሓብሓብን'ኳ እንተነበረ እዞም ኣሕዋት'ዚኦም ንሰውራ ዝብቀቑ ኣይነበሩን። ንሙሉጌታ ብእኡ ንብእኡ ምስ ውዱባት ከምዝጽንበር ገበሮ። ጸኒሑ ድማ ምስ ሓፍቱ ኣልማዝ ኣብ 1978 ተሰለፈ። ነቲ ጌና ዕሸል ዝነበረ ጸጋይ ድማ ኣብ'ቲ ዝመሃረሉ ዝነበረ ቤት-ትምህርቲ (ከባቢ ደፖዚቶ) ሓደ ሓደገኛ ዕማም ሃቦ። ብውድብ ዝተዘርግሐ፡ ህዝቢ ኣብ ዝርእዮ ብማስቲሽ (መጣበቒ) ዝጥቃዕ ወረቓቕቲ ኣብ ቤት-ትምህርቱ ከጥቅዕ ኣረከቦ። ጸጋይ ምስ

ሓደ ኣለም ዝተባህለ መሰታኡን ዓርኩን ተሓባቢሮም ሰብ ከይረኣዮም ኣብ መናድቕ'ቲ ቤት-ትምህርቲ ጠቀዕዎ። ኩሉ ተመሃራይን መምህርን ከኣ ኣንበቦ። ኣብ'ቲ ቤት-ትምህርቲ ብዙሓት ደቂ-ወተሃደራት (ኢትዮጵያውያን) ተመሃሮ ኔሮም'ዮም። ወተሃደራትን ሓለፍቲ'ቲ ቤት-ትምህርትን ነቶም ኤርትራውያን ተመሃሮ ፈልዮም ኣከላበቱዎም። ገበርቲ ኣይተረኽቡን። እኳ ደኣ ጸጋይ ኣምሓርኛ ስለ ዝመልኽ በቲ ቋንቋ፡ "ኣብ'ዚ ዓዲ ብሰላም ክንነብር ኣይንኽእልን ዲና!" ኢሉ ብላዕሊ ስለ ዝኾነሎም ነገር ተፋኹሰ። ኣማሲያኡ ጸጋይ ኣብ 1978 ተሰለፈ።

ፍቓድ ንግዲ ድስቲ ኩስኩስቲ [19]

ቦኽሪ ውላድ ኣብ ስድራ ቢሮክራሲ ሂወት ትበሃል። ሂወት ጉርዝያ ንመርዓ ምስ ኣኸለት ንኣቶ ይሕደጎ ኣብርሃ ዝተባህለ ሰብኣይ ተመርዕያ ተቐማጢት ኣስመራ ኮነት። ንሳን ሰብኣያን ኣብ ኣስመራ ገዛ ባንዳ ገዳይም ነበርቲ'ዮም። ብመጠኑ ሃብቲ ኣጥርዮም ኣብ ጥቓ ሚዛን (ናይ ዓበይቲ መካይን) ከባቢ እንዳማርያም፡ ቅድስቲ ማርያም ዝተባህለት ፋርማሲ ከፊቶም ይናበሩ ነበሩ። ሓደ ግዜ ኣብ መፋርቕ ሰብዓታት ሂወት ንሓደ ቤተ-ሰብ ተዋሒሳ፡ እቲ ሰብ ገንዘብ ትካል ንህ.ግ ኣረኪቡ ንሜዳ ወጺኡ። ይሕደጎ ተኣሲሩ ገዛ ሸይጡ ክኸፍሎ ተገዲዱ ነበረ።

ርክብ ኣልማዝ ኣዲስ ኣበባ ምስ እምሃ ኪዳነ'ዩ ኔሩ። ንሱ ኣስመራ ምስ መጸ ምስ ውፉይ መስፍን ደስታ ሓለፍቲ እንዳ ድስቲ ስለዝነበሩ ኣልማዝን ቢሮክራሲን ብስም ሓፍቶም ሂወት ፍቓድ ንግዲ ኩስኩስቲ ንውድብ ኣውጽኡ። እቲ ቦታ ኣብ ጉደና ሓርነት ጥቓ ባሕቲ መስከረም፡ ከባቢ ናይ ሎሚ ዳሜራ እትብሃል ካፈተርያ ነበረ። እዚ ስራሕ'ዚ ንሂወት ርዱእ ኣይነበረን። ግን እሙናትን ፍቑራትን ኣሕዋት ዝገበሩዎ ከም ቅቡል ወሲዳቶ ትነብር ነበረት።

ፈላሚ ሕጋጋት ንኽፍለማርያም

ንእሽቶይ ሓሙታ ንሂወት፡ ክፍለማርያም ኣብርሃ፡ ምስኣም ዝዓበየ፡ ትምህርቱ ወዲኡ መምህር ኮይኑ ኣብ 1976 ናብ ከባቢ ኣስመራ ተመዲቡ መጺኡ ነበረ። ሽዑ ምስ ቢሮክራሲ ተላልዩ፡ ብኡ ንብኡ ምስ ሓደ ተስፋሚካኤል ዝበሃል መምህር ዝመርሓ ዋህዮ ከምዝውደብ ገበሮ። ክፍለማርያም ዝተማልአ ውድባዊ ኣገልግሎት ምእንቲ ክፍጽም ብድፍኢት ቢሮክራሲ ናይ በይኑ ኣብ'ቲ ቢሮክራሲ ዝነብረሉ ከባቢ

ገዛ ተኻረየ። እታ ገዛ ቢሮክራሲ ኣብ ዝደለዮ ሰዓት ዝኣትወላን ዝወጸላን ኮነት። ኣልማዝ ኣብ 1978 ብጸላኢ ተሃዲና ንሳልስቲ ዝኣክል ተሓቢኣትላ ድማ ነበረት።

ቢሮክራሲ ፈላሚ ሕጋጋት ርክብ ንኽፍለማርያም ክብርሃሉ ከሎ፡ "ርክብና ናይ ቤተሰብ'ዩ፡ ምስጢራዊ ርክብና ንኻልእ ኣይግለጽን። እንታይ'ዩ ስራሕካ፡ ናበይ ትኸይድ ኣለኻ፡ መን'ዩ ምሳኻ ዝነበረ፡ እንታይ'ዩ እዚ፡ ዝብሃል ሕቶታት የለን። ኣብ ዝኾነ ሰዓት፡ ኣብ ዝኾነ ቦታ ክንራኸብ እንክለና ከምዘይንፋለጥ ንኸውን። ብዝተፈላለየ ምኽንያት፡ ቀትሪ ይኹን ከውታ ለይቲ ክመጽእ ስለ ዝኽእል ማዕጾ ካንቸሎ ኣይትለኩታ። ከምኡ ምስ ዝኸውን ክሕብረካ'የ። ዝኾነ ንብረት ክተቐምጥ ሕድሪ ክህበካ ከለኹ ባዕልኻ ኣብ ዘይርከብ ተቐምጦ። ተፍትሽ ምስ ዝህሉ ኣቐዲመ ክሕብረካ'የ። ኣብዚ ከባቢ ክህሉ ዝኽእል ኣድላዪ ሓበሬታ ኣናዲኻ ክትሕብረኒ ኢኻ። ኣብ ዝጥዕም ግዜ መላለዪ ኣጠቓቕማ ዕጥቂ ክትመሃር ኢኻ። ኩሉ ግዜ ጥንቃቐን ምስጢራውነትን የድሊ። ምስ መስተ ዘብዝሑን ዘረባ ዘብዝሑን ርክብ ምዝውታር ኣየድልን። እዚ ሒዝካዮ ዘለኻ ናይ ነበርቲ ቀበሌ ምዝገባ ክንጥቀመሉ ስለ ዝኾንና ተገዲስካ ሓዞ።" ዝብል የጠቓልል ነበረ።

ክፍለማርያም መደቡ ካብ ከተማ ወጻኢ ስለ ዝነበረ ተጋደልቲ ዝቈጻጸሩዎ ድማ ብምንባሩ፡ ንግዜኡ ናይ 'ቀበሌ' ነበርቲ ምዝገባ'ዩ ዝሰርሕ ኔሩ። ቢሮክራሲ ምስ ክፍለማርያም እናተንቀሳቐሰ ካብ ቤት-ጽሕፈት ቀበሌታት ዘድልዮ ማሕተማትን መንቀሳቐሲ ወረቐትን ይወስድ ነበረ። ቢሮክራሲ ሓንሳብ ምስ ሰባት ምስ ተላለየ ከም ነዊሕ ዕርክነት ዝጸንሖ ዘይጋየሽ ሰብ'ዩ ኔሩ። ምስ ኣባላት ቀበሌ ብኡ ንብኡ ተፋሊጡ። ምርጫ መራሕቲ ቀበሌ ኣብ ዝነበረሉ እዋን ንክፍለማርያም ከምርጽ ኣጕሳጕሱ ከምዝዕወት ጌሩዎ ኔሩ'ዩ። ክፍለማርያም ግን ከይሰርሓሉ ካብ ኣስመራ ወጸ።

ጸወታ ካርታ

ናይ ኣባላት ጸጥታ ተፍትሽ ገዛ-ገዛ ሓደ ሓደ ግዜ ብሃንደበት ይግበር ነበረ። ሓደ ረፋድ ቢሮክራሲ ኣብ ገዛ ከሎ ምስኡ ዝነበረ ዕጥቂ (ሽጉጥን ቦምባ ኢድን) ከይወገነ ፈተሸቲ ናብ ገዝኡ መጹ። ናብ ውሽጢ ቅድሚ ምእታዎም፡ እታ ሰራሕተኛኡ ሓቢራቶ ከመ ቅጽበት ዕጥቁ ወጋጊኑ

ብፍሕሽው ገጽን ግሩም ኣቀባብላን ኣእተዎም። ከምኡ ብምግባሩ ከም ናቶም ሰብ ጌሮም ስለ ዝረኣይዎ ኣብ ገዝኡ ፈኩስ ፈቲሾም ብዛዕባ ተፍትሽን ጸገማቱን እናዕለሉ ናብ ናይ በዓል ክፍለማርያም ቤት ኣምርሑ። ቢሮክራሲ ነቲ ቀንዲ ገዝኡ ከም ናይ ዘመድ ቦታ ጌሩ'ዩ ኣላልዩዎም ኔሩ። ኣብ'ታ ናይ ክፍለማርያም ገዛ ክበጽሑ ከለዉ "እዚ'ዩ ገዛይ!" ኢሉ ካብኦም ተፈልዩ ኣተወ። ንሳቶም ካልእ ጉረባብቲ ክሳብ ዝፍትሹ ኣብ እንዳ ክፍለማርያም ዝርከብ ንብረት ከይርከብ ሓደ ጥበብ መሃዘ። ንኽፍለማርያም ምስ'ቶም ምስኡ ተኻርዮም ዝነበሩ ጸዊዑ ኣብ መእተዊ ናይ'ቲ ገዛ ጣውላ ኣውጺኡ ካርታ ክጻወቱ ዓደሞም። ክሳብ'ቶም ፈተሽቲ ዝመጹ ካርታኦም ተጻዊቶም። መጺኦም ካንቾሎ ምስ ኳሕኩሑ፣ ቢሮክራሲ ንኽፍለማርያም ክቕበሎም ሓበሮ። ክፍለማርያም ኣብ ክንዲ ናብ'ታ ክፍሉ (ኣብ'ታ ቪላ ዝነበረት) ዝመርሖም ናብ'ቲ ሰርቪስ ክፍሊ ዘለዎ መርሖም። ኣብኡ ንዝጸንሖም እቶን ፈታቲሾም ካብ'ቲ ካንቾሎ ወጹ። ቢሮክራሲ ምእንቲ ክሓባብእ ሸበድበድ ክብሉ ምስንባድ ከየርእዩ ኣይነገሮምን። ኣብ'ታ ዘይተላቡ ግዜ ብክኢላ ኣቀራርባኡ ምውቕ ሃዋህው ፈጢሩ ብዓይኒ ጠርጠራ ንኸይርእዩ ዓገቶሞ። ነዚ ሃዋህው'ዚ ምርኵስ ጌሮም ድማ ፈኩስ ተፍትሽ ጌሮም ከዱ።

"እንዴታ፣ በሚገባ እንጂ!"

ቅጽበታዊ ሜላታቱ ኣብ ካልእ ኣጋጣሚ'ውን ተራእየ። ሓደ ምሸት ቢሮክራሲን ክፍለማርያምን ካብ ማእከል ከተማ ናብ ገዝኦም ብእግሮም እናተጓዓዙ ከለዉ፣ ካብ'ቲ ሽው እዋን ዝነበረ ናይ ሰዓት እቶ እቶ ኣዋጅ፣ ሰዓት 7፡00 ናይ ምሸት፣ ቁሩብ ኣሕሊፎም ነበሩ። ሮንዳ (ተቈጻጸርቲ ወተሃደራት) ብጥቓኦም ክሓልፉ ከለዉ፣ ማኪናኦም ደው ኣቢሎም፣ "መታወቅያ ኣላችሁ?" (ወረቐት መንነት ኣለኩም?)፣ ኢሎም ሓቲቶሞም፣ ቢሮክራሲ፣ "እንዴታ፣ በሚገባ እንጂ!" ("ከመይ ደኣ፣ ብግቡእ እምበር!") ኢሉ መሊሱሎም ኣብ ጅባኡ ሃሰውሰው ክብል ምስ ጀመረ፣ በቲ መልሲ ዓጊቦም ገደፉዎም። ርኡይ ነብሰ- ምትእምማን፣ ምዩቕ ዘይብሉ ቅጽበታዊ መልሲ ብምንባሩ ሸለል በሉዎም።

ቢሮክራሲ፣ ንናይ ጸላኢ ምንቅስቓሳት ጥራይ ዘይኮነ፣ ናይ ተ.ሓ.ኤ. ናይ ፈዳይን ምንቅስቓሳት ምክትታል'ውን የገድሶ ኔሩ። ምንቅስቓሳቶም

ሳዕቤናት ኣምጺኡ፣ ብጸላኢ ተፍትሸን ልሙድ ምክልባት ናይ ህዝብን ስለ ዘምጽእ፣ ኣባላቱ ብዛዕባ'ቲ ሳዕቤናት ቅድመ-ጥንቃቐ ክገብሩ ክሕበሩ ስለ ዝነበሮም፣ ዝተጨበጠ ሓበሬታ ክእከብ ይጽዕር ነበረ። ንኽፍለማርያምን ብጾቱን ብዛዕባ'ዚ ጉዳይ'ዚ ኣብ ከባቢኦም ምክትታል ጌሮም ሓበሬታ ክእክቡ መምርሒ ይህቦም ነበረ። ብዛዕባ'ዚ ይኹን ብዛዕባ ካልእ ሓበሬታ ክደሊ ከሎ ብሓደ ወገን ጥራይ ዘይኮነ ንዘተፈላለዩ ኣባላት ስለ ዘዋፍር ሓቂ ምስ ተረኽበ መምርሒ ቀይሩ ካልእ ዕማም ይህቦም።

ወይዘሮ ሳዕድያ ብርሃኑ ዱኳንን ኣካርየን ንወጻኢ ክኸዳ ምኻነን ቢሮክራሲ ሓበሬታ ረኺቡ፣ ብዛዕባ'ታ ዱኳን ክግደስ ጀመረ። ቅድሚ ምብጋሰን ብናቱ ሰባት ጌሩ እታ ዱኳን ትካረየላ ኣገባብ ምስኣን ተሰማምዐ። እታ ዱኳን ናይ ውድብ ረብሓ ክተምጽእ ትኽእል ኣብ ርእሲ ምኻና ግርምቲ መራኸቢትን መሕብኢት ኣቑሑትን ክትከውን ከም እትኽእል ኣሚኑ ኣብ ኢዱ ትኣትወሉ መንገዲ ሃሰስ በለ። ናይ ንግዲ ፍቓድ ብስም ጸሃየ ኣርኣያ ዝተባህለ ከም ነጋዳይ ተመሲሉ ዝንቀሳቐስ ውፉይ ኣባል ወጸላ። ኣብ'ታ ዱኳን ዝሰርሕ ድማ የማነ ተስፋማርያም ዝተባህለ ናይ ዩኒቨርስቲ ኣዲስ-ኣበባ ተመሃራይ ዝነበረ ካልእ ውፉይ ኣባል ተመደበ። እታ ዱኳን ምቹእቲ መራኸቢትን መሕብኢት ብረትን ካልእ ናውትን ኮይና ክሳብ 1980 ኣገልገለት።

"ጓል በረምበራስ ተሓቢኡ ዘሎ ኣውጽእዮ!" [18]

ምሕረት ተኪኤ ናይ ቀረባ ዘመድ'ያ። ንስድራ ቢሮክራሲ ከም ኣቦኦም ብዘይግዜኡ ዝተቐጽየም ናእሽቱ ዘደንግጹ ኣሕዋታ ትርእዮም ነበረት። ቢሮክራሲ ምጭው ተጻዋታይ፣ ተመሃራይ ድዩ ሰራሕተኛ ዘይፍለጥ መንእሰይ ኮይኑ'ዩ ዝረኣያ ኔሩ። ዕቱብ ስራሕ ዝፍጽም ዘይመስል ዘይትጸልእ ግን ከኣ ኣኽቢድካ ዘይትርእዮ መንእሰይ። ንሳ ንባዕላ እቲ ዕዙዝ ሃገራዊ ዕማም ኣብ ዘለኻዮ ኳንካ ዝሰራሕ ዘይመስላ'ያ ኔራ። ትምህርታ ኣብ ሻዱሻይ ክፍሊ ኣቋሪጻ ብንእስነታ ተመርዕያ ሓደ ወሊዳ ኣብ ገዛ ባንዳ ተኻርያ ካብ ስድራኣ ተፈልያ ትነብር ነበረት። ንስድራ ቢሮክራሲ ክትበጽሕ ኣብ'ታ ናይ ገዛ ባንዳ መንበሪቶም ትመላለሶም ነበረት። ኣልማዝ ቸስ ካብ 1975 ኣትሒዛ ዕቱብ ጉስጓስ ትገብረላ'ኳ እንተነበረት ትኽእሎ ኮይኑ ስለ ዘይመስላ ሃንደፍ ኢላ ኣይተቐበለቶን። ድሕሪ ግዜ ግን ኣብ ህዝባዊ ግንባር

ተወዲባ ምስ ወዲ-ቡላ ትራኸብ ነበረት። ዝተኻረየቶ ገዛ፡ ኣብ ውሽጢ ካልኦት ነበርቲ ዝነበሩዋ ካንቸሎ ክልተ ክፍሊን ኣብ ትሕቲ ናሕሲ ሓደ ብስካላ ደዪብካ መሓየቢ ዝኸውን ንእሽቶይ ክፍሊን ይርከቦ። ቢሮክራሲ ተመላላሲ ስለ ዝነበረ ቤት ምሕረት ተኪኤ ንስርሖም ኣዝያ ምችእቲ ኮይና ረኸባ። ምስ'ቲ በይና ክልተ ክፍሊ ዘለዋ መሐየቢ ክፍሊ ኣብ ላዕሊ ዘለዋ፡ ተሌፎን ዝኣተዋ ክምኡ'ውን ውድብቲ ብምንባራ ምስጢራውነትን ድስፕሊንን ክትክተል እትኽእል ብምዃና ንኽጥቀመላ ኣይተወላወለን። እናኸመጽእ ዘዘናግዓ፡ ዘስሕቓ፡ ምስኡ ቁምነገር ሓዊሱ ትብዓት ንኽህልዋ ዘጕሳጕሳ ሓዋ'ዩ።

ሓደ ግዜ ኣብ 1978 ውፉያት ዕጡቓት ወዲብካ ብውሽጢ ኣስመራ ወተሃደራዊ ስርሒታት ንምፍጻም መደብ ወጺኡ ዝኣተወ ብረት ነበረ። ገለ ካብኡ ቢሮክራሲ ተቐቢሉ ኣብ'ዛ ዝተጠቕሰት መሓየቢት ንኽሕባእ ብሰመረ ዝበሃል ምስ ቢሮክራሲ ዝነብር ቄልዓ ኩቺንቶኡ ጌሩ ኣምጽኣላ። እቲ ብረት ኣብ ውሽጢ ሓደ ዓቢ ሻልኛ ክዳውንቲ'ዩ ተዓሺጉ። ኣብ ቤታ ምስ ኣተወ ቢሮክራሲን ወዲ-ቡላን መጺኦም ገዛ ዓጽዮም ወወልዊሎም ኣቐመጡዎ። ምሕረት በቲ ትሕዝቶ ኣዚያ'ኳ እንተተሸቑረረት መዓንጣእ ገጥ ኣቢላ ክትሕልዎ ተገደደት። ኣውራ ኸኣ ኣብ'ቲ ካንቸሎ ዝቕመጣ ዓባይ ሰበይቲ፡ እቲ ኩሉ ምእታው ምውጻእን ናይ ለይቲ ገልጠምጠምን ኣስተብሂለን ገለ ከምዝሓብኡ ተረዲአን ስግኣት ኣሕደራ። ውዒለን ሓዲረን ስግኣተን ንምሕረት ቶግ ኣበላላ። "ጓል በረምበራስ! ኣብዚ ገዛኺ ተሓቢኡ ዘሎ ንብረት ኣውጽእዮ! ንሕና ምቕራፍና ዝቐረብና ሰባት ብብላሽ ክንጠፍእ ኣይኮናን! እንተዘየሎ ነቦኺ ክነግረልኪ'የ!" እናበላ ቅሳነት ከልኣኣ። ተፍትሽ መጺኡ እንተተረኸበ ኩልና ክንጠፍእ ኢና፡ ኢለን'የን'ምበር ኣሕሊፍካ ናይ ምሃብ ስምዒት ኣይነበረንን። ኩሎም ነበርቲ ናይ'ታ ካንቸሎ እንኮላይ ሓንቲ ኣምሓረይቲ ኢትዮጵያዊት፡ ጸላኢ ከይፈልጥ'ምበር ኣሕሊፎም ናይ ምሃብ ዝንባለ ኣይነበሮምን። ምሕረት ብስክፍታ ናይ'ተን ዓባይ ሰበይቲ ስለ ዘይቀሰነት፡ ንቢሮክራሲ ነዘን ብረት ከውጽኣላ ብተደጋጋሚ ሓቲታቶ፡ ኣይተግበሮን። ኣብ ውሽጣ ብዝተፈጥረ ፍርሒ ኣይተጸልወን። "ፈሪሕኪ! ኣጆኺ! ሓንቲ የለን!" ኢሉዋ ዕዝር ይብል። ብፍርሒ ናታ ዘይድንግጽ ኮይኑ ተሰምዓ።

ዘረባ ብዛዕባ'ዘን ብረት'ዚኣን ምስ ኣብዝሓትሉ፡ እቲ ቀንዲ ጠንቂ ምግዳድ ፍርሃት ናይ'ተን ጕረቤታ ዓባይ ሰበይቲ ምዃኑ ኣስተብሂሉ ሓደ ፍታሕ ሓሰበ። ብዛዕባ'ዚ ጉዳይ'ዚ ምስ ብጻዩ ገብሩ ተስፋጋብር (ዛንዛራ) ተማኺሮም ሓንቲ ዓባይ ሻልኛ ሒዞም ናብ'ቲ ገዛ ኣተዉ። ገዛ ምሕረት ገዝኦም (ገዛ ውፉያት) ስለ ዝኾነ መፍትሕ ኔሩዎም። ምሕረት ኣብ ስራሕ ወፌራ ኔራ። እተን ዓባይ ሰበይቲ ኣደይ ንግስቲ፡ እናረኣያኦም ኣተዉ። ቅድሚኡ ክመላለሱ ርእየናኦም ስለ ዝነበራ እቶም ጉዳማት (ተጋደልቲ) ምዃኖም ኣይሰሓታን። ክኣትዉ ከለዉ ዝሓዙዎ ሻልኛ ርእየን ተገረማ። ሕጂ'ሽ ክውስኹ ድዮም ኢለን እናሓሰባ፡ እቲ ሻልኛ ዝሓዙዎ ጥራዩ ምንባሩ በቲ ኣሳኻኽማኦም ተገንዚበን ነበራ። ኣብ ውሽጢ ገዛ ምሕረት ኣትዮም ገዛ ዓጺዮም ሓንሳብ ጸንሑ። ወይዘሮ ንግስቲ ከም ቀደሞም ገልጠምጠም ክብሉ ተጸናጸና። ጸኒሖም ነታ ሒዞማ ዝኣተዉ ሻልኛ ገለ መሊኦም ኣዝዩ ስለ ዝኸበዶም ክልቲኦም ሃምቦ-ሃምቦ ኢሎም ሒዞሞ ክወጹ፡ ኣብ'ታ ኣፋፌተን ኮይነን ተዓዘባ። ፈሪሐን'ምበር ክሕግዘኦም ኣይጸልኣን። "ሎምስ ምሒሮምና!" ኢለን ኣስተንፈሳ። ካብ ካንቸሎ ወጺኦም ተሰኪሞም ክኸዱ ከለዉ ካንቸሎ ዝዓጽዋ መሲለን ብፍንቃቕ ተኸታተለኦም። ካብ'ቲ ካንቸሎ ቁሩብ ምስ ረሓቑ እታ ከቢዳቶም ትመስል ዝነበረት ሻልኛ ሓንቲ ከምዘይብላ ፈለው ፈለው እናበለት ብሓደ ኢዶም ክጾሩዋ ተዓዘባ። ምስኡ ኪርኪር ኢሎም እናስሓቑ ክኸዱ ረኣየኦም።

ምሕረት ምሸት ካብ ስራሕ ምስ ኣተወት ወይዘሮ ንግስቲ ብቖርንን ተቐበላኣ። "ቈልዓ ጌሮምኒ እዞም ጉዳማት! ገበርቲ ጉድ! ጥራዩ ሻልኛ ኣምጺኦም ኣብ ገዛኺ ገለ መሊኦም ከምዝኸበዶም ኣምሲሎም መሊሶም ክወስዱዎ ከለዉ . . .እንተረኣኹ ካብ'ዚ ካንቸሎ ውጽእ ምስ በሉ ፈለው ፈለው ዝብል ጥራዩ! ንዓይ ከዐሸዉ ያኢ! ጓል በረምበራስ ኣውጽእየን እብለኪ'ለኹ ኣውጽእየን! ከይትልክምና!" እናበላ ተቛየቛኣ።

ምሕረት ኣዝያ ኣማረረት። ብጭካነ ቢሮክራሲ ጉሃየት። "ከመይ ዘይድንግጽ ውላድ!" ክኣ በለት ብልባ። ምሕረት እዘን ብረት'ዚኣን ዘምጸኣላ ሰበብ ንኽብሮም ገብረመድህን (ወዲ ቡላ) ኣዕለለቶ። ወዲ ቡላ ለዋህን ደንጋጽን'ዩ። ብሰንኪ'ተን ብረት ዝወረዳ ምሸቑራር ፈለጠላ። ብመንገዱ ካብኣ ኣውጺኡ ድማ ኣብ ካልእ ኣቐመጠን።

ዋላ ለማኖ ወዲቦም

ሓደ ግዜ ኣብ ዝባን ስንቀይ ዝነበረት መስርሒት ቦታ ውፉያት ብጸላኢ ተኸርደነት።

ኣብ'ቲ ግዜ'ቲ ኣለም መኮብብ (ተስፋልደት መንግስቱ)፡ ሓደ ካብ'ቶም ቀንዲ ውፉያት ኣስመራ፡ ብጸላኢ ተታሒዙ ነበረ። ኣለም መኮብብ ሕሉፍ ጅግና'ዩ። ቅድሚ'ቲ ምኽርዳን መስርሒቶም ኣብ ዝባን ስንቀይ ሰሙን ኣቢሉ ይገብር፡ ወዲ-ቡላ፡ ኣለም መኮብብ፡ ጉብየ (የማነ ገብረመስቀል)፡ ካልእ ህቡብ ውፉይ ከተማ ክብርኣብ ኪዳነ (ጠበቕ) ዘለውዎም ኣብ ማእከል ከተማ ብሓንሳብ እናተጓዕዙ ከለዉ፡ ሓደ ዝድለ ዝነበረ ሃሱስ ኣጓነፎም። ኣለም መኮብብ ምችእቲ ኣጋጣሚ ተረኺባ ኢሉ ስለ ዝሓሰበ ንብጸቱ ሓቢሩ ክዘብጦ ተዳለወ። ሽጉጡ ኣውጺኡ ተኩሱ ነቲ ሃሱስ ሃረሞ። እቲ ህሩም ግን ተወጊኡ ከይወደቐ ከምልጥ ጕየየ። ሓዞ ሓዞ ኲይኑ ኣለም መኮብብ ናብ ዕዳጋ እኽሊ (ሜዳ ኤርትራ) ገጹ ኣምርሐ። ኣብ'ቲ ሆሆታ ሓደ ወተሃደር ንኣለም ግጥም ኣቢሉ ሓዞ። ካብኣ ሒዞም ናብ ቤት-ማእሰርቲ ወሲዶም ኣሰቃቒ ምርመራ ጌሮምሉ ረሸኑዎ። ንሱ ሰሙ፡ ጸጋይ ተስፋይ፡ ኣባል ተ.ሓ.ኤ. ምኳኑ ሓቢሩዎም ብኣ ነቒጹ ነገራት ሓቲሙ'ዩ ተሰዊኡ።

ቦታ መስርሒቶም ዝባን ስንቀይ ክትክርደን እንከላ ኣብኣ ዝጸንሑ ወዲ-ቡላ፡ ኣበባ ኣብርሃ (ኣበባ ማእኮስ)፡ ተስፋልደት ዝተባህለ ወዲ ገዛ ዝርከቡዎም ኢዮም ኔሮም። እቲ ከበባ ኣጋ ጽባሕ ምድሪ ከይጋለሀ ኢዩ ኔሩ። ወዲ-ቡላን ኣበባን ብድሕሪት ሞሊቖም ብካንቸሎ ዘሊሎም ኣምለጡ። ንቡር ክዳውንቲ ከይገበሩ ዕጥቆም ጥራይ ኣልዒሎም። ጌና ዘይበርሀ ስለ ዝነበረ ቀልጢፎም ተጓዒዞም ኣብ እንዳ ሓደ ውዱብ ኣባል ብካንቸሎ ዘሊሎም ክኣትዉ ተላሓሒጾም'ዮም። ኳሕኲሖም ገዛ ምስ ተኸፍተሎም ሰብ-ገዛ ሰንቢዶም ኣይተቐበሉዎምን። ካብኣ ወጺኦም ካልእ ውሑስ መዕቈቢ ክናድዩ ናይ ለማኖ ድርዕቶ ዝመስል ክዳን ንኣበባ ለሚኖም ተበገሱ። እታ ዝቐረበትን ዝሓሸትን መዕቈቢቶም ዝመረጹዋ ምሕረት ተኪኤ ነበረት። ኣብ እንዳ ምሕረት ተኪኤ ምድሪ ወገግ ምስ በለ ሰዓት 5:00 ናይ ንግሆ ኣቢሎም ኣተዉ። ምሕረት ንወዲ-ቡላ ብኡ ንብኡ ኣለልያቶ፡ በታ ካብ ቅድሚት ንድሕሪት ከለላ ትመስል ናይ ተፈጥሮ ሸበት ጸጉሩ፡ ካልእ ጸጉሩ ዘይሸየበ ሓንቲ ተሮሮ

ብማእከል ሽክናኡ ዝተፈጥረት። ንኣበባ ግን ኣየለለየታን ዝነበረት። በቲ ተኸዲናቶ ዝነበረት ድርዕቶ ኣብ መንገዲ ዝረኸባ ለማኒት መሲላታ። ሒዙዋ ምምጽኡ ድማ "ሎምስ ዋላ ለማኖ ወዲቦም'ዮም ዘስርሑ ዘለዉ!" ኢላ ተገረመት። "በሊ ነዚኣ ኸኣ ጥዑይ ክዳን ረኣዩላ! ከምኡ ኣይኮነትን ኤራ!" በላ ወዲ-ቡላ። ጽቡቕ ክዳን ምስ ከደነታ ጽብቕቲ ጓል ከተማ ም'ኳና ተገንዘበት። ሽዑ እቲ ዘጓነፎምን ኣበይ ከምዘለውን ንቢሮክራሲ ብተሌፎን ክትሕብሮ ወዲ-ቡላ ነገራ። ድሕሪ ገለ ሰዓታት ገብሩ ተሰፋጋብር መጺኡ ወሰዶም። እታ ካላሸን ወዲቡላ ምስ ጠያይታ ኣብ'ታ ገዝኣ ኣብ ትሕቲ ዓራት ተረፈት። ምሕረት ፈሪሃ ከይተንከፈታ፡ ንወዲ-ቡላ ዘናድዩ ኣባላት ጸጥታ ገዛ ገዛ ይፍትሹ ብምንባሮም ገዝኣ ዓጽያ ተኸወለት።

ኩችኔቶ ንድርፎ [16]

ሰመረ ሃብተሚካኤል ሓደ መ'ቕርብ (ሓዋ ንመሓዛ ኣልማዝ) ስድራ-ቤት ቢሮክራሲ'ዩ። እዚ ሰብ'ዚ ካብ ኣስታት ወዲ 10 ዓመት ክሳብ ወዲ 15 ዓመት ኣቢሉ ዝኸውን ናብ'ታ ናይ ገዛ-ባንዳ መንበሪት ካብ ኣዲስ-ኣበባ ዝመላለስ ዝነበረ ቈልዓ'ዩ ኔሩ። ሌላ ስድራ ኣብ ከተማ ደሴ ይብገስ። ስድራቤት ቢሮክራሲን ስድራቤት ሰመረን ኣዚዩ ጥቡቕ ሌላ ካብ ምህላው ዝተላዕለ ከም ሓደ ስድራቤት ደሃይ ሕድሕድ ዝናደዩን ዝተሓጋገዙን፡ ክሳብ ኣባላት ናይ'ቲ ሓደ ስድራ ምስ'ቲ ካልእ ስድራ ዝነብሩሉ ኣጋጣሚታት ኔሩ'ዩ። ምሕዝነት ኣልማዝን ጸሃይ ዝተባህለት ዓባይ ሓፍቱ ንሰመረን ሕልፍ ዝበለ'ዩ። ኣልማዝን ቢሮክራሲን ኣብ ገዛ ባንዳ ካብ ዝቕመጡ ንደሓር ኣባላት ስድራ ሰመረ ናፍቖቶም ንምውጻእ በብግዜኡ መጺኦም ይቕንዩ፡ ክሳብ ይውርሑ። ሰመረ ሓደ እዋን ምስ ጸሃይ ሓፍቱ ንበዓል ቢሮክራሲ ክበጽሑ ካብ ኣዲስ ኣበባ መጺኡ። እቲ ናይ ኣስመራ ካልኣይ ስድራ-ቤቱ ስለ ዝመቀሮ ናብ ኣዲስ ኣበባ ከይተመልሰ ኣስታት ክልተ ዓመት ምስ ቢሮክራሲ ተቐመጠ። ኣብ'ቲ ግዜ'ቲ ኣልማዝ፡ ሙሉጌታ፡ ጸጋይ ድሮ ናብ ሜዳ ወጺኦም ነበሩ። ሓንቲ ትግራወይቲ ሰራሕተኛ፡ ደሓር ቢሮክራሲ ምስ ሓደ ከም ሓዋ ናብቲ ገዛ ዝመላለስ ዝነበረ ዘመርዓዋ፡ ኣብ ስርሑ ኣሕሊፉ ከምዘይትህቦ፡ እኳ ድኣ ገለ ምትሕብባር ክትገብር ዝመልመላ ጥራይ ኢያ ኔራ። ጸኒሖም ቢሮክራሲን ንሱን ጥራይ ኣብ'ታ ገዛ ተረፉ።

ሰመረ ንቢሮክራሲ ኣዚዩ የፍቅሮ። ብሓፈሻዊ ትዕዝብቱ ቢሮክራሲ ኣብ ናይ ገድሊ ስራሕ ከምዝተጸምደ ብምግንዛብ ተፍትሽ እንተመጸ ኣብ ምሕባእ ኣቕሑን ምልእኣኽን ይተሓባበሮ። ብዛዕባ ውድብን ምስጢራትን ብግልጺ ኣይዘራረቡን፣ ግና ቢሮክራሲ፡ "ሰሚሩ. . . ቶሎ በይ!" ኢሉ ዝልእኮ ኩሉ የማልእ። ሓንሳብ ጥራይ ዘይኮነ ሓያለ እዋን በታ ቢሮክራሲ ዘዳለወሉ ኲቼንታ ብረት፣ መጽሔታትን ካልእን ካብን ናብን ውሽጢ ከተማን ባር ድርፎን (ዓርበ-ረቡዕ) ይለኣኽ። ሰመረ ዕባይ ዓደምሓራ ብምንባሩ ብኣምሓርኛ ምስ ኣብ ብሎኮ ዝጸንሑዎ እናተረዳድአ ተበላሒቱ ይሓልፍ። ሓያለ እዋን ሰባት ብኲቼንታ ኣቑሑት ዘውጽኣሎም ተመሲሎም ንሜዳ ዝፋነዉ መሪሑ ባር ድርፎ የብጽሖም ነበረ። ሓደ ሓደ ግዜ ከም በዓል ወዲ-ቡላ፣ ገብረሂወት (ናጎ)፣ ገብሩ (ዛንዛራ)፣ ጴጥሮስ መለስ፣ ግርማይ መስፍን (ሱሌማን) ዝኣመሰሉ ሓያለ ውፉያት ናይ ከተማ ናብቲ ገዛ ክመጹ ከለዉ፡ ተቐባል ጋሻኦም ሰመረ ነበረ። ሰመረ ስፔዛ ብምምጻእ፡ ጸብሒ ብምስራሕ ይቕበሎም። ቢሮክራሲ ኣብ ዘይህልወሉ እዋን ተሌፎን ዝቕበል ዝነበረ ንሱ'ዩ።

ቢሮክራሲ ገዛ ዓጽዩ ክጽሕፍ፣ ብሬድዮ ክራኸብ ንምድቃስ ግዜ ዘለዎ ኣይመስልን። ንግሆ ድማ ቀዲሙዎ ተንሲኡ ኮፍ ኢሉ ይረኽቦ። ነታ ሬድዮ ርክብ ኣብታ መደቀሲቱ መንደቕ ፍሒሩ ሰፊር ጌሩላ። ምስ ተጠቒመላ ኣብኣ ኣእትዩ ነቲ መንደቕ ዝመስልን ዝገጥምን ማዕጾ ጌሩ ይዓጽዋ። ካልእ ሸፋን ድማ መደቀሲኡ ዓራት የጸግዓላ። ክሰርሕ ከሎ ሕቡእ ነገር ዝሰርሕ ዘሎ ኣይመስልን። ሰመረ ኣብ ውሽጢ ተጻብኦ ዘሎ ዘምስሎ ስክፍታ ኣይርእየሉን ዝነበረ።

ቢሮክራሲ ኣብ'ቲ ካንቸሎ ምስ ዝነበሩ ጐረባብቲ ጥቡቕ ዝምድና ኔሩዎ። ንሱ እትው ክብል ብኡ ንብኡ ሕጉስ ዕላላትን ጭርቃንን ይለዓል። ቈልዑ'ቲ ገዛውቲ "ኣፎም! ኣፎም" እናበሉ ዝእከቡዎ ፍቱው ኣያኦም'ዩ። ዝኹራ፡ ዝጽወግ ገጽ ዘይብሉ ወትሩ ሕጉስ'ዩ። ሓደ መዓልቲ ግን ከም ነብሪ ነዲሩ ክጥሕር ዝደሊ ዝመስል ቁጥዐ ኣርኣየ። ሰመረ ቈልዓ ብምንባሩ ካብ'ቲ ኣብ'ቲ ጽርግያ ዝነበረ ሸባሻ ጨንፈር ቊሪጹ ክጻወተሉ እንከሎ፡ ኣብ'ቲ ከባቢ ዝነብር ሓደ ኣምሓራይ ሓለቓ ሚኒቼፕዮ ርእዩዎ ክጥሕሮ ጕየየ። ሰመረ ባህሪሩ ብጉያ ካብኡ እምሊጡ እናላህለሀ ገዛ ኣተወ። ነዚ ዝተዓዘበ ቢሮክራሲ ነቲ ኣምሓራይ

ብነድሪን ዘለፋን ተቐበሎ። ብኢዱ ሒዙ ክስሃሎ ተወጠጠ። ኣምሓራይ እዚኣ ርእዩ ሰላሕ ኢሉ ተመልሰ።

ሰመረ ንሜዳ ክስለፍ ብሂጉ ተላኢኹ ኔሩ፡ ግና ስለ ዝናፈቐ ከምዝምለስ ተጌሩ ናብ ስድርኡ ኣዲስ ኣበባ ገሸ።

ወዲ - ኣዲስ [17]

ኣጋጣሚ ሰመረ ንኣዲስ ኣበባ ዘተበገሰላ ቅድሚ ሰሙን ኣቢሉ ካልእ መሰታኡ ናብታ ገዛ ቢሮክራሲ መጺኡ። ንሱ ኣዝዩ ውዑይ ኮፍ ዘይፈልጥ፡ ተባኣሳይ፡ ቀይሕ ጽቡቕ ግና ንቢሮክራሲ ኣዝዩ ዝፈትዎን ዘኽብሮን ቈልዓ'ዩ ኔሩ። መስፍን ይበሃል። መስፍን ንእሸቶይ ሓዉ ንቢሮክራሲ'ዩ። ቈልዓ ስለ ዝነበረ ምስ ኣዲኡ ወይዘሮ ሮማን ወረሶም ኣብ ኮረም ዝቕመጥ ዝነበረ'ዩ። ብዋዒኡን ህንጡይ ስምዒታቱን ቢሮክራሲ እንተኣለዩ ተባሂሉ ኢዩ ናብ ኣስመራ መጺኡ። ቢሮክራሲ ፈታው ቈልዑ፡ ቈልዑ ዝፈትውዎ ከም ኣቦን ሓውን፡ ከም ዓርክን መሓዛን ዝርእዩዎ፡ ንቈልዓ ደስ ዘብሎ ፈሊጥካ ምስ እተማልኣሉን ምስ እተዘናግዖን ብዋዛ ኣብ ቁምነገር ከምዝስለፍ ምስ እትገብሮን ዘይእለ ቈልዓ ከምዘየለ ዝኣምን ሰብ'ዩ። እንተደኣ ኣድልዩ ድማ ብዙሕ ከይጉዳእካ ናይ ምግናሕ ክእለት'ውን ኔሩዎ። ውዑይ፡ ተበኣሳይን ህንጡይን መስፍን ብፍቕርን ክእለትን ቢሮክራሲ ተማሪኹ ንዓቢ ሓዉ ከም መርኣያ ወሲዱ ዘሐጉስ ጠባያት ኣርእዩ፡ ንጥፈታት ቢሮክራሲ ዝተገንዘበ ክመስል ኣብ ዝለኣኾ ክወፍር ጀመረ።

እንተኾነ ሓደ መዓልቲ ቤቶም ብጸጥታ ኢትዮጵያ ተኸበበት። ቢሮክራሲ ኣይነበረን። ንመስፍን ከም ጅሆ ሒዞም ንቢሮክራሲ ክመጽእ ተጸበይዎ፡ ኣይመጸን። ሽዑ 16-17 ዓመት ኣቢሉ ዕድመ ዝነበሮ መስፍን ምስኦም ተጣቢቡ ክጸንሕ ከኣለ። ምጭውው ኣምሓርኛኡን ንጡፍ ኣካይዳኡን ተገንዚቦም ኣባላት ጸጥታ ተማሪኹ። ድሕሪ ሳልስቲ ካብ ኢዶም ወጺኡ ምስ ሓዉ ክራኸብ ዝተሃንጠየ መስፍን ሓደ ብልሓት ሓሰበ። ጋስትራይት ሒዙኒ ጸባ ካብ ዱኳን ከምጽእ፡ ኢሉ ምስኦም ተረዳድአ። ኣፍቀዱሉ ድማ። ቢሮክራሲ ናይ ሓዉ ጅሆ ምትሓዝ ተገንዚቡ ካብ ኢዶም ዘውጽኣሉ መንገዲ ሃስስ ይብል ነበረ። ዘይፈልጡዋ ማኪና ሒዙ በቲ ከባቢ ተዛወረ። መስፍን ክወጸሉ ዝኽእል ጭቡጥ መንገዲ ኣይረኸበን። መስፍን ግን በታ ስፔዛ ከምጽእ ዘወጸላ ዕድል

ተጠቒሙ ካብ ኢዶም ተሰወረ። ኣባላት ጸጥታ ካብ ኢዶም ዘምለጠ ቈልዓ ከናድዩ ሃነፍነፍ በሉ። ብመሰረቱ ንገዛ ቢሮክራሲ ከቢቦም ከለዉ፡ ሓደ ዓቢ ስግኣት ኔሩዎም'ዩ። ቢሮክራሲ ሓደገኛ ሰብ ምዃኑ ፈሊጦም ሃንደፍ ኢሎም ኣብ መጻወድያኡ ከይኣትዉ እናሰግኡ'ዮም ዝሕልዉ ኔሮም። ነዚ ቈልዓ ከናድዩ ከለዉ'ውን ሰጋእ - መጋእ እናበሉ'ዮም ዝንቀሳቐሱ ኔሮም። ተኸታቲሎም ኣብ'ታ መስፍን ከምልጥ ዝተኣልየላ ዱኳን በጽሑ። ኣባላት ጸጥታ ተቐላጢፎም ኣይኣተዉን። መስፍን ንምድንጓዮም መዝሚዙ ብድሕሪት መውጽኢ ናይ'ታ ዱኳን ተጠቒሙ ኣምለጠ። ኣስመራ መውጽኢኣን መእተዊኣን ዘይፈልጣ ናይ ሓጺር እዋን ጋሻ'ዩ ኔሩ። ንሸው ካብ ኢዶም'ኳ እንተምለጠ ናበይ ከምዘብል ግን ተደናገሮ። ናብ ዝኾነ ኢዩ ጠፊኡዎ'ምበር ናይ ምብርጋግ ስምዒት ኣይነበሮን። ክሳብ ዝረኸበ ዝረክብ ወዘን እናበለ ከባቢ ማይጃሕጃሕ በጽሐ። ኣብ'ቲ ለስ ንቑሩብ ግዜ ኮፍ በለ። ቢሮክራሲን ብጾቱን ጸጥታ ኢትዮጵያ ከይቀደሙዎም ክረኽቡዎ ይጓየዩ'ዮም ኔሮም። ካብ ገዛ ካብ ኢድ ኣባላት ጸጥታ ወጺኡ ከምዝተሰወረ ዝከታተሉዎ ዝነበሩ ውዱባት ሓቢሮሞም ስለ ዝነበሩ ሃሰስ በሉዎ። ኣብ'ታ ኣትዩዋ ዝነበረ ዱኳን ፈቲሾም ኣይረኸቡዎን። ንሱ ግን ናብ'ታ ናይ በዓል ቢሮክራሲ ዱኳን ኣምሪሑ ካብኡ ንሜዳ ከምዝወጽእ ተገብረ።

ኣብ ሳቡር (ሰሜናዊ ባሕሪ) ምስ ቢሮክራሲ ተራኺቡ ናፍቖቱ ኣውጽአ። ኣብ ኣስመራ ዝተንጠልጠሎ ሓደጋ ከም ሓደ ቀሊል ተርእዮ'ዩ ወሲዱዎ ኔሩ። ኣብኡ ንቢሮክራሲ ተፋንዩዎ ናብ ታዕሊም ተወሰደ። ኣሕዋቱ ኣብ ሜዳ ስለ ዝነበሩ (ቢሮክራሲ፡ ጸጋይ፡ ሙሉጌታ፡ ኣልማዝ) ደገ ክወጽእ ተሓተተ። ንሱ ግን ንቕድም ኣሕዋቱ ረኺቡ ክውስን ሓሰበ። ናብ ዓራግ ከይዱ ንኣልማዝን ሙሉጌታን ረኺቡ ምርጭኡ ካላሽንካ ተሓንጊጥካ ምውጋእ ኮነ። ብገዛእ ድፍኢቱ ኣብ ታዕሊም ኣትዩ ምስ ወድአ ኣብ ሰራዊት ኣተወ። ብኡ ንብኡ ሰላዕ ኢሉ ጉቢዙ ህጡር ተጋዳላይ ኮነ። ዋዒኡ ናብ ኩሉ ዘይእግሞ ንጡፍ ተዋጋኣይ፡ ክራር ቀልጢፉ መሊኹ ህቡብ ኣዘናጋዒ፡ ናብ ዘየጸሙ ተጻዋታይ ተለወጠ። ኣሰር ናይ ዋዒኡ ዘርእዩ ሓደ ሓደ ጠባያት ቀጺሎም። መስፍን፡ ተጋዳላይ ኣብ ኩናት ሰገጥ ከይበለ ዝዋጋእ'ምበር ብገለ ገለ ቀይድታት ዝተሓዘ ጌሩ ኣይወስዶን ዝነበረ። ካብ ኣሃዱኡ ብኢደ ዋኒኑ ወጺኡ ምዝንጋዕን ሰዋን ኣብ ዝርከቦ ኣሃዱ ይኸይድ

ነበረ። መራሕቱ ሕሉፍ ጅግንነቱ ርእዮም ኣብ'ዚ ጉዳያት'ዚ ብተሪር ኣይሓዘዎን። ንሱን ሓደ ወዲ ኸረን ዝብሃል መሰቱኡን ከም'ዚ ዓይነት ጠባያት ነበሮም። ኣብ ውግእ ቅያታት ስለ ዝፈጸሙ ግን ፍቱዋት ነበሩ። ብዘይእቶ ኣቲኻ ዘሸገረት ብሬን ህጣም ከምተጥፍእ፡ ብዙሕ ዘህለኸት ሓንቲ ድፋዕ ጸላኢ ከምትብተን፡ ጸላኢ ብዘይተጸበዮ ቅልጣፈ ቡምባታት ኢድ ምዝናብ ዝኣመሰሉ ቅያታት ኣብ ምስራሕ ፍሉጣት ኔሮም። መስፍን ኣብ ንኡስ ዕድሜኡ ናይ መስርዕን ጋንታን ሓላፍነት ሕጹይ ኮነ። ካብ ዓደምሓራ ከምዝመጸ ዝፈልጡ ብጾቱ ስሙ ዘህሰሰት ሳጓ ሂቦሞ፡ ወዲ-ኣዲስ። ወዲ ኣዲስ-ኣበባ ማለቶም'ዩ። ንሱ ግን ቀንዲ ዝፈልጥ ኣዲስ ኣበባ ዘይኮነ ኮረም'ዩ። ኮረም ኣብ ኣውራጃ ወሎ እትርከብ ንእሽቶይ ከተማ ኢያ። ወዲ-ኣዲስ ግሎብ ኣብ ዝተባህለ ድፋዕ ግንባር ናቕፋ ኣብ እዋን ናይ መወዳእታ ሰፊሕ ወራር፡ ሻምናይ ወራር ወይ ወራር "ባሕረ-ነጋሽ" 1985 ኣብ ወርሒ 11 ብጅግንነት ተሰውአ።

8

ዘይድህሰስ መራኽብቲ

ክትዕ ምስ መሓመድ [20]

በብግዜኡ ከከም ተደላይነቱ ኣብ ከተማ መስርሒ ዝኸውን ዕጥቂ ይኣቱ ኔሩ'ዩ። ካብ ምሕብኡ ጀሚርካ ክሳብ ዓጢቕካ ምስራሕ ክህሉ ዝግባእ ጥንቃቐ ከቢድ ምንባሩ ኣይዝንጋዕን። ሓደ ግዜ ወዲ-ቡላ ንቢሮክራሲን ፍትዊ መስፍንን ናብ ሓደ ቦታ ንኸብጽሑወን ብረት ሃቦም። ፍትዊ መስፍን (መሓመድ) ኣባል ውፉያት ከተማ'ዩ። እዘን ብረት'ዚኣን ተቐቢሎም ቅድሚ ምብጋሶም ቢሮክራሲ ሓደ ሕቶ ኣልዓለ።

"ሕራይ ክነብጽሖን ኢና። ግዳ ካባይን ካብ መሓመድን ኣብ'ዛ ስራሕ'ዚኣ መን'ዩ ሓላፊ?" ኢሉ ሓተተ፡ ቢሮክራሲ።

"እንታይ ሓላፊን ዘይሓላፊን ኣድለየ! ስቕ ኢልካ መብዝሕ ዘረባ ተምጽእ!" በለ መሓመድ ገሪሙዎ።

ወዲ ቡላ በቲ ሕቶ ተገሪሙ፡ ነገር ንምዕጻው "ደሓን ንስኻ'ሞ ዘይትኸውን!" ኢሉ፡ ንቢሮክራሲ ከም ሓላፊ ረቒሑ ኣፋነዎም። ከም ሓቂ መን ኣብ ከም'ዚ ዓይነት ስራሓት ይወፍር፡ መን ከ ካልእ ይሰርሕ፡ ብብመንገዶም ንጹር መምርሒታት ኔሩዎም'ዩ። ንሱ ንዝወስዶ ጥንቃቐታትን ብብመስመርካ፡ ማለት መምስ መራኽብትኻ፡ እትሰርሖ ስራሓት ክኽተል ክብል ግዝያዊ ዘይምርድዳእ ይፈጥር ኔሩ'ዩ። ናይ ቢሮክራሲ እንታይነትን ስርሑን ኣሰራርሐኡን ሽዑ ሰኣን ምርድዳእ

ዝነበሮም ኣረኣእያን ዳሕራይ እዋን ተመሊሶም ክጥምቱዎ ከለዉ ግን ከቢድ ሚዛን ዝነበሮ ውፉይን ክኢላን ምንባሩ ብኣብነት ናይ መሓመድ ቃላት ክግለጽ ይከኣል።

"ቢሮክራሲ ካብ ክልቴና መን'ዩ ሓላፊ፡ ኢሉ ከጸሪ ከሎ ኣብ'ቲ ሸው እዋን ንዓይ ዓቢ መደንጸ ኢዩ ኔሩ። ዳሕራይ እዋን ተመሊሰ ክግምግሞ ከለኹ ግን ሓቂ'ዩ። ኣብ ውሽጢ ጸላኢ ሓደገኛ ንብረት ሒዝካ ቅጽበታዊ ምትዕጽጻፍ ምስ ዘድሊ ክትዋጠጥ ከምዘይግባእ ንሱ ስለ ዝተረድኦ'ዩ። ሓያል ሰብ፡ ብዙሕ ዘንብብ ፈላጥ፡ ናይ ፖለቲካ ክኢላ ምንባሩ ቀስ ኢለ ኢየ ተረዲኣዮ። ነዊሕ'ዩ ዝጥምት። ብስለት ኔሩዎ። ንሱ ርግእ ኢሉ'ዩ ዝሰርሕ። ንሕና ታህዋኽ ኔሩና፡ ህንጡያት ኣብ ዝኾነ ስርሒት ዘይተሳተፍና ኢልና ንሓስብ፡ ንሱ ግን ካብ መስመሩ ወጻኢ ንኣሳልጦ ስራሕ ኢሉ ኣይኣቱን። ሓቀኛ ሰላዩ ኢዩ ኔሩ። ዘይተማእከለ ስራሕ ክሰርሕ ኣይደልን። ንዝኾነ ምስሕሓብ ብኹራ ኣይምልስን፡ ብፈገግታ'ዩ ዝምልሰልካ። ኣብ ዝኾነ ቈጸራ ከየጠናቐቐ ኣይቅልቀልን። ሓደ ሓደ ግዜ ክሳብ ይጠልመካ። በዚን ክንዲ'ዚን ዝኣክል ኣብ ኣኼባታት ናይ ውፉያት ብርቱዕ ነቐፌታ ይዘንቦ ኔሩ። ንሱ ግን ንዕኡ ተጸዊሩ ምስጢራዊ ዕማሙ ይፍጽም ኔሩ። ናይ ሜዳ ሓለፍትና ብዛዕብኡ ክንሻቐል ከምዘይብልና ይምልሱልና ኔሮም። ዝተዋህቦ ፍሉይ ዕማም ንሳቶም ስለ ዝፈልጡዎ።"

ዘይድህሰስ መራኸብቲ [21]

ሕረት ካብ ትብሃል ናይ ዓዲ ሓውሻ ቦታ የማነ ዓንደማርያም ዝተባህለ መንእሰይ ተጋዳላይ ምስ ብጾቱ ኮይኑ ካብ ሓደ ፍሉይ ፈጣን ኣናብባ ዘለዎ ቁሩብ ልሕትት ዝበለ ድምጺ ካብ ፍሉይ ቦታ ናይ መራኸቢ ሬድዮ መልእኽቲ ይቕበል ነበረ። ብኣካል ክሳብ ዝርእዮን ምስኡ ክሳብ ዘዕልልን እናተሃንጠየ ናይ መንን ካብ መንን ዝመጽእ ምኳኑ ይፈልጥ ነበረ።

የማነ ዓንደማርያም ኣብ 1955 ኣብ ኣስመራ ተወሊዱ ብሕጻኑ ምስ ወለዱ ንኣዲስ ኣበባ ከይዱ ኣብኡ ባህሊን ቋንቋን ኣምሓርኛ ዝመለኸ መንእሰይ ኮይኑ ዓብዩ። ካልኣይ ደረጃ ትምህርቱ ምስ ወድአ ውድቀት ስርዓት ሃይለስላሴ ተኸሲቱ ደርጊ ኣብ ስልጣን መጺኡ ረሳን ንጥፈታቱ ምስ ጀመረ ንኤርትራውያን ግዳይ ዝገበረ ናይ

‘ኢትዮጵያ ትቅደም’ ጭርሖ ኣብ ዘልዓለሉ ዓመት 1975 ብስድራኦም ጠቕሊሎም ናብ ኤርትራ መጺኦም። የማነ ሽዑ ንሽዑ ኣብ ህዝባዊ ሓይልታት ክሰለፍ’ኳ እንተተበገሰ፡ ብዝተቐበሉዎ ተጋደልቲ ኣብ ዘለዎ ኮይኑ ዋህዮታት ወዲቡ ክንቀሳቐስ ተሓበሮ። ተ.ሓ.ኤ. ድማ ከምኡ ዝኣመሰሉ መንእሰያት ኣብ’ቲ ከባቢ ትውድብ ስለ ዝነበረት ክቐስን ኣይከኣለን። ብኸም’ዚ ዝኣመሰለ ቅርቁር ሃዋህው ምስ ተሸገረ ተሰሊፉ ኣብ 06 ተመዲቡ ንጥፈታት እቲ ኣሃዱ ንነዊሕ እዋን ካብ ዝኣልዩ ኣባላት ሓደ ኮይኑ ሰርሐ።

የማነ ንቢሮክራሲ ቅድሚ ብኣካል ምርኻቡ ኣብ ታባ ሕረት ነቲ ስሉጥ ኣናብባን ፍሉይ ደሃይን ቢሮክራሲ ካብ ውሽጢ ኣስመራ ዝሃቦ መልእኽቲ ዝቐበል ኮይኑ፡ ብድሕሪኡ ግን ብኣካል ዘራኽቦ ጉዳያት እናበዝሐ መጺኡ ቢሮክራሲ እንታይ ዓይነት ሰብ ምንባሩ ተረድአ። ብኸም’ዚ ዝስዕብ ከአ ይገልጾ፡-

“ቢሮክራሲ ኣብ ቈጸራታት ወይ ኣኼባታት ናይ ውሽጢ ከተማ ሃንደፍ ኢሉ ዘይኣቱ ጥንቁቕ ሰብ’ዩ ኔሩ። ናይ ምኽዋል ክእለቱ ልዑል፡ ኣሰራቱን ምንቅስቓሳቱን ከምዘይርከብ ጌሩ ይሰርሕ ኔሩ። ኣብ ብዙሕ ስርሒታት ከተማ ናይ መጽናዕትን ምውዳድን ተራ ኔሩዎ ክንሱ ንሱ ዘይድህሰስ ኮይኑ’ዩ ዝቕጽል። ንሱ ዝራኽቦም ዝተሓባበሩዎ ኣካላት ካልኦት ከምዘይፈልጡዎም፡ ንሓድሕዶም’ውን ከምዘይፋለጡ ጌሩ ይውድቦም። ድሕሪ ምዝላቕ ኣብ ዝተገብረ ዳግመ ውደባ በዓል ታርዛን (ርእሶም ተኽለማርያም፡ ሓደ ካብ ላዕለዎት ሓለፍቲ ውፉያት ከተማ) ዝርከቡዎም ናይ ሓበሬታ ምንጭታት ከምኡ’ውን ካብ ዝተፈላለዩ ኢትዮጵያውያን ዝምንጩ ሓበሬታታት ይምእክል ኔሩ። ኣብ መሪሕነታዊ ቅርጺ ጸላኢ፡ ኣብ ሰልፍታቱን ኣገደስቲ ኣብያተ-ጽሕፈቱ ሰሊኹ ሓበሬታ ይረክብ ኔሩ። ላዕለዋይ ሓላፊ ኣብ ‘ዘመቻ መምርያ’ (ጠቕላሊ እዚ ወፍርታት) ረኺቡ ኢሉ ሃንደፍ ኢሉ ዝኣትዎ ዘይኮነስ፡ ኣብ’ቲ ዓይኒ ሓበሬታኡ ዝኾነ ክፍሊ-ስርሒታት ሰሊኹ ምእታው’ዩ ዝመርጽ። ኣለልዩን ሓርዩን ኢዩ ዝውድብ። ብልሑን ጉርሑን ኣዘዩ ልዑል ብምንባሩ ትኩርን ጥንቁቕን ሜላ ተጠቒሙ ኣገዳሲ ምንጪ ሓበሬታ ይረክብ። ቢሮክራሲ ብዝነበሮ ክእለት ናይ ምኽዋል፡ ብልሓን ጉርሓን፡ ጸላኢ ፈቲሹ ቀቢጽዎ’ዩ።

"ንሱ፡ ብዙሓት ካልኦት ውፉያት ዘይነበርዎ ብልጫ ኔሩዎ። ዝልእኮ ሓበሬታታት ካልኣይ መስርሕ ምምማይ ዘየድልዮ ጽጹይን ውዱእን ኮይኑ'ዩ ዝመጽእ። እዚ ባዕሉ ተረዲኡ ዝገብሮ ዝነበረ'ዩ። ካብ'ቶም ሸዑ ዝነበርና ገለ ኣለይቲ ዝሓይሸ ብቕዓት ከምዝነበሮ ዝተረድኣኒ፡ እቲ ዳሕራይ እዋን ዝተመሃርናዮን ዝረዓምናንዮ ኣሰራርሓ ንሱ ኣቐዲሙ ይጥቀመሉ ምንባሩ ብምዝካር'ዩ።

"ኣብ ከተማ ዝነበሩ መሳርሕቱ ዕማማቱን ኣገባብ ኣሰራርሓኡን ዘይፈልጡ ብምንባርዎ ኣብ ስርሒታት ከማና ዘይሰርሐ ኢሎም ይነቕፍዎ ኔሮም'ዮም። ንሱ ግን ፈሪሑ ወይ ምንዝልሓጥ ከርኢ ኢሉ ዘይኮነ ፍሉይ ዕማም ስለ ዝነበሮ'ዩ። እምበር ፍርሒ ዝብሃል ከምዘይነበሮ በቲ ዝኣትዎ ዝነበረ ሓደገኛ ዕማማት ዝምስከር'ዩ።

"ንዝተፈላለዩ ሰባት ብሓንቲ መስመር ጥራይ ከምዝራኸቡ ምግባር ንዝያዳ ምስጢራውነት ከምዝሕግዝ ኣቐዲሙ ተረዲኡ ይሰርሓሉ ኔሩ። ጥንቃቐኡ ክሳብ ክንድኡ ስለ ዝነበረ ድማ ንነዊሕ እዋን ኣብ ውሽጢ ከተማ ሰሪሑ።"

ርኹብ ምስ ጕብየ [22]

ኣብ ፈለማ ኣዋርሕ ናይ 1976፡ ወዲ-ቡላ ንጕብየ ምስ ቢሮክራሲ ከም'ዚ ብምባል ኣላለዮ፡ "እዚ ኣርኣያ ዝብሃል ብጻይና'ዩ። በቲ ዘለካ ናይ ከተማን ሜዳን ስራሕ ክትተሓጋገዞ ኢኻ። ንሱ ዝህበካ መልእኽቲ ተቐቢልካ ናብ'ቶም ንሱ ዝሕብረካ ብጾትና ናይ ሜዳ ከተብጽሕ ኢኻ። ከም'ቲ ትፈልጦ ብጥንቃቐን ብዲስፕሊንን ክትዓዩ እናተኣማመንኩ ስራሕኩም ኣሳልጦ ክህልዎ እምነየልኩም!" ካብ'ታ ዕለት'ቲኣ ንደሓር ናይ ጕብየን ቢሮክራሲን ርኹብ ዝውቱር ነበረ። ምሉእ ስም ናይ ጕብየ፡ የማነ ገብረመስቀል ሃብቱ ይበሃል። ኣብ 1975 ጕበዝ እንከሎ ኣብ መበቈል ዓዱ፡ ዓደርዓዳ (ካብ ኣስመራ ንደቡብ ኣስታት 30 ኪ.ሜ ርሒቓ እትርከብ ሓንቲ ካብ ዓድታት ስሓርቲ) ብህዝባዊ ሓይልታት ተወደበ። ኣብ'ቲ ዓዲ፡ ኣጕሳጕሱ ዋህዮታት ኣቚሙ ክነጣጠፍ ጀመረ። ብመሰረት መምርሒ ወደብቲ ኣካላት ንውድብ ዘገልግል ቀረብ ከም እኒ ዓደስ (ብርስን)፡ እኽሊ፡ ኣኻይሽ ካብ'ቲ ዓድን ከባቢኡን፡ ካብኡ ሓሊፉ'ውን ንሱን ውዱባቱን ካብ ውሽጢ ኣስመራ ሽሚቶምን ኣዋጺኦምን የረክቡ።

ጸኒሑ ግን፡ ጕብየ፡ ኣብ ትሕቲ ማእከልነት ወዲ-ቡላ ናይ ከተማ

ወዳቢ ኮነ። ኣማስያኡ ካብ ናይ ኣስመራ ቀንዲ ዉፉያት ኮይኑ ኣብ ብዙሕ ስርሒታት ተሳተፈ። ኣብ 1977 ከረን ሓራ ኣብ ዝወጸትሉ ቅንያት ምስ ሓደ ሰመረ ተኽለ ዝተባህለ ውፉይ መጸሕፍቲ ሓፈሻዊ ፖለቲካዊ ትምህርቲ ኣብ ዘምቢል ብሕምባሻታት ንግደት ሸፊኖም፡ ብጸሎት ኣቢሎም ኣስመራ ክኣትዉ እንከለዉ ብጸላኢ ተታሒዞም ንዓመትን ሸዱሽተ ወርሕን ተኣሲሮም ወጺኦም። ተጋደልቲ ኣገዲዶም ውሰዱዎ ኢሎምና፡ ብምባል ኣመኽንዮም ተፈቲሖም። ብድሕሪ'ዚ ኣጋጣሚ'ዚ ተመሊሱ ናይ ከተማ ንጥፈታቱ ቀጸሉ። ኣብ 1979 ኣብ ሜዳ ኣብ ዝተገብረ መስራቲ ጉባኤ ሃገራዊ ማሕበር ሰራሕተኛታት ተሳቲፉ ኣባል ባይቶ ማሕበር ተመርጸ። ብድሕሪኡ'ውን ካብ ናይ ከተማ ስራሕ ኣይተላቐቐን። ኣብ 1980 ንሜዳ ወጺኡ ተጋደለ።

ጉብየ ኣብ ናይ ከተማ ገድላዊ ተመክሮኡ ምስ ብዙሓት ዉፉያት ተላልዩ። ሌላኡ ምስ ቢሮክራሲ ከም'ዚ ዝረኣናዮ ብመንገዲ ወዲ-ቡላ'ዩ። ቢሮክራሲ ብዘይካ'ታ ኣብ'ታ ትምልከቶ ኣብ ካልእ ኣይራኸቦን። ከም ሰብ ሻሂ ንስተ፡ ነዕልል ዝብሃል ነገር ኣይነበሮን። በቲ ግዜ'ቲ ዝነበሮ ኣጠማምታ ጉብየ ንቢሮክራሲ ከም'ቲ ዝድለ ኣብ ውዑይን ዝሑልን ዘይኣቱ፡ ከምቲ ንሱን ካልኦትን ኣብ ዝተፈላለየ ስርሒታት ዝሳተፉዎ ዘይምእታዉ ዝተማልአ ግቡኡ ዝፍጽም ኮይኑ ይስምዖ ኣይነበረን። ኣብ ዳሕራይ እዋን ጥራይ ኢዩ ቢሮክራሲ ዝተፈልየ ከቢድ ብልሒን ትብዓትን ዝሓትት ዕማም ሒዙ ይዋሳእ ከምዝነበረ ክርዳእ ዝኸኣለ። ናይ ምምእካል ሓላፍነት ከምዝነበሮ'ውን ጸኒሑ'ዩ በሪሁሉ። ከም'ቲ ናቱ ካብ ከተማ ወጺኡ ከምዝራኸብ ይፈልጥ ኣይነበረን። ቀንዲ ስርሑ ኣብ ውሽጢ ከተማ ጥራይ ዝተሓጽረ፡ ንኽወጽእ ዕድል ዘይብሉ ጌሩ ኢዩ ዝወስዶ ኔሩ። ኣብ ገዛ ቢሮክራሲ ተመላላሲ ብምንባሩ ብሬድዮ ርክብ ምስ ሜዳ ከምዝራኸብ ብምዕዛቡ ዝተፈልየን ረቂቕን ስራሕ ከምዝነበሮ በርሂሉ።

ወናኒ ጋራዥ ፕሪንቺፕ [23]

ወልደማርያም ሃይለ ተስፋስላሴ ዝብሃል ወናኒ ጋራዥ ፕሪንቺፕ መሳርሕቲ ቢሮክራሲ'ዩ ኔሩ። ጋራዥ ፕሪንቺፕ ፊት ባር ትረስተለ ትርከብ። ወልደማርያም ኣቡኡ ፎረስታለ (ወተሃደር ሓላው ገረብ) ብምንባሮም ሻምናይ ክፍሊ ምስ ወድአ ኣብ ነፋሲት (መንገዲ ባጽዕ) ሕርሻ ዒቃ (ንመስርሕ ክሻ ዝጠቅም ተኽሊ) ዝውንን ጆሜትራ ፖሌራ

ዝተባህለ ጥልያን ስራሕ ኣእተዉዎ። ሰብኣይ ምስ ኣኸለ ግን ስራሕ መካኒክ ተላሚዱ ክሳብ ጋራዥ ፕሪንቺፐ ክውንን ከኣለ። ኣብ'ዛ ጋራዥ'ዚኣ ማኪናኡ ከዐሪ ዘይመጽእ፡ በዓል ስልጣን፡ ጀነራላት፡ ሓለፍቲ ጸጥታ፡ ኣባላት ኣፋኝ ጓድ ዳርጋ ኣይነበረን። ወልደማርያም ተበላሓቲ ናይ ርክብ ሰብ ብምንባሩ ነንዝመጹ ተላልዩ ኣብ ዓሚቝ ዕርክነት ዘእተዎም ብዙሓት'ዮም።

መርመርቲ ማርያም ግምቢ ኣምሳ ኣለቃ ኣሻግሬ ደሳለ፡ ሻለቃ ከበደ (ሓላፊ ክፍሊ መርመራ ማርያም ግምቢ)፡ ሻለቃ ያዴታ ግርሙ፡ ሙቶ ኣለቃ ከፍያለው፡ ዝብሃሉ ተዓራሪኹ። ከምኡ'ውን ኣባል ፍሉይ ጉዳያት 'ድህንነት ኣገር' ኣምሳ ኣለቃ ጫነን ናይ ፖለቲካ ሓላፊ ኣብ ማርያም ግምቢ ዱንጓ ረጋሳን ኣዕሩኽቱ ገበሮም። ናብ ኢትዮጵያ ዝሰለመ ተኸላይ ዓደን ሓንቲ ሰንኮፍ ንእሽቶይ ቮልክስ ዝዓይነታ መኪና ሒዙ መጺኡዎ ኣዐሪዩሉ ክብ ዝበለ ርክብ ምስኡ ከገብር ከኣለ። ንወልደማርያም ኣብ ሓደ ኣጋጣሚ ኣሲሮም ምስ ኣምጽኡሉ፡ ተኸላይ ዓደን፡ "ወልደማርያም ወንበዴ እንተኾይኑ ኣብ መቐመጫኹም ፈንጂ ሰኺዖምልኩም ኣለዉ ማለት'ዩ!" ብምባል ከም ዝልቀቕ ጌሩ። ኣብ ዝተፈላለየ ተመሳሳሊ ኣጋጣሚታት ምስ ጀነራል ቁምላቸው ደጀኔ፡ ጀነራል ሃይሉ ወልደሃዋርያት ከምኡ'ውን ሻለቃ ዳዊት ወልድጊዮርጊስ ተላለየ። ወልደማርያም ካብ'ቲ ጋራዥ ብዝረኸቦ ዝነበረ እትዋት ንገሊኦም ናይ ጁባ ገንዘብ እናሃበ፡ ንገሊኦም ኣብ መርዐኦም ሕልፎት ወዲቡ ብምዕማር፡ ናይ ዕድመ ህያባት ከምዝብርክተሎም ብምግባር፡ ንገሊኦም ኣብ ጥምቀቶም ብምድግጋፍ ክሳብ ብልግነት እናሓዘ፡ ንኸመስል ሓቀኛ ደጋፊ ደርጊ ምኳኑ እናረጋገጸ ይሕዞም ነበረ። ሓያለ ካብኦም ምስ ስድርኡ ተላልዮም በላዕትን ሰተይትን ኣተውትን ወጻእትን ነበሩ። ከምኡ ስለ ዝገበረ ኣብ ቀንዲ ሓበሬታ ዝርከበሉ ማእከላት ማርያም ግምቢ (መን ተኣሲሩ፡ እንታይ ረኺቦምሉ ዝፍለጡሉ)፡ ቤት-ጽሕፈት እዚ ሰራዊት ኢትዮጵያ፡ መዓስከር ቃኘው (ዝሰለሙን ዝተታሕዙን ዝፍለጡሉ)፡ ከምኡ'ውን ካልኦት ወተሃደራዊ መዓስከራት ኣትዩ ዘድልዮ ሓበሬታ ቀሲሙ ክመላለስ ይኽእል ኔሩ። በዚ ጽቡቕ ርክብ'ዚ ዝኣክል፡ ብዙሓት ኤርትራውያንን ናይ ከተማ ውድባትን ከም ሃሱስ ናይ ደርጊ'ዮም ዝርእዩዎ ኔሮም።

ይኹን'ምበር ወልደማርያም ካብ 1975 ኣትሒዙ ምስ ተጋደልቲ

ከተማ ተላልዩ ምስጢራዊ ተሓባባራይ ኮይኑ ክሳብ ናጽነት ኣገልገለ። ንቢሮክራሲ ካብ 1975 ኣትሒዙ'ዩ ዝፈልጦ። ክፈልጦ ክሎ ግን ከም'ቲ ዳሕራይ እዋን ብረዚን ባህርያቱን ተርእዩን ዝጸንዕ ጌሩ ኣይረኣዮን። ድሕሪ ናይ ሓደ እዋን ሓፈሻዊ ሌላ መዓልካ - ሓደርካ፡ ነዕልል ሻሂ ንስተ ዝብሃል ነገር ካብ ቢሮክራሲ ብምስኣኑ ሓደ ዘደንጹ ሰብ'ዩ ኮይኑዎ። ሕሉፍ ሓሊፉ ኣምሓሩን ካልኦት ኢትዮጵያውያንን ኣማእኪሎሞ ከም ዓርኮም ሒዞሞ ክጉዓዙ ምርኣዩ ሓደ ካብኦምን ናቶምን እምበር ተጋዳላይ ከተማ ይመስል ኣይነበረን። ቢሮክራሲ ምእንቲ ብጻዩ ወልደማርያም ከይደናገር ኣጸሚዩ ረኺቡ ባህርያት ርክቦም ዝሰረተሉ መምርሒታትን ምኽርታትን ክህቦ ጀመረ'ሞ፡ ብድሕሪኡ ኣብ ብዙሕ ስራሓት ክራኸቡ ከኣሉ።

መምህር ዘርኣይ ቦኽረጼን

ቀንዲ ስራሕ ወልደማርያም ካብ'ቶም ዝተላለዮም ምንጭታት ምስጢር ረኺብካ ምትሕልላፍ'ዩ። ዝተኣሰረ ዝረኸቡሉ ሓበሬታ፡ ኢዶም ዝሃቡ ዝመጠውዎ ሓበሬታ ፈሊጥካ ንብጾትካ ምሕባር። ከምኡ'ውን ተጠርጢሮም ዝድለዩ ውፉያት ኣቐዲምካ ብምፍላጥ ጸላኢ ከየርክቦም ከምልጡሉ ዝኽእሉ ዕድላት ምትሕብባር። ኣብ መፋርቕ 1979 ኣባላት ጸጥታ ጸላኢ ንሓደ ህቡብ ውፉይ ኣባል ህ.ግ. ይከታተሉዎ ነበሩ። ንሱ መምህር ዘርኣይ ቦኽረጼን ይብሃል። ነዊሕ ናይ ምምህርና ተመክሮ ስለ ዝነበሮ ናይ ምስልጣን መምህራን ቤት-ትምህርቲ ሓለቓ ነበረ። ህቡብነቱ ዕዙዝ ብምንባሩ ኣቦ-መንበር ማሕበር መምህራን ኣብ ኣስመራ ተመርጸ። ካብ'ቶም ቀዳሞት ውዱባት ህ.ግ. ኮይኑ ናይ ጨንፈር መራሒ ክኸውን በቕዐ። ኣለም መክብብ ኣብ 1978 ብጸላኢ ተታሒዙ ምስ ተረሸነ መምህር ዘርኣይ ኣብ ክንዲ ኣለም ኮይኑ ምእንቲ ክጥርንፍ ብ 06 ዝርዝር ኣስማት ኣባላት ተላኢኹሉ ነበረ።

መምህር ዘርኣይ ኣብ ክትዕ በሊሕን ደፋርን ኣብ ንጥፈታቱ'ውን ከምኡ ኣዝዩ ተባዕ'ዩ ኔሩ። ካድራት ደርጊ ፖለቲካ ከስተምህሩ ከለዉ ሰገጥ ከይበለ ዝካታዕ ብምንባሩ ይጠማመቱዎ ኔሮም'ዮም። ኣብ 1978 ኣስመራ ንምጥቃዕ መደብ ወጺኡሉ ኣብ ዝነበረ እዋን ምስ'ቲ መደብ ዝሳነ ወረቓቕቲ ንምዝርጋሕ ኣዳልዩ ምስኡ ኣቐሚጡዎ ነበረ። እቲ መደብ ምስ ተለወጠ ጽዑቕ ተፍትሽ ምስ ኣጋጠመ መምህር ዘርኣይ

ሓደ ደፋር ምህዞ ሓሰበ። ኣብ ማኪናኡ ናይ 'ይሕለፍ' ወረቐት ለጢፉ ነቲ ወረቓቕቲ ኣኪቡ ኣብኣ ጽዒኑ ተፍትሸ ክሳብ ዝዘልቕ በታ ማኪና ክዛወር ወዓለ። ቀያሕ ሬኖ ማኪናኡ ኣብ ንጥፈታት ዉፉያት ትውዕል ብምንባራ ዓይኒ ጸላኢ ኣይተፈልያን። ብፍላይ ድማ ኣብ ህንጻ ወ.ወ.ክ.ማ. (ናይ ሕጂ ቤት ጽሕፈት ኮምሽን ስፖርት) ሓደ ናይ ፈንጂ ስርሒት ምስ ተፈጸመ መምህር በታ ማኪና'ቲኣ ጌሩ ውጽኢት ንምክትታል ናብ'ቲ ከባቢ ተንቀሳቒሱ ስለ ዝነበረ ሰለይቲ ኣስተብሂሎምላ ኔሮም'ዮም። በዚ ከም'ዚ ዝኣመሰለ ጠመተታት ሰለይቲ ካብ ምክትታሉ ዓዲ ኣይወዓሉን።

ሓደ ዕለት ኣብ ግንቦት 1979፡ ቢሮክራሲ ጸላኢ ንመምህር ዘርኣይ ንምሓዝ ይጓየ ምንባሩ ፈሊጡ ንወልደማርያም ን'ኽእለ ክሕብሮ ለኣኾ። ሸዑ ወልደማርያም ናብ ከባቢ ህንጻ ሚኒስትሪ ትምህርቲ ተጓይዩ ብም'ኻድ ንመምህር ዘርኣይ ኣብ ፌት'ቲ ህንጻ ምስ ሰባት ከዕልል ብማዕዶ ረኣዮ። ከባቢኡ ብሰለይቲ ተዘሪኣ ምንባራ'ውን ኣስተብሃለ። ንመምህር ዘርኣይ ሰላም ዘዝበሉዎ ካብኡ ፍንትት ምስ በሉ ይሕዙዎም ነበሩ። ወልደማርያም ናብ መምህር ዘርኣይ ቀሪቡ ክብሎ ዝ'ኽእል ስለ ዘይነበረ ናብ ቦትኡ ተመልሰ። መምህር ዘርኣይ ክድሕን ኣይከኣለን፡ ተታሒዙ ድሕሪ ሰለስተ ኣዋርሕ ተረሸነ።

መምህር ሰጊድ ገብረወልዲ

ቢሮክራሲ ንወልደማርያም ክልእኮ ከሎ ክምህ ዝብል ስምዒት ኣይነበሮን። ኣብ ቦታ ስግኣትን ኣብ ማእከል ጸላእትን ዘሎ ኣይመስልን። ኣብ ሰዲለ (ኮፍ መበሊ) ማኪናኡ ብረቱ ቀሪቡ መጺኡዎ። ብሕጽር ዝበለን ንጹርን ኣዘራርባ እቲ ክገብሮ ዘለዎ ሓቢሩ ኣፋነዎ። መልሲ ንምርካብ ብተመሳሳሊ ኣገባብ ተመሊሱ ረኺቡዎ እቲ ዘጓነፈ ሓበሮ።

ኣብ ጉዳይ መምህር ሰጊድ ገብረወልዲ ግን ፍልይ ዝበለ ስምዒት ነበሮ። መምህር ሰጊድ ዘይተረኽቦ መጽሔት ተረኺቡካ ተባሂሉ ሓምለ 1979 ተኣሲሩ። ሰለይቲ ጸላኢ ብጠርጠራ ክስልዩዎ ጸኒሖም ንዕኡን ማኪናኡን ይደልዩዎ'ዮም ኔሮም። ቢሮክራሲ ብዝገበሮ ምክትታል ምእሳር ናይ መምህር ሰጊድ ክፈልጥ'ኳ እንተ'ኽኣለ፡ ሰለይቲ ጸላኢ ንማኪና መምህር ሰጊድ ብፍሉይ ከምዝተገደሱላ ድሒሩ'ዩ ፈሊጡ። ብህጹጽ ናብ'ታ ጋራዥ ወልደማርያም ብማኪና ከይዱ ንወልደማርያም ማኪናኡ

ሒዙ ክሰዕቦ ኣዘዞ። ተመራሪሖም ናብ'ታ ልምድቲ መስርሒቶም ቦታ ዝባን ስንቀይ ተጓዕዙ። ኣብኡ በጺሖም ኣብ ሓደ ክፍሊ ምስ ኣተዉ፣ ቢሮክራሲ ዘይከም ልማዱ፣ ምህዋኽ ኣርኣየ። ንወልደማርያም "ማኪና መምህር ሰጊድ ክተምጽኣ ኢኻ። እቲ ዝሓሸ ሰዓት ኣርባዕተ ኢዩ። ሓበሬታኣ ሕጂ'ዩ በጺሑኒ፣ እቲ ጉዳይ ቀሊል ኣይኮነን። ሰለይቲ ጸላኢ ብልክዕ ኣበይ ከምዘላ'ዮም ዘይፈልጡ'ምበር ሒዛቶ ዘላ ምስጢር በጺሖሞ ኢዮም። ኣብ'ዛ ሓጻር ዘላትና ግዜ ምስኦም ኢና ክንቀዳደም።" ክብል መምርሒ ሃቦ። ወልደማርያም ፈለማ ክንድኡ ዝኣክል ክብደት ዘለዎ ጉዳይ ኮይኑ ኣይተሰምዖን። ድሕሪ'ቲ መምርሒ ምስምዑ ግን ተጓይዩ ነታ ማኪና ካብ'ታ ዝነበረታ ጋራዥ (ካብ ጣባ) ኣውጺኡ ፈናጢሑ፣ ምስኣ ዝነበረ ብረት ኣውጺኡ ኣሰራ ከምትጠፍእ ገበረ።

መምህር ሰጊድ ገብረወልዲ ካብ 1975 ኣትሒዙ ተወዲቡ ክሳብ መራሕ ጨንፈር ውዱባት በጺሑ። ተሪር መንፈስ ናይ ቃልሲ ዝነበሮ ብትዕግስትን ልዙብ ኣቀራርባን ንኣባላቱ ዘቃለሰ ተባዕን ኣብ ጽንኩር ኩነታት ዘይርበሽን ተቓላሳይ ነበረ። ተወፋይነቱ መዐቀኒ ዘይነበሮ፣ ምእንቲ ቃልሲ ኩሉ ዕድላቱ ዝዓጸወ፣ ቤቱን ንብረቱን ንስራሕ ውድብ ዘወፈየ ምዕሩግ ሰብ'ዩ ኔሩ። ኣብ ቤት ማእሰርቲ ምስ ኣተወ፣ ኣብ'ቲ ውሽጢ ዋህዮታት ሰሪዑ ኩሉ ንውድብ ዘገድስ ሓበሬታ ብደቂቕ ኣጽኒዑ ሰሩዕ ጸብጻብ ናብ ውድቡ የመሓላልፍ ኔሩ። መምህር ሰጊድ ኣቐዲሙ ዝተኣሰረሉ ጉዳይ ብጽንዓት መኪቱ ሸውዓተ ዓመት ጥራይ ተፈሪዱ'ኳ እንተነበረ፣ ኣብ ዳሕረዋይ እዋን ካልእ ክስታት ተመስሪቱሉ ስለ ዝተቓልዐ ኣብ መጋቢት 1985 ተረሸነ።

ኣብ ተመክሮ ዝምድና ወልደማርያምን ቢሮክራሲን ዝንጸባረቑ ባህርያት ቢሮክራሲ ልዑልን ተዓጻጻፍን ጥንቃቐ ኢዩ። ርክብ ኣብ ዝህልዎም እዋን ከም ንቡር'ምበር ብስቱር ዝሰርሑ ዘለዉ ከምዘይመስሉ ዝምእዝን ባህርያት ነበሮ። ግልጽ ምልጽ ምባል የለን፣ ስክፍታታት ዘርኢ ኣዘራርባ ወይ ስምዒት ኣየዘውትርን። ጉዳይካ ብሕጽር ዝበለ ንንጽር ዝበለን ኣመሓላሊፍካ ግዜ ዝወሰድ ተወሳኺ ዘረባ ዘይብሉ ከመቅጽበት ሽርብ ምባል። ብድሕሪኡ ክደልየካ እንተዘይኮይኑ ደሊኻ ዘይትረኽቦ 'ደቂሕድርትና' ኢዩ ቢሮክራሲ። ንሱ ከም መንእሰይ መጠን ናይ'ቲ ዘበን'ቲ ፋሽን ኢዩ ዘዘውትር። ኣብ የማነይቲ ኢዱ ዝኣስራ ሰዓቱ'ውን ኣካል ናይ'ቲ ንእስነታዊ ፋሽን'ያ። ብዘለዎ ግዜ ናይ ምቁጽጻር ልዑል

ሕልና፡ ንኽምስጠካ ብዘምስል ኣገባብ እናሻዕ ይጥምታ። ነዚ ዝተዓዘበ ወልደማርያም ኩሉ ፋሽናዊ ኣካይድኡ'ውን ዝያዳ ክብደት ዘለዎ ዓይነት ጥንቃቐ ምኻኑ ተገንዘበ። ሰላይ ወይ ዉፉይ ተቓላሳይ ዘምስሎ ትርኢት ኣይትረኽበሉን። ምስጢራዊ ሰብ!

ናፍያ [24]

በረኸት ጠዓመ (ናፍያ) እውን ተመሳሳሊ ትዕዝብቲ'ዩ ዘለዎ። ቢሮክራሲ ውጹእ ወዲ ከተማ መንእሰይ ኢዩ። ምስ ንእስነቱ ኣዛሚድካ ግን ህዱእን ምቕሉልን ምኻኑ ይገርሞ። ከም መንእሰይ፡ መሳጢን ምልኩዕን፡ ኣብ ዝተፈላለየ መዘናግዒታት ይኣቱ፡ ግና ብመስተን ካልእ ናይ ምዝንጋዕ ልምድን ኣይምለኽን። ብኣንጻሩ፡ ናፍያ'ውን መንእሰይ ብምንባሩ፡ “ካብ ደቀንስትዮ ተጠንቀቑ። ንሕና ጥራይ ኣይኮናን ጕራሓት፡ ጸላኢ'ውን ብደቀንስትዮ ጌሩ መጻወድያ ከዳልወልና ይኽእል'ዩ።” ኢሉ ቢሮክራሲ ይመኽሮ ምንባሩ ይዝክር። ናፍያ ኣብ 1978 ካብ ሜዳ ኣብ ውሽጢ ክሰርሕ ዝኣተወ ተጋዳላይ'ዩ። ስርሑ ብኻልኦት ዝምእከል'ኳ እንተነበረ፡ ሓደጋ ምስ ዘጋጥሞ ክረኽቦ ዘለዎ ሰብ ቢሮክራሲ ምኻኑ ብውድብ ተሓቢሩዎ ነበረ። ሓንሳብ ብኸም'ዚ ምስ ተላለዩ ስሕት ኢሎም ናይ ንእስነቶም ምዝንጋዕ ዘዘውትሩለን ኣብ ከባቢ ኣልፋሮማዮ ዝርከባ ቢልያርዶ ዝርከበን ባር ኣኩላ፡ ባር ሎዲ፡ ባር ፒኮክ ዝበሃላ ባራት ነበራ። ቢሮክራሲ ጸወታ ቢልያርዶ ይፈቱ፡ ናፍያ ግን በቲ ጸወታ ስለ ዘይዘናጋዕ ቦታ ክቕይሩ እናሻዕ ይድርኽ። ሓንቲ ካብ'ተን ዘዘውትሩወን ናይ ሎሚ ሸገይ ሆቴል (ጥቓ ህንጻ ኮሚሳርያቶ ሓማሴን) ሸው ባር “ሓንድነት ኣፍሪቃ” ትበሃል ዝነበረት'ያ። ኣብኡ ወኻዕካዕ ምስ ባሪስታታት፡ ጉዳይ ግን ብምስጢር።

ሕክምና ዶክተር መድሃኔ መልከ [25]

ኣብ ሕዳር 1979፡ ኣብ ኣርባዕተ ቦታታት ኣስመራ፡ ናይ ኤለክትሪሲቲ ትራንስፎርመር ናይ ምቕጻል መደብ ተሓንጸጸ። እቲ መደብ ከባቢ ሰዓት ክልተ ናይ ለይቲ ክፍጸም ኔሩ። እተን ኣርባዕተ ትራንስፎርመራት ኣብ ገጀረት ጥቓ ፋብሪካ ክሻ፡ ጉዳይፍ ጥቓ መደበር ሓይሊ ኣየር፡ ኣብ ኣርባዕተ ኣስመራ፡ ኣብ ሰምበል ጥቓ ፋብሪካ ድስቲ ነበራ። ኣብ'ታ ናይ ጉዳይፍ ጥቓ ሓይሊ ኣየር ዝነበረት ዝተመደቡ ዉፉያት ስእላይ ኣሰፋውን የማነ ሃብተማርያምን ነበሩ። ስእላይ ኣሰፋው (ባርያ) ኣብ

ጕዳይፍ ዓብዩ ኣብ ቤት-ትምህርቲ ልኡል-መኮነን ዝብሃል ዝነበረ ተማሂሩ ኣብ 1976 ብመተዓብይቱ ተኸስተ ሰሎሞን ዝተወደበ ዉፉይ'ዩ። ተኸስተ ሰሎሞን ኣብ 1976 ኮሎኔል ብሸኡ ምስ ተቐትለ ኣብ'ቲ ብኣልማማ ሕነ ንምፍዳይ ህዝቢ ዝተቐትለሉ ህሞት ብላኺማ ተሰዊኡ። የማነ ሃብተማርያም መተዓብይትን መሳርሕትን ስእላይ ኣሰፋው'ዩ።

ስርሒት ምቅጻል ትራንስፎርመራት ተጀሚሩ፡ እተን ካልኦት ክትኮሳ እንከለዋ ናይ በዓል ስእላይ ግን ኣጽቂጣ። ስእላይን ብጻዩን ተመሊሶም እንተረኣዩዋ እታ መቃጸሊት ፈትሊ ንፋስ ኣጥፊኡዋ ጸኒሑ ደጊሞም ኣቃጸልዋ። ሸው'ውን ስለ ዝኣበየት እንታይ ከምዝረኸባ ክዕዘቡዋ ምስ ቀረቡ ሃንደበት ተፈንጂራ ስርሓ ፈጸመት። በዚ ተሓጕሶም ብስርሖም ተሓበኑ። ናብ ቦትኦም ብእግሮም ክምለሱ ሓያለ ምስ ተጓዕዙ ስእላይ ሃንደበታዊ ምንፍጥፋጥ ኣካላት ኣርኣየ። እንታይ ከምዝረኸቦ እንተፈተሹ ብናይ ድሕሪት ጃኬቱ ኣብ ሸነኽ ሕቑኡ ብደም ጨቂዩ ጸንሐ። ሸው ብፍንጫል (ፍንጃር) ናይ'ቲ ፈንጂ ከምዝተሃርመ ተረድኦም። ተቐላጢፎም ጃኬቱ ኣውጺኦም በታ ጃኬት ቍስሉ ተጀነነ። እናተሳለዩ ኣብ ጋራዥ ሃለቃ ሃብተማርያም፡ ጕዳይፍ፡ በጽሑ። ኣብ'ቲ ጋራዥ ዋላ ሓደ ሰብ ከይረኣዮም ብኻንቸሎ ዘሊሎም ኣትዮም መሕብኢኦም ሓዙ። ልክዕ ሰዓት 3:30 ናይ ለይቲ ስእላይ ተሌፎን ደዊሉ ንቢሮክራሲ ረኸቦ። እቲ ዘጓነፎም ሓደጋ ድማ ሓበሮ። ቢሮክራሲ ክሳብ ንግሆ ሰዓት 6:00 ኣብ ዘለውዋ ክጸንሑ ሓበሮም።

ንግሆ ሰዓት ሽዱሽተ ኩሉ ቦታታት ብወተሃደራት ተኸቢቡ እንከሎ ቢሮክራሲ ከም ሰራሕተኛ ናይ ባራቶሎ ንስራሕ መእተዊ ናይ ይሕለፍ ወረቐት ኣርእዩ ብምሕላፍ፡ ናብ ፋብሪካ ዝኣቱ መሲሉ በታ ሬኖ 4 ዝዓይነታ ጻዕዳ ማኪናኡ ናብ ጋራዥ እንዳ ሃለቃ ሃብተማርያም ብድሕሪት ተጸግዐ። በቲ መንደቕ ንስእላይ ኣውጺኡ ኣብ ማኪንኡ ሰቒሉዎ ናብ መደበር ሓይሊ ኣየር ገጹ ኣምርሐ። ቢሮክራሲ ቅድሚ ናብ ስእላይ ምብጋሱ ዶክተር ኤፍሬም ዘወልዷን ዶክተር መድሃኔ መልከን ኣብ'ቲ ከባቢ ሓይሊ ኣየር ዘድሊ ቀዳማይ ረድኤት ሒዞም ኣብ ሓንቲ ንእሽቶይ ቮልክስ ዝዓይነታ ማኪና ከም ዝጽበዩዎ ጌሩ'ዩ ጸኒሑ። ቢሮክራሲ ንስእላይ ሒዙ ምስ መጸ እቶም ሓካይም ተቐቢሎም ጸረ-ቴታኑስ ወግኡዎ። ዶክተር መድሃኔ መልከ ናብ ገዝኡ ወሲዱ

ድማ ሰለስተ ንጣር (ሰኩጆ) ፈንጂ ካብ ሕቑኡ ኣውጽኣሉ። ክሳብ ዝሓዊ ኣብ እንዳ ዮውሃንስ ዓንደማርያም ዝተባህለ ወዲ ሓምቦኡ ተዓቍቡ ስድርኡ ከይፈለጡ ንክልተ ሰሙን ዝኣክል ቀነየ። ቢሮክራሲ ካብ'ዚ ናብ እንዳ ዶክተር መድሃኔ ብማኪናኡ እናመላለሰ ኣሐከሞ።

ኣብ ፈለማ 1978 ኣልማዝ (ቸስ) ቅድሚ ናብ ሜዳ ምውጻኣ ኣብ ከረን ጉባኤ ማሕበር ሓረስቶት፡ ኣብ መንተብለ ድማ ፖለቲካዊ ትምህርቲ ካድር ክትሳተፍ፡ ዓመታዊ ዕረፍቲ ካብ ናይ ባንክ ስርሓ ወሲዳ፡ ናብ ሜዳ ወጺኣ ኔራ። እዚ ኩሉ ክትገብር ዕረፍታ ስለ ዝተወድአ መመኽነይታ ምድንጓያ የድሊ ስለ ዝነበረ፡ ነዚ ንምስላጥ ካብ ሜዳ ንቢሮክራሲ ተላኢኹሉ። ንዶ/ር መድሃኔ መልከ ረኺቡ ብሕማም ዕረፍታ ከም ዝናዋሕ ተጌሩ፡ ትምህርታ ወዲኣ ናብ ከተማ ብደሓን ተመለሰት።

ኣዲኡ ንስእላይ ኣሰፋው ወይዘሮ ሓዳስ ዘርኣይ ይበሃላ። እዚ ዝተጠቕሰ ሓደጋ ምስ ኣጋጠሞ ወደን ደሃዩ ጠፊኡወን ተሸጊረን ከለዋ ሓደ መዓልቲ ኣብ እንዳ ዮውሃንስ ዓንደማርያም ኮይኑ ተሌፎን ደዊሉለን። "ምስ ወዲ ሓምቦይ ኴንና ምስ ነደቕትን ተኹናተርትን ክንላዘብ ላዕልን ታሕትን ክንብል ግዜ ስለ ዝወሰድና ክመጽእ ኣይከኣልኩን። ደሓን ኣለኹ፡ ኣይትሻቐሊ!" ኢሉወን። ድሕሪ ክልተ ቕነ ገዛ ምስ ተመልሰ ኣብ'ታ ናይ በይኑ መደቀሲ ክፍሊ ኣብ ትሕቲ መተርኣስ ብደም ዝተጸየቓ ጃኬትን ካናቴራን በቲ ደም ዝኣክል ቁርቢዕን ረኸባ። ዘርዚረን ምስ ረኣያ ድማ ብድሕሪተን ገለ ዘንኩለን ምኽንን ተገንዘባ። ብስንባድ መዓንጣአን ተቖርጸ።

"እዚ ርጉም ውላድ! ከንቶ ጠፊኡ ኔሩ! ሓቲትካዮ ኣይነግር፡ ሩፍ ኢሉ ገዝኡ ኣይሓድር! ናይ ምንታይ ጭንቂ ይብሃል'ዚ! ሕጂ'ኸ እንታይ ረኺቡዎ ክብል'የ!" ኢለን ተጨነቓ። "እዚ በይኑ ዓይነት ወደቓ'ዩ፡ ኣበየናይ ኩናት ውዒሉ'ኸ ክብል'የ?" ኢለን ነዚ መደንጸ ተረኺቦ'ዚ ክርስዐአ ስለ ዘይደለያ ነዘን ብደም ዝቘርብዓ ክዳውንቲ ጠቕሊለን ኣብ ዘይለዓላሉ ቦታ ኣቐሚጠን ከም ቅርሲ ክሳብ ናጽነት ሓዝአን። ስእላይ እንታይ ይሰርሕ ከም ዝነበረ ኣተንቢሁለን ኣይፈልጥን። ኣብኡ ኸሎ ግን ስርሑ ኣይጠፍአንን። ካብኡ ንንየው ዝሃበን መሸፈኒ ምኽኒት "እወ ሓቅኻ. . . .ሕራይ በል ካብ በልካስ!" ኢለን ይቕበለኦ።

ኣብ ከባቢ ሰላሳ ዳዕሮን ዓዲ ያቆብን (ወራር 1978) ኩናት ኣብ ዝነበረሉ እዋን በታ ውፍይቲ ቲግረቶኦም (ኣብ መጽሓፍ ኮማንዶ፡ ሰሎሞን ድራር ዝተጠቕሰት) ምልእ ኣቢሉ ቁርጽራጽ ጋቢ፡ ኩታ፡ ጡጥ ኣምጺኡ፡ “እዚ ንገለ መለ ይጠቅም’ዩ”፡ ኢሉ ኣራገፎ። ጽንሕ ኢሉ “ንሰዲለ (ኮፍ መበሊ) መኪናን መተርኣስን ዝኸውን ስርሓለይ”፡ ኢሉ ንዐኣንን ንሓፍቱን ስራሕ ኣትሓዘን። ሰሪሐን ይህባኦ፡ ንሱ ኸኣ ኣብ ማኪና ምስ ሰቐሎ፡ “በዚ ጸሎት ምስ ወፈርና ኣውሪድናዮስ ጠፊኡ”፡ እናበለ ካልእ ክሰርሓ ይእዝዘን። ከምኡ እናበለ ክሽቅላ ቀንየን፡ ሓደ መዓልቲ ሓደ ዓቢ ፍርናሽ ኣብ ማእከሉ ዝተመቖለ ስርሓለይ ኢሉወን ሰርሓሉ። ኣብ’ቲ ውሽጢ ጡጥን ቁርጽራጽ ጋቢታትን እናንጸፋ ክሰርሐኦ ነገረን። ነታ ንቑመት ኣብ ክልተ እትምቀል ዓባይ ሰፍ ዘይትብል ፍርናሽ፡ ኣብ’ታ ናይ ብሕቲ ገዝኡ ወሲዱ ኣብ ውሽጢ’ቲ ምቃል ናይ ሕክምና ኣቑሑን መድሃኒትን ክመልእ ከሎ ብማዕጾ ተሓቢኣን ይርእያኦ ነበራ። ንምንታይ ከምዝእዝዘን ድማ በርሃለን። ፍታው ወደን ከማልኣ ዘይተነግረን ምስጢር ዓቂበን ይነብራ። ሞያኣን መኣሰ ከምዝንገረለን እናተገረማ ወፊሩ ደሓን ክእቱ ጥራይ ተማህለላ።

እንዳ ኣሰፋው ግርመ (ኣቡኡ ንስእላይ)፡ ሰብኣዮም ሰበይቶም፡ ወዶም ጓሎም ንቢሮክራሲ ከም ዓርኪ ስእላይ ይፈልጡዎ። ኣብ’ቲ ገዛ ንስእላይ ደልዩ ዝመላለስ፡ ሓደ ሓደ ግዜ ድማ እዚ ኣብ’ዚ ይጽንሓለይ ኢሉ ኣቐሑት ዘቐምጥ’ዩ። ስእላይ ንቢሮክራሲ ሓደ ካብ’ቶም ማእከልቲ ናይ ከተማ ንጥፈታት ምኺኑ፡ ንዕኡ ዘይምልከቶ ናይ ህዝባዊ ግንባር ናይ ከተማ ስራሕ ከምዘየለ፡ ምስ ናይ ሰሜን ጨንፈርን ናይ ደቡብ ጨንፈርን ስርሒታት ዝፍጽሙ ከምዝራኸብ፡ ኣብ ሞንጎ ኢትዮጵያውያን ኮይኑ ከምኦም ተመሲሉ ከም ዝዓዪ ይፈልጦ። ኑቶም ካልኦት ማእከልቲ፡ ተስፋልደት መንግስቱ (ኣለም መኩብብ)፡ ክብሮም ገረመድህን (ወዲ ቡላ)፡ ርእሶም ተኸለማርያም (ታርዛን)፡ ገብሩ ተስፋጋብር (ኣስመሮም ወይ ዛንዛራ) ዝኣመሰሉ ይፈልጦም’ዩ። ቢሮክራሲ ከም መምህር፡ ከም ውቁብ ኣካያዲ ስራሕ፡ ከም ዓቢ ናይ ስለያ ሰብ፡ ዓቢ ዲፕሎማሲያዊ (ርክብ ምስ ሰባት) ክእለት ዝነበሮ፡ ካብ ኢዱ መጽሓፍ ዘይፈሊ ምሁር፡ ህዱእን ዘይሸበርን ሰብ’ዩ ኔሩ። ብልጫታቱ ነብሱ ዓቂቡ ከም ዘይቃላዕ ኮይኑ ዝሰርሕ ብምንባሩ ስእላይ ይድነቕ።

"ፊናንሳ ዓይነይ" [26]

ቢሮክራሲ ዝተፈላለየ ሰብአ-ባህርያት እናሓዘ ናይ ምንቅስቓስ ብልሓት ነበሮ። ኣብ ከባቢ ባር ትረስቴለ፡ ከም ሽቃጣይ ሰማያዊ ኮምፕላስዮነ ለቢሱ ኣቐሒሑት ክሸይጥ ላዕልን ታሕትን ዝብል ሰብ መሲሉ ይንቀሳቐስ ነበረ። ብዙሓት ምስጢራዊ ስርሑ ዘይፈልጡ ከም ሓደ ንጡፍ ሽቃጣይ ድስቲ ኢዮም ዝፈልጡዎ ኔሮም። ኣብ'ቲ ከባቢ ብስም ሓፍቱ ናይ እንዳ ድስቲ ኩስኩስቲ ዱኳን ውድብ ኣውጺኡ ከምዝነበረ ዝዝከር'ዩ።

ኣብ ማእከል ሹቕ ኣብ ጥቓ መደበር ፍረታትን ኣሕምልቲን ኣብ እትርከብ ዱኳን ክዳውንቲ ሓንቲ ምስጢራዊት ቦታ ነበረቶ። እታ ዱኳን ግደይ ገብረማርያም ናይ ዝተባህለ ውፉይ ኣባል ህ.ግ. ኮይና፡ ሸው ድሬዳዋ ሱቅ (ሎሚ ጀልሃንቲ) ትብሃል ነበረት። ቢሮክራሲ ጽልም ዝበለ ግሩም ፓድላ ላዕልን ታሕትን ተኸዲኑ፡ ክራቫታ ኣሲሩ፡ ኦክያለ ናይ ጸሓይ ወድዩ ኣብ ጸጋማይ ኢዱ ምጥን ዝበለት ሳምሶናይት ሒዙ ልክዕ ሸው ካብ ነፋሪት ዝወረደ ምዕሩግ ኣካያዲ ናይ ሓደ ዓቢ ትካል ወይ ቤት-ጽሕፈት መሲሉ ናብ'ታ ዱኳን ክኣቱን ክወጽእን ዝተዓዘበ ውፉይ ብርሃነ ተኸሉ፡ "ኣንታ'ዚስ ዘይገብሮ የብሉን! ኩሉ ዘይእግሞ! ሕጂ'ኸ ናበይ ነቒሉ ድኣ ከም'ዚ ዓጻጽዩ!" ኢሉ ተገረመ።

ብርሃነ ተኸሉ ሓደ ካብ'ቶም ገዳይም ውድባት ህ.ግ. ኣባል "ፊናንሳ ዓይነይ" ኢዩ። ፊናንሳ ዝብሃሉ ወተሃደራት ክፍሊ ግምሩክ ኢትዮጵያ ኮይኖም ኤርትራውያን ኣባላቱ ኣብ ታሪኽ ናይ ከተማ ንጥፈታት ዘይርሳዕ ዛንታ ፈጺሞም። ኣብ 1972 ህዝባዊ ሓይልታት ኣብ ሰሜናዊ ባሕሪ ብውሑዳቶም እንከለዉ ብረት'ውን ይውሕዶም ስለ ዝነበረ፡ ሓደ ናይ ብረት ስሊብካ ምውጻእ መደብ ተሓንጸጸ። ኣብ ቤት-ጽሕፈት ጉምሩክ ኣስመራ (ጥቓ ሲኔማ ኦድዮን) እኩብ ብረት ከምዝነበረ ተጸንዐ። ቲቶ ብዝብል ሳጓ ዝፍለጥ ዓይኒኣለም ዝብሃል ኣባል ፊናንሳ፡ ንተጋደልቲ መሪሑ ናብ'ቲ ቦታ ኣምጽኦም። ቅድሚ ናብኡ ምብጽሖም ካብ ማእከል ከተማ ቲግሬቶ ካብ ሓደ ኣውቲስታ ኣገዲዶም ኣምጺኦም ኣብኣ ተጻዒኖም'ዮም ተበጊሶም። ኣብኡ ንዝጸንሑዎም ሰለስተ ዋርድያ ኣሲሮም መኽዘን ብረት ከፊቶም ኣብኡ ዝነበረ ብረትን ዕጥቅን ኣብ'ታ ትግሬቶ ጽዒኖም ንሜዳ ተዓዘሩ። ካብ ሸው ጀሚሩ ሓያለ ኣባላት ፊናንሳ ክሳብ መወዳእታ ተወዲቦም ብምስጢር ዝሰርሑን ናብ ሜዳ

ተሰሊፎም ዝተሰውኡን ተጋደልቲ ኮይኖም ዝኣተዉን ኣለዉ። ገለ ካብኦም ገብረመድህን ዘርአ (ስዉእ)፡ ገብራይ ገብረመስቀል (ስዉእ)፡ ኪዳነ ባሻይ (ተጋዳላይ፡ ኣባል ፖሊስ ኤርትራ)፡ ተስፋይ ኣፈወርቂ (ስዉእ)፡ ሻምበል ተኪኤ መብራህቱ፡ ተኽለማርያም ገብረወልድ፡ ቶምቦሳ ገብረማርያም፡ ከምኡ'ውን ብርሃነ ተኽሉ ይርከቡዎም።

ሓደ ግዜ ገብረሂወት ተኽለ (ካብ'ቶም ህቡባት ውፉያት ኣባላት) ብላዳ ዝዓይነታ ማኪና ሳሙና ዝመልአ ዓቢ ባኮ፡ ሓደ ቁጽሪ ተሌፎን ናይ ኣዲስ ኣበባ ሂቡ፡ እዚኣ በዚ ኣየርፖርት ንኣዲስ ኣበባ ለኣካ፡ ኢሉ ንብርሃነ ተኽሉ ሃቦ። እታ ባኮ ብላዕሊ ሳሙና ብውሽጢ ግን ዝተፈንጠሐ ብረት ከምዝሓዘት ፈቲሹ ፈለጠ። ንተኽለማርያም ገብረወልድን ተስፋይ ኣፈወርቅን ጸዊዑ ብኸመይ ከምዘሕልፋዋ ተመያየጡ። ነታ ብረት (ዝተፈናጠሐት) ኣብ ጁባታቶም መቓቒሎም ኣሕሊፎም፡ ነታ ባኮ ብግቡእ መሕለፊ ከምትመጾም ጌሮም ከም'ታ ገብረሂወት ዓሺጉዋ ዝነበረ ዓሺጎም ኣዲስ ኣበባ ኣብ መዕለቢኣ ከምትበጽሕ ገበሩ። በዚ ሞያ'ዚ ዝተገረሙን ዝዓገቡን ኣካየድቲ ስርሒታት ከተማ 06 "ፊናንሳ ዓይነይ" እትብል ናይ ምስጋና ደብዳቤ ተላእከትሎም። "ፊናንሳ ዓይነይ" እምበኣር ንያታ ገድላዊ ኣገልግሎት ኣባላት ጉምሩክ ኣብ ከተማ እተዘኻኽር መጸውዒቶም'ያ።

ገዛ ትሕቲ ምድሪ ኣብ ዶፖዚቶ [27]

'ድሬዳዋ ሱቅ' ሓንቲ ካብ'ተን ቀንዲ ምስጢራውያን መስርሒታት ቢሮክራሲ'ያ ኔራ። እታ ዱኳን ብሉጽ ናይ ደቀንስትዮ ክዳውንቲን መቀናጀዊ (ኮዝሞቲክስ) ኣቕሑትን ዝሸየጣ ኣዚዩም ብዙሓት ዓማዊል ዝመጹዋ ፍልጥቲ ዱኳን'ያ። ኣንስትን ደቂን ዓበይቲ ኣመሓደርቲ፡ ሓለፍቲ ፖሊስን ሰራዊትን ዝተመርጸ ክዳውንቲ ንምግዛእ ዝመላለሱዋን ዋናታት'ቲ ዱኳን ብዝገብሩሎም ፍሉይ ኣቀባብላን ናይ ዋጋ ሓለፉን ድማ ብደረጃ ዕርክነት ዝማዕበለ ርክብ ዝነበሮም'ዮም። ሓደ ካብ'ቶም በዚ ኣገባብ'ዚ ፍሉይ ዓርኪ ክኸውን ዝኸኣለ ጀነራል ታየ ዝተባህለ ሓላፊ ፖሊስ ነበረ። ከምኡ'ውን እቲ ዕሉል መርማሪ ማርያም ግምቢ ኣምሳ ኣለቃ ኣሻግሬ ደሳለ ነበረ። ዝተፈላለዩ ሓለፍቲ ጸጥታ ኣብ'ታ ዱኳን ምውቕ ርክብ ነበሮም። ዋና'ታ ዱኳን ግደይ ገብረማርያም ብምስጢር ኣብ ህዝባዊ ግንባር ተወዲቡ ብተወፋይነትን ውሕልነትን ዘገልግል ዝነበረ'ዩ።

ኣቦ ግደይ ዓስከር ጥልያን ኮይኖም ኣብ እዋን ጡረታኦም ኣብ ደፖዚቶ (ከባቢ ፍሮቪያ) መሬት ተዋሂቦም ገዛ ሰሪሖም ንኣርባዕተ ደቆም ኣብኡ ወሊዶም ኣዕቢዮዎም። እቶም ኣርባዕተ ኣሕዋት ከም'ቶም ዝበዝሑ ኣብ'ዚ ከባቢ'ዚ ዝዓበዩ ብቓልሲ ኤርትራ ንሁር ጽልዋታት ነበሮም። እዚ ከባቢ'ዚ ካብ ዝተፈላለየ ኩርንዓት ኤርትራ ምስ ስራሕ መገዲ ባቡርን በብዓይነቶም ወተሃደራትን ዝተኣሳሰር ናብራ ዘለዎም ከተመኛታት ዝፈረዩሉ ንሃገራውነት ብኣጋ ዝነቕሑ ተቓለስቲ ብብዝሒ ዝሰሰኑሉ ኢዩ። ግደይን ኣሕዋቱን መጀመርያ ሸቃጦ ናይ ኣባጊዕ ኮይኖም'ዮም ንግዲ ጀሚሮም። ብፍላይ ግደይ በ'ኹሪ ስለ ዝነበረ ዝያዳ ሓላፍነት ተሰሚዑዎ ትምህርቱ ኣብ ሻሙናይ ክፍሊ ኣቋሪጹ ንንግዲ ብዕቱብ ተተሓሒዙዎ ኣብ ዕዳጋ ዓርቢ ቤት-ሻሂ ሰላም እትብል ተኻረየ።

ኣብ ሰውራ ብዝነበሮ ተገዳስነት ምስጢራዊ ስሩዕ ህዝባዊ ግንባር ኮይኑ እታ እንዳ ሻሂ መተሓላለፊትን መራኸቢትን ናብ ሜዳ ዝወጹን ካብ ሜዳ ልኡኽ ዝዓልበላን ኮነት። ብሓያል ተበግሶታቱ ሸቐጡ ሰሲኑ እንዳ ጠሓኒት ክተክል ብምኽኣሉ እቶም ብምዕባሌኡ ዝቐንኡ ናይ ደርግ ዕሱባት እናሻዕ ከም ናይ 'ሻዕብያ ወንበዴ' ክኸሱዎ ስለ ዝጀመሩ፡ ጸጥታ ኢትዮጵያ ገዝኡ እናሻዕ ክፍትሹዎን ንዕኡ ድማ ክኣስሩዎን ክፈትሑዎን ተረባረቡ። ግደይ ብዝነበሮ ብልሓት ምስ ኣገደስቲ ናይ ጸጥታ ሓለፍቲ ዕርክነት መስሪቱ ኣብ ልዕሊኡ ዝግበር ክስታት የብንኖ ነበረ። ብልሓቱ ጥራይ ዘይኮነ፡ ከም ዓቢ ነጋዳይ (ዱኳኑ፡ ጠሓኒቱ፡ ናይ ጨረታ ዓወታት ብጅምላ ውጽኢት ፋብሪካታት ምሽቃጥ. . . ወዘተ) ገንዘብ ስለ ዘጥረየ ነቶም ብገንዘብ ክለዝቡ ዝነበሮም ብዘይብቂ እናልዘበ ይሰርሕ ነበረ። ገንዘቡ ከም ገንዘብ ውድብን ሃገርን ብምርኣይ ንጽባሕ ከይበለ ኣብ ከም'ዚ ከውዕሎ ዝኽኣለ ዉፉይ'ዩ።

ቢሮክራሲ ነዚ ዱኳን'ዚ ከም ሓደ ምስጢራዊ መስርሒ ክመርጾ ኸሎ እምበኣር ኣውራ ተወፋይነትን ተኣማንነትን ግደይ ገብረማርያም፡ በዓልቲ ቤቱ ኣበባ በርሀን ኣብ ዱኳኑ ዝሰርሕ ንእሽቶይ ቈልዓ ዝነበረ ቓስም ዓሊሸኽ ዑመርን ብምጥማት'ዩ።

እታ ዱኳን ኣርባዕተ ሜትሮ ብሓሙሽተ ሜትሮ እትኸውን ንምዕራብ እትኸፈት ክፍሊ'ያ። ኣብ ውሽጢ ካልእ ክፍሊ ክንዳኣ እትኸውን፡ ኣብ ናይ ድሕሪት ኩርናዕ ድማ ክንዲ ክፍሊ ሽቓቕ እትኸውን ጸባብ ክፍሊ ነበረታ። ኣብ'ታ ዓባይ ናይ ውሽጢ ክፍሊ ኣብ እግሪ ንደቡብ ዘብል

መንደቐ 40 ሰ.ሜ. ብ50 ሰ.ሜ. ሃጓፍ ጓሕጒሖም ብስካፋለ እትኽወል መሕብኢ ምስጢራዊ ኣቕሑት (ሸጓጉጥ፡ ሰነዳት፡ ደብዳቤታት፡ ንኣሽቱ ቴፕ ሪኮርደራት ወ.ዘ.ተ) ሰሪር ሰርሑ። እዚ ብምኽሪ ቢሮክራሲን ግደይን ዝተገብረ'ዩ። እታ ጸባብ ናይ ውሽጢ ክፍሊ ድማ ቢሮክራሲ ከድልዮ ከሎ ብለይቲ ይኹን ብቐትሪ ኣብኣ ተሸጒጡ ዘድልዮ ስራሕ ይሰርሕ፡ ይጽሕፍ፡ ገለ-ገለ ኣቕሑ ሒዙ ዘዋድዶ ነገራት ይፍጽም፡ ምስ ግደይ ንነዊሕ ሰዓታት ብሓባር ይሰርሑ። ቢሮክራሲ ናብ'ታ ቦታ ክመጽእ እንከሎ ኣጸምዩ ኣብ ኣጋ ምሸት ምሉቕ ኢሉ ኣትዩ ኣብ'ታ ጸባብ ክፍሉ ይሸጕጥ። ኣብ ዱኳን ዝመጸ ይምጻእ ዝርእዮ የለን። ሓደ ሓደ ግዜ ኣብኣ ውዒሉ ኣብኣ ይሓድር። ከምኡ ምስ ዝኸውን ዱኳን ክዕጾ ኸሎ ምእንቲ ግደይ ኣብ'ቲ ዝተቓጸረሉ ሰዓት፡ ናይ ለይቲ ይኹን ናይ ቀትሪ፡ ባዕሉ ክኸፍቶ ነቲ ንእሽቶይ ሰራሕተኛኡ ቓስም ምልክት ይህቦ። ቓስም፡ ግደይ ዝገብሮ ኣተዓጻጽዋ ከም ምልክት ተዓዚቡ ኣብ ውሽጢ ጋሻ ከምዘሎ ተገንዚቡ ሃንደፍ ኢሉ ኣየርሕዎን። ግደይ ባዕሉ መጺኡ ምእንቲ ክኸፍቶን ጋሻኡ ምእንቲ ከፋትን።

ኣብ ደፖዚቶ፡ ኣብ ቀጽሪ መንበሪ ገዛኡ ግደይ፡ 20 ዝኾኑ ከተማ ዝኣትዉ ተጋደልቲ ወይ ዘድሊ ኣጽዋር ክሓብእ ዝኽእል ጌሩ ኢዩ ኣሰሪሑዎ። ብዘይካ'ቲ ብንቡር መልክዕ ዝተሰርሐ ህንጻ ኣብ ትሕቲ ምድሪ ክልተ ክፍሊ መምስ መዝሓሊኡ (ቬንቲሌተር) ሰሪሑ። ተሌፎናት ኣብ ገዛን ኣብ ዱኳንን ኔረን። እዘን ተሌፎናት ካብ ንስራሕ ንግዲ ንስራሕ በዓል ቢሮክራሲ ዝውዕላሉ ይበዝሕ ነበረ። ከምኡ'ውን ግደይ ዝውንና ቮልክስ ዝዓይነታ ናይ ገዛ መኪና ቀንዲ መንቀሳቐሲት ውፉያት፡ ብፍላይ ድማ ገብረሂወት ተኽለን ቢሮክራሲን፡ ብምንባራ “ግመልና” ይብሉዋ ነበሩ።

ቓስም ዓሊ ሸኽ ዑመር፡ ኣብ 1962 ተወሊዱ ብንእሽቶኡ ኣብ ዱኳን ግደይ ገብረማርያም ሰራሕተኛ ኮይኑ ዝዓበየ'ዩ። ኣብ 1977 - 78 ኣቢሉ ንጡፍ ውዱብ ህ.ግ. ኮይኑ። ብቐንዱ ምስጢራዊ ዕማሙ ብግደይ ገብረማርያም'ዩ ተጋሂዱሉ። ስራሕ ግን ኣውራ ብገብረሂወት ተኽለ ይለኣኽ። ቢሮክራሲ ከም ገብረሂወት ናይ ከተማ ተጋዳላይ ይመስሎ ኣይነበረን። ኣብ ገለ እዋን ስሕት ኢሉ ምስ ገብረሂወት ተኽለ ስለ ዝረኣዮ ሃሳስ ግምት ኔሩዎ። ንቢሮክራሲ ከም ተጋዳላይ ክግምቶን ጸኒሑ ድማ ብጋህዲ ክላለዮን ክለኣኾን ዝኽኣለ ኣብ'ታ ውሽጢ ዱኳን

ሰላሕ ኢሉ ኣትዩ፡ ምውዓል - ምሕዳር፡ ምስ ግደይ ተዓጽዩ ነዊሕ ምጽናሕ ከዘውትር ምስ ተዓዘቦ'ዩ። ቓስም ንእሽቶይ ቈልዓ ብምንባሩ ገብረሂወት ተኸለ ወይ ቢሮክራሲ ዝለኣኹዎ ብምትዕጽጻፍ ይፍጽም። ኣብ ናይ ስፔዛ ሳኬት ወታቲፉ ብረት (ሸንጉጥ) ካብ ማይ ኣንበሳ (ሰፈር ገብረሂወት) ናብ ዱኳን፡ ካብኡ ንሳቶም ናብ ዘለውዎ ወይ ናብ ዝሓበሩዎ ከባቢ ዕዳጋ ሓራጅን እንዳማርያምን የብጽሓሎም። ምስጢራዊ ቦስጣታትን ካልእ መልእኽታትን ናብ ዝተነግሮ የበጻጽሕ። ከምኡ'ውን ንሜዳ ዝወጹ ሰባት ናብ ዱኳን፡ ናብ ገዛ ግደይ ወይ ናብ ማይ ኣንበሳ የብጽሕ። ቢሮክራሲን ገብረሂወትን ከምኡ ዝኣመሰሉ መሳቱኡ ኣለልዩ ከቕርበሎም ይሓቱዎ። ብፍላይ ቢሮክራሲ፡ "እተምጽኦም መሳርሕቲ ዝኾኑኻ መሳቱኻ፡ መስተ ወይ ካልእ ወልፍታት ዘየጥቅዖም፡ ቁጡብ ኣዘራርባ ዘለዎም ክኾኑ ኣለዎም።" ይብሎ ነበረ።

ጉዳማት ፈለስቲ

ካብ ሜዳ ኤርትራ ብሸነኽ ሰሜን ናብ ዕዳጋ እኽሊ ዘውርድ ጽርግያ ሒዙ ሓደ ብጫ ልብሲን ብጫ ቀብዕን ዝወደየ፡ ጸጋማይ ኢዱ ስእሊ ኪዳነ ምህረት ኣንጠልጢሉ ሸናዕ እናበለ ዝወርድ ፈላሲ ተራእየ። ኣካይዳኡን ኣቃውማኡን እናተጓዕዘ ናይ ሕልና መንፈሳዊ ጸሎት ዘዕርግ ክመስል ናይ የማናይ ኢዱ ኣጻብዕቲ ብዓባይ - ዓባይቶ እናተንከፈ ይጉዓዝ። ቁመቱ ምልምል ግሩም ቅርጺ ዝነበሮ ሰብ'ዩ። ቓስም ብታሕቲ ጸኒሑ ኣብ ሞንጎ ብዙሓት ላዕልን ታሕትን ዝንቀሳቐሱ ሓደ ፍሉይ ሰብ ብምኻኑ ብገርሁ ኣተኲሩ ኣስተብሃለሉ። መጀመርያ ናይ ፈላሲ ክዳኑን ቈማት ኣቃውማኡን ኣስተብሃለ። ጥቓ ንጥቓ ምስ ተቓረበ ግን ዓይኒ ንዓይኒ ተረኣአዩ። ቀይሕ ጽቡቕ ገጽ፡ ተሪር ኣፍንጫን ድቕቕ ዝበላ ግሩማት ኣዒንትን ዝነበሮ መንእሰይ ፈላሲ ምዃኑ ተገንዘበ። እቲ ፈላሲ፡ ኣዒንቲ'ዚ ቈልዓ ናብኡ ይጥምታ ምስ ረኣየ ገጹ ከም ክውል ኣበለ። ቓስም እዚ ዝረኣዮ ገጽ ፈላሲ ወቓሕታ'ኳ እንተገበረሉ፡ ዝፈልጦ ፈላሲ ስለ ዘይነበሮ ነቲ ኣጋጣሚ ግዲ ኣይገበረሉን። ቓስም ናብ ዱኳኑ ከይዱ ስርሒ ውዒሉ ምሸት ዓጽዩ ናብ መደቀሲኡ ተጓዕዘ። ንጽባሒቱ ዱኳኑ ከፊቱ ክሰርሕ ድሕሪ ምውዓል፡ ምሳሕ ኣብ እንዳ ግደይ ገብረማርያም ክበልዕ ከይዱ። ኣበባ በርሀ፡ በዓልቲ ቤቱ ንግደይ

ገብረማርያም፡ ኣብ ክንዲ ምሳሕ ትቕርበሉ፡ ሓደ ራዕ ራዕ ዘእተወላ ቅድሚኡ መዓልቲ ዘጓነፋ ከም'ዚ ክትብል እናንጸርጸረት ኣዕለለቶ፡-

"እዚ ሰብኣይ'ዚ ገለ ከምጽኣለይ'ዩ! ትማሊ ኣጋ ፍርቂ-መዓልቲ ክልተ ኣጋይሽ ሒዙለይ መጺኡ። ክልቲኦም መንእሰያት ፈለስቲ! ጉድ'ዩ ነገሩ! መንእሰያት ድኣ እንታይ ረኺቡዎም ፈሊሶም? ኢለ ገሪሙኒ ኣብ ክንዲ ኣለይ መለይ ዝብሎም ነዛ ክጥምቶም ተዓኒደ። ግደይ ሆየ ሕሉፋት ኣጋይሽ ሒዙ ምምጽኡ ከይኣኽሎ፡ ነቶም ፈለስቲ ኣብ ታሕታይ ገዛ፡ ኣብ ሳሎን፡ ዓጽዩዎም፡ 'ቀልጥፊ ምሳሕ ቀርቢ!' ኢሉኒ፡ እናተሃወኸ። ከም'ታ ዝበለኒ ቶሎ ኢለ ጸብሒይ ኣሚቔ ምሳሕ ኣዳልየ።

"እሞ ናብ'ዚ ላዕላይ ገዛ ደኣ ዘይመጹ ክምስሑ! ኢለዮ ንግደይ። ግደይ ድማ ምጽእ ኢሉ፡ 'እንታይ ኴንኪ ዘይተምጽእዮ! ኣብ ርእሲ ምህዋኽናስ መደናገሪ ትገብሪ!' ብምባል ነዲሩ ተዛረበኒ። 'ኣንታ ወደይ፡ ዘይፈለስቲ'ዮም፡ እንታይ ሳሎን ኣድለዮም! ሒዝካዮም ዘይትመጽእ!' እንተበልኩዎ፡ በዛ ርእሰይ ሒዙ ምስ መንደቕ ኣላጊዑኒ፡ ኣሰር ጨዲዱኒ ኔሩ። ኣነ ኸኣ ጸብሒን መኣዲን ሒዘ ነታ ሰካላ ምውራድ ከይጽገም ኢለ'የ ከምኡ ዝበልኩዎ። እነሆልካ፡ ብድሕሪኡ ምሳሕ ሒዘሎም ናብ'ቲ ሳሎን ወሪደ ሽው ኣጸቢቐ ርእየዮም። እዚኣ'ኳ ናይ ጥዕና ኣይኮነትን። ጭውጭው ዝብሉ መንእሰያት ፈለስቲ!"

ቓስም፡ እቲ ኣብ ዕዳጋ እኽሊ ዘጓነፎ ፈላሲ ትዝ በሎ። እቲ ወቓሕ ዝበሎ ገጽ ናይ መን ምንባሩ ዘከረ። እቲ ፍሉጥ ቁመት፡ ቀይሕ ጽቡቕ ገጽ፡ ተሪር ኣፍንጫን ብሩሃት ደቀቕቲ ኣዒንትን ናይ ኣጸቢቔ ዝፈልጦ ሰብ'ዩ ኔሩ። ቢሮክራሲ ምኺኑ ብኡ ንብኡ በርሃሉ። ንኣበባ ግን እንትርፎ ናይ ጉቦ-ጉቦ ሕቶታት በዓል መን ምንባሮም ከፍልጣን ናብ ዘየድሊ ግምት ከእትዋን ኣይመረጸን። ቢሮክራሲን ኣበባን ብገጽ ይፋለጡ'ዮም። መን ምኺኑን እንታይ ከምዝሰርሕን ግን ስለ ዘይትፈልጥ ኣብ'ዛ ኣጋጣሚ'ዚኣ ምስጢር ከውጽኣላ ኣይደለየን።

ስሕት ኢላ፡ ቢሮክራሲ ናብ'ቲ ዱኳን ሰላሕ ኢሉ ኣትዩ፡ ኣብ'ታ ውሽጢ ዘላ ክፍሊ ምስ ግደይ ተራኺቡ ገልጠምጠም ክብሉ ተሰተውዕለሎም ኔራ'ያ። ልክዕ ስርሖ ናይ ምግማት ተኽእሎ ግን ኣይነበራን። ሓደ ግዜ ሓድሽ ሳእኒ ገዚኡስ እተን ብላይ ሳእኒ ጠቕሊሉ ኣብ'ዚኣ ይጽንሓለይ!

ኢሉ ናብ ልዕሊ'ቲ ስካፋለ ብጋዜጣ ዝተጠቕለለ ንብረት ኣቐሚጡ ዕዝር ክብል ርእያቶ ኔራ። ሽዑ ቓስም ኣብ'ታ ዱኳን ስለ ዝጸንሐ ቢሮክራሲ ብገጹ ምልክት ጌሩ'ሉ'ዩ ከይዱ። ኣበባ ሽዑ መዓልቲ፡ "እዚ ወዲ'ዚ በዓል ደሓን ዶ ትብሎ! ክርእዮ ከለኹ ቅፍፍ ይብለኒ።" ክትብል ንቓስም ጥርጣረኣ ገሊጸትሉ። ቓስም፡ ኣበባ ምስ ከደት ነተን ኣብ ልዕሊ ስካፋለ ዘቐመጠን ኣልዒሉ ኣብ'ታ ልምድቲ መሕብኢት ንብረቶም ጉሕጓሕ መንደቕ ዓጸወን። ሽጉጥን ወረቓቕትን ዝሓዘ ጥቕላል'ዩ ኔሩ። ንኣበባ ቢሮክራሲ ዘይግገ ሰብ'ኳ እንተኾና ዕሙቕ ዝበለ ፍልጠት ስለ ዘይነበራ፡ ብፍላይ ከኣ ፈላሲ ኮይኑ ይመጻ ኢላ ስለ ዘይገመተት ሽዑ ኣየለለየቶን።

ቢሮክራሲን ገብረሂወት ተኸለን ሓደ ኣጋግዘ ኣብ ዓባይ ካኪ ቦስጣ ንብረትን ወረቓቕትን ዓሺጎም ንግደይ ገብረማርያም ኣረኪቦሞ ናብ ዋኒኖም ከዱ። ንምሸቱ ኣባላት ጸጥታ ኣፋኝ ጓድ ናብ ገዛ ግደይ ከይዶም ንዕኡ ኣሲሮም ብደቂቕ ተፍትሸ ኣካየዱ። ዝረኸቡሉ ነገር ኣይነበረን፡ ንዕኡ ግን ወሲዶም ኣብ ማርያም ግምቢ ዳጕኑዎ። እዚ ወረ'ዚ ዝሰምዑ ቢሮክራሲን ገብረሂወት ተኸለን ኣዚዮም ተሻቐሉ። ተቐላጢፎም ንቓስም ረኺቦም ድሃዩ ክፈልጥ ኣንቀሳቐሱዎ። ቓስም እቲ ቀንዲ ዝምርኮሰሉ ሰብ ኣሻግሬ ምዃኑ ይፈልጥ'ዩ። ቓስም ንኣሻግሬ ረኺቡ ምስ ግደይ ክራኸብ ምስ ሓተቶ ስለ'ታ ዝጸንሓቶ ዕርክነት ቀልጢፉ ኣሳለጠሉ። ቓስም፡ ግደይ ክኸፍሎም ዝነበሮ ሰብ ዕዳ ናይ ባንክ ቸክ ክፍርመሎም ከምዝደልዩ ኣመኺንዩ'ዩ ክረኽቦ ሓቲቱ። ኣብ'ቲ ርክብ ግን ቓስም "እቶም ካልኦት ሰብ ዕዳ ድማ ገንዘብና ሃበና ኢሎም ስለ ዘሸገሩና እንታይ ክንብሎም?" ብምባል ብውሽጠ-ዘ ብዛዕባ'ቲ ምስጢራዊ ንብረት ሓተቶ። ግደይ "ኣይትሸገሩ፡ ገንዘብኩም ክኸፍለኩም'የ፡ በሎም። እንተረኺብካ ድማ ባዕልኻ ሃቦም።" ክብል ዘተኣማምን መልሲ ሃቦ።

ሽዑ ቓስም ብዝተገብረሉ ምትሕብባር ከመስግን ናብ ቤት-ጽሕፈት መርማሪ ኣሻግሬ ደሳለ ተመልሰ። እቲ ዘጓነፎ እጹብ'ዩ። ኣሻግሬ ኣብ ተሽከርካሪ ኩርሲ ተኾይጡ የማነ ጸጋም እናተነዋነው፡ ቢሮ ኣብ መንጎ ኣጻብዕቱ እናገማጠለ ተዛነየ። ኣብ ቅድሚኡ ድማ ሓደ ኣእዳዉን ኣእጋሩን ብመቑሕን ሰንሰለትን ተኣሲሩ፡ ንፋጡ ለዘዝ ዝበለ፡ ጸጉሩ ዛዕገፍገፍ ዝበለ፡ ብላይ ሚላኖ (ክዳን ተጋደልቲ) ዝተኸደነ ንመርመራ

ዝተቐረበ ተጋዳላይ ኮፍ ኢሉ ይሕተት። ነዚ ርእዩ ሰገጥ ኢሉ፡ ግዳ ኣሻግሬ “ግባ ጭሎ! ምን ነበር?” (እቶ ማንጁስ፡ እንታይ ደሊኻ?) በሎ። ቓስም ነዚ ዘዘግንን ትርኢት’ዚ ኣብ ስምዒቱ ቀቢሩ፡ ምስጋንኡ ኣቕሪቡ ወጸ። እቲ ዝያዳ ተኣምርን እጹብን ዝገብሮ ኣብ 1991፡ ድሕሪ ናጽነት ኤርትራ፡ ኣሻግሬ ተኣሲሩ፡ በዓል ውዕለት ስለ ዝነበረ ቓስም ክበጽሖ ምስ ከደ፡ ኣሻግሬ ኣብ ቦታ’ቲ ክምርመር ዝረኣየ ተጋዳላይ፡ ተጋዳላይ ድማ ኣብ ቦታ ኣሻግሬ ኰይኖም እታ ናይ ቅድሚ ናጽነት ትርኢት ብግልብጦሽ ተደጊማትሉ።

እታ በዓል ቢሮክራሲ ንግደይ ዘረከብዎ ዕሽግቲ ቦስጣ፡ ቓስም ኣብ’ታ ልምድቲ መሕብኢት ብደሓና ረኸባ። ናብ በዓል ቢሮክራሲ ከይዱ ድማ ማእሰርቲ ግደይ ሳዕቤን ከምዘየምጽእ፡ እቲ ንብረት ኣብ ደሓን ከምዘሎ ኣበሰሮም። ግደይ ከም ልማዱ ብሓገዝ እቶም ዝተላለዩም ኣባላት ጸጥታ ነጻ ወጺኡ ናብ ልሙድ ገድላዊን ንግዳዊን ስርሑ ተመልሰ።

ዱኳን ሃና ዘርኣሃይማኖት [28]

ነቲ ብደቡባዊ ሸነኽ ፊት ዩኒቨርስቲ ኣስመራ ካብ ምዕራብ ንምብራቕ ዝተዘርገሐ ንዕዳጋ-ሓሙስ ዘምርሐ ቀንዲ ጉደና (ጉደና ማይበላ) ተኸቲልካ ኣስታት 250 ሜትሮ ተጓዒዝካ ንባር ትብለጽ ሓሊፍካ ዩኒቨርሳል ዝብሃል ዓቢ ሆቴል ትረክብ። እዚ ሆቴል’ዚ ገዲም ሆቴል ኮይኑ ኣብ ገምገም’ዚ ቀንዲ ጉደና ኣብ ዝርከብ ክፋሉ ንምዕራብ ኣብ ዘብል ጫፍ ናይ’ቲ ህንጻ ሓንቲ ንእሽቶይ ዱኳን ዝነበረት ቤት መግብን መስተን ሃና እትብሃል ትካል ትርከብ።

እዛ ዱኳን ብሃና ዘርኣሃይማኖት ዝተባህለት ኣዚያ ምልክዕቲ፡ ሕብራ ቀያሕ፡ ማእከላይ ቁመት ዘለዋ፡ ቅልጡፍን ምቁርን ኣዘራርባ ዘለዋ ንጥፍቲ ሰበይቲ ትውነን። ዱኳና ሓንቲ 4 ብ 5 ሜትሮ ዝግፍሓ ክፍሊ ኮይና፡ ኣብ ውሽጣ ድማ ክንድኣ ትኸውን ካልኣይቲ ክፍሊ ኣላታ። እታ ናይ ውሽጢ ክፍሊ ንደገ ብድሕሪት መውጽኢ ዘለዋ ኮይና፡ ብኡ ምስ ወጻእካ ንጸጋም ልግብ ኢላ ናይ ሞንጎ ጸባብ ሰፈር ትርከብ። ምስኣ ልግብ ኢላ ድማ ካልእ ክንድኣ ትኸውን ናይ መኽዘን ክፍሊ ኣላ። ንየማን ዘሎ ክፋት ቦታ ኮይኑ ብኡ ኣቢልካ ናብ’ቲ ሰሜናዊ ጐኒ ዩኒቨርሳል ሆቴል ዝሕውስ ዓባይ ማኪና ዘሕልፍ ኮሪደር ኣለዎ።

ሃና፡ ኣብ ወቐርቲ ዝብሃል ኣብ ስሓርቲ ዝርከብ ዓዲ ተወሊዳ ዝዓበየት'ያ። ኣብ ኣስመራ ናይ ንግዲ ስራሕ ተላሚዳ ክሳብ ሆቴል ተኻርያ ክትካየድ በቕዐት። ክሳብ 1976 ሆቴል 'የሓ' (ሕጂ ካፈተርያ ሞድካ) ዝተባህለት ኣብ ከባቢ ቦቸዮፊላ ተኻርያ ትነብር ነበረት። ኣብ'ዛ ሆቴል'ዚኣ ተጋደልቲ ከተማ ናይ ተሓ.ኤ. (በዓል ተወልደ ወዲ መእዛ) ተራኺቦም መደብ ይሕንጽጹ፡ ሓደ ሓደ ግዜ ድማ ንብረቶም ይኽዝኑ ነበሩ። ሃና ኣብ ከም'ዚ ኩነታት እንከላ ምስ ሓደ ምስኣም ዝደናገጽን ዝተሓባበርን ዱልዱል፡ ከደራይ ወዲ ተላለየት። እምብዛ ስለ ዝተፋቐሩ ናይ ሕድሕዶም ውልቃዊ ሽግራትን ጉዳያትን ኣግሂዶም ብምልቕቓሕ ሽግራቶም ብሓባር እናፈትሑ ፍቕሮም ክቕጽሉ ቃል ኣተዉ። ንሱ ዮውሃንስ ወልደሚካኤል (ወዲ ቐሺ) ይብሃል።

ዮውሃንስ ሽሓ-መዓያ ኣብ ዝብሃል ናይ መረታ ቀይሕ ዓዲ ተወሊዱ ጌና ሕጻን እንከሎ ኣዲኡ ስለ ዝሞታ ዘኽቲሙ ዝዓበየ'ዩ። ኣብ ዓዲ ጓሳ ኮይኑ ጉቢዙ ተመርዕዩ ሓደ ምስ ወለደ ጸገም ኣጋጠሞ። ሓደ ግዜ ናይ በረኻ ሽፋቱ ኣጋፍዕ ውዒሎሞ ዓዲ ምስ ኣተወ ኣብኡ ንዝነበሩ ሰብ ብረት ፎረስታለ (ሓለውቲ ኣግራብ) ጠሪዑ እቶም ፎረስታለ ድማ ነቶም ሽፋቱ ሃደኑዎም። ሽፋቱ ካብ'ቲ ሃድን ኣምሊጦም፡ ዳሕራይ መዓልታት ንዮውሃንስ ክቐጽዑ ከናድዩዎ ጀመሩ። ካብኦም ከምልጥ ቤቱን ሓዳሩን ጠንጢኑ ናብ ከተማ ኣስመራ ኣተወ። ዮሃንስ ናይ ከተማ ሽቐጥ በብቑሩብ ለሚዱ ዓዲ ቀይሩ ናብ ባህር-ዳር (ኣውራጃ ጉጃም፡ ኢትዮጵያ) ገዓዘ። ነታ ቀዳመይቲ ሰበይቱ ብፍትሕ ኣፋንዩ ካልእ ጓል ሓደ ሃብታም ኤርትራዊ ኣብ ባህርዳር ተመርዓወ። ብዝነበሮ ክእለት ናይ ንግዲ ምስ ሓሙኡ ተሻሪኹ ንግዲ ዝያዳ ከማዕብሎ ፈተነ። እንተኾነ ምስ ሓሙኡ ስምምዕ ስለ ዘሰኣነ ካብኦም ተፈላልዩ ካብ ጓሎም'ውን ብፍትሕ ተፈላለየ። ካብኣ ግን ቈልዑ ወሊዱ'ዩ። ብኸም'ዚ ከልበትበት ካብ ናይ ንግዲ ዓለም ከይወጸ ኣዚዩ ኣርባሒ ዕድላት እናስተብሃለ፡ ኣስመራ-ባህርዳር እናተመላለሰ ክምዕብል ኣብ ዝጀመረሉ እዋን'ዩ ምስ ሃና ዘርኣሃይማኖት ኣብ ሆቴል የሓ ዝተላለየ።

ካብ'ቲ እዋን'ቲ ሌላኡን ጽልዋኡን ብተ.ሓ.ኤ. ሓዲጉ ምስ ህዝባዊ ግንባር ጀሚሩ ኔሩ'ዩ። ሽዑ ዝነበሮ ሽግራት ንሃና ኣዕለላ። ዮውሃንስ ብንጡፍን ተበላሓትን ሜላ ምስ ሓይሊ-ኣየር ኢትዮጵያ ተላልዩ ሓደ ግዙፍ ዕድል ናይ ንግዲ ተኸስተሉ። ሓይሊ ኣየር ኢትዮጵያ ካብን ናብን

ኣስመራ-ባህር ዳር - ኣዲስ ኣበባ ቀረባት ስፔዛን ተዛማዲ ንብረትን ብናይ 25 ኩንታል እትጽዕን ዳኮታ ዝዓይነታ ነፋሪት ብጨረታ ተኹናቲሩ ዝቐርበሎም ነጋዳይ ይደልዩ ምንባሮም ፈለጠ። ነዚ ጨረታ'ዚ ክዕወተሉ ግን ገንዘብ የድልዮ ስለ ዝነበረ፡ ሃና ንኣፍቃሪኣ ትብቆ ነገር ከምዘየለ ብምውካእ ዘድልዮ ገንዘብ ክትሕግዞ ምኳና ቃል ኣተወትሉ። ናይ ሃና ሓገዝ ምስ ዝነበሮ ዓቕሚ መሊኡ ጨረታ ሓይሊ-ኣየር ክዕወተሉ ከኣለ። እዚ ኣብ 1976 ዝጀመረ ዝምድንኡ ምስ ሃና፡ ሌላኡ ምስ ሓይሊ-ኣየርን ምስ ህዝባዊ ግንባርን ኣማስያኡ ተኣምራዊ ተራ ኣብ ምስላጥ ውሽጣዊ ገድላዊ ስራሓት ክፍጽም ኣኽኢሉዎ ኢዩ።

ሃና ካብ ስራሕ ሆቴል የሓ ቀይራ ኣብ ኣባሻውል ሓደ ዱኳን ገዚኣ ንኽልተ ዓመታት ኣቢላ ሰርሐት። ዮውሃንስ መዕለቢኡን መእተዊኡን ሃና ስለ ዝኾነት፡ ኣብ ዝዓለበቶ ዓሊቡ ሓዳር መስሪቶም ቈልዑ ወለዱ። ኣብ'ዛ ናይ ዩኒቨርሳል ሆቴል እትርከብ ትካሎም ኣብ 1979 ኣቢሎም ኢዮም መጺኦም። ኣብ ኣባ ሻውል ዝነበረት ዱኳን ምስ ተሸጠት'ዮም ግዒዞም። እታ ቦታ ንምስጢራዊ ስራሓት ምችእቲ ብምንባራ፡ ዓቢ ኣገልግሎት ተፈጸመላ።

ውሻጠ መደበር ሓይሊ ኣየር

ዮውሃንስ ምስ ኣገደስቲ ናይ ሓይሊ ኣየር ናይ መጓዓዝያ ኣሕሉቕ ተላልዩ ምስ'ቶም ምስጢራውያን ተጋደልቲ ከተማ ብምርድዳእ ንውድብ ከገልግሉ ዝኽእሉሉ ሜላ ፈጠረሎም። ሓደ ካብ'ዞም ኣገደስቲ ሰባት'ዚኦም ሻለቃ ከበደ ኣርደ ዝብሃሉ ኢትዮጵያዊ ኢዮም። ሻለቃ ከበደ ኣርደ ኣብ ናይ ኢትዮጵያ ሓይሊ ፖሊስ ተኸቲቦም ኣብ "ኣባዲና ፖሊስ ኮሌጅ" ምስ ተማህሩ ናይ ሙቶ ኣለቃ መዓርግ ተዋህቡ። ድሕሪ ናይ ገለ ዓመታት ኣገልግሎት "ፈጥኖ ደራሽ" ናብ ዝብሃል ናይ ኮማንድስ ፍሉይ ሓይሊ ተቐይሮም ናብ መዓስከር ሰምበል ኣስመራ 1975 መጽኡ። ካብኡ ኣብ ኣጂፕ (ቀንዲ ቤት-ጽሕፈት ፖሊስ ኣብ ኣስመራ) ኣብ ዝርከብ ክፍሊ መጓዓዝያ ኣየር (ኣርሚ ኣቪኣሽን) ተመዲቦም ብደረጃ ኣዋፋሪ በብዓይነተን ነፈርቲ ወተሃደራዊ መጐዓዝያ ኮይኖም እናሰርሑ ከለዉ ኢዮም ምስ ዮውሃንስ ወልደሚካኤል ክፋለጡ ዝኸኣሉ።

ኣብ'ዛ ዝተጠቕሰት ናይ ዩኒቨርሳል ሆቴል ቦታ ሃና፡ ቢሮክራሲ

ፍሉይ ምስጢራዊ ቦታ መስረተ። ነታ ብውሽጢ ዝነበረት ጸባብ ሰፈር መጎን ፍሒሩ ንእሽቶይ መኽዘን እትመስል ክፍሊ ጌሩ ሰርሓ። ኣብ ምድሪ ጉድጓድ ፍሒሩ ብረትን ካልእ ምስጢራዊ ናውትን (ፒ.ኣር.ሲ. መራኸቢ ሬድዮ ዝኣመሰለ) ዝሓብኣላ ሳንዱቕ የቐምጥ። ብልዕሊ'ታ ሳንዱቕ ንሓዊ ዝኸውን ዕንጨይቲን ካልእ ጋዕ-ገልጠምን ከምዝቐመጠላ ተገብረ። ማዕጾኣ ምስ'ቲ መንደቕ ዝመሳሰል ሕብሪ ብምልካይን ብውሕልነት ከምትገጥም ብምግባርን ብገርሂ ዘይትልለ ኮይና ተሰርሐት። እታ ምስኣ ልግብ ዝበለት ካልእ ጸባብ ክፍሊ ንሓደ ሰብ እተደቅስ ጸባብ ንእሽቶይ ዓራት ከምእትኣትዋ ተገይሩ። ንሳ'ውን ንግዜኡ ይሰርሓላን ይድቅሰላን ወይ ድማ ዘይጥርጠር ንብረት የቐምጠላ። እዚ ምስጢራዊ ቦታታት'ዚ ብዘይካ'ቶም ሰብ-ቤት (ዮውሃንስን ሃናን) ቢሮክራሲ ጥራይ ኢዩ ዝፈልጦ። እምበር፡ ካልእ ኣገዳሲ ናይ ውሽጢ ከተማ ብጻይ ናብ'ታ ቦታ ዝመጽእን ኣብ'ታ ዓራት ዘላታ ዘዕርፍን ገብሩ ተስፋጋብር'ውን ኔሩ'ዩ። ሓደ ግዜ ገብሩ ተስፋጋብር ንኣዲስ ኣበባ ኣብ ዝተጓዕዘሉ እዋን ብመንገዲ ዮውሃንስ ተሳሊጡሉ ኔሩ'ዩ። ሽዑ ኣብ'ዛ ቦታ'ዚኣ'ዩ ኣዕሪፉ ከይዱ። ቢሮክራሲ ግን ኣብ ዘድልዮ ግዜ እናተመላለሰ ሰሪሑላ። ኣብ ዝተፈላለየ እዋናት፡ ምሸት ስሉኽ ኢሉ በታ ዱኳን ኣትዩ ካላሽኑ ዓጢቑ፡ ጃኬት ሓይሊ ኣየር ለቢሱ ብድሕሪት በታ ዓባይ ኮሪደር ናይ ሆቴል ዩኒቨርሳል ይወጽእ። በታ ዝወጸ ተመሊሱ፡ ዕጥቁ ኣብ'ታ ስትርቲ ሳንዱቕ ሓቢኡ፡ ኣብ'ታ ካልኣይቲ ክፍሊ ይድቅስ። ንቡር ክዳውንቱ ለቢሱ ብቐትሪ ናብ ካልእ ይኸይድ።

ናይ ቢሮክራሲ ዝምድና ምስ ዮውሃንስ ካብን ናብን ኣዲስ-ኣበባ-ኣስመራ ዝለኣኽ ተነቃፊ ንብረትን ሰብን ናይ ውድብ ብዘይገለ ጸገም ከምዝበጽሕ ኣብ ምግባር ዝሓገዘ ዓቢን ኣገዳሲን ርክብ'ዩ ኔሩ። ኣብ መደበር ሓይሊ ኣየር ኣገደስቲ ውፉያት ብመንገዲ ዮውሃንስ ክኣትዉን ክወጹን ዘድልዮም ስራሓት ክፍጽሙን ዝኸኣሉሉ ዝምድና'ዩ ኔሩ። ውፉይ ስእላይ ኣሰፋው ሓደ ካብ'ቶም ኣብ'ዚ መደበር'ዚ ዝተመላለሱ'ዩ።

ተዘክሮታት ኣሚር [29]

ኣብ ኣዲስ-ኣበባ ዝነበረ ውደባ ኣባላት ህዝባዊ ግንባር ብሰንኪ ናይ ጥሕሻ ስርርዕ ብጸላኢ ምፍላጡን፡ ካብ 1972 ኣትሒዝካ ናይ ብዙሓት ንሜዳ ገጾም ናይ ምውሓዝ ጉዕዞን ዝደፍኣ ምንቅናቕ፡ ሓያለ ካብ'ዞም

ሸዑ ዝተጸልዉን ዝተወደቡን፡ ካብኡ ናብኡ ኣብ ቦታታት ትግራይ ከም መምህራን፡ ከም ናይ መንግስቲ ኣብያተ-ጽሕፈትን ናይ ትካላትን ክኢላታት ኮይኖም ዝሰርሑ ኩነታት ቃልሲን ውድባን ይከታተሉ ነበሩ። ሓደ ካብ'ዚኦም ኣሚር ኣዝመራ ይበሃል። ኣሚር ተመሃራይ ዩኒቨርስቲ ኣዲስ-ኣበባ ኔሩ፣ ኣብ ህዝባዊ ግንባር ሸዑ ተወዲቡ። ካብ ዩኒቨርስቲ ወጺኡ ኣብ ክፍሊ ንግድ ስራሕ ተቖጺሩ ከም'ቶም ኣብ ላዕሊ ዝተገልጹ ንቑሩብ እዋን ኣብ ትግራይ ሰሪሑ፡ ብድሕሪኡ ግን ኣብ 1978 ናብ ኣስመራ ተቐይሩ። ብመንገዲ ኣምሃ ኪዳነ ምስ ቢሮክራሲ ከምዝተኣሳሰር ተገብረ።

ሓደ ግዜ ኣብ 1979 ቢሮክራሲን ኣሚርን ሓደ ክርክር ኣልዒሎም። "ኣብ'ዛ ካንቸሎ ገዛኻ ዘላ ዓባይ በርበረ ጸሊም ንደገ ውጽእ ኢሉ ኣብ ዘሎ ጉንዲ ኳንካ በቲ ዕሙር ቁጽላ ተኸዊልካ እትዕዘቦ ዘገርም'ዩ።" ኢሉ ቢሮክራሲ፡ ምሸት'ዩ ኔሩ። እቲ ብህንጻ ኢንሹራንስ ኣቢሉ ንክሮቾ-ሮሳ ዘደይብ ቀንዲ ጉደናን እቲ ብምዕራብ ብትሕቲ ሆቴል ኢምፐርያል (ሆቴል እምባ-ሰይራ) ኣቢሉ ነቲ ቀንዲ ጉደና ናብ ዝቖርጸሉ ኩርናዕ እትርከብ ገዛ'ዮም ኔሮም። እታ ገዛ ንደቡብ ናብ'ቲ ቀንዲ ጉደና ዝጥምት መእተዊ ኣለዋ። ብውሽጣ ሓንቲ ጽብብ ዝበለት ክፍሊ ኣላታ። ኣሚር ምስ ሓፍቱ ዝቕመጠላ ኢያ። በቲ ናብ'ቲ ቀንዲ ጉደና ዝጽንበር ጽርግያ ዘብል ድማ ሓደ ገፊሕ መእተዊ ካንቸሎ ኣለዋ። እታ ገረብ በርበረ-ጸሊም ብልዕሊ'ቲ ካንቸሎ ናብ'ቲ ገዛ ተጸጊዓ፡ ኣብኣ ኳንካ ንየማን ዘሎ ገዛውትን ኣብ'ቲ ጽርግያ ዝንቀሳቐስ ሰብን፡ ከምኡ'ውን ናብ ሰግር'ታ ገዛ ዝርከብ ባር ዝኣቱን ዝወጽእን ብንጹር ትርኢ።

"ጸጋ-ልኡል ኣብ'ዛ ጉንኻ ዘላ ገዛ'ሞ ኪኖኣ'ዩ ዝነብር። ሰዓት እቶ-እቶ ምስ ኣኸለ ካልእ ሰብ ተወር ኣብ ዘይብለሉ ሰዓት 7፡00 ናይ ምሸት ካብ ገዝኡ ወጺኡ ናብ'ዛ ባር ይኣቱ። ኣብኣ ኮይኑ ይሰቲ፡ ኣብኣ ኣምሰዩ ናብ ገዝኡ ይምለስ።" ቀጸለ ቢሮክራሲ።

"እወ ሓቅኻ! ኩሉ'ዚ ብየማን ዘሎ ጽቡቕ ዓበይቲ ገዛውቲ ሰበ-ስልጣን'ዮም ዝነብሩሉ። እዛ ቀዳመይቲ ናብ'ዚ ቀንዲ ጉደና ትርኢ ናይ ኢሳቅ ጸጋይ ኢያ። ጉረቤቱ ጸጋልኡል'ዩ ዘሎ። ክኒኡን ካልእ የማነ ጸጋም ዘሎን ባዕላቶም'ዮም ዘለዉዎ። ጸጋልኡል ደኣ ከመይ ደሊኻ! እዛ ባር ወኒኑዋ'ዩ!" መለሰ ኣሚር።

"ሓደ ነገር ክነግረካ'የ!" በሎ ቢሮክራሲ።

ቢሮክራሲ ገዛ ኣሚር ኣብ ዘድልዮ ግዜ ዝሓድረላን ዝሰርሓላን'ያ። ኣሚር ድማ ምስኡ ክቕመጥን ከም መሕብኢ ክጥቀመላን ኣፍቂዱሉ ክመላለሶ ሃንቀው ይብሎ። ግና ብሃንደበትን መዓልታት ጸቒጡን ስለ ዝመላለሶ ሃንቀውታኡ ጠልጠል ዝበለ ኮይኑ ተረፈ። መኣስ ከምዝመጾን ኣበየናይ ኣጋጣሚታት ከምዝደልዮን ስለዘይበርሃሉ፡ ኣሎ ክትብሎ ዝጠፈእ፡ የለን ክትብሎ ዝመጽእ ስለ ዝኾነ፡ ንዕኡ ምክትታል 'ዘላህልህ' ስራሕ ኮነ። ጉዳይ ሃገርን ምስጢራዊ ስራሕን ብምንባሩ ግን ከም ቅቡል ወሲዱ ኣብ ዝመጾ ክተሓባበሮ ግዴታ ኮነ።

"ከመይ ክትገብርከ ኣስተብሃልካላ?" ሓተተ ኣሚር።

"ጸጋልኡል መን ምዃኑ እንታይ ከምዝገብር ትፈልጥ ኢኻ. . ." ብምባል ምስ ኣዘኻኸሮ፡

"እዚ ደኣ ጸይቀ-ዕሉል። ኣብ ትግራይ ክንደይ ሰብ'ዩ ወዲኡ። ብዙሓት ኤርትራውያን ብኢዱ ተቐቲሎም'ዮም። ግን እንታይ'ሞ ይገበር በዓል ግዜ'ዩ፡" ኢሉ ኣሚር ዝግበር ነገር ከምዘየለ ዝእምት ክትዕ ኣቕረበሉ።

"ዝግበር ኣሎ ኣሚር። ኣብ'ዛ በርበረ ጸሊም ኬንካ ጸይቀ-ዕሉል ተግባር ከምዘብቅዕ ክግበር ይከኣል'ዩ። ሕጂ ንስኻ. . ." ኢሉ ምስ ጀመረ ቢሮክራሲ፡ ኣሚር ንዘረብኡ ብምኹላፍ፡

"እዋእ! ኣብ'ዚኣ ኬንካ ደኣ ብምንታይ ክትቀትሎ?"

"ብካላሽን!"

"ክተወድኣና! ተጸሊልካ! ትፈልጥ ዲኻ፡ እዚ ቦታ ኩሉ ዋርድያ ንዋርድያ'ዩ መሊኡ። ካብ'ዚ እንዳ ኢሳቕ ጸጋይ ጀሚርካ ብምሉኡ ሪጋ ዕጡቓት ሓለውቲ ወተሃደራት ኣለዉ። ኣብ ሆቴል ኢምፐርያል ፡ ኣብ ኢንሹራንስ፡ ኣብ'ዛ ኩጀት ልዕሊ'ታ ባር ትብላ ዘለኻ ብድሕሬኣ ቴንዳ ገቲሮም ዋርድያ ወተሃደራት ኣለዉ። ኣብ'ዚኣ ኬንካ እንተተኩስካ ናይ ነብስኻስ ባዕልኻ ትፈልጥ፡ ኣነን እዛ ሓብተይን. . .ካልእ ህዝብን ክንውዳእ! ውላድ የብልናን ቈልዑት የብልናን ክንጠፍእ. . ." ኢሉ ኣሚር እናንጸርጸረ ኸሎ፡

"ደሓን ህድእ'ሞ በል ኣሚር! እዚ ሰብ'ዚ ብህይወቱ እንተቐንዩ ክንደይ ሰብ ክሃልቕ'ዩ። ነዚ ኣዕሪብካ መስዋእቲ ሓላል'ዩ። ህዝቢ ሩፍታ

እንተረኺቡ ንዓኻ'ውን ዕረፍቲ'ዩ. . ." እናበለ ከሎ ዘረብኡ ብምዃላፍ፡

"በጃኻ ኢልናካ! በሮኻ ግደፎ እዚ ሓሳብ'ዚ! ንሳቶም ሰላሳ-ኣርብዓ ሚልዮን'ዮም። ንሕና ውሑዳት ኢና። እዚ እንተተቐቲሉ ሕነ ክፈድዩ ሰብ ክህልቁ'ዮም። ደሓር ከኣ ንዓና'ባ ሕለየልና!" ተማሕጸነ ኣሚር።

ቢሮክራሲ በቲ ኣሚር ዘርኣዮ ስምዒት ተገሪሙ፡ ግን ከኣ ከይነደረ፡

"ድሓን ኣሚር! ኣይትሽገር። ቅሰን ጥራይ! ሕጂ ካልእና ነዕልል፡" በለ ቢሮክራሲ።

ኣሚር በቲ ሓሳብ ኣዝዩ ተረበሸ። ኣብ'ቲ ክርክር ፍሽኽታ ዝልማዱ ገጽን ተርባጽ ዘይጽንበሮ ስምዒትን ቢሮክራሲ ከም ሓደ ቀሊል ናይ ዕላል ነገር ዝዛረቦ ዘሎ'ዩ ዘምስሎ ኔሩ።

ኣሚር እቲ ሓደገኛ ሓሳብ በኒኑ ኮይኑ ስለ ዝተራእየ ሩፍታ ተሰምዖ። በቲ ድሕሪኡ ዘዕለሉዎ ጉዳያት፡ ንጸጋልኡል ካብ ኣእምሮኡ ኣውጽኦ።

ድሕሪ ሳልሰቲ-ራብዕቲ ኣቢሉ ካድሬታት ገዛ-ገዛ እናዞሩ፡ ዘሎ ዓቕመ-ኣዳም ዝበጽሐ ዘበለ ክእከብ ኣወጁ። ኩላ ከባቢ ኣልፋሮመየ ሰብኣያ ሰበይታ፡ ጉርዞኣ ኮተቴኣ ኣብ ቀጽሪ ምምሕዳር 'ቀበሌ' (ምምሕዳር ከባቢ) ተኣከበት። ሓደ ኣገዳስን ህጹጽን ዝመስል ጉዳይ ተረኺቡ ጥር ዝብል ሰብ ከይተርፍ ተጉስጉሱ። ኣዋጅ፡ ኣዋጅ ስለ ዝኾነ'ምበር ብካድሬታት ተኣከቡ ክበሃል ከሎ ቅጭ'ዩ ዝመጸ። ግዴታ ኮይኑ ግን ኩሉ ሰብ መቕጸዕቲ ፈሪሑ ተኣከበ። ኩሉ ዝተኣከበሉ ጨው ቀትሪ ሰዓት 2፡00 ናይ ድሕሪ ቀትሪ'ዩ ኔሩ። ኣብ'ቲ ሰዓት'ቲ ዝህደን ወይ ምክትታል ዝገበረሉ ህዝቢ ኣብ ቤቱ፡ ትካላቱን ጽርግያታትን ስለ ዘይርከብ ወተሃደራት ሮንዳ ኣይነበሩን።

ብዘይካ ከልብን ካድሬን ተወር ኢሉ ዝርአ ኣይነበረን። ካድሬታት ዘብዘብ እናበሉ ካንቸሎታት ይኹሕኩሑ፡ ዘይተኣከበ ሰብ ከይህሉ ከጻርዩ፡ ኣኽላባት ድማ በቲ ዝተፈጥረ ጭውጭውታ ተሰናቢዶም መእተዊ ስኢኖም ካንቸሎታት ተዓጽዩዎም ካብ ቦታ ናብ ቦታ ይጉዩ። እዚ ኹሉ ተዓጠቕ - ተሸብሸብ ናይ "ቀበሌ" ኣመሓደርቲ ንምምራጽ'ዩ ኔሩ። ኣብ'ቲ ኣኼባ ሰብ-መዚ ፖለቲካን ላዕለዎት ሰበ-ስልጣንን ተዓዚብቲ'ዮም። ጸጋልኡል ናብ'ዚ ጽምብል'ዚ ኣትዩ ምስ ካልኣዩ ጠጠው ኢሉ ከሎ ብጥይት ተወቒዑ ጸይቀ-ዕሉል ተግባራቱ ንሓዋሩ ኣኽተመ።

ኣሚር እቲ ኣጋጣሚ ኣዚዩ ደንጸዎ። ቢሮክራሲ ድሕሪ'ታ ናይ

በርበረ-ጸሊም ጉዳይ ንሓያለ እዋን ተሰወር። ብዛዕባ ሞት ጸጋ-ልኡል ድማ ተዋቓዒ ዜናታት ክወናጨፍ ጀመረ። እታ ነዋሕ ሴፍ ህዝባዊ ግንባር ረኺባቶ ተባሀለ፡ በቲ ኸኣ ተ.ሓ.ኤ. ዘይምሕር ስጉምቲ ወሲዳትሉ ተወርየ፡ ብሳልሳይ ሸነኽ'ውን ጸጋልኡል ናይ መንግስቱ ሃይለማርያም ኢደ-ወነናዊ ልኡኽን ላዕለዋይ በዓል ስልጣን ሰልፊ 'ሰደድ' (ናይ መንግስቱ ሃይለማርያም ሰልፊ)ን ኮይኑ ንበዓል ፍቅሩ ወልደትንሳኤን ካልኦት ሰበ-ስልጣንን ሰጊሩ ብኢደ ዋኒኑ ቀንጺሊ ስጉምታት ይወስድ ስለ ዝነበረ ዝተሃላለኹዎ ሰበ-ስልጣን ከምዘሕቀቑዎ ተወርየ። መን ስጉምቲ ወሲዱሉ ብዘየገድስ ግን ሓደ ደመኛ ጋኔን ተኣልየ። (ብኢድ ተ.ሓ.ኤ ስጉምቲ ከም ዝተወሰደሉ ደራሲ ድሒሩ ኣረጋጊጹ።) ኣሚር፡ ጸጋልኡል ምእላዩ'ኳ ከፊላዊ ቅሳነት ጌሩ እንተወሰዶ፡ ምስ'ታ ዘረባ ቢሮክራሲ ክሳብ ክንደይ ምትእስሳር ኔሩዋ ግን ክፈልጥ ተሃንጠየ። ቢሮክራሲ ይደልየካ'ምበር ኣይትደልዮን። ፈቲሸካ ዘይትረኽቦ፡ ንሱ ኣብ ዝመረጾ'ምበር ንስኻ ኣብ ዝደለኻዮ ዘይትረኽቦ 'ዘላህልህ' ሰብ ብምዃኑ ተጨነቐ። ንዕኡ ረኺቡ ጉዳይ ጸጋ-ልኡል ክፈልጥ ተሃንጠየ። ቢሮክራሲ ግን ህጣም ኣጥፍአ። ነቲ ጉዳይ ድሕሪ ምርሳዑ ቢሮክራሲ ድሕሪ ኣስታት ክልተ-ቕነ ደበኽ በለ። ኣሚር ብጉዳይ ጸጋልኡል ክፈልጥ

"ሰብኣይ ደኣ ተኻሪጁ!" ክብል ኣውከኣሉ።

"መን ሰብኣይ?" ሓተተ ቢሮክራሲ።

"ጸጋልኡል። ኣይሰማዕካን ዲኻ? ብሬድዮን ብገለን ኩሉ ተቓሊሑ እንድዩ!" በለ ኣሚር ኣጸቢቑ ከዘኻኽሮ።

"ኣነስ ዘይከማኻ'የ ሰሚዐ!" ምስ በለ ቢሮክራሲ፡ ኣሚር ክረኽቦ ዝኽእል ተወሳኺ ሓበሬታ ከምዘየለ ተረዲኡ ዘረባ ቀየረ።

በዓል ቢሮክራሲ ሓንቲ ምስጢራዊት ትካል እንዳ መሻጢት ነበረቶም። ኣብኣ ንዉፉያት ደቀንስትዮ ከም ናይ ገጠር ክቑንና ምስ ዝደልዩወን ወይ ድማ ከም ናይ ከተማ ክቈናጀዋ ምስ ዝደልዩወን፡ ንዝደለዩዎ ዕማም ብዝሰማማዕ ኣገባብ ኣዳልዮም የዋፍሩወን። እታ እንዳ መሻጢት በቲ ሓደ ሸነኽ ንምስጢራዊ ወፍሪ ደቀንስትዮ፡ በቲ ካልእ ድማ ንእትዋቶት ትጥቀም። እታ ነቲ ስራሕ ከም ክኢላ ሰራሕተኛ እተካይድ ብዛዕባ'ቲ ምስጢራውነት ናይ'ታ ትካል ቅንጣብ ኣይትፈልጥን'ያ። ብዋና ትካል ተቖጺራ ትሰርሕ ከምዝነበረት ጥራይ ኢያ ትፈልጥ። እታ

ኋል ምልክዕትን ተጠማቲትን ብምንባሩ፡ እቶም ቀንዲ ሃደንቲ ቈናጁ መኰንናት ሓይሊ-ኣየር ክጸጋግዑዋ ጀመሩ። ነዛ ኋል'ዚኣ ክጸጋግዓ ዝጀመረ፡ እቶም ምስጢራውያን ተጋደልቲ ዝግደስሉ ፓይሎት ነበረ። ኣዝዮም ይግደስሉ ብምንባሩ በዓል ቢሮክራሲ ብኸመይ ከምዝኣትውዎ ክጣበቡ ኢዮም ጸኒሖም። እዚ ፓይሎት'ዚ ሓደ ግዜ፡ ሸቃሊት ናይ ገዛ ይደሊ ከምዝነበረ ኣረጋገጹ። ነቲ ጉዳይ ኣዳቒቖም ብምጽናዕ፡ ሓንቲ ውፍይቲ ሸቃሊት ኮይና ኣብ ገዝኡ ከምትነብር ገበሩ። እታ ሸቃሊት (ውፍይቲ) ብኣጠቓላሊ ብዛዕባ'ቲ ፓይሎትን ዝምድናታቱን ምንቅስቓሳቱን ኣኪባ ትሕብር። ብፍላይ እታ ናይ'ታ እንዳ መሻጢት ኣካያዲት ቈንጆ ክሳብ ክንደይ ከምእትቐርቦ ክትከታተል ተሓቢሩዋ በብግዜኡ ጸብጻብ ተቕርብ ነበረት። መሻጢት ኣብ ትሕቲ ምክትታል ምስጢራዊ ጉዳያት ከም ዝነበረት ዘይምፍላጣ ጥራይ ዘይኮነ፡ ገንዘብ ትካል ብኢደ ወነና ምልዓልን ምስ ጠማቲኣ ልባ ተሰሊቡ ነቲ ፓይሎት ጠቢቓቶ ኣፍራሲ ሳዕቤናት ከምጽእ ብዝኽእል መልክዕ ክትዋሳእ ስለ ዝጀመረት ጥርጣሬታት ሓደሮም። ሸቃሊት ምክትታላ ክተጽዕቕ ዳግማይ ተሓቢሩዋ፡ መሻጢት እቲ ፓይሎት ከምዝተቌጻጸራ ስለ ዝፈለጡ ትካሎም ዝቈጻጸሩሉ ኣገባብ ክምህዙ ተገደዱ። ምክትታል ናይ'ዛ ቈንጆ ብተዘዋዋሪ መንገዲ ዝከታተላ ኣሚር'ዩ ኔሩ። ኣሚር ቢሮክራሲ ብዝሓበሮ መሰረት ቈንጆ መሻጢት ናብ መርበብ ውዱባት ንምእታዋ ዝግበር ዝነበረ ፈተነ ኣቋረጸ።

ስራሕ ኣሚር ኣብ ክፍሊ ንግዲ ስለ ዝነበረ፡ ኣገደስቲ ምንጪ ሓበሬታታት ነበሩዎ። ኣሚር ኣብ ወደብ ባጽዕ ብመራኽብ ዝኣቱ ንብረት ብተኸታታሊ ንቢሮክራሲ ክሕብሮ ዕማም ተዋሂቡዎ፡ በብግዜኡ ጸብጻብ የመሓላልፍ ነበረ። ሓደ ግዜ ብወደብ ባጽዕ ዝኣትዋ ብዙሓት 'ዎተር ታንክ' ካብ መርከብ ከምዝተራገፋ ሓቢሩዎ። እዘን ዓይነት ታንክ'ዚኣን ብተደጋጋሚ ተጓሪተን ኣዝየን በዚሓ። እዚ ጸብጻብ'ዚ ብወረቐት ካብ ምንጭታት ናይ'ቲ ዝሰርሓሉ ዝነበረ መንግስታዊ ትካል'ዩ ዝረኸቦ ኔሩ። ብኣረዳድኣ ኣሚር እዘን 'ዎተር ታንክ' ኣብ ባሕሪ ዝንቀሳቐሳ ናይ ውግእ ታንክ'የን። ጸብጻቡ ብተደጋጋሚ ኣብ ማይ ብዝንሳፈፉ ናይ ውግእ ታንክ (ኣምፊብያን) ምምሕልላፍ ምስ በዝሐ፡ እቲ ሓበሬታ ከጻርዮ ተሓቲቱ 'ዎተር ታንክ' ናይ ማይ-ቦጥ መካይን ምዃነን ተረጋገጸ። ኣሚር በቲ ጉዳይ ኣዝዩ ሰንበደ፡ ዝግ ኢሉ

ምስ ሓሰበሉ ድማ መስሓቕ ኮይኑ ተሰምዖ። ቢሮክራሲ ግን በቲ ጉዳይ ፍሉይ ስምዒት ኣየርኣዮን። ሓበሬታኡ ጥራይ ክቕጽል ኣተባብዖ።

ካልእ ኣገዳሲን ጠቓምን ምንጪ ሓበሬታ ሃሰስ ንምባል፡ ናይ ሕጊ ሓላፊ ተባሂሉ ኣብ ክፍሊ ንግዲ ኣብ ዝተመደበ መቶ ኣለቃ ኣድሃቡ። እቲ ናይ ሕጊ ሓላፊ ተባሂሉ ዝተመደበ መኮንን ካልእ ስራሕ ከምዝነበሮ ተፈልጠ። እቲ መቶ ኣለቃ ጥራይ ዝፈልጣ ፍልይቲ መዝገብ ኣስማት ነበረት። ብዝገበሩ ጌሮም ትሕዝቶኣ ክፈልጡ ተቓለሱ። ዝንባሌታቱን ድሌታቱን ብምጽናዕ ተዓራረኹዎ። ምስጢራዊት መዝገብ ድማ ትሕዝቶኣ ተጋህደሎም። እታ መዝገብ ኣብ ኩለን ትካላት ንግድን ፋብሪካታትን ኣስመራ ፋሕ ኢሎም ዝነበሩ ሓቀኛ ኣስማትን ሕቡእ ኣስማትን ናይ ሓያለ ሰባት ዝሓዘት’ያ ነይራ። ስርሖም ፍሉይ’ዩ፡ ‘ጸረ-ኣብዮት ኢዮም’፡ ንዝተባህሉ ሰባት ሰሊዮም ንኣባላት ጸጥታ ኣሕሊፎም ዝህቡ ሃሱሳት’ዮም ኔሮም። ብኸም’ዚ ሰኪዐታት ስለያ ኣብ ኢድ ቢሮክራሲ ይበጽሕ ነበረ።

ተመሳሳሊ፡ እርኑብን ኣጠቓላልን ሓበሬታ ናብ ኢድ ቢሮክራሲ ዝኣትወሉ ዝነበረ ካልእ መስኖ’ውን ኔሩ እዩ። ሻምበል ባሻ ተኽለሚካኤል ርእሶም ዝተባህለ ፖሊስ ናይ መላእ ኤርትራ ናይ ፖሊስ ስሩዕ ጸብጻባት ኣዳልዩ ንወተሃደራዊ እዚታትን ንማእከላይ ቤት-ጽሕፈት ጸጥታን የሕልፍ ኔሩ’ዩ። ሓደ ቅዳሕ ድማ ናብ በዓል ቢሮክራሲ የሕልፍ ነበረ። ሻምበል ባሻ ተኽለሚካኤል ናይ ህዝባዊ ግንባር ስሩዕ ኮይኑ ካብ 1975 ክሳብ ናጽነት ዘገልገለ ዉፋይ’ዩ።

ኣሚር ቢሮክራሲ ይደልዮ ይኸውን ዝብሎ ንብረትን ሓበሬታታትን ብምእካብ የረክቦ ነበረ። ሓደ እዋን ብብዝሒ ጓንቲ ኣብ መኽዘን ስለ ዝነበረ ካብኡ ሓያለ ወሲዱ፡ ቢሮክራሲ ረብሓ ዝርእየሉ እንተኾነ ሓተቶ። ቢሮክራሲ ድማ “እወ፡ ጽቡቕ’ዩ! ኣብ ዝተፈላለየ ስራሕ ሰውራና ንኢድ መሸፈኒ ከገልግል ይኽእል’ዩ!” ብምባል ተቐበሎ። ክንዲ ዝከኣሎ ከምጽእ ሓቢሩዎ በብግዜኡ ብዙሕ ኣረከቦ። ምስ በዝሐ ኣሚር፡ “እዚ ጓንቲስ ብሓቂ ዶ ንኢድ ኢሉ ይወስዶ ኣሎ?” ኢሉ ሓሰበ። ከይሓቶ ቢሮክራሲ ከምዘይምልሸሉ ይፈልጥ’ዩ። “ወስኽ ድኣ!” ኢሉ ቢሮክራሲ ክደጋግመሉ ከሎ፡ ነገር እናገረሞ ሱቕ ኢሉ ይውስኽ። ድሕሪ ነዊሕ እዋን ምስተራኸቡ፡ ጉዳይ ጓንቲ ሕሉፍ ኮይኑ ምስ

ሓተቶ ቢሮክራሲ ስሓኞ ክርትም በለ። ኣሚር ተዓኒዱ፡ እንታይ ዘስሕቕ ከምዝነበሮ ገረሞ። እቲ ጓንቲ ንኢድ ዘይኮነስ ፈንጂን ካልእን ንምዕሻግ ይጥቀመሉ ከምዝነበረ ምስ ሓበሮ ኣሚር ንግርህነቱ ሰሓቖላ።

ቢሮክራሲ ንኣሚር ዘደንጹ ክቡር ሰብ'ዩ። "ኣቃውማኡ ተማሃራይ'ምበር በዓል'ዚ ኩሉ ዕዙዝ ዕማም መሲሉ ኣይረኣየካን። ምስ ከባቢኡ ናይ ምምስሳል ክእለቱ ዘደንቕ'ዩ። ኣብ መንከሱ ናይ ወጠጦ ትመስል ጭሕሚ ኣብቀሉ ምስ'ቶም ካድራት ደርጊ ተጸምቢሩ ይጉዓዝ። ጭሕሚ ወጠጦ ናይ ሽው ግዜ ናይ ካድራት ደርጊ ፋሽን'ያ ኔራ። ኣይሰቲን'ዩ ከይትብሎ ክሰቲ ትረኽቦ፡ ይሰቲ'ዩ ከይትብሎ ተኣሊኹ ብኡ ሰኺሩ ኣይትርእዮን። ታሕተዋይ ሰብ'ዩ ኢልካ ከይትግምቶ ኣብ ዓበይቲ ሆቴላት ኣትዩ ክዛነ ይጸንሓካ፡ ኣብኡ'ዩ ዝርከብ ኢልካ ከይትድምድም ድማ ምስ ተራ ሰባት ኣብ ተራ እንዳ ሻሂታት ይርከብ። ሎሚ ምስ ሓንቲ ጓል ርኢኻዮ ጽባሕ ምስ ካልእ፡ ምስ ሓንፈጽ ክዛወር ጸኒሑ ምስ ጓል ሓበሻ ትረኽቦ። እዚ ኢዩ ኢልካ ብሓደ መግለጺ ዘይፍለጥ ኩሉ ዝኸውን ምስ ኩሉ ዝወሃሃድ'ዩ። ምንቅስቓሳቱ ኣሲርካ ኣይትረኽቦን። ኣብ ሓደገኛ ሰዓታት (ማለት ሰባት ብጻዕቂ ኣብ ዘይንቀሳቐሱሉ)፡ ሰዓት 10፡00 ናይ ንግሆ ወይ ሰዓት 4፡00 ናይ ምሸት በይኑ ክንቀሳቐስ ትርእዮ። ኣብ ርእሲኡ ፈላጥ'ዩ፡ የንብብ፡ ብዛዕባ ሰውራታት፡ ልብ ወለዳት (ብቛንቋ እንግሊዝ ዝበዝሐ) የንብብ። ኣባላት መጻሕፍቲ ከንብቡ ይዝርግሕ። ኣንቢቦም ክመልሱሉ የላምዶም፡ በዚ ኸኣ ዘዋሪ ቤት-ንባብ ኔሩዎ ክበሃል ይከኣል። ናይ ሰውራ ፍሉይ ጥበብ ዝነበሮ፡ ናይ ምውህሃድ ጻዕሩ ዘየውድቕ. . . ክትዝክሮ ከብድኻ ዘነቓንቕ ፍጡር'ዩ ኔሩ።" ብምባል ይድምድም።

ብሉኑት ምህሮ ስለያ [30]

ኣብ እዋን ሓራ ከተማታት ውፉያትን ውዱባትን ናብ ሓራ ቦታታት እናወጹ ኣብ ጉባኤታት ይሳተፉን ስልጠናታት ይወስዱን ነበሩ። ክረን ሓራ ድሕሪ ምውጻእ፡ ኣብ 1978 ንሓለፍቲ ውዱባት ኣስመራ ሓደ ፍሉይ ስልጠና ክወሃቦም ናብ ክረን ከምዝወርዱ ተገብረ። እቲ ስልጠና ኣብ ከተማ ኮይኖም ክሰርሑ ዝሕግዞም ናይ ስለያ ትምህርቲ ነበረ። እቲ ትምህርቲ ስለያ ክልተ ዓይነት ነበረ። ንኩናት ዝምልከት ስለያን ስትራተጂያዊ ስለያን። ንኹናት ዝምልከት ወተሃደራዊ ስለያ ኮይኑ ብዛዕባ ሰራዊትን ኣጽዋሩን ከምኡ'ውን ኣዘራግሓኦምን

ምንቅስቓሳቶምን ዘርኢ'ዩ። ስትራተጂያዊ ስለያ ቀጠባዊን ፖለቲካዊን ተዛመድቲ ነገራትን ናይ ጸላኢ ዘርኢ ክፋል'ዩ። በብግዜኡን ከከም ኩነታቱን ኣድህቦ እናተዋህቦ ዝስርሓሉ ጥበባት ስለያ ዘጠቓልል ናይ ስለያ ትምህርቲ ተዋህቦም። ብፍላይ ከኣ ንስርሒታት ዝምልከት ስለያዊ ኣስተምህሮ፡ ሽቶ ስርሒት፡ ውጥን ስርሒት፡ ትግባሬን ገምጋምን ብኸመይ ከምዘሰላስሉዎ ዝገልጽ ኣስተምህሮ ተዋህቦም።

ቢሮክራሲ ኣብዚ ትምህርቲ'ዚ ተሳቲፉ'ዩ። ናቱ ግን ፍልይ ብዝበለ'ዩ። ምስ ሓለፍቲ ጨናፍር ካብ ኣስመራ ናብ ከረን ኣይወረደን። ብሓደሓደ ናይ "ስርሑ ጸገማት" ምስኦም ክወርድ ኣይከኣለን። ደንጉዩ ንበይኑ'ዩ ናብ'ቲ ስልጠና ወሪዱ። እዚ ንቢሮክራሲ ፍሉይ ኩነት ፈጠረሉ።

ከረን ብእምባታት ዝተኸበት ኣብ ጋብላ ዝተደኮነት ከተማ'ያ። ብሰሜናዊ ምዕራብ እቲ ውሩይ እምባ ላልምባ፡ ብደቡብ ድማ ዝባን ዝተባህለ እምባ የጽልሉዋ። ከረን መሬታ ሑጻ ብምኻኑ ጽዕድው ዝበለ ትርኢት መሬት ኣለዋ። ብፍረታትን ኣሕምልትን ዝሃብተመ ዕዳጋኣን ምቹእ ወይነ-ደጋዊ ክሊማኣን'ውን ንነበርታ ፍስሃ ይፈጥር። ኣውራ ከኣ ህዝባ (ቢለን፡ ትግረን ትግርኛን ዝበዝሑ) ምስሊ ኤርትራዊ ፍስሃ ይፈጥሩላ። ክሳብ 1977 ኣብ ታሪኽ ክልተ ዓበይቲ ውግኣት ዝተኻየደላ ብስትራተጂያውነታ ዝተፈልጠት ከተማ ነበረት። እቲ ውዑይ ታሪኽ ውግእ ምሕራራ ንባዕሉ ትንግርቲ'ዩ ኔሩ፡ ከምኡ'ውን ነጥበ-መቐይሮ ካልኣይ ኲናት ዓለም ብ1941 እንግሊዛውያን ንጥልያን ዝሰዓሩላ ታሪኽ ዝሓዘለት ከተማ ኢያ።

ኣብ ከረን ትምህርቲ ስለያ ንበይኑ ተዋህቦ። እቲ መምህሩ'ውን ሓደ ነበረ። እዚ ንናይ ስለያ ቅስመቱ ሓደ ዓቢ ኣጋጣሚ ኮነ። መምህሩ ሻለቃ ክስተብርሃን ገብረሂወት ይበሃል። ኣብ ኣስመራ ተወሊዱ ዝዓበየ ክስተብርሃን ኣዚዩ በሊሕ ተመሃራይ ብምንባሩ፡ 8ይ ክፍሊ ኣብ ኣስመራ ምስ ወደአ ዕዉት ናይ ኣሕዳሪ ትምህርቲ (ስኮላርሽፕ) ኮይኑ ናብ'ቲ ካብ መላእ ኢትዮጵያ ውሩይን ብሉጽን ካልኣይ ደረጃ (ናይ ሕጂ ብርጋዴር ጀነራል) ቤት-ትምህርቲ ጀነራል ዊንጌት ኣዲስ-ኣበባ ሓሊፉ፡ ኣብኡ ላዕለዋይ ደረጃ ትምህርቱ ወዲኡ። እቲ ቤት-ትምህርቲ ብእንግሊዛውያን ዝምወልን ብእንግሊዛውያን ዝመሓደርን ኢዩ ኔሩ።

ክስተብርሃን ከደራይ ምልምል ንውትህድርና ዝበቅዕ ኣቃውማ

ኣካላት ዝነበሮ ብስነ-ስርዓቱ ዝተፈልጠ ተመሃራይ'ዩ ኔሩ። ኣብ 1959 ትምህርቱ ምስ ወደአ ብኣስገዳድ ስርዓት ሃይለስላሴ ናብ ወተሃደራዊ ኮሌጅ ሃረር (ኢትዮጵያ) ካብ ዝኣተዉ ምሁራት መንእሰያት ሓደ ኾነ። ኣብኡ ናይ ወተሃደራዊ ኮሌጅ ትምህርቲ ምስ ወደአ ናይ ስለያ መኮንን ኮይኑ ናብ'ቲ ብኣሜሪካን መሓዙታን ንህዝባዊ ምንቅስቓስ ኮንጎ ንምጭፍላቕ ምስ ዝተላእከ ሰራዊት ኢትዮጵያ ተላኢኹ። ካብ 1961 ክሳብ 1964 ድማ ኣብኡ ጸንሐ። ናብ ኣዲስ ኣበባ ምስ ተመልሰ ናይ ዩኒቨርስቲ ኣካዳሚያዊ ዲግሪ ንምሓዝ ኣብ ዩኒቨርስቲ ኣዲስ ኣበባ ተማሂሩ ተመረቐ። ብድሕሪኡ ላዕለዋይ ናይ መኮንናት ትምህርቲ ንምቕሳም ንፈረንሳ ተላኢኹ፣ ትምህርቱ ምስ ወድአ ትኽ ኢሉ ምስ በዓልቲ ቤቱን ደቁን ናብ ሜዳ ኣትዩ ኣብ ህዝባዊ ግንባር ተሰለፈ። እዚ ኹሉ እኩብን ስልጡንን ዓቕሚ ኣብ ረብሓ ሃገሩ ከውዕል ተወፈየ። ቢሮክራሲ ካብ ከምዚ ዝኣመሰለ ብቕዓት ዘለዎ ሰብ ስለያዊ ትምህርቲ ክቐስም ፍሉይ ኣጋጣሚ ኮነሉ። ቢሮክራሲ በይኑ ተመሃራይ፣ ሻለቃ ክስተብርሃን ድማ በይኑ መምህር፣ ናይ ስለያ ሓሳባትን መትከላትን ኩሉ ሸነኻዊ ፍልጠቱ ክፍስሰን ክቕስምን ኣዚዩ ምቹእ ሃዋህው ተፈጥረ።

መምህር ክስተብርሃን ምኩርን ምሁርን ናይ'ቲ ሞያ ብምንባሩ ኣብ ቅድሚኡ መልክዑን ግርማኡን መሳጢ፣ ቋንቋኡን ፍልጠቱን ማራኺ፣ ዝተዋህቦ ንኽቕበል ቅሩብ መንእሰይ፣ ውፉይ ተማሃራይ ምርካቡ ንኣመሃህራኡ ዝያዳ ኣበራበሮ። ንትምህርቲ ስለያ ካብ ሀሁኡ ጀሚሮም ክሳብ ዝለዓለ ኣብታ ናይ ክልተ-ሰብ ክፍሊ (መምህሩን ተማሃራይን) በታቲዖም ቀሰሙዎ። ብግብሪ ኣብ ኣስመራ ክሰርሓሉ ዝጸንሐ ብንባብ ኣዚዩ ዝሰጉመሉ ብምንባሩ ድማ ነቲ ስልጠና ኣብ ሓጺር እዋን ብልዑል ደረጃ ክቐስሞ ከኣለ። ክስተብርሃን ብተማሃራዩ ኣዝዩ ተሓበነ። ኣብ ሓደገኛ ስራሕ ዝተጸምደ ዉፉይ መንእሰይ ምኻኑ ብምስትብሃል ድማ ኣብ ዕማሙ ስሉጥን ዕዉትን ክምዝኸውን ስለ ዝተኣማመነሉ፣ ንሰርሑ ክሕግዞ ዝኽእል ትምህርቲ እናመረጸ ኣቕሲሙ ከሰልጥኖ ወሰነ። ንበይኑ ስለ ዝረኸቦ ኣዕሚቑም ክዛተዩሉ ዓቢ ዕድል ነበረ። ትምህርቶም ወዲኦም ቢሮክራሲ ክፋኖ ከሎ፣ መምህር ክስተብርሃን ንቢሮክራሲ ሓደ ሕቶ ሓተቶ።

"ብሞያ ደረጃ ስለያ ዝምህሩ ዓበይቲ መጻሕፍቲ እንተትረክብ፣

ኣንቢብካ ክትጥቀመሉም ትኽእል?" ኢሉ ሓተቶ'ሞ፡ ቢሮክራሲ ብሓጉሰን ኣወንታን መለሰ።

ሻለቃ ከሰተብርሃን ብመልሲ ቢሮክራሲ እናተጠራጠረ ተደነቐ። እዚ ኣብ ቅድሚኡ ዘሎ ዝሃብካዮ ዝቐበል፡ ምስ ሓዘ ዘይሰድድ ኣእምሮ ከም ዘለዎ ብግብሪ ዘርኣዮ መንእሰይ ምናልባት ኣይሓምቀሉን፡ ዝብል ኣረኣእያ ኸኣ ተፈራረቐ። ኣውራ ግን እቲ ብቐጽበት ክጥቀመሉም ከም ዝኽእል ዝመለሶ ኣድነቐ። ብኢሑን ቅሩብነቱን ተሓጉሰ።

"እሞ እምበኣር፡ ኣብ ኮሌጃት ብዛዕባ ስለያ ዝተመሃርኩለን መጻሕፍቲ ብጥርኑፋተን ኣብ ሓንቲ ዓባይ ሳንዱቕ ኣብ ኣስመራ ምስ ሓደ ሰብ ኣለዋ። እቲ ሰብ ኣነ ንሜዳ ከምዝወጻእኩ ስለ ዝፈለጠ ብጥንቃቐ ኣርኒቡ ካብ ኣዲስ-ኣበባ ኣምጺኡ ኣብ ኣስመራ ኣቐሚጡወን ኣሎ። ነቲ ሰብ ረኺብካ ሕድሪ ልኡኽይ ኣብጺሕካ ካብ'ተን መጻሕፍቲ ዘድልየካ መሪጽካ ኣትሪፍካ፡ እቲ ካልእ ሰደደለይ። እዚኣ ክትገብራ ትኽእል?" ሓተተ ሻለቃ።

"ጸገም የለን!" በለ ቢሮክራሲ።

ቢሮክራሲ ናብ ኣስመራ ምስ ተመልሰ፡ ነቲ ሰብ ፈቲሹ ብምርካብ፡ ነታ ሳንዱቕ ተረከባ። ካብ'ተን መጻሕፍቲ፡ እተን ቀንዲ ቀንዲ መሃርቲ ንዕኡ ኣትሪፉ፡ እታ ሳንዱቕ ምስ'ተን ዝተረፋ መጻሕፍቲ ናብ ኢድ መምህር ተጋዳላይ ከሰተብርሃን ከምዝበጽሓ ገበረ። እዚ ቅልጡፍ ተግባር'ዚ ንከሰተብርሃን መሊሱ ኣሐጎሶ። ኣውራ ግን እተን ቀንዲ ቀንዲ መጻሕፍቲ ፈልዩ ኣትሪፉ ቢሮክራሲ ክጥቀመለን ምኻኑ ምስ ፈለጠ ንዓቢ ብቐዓት ዝተዓጥቀ ውላድ ምኻኑን፡ ነዚ ሰብ'ዚ ክምህር ዘጋጠሞ ዕድልን መሊሱ ኣሐበኖ።

ብተወሳኺ፡ ሻለቃ ካብ ኣዲስ-ኣበባ ናብ ፈረንሳ ምስ ከደ፡ብኡ ኣቢሉ ድማ ናብ ሜዳ ምስ ወጸ ንነዊሕ ዓመታት ስድራ-ቤቱ ኣበይ ከም ዝነበረ እንታይ ይገብር ከም ዝነበረ ይፈልጡ ከምዘይነበሩ ተረዲኡ፡ ደሃይ ውላዶም ኣፍሊጡ ከበሰሮም ምኽኣሉ ነበረ። ኣብ'ቲ ግዜ'ቲ ኣቦ ከሰተብርሃን ሞይቶም'ዮም ኔሮም። ኣዲኡ ግን ደሃይ ውላደን ኣበሰረን'ሞ ኣዚየን ተሓጉሳ። ውላደን ኣብ ምድሪ-ኣለም ሃልዩስ ያኢ ምስ'ቶም ጀጋኑ ተጸምቢሩ ግቡኡ ይፍጽም ምንባሩ ድርብ ሓጉስ ተሰምዐን። ቢሮክራሲ እዚ ዜና'ዚ ናብ ከሰተብርሃን ኣመሓላሊፍዎ ድርብ ሓጉስ ወላዲቱ ክቋደስ በቕዐ።

ሻለቃ በዚ ተግባርን ሕልናን'ዚ ውልቃዊ ሓጉሱ ጥራይ ኣይኮነን ተራእዩዎ። ቢሮክራሲ ከምዚ ዝኣመሰለ ልቢ-ሰብ ረኺብካ ናይ ምኽሳብ ክእለቱ ክሳብ ክንደይ ኣብ ስለያዊ ስርሑ ክጥቀመሉ ከምዝኸእል ዘርኢ ስጉምቲ ምንባሩ ብምርድኡ፡ በዚ ውላድ'ዚ ዘሐብን ታሪኽ ከምዝሰራሕ ተኣማመነ።

ኣብ 1977 ድሕሪ ዝተገብረ ውድባዊ ጉባኤ ህዝባዊ ግንባር ስለያዊ ዕማም ብደረጃ ኣባል ፖለቲካዊ ቤት-ጽሕፈት ዝምራሕ ክፍሊ ስለያን ምልክትን ኣቑሙ ምስራሕ ጀመረ። ሓላፊ ናይ'ታ ክፍሊ ኣባል ፖለቲካዊ ቤት-ጽሕፈት ጴጥሮስ ሰሎሞን'ዩ ኔሩ። ቢሮክራሲ ኣብ ከረን ስለያዊ ትምህርቲ ድሕሪ ምውሳዱ ምስ ጴጥሮስ ሰሎሞን ይራኸብ ኔሩ'ዩ። መምህሩ ክሰተብርሃን ድሕሪ'ታ ትምህርቲ ምስ ቢሮክራሲ ቀጥታዊ ርክብ'ኳ እንተዘይነበሮ ብዛዕባ ንጥፈታት ቢሮክራሲ ካብ ሓለፍቱ ይፈልጥ ነበረ። ናይ ቢሮክራሲ ኣበርክቶ ከገምግሞ ዘኽእል ሓበሬታ ነበሮ። ህዝባዊ ግንባር ስለያዊ ንጥፈታቱ ካብ ዝምስረት ኣትሒዙ ዝሰርሓሉ ጥበብ'ኳ እንተነበረ፡ ምስ ናይ በዓል ቢሮክራሲ ምዕባይ ኣብ ስለያዊ ስራሕ ግና ወተሃደራዊን ስትራተጂያውን ስለያ ተበጋጊሱ ኣገዳሲ ዓወት ይምዝገብ ነበረ። ብፍላይ ስትራተጂያዊ ስለያ ዝሰጉመ መልክዑ ኣብ ምትሓዝ ቢሮክራሲን ብጾቱን ኣገዳሲ ተራ ተጻዊቶም።

ቢሮክራሲ ኣብ ከተማ ዝፍጽም ስርሒታት፡ ዝተኣሰሩ ብጾትን ኰነታቶምን፡ ዝሰለሙ ኣባላት ዝህቡዎ ሓበሬታ፡ ኣብ ከተማ ዘሎ ኣወዳድባን ምንቅስቓሳትን ብሓፈሻ፡ ዘገድሱዎ መዳያት'ዮም። "ቢሮክራሲ ኣብ ከተማ ንነዊሕ ግዜ ክሰርሕ ዝኽኣለ:" ይብል ክሰተብርሃን፡ "ብዘይመጠን ምስጢራዊ ሰብ ካብ ልሳኑ ትመሉቕ የላን! ሓያል ከኣ፡ ዝኾነ ሰብ ኣንበርኪኹ ወይ ጸቕጢን ሽሕጣንን ጌሩ ክጸምቀ ዘይከኣል ዓይነት ሰብ ስለ ዝነበረ'ዩ። ልዑል ናይ ምምስሳል ክእለት ስለ ዝነበሮ ናብ ዝደለዮ ቦታ ተንቀሳቒሱ ዘድልዮ ክፍጽም ይኽእል ኔሩ። ቢሮክራሲ በሊሕ፡ ኣብ'ቲ ንዝንባሌኡ ዝምስጥ ጉዳያት ዝህልዎ ተረድኦ፡ ሒዙ ዘይሰድድ ኣእምሮ ዝተዓደለ'ዩ።"

9

ስርሒታት ኣብ ከተማ

ቢሮክራሲ ኣብ ከተማ ዝፍጸሙ ስርሒታት ብሓፈሻ የገድሱዎ። ስርሒታት ንቢሮክራሲ ይኾን ንኻልኦት ውፉያት ብብዝሒ ዘሳትፉ ንጥፈታት ነበሩ። መርኣያ ታሪኽ ውፉያት ብምዃኖም ድማ መረድኢ ክኾኑ ዝኽእሉ ገለ ስርሒታት ከይዘርዘርካ ዝሕለፍ ኣይኮነን።

ምምንዛዕ ንብረት ካብ ኣስመራ [31]

ማዕረ'ቲ ብሜዳ ዝነበረ ንሁር ምዕባሌታት፡ ምምስራትን ምስሳንን ደጀን፡ ምሕራር ከተማ ናቕፋን ዝሰዓባ ከተማታትን፡ ኣብ ውሽጢ ኣስመራ ድማ ብርክት ዝበለ ንጥፈታት ተኻየደ። ሓደ ካብ'ቲ ኣድማዒ ውጽኢት ዝነበሮ ምውጻእ መካይን'ዩ። ካብ'ተን ናይ መጀመርያ ዝወጻ መካይን ሓንቲ ሚኒ-ባስ (22 ሰባት እትሕዝ)ን ሓንቲ ላንድሮቨርን ነበራ። እታ ሚኒ-ባስ ኣቦይ ኣልኣዛር ዝተባህሉ ዝዝውሩዋ ንሰራሕተኛታት ሴዳዎ (ኮርፖረሽን ኤለክትሪክ) ካብ ኣስመራ ናብ መመንጨዊ ኤለክትሪክ በለዛ እተመላልስ ዝነበረት'ያ። እታ ላንድሮቨር ድማ፡ ካብ ፋብሪካ ክርቢት ዝወጸት ኮይና፡ ሓደ ሃለቃ ዝብሃል ውዱብ ናብ ሜዳ ክወጽእ ስለ ዝነበሮ ቅድሚ ምውጻኡ ሓደ ጠቓሚ ስርሒት ክፍጽም ሓተቱ፡ ማኪና ከውጽእ ስለ ዝተሓበሮ ዝተፈጸመት'ያ። ንሱ ነዳዲ ወዲኣ ኢሉ ኣብ ማይ-ተመናይ ሓዲጉዋ ኣባላት ብበርሀ ጻዕዳን ስብሓት ኤፍሬምን እትምራሕ ቦጦሎኒ 3 ደፊኦም ዓዲ-ኣበይቶ ገጾም ወሲዶም ካብኡ ኣተሲኦም ናብ ሓራ መሬት ወሰዱዋ።

መኣዛ ፎቶ ዝተባህለት ውድብቲ ብዓልቲ ጉዳይፍ ንናይ ሓንቲ ኤነ-ትረ ዝዓይነታ ኣውቲስታን ኣይታንትን እታ ማኪናኣም ንሜዳ ክትወጽእ ኣረዲኣ ምስ ተሰማምዑ ንናይ ውሽጢ ከተማ ውፉያት ሓቢሩ። እታ ማኪና 8,000 ኣቢሉ ዝኸውን ጎልፎታት፡ ጉማታት ትራክተርን ካልእን ጽዒና ካብ ኣስመራ ናብ ኣዲስ ኣበባ ክትብገስ ኣብ ማይጭሆት ተዳልያ ነበረት። እቶም ናይ ከተማ ውፉያት ን06 ሓቢሮም በዓል የማነ ኪዳነ ዘለውዎም ደቂ-ኣራዊት ተላእኩሎም። ብቦርቦሬላ ኣቢሎም ንማይተመናይ ኣምጽኡዋ። ኣብኡ ሓይልታት ብጸልማት መጺኦም ነቲ ጉልፎታት ኣወውሪዶም ተኸደኑዎ። ምስኦም ዝነበረ ብላይ ናይ ሜዳ ክዳውንቲ ኣብ'ቲ ቦታ ዛሕ ኣቢሎም ገደፍዎ። ነታ ማኪና ደፊኦም ኣብ ውሑስ ቦታ ምስ ኣብጽሑዋ ኣተሲኦም ናብ ሓራ መሬት ወሰዱዋ። እዛ ናይ ጽዕነት ማኪና'ዚኣ ሓንቲ ካብ'ተን ቀዳሞት ዝወጸት ኤነ-ትረ ከኣ ኮነት።

ሓደ ኣውቲስታ ሓንቲ ንሱ ዝሕዛ ዝነበረት ዓባይ ናይ ጽዕነት ማኪና፡ "ጉማታት ስለ ዘይብላ'ምበር መውጻእኩዋ ኔረ!" ኢሉ ንውፉያት ሓበረ። ምስ 06 ብምርድዳእ ጉማታት ተገዚኡ ተቐይሩላ ኣብ ኢድ ውፉያት ኣተወት። ካልኦት 6 ዓበይቲ ማካይን ብዝተፈላለየ መንገዲ ተኣኪበን ን0ኣን ናይ ምውጻእ መደብ ተሓንጸጸ። ብእኩብ ዝኽዘናሉ ቦታ፡ እንዳ ቢዘን ዝብሃል ሰፊሕ መካበብያ ብመንገዲ ኣባ ተወልደብርሃን ኣብ እንዳ ማርያም ተረኽበ። ኣባ ተወልደብርሃን (ኣበ-ምኔት ደብረ ቢዜን) ንግዜኡ መሕደሪ ክሳብ ንባጽዕ ንጽባሒቱ ንግሆ ዝገሻ ተባሂሉዎም'ዮም ብለውሃት ፈቒዶም። ምናልባት ጠርጢሮም ብተሌፎን ከይጠርዑ ተሌፎኖም ብውፉያት ተበቲኹ ሓደረ። ሓይልታት ካብ ሜዳ ኣትየን ክወጻ ከለዋ ዕንቅፋት ከይርከብ ሓለዋ ገበራ። ብሬን ኣብ መደበር ተተኺላ ነበረት። ከውታ ለይቲ ሸውዓተ መካይን ክብገሳ ሞተረኣን ኣተስኣ። ብኣርባዕተ ኣስመራን ገዛ-ታኒካን ኣቢለን ንባሊኔኪ (ኪኖ ዓዲ ንፋስ)፡ ካብኡ ብዓዲ-ኣበይቶ ቁሪጽን ንዓደብስሉስ ኣትየን፡ ቀጺለን ዛግር ተራእያ። ምስ'ቲ ሸዑ ንናቕፋ ሓራ ንምውጻእ ዝካየድ ዝነበረ፡ ምስ ምጥንኻር ደጀንን ምስራሕ ጽርግያ ሓርነትን እዘን ማካይን'ዚኣን ንውድብ ህዝባዊ ግንባር ዓቢ ሃብቲ ኮና። ብዙሕ ከይደንጐያ ድማ ካልኦት 6 ዓበይቲ መካይን ብተመሳሳሊ መንገዲ ከምዝወጻ ተገብረ።

ኣብ ሜዳ ብፍላይ፡ ደጀን ህዝባዊ ግንባር ሳሕል፡ ሓያለ ኣብያተ-ዕዮ ተበጋጊሱ ገስጋስ ይርአ ነበረ። ነዚ ኣብያተ-ዕዮ'ዚ ከገልግል ዝኽእል ማሽናትን መሳርሒታትን የድሊ ነበረ። ንኣብነት፡ ናይ ኦሊሽተ ኣቕሑት (መባዛሕቲ፡ ጸሓፍቲ መካይን፡ ወ.ዘ.ተ.) ብብዝሒ ወጺኡ። ሓንቲ ኣገዳሲት ዓባይ ናይ ቶርንዮ ማሽን ምስ መሳርሒታታ፡ ዓበይቲ ናይ ጽዕነት መካይን ኣብ ዝወጻሉ ግዜ ወጺኣ። እዘን ትሽዓተ ኤነ-ትረታት ብቀሓውታ ወጺኣን ንስሓርቲ ሰንጢቐን ኮርባርያ ኣተዋ። ብሽከቲ ቈሪጸን ብሕምብርቲ ኣቢለን ንዓደብሰሉስ ኣትየን ጽርግያ ከረን-ኣስመራ ቈሪጸን ኣብ ሓራ መሬት ኣተዋ። እታ ቶርንዮ ኣብ ሓጺናዊ ስራሓት ዝነበራ ተራ ዓቢ ዝላ ንቕድሚት'ዩ ኔሩ።

ውፉያት መካይን የውጽኡ ኣብ ዝነበሩሉ እዋን ሓድሓደ ዕንቅፋታት የጋጥሞም ኔሩ'ዩ። ሓደ ግዜ በዓል ሻይናክ ንሓንቲ ባተሪን ክዳውንትን ጽዒና ዝነበረት ናይ ጽዕነት ማኪና ንኸውጽኡዋ ምስ ኣውቲስታ ተሰማምዑ። ዋና ማኪና ግን ንኣሕሉቑ ብምሕባር ማኪና ኣብ ውሽጢ መዓስከር ከምእትዕቈብ ገበረ። ውፉያት ንዕኡ ሒዞም ካልእ ማኪና ኣናደዩ። ማኪናኡ ፍርቂ-ጽዕነት ጥራይ ንዝነበራ ኣውቲስታ፡ "ለጠፍ ጽዕነት ኣለና" ኢሎም ናብ ማይተመናይ ሒዙዋ ከምዝኸይድ ጌሮም፡ ካብኡ ንዓዲ-ኣበይቶ ወሰዱዋ። ኣብኡ ምስ በጽሑት ስምያስ ሰይራ ደው በለት። ውፉያት ብቡምባ ከቃጽሉዋ እናሓሰቡ እንከለዉ፡ ገለ ነዚ ዝተዓዘቡ ደቂ-ዓዲ ኣብ ምዕራያ ክተሓጋገዙ ጠሊቦም፡ ኣዐሪዮማ ናብ ሓራ መሬት ከምትወጽእ ተገብረ።

መካይን ብብዝሒ ድሕሪ ምውጽአን ጸላኢ ኣተኩሮ ገበረለን። ውፉያት ድማ ሚላኦም ብምቕያር ናብ ካልእ ኣድሃቡ። ሞቶታት (ሞቶር ሳይክል) ከውጽኡ ጀመሩ።

መካይን ብዘይካ'ቲ ብኣካለን ተደለይቲ ምንባረን እቲ ዝጽዕናኦ ትሕዝቶ'ውን ንገድሊ ኣገዳሲ ጠቕምታት ዝነበሮ'ዩ። ንኣብነት፡ ሽዳ ተደልዩ ብገንዘብ ክሽመት ከሎ በብቐሩብ ብኣእዱግ እናጽዓንካን እናተሓባእካን ዝእከብ ኣዝዩ ውሑድ ስለ ዝነበረ እኩብ ጽዕነት መኪና ንምርካብ ሃሰስ ይበሃል ኔሩ። ዉፉያት ሽዳ ዝጸዓና ኣጽኒያም ድሕሪ ምቁጽጻር ናብ ሓራ መሬት ኣውጺኦም ተጋደልቲ ሽዳ ከምዝረኸቡ ዝተገብረሉ እዋናት ነበረ።

ምውጻእ እሱራት ሰምበል

ብወገን ተ.ሓ.ኤ. ማካይን ናይ ምውጻእ ስርሒታት ይካየድ ኔሩ'ዩ። ድሮ ደቀምሓረ ሓራ ዝወጸትሉ መዓልቲ፡ ጸላኢ ተ.ሓ.ኤ. ማካይን ከተውጽእ ምኽና ሓበሬታ ረኺቡ ብእዋኑ ምሸት ኣትሒዙ ድብያ ኣብ ከባቢ ዓዲ-ኣበይቶ ኣጻዊዱ ሓዲሩ። ሽዑ ምሸት ኣብ ገዛ ናይ ኢዮብ ተኽለማርያም፡ ሻይናክ (ሓላፊ ደቂ ኣራዊት)፡ ረዘነ እምባየ (ሓላፊ ኣብ 06)፡ ወዲ ሓጂ (ዓብደልቃድር ሓጅ ዓሊ - ሓላፊ ኣሃዱ ቁጠባ ካብ ከተማ)፡ የማነ ኪዳነ (ኣባል 06) ነበሩ። ኢዮብ ተኽለማርያም ናይ ሰምበል እሱራት ንምውጻእ ናይ ስርሒታት ኣሃዱታት ዝኣትውሉ ቦታታት ከጽንዕ ሓላፍነት ተዋሂቡ ቀንዩ። ሽዓ ምሸት ግን፡ ብመንገዲ ገብረሂወት ተኽለ ዝፍጸም ስርሒት ገንዘብ ምውጻእ ኣብ ሓዝሓዝ ስለ ዝነበረ ብመሰረት ሓበሬታ ሓላፊ 06 ምስኦም ክራኸብ ተንቀሳቒሱ ኔሩ። ቅድሚ ቁጸራ ርክብ ምስ በዓል ሻይናክ ኣብ ገዝኡ ምእካሉ ክርከብ ናብ ዓዲ-ኣበይቶ ምሸት እናተመልሰ ከሎ ኣብ'ቲ ድብያ ኣትዩ ተማረኸ። በዓል ሻይናክ፡ ኢዮብ ኣብ ቁጸርኡ ስለ ዘይተረኽበ፡ ሓደጋ ከይከውን ኢሎም ክወጹ ምስ ተንቀሳቐሱ ምስ'ቲ ድብያ ጸላኢ ተጋጭዮም ተኹሲ ኮነ። ሻይናክን የማነ ኪዳነን ንሰሚን ገጾም ከብሉ ኸለዉ፡ ረዘነ እምባየ ኣብ'ቲ ግራውቲ ተሃሪሙ ወዲቑ ተሰውአ። ወዲ ሓጂ ኢዱ ብኸቢድ ቈሲሉ ብሓንቲ ኢዱ እናተታኾሰ ንምዕራብ ሃተፈ። ብኽምዚ ኣብ ሓደ ምሸት ምውጻእ መካይን ተ.ሓ.ኤ. ዘምጽኦ ድብያን፡ ምሕራር ከተማ ደቀምሓረን (6 ሓምለ 1977) ጉዳይ ምውጻእ እሱራት ካብ ሰምበልን ተጋጨወ።

የማነ ቃልኣብ ኣብ ዓዲ-ቢደል ብ1947 ተወሊዱ፡ ትምህርቱ ኣቋሪጹ ሰራሕተኛ ድሕሪ ምኻኑ ኣብ 1975 ምስ 06 ተራኺቡ ዋህዮ ወዲቡ ክሳብ ጨንፈር ክመርሕ ዝኸኣለ ውፉይ'ዩ።

ንሱ ዝወደቦም ሓለውቲ እሱራት ሰምበል እናበዝሑ ምስ ከዱ ብዛዕባ ተኽእሎ ምውጻእ እሱራት ሓሳባትን መጽናዕትን ኣቕሪቡ። እቲ መደብ ብኻልኦት ዝምልከቶም ኣካላት ክፍጸም ድማ መጽናዕቱ ከምዘረክብ ተገብረ። እሱራት ሰምበል ብ15 ሓምለ 1977 ብህዝባዊ ግንባር ወጹ።

ዘይቲ ማካይን

ሓደ ግዜ ናይ ማካይን ዘይቲ ብሜዳ ተጠሊቡ ውፉያት ሓደ መጽናዕቲ

ወሰዱ። ኣብ ቤት-ገርግሽ ሓደ መኽዘን ዘይቲ ማካይን ከምዘሎ ፈሊጦም ሓደ ምህዞ መሃዙ። ብርሃነ ተኽስተ ገደ (ጂንጀሪኖ) ካብ ዝመርሑዎም ኣባላት ገብረመድህን ዝብሃል ኣብ'ታ መኽዘን ይሰርሕ ነበረ። ብርሃነ (ጂንጀሪኖ) ኣብ 1944 ኣብ ጻዕዳ ክርስትያን ተወሊዱ ዝዓበየ ክኢላ ጽርበት ዕንጸይቲ'ዩ። ርእሶም በየነ ዝተባህለ መሳርሕቱ ካልእ ውፉይ'ዩ። ገብረመድህን፡ ዘይቲ መካይን ካብ'ታ መኽዘን ዝወጸሉ ጥበብ ኣጽኒዑ ንብጾቱ ሓበረ። እዚ መጽናዕቲ'ዚ ንወዲ-ቡላ ቀሪቡሉ፡ ጎይትኦም ንዝተባህለ ውፉይ ክተሓባበሮም ሃቦም። ውፉያት ንሓንቲ ማኪና ምስ ኣውቲስታኣ ዘይቲ ማካይን ክጽዕነሎም ክኮናተሩዎ ተሰማሚዖም ኣብታ መኽዘን ኣተዉ። መውጽኢ ዘይቲ ብቶታል ስለ ዝፍቀድ በብቑሩብ ጥራይ ከኣ ስለ ዝጸሓፈልካ ናይ ሓንቲ ጃሎን (5 ሊትሮ መትሓዚ) ፍቓድ ከምዝጽሓፈሎም ገበሩ። ማኪና ምእንቲ ከእትዉ ነዛ ሓንቲ ጃሎን እትብል ጽሑፍቲ 40 ጃሎን ብኢዶም ቀየሩዎ። ብኽም'ዚ ማኪና ሒዞም መኽዘን ኣተዉ። ኣብኡ ምስ ኣተዉ ነቲ ኣውቲስታ ማኪናን ካልኦት ትሸዓተ ሰራሕተኛታትን ኣብ ሓደ ገዛ ዓጽዮም መኽዘን ተቆጻጺሮም ሓሙሽቲኦም ማኪና ምልእቲ ዘይቲ ጽዒኖም ተበገሱ። ንእሱራቶም ንሳቶም ምስ ወጹ ድሕሪ ሰዓት 5፡00 ናይ ምሸት ክፈቱና ኢሎም ክኾሕኩሑ ኣዘዞሞም'ዮም።

ጽዕነቶም ንወዲ-ቡላ ኣረኪቦም ንሱ ድማ ኣብ ሓደ ስቱር ቦታ (ኣብ ውሽጢ ኣስመራ) ከዘኖ። ውዱባት ኣባላት በብቑሩብ እናተሰከሙ ናብ ማይጭሆት ከባቢ እንዳ ኪዳነ ምህረት ኣውጽኡዎ። ካብኡ ብለይቲ በእዱግ እናጸዓኑ ዓዲ-ሓወሻ ኣግዓዙዎ። ሓደ ለይቲ 30 ዝኾኑ ውዱባት ተሰሪዖም እናተጓዕዙ እንከለዉ ካብ'ቲ ከባቢ ዝነበረ ድፋዕ ወተሃደራት ሓደ ኤም.ዋን ብረት ዝዓጠቐ ወተሃደር ንበይኑ ወሪዱ ክጕዓዝ ከሎ ኣጓነፎም። ዕሉማት ውዱባት ስለ ዝነበሩ ድምጺ ምንቅስቓስ ምስ ሰምዑ ኣብ ዘዘለውዎ በጥ በሉ። ወተሃደር ሆየ ህሩግ ምስ በሎም ደው ኣበሉዎ። "ናበይ ኢኻ!" እንተበሉዎ ኣብኡ ኸሎ "ናብ ሻዕብያ" ኢሉ መለሰሎም። ሸው ብረቱ ኣራጊፎም ጃሎናት ዘይቲ ኣሰኪሞም ምሳኦም ናብ ሓራ መሬት ከምዝወጽእ ገበሩዎ።

ስርሒት ፋርማሲ

ጽርግያ ንደጀን ይሰርሓሉ ኣብ ዝነበረ እዋን ብርክት ዝበለ

መኰዓዓቲ (ኣፍራዛ፡ ባዴላታት፡ መለንኪኖታት) የድሊ ነበረ። ውፉያት ኣብ መኽዘን ሕርሻ ቤት-ጊዮርጊስ ብብዝሒ ከምዝለዉ ስለ ዝፈለጡ ሓይልታት ከምዝኣትዋ ተገይሩ ተጓሕጕሖ ወጸ። ኣብ ሓራ መሬትን ደጀንን ንዝምዕብል ዝነበረ ንጥፈታት ወሳኒ ሓገዝ ዝነበሮም ካልኦት ዓይነት ንብረታት'ውን ብብዝሒ ከምዝወጹ ተገብረ።

ዙላን ራዛን ንዝተባህሉ ናይ ደርጊ ናይ 1976 ወራራት ክጠቅም ተባሂሉ ኣብ ትካል ፋርማሲ ኣስመራ ዝተኣከበ ብርክት ዝበለ ኣፋውስን ናውቲ ሕክምናን ነበረ። መለስ ስዩም (ናይ ፋርማሲ ምሁር፡ ካብ ቀዳሞት ውዱባት ህ.ግ.) ኣብ'ቲ ግዜ'ቲ ሓላፊ ናይ'ቲ ትካል ነበረ። መለስ ስዩም ከም ሸያጣይ ሓደ ካልእ ውዱብ፡ ኢሳቕ ጸጋይ (ሰውእ) ድማ ከም ዓዳጋይ ኮይኖም። ኢሳቕ ጸጋይ ፓድላን ክራባታን ምስ ወደየ በዓል ግዙፍ ርእሰ-ማል ዝመስል ሰብ ብምንባሩ'ዩ ተመሪጹ። ጽዒና እትወስዶ ትግሬቶ ማኪና ናይ እንዳ ኣሰፋው ግርመ (ስድራቤት ስእላይ ኣሰፋው) ኢያ ተቐሪባ። ስእላይ ኣሰፋው ከም ኣይታንቲ ኮይኑ'ዩ ቀሪቡ። ጠመንጃን ናይ ፖሊስ ዩኒፎርምን ካብ ስሩዓት ተ.ሓ.ኤ. ዝነበሩ ፖሊስ ሓገዝ ረኺቡ። በዓል የማነ ኪዳነ (ካብ ደቂ-ኣራዊት) ንዕኡ ለቢሶም ኣሰነይቲ ናይ'ታ ትጸዓን ማኪና ኮኑ። እቲ መዓልቲ ቀዳም'ዩ ተመሪጹ፡ ሽዑ ካልእ ሰብ ኣብ ስራሕ ዘይኣትወሉ እዋን ስለ ዝነበረ። ኣብኡ ዝነበሩ ኣባት ጦር (ብዕድመ ዝደፍኡ ዕጡቓት ጸላኢ) ዋርድያ ድማ ብሓላፊ'ቲ ትካል ስለ ዝመጹዎም ምሉእ ምትሕብባር ገበሩሎም። ካብ'ቲ መኽዘን ኣፋውስን ናውቲን ትግሬቶ ክሳብ ትመልእ ተጓረተ። ኣባት ጦር'ውን ኣይሓመቑን ምስ'ቶም ውፉያት እናተቐዳደሙ ተሰከሙ። ትግሬቶ ተጻዒና ንብረት ኣብ ስቱር ቦታ ተወሲዱ ካብኡ ናብ ሓራ መሬት ወጸ።

ከምኡ'ውን ሓደ ግዜ ሓለፍቲ 06 ሻሸ (ንመጀነኒ ቁስሊ ውጉኣት) ብህጹጽ ከምዝድለ ንውፉያት ከተማ ሓበሩ። ኢዮብ ተኽለማርያም፡ በረኸት ባህታ ንዝተባህለ ውዱብ ረኺቡ ሻሸ ብጥምሮ (ፓንዳታት) ዝርከበሉ ቦታ ኣጽንዑ። ሓደ ህንዳዊ ኣብ ዕዳጋ ሓሙስ ጥቓ ሼል ዑቕበ ሃይለ ኣብ ዝርከብ ዓቢ መኽዘን ደርዲሩዎ ከም ዘሎ ተፈልጠ። በረኸት ባህታ ናይ'ቲ መኽዘን'ቲ መፍትሕ ወሲዱ ቅዳሕ ከምዝግበረሉ ተገብረ። ብለይቲ ከፊቶም ከኣ ሻሸ ተቘጻጸሩ። ስድራ-ቤት ዶክቶር ክብርኣብ ተላን ካልኦት ውዱባትን ዘለውዎም ምሉእ ለይቲ ናብ

ስቱር ቦታ ኣግዕዝ ሓደሩዎ። ካብ’ቲ ስቱር ቦታ ኣለም መኩብብ ዝሕዛ ኩምቢ (ሸፍንቲ ሚኒ-ባስ ዓይነት ማኪና) ተመላሊሳ ኣብ ማይ-ተመናይ እንዳ ቀሺ ብርሃነ ተኸዘነ። እንዳ ቀሺ ብርሃነ፡ መኽዘንን መራኸብን ዝተቐየረት ገዛ ውፉያት’ያ። ካብኡ በእዱግ ናብ ሓራ መሬት ወጺ። ነቲ ኣብ ሜዳ ተተኺሉ ዝነበረ ሕክምናታት ዝነበሮ ሓገዝ ዓቢ ከምዝኾውን ዘጠራጥር ኣይነበረን።

ምራሕ ጥራይ! ጀልጃል! [32]

ኣብ ሜዳ፡ ናይ ሕርሻ ልምዓት ንምትግባር ፋሕተርተር ይብሃል ነበረ። ሓደ ግዜ ሕሩይን (ተጋዳላይ ናይ ሕርሻ ኽኢላ) ወዲ-ልቢን ካብ ኣስመራ ሓሰማ ኣውጺእካ ኣብ ሰሜናዊ ባሕሪ ከባቢ ፍሽይ-ምራራ ንምፍራየን መደብ ከም ዘለዎም ንኢዮብ ተኸለማርያም ሓበሩዎ። ኢዮብ ንሓደ ኣብ እንዳ ሓሰማ (ኣብ ማይበላ ጥቓ ወኪ-ዱባ) ዝሰርሕ ግርማይ ጸጋይ ዝተባህለ ረኺቡ ሓደ ተባዕታይን ሓንቲ ኣንስተይትን ክረኽበሉ ተረዳድኡ። እቲ ትካል ብገንዘብ ስለ ዝሸጠን ገንዘብ ተዋሂቡወን ከምዝግዛኣ ተገብረ። እቲ ሸግር ብኸመይ ከምዝወጻ ነበረ። እቶም መሳርሕቲ ግርማይ፡ “ንምንታይ ደሊኹመን?” ኢሎም ስለ ዝሓተቱ ሓደ መልሲ ይድለ ኔሩ። ኢዮብ ተቐቢሉ፡ “ኣደይ ስለ ዝሓመመት ክትጅለጠለን ፈለጥቲ ኣዚዞምላ፡” ኢሉ ብምምላስ ነገር ዓጸወ። ካብ ቦትአን ብካሮሳ ዓዲ-ኣበይቶ ምስ ኣእተዉወን፡ ኣብ ካሴታታት ኣእትዮም (ናኣሽቱ ስለ ዝነበራ) ኣብ ኣድጊ ጽዒኖም ኣበገሱወን። ሓሰማ ዓቕሊ ክገብራ ኣይከኣላን። ካብ ካሴታ ክወጻ ኣዕገርገራ። ምስ ኢዮብ ክትተሓጋገዝ ዝተላእከት ውፍይቲ ለተብርሃን ብርሃነ (ናይ ገድሊ ስማ ጸጋ) በዓልቲ እምባደርሆ ኢያ።

ለታይ (ለተብርሃን) ሓንቲ ካብ’ተን ብመስርዕ ወደብቲ 06 ሸነኽ ሰሜን ዝጥርነፉ ንጡፋት ውፉያት ኣዋልድ ከባቢ እምባደርሆ ዝነበረት እያ። ኣብዚ ንጥፈታት’ዚ ዝነበራ መሳርሕታ ጕራዙት’የን። ሓንሳብ ጋመ፡ ሓንሳብ ሸርቦ እናተቐነና ኣብ ትሕቲ ጀለብያታተን ሸጓጕጥ ዓጢቖን ክምህ ከይበላ ናብ ከተማ እናኣተዋ ኣብ ውዑይን ዝሑልን ዝሰርሓ ዝነበራ ቈራጻት ኣዋልድ’የን። ከም ኣዋልድ ትሕትናን ምጭውነትን ንደገ እናርኣያ ንሰብኣይ ሰብኣይ ዘይቈጽረአ ሕጹባት መዓንጣ’የን ኔረን። ሓደ ግዜ ጓል ብርሃነ ምስ ካልኣይታ ካብ እምባደርሆ ናብ

እንኮዔላ ብለይቲ እናተጓዕዛ እንከለዋ ሓደ ድልው ጎበዝ ኣብ ጥቓ ኳዜን ኣብ በረኻ ንኸተማ ክግስግስ ረኸበን። ኣብ ጽምዋን ኣብ ጸልማትን ስለ ዝረኸበን ብስጋ ከረኽበን ኣጉባዕበዐ።

“ቀልጥፋ ክዳውንትኽን ኣውጽኣኣ!” ክብል ኣዘዘን።

“በጃኻ ምሓረና መርድእ ስለ ዘላትና ቀልጢፍና ዓዲ ክንኣቱ!” ኢለን ተማሕጸነኦ።

“ቀልጥፋ ጥራይ! መን ክሰደክን ሕጂ ተረኺብክን ከለኽን!” መሊሱ ኣጉባዕብዐ። ምርዳእ ምስ ኣበየ ጓል ብርሃነ ሸጉጣ መዚዛ፡

“ሕለፍ! ሕለፍ'የ ዝብለካ ዘለኹ!” ኢላ ምስ ጨደረት፡

“ሕራይ'ሞ! ደሓን ኪዳ እንዶ!” ክብል ተመሻኸነ። ጓል ብርሃነ ከይተቐጽዐ ክኸይድ ስለ ዘይደለየቶ፣

“ምራሕ ጥራይ! ጀልጃል! ክትጸግባ ኢኻ ሕጂ!” ብምባል ዝወርዶ ኣመተትሉ። ወዲ ተኹብኩቡ ናብ መዓርፎኣን ቅድሚ ምብጽሐን፡

“በል ሕጂ ክዳንካ ኣውጽእ!” ኢለን ኣዘዝኦ። ክዳኑ ኣውጺኡ፡ ብገመድ ኩሪንኩሪት ኣሲረን ንፋስ ባሕሪ ከምዝወስድ ገበርኦ። ሓንሳብ ንፋስ (ቀዝሒ ንፋስ) ምስ ወሰደ ፈቲሐን ኣፋነዋኦ። ሸዓ መዓልቲ ዝረኸባ ጸገም ፍሉይ ስምዒት ፈጠረትሉ። ሕነ ናይ ምፍዳይ ወይ ምድሃልን ምብስሚውን ኣይነበረን። ናይ ቅንኢ ስምዒት ሓደሮ። እዚኦን ጉራዙት ተተሓሒዘንአ ዝነበራ ጉዳይ ገድሊ፡ ጉዳይ ስብእነትን ቈራጽነትን፡ ኣዝዩ ኣስደመሞ። ኣብ ክንዲ ጽልኢን ሕነ-ምፍዳይን ድማ ከምኦን ክዓጥቕ ወሰነ። ግዜ ከይወሰደ ተሰሊፉ፡ ተዓሊሙ ኣብ ሜዳ ንጓል ብርሃነ (ንሳ'ውን ተሰሊፋ ምስ ተመደበት) ረኸባ። ምስ ተረኣኣዩ ብኡ-ንብኡ ተላለዩ። እቲ ቀደም ዝተረኽበ እናስሓቑ ኣዕለሉ። ካብኡ ንንየው ክሳብ ግዜ መስዋእቲ ናይ'ቲ ብጻይ ርክቦም ጥቡቕ ነበረ።

ኢዮብን ለታይን ዘዕገርገረኦም ሓሰማታት ካብ ካሴታ ኣውጺኦም ብኣድጊ ገዲፎም ብጉልበቶም ተሰኪሞም ክወስዱወን ጀመሩ። ነታ ሓንቲ ኢዮብ ሓንጊሩዋ፡ ነታ ሓንቲ ድማ ጓል ብርሃነ ሓዘለታ። ከምዚ ጌሮም ክጕዓዙ እንተፈተኑ ሓሰማ ካብ ምዕግርጋር ሓሊፈን ክነኽስኦም ጀመራ። ብገመድ ኣፈን ኣሲሮም ጸይሮመን ዓደብስሉስ ኣተዉ። ካብኡ ናብ ሳቡር ተወሰዳ።

ጥልመት

ቀጺሎም ውፉያት ኣብ ካልእ'ውን ኣድሃቡ። ቀንዲን ኣገዳሲን ምውጻእ ገንዘብ ኮነ። ሸዑ ብርክት ዝበለ ገንዘብ ዝርከቦ ትካላት፡ ቤት-ጽሕፈት ቀበሌታት፡ ናይ መንግስቲ ክፍልታትን ባንክታትን ቀንዲ ዕላማ ውፉያት ኮኑ። ሓደ ግዜ ካብ ትካል ልያልፍ ገንዘብ ንምውጻእ መደብ ተታሕዘ። ተሓዚት ገንዘብ ካብ ባንክ ናብ ትካል ከተምጽእ ብማኪና ከምትጕዓዝ ተጸኒዑ ነበረ። እታ ማኪና ኣትያ ነታ ተሓዚት ገንዘብ ኣብ ሳምሶናይት (ቫልጃ) ነቲ ገንዘብ ሒዛቶ ውርድ ክትብል ከላ ክምንጥሉዋ ኣብ ዝኽእልሉ ቦታ ተዳልዮም ጸኒሖም የማነ ኪዳነ ብሃንደበት መጺኡ ሳምሶናይት መንዝዓ። ደሃይ ከይትገብር ድማ ሽጉጡ ኣርኣያ። ኢዮብ ተኽለማርያም ድማ ሽጉጡ ኣውጺኡ ነቲ ዋርድያ ኣብ'ታ ማኪናኦም ኣእተዎ። ተቐሪባ ዝጸንሐት ማኪና ከኣ ሒዛቶም ተዓዝረት።

ኣብ ገሊኡ ናይ ምትላል ኣጋጣሚ የጓንፎም ነበረ። ሓደ ተጋዳላይ ተመሲሉ ምስ ውፉያት ክሰርሕ ዝጸንሐ ሃሱስ፡ ገንዘብ'ዮም ዝደልዩ ዘለዉ ኢሉ ብምሕሳብ፡ ኣብ ኣታዊ ውሽጢ ሃገር ዝርከብ ካዝና ክምንዛዕ ከምዝከኣል ሓበሮም። ውፉያት ነቲ ጉዳይ ምስ ኣጽንዑዎ ግን ዘይከኣል ምኳኑ ምስ ረኣዩ፡ ነቲ ብጻዮም ዝሓሰብዎ ክጥንቀቑሉ ጀመሩ። ናብ'ቲ መጻወድያ ዝሓሰቦ ክኣትዉሉ ስለ ዘይከኣሉ ካልእ መጻወድያ ሓሰበ። እቶም ብጾቱ ኢዮብ ተኽለማርያምን ኣለም ገብረመድህንን (ኣለም እንኮ) ኢዮም ኔሮም። ኣለም ገብረመድህን ገዲም ተጋዳላይ ኣባል ደቂ-ኣራዊት'ዩ። ኣለም እንኮ ብግዝፊ መራግጾ እግሩ ፍሉጥ ነበረ። ንዕኡ ዝኸውን ጫማ ደሊኻ ብኣጋ ኣይርከብን። ኣለም እንኮ ብተወፋይነቱ፡ ፍሉጥን ገዲምን ፈዳይን ህ.ሓ.ሓ.ኤ. ኮይኑ ዝሰርሐ እዩ። እቲ ሃሱስ ኣብ ዕዳጋ ሓሙስ ኣብ ሓንቲ ዘዕርፉላ ቦታ ምስ በጽሑ፡ "ስራሕ ኣላትኒ በጺሐ ክመጽእ'የ!" ኢሉ ብድድ ኢሉ ምስ ከደ፡ ንሳቶም ድማ ካብ'ታ ቦታ ቀልጢፎም ወጺኦም ብማዕዶ ከመይ ኢሉ ከምዝምለስ ኣብ ዝቋመቱሉ ቦታ ኮይኖም ክከታተሉዎ ጸንሑ። ድሕሪ ንሱ ምኻዱ ኣብ ውሽጢ ሓጺር ግዜ ነታ ዝነበሩዋ ቦታ ኣፋኝ ጓድ ወረሩዋ። ዝደለዩዎ ስለ ዘይረኸቡ ድማ ቀልጢፎም ተመልሱ። ንሳቶም ምስ ከዱ እቲ ሃሱስ ቀልጢፉ መጸ። እቶም ብጾት ድማ ረኺብዎ'ሞ፡ ናብ ሜዳ ኣውጽኡዎ። ገንዘብ ዘይኮነስ ሽግር ተረኺበ።

ጽልሙን ጐብዝንኡን ንሱ'ዩ 33

ሓደ ግዜ የማነ ተስፋይን ብጾቱን ኣብ ባንክ ዘርኣይ ደረስ ዝሰርሑ ስለ ዝነበሩ ብርክት ዝበለ ገንዘብ ዘውጽኡሉ ሰነድ ኣዳለዉ። ንሳቶም ኣብ ህ.ግ. ተወዲቦም ዝሰርሑ ዝነበሩ ውፉያት'ዮም። እቲ ገንዘብ ንገብሩ ተስፋጋብር ተረኪቡ ናብ ሜዳ ከምዝወጽእ ተገብረ። ብድሕሪኡ ግን ንሳቶም ዝወጹሉ መንገዲ ተጸበበ። ኣጋጣሚ ሓደ በዓል ናይ ደርጊ ስለ ዝነበረ፡ ሓለዋ ኣስመራ ጥቡቕ ነበረ። የማነ ተስፋይን ብጾቱን ኣብ ገዛ ገብረሂወት ቀለታ ተሓብኡ። ድሮ ካብ ባንክ ገንዘብ ኣውጺኦም ከምዝተሰወሩ ጸላኢ ፈሊጡ ነበረ።

ገብረሂወት ቀለታ ብ1947 ኣብ ጻዕዳ ክርስትያን ተወሊዱ፡ ትምህርቱ ሻሙናይ ክፍሊ ድሕሪ ምዝዛም ምስ ሓደ ናይ ህዝባዊ ጉዳያት ጸሓፊ ቤተ-ሰቡ ስራሕ ተቖጺሩ ኣብኡ ኸሎ ብህ.ግ. ተወዲቡ ዝሰርሕ ዝነበረ ውፉይ'ዩ። እታ ዝሰርሓላ ትካል ኣብ ማእከል ሹቕ (ዕዳጋ-ሓሙስ) ብምንባራ ምስ ብዙሓት እተራኸብን ጽሕፈት ዘድልዮ ስራሓት ገድሊ ንምስላጥን ምችእቲ ቦታ ነበረት።

ሓደ መዓልቲ ገብረሂወት ቀለታ ጸገም ኣጓነፎ። ገብረሂወት ካብ'ቶም ቀዳሞት ውዱባት ህ.ግ. እዩ። ካብ ግዜ በዓል መምህር ዓንዶም እንከለዉ ኣትሒዙ ኣብ'ዚ ዓይነ ዝኾነ ቦታ ኮይኑ የገልግል ኔሩ። ከምኡ ስለ ዝነበረ ንምስጢራዊ ስራሕ ዘገልግሉ ኣባይቲ ዝካረዩሉ ኣገባብ የሳልጥ ኔሩ። ሓደ ግዜ ሓንቲ ቪላ ኣብ ጥቓ ሆስፒታል መካነ-ሂወት ንበዓል ቫይናክን ደሱ ተስፋጼንን ከምዝካረየሎም ጌሩ ኔሩ። ንሱ'ውን ናብ'ታ ገዛ ተመላላሳይ ነበረ። ኣብ'ቲ ከባቢ ኣብ ዝርከብ ጎረቤት ሓደ ሽማግለ ሰብኣይ ዋርድያ ነበሩ። እዞም ዋርድያ ናብ'ታ ዝተኻረዩዋ ገዛ ዝኣቱ ዝወጽእ ይከታተሉ ኔሮም። ንሶም ሓደ ወደል ጸሊም ጎበዝ ማይ ትመስል መኪና ሒዙ ናብ'ታ ቪላ ዝመላለስ ሰብ ርእዮም ወቓሕ ስለ ዝበሎም ክሓቱሉ ይደልዩ ኔሮም። ጽቡቕ ኣጋጣሚ ኮይኑ እቲ ወደል ጐበዝ ካብ'ታ ቪላ ወጺኡ ኣብ ማኪናኡ ተሰቒሉ ምስ ተበገሰ፡ "ለካ ንሱ'ዩ! ኣብኣ ኸሎ ቅምጥ ኢሉ እንዶ ኣይተራእየንን፡" ኢሎም ምስ ነብሶም እናተዛረቡ እንከለዉ ገብረሂወት ቀለታ ኸኣ ካብ'ታ ቪላ ወጺኡ በታ ጥቓኦም ክሓልፍ ከሎ፡-

"ኣታ ወደይ! ክሓተካ'ዶ?" በሉዎ።

"ሕራይ! እንታይ'ዩ ሕቶኹም!" መለሰ ገብረሂወት ብምድንጋጽ።

"እዚ በዛ ማኪና ዝሓለፈ ደሳለ ወደ'ቦኻ ተስፋጼን ድ'ዩ?" ሓተቱ ሰብኣይ።

"እንድዒ'ኸ ኣቦ! ኣነስ ጋሻ'የ፡ ኣይፈለጥኩን!" በለ ገብረሂወት ብውሽጡ ሰንቢዱ። "ግና ሰብ ሰብ ይመስል ተጋጊኹም ከይትኾኑ?" ወሰኸ።

"ያእ ያእ! ኣይተጋገኹን! እቲ ጽልሙን ጉብዝንኡን ንሱ'ዩ! ኮታ ንሱ'ዩ!" ኢሎም ተታረሩ።

"ኣነስ ኣይፈለጥኩን!" ኢሉ ገብረሂወት መገዱ ቀጸለ። ሽዑ ምስጢራዊት ቦታ ብዘይምልከቶ ሰብ ከምዝተፈልጠት ኣሰንቢዱዎ ተቐላጢፉ ተሌፎን ጌሩ ንደሱ ተስፋጼን፡

"ድሕሪ ሕጂ ናብ'ታ ቪላ ጥቓ ሆስፒታል መካነ ህይወት ዘላ ንስኻን ሻይናክን ቅልቅል ከይትብሉ! ንዓኻ ዝፈልጡ ዘይምልከቶም ሰባት ኣለልዮማ ኢዮም።" ክብል ኣጠንቀቖም።

ገብረሂወትን ብጾቱን ነቶም ኣብ ገዝኡ ተሓቢኦም ዝነበሩ ብጾት (በዓል የማነ ተስፋይ) ዝወጹሉ ኣገባብ ተበላሓቱ። ንሓደ ናይ ሓለዋ መኮነን ብጥበብ ተሌፎን ከም ዝግበረሉ ተገብረ። በዓል የማነ ተስፋይ ገንዘብ ካብ ባንክ ወሲዶም ሰኺሮም ተረኺቦም ኣብ መደበር ፖሊስ ተኣሲሮም ከምዘለዉ ተነግሮ። ብብጾቱ ፖሊስ ኣምሲሎም ስለ ዝነገሩዎ ናይ ምክትታሎም ፈተነ ደው ኣበለ። ብድሕሪኡ ሓለዋ ምስ ዘለቐ እቶም ብጾት ከምዝወጹ ተገብረ።

ሰማንያ ሽሕ ኣብ ካሮሳ

ኣብ'ዚ እዋናት'ዚ ብቐንዱ ካብ ማእከላይ ንግዳዊ ባንክ፡ ከምኡ'ውን ካብ ዝተፈላለያ ትካላት ብርክት ዝበለ ገንዘብ ወጽአ። ሓደ ግዜ ምስ ተ.ሓ.ኤ. ብምትሕብባር ልዕሊ ፍርቂ ሚልዮን ብር ወጺኡ ክልቲኤን ውድባት ብማዕረ ተማቒለንኦ። እቲ ምቅሊት ናይ ህ.ግ. ናብ ውፉያት መቓቒልካ ከምዝወጽእ ተገብረ። ሓደ ሰብ 10,000 ብር ኣብ መዓኮር ዘንቢል ሰፍዩ ብጸሎት ኣቢሉ ከውጽእ ከሎ ተታሕዘ። ካብ'ዚ ዝነቐለ ተፍትሽ ክግበር ስለ ዝጀመረ ኣስታት 80,000 ብዓዲ ኣበይቶ ኣቢለን ክወጽኣ ንኢዮብ ዝተዋህባ ድማ ኣብ ሓደጋ ከይወድቃ ተሰግአ። ገነት (በዓልቲ ቤቱ ንኢዮብ) ነተን ገንዘብ ኣብ ድኹዒ ቀበረተን። ተፍትሽ ዝግ ምስ በለ ተወልደ ተስፋጋብር ንዘበሃል በዓል ካሮሳ ተረከባ። ኣባላት

06 ዋጋ ካሮሳን ፈረስን ሂቦም ብረት፡ መድሃኒትን ካልእ ንብረትን ካብ ከተማ ናብ ሓራ መሬት ንምውጻእ ክሰርሓላ ከምዘለዎ ገበሩ። እታ ካሮሳ ኣብ ቸርክዮ (ዕንክሊል) ጐማን ኣብ ካልእ ኣካላታን ነቲ ዝወጽእ ንብረት (ብረት፡ ገንዘብ፡ ወረቓቕቲ ወ.ዘ.ተ.) እትሕዘሉ ቦታታት ተሰርሓላ። እተን 80,000 ኣብ'ዛ ካሮሳ ተወቲፈን ናብ ሓራ መሬት ወጽኣ።

ስርሒት ጠዓመ

ካልእ ወተሃደራዊ ጠቀስ ስርሒታት'ውን ይፍጸም ነበረ። ኣብ'ቲ መጀመርያ (1975-76) ሓይልታት ሰሊኹን ብምእታው ስርሒታት ይፍጽማ ነበራ። ከምኡ'ውን ንሰራዊት ኢትዮጵያ ራሕሪሖም ዝወጹ ዝነበሩ ኣባላት ፖሊስ፡ ኮማንድስ፡ ሓይሊ-ባሕሪን ካልኦትን ኣብ ምውጻእ ሓያለ ስርሒት ተሰርሐ። ሓደ ግዜ ሓደ ኤርትራዊት ዝተመርዓወ ሻምበል ክወጽእ ደለየ። በዓልቲ ቤቱ ንሜዳ ወጺኣ ሰብኣያ ዝወጸሉ ጥበብ ክናደ ሓበረት። ጠዓመ ዝብሃል ክንሰደልኪ ኢና ተባሂላ ተፋነወት። ጠዓመ ናይ ኢዮብ ተኽለማርያም ናይ'ታ ስርሒት ምስጢራዊ ስም'ዩ። እቲ ሻምበል ኣብ ጥቓ ቤት-መንግስቲ ስለ ዝቐመጥ ኣቲ'ኻ ንምርካቡ ኣዝዩ ዘሰግእ እዩ። ብዝኾነ ጠዓመን ካልኣዩን ናብ ገዛ ሻምበል ኣትዮም ብዓልቲ-ቤቱ ብጽቡቕ ተቐበለቶም። ሻምበል ብተሌፎን ተጸዊዑ ምስ መጸ፡ ኣባላት ሻዕብያ ኣብ ገዝኡ ኮፍ ኢሎም ክጸንሕዎ ኣይተጸበየን። "እናንተ እውነት ሻብያ ናችሁ!" (ብሓቂ ሻዕብያ ኢኹም?) ሓተተ ተገሪሙ። ሰበይቱ ደርሆ ሓሪዳ ሕምባሻ ኣዳልያ ብኩቺንታ ብውዱባት ኣዋልድ ተሰንያ ናይ መርዓ ምብጻሕ ኣለኒ ኢላ ኣመኽንያ ብብሎኮ ከረን ወጸት። ሻምበል በታ ማኪናኡ ክሳብ መሬት ዝዓርብ ውፉያት ከዛውሩዎ ውዒሎም ኣማስያኡ ናብ ሓራ መሬት ከምዝወጽእ ተገብረ። ማኪናኡ ኣብ ኢድ ውፉያት ተረፈት።

ድሕሪ ምዝላቕ ምርብራብ ኣብ ዝነበረሉ እዋን ሃለዋት ህ.ግ. ንምርግጋጽ ትራንስፎርመራትን ናይ ተሌፎን ሳንዱቕን ኣብ ምቅጻል ምንጥጣፍ ነበረ። ኣብ ሓደ ግዜ ኣብ ሰለስተ - ኣርባዕተ ቦታታት ይፍጸም ስለ ዝነበረ ድማ ኣስመራ ክቈጻጸር ዝኽእል ሓይሊ ገድሊ ዘሎ ዘምስል ውጽኢታት ነበሮ።

ዝርዝር ምንጭታት
ንምዕራፋት 5 - 9
ቃለ መጠይቕ ዘካየደ ደራሲ'ዩ

7. ቃለ መጠይቕ ምስ ፍስሃየ ሃይለ (ኣፍሮ) ሰነ 2009 ኣስመራ፣ ኢዮብ ተኽለማርያም (ዓዲ-ኣበይቶ) ነሓሰ 2009 ዓዲ ኣበይቶ
8. ቃለ መጠይቕ ምስ ፍስሃየ ሃይለ (ኣፍሮ) ሰነ 2009 ኣስመራ
9. ቃለ መጠይቕ ምስ ሰእላይ ኣሰፋው መጋቢት 2009 ኣስመራ
10. ቃለ መጠይቕ ምስ ደሱ ተሰፋጼን፡ መብራህቱ ተኽለኣብ (ቫይናክ)፡ ክብርኣብ ኪዳነ (ጠበቕ) ጥሪ 2009 ኣስመራ
11. መጽሓፍ 'ደቂ ኣራዊት' ብዳዊት ፍስሃየ (ብወዲ ፖሊስ)
12. ቃለ መጠይቕ ምስ ፍስሃየ ሃይለ (ኣፍሮ) ሰነ 2009 ኣስመራ፣ ቃለ መጠይቕ ምስ ኢዮብ ተኽለማርያም ነሓሰ 2009 ኣስመራ
13. ቃለ መጠይቕ ምስ ዓብደልቃድር ሓጅ ዓሊ (ወዲ-ሓጂ) ግንቦት 2009 ኣስመራ
14. ቃለ መጠይቕ ምስ ኢዮብ ተኽለማርያም፡ ኣፍሮ፡ ወዲ-ሓጂ ከም ኣብ ላዕሊ ዘሎ
15. ቃለ መጠይቕ ምስ ጸጋይ ተወልደመድህን 2009 ከም ኣብ ላዕሊ ዘሎ
16. ቃለ መጠይቕ ምስ ሰመረ ሃብተሚካኤል ጥሪ 2009 ኣስመራ
17. ቃለ መጠይቕ ምስ ኣልማዝ፡ ጸጋይ፡ ሙሉጌታ፡ (ኣሕዋት ቢሮክራሲ)፡ ሰመረ ሃብተሚካኤል 2009 ከም ኣብ ላዕሊ ዘሎ ቀዳማይ ዝርዝር
18. ቃለ መጠይቕ ምስ ምሕረት ተኪኤ ለካቲት 2009 ኣስመራ
19. ቃለ መጠይቕ ምስ ክፍለማርያም ኣብርሃ ለካቲት 2009 ኣስመራ
20. ቃለ መጠይቕ ምስ ፍትዊ መስፍን ታሕሳስ 2008 ኣስመራን ድባርዋን
21. ቃለ መጠይቕ ምስ የማነ ዓንደማርያም (ሰኮሎቭ)ሓምለ 2009 ኣስመራ
22. ቃለ መጠይቕ ምስ የማነ ገብረመስቀል (ጉብየ) ሓምለ 2009 ኣስመራ
23. ቃለ መጠይቕ ምስ ወልደማርያም ሃይለ መስከረም 2009 ኣስመራ
24. ቃለ መጠይቕ ምስ በረኸት ጠዓመ (ናፍያ) መስከረም 2009 ኣስመራ
25. ቃለ መጠይቕ ምስ ሰእላይ ኣሰፋው መጋቢት 2009 ኣስመራ
26. ቃለ መጠይቕ ምስ ብርሃነ ተኽሉ፡ ተኽለማርያም ገብረወልዲ ሰነ 2009 ኣስመራ
27. ቃለ መጠይቕ ምስ ቓሰም ዓሊ ሸኽ፡ ኣበባ በርሀ ታሕሳስ 2008 ኣስመራ
28. ቃለ መጠይቕ ምስ ሃና ዘርኣሃይማኖት ታሕሳስ 2008 ኣስመራ
29. ቃለ መጠይቕ ምስ ኣሚር ኣዝመራ መጋቢት 2009 ኣስመራ
30. ቃለ መጠይቕ ምስ ብሪጋደር ጀነራል ክስተብርሃን ገብረሂወት ሚያዝያ 2009 ኣስመራ
31. ዝበዝሕ ቃለ መጠይቕ ኢዮብ ተኽለማርያም ከም ኣብ ላዕሊ ዘሎ
32. ዕላል ምስ ለተብርሃን ብርሃነ (እምባ ደርሆ) ለካቲት 2010 እምባደርሆ
33. ቃለ መጠይቕ ገብረሂወት ቀለታ ለካቲት 2010 ኣስመራ

ብ/ጀ ተኽለኣብ መብራህቱ (ሻይናክ)
ሓላፊ ደቂ ኣራዊት

ሃይለስላሰ ተወልደመድህን
ካልኣይ ውሉድ ኣቦ ቢሮክራሲ

ዓብደልቃድር ሓጅ ዓሊ(ወዲ-ሓጂ)
በዓል ድርፎ

ደሱ ተስፋጼን
ኣባል ደቂ ኣራዊት

ኢዮብ ተኽለማርያም
(ዓዲ ኣቤቶ)

ረዘነ እምባየ
መስዋእቲ ዓዲ ኣቤቶ

መስፍን ተ/መድህን (ወዲ ኣዲስ)
ንእሽቶ ሓው ቢሮክራሲ

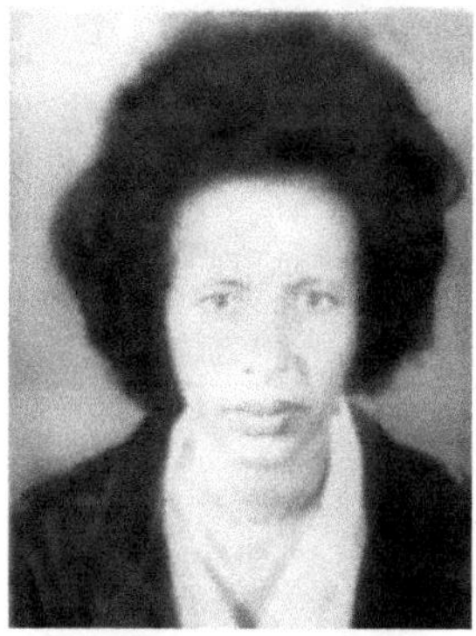

ምሕረት ተኪኤ
ተሓባባሪት ወዲ ቡላን ቢሮክራሲን

ሂወት ተ/መድህን
ዓባይ ሓፍቲ ቢሮክራሲ

ክፍለማርያም ኣብርሃ
ሓሙት ሂወት

ቶምቦሳ ገብረማርያም
ፊናንሳ ዓይነይ

ተኽለማርያም ገብረወልዲ
ፊናንሳ ዓይነይ

ተወልደ ዑቕባሚካኤል (ዓርጎሎ)

የማነ ገ/መስቀል (ጉብየ)
መሳርሕቲ ወዲ ቡላን ቢሮክራሲን

ጊደይ ገብረማርያም
ወናኒ ድኳን ጀልሃንቲ

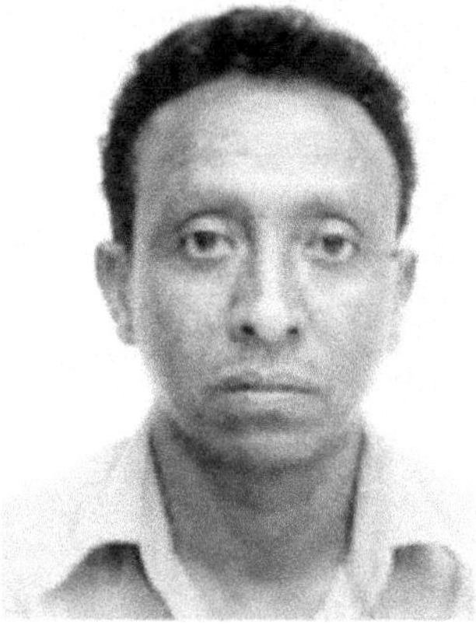

ቓስም ዓሊሸኽ ዑመር
መሳርሕቲ ግደይ

ሃና ዘርአሃይማኖት
በዓልቲቤት ዮውሃንስ ወልደሚካኤል

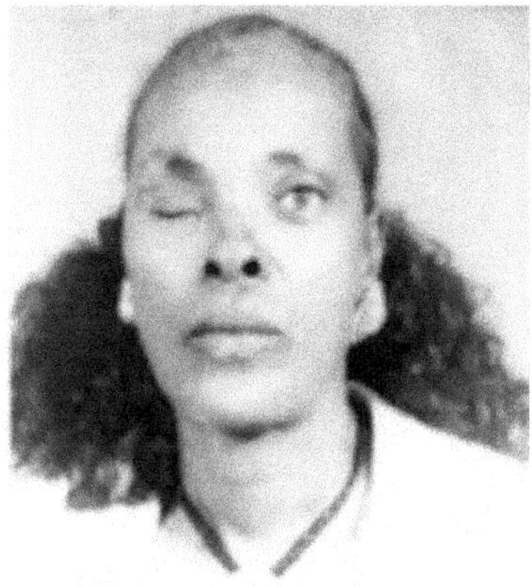

ለተብርሃን ብርሃነ (ጾጋ)
(እምባደርሆ)

ዱኳን ሃና ዘርአሃይማኖት

ዩኒቨርሳል ሆቴል

ጸጋይ ተ/መድህን ምንኣስ ምንኣስ
ቢሮክራሲ

ሰመረ ሃብተሚካኤል (ኩቼኔቶ ንድርፎ)

ብ/ጀ ክስተብርሃን ገብረሂወት
መምህር ስለያ

ሻ/ባሻ ተኽለሚካኤል ርእሶም
ውፉይ ፖሊስ

10

ርክባት ኣዲስ ኣበባ

ንጥፈታት ኣዲስ ኣበባ [34]

ንጥፈታት ቢሮክራሲ ኣብ ኣስመራ ጥራይ ዝተሓጽረ ኣይነበረን። ከም'ቲ ኣቐዲሙ ዝተገልጸ ኣብ ርክብ ኣዲስ - ኣበባ - ኣስመራ - ሜዳ ምስ ኣልማዝ ሓፍቱ ቀለቤት ኮይኑ ከገልግል'ዩ ተመዲቡ። ብመሰረት'ዚ መደብ'ዚ ምስ ኣብ ኣዲስ ኣበባ ዝርከቡ ውፉያት ይራኸብ ኔሩ'ዩ። ኣብ ኣዲስ ኣበባ ዝተበገሰን ዝማዕበለን ስርርዕ ኣብ ዝተፈላለየ መድረኻት ዝተፈላለየ ሕልኽላኻት እናጋጠሞ ይሰጉም ነበረ።

ድሕሪ ስርርዕ ጥሕሻ (1972 - 1974 ኣቢሉ) ብጸላኢ ተፈሊጡ ምስንኻላት ምጉናፉ ዳግም ንምብርባሩ ስጉምታት ተወስደ። ኣብ'ቲ ፈለማ እዋናት (1975 - 76) ፓፓዮን ወዲ-ልቢን፡ (ኤርምያስ ደበሳይን ተኸለ ዓንደን) እናተመላለሱ ኣብ ምምዕርራዩ ተንቀሳቐሱ። ብመሰረት ዝተኻየደ ንጥፈታት ሓደ ጠርናፊ ኣካል (ማእከላይ ኮሚተ ተባሂሉ ዝፍለጥ) ቈይሙ ካብ'ቶም ፍሉጣት ኣባላት እዚ ኣካል'ዚ፡ ኣብ 1978 ብጸላኢ ተታሒዞም ዝተረሸኑ መልኣከ በላይ፡ ሃይለስላሴ ገብረዝጊ፡ ፍስሓጼን ኣፈወርቂ፡ ሰለሞን በርሀ፡ ይርከቡዎም።

ስርርዕ ማእከላይ ኮሚቴ ብጸላኢ ተፈሊጡ ኣብ 1978 ቅድሚ ምእሳሮም ገሊኦም ክእሰሩን ክፍትሑን ጸኒሖም'ዮም። ሓደ ካብኦም ጴጥሮስ ወልደጊዮርጊስ ዝተባህለ ሓያል፡ ምሁር ናይ ስታቲስቲክስ ኣብ

ተሌኮሙኒኬሽን ዝሰርሕ ዝነበረ'ዩ። ንሱ ሓደ ካብ'ቶም ቀዳሞት ወደብቲ ኮይኑ ንበዓል ኢንጂነር ኣብርሃም ወልደሚካኤል (ሓላፊ ኮርፖረሽን ኤለክትሪክ ኤርትራ) ዝወደበ'ዩ። ጴጥሮስ ብናይ ኢፒኣርፒ (ናይ ኢትዮጵያ ሰውራዊ ፓርቲ) ኢዩ ተኸሲሱ ተኣሲሩ ኔሩ። ኣብኡ ኸሎ እቲ ናይ 1978 ክሲ መጺኡዎ። በዓል ሰሎሞን በርሀ'ውን ተኣሲሮም ብጽንዓቶም ወጺኦም ኔሮም። ገለ ካብ'ዞም ማእከላይ ኮሚቴ ኣብ 1977 ኣብ ዝተጋብአ ቀዳማይ ውድባዊ ጉባኤ ተሳቲፎም ናብ ናይ ኣዲስ-ኣበባ ስርሖም ዝተመልሱ'ዮም። ተስፋይ ኣረስዕ (ወዲ ኸረን) ሓደ ካብ'ቶም ኣብ ጉባኤ ዝተሳተፉ ሓያል ሰብ'ዩ። መልኣከ በላይ ኣብ ኮሚሽን ቁጠባ ኣፍሪቃ ዝሰርሕ ዝነበረ ጸላዊን ቀንድን ኣባል ናይ'ታ ኮሚቴ'ዩ። ካብ'ቶም ምስ ተታሒዙ ዝተቐትሉ ፍስሃየ ሃብተኣብ ዝተባህለ ኣብ ኮሌጅ ፖሊቴክኒክ (ባህርዳር፡ ኣውራጃ ጎጃም) ተማሂሩ ኣብ ሚኒስትሪ ማዕድን ዝሰርሕ ዝነበረ ምሁር ሰብ'ዩ። ነጋ ሃይለ ካብ 1973 ኣትሒዙ ዝተወደበ ካልእ ምሁር'ዩ። ኢንጂኔር ፍስሓጼን ኣፈወርቂ ኣቐዲሙ ብጠርጠራ ተታሒዙ ጸኒሑ ዳግማይ ዝተኸሰ'ዩ። እዚኦም ሸሞንተ ብሰንኪ ኣባላት ማእከላይ ኮሚቴ ምንባሮም ብናይ 1978 ክሲ ዝተረሸኑ'ዮም። ምስኦም ዝተኣሰሩ ኣስታት 30 ሰባት ኣቢሎም ኔሮም። ሓደ ካብኦም ብትዕግስቱን ጽንዓቱን ዝተፈልጠ ኣብርሀ ብእምነት ነበረ። ኣብ ቤት-ማእሰርቲ ኣለም-በቃኝ ኣዲስ-ኣበባ ብናይ ምእላይ፡ ምህዳእን ምንቅቓሕን ተራኡ ዓቢ ክብሪ ዝረኸበ ኣብ 1982 ኣብ መርመራ ዝተቐትለ'ዩ። ካልኦት ከም በዓል ኣርኣያ ወረሶም፡ ክብርኣብ፡ ወልደዝጊ ባህታ፡ ተኸስተ፡ ኣተሸም ኣስፍሃ፡ ኣባዲ ሃይለ፡ ኣሰፋ ሃይለ. . .ወዘተ ማእሰርቶም ወዲኦም ዝወጹ ነበሩ።

ኣበርክቶ ብርሃነ [35]

ኢንጂኔር ኣብርሃም ወልደሚካኤል ምስኦም ተኣሲሩ ዝነበረ ብጻዮም'ዩ። ኣብርሃም ኣብ 1943 ኣብ ኣስመራ ተወሊዱ ዝዓበየ፡ ኣብ ቤት-ትምህርቲ ልኡል-መኮነን 12 ክፍሊ ወዲኡ፡ ኣስታት ክልተ ዓመታት ኣብ ተሌኮሚኒከሽን (ኣዲስ-ኣበባ) ድሕሪ ምስራሕ ዩኒቨርስቲ ኣትዩ ብኤለክትሪካል ኢንጂነሪንግ ተመሪቑ። ካብ 1973 ኣትሒዙ ብጴጥሮስ ወልደጊዮርጊስ (ወዲ ኢሮብ) ተወዲቡ ክሰርሕ ጸንሐ። ኣብ'ታ ናይ 1978 ማእሰርቲ ተታሒዙ ኣብ ቤት-ማእሰርቲ ኣለም-

በቃኝ ክሳብ 1983 ድሕሪ ምጽናሕ ካብኡ ወጺኡ ናብ ሜዳ ኣተወ። ኣብርሃም ምስ ብርሃነ ሃብተማርያም ምስ ዝተባህለ ኣገዳሲ ሰብ ርክብ ነበሮ። ብርሃነ ኣብ ሕምብርቲ ተወሊዱ ኣስመራ ተማሂሩ ኣብ ኩባንያ ኦርቢስ ክሰርሕ ድሕሪ ምጽናሕ፡ ቀልጢፉ ናብ ናይ ንግዲ ዓለም ሰጊሩ ኣዝዩ ዕውት ዝኾነ ኤርትራዊ'ዩ ኔሩ። ብርሃነ ኣሕዋቱ ኣብ ምንባይ ዕውት ስራሕ ሰሪሑ። ሓንቲ ካብ ኣሕዋቱ ጽገ ሃብተማርያም፡ ንነዊሕ እዋን ምስ ህ.ግ. ተወዲባ ኣብ 1980 ሓንቲ ካብ'ቶም ናይ መላእ ኢትዮጵያ ውዱባት ዝኣሊ ኮሚቴ ኣባል ክትከውን ዝበቕዐት'ያ። ብርሃነ ሃብተማርያም ብሃገር ግዱስ ስለ ዝነበረ ካብ 1973 ኣትሒዙ ብርክት ዝበለ ናይ ገንዘብ ሓገዝ ናብ ውድብ ይልእኽ ከም ዝነበረ ኣብርሃም ይዝክር።

ብርሃነ ከም ንግዳዊ ንጥፈቱ ናይ እንስሳ መድሃኒት ትካላት ኣብ ኣዲስ ኣበባን ኣስመራን ከፊቱ ኔሩ። ሃይለስላሴ ገብረዚጊ ብመንገዲ ኣብርሃም ወልደሚካኤል ኣቢሉ ብርሃነ መድሃኒት ንውድብ ክሕግዝ ከምዘለዎ ተጌሩ ዝተፈላለየ መድሃኒታት ናብ ሜዳ ከምዝኣቱ ይግበር ኔሩ። ብርሃነ ከም ሰብ ኣዝዩ ንጡፍን ቅልጡፍን፡ ፋሕተርተሩ ብዙሕን ዕዉትን'ዩ ኔሩ። ኣብ ኣስመራ ናይ ደርሁ መፍረ ትካል ከፊቱ ንበዓልቲ ቤቱ ናይ መፍረ እንስሳ ትምህርቲ ኣብ ኮሌጅ ሕርሻ ኣለማያ (ኢትዮጵያ) ኣትያ ከምእትምሃር ገበረ። እዚ እቲ እንዳ መፍረ ደርሁ ትካሉ ብኽእለትን ፍልጠትን ምእንቲ ክትኣሊ ዝፈጸሞ ተግባር'ዩ። ብርሃነ እቲ ውድብ ዱልዱል ቀረብ ንኽህልዎ ብዝነበሮ ዓሚቝ እምነት ዝተፈላለየ ተበግሶታት ይወስድ ከምዝነበረ ይፍለጥ። ኣብ ውሽጢ ኣዲስ ኣበባ ሰፊሕ ዝምድናታትን ልዑል ተፈላጥነትን ስለ ዝነበሮ፡ ብዙሓት ሰበ-ስልጣን ደርጊ'ውን ክጸሉ ስለ ዝኸኣለ፡ ኣብ ኣለም-በቃኝ ዝነበሩ ገለ እሱራት ጉዳያቶም ክቃለለሎም ተቓለሰ። ካብ ማእሰርቲ ምስ ወጹ ኣብ ትካላቱ ከም ዝቑጸሩ ብምግባር ግቡእ ክፍሊት ከምዝረኽቡ ዝገበረ በዓል ታሪኽ'ዩ። ሃይሉ ንጉሰ፡ ገብረሚካኤል እስቲፋኖስን (ጂሚ) ወልደዝጊ ባህታን ድሕሪ ካብ ማእሰርቲ ምውጽኦም ምስኡ ሰሪሖም። ብርሃነ ኣብ ውሽጢ ኣዲስ-ኣበባን ወጻእን እናተንቀሳቐሰ ክሳብ ሓርነት ኤርትራ (1991) ድሕሪ ምጽናሕ ምስ ስድርኡን ደቂ-ሃገሩን ናጽነት ክጽምብል ናብ ኤርትራ ኣብ ዝተበገሰሉ እዋን ገንዘብ ካብ ባንክ ከውጽእ ምስ ከደ ኣብ ዝተፈጥረ ዕግርግር ወተሃደራት ወያኔ ቀቲሎሞ።

ውጡር ኩነታት ድሕሪ ምዝላቕ

እቲ ኣብ ኣዲስ ኣበባ ከም ማእከላይ ኮሚቴ ኮይኑ ዝዓዩ ዝነበረ ጠርናፊ ኣካል ኣብ ጥቕምቲ 1978 ኢ.ዩ ብጸላኢ ተረኺቡ ዝተታሕዘ። ኣብ'ቲ እዋን'ቲ ኣብ ሜዳ ኤርትራ ርሱን ኲናት ኣንጻር'ቲ ግዙፍ ወራር ጸላኢ ይካየድ ነበረ። በቲ ወራር ጸላኢ ንገለ ሓራ ከተማታት ናብ ኢዱ ድሕሪ ምምላስ ካብ ኣስመራ ንሸነኽ ዓዲ-ያቆብ፡ ዓንሰባ (ደቅሸሓይ መቐርካ ወ.ዘተ.)፡ ከምኡ'ውን ብእምባደርሆ ናብ ዓዲ-ተከሌዛን (ከባቢ ዒላ-በርዕድ) ንምግስጋስ፡ ብሸነኽ ኣቑርደት ከባቢ ድሉክን እንገርነን ዝነበረ ግንባር ፈንጢሱ ናብ ከረን ንምግስጋስ ይሸባሸብን ይዋጋእን ኣብ ዝነበረሉ እዋን'ዩ። ሕዳር 1978 ድሮ መስርሕ ምዝላቕ ተጀሚሩ ምርብራብ ኣብ ዒላ-በርዕድን ከባቢ ከረንን ይካየድ ነበረ። በዓል ቢሮክራሲ እቲ ግዙፍ ወራርን ምዝላቕን ዘምጽኦ ብድሆታት ንምግጣም ኣብ ጽዑቕ ስለያዊን ውድባዊን ስራሓት ተጸሚዶም ነበሩ። ብሰንኪ ምቕይያር ሚዛን ሓይሊ ኣብ ውሽጢ ውፉያትን ሓፋሽ ህዝብን ምርግጋእ ናይ ምፍጣር ሃለኽለኽ ነበሮም። ናህሪ ጸላኢ ዘፍ ክሳብ ዝብል ድሮ ዓመት 1979 ኣትዩ ምርብራብ ቀጸለ።

ቢሮክራሲን ብጾቱን ኣብ'ቲ ግዜ'ቲ፡ ፈለማ ወርሒ ግንቦት 1979፡ ጸላኢ ቀሲኑ ዝሓድረሉ ዓወት ከም ዘይረኸበ፡ ወራሩ ብናይ ምዝላቕ ስትራተጂ ከምዝፈሸለን ሰውራ ሓይሉ ዓቂቡ ንዝያዳ መኸተ ድሉው ከምዝነበረን ንምብሳር እቲ ብተዓጠቕ - ተሸብሸብ ንምብዓሉ ዝዳለውሉ ዝነበረ መዓልቲ ሰራሕተኛታት ሓደ ግንቦት ኣብ ኣስመራ ኣብ ዝተፈላለየ ኩርናዓት ፈንጅታት ተኺሎም ንምንዋጹ ይዓዩ ኔሮም። ድሕሪ ቁሩብ መዓልታት ጸላኢ ሓደ ኣንፌ ረኺቡ ኣብ ልዕሊ መራሕቲ ጨናፍር ምስጢራውያን ውዱባት ኣስመራ መምህር ዘርኣይ ዮኽረጼንን ኢንጂኔር መስፍን ሰሎሞንን ዝኣመሰሉ ናይ ማእሰርቲ ስጉምታት ወሲዱ ኣብ ስርርዕ ኣስመራ ሓደ ሃንፍ ተፈጥረ። ቢሮክራስን ብጾቱን ነዚ ኩነታት'ዚ ንምእላይ ላዕልን ታሕትን ይብሉ ነበሩ።

ብሓፈሻ ኩነታት ስርርዕን ርክባትን ኣዲስ-ኣበባ ብሰንኪ ምትሓዝ ኣባላት ጠርናፊ ኣካል ኣብ ጠልጠል ኣብ ርእሲ ምእታዉ ምስ ናይ ወራርን ምዝላቕን ከምኡ'ውን ምስ'ቲ ኣብ መፋርቕ 1979 ኣብ ኣስመራ ዘጓነፈ ናይ ሓለፍቲ ጨናፍር ምእሳርን ካልእ ተዛማዲ ንጥፈታትን ዝተኸሰተ ፍጻሜ ስለ ዝነበረ፡ ቢሮክራሲ ንናይ ኣዲስ-ኣበባ ስርርዕ ከም'ቲ

ዝድለ ንኽኣልዮ ግዜን ዕድልን ኣይረኸበን። ክሳብ ከምኡ ዝኣመሰለ ዕድል ዝረክብ ካልኦት ብጾት ናብ ኣዲስ ኣበባ ይለኣኹ ነበሩ። ጾሃየ ኣርኣያ፡ ካሌብ ሰሎሞንን ብምስጢራዊ ስም ክበደ ተባሂሉ ዝፍለጥ ዝነበረ ዓቢ. ሓዉ. ንካሌብ ሰሎሞን፡ ኪዳነ ሰሎሞንን በብግዜኡ ተላኢኾም ነቲ ኣብኡ ዝነበረ ስርርዕ ንግዜኡ ከምዝኣልዩዎ ክግበር ጸኒሑ።

ኣብ ሃዋህው [36]

ቢሮክራሲ ናይ ኣዲስ-ኣበባ ንጥፈታት፡ ስርርዕን ኩነታትን ኣብ ኣስመራ ኮይኑ ብዝተፈላለዩ ሰባት ጸብጻባትን ሓበሬታን ይቐበል፡ ኣድላዪ ሓበሬታታትን መምርሒታትን ድማ የመሓላልፍ ነበረ። ሓንቲ ካብ'ቶም ናብ ኣስመራ እናተመላለሰት በዚ መዳይ'ዚ እትረኽቦ ዝነበረት ጽገ ሃብተማርያም ትበሃል።

ጽገ ሃብተማርያም፡ ካብ መፋርቕ 1970ታት ኣትሒዛ ኣብ ኣዲስ ኣበባ ብምስጢር ተወዲባ ትሰርሕ ዝነበረት መንእሰይ ኢ.ያ ኔራ። ጽገ ማእከላይ ቁመት ዘለዋ፡ ነዊሕ ጸጉራ፡ ከደረይቲ ምጭውቲ ፍጥረት'ያ። ካብ ፈለማ ኣትሒዛ ስትርቲ መራኸቢት ኣስመራን ኣዲስ ኣበባን'ያ ኔራ። ካብ መልኣከ በላይ (ኣባል ጠርናፊት ኮሚቴ) መልእኽታት ተቐቢላ ኣብ ኣስመራ፡ ገዛ ባንዳ፡ እንዳ ቢሮክራሲ ትዓልብ። ከይትፍለጥ ናብ ቤት-ሰባን ዝፈልጡዋ ሰባትን ኣይተላግስን። መዕረፊታን መኸወሊታን እታ ኣልማዝ ተወልደመድህን ዝተኻረየታ ቤት በዓል ቢሮክራሲ'ያ። ስሕት ኢላ ከይተራእየት ኣቦኣን ኣዲኣን ንምብጻሕ ሕምብርቲ ትዓልብ ነበረት።

ሓደ ግዜ መረዳእታታት ክትወስድን ምዕባሌታት ክትዕዘብን ኣብ እዋን ሓራ ከተማታት፡ 1977 ናብ ሜዳ ወጺኣ ነበረት። ጉዕዞኣ ብቢሮክራሲ'ዩ ተሳሊጡላ። ሓራ ከተማ ከረን ተዓዚባ፡ ድርፎ በጺሓ ምስ-በዓል ኣፍሮ ተራኺባት። ሳቡር ወሪዳ ንስብሓት ኤፍሬምን ወዲ-ልቢ.ን ረኺበት። በቲ ኹሉ ኲለል ዝነበረ ናይ ከተማ ወዛ ሃሲሱ ከሎ ኣስመራ ተመሊሳ፡ ደሃይ ስድራ ክትፈልጥ ኣብ ሓንቲ ሰይቲ መኩነን ወተሃደር ዝኾነት ዘመዳ ትኣቱ'ሞ፡ ንጽገ፡ በቲ ዝሃሰሰ ወዛ ጠርጢራ፡ ኣበይ ከምዝጸንሐትን እንታይ ከምዝረኸባን ኣዋጠረታ። ኣብ ርእሲኡ ደሃይ ክገብሩ ኣቦኣ ካብ ሕምብርቲ መጺኦም ሓቲቶም ከምዝነበሩን ንኣዲስ-ኣበባ ደዊሎም ከምዘይረኸቡዋን ሓበረታ። እዚ ንጽገ መርድእ'ዩ

ኔሩ። ኣስመራ ምምጻኣ ብቤተ-ሰብ ምፍላጡ ናብ ጸላኢ ከይሰሉኽ ሰግአት። ኣውራ ግን ሰብኣይ እዛ ዘመድ ወተሃደር ብምዃኑ፡ እታ ዘመድ ዘለዋ እምነት ድማ ጭቡጥ መረዳእታ ስለ ዘይጸንሓ ኣብ ኢድ ጸላኢ ዝኣተወት ኮይኑ ተሰምዓ። ብዝኾነ ካብኣ ተፋንያ ናብ ሕምብርቲ ወሪዳ ደሃይ ወለዳ ረኺባ ብቕልጡፍ ናብ ቦታኣ ኣዲስ ኣበባ ተመልሰት።

እቶም ኣብ ኣዲስ-ኣበባ ዝነበሩ ጠርነፍቲ ብጸላኢ ምስ ተኣስሩ በዓል ጽገ ኣዚዮም ተጨነቑ። በብመዳዮም ነንዝፈልጡዎ ውዱብ ከረጋግኡ'ኳ እንተኸኣሉ ብዛዕባ'ቲ ዘይፈልጡዎ መስመራት ከይዳኸም ሰግኡ። ኣብ ከም'ዚ ዓይነት ኩነታት እንከለዉ ጽገ ምስ ቢሮክራሲ ብቐጻሊ ብተሌፎን እናተራኸበት ሓበሬታታትን መምርሒታትን ትቕበል ነበረት። ኣብ'ቲ ግዜ'ቲ ኩነታት ሜዳ ጽንኩር ምንባሩ ትፈልጥ'ያ። ኣብ'ቲ ጽንኩር መድረኽ'ቲ፡ ውዱባት ኣዲስ-ኣበባን ኢትዮጵያን ከይሰናኸሉ ብተገዳስነት መስመር ንምትዕርራይ ሃሰውሰው ይብሉ ነበሩ። ሓደ መዓልቲ ጽገ ንቢሮክራሲ ብተሌፎን ረኺባ ከም'ዚ በለቶ፡-

“ኣብ'ዚ ዘለናዮ ኩነታት ውዳቤና ጥርኑፍ የለን። ብዘይካ'ቶም በብውልቅና ንፈልጦም፡ ካልኦት ከመይ ከምዘለዉ ኣይንፈልጥን። ዝምእክለናን ዝሕብረናን ኣካል ስለ ዘይብልና ጠልጠል ኢልና ኣብ ሃዋህው ኢና ዘለና።”

ቢሮክራሲ ኩነታት ሜዳን ኣስመራን ኣጸቢቑ ስለ ዝፈልጥ፡ ጽገ ትሕብሮ ዝነበረት መረረ ተረዲኡዎ ነበረ። የግዳስ ቢሮክራሲ ኣብ ከምዚ ዓይነት ሃዋህው ዘይጭነቕ ርጉእን ንቡርን ሰምዒት ነበሮ። ድሕሪ ርጉእ ምርድዳእ ምግባሩ ግን ናብ ጭርቃን ኣእተዋ፡-

“ሕራይ ኩነታትኩምሲ ክፍታሕ'ዩ፡ ግን እታ ‘ኣብ ሃውህው ኢና ዘለና’ ዝበልክያስ እንታይ ማለት'ያ?” ሓተተ ቢሮክራሲ።

“ኣይትጻወት እንዶ. . .ሃዋህው ድኣ ስቕ ኢልካ መዕለቢ ኣብ ምድሪ ዘይብልካ ኣብ ሰማይ ጠልጠል ምባል!” ምስ በለቶ ናይ ልቡ ሰሓቐ።

ቢሮክራሲ ገለ ገሊኡ ቃላት ትግርኛ ይሕድሶ'ዩ። እዛ ‘ኣብ ሃዋህው’ ትብል ሓረግ ንኩነታቶም ብልክዕ ትገልጽ'ኳ እንተ ነበረት ብኸምኡ ከስተማቕራ ዝኸኣለ ብናይ ጽገ ኣጠቓቕማ ኢያ ኔሩ። ካብኡ ንንየው ንጽገ እናኸረኽባ ‘ኣብ ሃዋህው’ ኢሉ ይጽውዓ ነበረ።

ብመንገዲ ጽገ ምስ ውድብ እናተራኸባ ኣገዳሲ ተራ ዝነበረን ደቀንስትዮ ጸሃይ ሃብተሚካኤል (ኣብ ባንክ ትሰርሕ)፡ ጽገሮማን ዮሴፍ (ኣብ ውድብ ሓድነት ኣፍሪቃ ትሰርሕ)፡ መኣዛ ገረዝጊሄር (ኣብ ሚኒስትሪ ትምህርቲ ትሰርሕ)፡ ዝብሃላ ኔረን'የን። ነፍስ-ወከፈን ኩነታተን ዘፍቀደለን ኣበርክቶ ነበረን። እተን ኣብ ቁጠባዊ ኮሚሽን ውድብ ሓድነት ኣፍሪቃ ዝሰርሓ ዝነበራ ናይ ስለያ ካሜራታት ካብ ወጻኢ ኣምጺአን ንጽገ የረክብኣ፡ ንሳ ድማ ናብ ኣስመራ ከይዳ ንቢሮክራሲ ተረክቦ ነበረት። ሓንቲ ኤርትራዊት ምስ ሓደ ኢትዮጵያዊ ናይ ሓይሊ-ኣየር መኮነን ተመርዕያ ዝወለደት፡ ምስኣን ትተሓባበር ምንባራ ጽገ ካብ'ቲ ዘይትርስዖ ዘገርም ኤርትራዊ ቁም ነገር'ዩ።

ጽገ ብማዕዶን ብቐረባን እናተመላለሰትን ምስ ቢሮክራሲ ኣብ ትራኸበሉ እዋን ጥቡቕ ብጸይነት ኣብ ርእሲ ምፍጣሮም ዘይሃስስ ጦብላሕታኣ ብኸምዚ ትገልጾ፡-

"ቢሮክራሲ ኣዝዩ ዓቃል፡ ዘይርበሽ፡ ንጡፍን ንፋዕን ዘይጋገን ዘይድለልን ሰብ'ዩ ኔሩ። ክገብሮ ዘለዎ ብቕልጡፍን ብድፍረትን ይፍጽሞ። ምጩው ዕላሉ ኣዘናጋዒ ባህርያት ነብሮ። ጥበበኛ ከኣ፡ ንፉዕ ስኣላይ፡ ንዓይ መዘከርታ ኢሉ ሓንቲ ብቐጻሊ እተቐጻልጽልን ፍረ ዙብ ዝበለትን ገረብ ብኢዱ ስኢሉ ሕብሪ ቀቢኡ ሂቡኒ ኔሩ፡ ኣብቲ ናይ ቃልሲ ገልጠምጠም ኣጥፊኤያ'ምበር። ኣብቲ እዋን'ቲ ቃልሲ ኣብ ዝኾነ ካልእ ዓለም ዘይትረኸቦ ተመክሮ የቕስመካ፡ ምትሕቛቛፍ፡ ምትሕልላይ፡ ኣለሊኻን ኣጽኒዕካን ምዝማድ፡ ጽኑዕ ዲስፕሊንን ውፉይ ስምዒትን ትቐስም። እቶም ዝተሰውኡ (ኣብ 1978 ዝተኣሰሩ ኣባላት ጠርናፊት ኮሚቴ) ኣብነት ናይ ጽንዓት፡ ተወፋይነትን ንቕሓትን ኮይኖምና ኢዮም። ኩላቶም ምሁራትን ሰብ-ሞያን ብምንባሮም ድማ ተወሳኺ ብልጫ ኔሩዎም።"

ሚስዝ ብራውን

ቢሮክራሲ ናይ ኣዲስ-ኣበባ ንጥፈታት፡ ውዳበታትን ምእካብ ሓበሬታን፡ ብዝተፈላለዩ መስመራትን ሰባትን ርክባቱ የካይድ ነበረ። እቶም ሰባት በብዓይነቶም'ዮም። ሓንቲ ብሕጻና ምስ ሰድራ-ቤታ ናብ ኣዲስ-ኣበባ ዝተሰደደት ኤርትራዊት ነበረት። ኣቦኣ ካብ'ቶም ቀዳሞት ኤርትራውያን መምህራን ኮይኖም ብኣጋ ዝተሰደዱ'ዮም። ተመሃሪት እንከላ (ኣብ ኣጋ መወዳእታ 1960ታት) ብኤርትራዊ መንነት ኣጸቢቓ

ትሕበን ሰብ'ያ ኔራ። ኣብ ዩኒቨርስቲ ኣዲስ-ኣበባን ካልኦት ኮሌጃትን ኤርትራውያን ተመሃሮ ዘካይዱዎ ዝነበሩ ኣኼባታትን ጉስጓሳትን ይጸልዋ ነበረ። በዓል ኣማኑኤል ዮሃንስን ማርታ መብራህቱን ብዝፈጸሙዎ ናይ ነፈርቲ ምጭዋይ ልዑል ኤርትራዊ ሓበን ይስምዓ ነበረ። ኣብ 1973 ተመስገን ሃይለ ምስጢራት ውድብ ከየረክብ ካብ ፓላሶ ጸዲፉ ምስውኡ እዛ ሰብ'ዚኣ ልዑል ሓበን ተሰምዓ። ሽዑ ኣብ ማእከል ኢትዮጵያውያን ተማሃሮ ኮይና "ኣነ'ኮ ኤርትራዊት'የ!" ብምባል ብሓበን ክትጭድር ከላ ኢትዮጵያውያን መሓዙታ ይድንጽዎም ነበረ። ኣብ 1969 ጌና ተማሃሪት እንከላ ተመርዕያ 5 ቈልዑ ወሊዳ። በዓል ቤታ ድሕሪ መፋርቕ ሰብዓታት ናብ ሜዳ ኤርትራ ወጺኡ ተጋዳላይ ኮይኑ። 1979 ኣብ ኣዲስ ኣበባ ኣብ ትካል ውድብ ሓድነት ኣፍሪቃ ትሰርሕ ነበረት። ሕውስቲ፡ ደፋር፡ ምጭውቲ ብምንባራ ምስ ሰበ-ስልጣንን ምስ ዝተፈላለዩ ኣገደስቲ ሰባትን ናይ ምርኻብ ዕድላ ሰፊሕ'ዩ ኔሩ። ምስጢራዊ ሓበሬታ ናይ ምርካብ ተኽእሎኣ ድማ ብኡ መጠን ሰፊሕ ነበረ። ውፉያት ናይ ከተማ ተጋደልትን ኣባላትን ተደላይነታ ርእዮም ኣብ ውዱብ ንጥፈታት ኣእተዉዋ። ንሳ ካብ 1975 ኣትሒዛ ብመንገዲ መልኣከ በላይ ምስ ውድብ ርክብ ነበራ። ኣብ ዝተፈላለየ ንጥፈታት እናተሳተፈት ክሳብ 1980 ኣብ ኣዲስ-ኣበባ ኣገልገለት።

ቢሮክራሲ ኣብ ኣስመራ ኮይኑ ምስኣ ርክብ ነበሮ። ኣብ 1979 ብኣካል ንምርካቡ ናብ ኣስመራ ከምትመጽእ ተገብረ። ቢሮክራሲ ንዝተቛጸርም ሰባት ሃንደፍ ኢሉ ኣይረክብን'ዩ። ንሳ ብመሰረት ቈጸራኣ ኣብ ማይጃሕጃሕ ኣብ እትርከብ ፋርማሲ ኣብ ግዜኣ ተረኽበት። ከምዝተጸበየቶ ንቢሮክራሲ ኣይረኸበቶን። ብኣካል ስለ ዘይትፈልጦ ኣብ'ቲ ቦታ ብዝተዋህባ ምስጢራዊ ኮድ ጥራይ ኢያ ክረኽባ ተጸብያ። ምስ ደንጉያ ኣብ'ቲ ፋርማሲ ኣትያ ብራውን ሕብሪ ጸጉሪ (ቡናዊ ሕብሪ) ንኽተምስል ሓተተት። ቀቢጸ ካብ'ቲ ፋርማሲ ምስ ወጸት ሓደ ደኒኑ ጉማ ማኪናኡ ዘዐሪ ሰብ ቅንዕ ኢሉ፡ "ሚስዝ ብራውን ከመይ'ለኺ! ሰላም በልና!" በላ። ዘይትጸበየቶ ኮይኑዋ ግር'ኳ እንተበላ፡ ቡቲ መራኸቢ ኮድ ስለ ዝተላለያ ንሱ ምዃኑ ኣመነት። ንሳ ጽጌሬዳ ተወልደ ትበሃል። ጽጌሬዳ ካብ'ታ ሰዓት'ቲኣ ጀሚራ ሓንቲ ካብ'ተን ቁልፊ ተራኻቢት ናይ ቢሮክራሲ ኣብ ኣዲስ-ኣበባ ኮነት። ብሓባር ኣዚዩ ኣገዳሲ ሰውራዊ ዕማማት ፈጸሙ።

እሙና ገብረሃዋርያት [37]

እሙና ገብረሃዋርያት ኣብ ኩባንያ ነዳዲ ሞቢል ትሰርሕ ዝነበረት ምስ ሰባት ብቐሊሉ ናይ ምልላይ ክእለት ዝነበራ ሰብ'ያ። ኣብ መፋርቕ 1970ታት ሓደ ካብቶም ቀንዲ ዉፋያት ኣዲስ ኣበባ ዝነበረ ሃይለስላሴ ገብረዝጊ ምስ ውድብ ህዝባዊ ግንባር ኣላልዩዋ። ቤታን መኪናኣን ንምንጥጣፍ እቶም ውፉያት የገልግል ነበረ። ቢሮክራሲ ኣብ 1979 ኣብ ኣዲስ ኣበባ ብመንገዲ ጽገ ሃብተማርያምን ገብሩ ተስፋጋብርን ተፋሊጡዋ። ናይ ሞቢል ስራሕ ምስ ብዙሓት ኣገደስቲ ሰባትን ሰበ-ስልጣን ደርግን ዘራኽባ ምቹእ ቦታ'ዩ ኔሩ። ብቕልጡፍ ናይ ምቕራብን ምልላይን ባህሪ ስለ ዝነበራ ድማ ኣብ ጉረቤታ ምስ ዝነበሩ ስድራ-ቤት ሓደ ላዕለዋይ መኩንን ሓይሊ-ኣየር ብምልላይ ኣገዳሲ ሓበሬታ ንምርካብ ትጽዕር ነበረት።

እሙና ኣብ'ቲ ናይ 1979 ናይ ሃማደኤ (ሃገራዊ ማሕበር ደቀንስትዮ ኤርትራ) ጉባኤ ንምስታፍ ምስ ፍቓዱ በርሀን ዛይድ በላይን ተመሪጻ ናብ ኣስመራ ተበገሰት። እሙና እምነትን ጽንዓትን ኤርትራውነት ኣብ ውሽጣ እንክሎ ብደገ ተርእዮ ባህሪ ሸቑረራ'ዩ። ኣብ ኣየር ፖርት ኣስመራ ምስ መጸት እቶም ምስጢራውያን ብጾት ምስ'ቶም ኣጋይሽም ዝቕበሉ ህዝቢ ኮይኖም ይጽበዩዋ ምህላዎም ምስ ረኣየት በድበድ በለት። ኣብ ክንዲ ምስኦም ድማ ምስ ካልኦት ቤተ-ሰብ ናብ መዕረፊኣ ኣምርሐት። ኣብ ከተማ ምስ ቢሮክራሲ ተራኺባ ኣብ ማኪናኡ ሰቐሉ ምስ ኣስመራ ኣላለያ። ሸው ጥዕና'ውን ስለ ዘይረኸበት ምስ ብጾታ ብኡ-ንብኡ ኣይወጸትን። ሸቑረራ እሙና ሸው'ውን ገደዳ። ኣስመራ ዘይለመደቶ ስለ ዝነበረት ኣብ ዝኸደቶ ምብህራር ተርኢ ነበረት። ሓደ ግዜ ቢሮክራሲ ሰብ ስለ ዝረኸበ ማኪና ደው ኣቢሉ ንእሙና ኣብ ውሽጢ ማኪና ሓዲጉ ኣላገሰ። እቲ ጠጠው ስለ ዘየኸኣላ ኣብ ውሽጢ ማኪና ዝገደፎ ጃኬቱን ኣብ ድሕሪ ማኪና ዝነበረ ወረቓቕትን መፍትሕ ናይ ማኪናን ጠርኒፋ ተሰወረት። ቢሮክራሲ ናብ ማኪናኡ ምስ ተመልሰ ማኪና ተዓጽያ እሙናን ንብረቱን ዘየለዉ ምስ ጸንሑዎ ቁሊሕሊሕ በለ። እሙና ኣብ'ቲ ከባቢ ኣብ ዝርከብ ኩርናዕ ደው ኢላ ረኣያ። ጸዊዑ እንታይ ከምዝረኸባ ምስ ሓተታ፡ "ኣንታ ኣርኣያ (ቢሮክራሲ)! ከምኣ ኢልና ከለና እንተሓዙና'ኸ!" ኢላ ፍርሓ ገለጸትሉ። እቲ ኣቐዲሙ

ዘለለዮ ሽቍራረአ በዚ መልክዕ'ዚ ምግሃዱ ዓቢ መስሓቕ ኮይኑዎ ናይ ልቡ ሰሓቐ።

እሙና ሽቍርርቲ'ኳ ትምስል'ምበር ኣብ ኣዲስ-ኣበባ ኣብ ዝተኣስረትሉ ግዜ ሽቍረራን ግርህናን ሓዊሳ ብዘርኣየቶ ጠባይ ኣብ ውሽጣ ትፈልጦ ምስጢራዊ ጉዳያት ኣሕሊፋ ከይሃበት ንውሱን ዓመታት ተኣሲራ ወጸት። ምስ ምሉእ ስልማታን ግሩም ክዳውንታን ኣብ መርዓ ምስ ጸንሐት'ዮም ሒዞማ። ዋርድያታት በቲ ግርማኣ ርእዮም ሃብታም ብዓልቲ ትካል መሲሉዎም ምስ ሓተቱዋ ወናኒት ብዙሕ ገንዘብን ብዓልቲ ፍሉጥ ባርን ምዃና ሓበረቶም። በዚ ተሃራሪፎም ክጥቀሙላ ከምዝኽእሉ ኣሚኖም ግሩህ ኣተሓሕዛ ገበሩላ። መርማሪ መጺኡ "ሻዕብያ ኢኺ!" ምስ በላ "ሻዕብያ ዓይነት ጫማ ድዩ?" ብምባል መሊሳ ምስ ሓተተቶ ላግጺ መሰሎ። ዘምጽኦም ገዲፎም ምእንቲ ክእለዩ፡ "ክሳብ መዓስ ኢኹም ኣብ'ዚ ትሕዙኒ! ኣነ ብዓልቲ ብዙሕ ጉዳይ ኢየ። ቁጸራ ምስ ሓኪም ስኒ ኣለኒ። ወደይ ከኣ ናይ ትምህርቱ ኣይከፈልኩሉን። ስለዚ፡ ክሳብ መዓስ'የ ኣብ'ዚ ዝጸንሕ ኮሎኔል!" ምስ በለቶም፡ "ክሳብ ሓሙስ!" ኢሎም መለሱላ። ሽዑ፡ "በጃኻ ኮሎኔል ምሳኻ ተማልኣኒ ክሳብ ከተማ!" እናበለት ደድሕሪኡ ክትሰዕብ ፈተነት። ግርህቲ ማእሰርቲ ዘይተረድኣ ስለ ዝመሰሎም ብርህራሄ ክትተሓዝ ተሰማምዑ።

ሓያለ እዋን ጸኒሓ፡ ታሕሳስ ተቓሪቡ ስለ ዝነበረ ከም'ዚ በለቶም፡ "ገብርኤል ታሕሳስ ቁልቢ ተቓሪቡ ስለ ዘሎ፡ መጉዓዝያ ከይስእን ቲኬት ኣቐዲምኩም ቁረጹለይ። መብጽዓ ንገብርኤል ኣለኒ፡ ክተርፍ የብለይን። በጃኻትኩም ኣይትረስዑኒ!" ቁልቢ ገብርኤል ኣብ ታሕሳስ ኣብ ከባቢ ድሬዳዋ ዝውዕል ዓቢ ኣውድኣመት'ዩ። ካብ ብዙሕ ቦታታት ኢትዮጵያ ነጋዶ ብብዝሒ ዝኸዱዎ ኣጋጣሚ'ዩ። እሙና ብዕቱብ ገበን ከምዘይተታሕዘት ናይ ቁልቢ ገብርኤል ዓጢጡዋ ምርኣዮም ብሓቂ ግርህትን ንጽህትን መሰለቶም። ኣብ ሻዕብያ ተወዲባ ውጽኢት ተበርክት ከምዝነበረት (ከም ቀሊል በደል ስለ ዝሕሰብ) ከእምኑዋ ምስ ሓንቲ ብጸይቲ ኣራኺቦማ፡ "ኣነ ነዚኣ ኣዲኣ ቈናኒተይ ስለ ዝኾነት ምስኣ ናብ ገዛና ክትመጽእ ከላ'የ ዝፈልጣ!" ብምባል ነገር ኣፋኹሰት።

ቢሮክራሲ ምሉእነት ኤርትራዊ እምነት ብምጥማት ንእሙና ኣብ ዕማማቱ የሳትፋ ኔሩ'ዩ። እሙና ኣብ ቢሮክራሲ ዘለዋ ተመስጦ ዓቢ'ዩ።

ቃሉ "ቃል-ኣምላኽ" ቁጺሩ ዝለኣኻ ኣብ ምፍጻም ትጓየ። ብኣብነት ከኣ'ያ ትርእየ። ንዓይ ከይበለ ብዘይሰግኣት ንሃገሩ ዝዓዩ ውፉይ ምንባሩ ኣለልያቶ'ያ። ሽቑረራኣን ግርህነታን ኣብ ቢሮክራሲ ዝህባ ዕማማት ብጺሖም ኣይዓግቱዋን'ዮም።

መስመር ሃይሉ ንጉሰ [38]

መስመር ኣዲስ-ኣበባ ብመንገዲ እንኮኣዊ ርክብ ምስ ቢሮክራሲ ዝኸይድ ኣይነበረን። ምስጢራዊ ስራሕን ስርርዕን ከም ምዃኑ መጠን ብዝተፈላለየ ጨንፈራት ይኸይድ ኔሩ። ጠርነፍቲ ብጸላኢ እንተ ተታሕዙ ብኣኣም ኣይዓውርን። በቲ ሓደ ብጽንዓቶም ኣሕሊፎም ስለ ዘይህቡ ገሊኡ መስመራት ብጸላኢ ከይተረኽበ ይቕጽል። በቲ ካልእ ድማ ካልኦት መስመራት ብፍሉይ ዝተሓዙ ስለ ዝጸንሑ ምውዳብ፡ ስለያዊ ስራሕን ካልእ ንጥፈታትን ከይተጉናደበ ይቕጽል። ከምኡ ስለ ዝኾነ፡ ናይ ጥሕሻ ስርርዕ መራሕቲ ምስ ተታሕዙ ሳላ ጅግንነታዊ መሰዋእቲ ተመስገን ሃይሉ፡ ጸላኢ ከበድቲ ምስጢራት ኣይተረኽቦን። በቲ ካልእ ድማ፡ ብፍሉይ መስመር ክኸይድ ዝጸንሐ ስርርዕ ክቕጽል ከኣለ። እቶም ኣብ ጥቅምቲ 1978 ዝተታሕዙ ዝፈጠሮ ሃጓፍ ከቢድ'ኳ እንተነበረ፡ ብጽንዓቶም ስለ ዝኸወሉዎ፡ በቲ ሓደ ድማ በብመስመሩ ክኸይድ ሳላ ዝጸንሐ ስርርዕ ቀጸለ።

ኣብነታዊት ናይ ከም'ዚ ዓይነት መስመር ብሃይሉ ንጉሰ እትኸይድ ዝነበረት መስመር'ያ። ሃይሉ ዝኣልዮ መስመር ምስ ናይ ብዓል ሃይለስላሴ ገብረዝጊ (ጠርናፊት ኮሚቴ) ብስርርዕ ኣይራኸቡን ነበሩ። ጸብጻባቶም ግን (ከም ተደላይነቱ፡ ብኻልእ ኣገባብ'ውን የመሓላልፉ ኔሮም ክኾኑ ስለ ዝኽእሉ) ብመስመር ሃይሉ ይመሓላለፍ ነበረ። ሃይሉ ብሓበሬታ ረዘነ እምባየ (ኣላዩ ኣብ 06) ምስ ሃይለስላሴ ገብረዝጊን ፍስሓጼን ኣፈወርቅን ከምዝራኸብ ተጌሩ። እቲ ርክብ ግን ጸብጻባት ኣብ ምቅብባል ጥራይ ዝተሓጽረ ኢዩ ኔሩ። ስለ ዝነበረ፡ ንሳቶም ክእሰሩ እንከለዉ መስመር በዓል ሃይሉ ኣይተተንከፈን። ንባዕሉ ሃይሉ ብሰንኪ ገለ ካብ ኣባላቱ ምትሓዞም ቅድሚ በዓል ሃይለስላሴ ኣብ ለካቲት 1978 ኢዩ ተኣሲሩ። ካብ'ቶም ሽዑ ዝተኣሰሩ ኣብ ሓደ ክልተ ጥራይ፡ ሃይሉ ንጉሰ ሓዊስካ ማለት'ዩ፡ ዝተሓጽረ ማእሰርቲ ስለ ዝነበረ፡ ሃይሉ ንጉሰ ድማ ከም ሕሱም'ኳ እንተተኸትከተ ቅንጣብ ስለ ዘይሃቦም ክትንከፍ

ዝኸኣለ ስርርዕ ኣይነበረን። ብድሕሪኡ እቶም ብጠርናፊ ኣካል ዝፍለጡ ኣስታት 30 ሰባት ጥቕምቲ 1978 ክእሰሩ ከለዉ መስመር በዓል ሃይሉ ኣይተተንከፈን።

ሃይሉ ናይ ፋይናንስ ምሁር እዩ። ኣብ ኣስመራ ኣብ ባንክ እናሰርሐ ከሎ ካብ 1974 ኣትሒዙ ኣብ ህዝባዊ ሓይልታት ተወደበ። መምህር ተኽለሚካኤልን የማነ ሓይልንኪኤልን ኣስመራ ኣትዮም ኣብ ዝውድቡሉ ዝነበሩ እዋን፡ ምስ ብዓል ጴጥሮስ ተስፋጊዮርጊስ (በዓታይ) ተወደበ። ካብ'ቲ ግዜ'ቲ ኣትሒዙ ክሳብ 1976 ኣብ ኣስመራ ምስ ዘርኣዮሃንስ ኤልያስ፡ ተስፋማርያም ሰይፊ፡ ተወልደ ጽገ፡ ወልደሚካኤል ሃብተ፡ ተስፋማርያም መርሃጼን፡ ክፍሎም ተወልደብርሃን፡ ክፍላይ በላይ፡ ገብረኪዳን ግርማጼን፡ ኢንጂኔር ተስፋልደት ሃይለ ተወዲቡ ሰርሐ። መብዛሕትኦም እዚኦም ተጋደልቲ ኮይኖም፡ ገለ ካብኦም ተሰዊኦም'ዮም። እንዳ ጉልፎ ዝነበሮ ተስፋማርያም መርሃጽዮን ብስርሑ ናብ ኣዲስ ኣበባ ስለ ዝመላለስ ኣብ ርክብ ኣስመራ - ኣዲስ ኣበባ የገልግል ነበረ። መምህር ተኽለሚካኤልን የማነ ሓይልንኪኤልን ምስ ተሰውኡ፡ ጴጥሮስ በዓታይ ናብ ሜዳ ስለ ዝኣተወ፡ ሃይሉ ርክቡ ምስ ኢንጂኔር መስፍን ሰሎሞን ኮይኑ፡ ብውፉይ ተስፋልደት መንግስቱ (ኣለም መኩብብ) ይእለዩ ነበሩ። ካብኡ ንንየው ቀጥታዊ ርክብ ምስ ኣለም መኩብብ ቀጸለ።

ህዝባዊ ሓይሊታት፡ ኣድላይነት ሃይሉ ኣብ ኣዲስ ኣበባ ስለ ዝገምገመ፡ ቅያር ቦታ ስራሕ ከም ዝሓትት ተገይሩ፡ 1976 ካብ ኣስመራ ናብ ኣዲስ ኣበባ ገዓዘ። ቀንዲ ተልእኾኡ ከኣ፡ ተደራቢ ጠርናፊ ኣካል ንምኻን ዘይኩን፡ ካልእ መስመር ንኽሰፍሕ ነበረ። ኣቐዲሙ ምስ በዓል ሃብተ ኪዳን፡ ኣስመላሽ ፍስሓጼንን ገብረስላሴ ኣነንያን ርክብ ኔሩዎ'ዩ። እዚኣቶም ድማ ዘስፍሑዎ ስርርዕ ኔሩዎም'ዩ። ናብ ኣዲስ ኣበባ ምስ ከደ፡ ነፍስ-ወከፎም 16 ሰባት፡ ሃብተ ኪዳን፡ ገብረሂወት ሃይለ፡ ገብረስላሴ ኣነንያ፡ ኣስመኣላሽ ፍስሓጼን፡ ቴድሮስ መብራህቱ፡ ተስፋልደት ሃይለ (ካብ ኣስመራ ዝተቐየረ ኣቐዲሙ ውዱብ ዝነበረ ኢንጂኔር)፡ ኪዳነ ወልደየሱስ (ፋርማሲስት)፡ የሺ ሃይለ፡ ወልደሚካኤል ሃይለ፡ ጎይትኦም ስዩም፡ ኣስመላሽ ገብረመድህን ዝብሃሉ መራኸብቲ ነበሩዎም። ካልኦት ብፍሉይ ዝተሓዙ ተሓባበርቲ'ውን ነበሩ። ሚኪኤል ዝተባህለ ናይ ጽርበት ትካል ዝነበሮ ምስጢራዊ ኣቕሑት ዝዕሽጉሉ ሕቡእ ጁባታት ዘለዎ ቫልጃታትን ሰናዱቕን ይሰርሓሎም ነበረ። ብመንገዲ ሃብተ

ኪዳነ ዝተሓዝ ፍሉይ ናይ ኣገዳሲ ሓበሬታ መስመር ከኣ ነበረ። ኣብርሃ ግርማጼን (ሳጓኡ ጨጋዕ) ዝተባህለ ረዚን፣ ኩሉ ግዜ ትሰፍው፣ ዘይሕለል ዓቢ ሰብ ምስ ተስፋማርያም ጸጋይ ዝተባህለ ኣዚዩ በሊሕ፣ ምሁርን ናይ ሓበሬታ ሰብን ብምትሕብባር ናብ ሃብተ ኪዳነ ዝመጽእ ኣገዳሲ ሓበሬታ ኔሩ። ከምኡ'ውን ምስ ናይ ፖሊስ ኮሎኔል ተስፋሚካኤል ገብረመድህን ዝራኸብ መስመር ነበረ። ብመንገዲ ጎይትኦም ስዩም ፍሉይ መጽናዕቲ ብዛዕባ ነፈርቲ ኩናት ይረክብ። በርሀ ቀለታ ድማ ምስ በዓል ኤፍሬም ንርኣዮ ዘራኸብ ብርክት ዝበሉ ውዱባት ቀለቤት'ዩ ኔሩ። (ካብቶም መራኸብቲ ሓደ ተኪኤ በየነ፣ ደራሲ መጽሓፍ "ካብ ሪቕ ሕፍንቲ" ኣብ 1979 - 1980 ሓደ ካብቶም ላዕለዎት ሓለፍቲ ውዱባት ኣብ ኣዲስ-ኣበባ ዝነበረ'ዩ።)

መስመር ዓንደብርሃን ኪዳነ [39]

እዚ ኣብ ላዕሊ ዝተዘርዘረ ስርርዕ መስመር ሃይሉ ንጉሰ በቲ ናይ ጠርናፊ ኣካል ምእሳር ኣይተተንከፈን። ካልእ መስመር ዳርጋ ነብሱ ክኢሉ ዝሰረረ ብዓንደብርሃን ኪዳነ ዝምእከል ዝነበረ'ዩ። (ዓንደብርሃን ምስ ቢሮክራሲ ኣብ ኣዲስ ኣበባ ይራኸብ ኔሩ'ዩ።)

ዓንደብርሃን ኪዳነ ዝምእከሎ መስመር ንበዓል ሰንጋል ወልደትንሳኤ ዝሓዘ'ዩ ኔሩ። ኣብ 1978 ኣባላት ጠርናፊ ኣካል ምስ ተኣሰሩ መስመር ዓንደብርሃን'ውን ኣይተተንከፈን። ሰንጋል ኣብ 1975 ብእምሃ ኪዳነ'ዩ ተወዲቡ። እምሃ ሓደ ካብ'ቶም ናይ ጥሕሻ ስርርዕ ዝነበሩ ወደብቲ'ዩ። ጥሕሻ ብጸላኢ ምስ ተፈልጠ መስመር በዓል እምሃ ኣይተተንከፈን ዝነበረ። እምሃ ንሰንጋል ኣብ ህ.ግ. (ህ.ሓ.) ክውደብ ምስ ኣእመኖ ብዓንደብርሃን ኪዳነ ከምዝምእከል'ዩ ጌሩ። ሰንጋል ካብ'ቲ ግዜ'ቲ ኣትሒዙ ኣብ 1982 ብጸላኢ ተታሒዙ ክሳብ ዝእሰር ተወዲቡ ሰሪሑ። ኣብ ዝተወደበሉ ግዜ ኣብ ወንጂ ዝተባህለ ቦታ ናይ ኣውራጃ ሸዋ (ከባቢ ኣዲስ ኣበባ) ኣብ ፋብሪካ ሽኮር ይሰርሕ ኔሩ። ኣብ ወንጂን መተሃራ ኣብ ዝተባህለ ቦታ ፋብሪካ ጡጥን ዝሰርሑ ዝነበሩ ከምኡ'ውን ኣብ ናዝሬት (ንእሽቶይ ከተማ ከባቢ ኣዲስ ኣበባ) ዝነበሩ ኤርትራውያን ብደረጃ ጉጅለ ወዲቡ ይሰርሕ ኔሩ። ኣባላት ማእከላይ ኮሚቴ ተኣሲሮም ምስንባድ ምስ ተፈጥረ ውዱባት ናብ ሜዳ ንምምላጥ ይፈታተኑ ኔሮም'ዮም።

ሰንጋል በዚ ኩነታት'ዚ ተጸልዩ ሜዳ ክወጽእ ኣስመራ ምስ በጽሐ፡ ምስጢራውያን ኣባላት ረኺቦም፡ "መሰዋእቲ ኣብ ሜዳን መሰዋእቲ ኣብ ከተማን ሓደ ስለ ዝኾነ፡ ክትምለስ ኣለካ፡" ኢሎም ደረኽዎ። ኣብ ኣስመራ እቲ ዝተራኸቦ ሰብ፡ ቀዳማይ ወዳቢኡ እምሃ ኪዳን ኮይኑ ምስ ጸንሐ ተገረመ። ምስኡ ድሕሪ ዝገበሮ ምርድዳእ ድማ መስመሮም ብጸላኢ ከምዘይተፈልጠ ተረዲኡ ናብ ኣዲስ-ኣበባ ተመሊሱ ውድባዊ ስርሑ ቀጸለ።

ትብለጽ ተስፉ [40]

ካልእ ኣገዳሲ ተርእዮ ኣብ ውደባታት ናይ ከተማታትን ውሽጢ ኢትዮጵያን ድማ ብዛንታ ናይ የማነ ቃልኣብን ጨንፈሩን ክንግንዘብ ንኽእል። የማነ ቃልኣብ ኣብ 1969 ኣብ ተ.ሓ.ኤ. ተሰሊፉ ኔሩ፡ ኩነታቶም ጽቡቕ ስለ ዘይነበረ ገዲፉዎም። ኣብ 1975 ኣስመራ ዕግርግር ኣብ ዝነበረሉ እዋን ምስ ሓያለ ግዱሳት መንእሰያት ናብ ዓዲ-ሓወሻ ከይዱ መምህር ጸሃዬ ዝብሃል ተጋዳላይ ረኺቡዎም። ካብኡ ንዓንድንኪኤል ካሕሳይ (ቦስ፡ ኣባል መሪሕነት 06) ረኺቦም፡ ዓንዲንኪኤል ድማ ምስ ወልደንኪኤል ኣብርሃ (ሄርሸሚስ፡ ኣባል መሪሕነት 06) ኣራኺብዎም። ወልደንኪኤል ብግቡእ ከምዝምዝገቡ ብምግባር ነፍሲ-ወከፎም ዋህዮታት ክውድቡ፡ ዝኾነ ነቲ መምርሒ ዝቕበል ኣባል ዋህዮ ክገብሩዎ፡ "ካብ መርፍእ ክሳብ ማኪና" ዝተረኽበ ከወፍዩ ክቃለሱ መምርሒ ሂቦም። የማነ ሽውዓተ ዝኣባላታ ዋህዮ ኣቑሙ፡ ንሳቶም ድማ ካልእ ዋህዮታት ኣቑሞም ኣብ 1976 ካብ ጉጅለ ሓሊፎም ናብ ጨንፈር ደየቡ። እቶም ኣባላት ኣብ ብዙሕ ዝተዘርግሐ ክኾኑ ከለው፡ ኣብ እንዳ ዓለባ (ባራቶሎ) ዝሰርሑ፡ ኣብ እንዳ ተሌኮሙኔኬሽን ዝሰርሑ፡ ኣብ ቤት-ትምህርቲ ዓይነ-ስውራን ኣብርሃ ባህታ ከይተረፈ ወደቡ። ቤት-ትምህርቲ ዓይነ-ስውራን ምስጢራዊ ኣኼባታት ንምሕባእ ይጥቀሙላ ኔሮም። ዳዊት ሃይለ ዝተባህለ ኣባሎም ኣብ'ታ ቤት ትምህርቲ ኔሩ። ኣብ እንዳ ተሌኮሙኒኬሽን ትብለጽ ተስፉ ትብሃል ኣባል ነበረቶም። እዛ ኣባል'ዚኣ ብዝነበራ ናይ ተሌኮሙኒኬሽን ናይ ምርኻብ ዕድል ምስ ኣብ ኣዲስ ኣበባ ዝርከቡ ኤርትራውያን ተራኺባ ምስ ጨንፈሮም

ከምዝተኣሳሰሩ ገበረቶም። ገለ ካብኦም ኣባላት ዩኒቨርስቲ ኣዲስ-ኣበባ ዝነበሩ'ዮም (ሓደ ሳህለ ዝተባህለ ተሰሊፉ ዝተሰውአ፡ ሓደ ኸአ ዮሴፍ ዝተባህለ ኔሮም።) ካብ'ዞም ናይ ኣዲስ-ኣበባ ኣባላት ኣገዳሲ ስለያዊ ሓበሬታ ይርከብ ኔሩ። ትብለጽ ካብኦም ተቐቢላ ናብ የማነ ቃልኣብ ተሕልፎ፡ ንሱ ድማ ናብ 06 የመሓላልፎ ነበረ። ብኸም'ዚ ናብ ዝጠዓመ ዘሰፋሕፍሕ ናይ ዋህዮታት ውደባ ኣዲስ ኣበባ ክበጽሕ ከኣለ።

11

ሓዲሽ ማእካሊ ኣካል ኣዲስ ኣበባ[41]

ብኣጠቓላሊ፡ ስርርዕ ኣዲስ-ኣበባ ይኹን ኣስመራ ማእካሊ ኣካል ኩሉሳዕ ይናደየሉ'ኳ እንተነበረ፡ በቲ ምስጢራዊ ናይ ዋህዮታት ስርርዕ እቲ ሓደ እንተፈረሰ እቲ ሓደ ሱር ሰዲዱ ኣሰፋሕፊሑ ስለ ዝጸንሕ፡ ጸላኢ ነዚ ማእካሊ ኣካላት ረኺቡ ማለት እቲ ውደባ ተበርቍቑ ማለት ኣይነበረን። ምውህሃድ፡ ምትእስሳርን ምምእካልን ናይ ኩሉ ግዜ ተደላይነት ስለ ዝነበሮ ግን መተካእታ ማእከልቲ ኣካላት ንምፍጣር ይጽዓር ነበረ። ከም'ቲ ልዕል ኢሉ ዝተገልጸ ብሰንኪ ናይ ምዝላቕ መስርሕ፡ ምስኡ ድማ ኣብ ክፍላ 1979 ዘጋጠመ ናይ ውዱባት ምእሳር ኣብ ኣስመራን ተዛማዲ ንጥፈታትን፡ ቢሮክራሲ ብኣካል ተረኺቡ ኣብ ኣዲስ-ኣበባ ዝተኻነፈ ናይ ማእከልቲ ኣካላት ማእሰርቲ ዝፈጠሮ ሃጓፍ ውደባ ከመዓራሪ ዕድል ኣይረኸበን። ካብ ክፍላ 1979 ንደሓር ግን ኣብ ሜዳ ናይ ምርብራብ መስርሕ ኣትዩ ነበረ። በዚ ትንፋስ ተረኺቡ፡ ምምስራት ሬድዮ ድምጺ ሓፋሽ (ኣብ ጥሪ 1979)፡ ምክያድ ጉባኤታት ሓፋሽ ውድባትን ካልእ ንጥፈታትን ንምትግባር ዕድል ኣብ ዝተረኸበሉ እዋን ናብ ኣዲስ-ኣበባ ብምስጢር ተጓዕዘ። ኣብ ክፍላ 1979 ኣብ ኣዲስ ኣበባ ተረኺቡ ሓደ ማእካሊ ኣካል ከምዝቐውም ገበረ።

እቶም ከም ማእካሊ ኣካል ኮይኖም ዝቘሙ ባእታታት ተኪኤ በየነ፡ ጽገ ሃብተማርያም፡ መምህር ገብረሚካኤል እስቲፋኖስ (ጂሚ)ን ዓንደብርሃን ኪዳነን'ዮም።

እቶም ቢሮክራሲ ዘቼሞም ኣርባዕተ ኣባላት ማእካሊ ኣካል ስርርዕ ኣዲስ-ኣበባ፡ ነቶም ማእከላይ ኮሚቴ ተባሂሎም ዝፍለጡ ኣብ ጥቅምቲ 1978 ዝተኣስሩ፡ መልኣከ በላይ፡ ሰሎሞን በርሀ፡ ሃይለስላሴ ገብረዝጊን ካልኦትን ዝርከቡዎም ዝትክኡ ኢዮም ኔሮም። ብድሕሪኡ ዝምእክል ኣካል ንዓመት ዝኣክል ስለ ዘይነበረ፡ ነቲ ተፈናቲቱ ዝጸንሐ ስርርዕ ምትዕርራይ ቀዳምነት ዝወሃቦ ዕማም ነበረ። ኣባላት ናብ ንቡር ኣወዳድባኦም መሊሶም ስሩዕ ሓበሬታ ክርከብ፡ ውጽኢታት ንውድብ ክእከብ፡ ኣብኡ ንዝርከቡ ኤርትራውያን ክጸልዉን ክተባብዑን ከምኡ'ውን ፍሉይ ኩነታት ጸላኢ ፈሊጦም ከመሓላልፉን ተዓጥቁ። ኣብ ውሽጦም ናይ ስራሕ ምክፍፋል ብምግባር ዕማማቶም ሓንጸጹ። ኣብ ቅድሚኦም ብድሆታት ከጓንፎም ምኳኑ ቢሮክራሲ ኣዘኻኺሩዎም'ዩ። ገሊኦም ብስግኣት፡ ገሊኦም ብምጥርጣር፡ ገሊኦም ድማ ብምዕጥይጣይ ኣብ ውደባ ምእታዎም ዘሸግሩ ሰባት ከጓንፉዎም ምኳኖም ኣብሪሃሎም። እቲ እዋን'ቲ ድሕሪ ወራር ናይ 1978 ናይ ምዝላቕን ምርብራብን እዋን ብምንባሩ ኣብ ተመክሮ ከምኡ ዝኣመሰለ ባህርያት ክቀላቐል ከምዝኽእል ዝተገንዘብዎ ተርእዮ'ዩ ኔሩ። ምእንቲ'ዚ፡ ጸላኢ ነዚ ድኻማት'ዚ መዝሚዙ ንምስጢራዊ ስራሓቶም ከይበስዕ ብጥንቃቐ ክሰርሑ ኔሩዎም። ጥንቃቐ ብናይ ዕላማ እምነትን ተወፋይነትን ስለ ዝድልድል ኣብ ሞንጎኦም ምዉቕ ፍቕሪን ብጻይነትን ምድልዳል እምነ-መሰረት ስርሖም ነበረ።

ኣብ ኣዲስ ኣበባ ዝካየድ ንጥፈታት ብደረጃ ክብ ንምባሉ፡ ካብ ሓፋሽ ምውዳብን ሓበሬታ ምልውዋጥን ሓሊፉ ንጸላኢ ዘዳኽም ዕማማት ንምትግባር እቲ ስርርዕ ዱልዱል ክኸውን ይድለ ኔሩ። ማእካሊ ኣካል ናይ ቀረባ ምትሕብባርን ምእላይን ምእንቲ ክረክብ፡ ካብ ሜዳ ሰባት ክሰደዱሎም ምኳኖም ቢሮክራሲ ሓቢሩዎም'ዩ። ንሳቶም ገብሩ ተስፋጋብርን ገብረሂወት ተኽለን ዝተባህሉ ምኩራት ናይ ከተማ ተጋደልቲ'ዮም ኔሮም።

ገብሩን ገብረሂወትን [42]

ገብሩ ተስፋጋብር ኣብ መፋርቕ 1970ታት ክስለፍ ናብ በዓል ኣፍሮ (ማእከልነት 06) ቀሪቡ ኣብ ከተማ ክሰርሕ ናብ ኣስመራ ተመልሰ። ምቕማጡ ኣብ ከባቢ ጐዳይፍ ኮይኑ ብዙሓት ወዲቡ ኣብ ብርክት ዝበለ

ንጥፈታት ውድብ ክሳተፍ ዝኽእለ ውፉይ ኢዩ። ኣብ'ቲ ከባቢ ጸላኢ ክከታተሎ ብምጅማሩ ሰፈሩ ቀይሩ ዕማሙ ቀጸለ። ሓደ ግዜ ኣብ ኣኼባ ምስ ገለ ኣባላቱ እንከሎ ብጸላኢ ተታሒዙ ብሜላ ክወጽእ ከኣለ። ሸዑ ኣስመሮም ዝብል መጸውዒ ስለ ዝነበሮ፡ ማእሰርቱ ዝሰምዐት ሓንቲ ተሓባባሪቱ ብስም ኣስመሮም ክትበጽሖ መጺኣ፡ ኣስመሮም ዝበሃል ከምዘየለ ከምዝሕበራ ብምግባር፡ ከምትርሕቕ ገበረ። ገብሩ ኣብ ኣስመራ ብዝለዓለ ጽፍሒ ካብ ዝሰርሑ ዝነበሩ ውፉያት'ዩ። ኣብ ምውጻእ ገንዘብ፡ ምውጻእ ንብረት፡ ምፍጻም ስርሒታት ናይ ምውህሃድ ተራ ከምዝነበሮ ዝተፈላለዩ መሳርሕቱ ዝነበሩ ይምስክሩ። ገብሩ ቀይሕ፡ ጽቡቕ፡ ኣዝዩ ረቂቕ፡ ዝማህመነ ዝመስል ሰብነት ዝነበሮ ሰብ'ዩ።

ነብሱ ተኸናኺኑ ክኣሊ፡ ጥዕንኡን ርቀቱን ከመሓይሽ ኣድህቦ ዘይነበሮ፡ ምሉእ ውነኡን ሓርኮትኮቱን ኣብ ውድባዊ ዕማም ተጸሚዱ ስለዝነብር ቅጥኑ ንርኣይቱ ዘተሓሳስብ ኢዩ ኔሩ። ካብ ምሒር ምቕጣኑ፡ ብጾቱ ዛንዛራ (ብጥልያን ጣንጡ) ኢሎም ስለ ዘጠመቑዎ ንገብሩ ብዛንዛራ ዝብል መጸውዒ ዝፈልጡዎ ብዙሓት'ዮም። ተወፋይነቱን ሓልዮቱን መጠን ኣይነበሮን። ንብጾቱ ይኹን ንኻልኦት ብምስጢር ክሕዞ ካብ ዘለዎ ቅንጣብ ዘየአንፍት፡ ጸቕጥን ምፍርራሕን ዘይጸምቀ ኣዚዩ ቈራጽን ጽኑዕን ፍጡር ነበረ። ህርፋን ዓወትን ረብሓ ውድብን ዘህንጥዩ ሰብ ብምንባሩ፡ ኣብ ዘንቅሎ ሓሳባት ስለ ዝተርርን ስለ ዝህወኽን ከም ውዑይ ሰብ ዝፈልጡዎ'ውን ኣለዉ። ገብሩ ብውድብ ዝለዓለ እምነት ተነቢሩሉ ኣብ ኣዲስ ኣበባ ንውድብ ወኪሎም ምእንቲ ክሰርሑ ምስ ገብረሂወት ተኽለ ተላእከ።

ገብረሂወት ተኽለ ኣብ ኣኽርያ (ኣስመራ) ዝዓበየ ወዲ ፖሊስ'ዩ። ብንእሽቶኡ ናይ ኣስመራ ኣፍልጦኡ ሰፊሕ ብምንባሩ ብኣድማዕነት ክሰርሕ ኣይተጸገመን። ንሱ ካብ'ቶም ቀዳሞት ውዱባት ህዝባዊ ግንባር ኮይኑ'ዩ ተበጊሱ (መፋርቕ 1970ታት)። ምቕማጡ ወሰን ኣኽርያ፡ ጸግዒ መዓስከር ብምንባሩ ብጸላኢ ብዙሕ ጥርጣሬን ተፍትሸን ይግበረሉ ስለ ዘይነበረ፡ ስራሓቱ ኣድማዒ ክኾነሉ ካብ ዘኽእለ ረቛሒታት ሓደ'ዩ። ጥበበኛ፡ ደፋር፡ ሕዉስን ብምንባሩ ናእሽቱን ዓበይትን ወዲቡ ከምዝተሓባበሩዎ ኣብ ምግባር ዝነኣድ ነበረ። ጉጅለ ቁጠባ (ብወዲ ሓጂ ዝምእከል ኣሃዱ ቁጠባ ወዲ ስራጅ) ካብ ገብረሂወት ዝረኸቦ ዝነበረ ምትሕብባርን ድፍረትን ዘዕግብ'ዩ። ብድፍረቱ ፍሉጥ ብምንባሩ

ገሊኦም ተሓባበርቱ ንዕኡ ርእዮም ድፍረት ዝለመዱ ኄሮም'ዮም። ሸጉጡ ኣብ ትሕቲ ኳሌታ ጃኬቱ ዓሚኹ ብምሕባእ፡ ነታ ጃኬት ኣብ መንኩቡ ኣንጠልጢሉ ተፍትሽ ወተሃደራት ዝሓለፈሉ እዋናት ኄሩ። ሓደ ግዜ ሰዓት ሕላፍ ምስ ካልኣዩ ናብ ኣኽርያ ክኣትዉ ከለዉ ሓለውቲ ወተሃደራት የጓንፍዎ። ሸው ደው በል ምስ በሉዎ ሸጉጡ ኣውጺኡ ተኹሲ ብምኽፋት ተሰወረ። ወተሃደራት ደርጊ ሻዕብያ ኣትዩ ውግእ ዝኸፈተሎም መሲሉዎም በብዘለውዎ ተኹሲ ከፈቱ። እቲ ተኹሲ ንነዊሕ ሰዓታት ቀጸለ። ገብረሂወትን ብጻዩን (ብርሃነ ገብረማርያም) ግን ብደሓን ኣብ ቦትኦም ኣተዉ። ንጽባሒቱ፡ ከም ሰቦም ምስ'ቶም ክትኩሱ ዝሓደሩ ኣዕለሉ። እቶም ወተሃደራት፡ ሻዕብያ ኣትዩ ብተኹሲ ኣናውጽ ከምዝሓደረ የዕልሉ ነበሩ። ገብረሂወት ንብጾቱ፡ ብፍላይ ናእሽቱ ውዱባቱ፡ "ንሕና ጉንዲ ኳንና ክንሓልፍ ኢና፡ ንስኻትኩም ተካእትና ኢኹም!" እናበለ የጉሳጉሶም ከምዝነበረ ይዝክሩ። ገብረሂወት፡ ኣብ ኣስመራ ጥራይ ዘይኮነ፡ ናብ ኣዲስ-ኣበባ ተላኢኹ ተልእኾታት ውድብ ምፍጻም ጋሻ ስለ ዘይነበረ፡ ምስ ገብሩ ተሰፋጋብር ናብ ኣዲስ-ኣበባ ተላእከ።

ኣበርክቶ ሓድሽ ማእካሊ ኣካል

ነቲ ብበዓል ተኪኤ በየነ፡ ዝቒመ ማእካሊ ኣካል ኣዲስ ኣበባ ዝተዋህቦ ዕማም ከቢድ'ዩ። ኣብ ርእሲ ምስጢራውነቱ፡ ኣብ መላእ ኣዲስ-ኣበባን ካልኦት ቦታታት ኢትዮጵያን ዝርከቡ ኤርትራውያን ምውዳብን ምጽላውን፡ ኣብ ከብዲ ጸላኢን መናገሻ ጸላኢን ኴንካ ኩነታት ጸላኢ ምክትታልን ምስ'ቲ ካላሽን ሒዝካ ኣብ ሜዳ ምውጋእ ዝዳረግ ዕማም ምንባሩ ኣይስሓትን። ንኽትነብር ስሪሕካ ክትኣቱ፡ ስድራ-ቤትካ ክትኣሊ፡ ከም ካልእ ሰብ ብጻዕርኻ ክትነብር በቲ ሓደ ወገን፡ በቲ ካልእ ድማ ኣብ ዝኾነ ደቒቕ ክትሰዋእን እዚ እናፈለጥካ ብዘይ ገለ ሕርኽርኽ ብተወፋይነት ክትዓይን ዝጠልብ ሓላፍነት'ዩ ኄሩ። እዚ ማእካሊ ኣካል'ዚ ካብ ክፍላ 1979 ጀሚሩ ክሳብ ክፍላ ሚያዝያ 1980 ብጽቡቕ ተጓዕዘ። ኣብ ሜዳ ናብ ዝካየድ ዝነበረ ጉባኤ ሃገራዊ ማሕበር ደቀንስትዮ ዝሳተፉ ኣባላት መሪጹ ሰደደ። ናይ ጸላኢ ናይ ካልእ ግዙፍ ወራር ምድላዋት ኣንፈታት ሓበሬታ ኣኪቡ ልኢኹ። እቲ ተፈናቲቱ ዝነበረ ስርርዕ ናብ ንቡር መሊሱ ናህሪ እናዋህለለ ዝጉዓዝ መስርሕ ምስጢራዊ ቃልሲ ኣበራበረ።

ቃልሲ ከተማን ከዋኽብቱን

ቢሮክራሲ ነዚ ማእካሊ ኣካል'ዚ ኣቑሙ ስራሕ ምስ ኣተሓሓዞ ናብ ንቡር ቦታኡ ኣስመራ ተመልሰ። ኣስመራ ብዓንተቦኣ ርስንቲ ዓውደ-ኩናት'ያ። ድሎ ብድሎ ዘይብሉ፡ ጋንታ ምስ ጋንታ (ወይስ ጋንታታት) ዘይኮነ ነፍሲ-ወከፍ ውዱብ ወይ ውፉይ ኣብ ዝኾነ ሰዓት ምስ ዕጡቓት፡ ዓፋኝ-ጓድ፡ ሕቡኣት ሃሱሳትን በብዓይነቶም ናይ ጸላኢ መሳርሒን ብደረጃ ውልቂ ዝገጥሙሉ ኩናት'ዩ። ፍሉይ ዕጥቅን ዕርድን ዘይብልካ ንቡር ሰቪላዊ ሰብ መሲልካ፡ ወይ ነብሰኻ እተጥፍኣሉ ወይ ድማ ንግዜኡ እተሰናብደሉ ሸጉጥ መሳሊ ዕጥቂ፡ ንሱ'ውን እንተተረኺቡ፡ ሒዝካ እትገጥመሉ ኩናት። ኩናት ከይገጥመካ እናሻዕ እናተኸወልካን ምምስሳል እናመሃዝካን ዕማም ውድብ ክትፍጽም ዝገጥመካ ኩናት። ጸላኢ ብግሁድን ብስዉርን እናሃደነ ብኣጋጣሚ ይኹን ብጥቈማ ምስ ኣትርከብ ዝገጥመካ ኩናት ዝካየደላ ዓውዲ'ያ ኮይና ኣስመራ። ቢሮክራሲ ናብ ኣስመራ ኣብ ዝተመልሰሉ ግዜ ናብ'ዚ ኩናት'ዚ'ዩ ተደቒዲቑ።

ኣብ ከም'ዚ ዓይነት ኩናት ብጅግንነት ዝሓለፉ ውፉያት ብዙሓት'የም። ኣሰዋውኣኦም ጽንዓትን ትብዓትን ዝምህር'ዩ ኔሩ። ንኣብነት፡ ረዘነ ብርሃነ ጉብሳ ዝተባህለ ውፉይ ንብጾቱ፡ "ኣሕዋትና ኣብ በረኻ ብጥሙይ ከብዶም፡ ብጸሓይን ቁሪን እናተገርፉ ይዋግኡ..." ብምባል ኣብ ዝኾነ ዕማም ድሕር ክብሉ ከምዘይብሎም የተባብዕ ነበረ። ጸላኢ ምስ ሓዞ ድማ ስድራ ከምዘይብሉ ኵብሊሉ ዝነብር ሰብ ምዃኑ ብምንጋር ብኣ ነቒጹ ተሰውአ።

መሓሪ ዑቕባይ ዝተባህለ ውፉይ፡ ጸላኢ ምስ ሓዞ ናይ መሰዋእቲ ከኒና ወሲዱ ከይሞተ ኸሎ ምስ ኣርከቡዎ፡ ምእንቲ ሓበሬታ ከይጸመቑሉ ከይሰዋእ ናብ ሕክምና ወሲዶም ተንበርኪኾም ጸባ ክሰቲ ክልምኑዎ ከለዉ ዝረኣየት ናይ'ቲ ሕክምና ነርስ "ጅግና ንጸላእቱ ከንበርክኽ" ምዕዛባ ኤርትራዊ ሓበን ተሰምዓ። መሓሪ ዑቕባይ ብኡ ንብኡ ብጸላኢ ተረሸነ።

ኣለም መኩብብ

ብግህዶን ብጭብጥን ተታሒዞም ከብቅዑ ሓደ ዘይከውን ሓጺር ቃል ሂቦም ነቒጸም ምስጢር ውድብ ዓቂቦም ዝተሰውኡ ብዙሓት'የም። ሓደ ካብኦም ተሰፋልደት መንግስቱ ኢዩ። ተሰፋልደት ምስጢራዊ ስሙ

ኣለም’ዩ። ክብብ ዝበለ፡ ዱልዱል፡ ጸሊም ኩርዳድ ጸጉሪ ስለ ዝነበሮ ብጸቱ ነታ ኣለም ትብል መክብብ ወሲኾምላ። ኣለም ብንእሽቶኡ ኣቡኡ ስለ ዝሞቱ ብሓርኮትኮት’ዩ ዓብዩ። ወዲ 15 ዓመት ኣቢሉ ምስ ኮነ ምስ ሓደ ጥልያን ተጸጊዑ ጽርበት ከኣለ። በዚ ሞያ’ዚ ኣብ ኣስመራን ሓያለ ከተማታት ኢትዮጵያን ሰርሐ። ኣብ 1974 ናብ ህዝባዊ ሓይልታት ክስለፍ ባሕራ-ባራ (ታዕሊም ኣብ ሰሜናዊ ባሕሪ) ወረደ። ዝተቖበሉዎ ሓለፍቲ ግን ኣብ ከተማ ንኽሰርሕ መዘዙዎ። ኣብ ኣስመራ ብንጥፈት ተዋሲኡ ኣዝዮም ብዙሓት ሰባት ወዲቡ ብክብ ዝበለ ደረጃ ክሰርሕ በቒዐ። ስሑል ምስጢራዊ ተጋዳላይ’ዩ። ናይ ምምስሳል ክእለቱ ልዑል፡ ንብጾቱ ንገሊኦም ካብ ሜዳ ዝመጸ፡ ንገሊኦም ካብ ገጠር ዝመጸ፡ ንገሊኦም ድማ ትካል ዘለዎ ወዲ ኸተማ መሲሉ ይቐርቦም ነበረ። ንዝወደቦም ሰባት ኣድቂቑ ዝፈልጦም፡ ብኣቀራርባኡን ንጥፈታቱን ኣዚዮም ዝፈትውዎን ዝኣምኑዎን ኔሮም። ሓደ ካብ ኣባላቱ፡ “ኣለም ንቓልሲ ከተማ ዝተፈጥረ ሰብ’ዩ።” ኢሉ ክምስክረሉ ከሎ፡ ሓደ ካልእ ድማ ዋዛ ሓዊሱ “75% ንኣለም፡ 25% ድማ ንህዝባዊ ግንባር፡” ብምእማን ከምዝተቓለሰ ይገልጽ። ተባዕን በሊሕ ምትዕጽጻፍ ዝመለኸን ሰብ’ዩ ኔሩ።

ሓደ ግዜ፡ ካብ ሜዳ ናብ ኣስመራ ብማይተመናይ ክኣቱ ኸሎ፡ ሓደ ኮማንድስ ምስ ዕጥቁ ጉፍ ይብሎ’ሞ፡ ኣለም ሽጉጥ ኣውጺኡ ሓደ መኸወሊ ድፋዕ ሒዙ በጥ ኢሉ ክታኹስ ተዳለወ። እቲ ኮማንድስ ነዚ ሃንደበታዊ ስጉምቲ ተዓዚቡ ንድሕሪት ሃደመ። ሓደ እዋን ድማ መጽሔታት ተሰኪሙ እናኣተወ እንከሎ፡ ናይ ኮንትሮባንዶ ተቘጻጻሪ ፊናንሳ ርእዩ ከምዝሽይን መሲሉ እልይ ኢሉ ኮፍ ብምባል ዕድል ክረክብ ተጸበየ። እቲ ፊናንሳ ድማ ናይ ኮንትሮባንዶ ኣቕሑት ዝሓዘ ሰብ መሲሉዎ ደው ኢሉ ተጸበዮ። ኣለም ምስ መጸ ካብ’ዚ መዋጥር’ዚ ንምውጻእ ተበላሓተ። ነቲ መጽሔታት ክፍት ኣቢሉ ነቲ ፊናንሳ ኣርእዩ፡ ኮንትሮባንዶ ዘይኮነስ መዘዝ ኮይኑዎ ድማ ስቕ ኢሉ ኣሕለፎ። ኣብ 1978 ካብ ባንክታት ገንዘብ ይወጸሉ ኣብ ዝነበረ እዋን ሓደ ሰዩም ኪዳነ ዝተባህለ ውዱብ ሰራሕተኛ ባንክ ኣለም ዝጥቐለል ሸሩፍ ሰልዲ ሒዙ ክመጽ’ሞ፡ 100,000 ብር ክቐብሎ ተሰማምዐ። ሽዑ እዋን ባንክ ጽዑቕ ሓለዋ እንከለዎ ብድፍረትን ሜላን ኣትዩ (ምስ ብጻዩ) ነተን

ገንዘብ ተዓወተለን። ኣለም ኣብ ምውህሃድ ሓያለ ንጥፈታት ቃልሲ ከተማ ተሳትፎ ዝነበሮ ኣገዳሲ ተቓላሳይ ኢዩ ኔሩ።

ኣብ ጥቅምቲ 1978 ኣለም ኣብ ማእከል ሹቕ ምስ ብጾቱ እንከሎ ሓደ ሃሱስ ጕፍ ይብሎም'ሞ ኣለም ነቲ ሃሱስ ብጥይት ሸጕጥ ዘቢጡ ከውድቖ ፈተነ። እቲ ሃሱስ ግን ተወጊኡ ኣምለጠ። ኣብ'ቲ ከባቢ ዝነበሩ ናይ ጸላኢ ሓያለ ሰባት ንኽሕዙዎ ፈቲኖም ብተኹሲ እናተኸላኸለ ከባቢ ማርካቶ በጽሐ። ጥይቱ ወዲኡ ከምልጥ ክፍትን ከሎ ሓደ ወተሃደር ግጥም ኣቢሉ ሒዙዎ ሃሱሳት ተደጋጊፎም ብህይወቱ ሒዞም ኣሰሩዎ። ብኽፋእ ኣመራምራ - ውዑይ ካትራመ ኣብ ነብሱ እናፍሰሱ - ከናዝዙዎ ፈቲኖም ሓንቲ ዘይክውንቲ ቃል ሂቡ ነቖጸ። ስሙ ጸጋይ ተስፋይ፡ ኣባል ተ.ሓ.ኤ.፡ ብግፋ ዝተሰለፈ፡ ነቲ ዝተኮሰሉ ክቐትል ተላኢኹ ሓደ ለይቲ ጥራይ ከምዝሓደረ ነጊሩ ነገራት ዓጸወ። 1979 ድማ ኣብ ቤት-ማእሰርቲ ተሰውአ። ኣብ'ቲ ኩናት ናይ ከተማ ዘይርሳዕ ጅግንነት ዘመዝገበ ዕዙዝ ተጋዳላይ'ዩ።

ኣባ ቡላ[43]

ካልእ ኣብነታዊ ኮኾብ ተጋዳላይ ከተማ ድማ ክብሮም ገብረመድህን (ወዲ ቡላ) ኢዩ። ኣቡኡ ገብረመድህን ገብርሄት ኣብ ዓዲ-ሓወሻ ኣባ ቡላ ኢዩ ዝበሃል። ኣባ ቡላ ሓደ ቀረባ ሰቡ ሓያም ክምርያ ወራድ መርዓ ኮይኑ ትኹል ወረደ። ኣብ ትኹል እቶም እንዳ-ጓል ካልእ ሽዑ እትምርያ ጓል ስለ ዝነበረቶም ኣብ ቅርዓት ናይቲ ዓዲ ምስ'ቶም ናይታ ሽዑ ትምርያ ዝነበረት ወራድ-መርዓ ተራኸቡ። ኣብቲ ቅርዓት ርሱን ደባልን ጭፈራን ተወዓውዐ። ኣባቡላ ሓያም ክወስድ ስለ ዝመጸ ደባል ብምግላብ ኣባቕል ብቐጥታ ዘይምልከቶ'ኳ እንተነበረ፡ ዕልምቲ በቕሊ ስለ ዝነበረቶ እቲ ደባል ብጋልባ ተዓጢቑ ተሳተፈ። ኣባቡላን በቕሉን ኣብቲ ርሱን መርዓ ብሉጽ ንእንዳ ሓሙ ዝማርኽ ምርኢት ስለ ዝፈጸመ፡ ንዕኡን ንሓያም ክወስዱ ዝመጹ ብጾቱን፡ ልክዕ ከም'ቶም ነታ ፈለማያ ትምርያ ክወስዱ ዝመጹ ብኽብሪ ተቐበሉዎም። ኣብ ጋልባ ዝተጠቕመላ በቕሊ ሕብራ ቡላ ዓይነት'ያ ኔራ። ቡላ ማለት ቡናዊ ሕብሪ ማለት'ዩ። ድሕሪ'ዚ መሳጢ ምርኢት'ዚ ገብረመድህን ገብርሄት ኣባ-ቡላ ተባህለ። ክብሮም ገብረመድህን ወዲ-ቡላ ዝተባህለሉ ምኽንያት ኣዚ ነበረ።

ኣዲኦም ኣብ 1974 ዓሪፈን። መድህን ኣብ 1975 ሓደ ወለድ ጉርዞ'ያ ኔራ። ግሩም ህድሞ እንዳባ-ቡላ ንሳ ትነብረሉ ኣብ ዝነበረት ግዜ ተጋደልቲ ህዝባዊ ግንባር ዓዲ-ሓወሻ ዝውቱር ቦትኦም ነበረ። ክብሮም ብናይ ጋራዥ ስራሕ ኣብ ድሬዳዋ (ምድሪ ኢትዮጵያ) ኢዩ ኔሩ። ኣብ ፈለማ 1975 ንኽጋደል ካብ ኢትዮጵያ ዓዲ ኣተወ። መድህን ድሮ ምስ ተጋደልቲ ህዝባዊ ግንባር ተላልያ ትተሓባበር ስለ ዝጸንሐት እንታይነት ናይቲ ውድብን ካልእን ካብኣን ካብ ካልኦትን ተረዲኡ ኣብ ህዝባዊ ግንባር ተሰለፈ። ኣብ ዓዲ-ሓወሻን ከባቢኣን ቀንዲ ወዳቢ ኮነ። ብኡ ንብኡ ኣስመራ ኣትዩ ውደባን ስርሒታትን ከካይድ ጀመረ። ድሕሪ ምዝላቕ ወተሃደራዊ ሓላፊ ናይ ከተማ ንጥፈታት ኮይኑ ይሰርሕ ነበረ።

ወዲ-ቡላ ኣብ ሓጺር ግዜ ሰፊሕ ውዳበ ኣብ ኣስመራ ከካይድ ብምብቅዑ ሓደ ካብ'ቶም ኣወሃሃድቲ ንጥፈታት ከተማ ክኸውን ከኣለ። ንሱ ወዳቢ ጥራይ ዘይኮነ ህጡር ተዋጋኣይ ከተማ ክኸውን ከኣለ። ሓደ እዋን ሰለይቲ ኢትዮጵያ ተኸታቲሎም ክሰዕቡዎ ምስ ረኣየ፣ ሽጉጡ ኣውጺኡ ትንዕ ምስ በሎም፣ ድሕር በሉ'ሞ ኣምሊጡ ኣብ ሓደ ዱኳን ኣትዩ ብድሕሪት ወጺኡ ምስ ረሓቐ፣ ንሓንቲ ካብ ኣስመራ ናብ ደቀምሓረ ትጉዓዝ ዝነበረት ናይ ሑጻ ማኪና ደው ኣቢሉ ኣብኣ ተሰዊሩ ወጸ። ሓደ ግዜ ድማ ኣብ ከባቢ ሓድሽ ዓዲ ሓደ ዝፈልጦ ሃሱስ ኣጓኒፉዎ ሽጉጡ ኣውጺኡ ክዘብጦ እንተፈተነ ቂም በለት። እቲ ሃሱስ ነዚኣ ኣስተብሂሉ ደንጉላ ኣልዒሉ፣ "ሓዞ! ሓዞ!" እናበለ ጐየየ። ወዲ-ቡላ ድማ "ሓዙዎ! ሓዙዎ!" እናበለ ምስ'ቲ ዝጐዩ ዝነበረ ህዝቢ ተጸምቢሩ እናጐየየ ንዕዳጋ ዓርቢ ሰንጢቑ ጥቓ መቓብር ኣርባዕተ-ኣስመራ በጽሐ። ኣገርህ ኣቢሉ ናብ'ቲ መቓብር ዘሊሉ ብምእታው ኣብኡ ተኸዊሉ ነቲ ህቦብላ ኣሕለፎ። ሓደ መዓልቲ፣ ኣብ ሰነ 1979፣ ወዲ-ቡላ ኣብ ገዛ ከንሻ ቤት ዮሃንስ ኣጀሌ ምስ ኣቶ ኣስመላሽ ኪዳነ ሓቢሮም ሓደሩ። ንግሆ ተሲኦም ናብ ልሙድ ስርሖም ቅድሚ ምብጋሶም በብመንገዶም ከይዶም ኣብ ቦውሊንግ (መዘናግዒ) ተራኺቦም ሓቢሮም ክቑርሱ ተሰማምዑ። ኣቶ ኣስመላሽ ኪዳነ ቦውሊንግ ኢዮም ዝሰርሑ። ዮሃንስን ወዲ-ቡላን ብሓንሳብ ተጓዕዙ። ኣብ ከባቢ እንዳማርያም ምስ በጽሑ ማኪና ዝሓዙ ኣፋኝ-ጓድ ኣጓነፉዎም። ኣብ'ታ ማኪና ወዲ-ቡላ ዝፈልጦ ሓደ ሃሱስ ነበረ። ወዲ-ቡላ ነዚ ምስ ረኣየ "ሰብ ጌርና!. . .ንስኻ ካባይ ተኣለ!" ኢሉ ንዮሃንስ ከምዝርሕቆ ድሕሪ ምግባር፣ ካብ

ዓይኒ'ቲ ሃሱስ ክኸወል ሰጕመ። እቲ ሃሱስ ግን ድሮ ኣስተብሂሉሉ ምስ'ቶም ኣፋኝ ኲይኑ ሰዓቦ። ወዲ-ቡላ ንጡፍ ስለ ዝነበረ ተጠዋውዩ ካብኦም ረሓቐ። ካብ ዓይኖም ግን ኣየምለጠን። ኣብ ኣፍደገ ጋራዥ ፕሪንቼፕ (ኣብ'ቲ ግዜቲ ብውፉይ ወልደማርያም ሃይለ ትውነን) ምስ በጽሐ ኣብኣ ኣትዩ ብድሕሪት ወጺኡ ከምልጥ ወጠነ። ምስ ኣተወ ግን እታ ናይ ድሕሪት መውጽኢት ማዕጾ ኣጋጣሚ ተረጊጣ ጸንሓቶ። ካልእ ኣማራጺ ስለ ዘይነበሮ፡ ኣብ ትሕቲ ሓንቲ ካብ'ተን ብዙሓት መካይን ኣትዩ ተኸወለ። ኣባላት ኣፋኝ ጓድ ደድሕሪኡ ኣትዮም ሃሰስ ኢሎም ሰኣኑዎ። ተስፋ ቈሪጾም እንከለዉ እቲ ሃሱስ ኣብ ትሕቲ መካይን ሃሰስ ክብል ኣደናጕዮም። ኣብ መወዳእታኡ እቲ ሃሱስ ወዲ-ቡላ ኣብኡ ከምዘሎ ጠመተ። ተስፋ ቀሪጾም ንዝነበሩ ኣፋኝ-ጓድ ጸዊዑ ድማ ብማዕዶ፡ "ኣብ'ዚ ኣሎ!" ኢሉ ኣመልከተ። ወዲ-ቡላ ተታኺሱ ዝወጸሉ ዕድል ከምዘይነበሮ ተዓዚቡ፡ ነብሱ ብገዛእ ሸጉጡ ኣሕለፋ። ኩሉ ትምኒት ጸላኢ ብጅግንነታዊ መሰዋእቲ ኣምከኖ። ኣብ ኩናት-ከተማ ንጸላኢ ተስፋ ብዘቑርጽ፡ ንህዝቡን ብጾቱን ሓበንን እምነትን ብዘሰርጽ ኣገባብ ተሰዊኡ። ብዘይካ ሬሳኡ ድማ ቅንጣብ ምስጢር ክረኽቡ ኣይከኣሉን።

ቢንያም [44]

ኣብ'ቲ ብውልቂ ዝግጠም ኩናት-ከተማ ሓደ ብቐጽበታዊ ኣሰራርሓኡ ክርቢት ዝብሉዎ፡ ብደገ ክትርእዮ እንከለኻ እንታይ ክገብር ከምዝኽእል ዘይትግምቶ፡ ግና ብዘዐወቶ ስርሒታት በተኽ ምንባሩ ዝፍለጥ ሕጽር ዝበለ፡ ጸሊም፡ ብዕድመ ካብ በዓል ወዲ-ቡላን ኣለምን ኣዝዩ ዝንኣሰ ዉፉይ ነበረ። ስሙ ኢዮብ ወልደየሱስ ተስፋማርያም ይበሃል። ኣብ ጸዕዳ-ክርስትያን ካብ ሓደ ትሑት መነባብሮ ዝነበሮ ስድራ-ቤት ተወሊዱ። ሓደ ነዲኡ ስለ ዝነበረ ወላዲቱ ክወጽእን ክኣቱን ማይ ትሓቁፍ ነበረት። ንሱ ኣብ 1975 ኣብ ህዝባዊ ግንባር ተወዲቡ ኣብ ሓጺር ግዜ መራሒ ጨንፈር ኮነ። ድፍረቱን ቈራጽነቱን ብደጊኡ ወይ ኣብ ዘረብኡ ዘየርኢ ኣዚዩ ምቕሉልን እዱብን ሰብ'ዩ። እንተኾነ መቕበጽ ክበሃል ዝከኣል ኣዝዩ ጽኑዕን ደፋርን ሰብ ስለ ዝነበረ፡ብጠርጠራን ኣጋጣሚን ሰለስተ ግዜ ተኣሲሩ ብኣሉታ ኣቕቢጹ ክወጽእ ክኢሉ። ከም ውፉይ ቀልጢፉ ስለ ዝዓበየ ኣብ ሜዳ ኣብ ዝተገብረ ጉባኤ ሃገራዊ ማሕበር

ሰራሕተኛታት ኤርትራ ተሳቲፉ ኣባል ባይቶ ተመርጸ። ቈራጽነቱ ኣብ ዝተፈላለየ ስርሒታት ዘርኣዮ ጽፉፍ ጅግንነት ኢዩ። ንሓደ ሃሱስ ኣብ ማእከል ዕዳጋ ሓሙስ፡ ኩዳን ሚኒቹፕየ ተኸዲኑ ተጸጊዑ ብሽጉጥ ኣልግብ ኣቢሉ ድሕሪ ምውዳቕ ምስ'ቲ ህዝቢ ተጸምቢሩ ከይተፈልጠ ወጽአ። ኣብ 1980 ድማ ንሓደ ኩዳዕ ልክዕ በቲ ዝተጸንዐን ዝተወጠነን ኣገባብ ከምዝእለ ድሕሪ ምግባሩ፡ ተቐቢላ ክተህድሞ ዝነበራ ማኪና ኣብ ቦታኣ ስለ ዘይጸንሐት ግን ተቓልዐ። ብዙሓት ሃሱሳት ስዒቦሞ ነዊሕ ኣምሊጡ ሜዳ ኤርትራ ምስ በጽሐ፡ ብማዕዶ ተኩሶም ስለ ዘውደቑዎ ኣብ ኢዶም ናይ ምእታው ሓደጋ ኣጋጠሞ። ኢዮብ (ምስጢራዊ ስሙ ቢንያም) ከምቲ ልዕል ኢሉ ዝተገልጸ በተኽን ክርቢትን'ዩ። ኣብ'ታ ህሞት'ቲኣ ካብኣም ከምልጥ ከምዘይክእል በቲ ሓደ ሸነኽ ድማ ኣብ ኢዶም ኣትዩ ክረብሑሉ ከምዘይግባእ ተረዲኡ፡ ኣብ ኢዱ ዝነበረት ቦምባ ፈቲሑ ተተርኣሳ። ካብ ክሳዱ ንላዕሊ ጭራሽ ስለ ዝደምሰሰቶ ድማ ጸላኢ መን ምዃኑ ከይፈለጦ ተሰውአ።

ኩብሮም ዘመን [45]

ኩብሮም ዘመን ኣብ'ታ ኣብ 02 ለካቲት 1975 ጅምላዊ ህልቂት ዘጋጠማ ዓዲ ወኪ-ዱባ ተወሊዱ ዝዓበየ'ዩ። ሰራዊት ደርጊ ካብ 31 ጥሪ 1975 ኣትሒዙ ክሳብ 05 ለካቲት 1975 ኣብ ውሽጢ ኣስመራን ኣብ ቀረባኣ ዝርከባ ዓድታትን ዘየቋርጽ ጅምላዊ መቕተልቲ ፈጸመ። ወኪ-ድባ ሓንቲ ካብ'ተን ናይ ሽዑ ቅዝፈት ግዳይ ዝኾነት ካብ ኣስመራ ንምዕራብ ኣስታት 5 ኪ.ሜ. ርሒቓ እትርከብ ዓዲ ኢያ። ካብ'ዛ ዓዲ ብርክት ዝበሉ መንእሰያት ኣብ ናይ ውሽጢ ከተማ ኣስመራ ገድላዊ ንጥፈታት ብተወፋይነት ይሰርሑ ነበሩ። እቲ ብቖራጽነቱ፡ ብብልሑን ተወፋይነቱን ምርኡይ ዝነበረ ኩብሮም ዘመን ሓደ ካብኦም ኢዩ። ንሱ ኣብ 1980 ብጸላኢ ተታሒዙ ተረሸነ። ኣብ ብዙሓት መሳርሕቱን ፈለጥቱን ኣብነታዊ ተዘክሮ ሓዲጉ ዝተሰውአ ጅግና'ዩ።

ካብ'ታ ዓዲ ኣብ ናይ ከተማ ናይ ጅግንነትን ተወፋይነትን ስራሕ ፈጺሞም ዝተሰውኡ መዛንኡ'ውን ኣለዉ። የማነ ገረዝጊሄር ኣብ ከባቢ ባር ትብለጽ ብስሙ ዝተኻረያ ቤት-ሻሂ ሳባ እትብሃል ናይ'ቶም ውፉያት መዋፈሪትን መራኽቢትን ተገልግል ነበረት። የማነ ንባዕሉ ውፉይ ብምንባሩ፡ ጸላኢ ሃዲኑዎ ኣብ ከባቢ ባር ፎልያ ተታሒዙ፡ ግና ዕድል

ከይሃቦም ብገዛእ ኢዱ ተሰዊኡ ምስጢር ቀቢሩ። ዮውሃንስ ገረወልዲ፡ ካልእ መንእሰይ፡ ኣብ ከባቢ ሕክምና ሙኒቺፐዮ ጥቓ ማይ ኣባሻውል ወተሃደራት ብመኪና ተሓጊዞም እናሃደኑዎ እንከለዉ ክሕዙዎ ስለ ዘይከኣሉ ብማዕዶ ተኩሶም ቀቲሎሞ ሽጉጡን ነብሱን ኣብ ማኪናኦም ሰቒሎም ወሲዱዎ።

ማና ሓጕስ [46]

ውፍይቲ ማና ሓጕስ፡ ሓንቲ ካብ'ቶም ምርኡያት ከዋኽብቲ ተቓለስቲ ከተማ ኣስመራ'ያ። ኣብ መርካቶ ኣብ ናይ ስድራኣ ዱኳን ትሰርሕ ተመሲላ ብገድላዊ ዕማማታ ትነጥፍ ነበረት። ኳዕናንን ጽብቐትን ማና ሓጕስ ኣብ'ቲ ትንጥፈሉ ዝነበረት ኣከባቢ ምስ ሰብ ብዝነበራ ሕውስ ባህሪን ብናይ ምዝዋር መኪና ክእለታን እትድነቕ ነበረት። ኣብ ኣስመራ ተማሂራ ኣብ 1973 ኣብ ከተማ ናዝሬት (ጥቓ ኣዲስ ኣበባ) 12 ክፍሊ ወዲኣ ናብ ኣስመራ ተመሊሳ ኣዲኣ ዘቘመኦ ዱኳን ኣብ ምክያድ ክሳብ ኣጋ መወዳእታ 1981 ነጠፈት።

ወላዲኣ ኣቶ ሓጕስ ካሕሱ፡ ንሳን ክልተ ምንኣሳ ኣወዳትን ዕሸላት እንከለዉ ኣብ 53 ዕድሜኦም ኣብ 1961 ዓረፉ። ንሶም ካብ ኣሕዋቶም ሕሳስ ልደ ኮይኖም ትምህርቲ ጥልያን ዝቐሰሙ'ዮም። ኣብ ደግራ-ልብእ ዝብሃል ኣብ ጥቓ ሰገነይቲ ዝርከብ ዓዲ ተወሊዶም። ደግራ-ልብእ ኣንካላ ምስ ዝተባህሉ ኣብ ደንከል ዝርከቡ ዓፈር ዝዋለዱ ምኻኖም ይፍለጥ። ኣቶ ሓጕስ ኣብ ከተማ ኣስመራ ኣብ ባንኮ ዲ ሮማ ክሰርሑ ድሕሪ ምጽናሕ ኣብ ግዜ እንግሊዝ ፖሊስ ተኸቲቦም ክሳብ ናይ ሰርጀንተ መዓርግ በጺሖም ነበሩ። ካብ ፖሊስ ወጺኦም ኣብ ዘመናዊ ሕርሻ ኣብ ምድሪ ኢትዮጵያ ተዋፊሩ። ብድሕሪኡ ናብ ኣስመራ ተመሊሶም ኣብ ንግድ ካፌተርያ፡ ባርን ኣባይቲን ዝተዋፈሩ ኣዚዮም ዕውት ሰብኣይ ነበሩ። ናይ'ቲ ግዜ'ቲ (1950ታትን ክፍላ 1960ታትን) ካብ ዝነበሩ መንቋሕቋሕታ ዝነበሮም ፈላጣትን ምሁራትን ሰብ ኣስመራ ኔሮም ክበሃል ይክኣል። ሃይማኖታዊ ፍልልያት ዝሰገረ ንቕሓትን ተግባራትን ዝነበሮም ብምኻኖም ምስ በዓል ሚኪኤል ሓሰማ ዝተባህሉ ዓበይቲ ኤርትራውያን ብምትሕብባር ነቶም ኣብ ከባቢ ሰገነይቲ ዝነብሩ ጦርዓን ጸንዓደግለን ዝተባህሉ እንዳታት ዝነበሮም ደማዊ ግርጭት ኣብ ምፍታሕ ብዕቱብ ተቓሊሶም ኢዮም።

ወላዲታ ወይዘሮ ኣምለሰት ደስታ ኣብ ሜዔላ (ከባቢ ሰገነይቲ) ቦኽሪ ስድራ ተወሊደን። ኣቦኣን ናይ ጥልያን ዓስከር ኮይኖም ኣብ ካልኣይ ኲናት ዓለም ተወጊኦም ሰንኪሎም ኣብ ሰገነይቲ ምስ ደቆም ተቐመጡ። ወይዘሮ ኣምለሰት ከም'ቶም ካልኦት ኣሕዋተን'ኳ ናይ ትምህርቲ ዕድል እንተዘይረኸባ ብኣሕዋተን እናተሓገዛ መሃይምነት ኣጥፊኣን ዘሰርሐን ፊደል ቀሚሰን ኢየን። ቦኽሪን ናባይት ኣሕዋተንን ብምንባረን ስድራን ናብራን ናይ ምእላይ ክእለት ዘጥረያ ህርኩቲ ሰብ ነበራ። በዓል ቤተን ብዝነበሮም ሓልዮት ናብራ ከተማን ንቕሓትን ኣጥሪየን ስለ ዝጸንሓ ድሕሪ ዕረፍቶም ደቀን ኣብ ምዕባይ ኣይሰነፋን። ነቲ ኣብ ደግራ-ልብኣ ብሰብኣየን ተጠርዩ ዝነበረ ዘመናዊ ሕርሻ ኣነጣጢፈን እግሪ ዘትክል ውጽኢት ረኺባሉ። ኣብ መርካቶ ዱኳን ተኺለን መነጣጠፊት ናይ ጽዕነት መኪና ወኒነን ንደቀን ከየዘኽተማ፡ ብበዓል ቤተን ዝደንፍዐ መነባብሮ ከይተኹልፈ ከም ዝዓቢ ገበራ።

ማና ጓለን ኩሉ ኣተሓሕዛኣ ነዚ መነባብሮ'ዚ ዘይትሓምቀሉ ምኳና ገምጊመን ከኣ ዱኳን ብስማ ከምዝኸውን ብምግባር ሓላፍነት ኣሰከማኣ። እንተኾነ ማና ጓለን ካልእ ንቓልሲ ዝምልከት ንጥፈታት ከምዝነበራ ምልክታት ረኺበን፡ “እዛ ጓለይ ናትና ኣይኮነትን! ካልእ ዋኒን ኣለዋ፡ ” ብምባል ሓደ መዓልቲ ሓደጋ ከየጋጥማ ስግኣት ሓደረን። ጸጋ ተወልደ፡ ሳራ ተወልደን ዝተባህላ ኣሕዋት መራኽብታ ኔረን። ብፍላይ ብስም ኣብርሃም ዝፍለጥ (ሓቀኛ ስሙ እስቲፋኖስ፡ ባሻይ ዝሳጓኡ) ኣብ'ቲ ገዛ ኣታዊን ሕውስን ነበረ። ንስድራ ማና ኣባሎም'ምበር ጓና ኣይመስሎምን። ዝለለየሉ ስራሕ መካኒክ'ኳ እንተነበረ ቀንዲ ስርሑስ ናይ ከተማ ገድሊ'ዩ። ሓደ ግዜ (1981) ብጸላኢ ስለ ዝተሃድኑ በዓል ባሻይ ንሜዳ ወጽኡ። ብኸምኡ ዝፈልጡዎ ፍትዊ መስፍን (መሓመድ) ተኣሰረ። ማና ሓጐስ ንግዜኡ ካብ ዱኳን ተገለለት። ኣብ መወዳእታ ናይ'ቲ ዓመት'ቲ ድማ ናብ ኣዲስ-ኣበባ ገዓዘት።

ኣብ ኣዲስ ኣበባ ኣብ እንዳ ሓዋ ተሰቲራ እንከላ ሰለይቲ ኢትዮጵያ ኣሲሮም ናብ ኣስመራ ኣምጽኡዋ። ድሕሪ ናይ ሰለስተ ዓመታት ሕሱም ማእሰርቲ ድማ ኣብ መስከረም 1985 ተረሸነት።

እምሃጼን ዘርኣይ [47]

እምሃጼን ዘርኣይ፡ ህዝባዊ ሓይልታት ጌና ዕብየቱን ዝናኡን ኣብ

ከበሳታት ከይደየበ እንከሎ፡ 1973፡ ካብ'ቶም ቀንዲ ተዋሳእቲ ኮይኑ ኣብ ውሽጢ ኣስመራን ከባቢኣን ዝንቀሳቐስ ዝነበረ ዉፉይ ኢዩ። ምስ በዓል ያሬድ ቀሺ ተኸስተ (ዓዲንፋስ)፡ ግርማይ ተስፋዝጊ (ጻዕዳ ክርስትያን) ተኣሳሲሩ ይሰርሕ ነበረ። ኣካዳሚያዊ ትምህርቲ ዘይቀሰመ'ኳ እንተነበረ ብፋሕተርተሩ ሞያ ኣጥሪዩ ኣዐራዩ ብሽክሌታ ኮይኑ ናብርኡ ይኣሊ ነበረ። ናእሽቱን ዓበይትን መካይን ምዝዋር ዝመለኸን ኣብ ምስጢራዊ ገድላዊ ስርሑ ብስሉጥ ዝተጠቐመሉን ሰብ'ዩ። እምሃጼን፡ በዓል ሓዳርን ክሳብ 1976 ሰለስተ ቈልዑ ዝወለደን'ዩ።

ኣብ ዕዳጋ ሓሙስ ውሩያት ተቓለስቲ ከተማ ኣብ እንዳ ኣለም ትበሃል ተሓባባሪት ብጸላኢ ተኸቢቦም ተታኺሶም ሓደ ካብኦም እናተታኾሰ ጥይቱ ወዲኡ ከም ዝተማረኸ በዓልቲ ቤቱ ሰምዐት። ሮዚና፡ እምሃጼን ተታኺሱ ጸላእቱ ከይለከመ ከምዘይስዋእ፡ እንድሕር ተሰዊኡ ደቃ ህዝባዊ ሓይልታት ከዕብየላ ምኧኑ እናሻዕ ዝነግራ ዘረባ ምንባሩ ዘኪራ እቲ ተኹሲ ንእምሃጼን ዝለከመ ክኸውን ከምዝኽእል ሓሲባ ከብዳ ማይ ሓቑፈ። ካብ ዝፈርሃቶ ኣይወጸትን። ኣብ'ታ ዝተባህለት ቦታ፡ ጸላኢ ስለ ዘኽበቦ እምሃጼን ተታኺሱ ሽጉጡ ጥይታ ምስ ወደኣት ንዓእ ሰቢሩ ናይ መስዋእቲ ከኒና ኣብ ኣፉ እናእተዋ እንከሎ ጉቢጦም ሒዞም፡ ናብ ሆስፒታል ወሲዶም ነታ ዝበልዓ ከኒና ብሕክምና ኣምኪኖም እሱር ገበሩዎ። ንቑሩብ ምስ ተኣስረ ኵሎኔል ብሸኡ (ዕሉል ውተሃደራዊ ኣዛዚ ስርዓት ደርጊ) ብውፉያት ህዝባዊ ሓይልታት ምስ ተቐንጸለ፡ ንእምሃጼንን ካልኦትን ንጽባሒቱ ረሸኑዎም።

ብጅግንነቱን ተበላሓትነቱን ህቡብ ዝነበረ እምሃጼን ታሪኹ በዚ ተዓጽወ። ምሉእ ስሙ እምሃጼን ዘርኣይ ምለሊኽ እዩ ዝብሃል። ኣብ ጻዕዳክርስትያን ንምለሊኽ ዝወለዱ ከንቲባ ህብትንኪኤል ህጡር በዓል ዝና ሰብኣይ ነበሩ። ሽውዓተ ኣወዳት ወሊዶም ክንሶም ካብ ሓንቲ ጓል ኣይተ ጉብሳ ዝብሃሉ ብዓል ጻዕዳ-ክርስትያን ንምለሊኽ ወለዱ። ምለሊኽ ብናይ ቅብጥሮት ስሙ መልከ ይብሃል። መልከ እቲ ዝነኣሰ ክንሱ ንኣሕዋቱ ዋልታ ዝኾነ ሓያል ሰብ ኮይኑ ዓበየ። ኣብ'ቲ ዓዲ ጅግንነት እምሃጼን ክዝከር ከሎ ኣቦሓጉኡ መልከ ዝመስል ሓያል ሰብ ምንባሩ ይጥቀስ'ዩ።

ጴጥሮስ መለስ [48]

ጴጥሮስ መለስ፡ ሓደ ካብ'ቶም ናይ ቀረባ መሳርሕተ ቢሮክራሲ ናይ ከተማ ተጋዳላይ ኢዩ። ኣብ 1956 ተወሊዱ ኣብ 1974 ንሜዳ ክስለፍ ፈቲኑ ኣይተቐበሉዎን። ሽዑ ናይ ከተማ ርክብ ጀሚሩ ናይ ውሽጢ ውፉይ ኮይኑ ክሳብ 1981 ሰርሐ።

ኣቡኡ መምህር መለስ ሳህለን ኣዲኡ መምህር ትበርህ ኣማኑኤልን ካብ'ቶም ፍሉጣት ስድራቤታት ቀዳሞት ተቐማጦ ኣስመራ ኢዮም። ኣቦሓጎታቱ መምህር ሳህለን መምህር ኣማኑኤልን ካብ'ቶም ቀዳሞት መምህራን ኣብ ኤርትራ ዝነበሩ'ዮም። ሳላ ትምህርትን ዘመናዊ መንቋሕቋሕታን ኣስመራ ብእግሪ ተኸላ ካብ ዝሰፈሩዋ ስድራቤታት ከኣ ነበሩ። መምህር ሳህለ ምስ ኣቦኦም ዓንደሚካኤል ዕስክርና ጥልያን ዝተመኮሩ ኮይኖም፡ እቲ ዝርካቡ ትምህርቲ ናይ ሽዑ ዝቐሰሙ'ዮም። መበቆል ዓዲ መምህር ሳህለ ዓንደሚካኤል ደቂ-ጴጥሮስ (ደቄጥሮስ) ዝተባህለ ዓዲ ናይ ካርነሽም'ዩ። እንተኾነ ኣቶ ዓንደሚካኤል ዓስከር ጥልያን ኮይኖም፡ ጥልያን ምስ ተሳዕረ፡ ዓዲ ዓርካይ ኣብ ዝብሃል ኣብ ሰራየ ዝርከብ ዓዲ ሰፈሮም ከም ወዲ ዓዲ ይነብሩ ነበሩ። መምህር ሳህለ ኣብ ኣስመራ ኣብ ገዛ ባንዳ ገዛ ብምውናን ሰፈሮም ንመምህር መለስ፡ ንመምህር ኣማኑኤል፡ ንኣብርሃም ሳህለን ካልኦትን ወለዱ።

እንዳ መምህር መለስ ሳህለ ብዝነበሮም ሓርኮትኮትን ምብልሓትን ደሓን ዝኾነ መነባብሮ ኣብ ከተማ ኣስመራ ነበሮም። ወነንቲ ትካል ፎርኖ ብምዃን ደቆም ኣብ ምዕባይን ምምሃርን ዕውታት ነበሩ።

ጴጥሮስ ማእከላይ ቁመቱ፡ ከደራይ ኮይኑ ብናይ ከተማ ሓሻሺ ህይወት ከይተበከለ ብመደብ ዝጉዓዝን ንስድርኡ ኣብ ዝነበሮም ስራሕ ብንኡሱ ተሳቲፉ ናይ ምእላይን ምንባይን ክእለት ዝወነነ'ዩ ኔሩ። ጌና 20 ዓመቱ ከይመልአ ምምራሕ መኪና ተማሂሩ ስራሕ ስድርኡ ምእንቲ ክኣሊ ንእሽቶይ ማኪና ወኒኑ። ኣብ ናይ ንእስነት ወዛሕዛሕ ኣይወዓለን። ቀንዲ ኣገልጋሊ ስራሕ ስድራን ኣባላት ስድራን ኮነ። ቅድሚ ከም'ዚ ዓይነት ብስለት ምጥራዩ በቲ ኣብ 1960ታት ዝዘውተር ዝነበረ ንመንእሰያት ንምምሳጥ ብኣሜሪካውያን ተዘርጊሑ ዝርአ ዝነበረ ፊልምታት ተጸልዩ ኔሩ'ዩ። ገለ መንእሰያት ሓድሽ ፊልም፡ ሓድሽ ፋሽን ኣብ ዝቕልቀለሉ እዋን ቀልጢፎም ይጽለዉሉ። ሽዑ ግዜ፡ ከም ዘ ማንኪይስ (The monkeys) ዝኣመሰሉ፡ ብዙሓት ኣሜሪካውያን መንእሰያት፡ ኣወዳትን ኣዋልድን ተሓዋዊሶም ዝሰዕስዑሉን ዝደርፉሉን ፊልምታት ይዝውተር ነበረ። ምስኡ ካልእ ብዕሉግ ወልፍታት ይተኣታቶ ነበረ። ጴጥሮስ ከም ዕሽል ጉበዝ እዚታት ፈታቲኑ ከንቶነቱ ርእዩ ባዕሉ ዝሓደጎ መንእሰይ ኤሩ።

ጴጥሮስ ሓደ ካብ'ቶም ቀዳሞት መንእሰያት ንማይድምነትን ካልእ መራኸቢ ምስ ናይ 06 ተጋደልቲን እናተመላለሰ ናይ ከተማ ገድላዊ ንጥፈታት ዘካይዱ ዝነበሩ ኢዩ። ሓደ ግዜ ምስ ብጻዩ ሰሎሞን ፍቓዱ ካብ ማይድምነት እናተመልሱ ከለዉ ብጸላኢ ተታሒዞም ኣብ ኤክስፖ ተኣሰሩ። ጴጥሮስ፡ ናይ ስድርኡ ፎርኖ ኣብ ዘካይደሉ ዝነበረ እዋን ምስ ሓደ ላዕለዋይ ሓላፊ ሰራዊት ኢትዮጵያ ተላልዩ ስለ ዝነበረ ብጽልዋ'ቲ ሓላፊ ክፍኖ እንከሎ ሰሎሞን ፍቓዱ ግን ናብ ኢትዮጵያ ተጠሪዙ። ኣብ'ቲ ግዜ'ቲ፡ ዝተታሕዘ ዳህያ ይኣቱ ስለ ዝነበረ ብኸም'ዚ ዝተቓለለሎም ሓደ ብርቂ ዕድል'ዩ ክበሃል ይከኣል።

ጴጥሮስ ሓንቲ ካብ'ተን ዝወደበን ዋህዮታት ብጺጋ ፍቓዱ፡ ምሕረት ገረዝጊሄርን ጉዐይ ኪዳነን ዝቖመት ነበረት። ጉዐይ ኪዳነ ጓል ሓትነኡ ንመምህር መለስ ሳህለ ኢያ። ኣብ ማይምነ ተወሊዳ፡ ኣዴኣ ትበርህ ገብረማርያም ቁልዓ ከላ ስለ ዝሞተት ወዲ ሓትነኣ መምህር መለስ ምስ ደቁ ከዕብያ ኣምጺኡዋ ኣብ ገዛ ባንዳ ምስኦም ዝነበረት'ያ። ኣብ 1978 ክትሰለፍ ፈቲና፡ ግና ጴጥሮስን ቢሮክራስን ምእንቲ ኣብ ከተማ ክግልገሉላ መሊሶማ። ንሳ ኣብ'ቲ ምስጢራዊ ስርሖም ኣገዳሲት ሰብ ነበረት።

ኣብ1981 ናይ ሱሌማን ብጸላኢ ምትሓዝ ንሃለዋት ጉዐይን ጴጥሮስን ኣሰጋኢ ኮነ። ጴጥሮስ ብጻዮም ተታሒዙ ምንባሩ ስለ ዝፈለጠ ሓበሬታ ሂቡወን ጉዐይን ኣዴኡ መምህር ትበርህ ኣማኑኤልን ማዕጾ ካንሸሎ ረጊጠን ሓለዋ ይጸናጸና ነበራ። መራኸቢት ሬድዮ (ፒኣርሲ) ኣብ ገዝኡ መጀመርያ ኣብ ሻዞ ናይ ዕምባባ ሓቢኦም ቢሮክራሲን ገብሩን እናተበራረዩ ምስ ሜዳ ይራኸቡላ ኤሮም። ደሓር ኣብ መደቀሲ ጴጥሮስ ኣብ እግሪ ኣርማድዮ ሰፈር ተሰሪሑላ ኤሩ። ክንደይ ግዜ ተፍትሸ ተጌሩ ኣብ ጽኑዕ ቦታ ተሓቢኣ ስለ ዝነበረት ኣይተረኸበትን። ድሕሪ ምትሓዝ ሱሌማን ክህሉ ዝኽእል ተፍትሽ ግን በንቃሪ ክኸውን ስለ ዝኽእል ምስ

ጉዐይ ተሓባቢሮም ኣብ ውሽጢ ካንቸሎ ዝነበረ ጀርዲን ኣዕሚቖም ብምፍሓር ብፕላስቲክ ጠቕሊሎም ቀበሩዋ። ንምምስሳል ከኣ ነቲ ጀርዲን ብምሉኡ ኮስኲሶም ማይ ኣስተዮም ኩነታት ተጸበዩ። ወተሃደራት ዝሓዛ መካይን ምሸት ሰዓት 10፡00 ኣቢሉ ጥቓ ገዝኦም ደው ክብላ ከለዋ ጉዐይ ንጴጥሮስ ሓበረቶ። ብሓንቲ መስለኹት ናብ ጉረቤት ገዛ እንዳ ኣባሓጉኡ (መምህር ሳህለ) ሰገረ። እታ መስለኹት ሓወቦኡ ኣብርሃም ሳህለ መንደቕ ፍሒሩ መስኮትን ስካላን (መሳልል) ሰሪሑ መተሓላለፊት ምስ እንዳ መምህር መለስ ኣዳልዩዋ ዝነበረ'ያ። ካብኡ ናብ ካልእ ገዛ ሰጊሩ። ኣብ ዕዳጋ-ሓሙስ እንዳ እሙናት ተሰትረ። ብድሕሪኡ ብብሎኮ ከረን ተመሳሲሉ ናብ ሜዳ ምስ ብጾቱ ተጸንበረ። ኣብ 1985 ኣብ ድሕሪ መስመር ምስ ጸላኢ ኣብ ዝተገብረ ግጥም ተሰውአ።

ሓደ ካብ'ቶም ምስ ቢሮክራሲ ብጥቡቕ ዘዛምዱ ዝነበረ ናይ ሬድዮ ርክብ ስራሕ'ዩ ኔሩ። ሓንቲ ምስ ጴጥሮስ ሓንቲ ኸኣ ምስ ቢሮክራሲ ኔረን። ክክም ኩነታቱ ብሓዲኣን ንሜዳ ዝራኸቡለን መሳርሒታት'የን ኔረን።

ስግኣት ሃለዋት ቢሮክራሲ ኣብ ኣስመራ [49]

ቢሮክራሲ ካብ ኣዲስ ኣበባ ናብ'ዚ ፍሉይ ናይ ከተማ ኣስመራ ዓውደ ኩናት ምስ ተመልሰ ዓመተ 1979 ተዛዚሙ ዓመተ 1980 ኣብ ምእታዉ ከም ቀደሙ ብጽዑቕ ስራሓት ትሑዝ ነበረ። እቲ ፍሉይ ኩናት ዝምልከቶ ስለ ዝነበረ እቲ ሃላኺ ህይወት ናተይ ኢሉ ሒዙዎ'ዩ። እዚ ፍሉይ ኩናት'ዚ ሎሚ ዝግ ኢሉ ክትብሎ ንጽባሒቱ ዝቐጽል'ዩ። ከም'ዚ'ሉ ስርሑ እናቐጸለ እንከሎ ሓደ መዓልቲ ኣብ ወርሒ ለካቲት 1980 ናይ ቢሮክራሲ ኣብ ኣስመራ ናይ ምቕጻል ዕድል ዘደውን ፍጻሜ ተረኸበ።

ሽዑ መዓልቲ፡ ሓደ ዓቢ መራሒ ናይ ከተማ ንጥፈታት ብጸላኢ ተታሕዘ። ምስጢራዊ ስሙ ታርዛን ይብሃል፡ ሓቀኛ ስሙ ድማ ርእሶም ተኸለማርያም። ንሱ ብዕድሚኡ ካብ ቢሮክራሲ ኣጸቢቑ ዝዓቢ ገዲም ተቓላሳይ ናይ ከተማን ገዲም ምሁርን ነበረ። ኣብ መፋርቕ 1960ታት ምስ ተ.ሓ.ኤ. ሌላ ኔሩዎ'ዩ። ህዝባዊ ሓይልታት ክፍጠር ከሎ ድማ ካብ'ቶም ናይ መጀመርያ ርክብ ዝነበሮም ሰባት'ዩ። ኣብ ዩኒቨርስቲ ኣዲስ-ኣበባ ብናይ ሕጊ ትምህርቲ ብዲግሪ ተመሪቑ ንገለ

ዓመታት ሰሪሖሙ ኔሩ'ዩ። ኣዚዩ ብሱል፡ ዘንብብ፡ ብፍልጠቱን ንቕሓቱን መሳቱኡን መማህርቱን ዝምስክሩሉን'ዩ። ኣብ ኣስመራ ኣብ ቤት-ጽሕፈት ምምሕዳር ከተማ ኣስመራ ናይ ሕጊ ሓላፊ ኮይኑ ይሰርሕ ነበረ። ኣብ ትካል ባራቶሎ ናይ ሕጊ ኣማኻሪ ኮይኑ የገልግል ኔሩ። ታርዛን በዓል ሓዳርን ኣቦ-ቈልዑን'ዩ። ሓዳሩ ኣብ ትውልዲ ዓዱ ዓደርዓዳ ኢዩ ኔሩ። ኣብ እምበይቶ ዝተባህለ ጉረቤት ዓዲ ትምህርቲ ጀሚሩ፡ ኣብ ኣስመራ ቀጺሉ'ዩ ናብ ዩኒቨርስቲ ኣዲስ ኣበባ ዝኣተወ። ታርዛን ዓይኒ ናይ 06 ነበረ። ጸብጻባቱ ብሱልን ሰፊሕን፡ ጽፉፍን ምሙይን ጌሩ የቕርቦ። ኣብ ኣስመራ ሰፊሕ ውደባ ኣካይዱ ሓደ ካብ'ቶም ቀንዲ ኣወሃሃድቲ ንጥፈታት ከተማ ኸአ ነበረ። መላእ ኩነታት ሓፋሽ ውድባትን ህዝብን ኩነታት ጸላኢን ካብ ዝከታተሉ ላዕለዎት ውፉያት'ዩ። ምስ ቢሮክራሲ ናይ ቀረባ መሳርሕቲ ነበሩ። ኣብ ምስጢራዊ ኣተሃላልዋኦም እናተደጋገፉን እናተላዘቡን ይሰርሑ ነበሩ።

እቲ ፍሉይ ከተማዊ ኩናት ብሓባር ክጸልዎም ጀኒሑ፡ ንነዊሕ እዋን ዝኸደ ዕዮኦም ግን ኣብ'ዛ ጸላም መዓልቲ ለካቲት 1980 ብምትሓዝ ታርዛን ተጉናደበ። ኣብ ክፍላ ለካቲት 1980 ጸላኢ ሓፈሻዊን ሃንደበታዊን ተፍትሽ የካይድ ነበረ። ሽው ታርዛን ብዛዕባ'ዚ ተፍትሽ'ዚ ኣቐዲሙ ስለ ዝፈለጠ ምስኡ ዝነበረት ንእሽቶ ናይ ስለያ ቴፕ-ሪኮርደር ኣብ'ቲ ተፍትሽ ከይትርከብ ኢሉ ኣብ ልዕሊ'ቲ ዝነብረሉ ህንጻ ዝርከብ ናሕሲ (ተራሶ) ሓብኣ። ዝነብረሉ ዝነበረ ህንጻ ኣብ ጉደና ሓርነት ፊት ህንጻ ምምሕዳር ከተማ (ማዘጋጃ ቤት) ኣብ ልዕሊ ባር ቱነል (ናይ ሎሚ ባር ዊንታ) ዝርከብ ደርቢ'ዩ ኔሩ። ኣጋጣሚ ሓደ ዋርድያ ኣብ'ቲ ናሕሲ ምስ ደየበ ነታ ዝተሓብአት ንእሽቶ ቴፕ-ሪኮርደር ረኸባ። እዛ ንብረት'ዚኣ ተራ ንብረት ኣይኮነትን ዝብል ጥርጣሬ ስለ ዝሓዞ ናብ ቀበሌ (ምምሕዳርን ሓለዋን ከባቢ) ኣረከባ። ሰለይቲ ጸላኢ ብኡ ንብኡ ነቲ ህንጻ ውሽጡን ውሻጠኡን ፈተሸዎ። ቤት ታርዛን ድማ ኣብ ሃለዋቱ ኣጋማጠሉዎ። ኣብ ቤቱ ናይ ህዝባዊ ግንባር ጽሑፋት ስለ ዝረኸቡ ንዕኡ'ውን ኣሰሩዎ። ሕሱም ምቕጥቃጥን መርመራን ተኻየደሉ። ታርዛን ሰብነቱ ረቒቕ፡ ብሕማም ኩሊት ዝሳቐ ስለ ዝነበረ እዚ ሕሱም መርመራ'ዚ ክሳብ ክንደይ ኣሰቃቒ ምንባሩ ክግመት ይከኣል። ድሕሪ ናይ ክልተ ወርሒ ሕሱም መርመራ ናይ መስዋእቲ ከኒና ወሲዱ ነብሱ

ሓለፈት። ሬሳኡ ናብ ዓደርዓዳ ተወሲዱ ኣብኡ ተቐብረ።

ሃለዋት ቢሮክራሲ ኣብ ስግኣት ኣተወ። ዝነብረላ ቤት ገዛ ባንዳ ብጸላኢ ተኸርደነት። ምኽርዳኑ ሃንደበት ስለ ዝነበረ ኣብ ገዝኡ ዝነበረት ሬድዮ መራኸቢት ክልዕላ ዕድል ኣይረኸበን። ኣብ ገዛ ዝነበረ ንእሽቶይ ሓዉን ሰራሕተኛ ገዛን'ውን ክወጹ ዕድል ኣይረኸቡን። ጸላእቲ ንእሽቶይ ሓዉ (መስፍን) ስለ ዝማረኹ ንዕኡ ጅሆ ሒዞም ቢሮክራሲ እንተመጸ ኢሎም ንገለ መዓልታት መዓስከሮም እታ ገዛ ኾነት። መስፍን ግን ኣምሓርኛ ዝመልኽ ዕባይ ኢትዮጵያ ስለ ዝነበረ ምስ ሓየርቱ ክወሃሃድ ግዜ ኣይወሰደን። ርሑቕ ናብ ዘይኮነ ጉረባብቲ ናይ ምውጻእን ምምላስን ዕድል ከፈቱሉ። ሓደ መዓልቲ ግን ብኡ ኣቢሉ ኣምሊጡ ኣብ ኢድ ውዱባት በጺሑ ናብ ሜዳ ወጽአ። ቢሮክራሲ ካብኡ ድሕሪ ምምላጥ ናይ'ዚ ሃድን'ዚ ሳዕቤናት ንምጉዳል ክእለዩ ዘለዎም ንኽእለዩ፡ ክጥንቀቑ ዘለዎም ንኽጥንቀቑ፡ ብድሕሪ'ዚ ፍጻሜ'ዚ ስራሕ ብኸመይ ከምዝጻናሕ ንምውጋን ንገለ እዋን ብሕቡእ እናተንቀሳቐሰ ቀነየ። ታርዛን ኣብ ማእሰርቲ ብምእታዉ ኣብ ኣዲስ-ኣበባ ዝርከቡ ምስኡ ዝተኣሳሰሩ ሰባት ንኽጥንቀቑ ናብ'ታ ኣብ ኣዲስ-ኣበባ ዘቘማ ማእካሊት ኣካል ብመንገዲ ተኪኤ በየነ ለኣኸ። ዘድሊ ምጥንቓቕን ምውግጋንን ድሕሪ ምግባር ቢሮክራሲ ሓንሳብ ንሓዋሩ ድሕሪ ናይ ኣስታት ሸሞንተ ዓመታት ስቱር ቃልሲ ናብ ሜዳ (ሰሜናዊ ባሕሪ) ወጸ።

ምትሓዝ ገብሩ ተስፋስጋብር [50]

እዚ ከም'ዚ'ሉ እንክሎ ማእካሊት ኣካል ኣዲስ-ኣበባ ኣብ ሚያዝያ 1980 ኣስጋኢ ኩነት ኣጋነፋ። ሓደ ካብ'ቶም ኣለይቲ፡ ኣብ ኣዲስ-ኣበባ ገብሩ ተስፋጋብር፡ ናብ ሜዳ ንክኣቱ ተጸዊዑ ነበረ። ገብረሂወት ተኽለ (እቲ ካልኣዩ) ኣቐዲሙ ተመሊሱ ነበረ። ገብሩ ግን ሓደሓደ ስራሓት ከሳልጥ ተረፈ። ቅድሚ ምምላሱ ንሓደ በዓል ጸጋ ኤርትራዊ፡ ኣብ ባህርዳር (ኣውራጃ ጉጃም) ዝቕመጥ ወናኒ ማካይን፡ ገንዘብ ክኸፍል ክሕተት ዝከኣለሉ ኣጋጣሚ የናዲ ነበረ። ሽዑ ግዜ ንኣዲስ-ኣበባ መጺኡ ኣብ ሆቴል ኣዕሪፉ ምንባሩ ስለ ዘጽንዐ፡ ብመንገዲ ሓደ ኣባል ሓፋሽ ውድብ ደብዳቤ ሰደደሉ። እንተኾነ እቲ ሃብታም ነታ ደብዳቤ ካብ መን ምዃና ብዘይምፍላጡ ምቕባል ኣበየ። እቲ ልኡኽ ግን ነታ ደብዳቤ ደርብዩሉ ክሃድም ብምፍታኑ፡ እቲ ሃብታም ሓዙለይ ኢሉ ስለዘወዓወዐ

ብኡ-ንብኡ ተታሒዙ። ገብሩ መደቀሲኡን መስርሒኡን እንዳ ሓደ ካብ'ቶም ኣባላት ማእከሊት ኣካል፡ መምህር ገብረሚካኤል እስቲፋኖስ (ጂሚ)፡ ብምንባሩ ኣባላት ጸጥታ ኣብኣ መጺኦም ንኽልቲኦም (ገብሩን ጂሚን) ኣሰሩዎም።

ሰነዳትን ንብረትን ክሕዙ ግን ኣይከኣሉን። ጽገ ሃብተማርያምን ዓንደብርሃን ኪዳነን (ክልቲኦም ኣባላት ማእከሊ ኣካል) ኣብ እንዳ ሓፍቱ ንጂሚ ከይዶም፡ ሳባ መብራህቱ ንዝተባህለት ንእሽቶ ጓል ሓፍቱ ነቶም ሓለውቲ ኣባላት ጸጥታ ምስ'ታ ሰራሕተኛ ጂሚ ኮይነን ዕለተ ፋሲካ (ሰንበት መዓልቲ) ብምንባሩ ደርሆ ሓሪደን መስተ ከፊተን ጋቢዘን ከዘናግያኦም ሓበሩዋ። ከም'ዚ እናገበራ ከለዋ እቲ ሰነዳትን ንብረትን ዝተሓብኣሉ ቦታ ፈቲሸን ከጥፍኣኦ ነገሩወን። ከምኡ ድማ ገበራ። ኣብ ሓደ ከብሒ ሽጉጥን ማሕተምን ረኺበን፡ ነታ ሽጉጥ ኣብ ሽቓቕ፡ ነታ ማሕተም ድማ ሳባ ኣብ ውሽጢ ስሬኣ ሓቢኣ ኣውጽኣታ። ካልእ ወረቓቕቲ ኣንዲደን፡ ሳባ ናብ ቦትኣ ተመልሰት። ገብሩን ጂሚን ምስ'ቲ ኩሉ መግረፍቲ ንመርመርቲ ኣሐሊሎም ቅንጣብ ሓበሬታ ከይሃቡ ጸንዑ። ገብሩ፡ "ኣነ ሃብታማት ብኽምኡ ኣፈራሪሐ ገንዘብ ምውሳድ ውልቃዊ ስርሐይ'ዩ። ኣባል ህዝባዊ ግንባር ኣይኮንኩን!" ብምባል ደሪቑ፡ ነገራት ተዓጽወ። ብድሕሪ'ዚ ማእከሊ ኣካል ተበታተነ። ተኪኤ በየነ ተጣቢቡ ብደሴ ኣቢሉ ትግራይ ቈሪጹ ኤርትራ ኣትዩ ናብ ትውልዲ ዓዱ፡ ዓደሕደሮም ኣትዩ ኣብ ሓመድ-ድብ ታርዛን ኣብ ዓደርዓዳ ኣርከበ። ጽገ ብዶብ ኬንያን ኢትዮጵያን ሰንጢቓ ናይሮቢ (ርእሰ ከተማ ኬንያ) ኣተወት። ዓንደብርሃን ድማ ካብ ኢትዮጵያ ብደሓን ወጽአ።

ከምዚ'ሉ ናይ ኣስመራን ናይ ኣዲስ-ኣበባን ዓይኒ ተቓለስቲ ከተማ ተራኦም ሓደ ድሕሪ ሓደ ኣኽተመ። ምትሓዝ ታርዛን፡ ናይ ቢሮክራሲ ናብ ሜዳ ምውጻእ፡ ሳዕቤናቱ ከይሃፈፈ እንከሎ ድማ ናይ ገብሩ ኣብ ኣዲስ-ኣበባ ምትሓዝን ምብትታን ማእከሊ ኣካል ኣዲስ-ኣበባን ዝተላገቡ ፍጻሜታት ኮኑ።

12

ካብ ኣስመራ ንሜዳ

ቢሮክራሲ ሓንሳብ ንሓዋሩ ኣስመራ ገዲፉዋ ምኻዱ ሓደ ዓቢን ዓይነን ዕማም ምቁራጹ ዘጉሂ ፍጻሜ'ዩ። ንዓመታት ሒዙዎ ዝጸንሐ ስለያዊ ኣገልግሎት ብኸም'ዚ ኣሰንባዲ ኣገባብ ተቛረጸ። ኣብ ውሽጢ'ዚ ዓመታት'ዚ ዝተደለበ ተመክሮ ዳግም ክዓየሉ ዘይክእል ኣጋጣሚ ኾነ። ምስጢራዊ ስራሕ ውድብ ብመንገዲ ቢሮክራሲ ብኽብ ዝበለ ደረጃ ዝካየድ እኳ እንተነበረ ብመንገዱ ጥራይ ይካየድ ኔሩ ኢልካ ክእመን ዘይክኣል'ዩ። ብልሒ፣ ጉርሒን ምትዕጽጻፍን ከየዘውተርካ ዓወት ስለዘይርከብ ውድብ ብዙሕ ዓይነታትን ስኪዔታትን ኣጥሪዩ ኔሩ ክኸውን ኣለዎ። እቲ ዘጉሂ ሓደ ብሱል፣ ዕዉትን ክእለት ዝተንጸባረቐሉን ናይ ቢሮክራሲ መስመር ክቋረጽ ምኽኣሉ'ዩ። ይኹን'ምበር፣ ቢሮክራሲ ምስ'ቲ ኩሉ ብክእለትን ድልየትን ኣብ ከተማ ኄንካ ንሓደገኛ ኣተሃላልዋ መሊኽካ ዘዕግብ ሸቶታት ምምዝጋብ ዝሕጉሰሉን ዝንየተሉን ቃልሲ ምንባሩ ዘይስሕቶ'ኳ እንተነበረ ኣብ ውሽጢ ጸላኢ ኄንካ ምዕያይ እናሻዕ ዘጨንቕ፣ ከም ድሌትካ ንቕድሚት እናረኣኻ ንጸላኢ እትምክተሉ ሃዋህው ብዘይምንባሩ ሜዳ ወጺእካ ደረትካ ነፊሕካ ምስ ብጾትካ እትጽንበረሉ ዕድል ምርካብ ዝብህጎን ብህንጡይነት ዝምነዮን'ዩ ኔሩ።

ብድሆታት ቃልሲ ከተማ

ብዓንተቦኡ ናይ ቢሮክራሲ ወለዶ ናብ ቃልሲ ዘምርሓሉ ዝነበረ እዋን (1972 ክሳብ 1977) ሕልሚን ራእይን መንእሰያት ናብ ሜዳ

ወጺእካ ምስ ተጋደልቲ ተጸምቢርካ ዓጢቕካ ገድሊ ናይ ህይወትካ ዕማም ምግባር'ዩ ኔሩ። ሽዑ ግዜ ኣብ ላዕለዋይ ደረጃ ኣብያተ-ትምህርቲ፣ ዩኒቨርስቲታትን ኣብ ዝተፈላለያ መንግስታውን ብሕታውን ስራሓትን ዝኣተዉ መንቋሕቋሕታ ዝነበሮም መንእሰያት ሃሞም፣ ቀልቦምን ሃንቀውትኦምን ገድሊ'ዩ ኔሩ። ቢሮክራሲ ኣብ 1972 ኣብ ዩኒቨርስቲ ኣዲስ ኣበባ ክመሃር እንከሎ እዚ ቅዱስ ሕልሚ'ዚ ጸልዩዎ ከም ሰቡ ብጉስ ነበረ። ኣብ'ቲ ግዜ'ቲ ወዲ 18 ዓመት'ዩ ኔሩ። ኣቐዲሙ ትኩርን ህርኩትን ብምንባሩ ግን ዓበይቲ ዕማማት ህይወት፣ እንኮላይ ተደላይነት ናይ ሰውራን ተሳትፎኡን ዘስተውዓለሉ ብቐዓት ኔሩዎ። መጽሔት ጥሕሻ ብሃልሃልታ ዝዝርገሓሉ ዝነበረ እዋን ብምንባሩ ብዛዕባ ሰውራን ገድሊ ኤርትራን ክፈልጥ ክኢሉ ኢዩ። ዩኒቨርስቲ ኣዲስ-ኣበባ መፍረ ኤርትራውያን ተጋደልቲ ኮይኑ ብጋንታታት ተተሰሪያም ናብ ህዝባዊ ሓይልታት ዝውሕዙሉ ዝነበረ እዋን'ዩ። በቲ ካልእ፣ ህቡባት ሰውራውያን ኢትዮጵያውያን መንእሰያት ሱር-ነቀላዊ ኣተሓሳስባ ብጽሑፋትን ምስጢራዊ ጉስጓሳትን ይዝርግሑ ነበሩ። ቢሮክራሲ ነዚ ጽሑፋት'ዚ ኣንቢቡ ሰውራዊ ኣተሓሳስባኡ ኣዕበየ። ብኹሉ ኹሉ ናብ ሜዳ ገድሊ ምውጻእ እቲ ዝዓበየን ዝኸበረን ዕላማ ብምንባሩ፣ ቢሮክራሲ መስከረም 1973 ናብ ኣስመራ ክመጽእ እንከሎ ኣብ'ቲ ናይ ሽዑ ፈለግ ጉዕዞ ንምጽንባር'ዩ ኔሩ።

ጽንኩርነት ናይ ከተማ ቃልሲ ኣብ ተመክሮኡ ክመሃርን ክምዕብልን ሓጊዙዎ ኢዩ። ሰውራ ኣብ ሜዳ ወጺእካ ጥራይ ዘይኮነ፣ ኣብ ከተማ ኴንካ ኣገዳሲ ዕማም ከምዝስራሕ ተማሂሩ። እቲ ፍሉይ ኩናት ናይ ከተማ ጽንኩርነቱ ብዘየገድስ ክገጥሞ ነይሩዎ። ህዝባዊ ሓይልታት ፋልማዩ ሰራውሩ ኣብ ከተማታት ኣብ ዝዝርግሓሉ ዝነበረ እዋን ስለ ዝተመደበ ድማ ፍሉይ ኣጋጣሚ ኢዩ። ሓፍቱ ኣልማዝ ኣብ ናይ ኣዲስ-ኣበባ፣ ኣስመራን ሜዳን መራኸቢት ኮይና ክትዓዪ ስለ ዝተረቑሐት፣ ከም መሳርሕታ ድማ ንዕኡ ስለ ዝመረጸት፣ ነቲ ብልዑል ባህጊ ዝምነዮ ዝነበረ ምግዳል ግሩም ኣጋጣሚ'ዩ ኮይኑሉ። ዓጊብካን ተረዲእካን እትሰርሖ ስራሕ ስለ ዘጋጠሞ፣ ምስ'ቲ ኩሉ ስግኣታቱ፣ ምስ'ቲ ኩሉ ሓደጋታቱ ክነብረሉ ግድን ኮነ። ኣብ ውሽጢ'ቲ ኣብ ከተማ ኮይኑ ዝሰርሓሉ ዓመታት ኣገዳሲ ተራ ዝተጻወተ ድማ ብዓቢ ድርኺት ስለ ዝተበገሰ'ዩ።

ፍሉይ ኩናት ከተማ ግን ኩልሳዕ ሕጉስን ዝሰልጠካን ጌርካ

ክትወስዶ ዘይክኣል'ዩ። በብግዜኡ ኣሰንባዲ መስዋእቲ፡ ኣሰንባዲ ምብሳዕ ሰኪዐታት፡ በብግዜኡ ኢዶም ዝህቡን ዝፈጥሩዎ ሓደጋታትን ሩፍታ ዘይህብ ኩነታት'ዩ ዘሰዕብ። ሓደ መዓልቲ ኣብ ኢድ ጸላኢ ወዲቕካ ክትቁጻጸር ዘይትኽእል ውድቀት ከጋጥመካ ከምዝኽእል ናይ ኩሉሳዕ ስግኣት'ዩ ኔሩ። ምስ'ዚ ኹሉ ከይተደሃልካን ከይተሸበርካን፡ ናይ ስምዒታት ምጉጽጓጽ ከየርኣኻ፡ ቃልሲ ቃልሲ'ዩ፡ መስዋእቲ መስዋእቲ'ዩ፡ ኢልካ ንቕድሚት ምሕሳብ ክሳብ ክንደይ በዳሂ ግድል ምንባሩ ርእሰ-ግሉጽ ኢዩ። ስለዚ ንሜዳ ምውጻእ እቲ ቀዳማይ ዝነበረ ባህጊ ጋህዲ ዝኾነሉ ኣጋጣሚ፡ ብሩፍታን ብባህታን እትሰውኣሉ መድረኽ ከምዝተኸፍተሉ ጌሩ'ዩ ወሲድዎ። ብዘይሓሰቦን ብዝወረዶ ናይ ኣጋጣሚ ሓደጋን ተደፊኡ ምውጽኡ ዘጉህዮ'ኳ እንተነበረ፡ ብደሓኑ ሜዳ ወጺኡ ትሃን ቃልሱ ዘውጽኣሉ ህሞት ምብጽሑ ግን ቃልዓለም ዘይብሉ ባህታን ዕድልን ጌሩ ወሲዶ።

ኣብ ከተማ ኸሎ ብተበግሶታቱን ብልሓታቱን፡ ከም ኩሉ ተቓላሳይ ከተማ፡ ዝዓየዮ ኣዚዩ ብዙሕ'ዩ። ንኡስን ዓበይትን ስራሓት ምስ ዘጋጥሞ ኩነታት ኣመዛዚኑ ንውድብ የርብሕ ዝበሎ ስራሓት ክፍጽም ግድን'ዩ። ውጽኢታዊ ምስ ዝኸውን ንሱ ይዓግብ ውድብ'ውን ይረብሕ። እንተኾነ፡ ኩነታት ብኸምኡ ጥራይ ይረኣዩ ማለት ኣይኮነን። እቲ ቃልሲ ብረታዊ ቃልሲ ብምንባሩ ወተሃደራዊ መምርሒ፡ ቅርጺን ዲስፕሊንን ክህልዎ ግድን'ዩ። ሰውራዊ ውድብ ብምንባሩ ህዝባዊ ሓይልታት ካብ ዘዓወቶ ዓቢ ኣካይዳ ድማ ዲስፕሊን (ውድባዊ ቅዩድነት)፡ ብምንባሩ፡ ቢሮክራሲ ክንዲ ዝኸኣሎን ክንዲ ዝበቕዖን ክዓዪን ክደክምን ዘይሕለል ሰብ'ኳ እንተነበረ፡ በመሰረት መምርሒን ድስፕሊንን ክኸይድ ግድን'ዩ ኔሩ። ብቕዓትን ፍጻሜን ልዕሊ ድሲፕልንን ቅርጺን መምርሕን ክኸይድ ከምዘይብሉ ኣንጊሁ ዝተረድኦ መንእሰይ ብምንባሩ፡ ብጾቱ ብገርሂ ቢሮክራሲ (ኣብ ቅርጺን ቀይድን መምርሒን ጥቡቕ ርእይቶ ዘለዎ ንምባል) ኢለሞ። ይኹን'ምበር ኩናት ከተማ በይንኻ ብውልቅኻ እትገጥሞ ስለዝኾነ ብቐረባ ድፋዕ ዘትሕዘካ፡ ቀረባትካ ዘሰዕበልካ፡ ብጉኒ ዝሕልወልካ ዘይብልካ፡ ከም ሰብካ ኣብ ኣሃዱ ተጠሚርካ ተመሪሕካ እትጉዓዘሉ ኩነታት ስለ ዘይነበረ፡ ኩሉ ኣብ ምብልሓትካን እትፈጥሮ ምትዕጽጻፍን፡ ኣብ ብልሒን ጉርሒን ናይ ውልቅኻ፡ ኣብ ውሳኔታትካ ዝምርኮስ ሰፊሕ ኣጋጣሚታት ምንባር ማለት'ዩ ኔሩ። እዚ ኹሉ ጌርካ

ስራሕ ኣዐዊትካ ብዝህልዎ ጕድናዊ ሳዕቤናት - ንኣብነት ክተድሕኖ ዝተጓየኻሉ ብጸላኢ ዝህደን ኣባል፡ ንሱ ድሒኑ ንብረት እንተተታሒዙ፡ ወይ ድማ ንብረት ድሒኑ ንሱ እንተጠፊኡ ተሓታቲ ኢኻ። ጉዳይ ዲስፕሊንን ቅርጺን መምርሕን ኣሰራርሓ ስለ ዝኾነ። ስራሕ ምእኩልን ውዱብን ስለ ዝኾነ ምጽብጻብን ምግምጋምን፡ ነቐፌታን ነብሰ-ነቐፌታን ክግበረልካ ግድን'ዩ። ናይ ከተማ ስራሕ ብቐንዱ ኣብ ሜዳ ብዝነበረ ውድብ ስለ ዝምራሕ ከም'ዚ ክግበር ግድን ነበረ። ኣብ ውሽጢ ከም'ዚ ዝኣመሰለ ኵነታት ኣብ ውሽጢ ሜዳ ኴንካን ኣብ ውሽጢ ከተማ ኴንካን ዝህሉ ኣረኣእያን ኣፍልጦን ሓደ ስለ ዘይከውን ጉዳይካን ውዕሎኻን ኣብቲ ፍሉይ ናይ ከተማ ኩናት ክተረድእ ካልእ ተወሳኺ ዓቕምን ሓይሊን ከምዘድሊ ርዱእ'ዩ። ቢሮክራሲ ከምኡ'ውን ካልኦት ብንኡስን ዓቢን ሓላፍነታት ዝሰርሑ ዝነበሩ ብጾቱ ክዳለዉሉ ዝግደዱ ዝነበሩ ፍሉይ ብድሆ ከምዚ ይመስል ነበረ።

ምስጢራዊ ስራሓት ከተማ፡ ብሰንኪ ዲስፕሊን መን እንታይ ይሰርሕ፡ በየናይ ጽፍሒ ይሰርሕ ብጋህዲ ከይተፋለጥካ ኢኻ ትነብር። እዚ'ውን ናይ ባዕሉ ብድሆ ኔሩዎ። ምስ ኣባላት ጸላኢ ተጕዝጕዝካ፡ ኣብ ናይ ጸላኢ ኣብያተ ጽሕፈት፡ መዓስከራት እናተራኸብካ፡ ናይ ጸላኢ መሳለጥያታት እናተጠቐምካ ኣብ ትሰርሓሉ እዋን፡ ግዱሳት ውድባት ኣባላት ጥዕና ከምዘይብልካ ርእዮም፡ ካብኡ ክትእለ ብዘለዎም ዓቕሚ ይቃለሱኻ። ነዚ ተጻዊርካ፡ ከይተዓገትካ ዕማምካ ኣብ ሸቶኡ ምብጻሕ ክሳብ ክንደይ ከቢድ ጾርን ሓደጋን ምንባሩ ዝስሓት ኣይኮነን።

ምስጢራውያን ተቓለስቲ ከም ኩሉ ሰብ፡ ከም'ቶም ኣብ ሜዳ ዝነበሩ ተጋደልቲ፡ በብዓይነቱ ኣረኣእያን ኣረዳድኣን፡ ዝተፈላለየ ጠባያትን ዓቕምታትን፡ ዝተፈላለየ ኣሰራርሓን ብልሓትን ከምዘዘውትሩ ፍሉጥ'ዩ። እዚ ግን ኣብ ናይ ሜዳ ውድባዊ ኣሰራርሓ በቲ ዝተለምደ ቅጥዒን ዲሲፕሊንን ብቐሊሉ ውህደትን ጥምረትን ክረጋገጸሉ ይኽእል ኔሩ። ኣብ ውሽጢ ከተማ ግን ብቐሊሉ ክፍጸም ዝከኣል ኔሩ ክበሃል ኣይከኣልን። እትራኸበሉ ኣጋጣሚታት ብዙሕ ክኸውን ኣይክእልን'ዩ። እንተወሓደ ክሳብ ትራኸብ ግዜ ስለ ዝበልዕ እቲ ናይ ተራኺብካ ምውህሃድ ዕድል ከምድላይካ ኣይነበረን። ዘይምርድዳእ ንሜዳ ወጺእካ ብናይ ሜዳ ማእከልቲ ዝውገነሉ ኣጋጣሚታት ኔሩ'ዩ። ብሓጺሩ ጉዳይ ውህደት ተቓለስቲ ከተማ ምርግጋጽ ካልእ ፍሉይ ብድሆ'ዩ።

እቲ ቀንዲ ቀላሲ ሓያል እምነትን ንቕሓትን ናይቲ ቃልሲ'ዩ ኔሩ፡ እምበር እዋናውን ስሩዕን ኣኼባታት ምግባር ሓደ ካብቶም ግዙፋት ብድሆታት'ዩ። ቢሮክራሲ ሓደ ካብቲ ብልጫታቱ ንዕላማን ኣካያይዳን ውድብ ብዝለዓለ ደረጃ ተረዲኡ ደረታቱን ዓወታቱን ኣጸቢቑ ዝርዳእ ብምንባሩ ካብ መጻወድያታት ጸላኢ ወጺኡ ውህደቱ ምስ ኣባላትን መራሕቱን ብተዛማዲ ብምርግጋጽ'ዩ ንነዊሕ ክሰርሕ ዝኸኣለ።

ምስ'ቲ ኩሉ ብድሆታት ንነዊሕ ምስራሕ ማለት ግን ድሕነትካ ኣረጋጊጽካ ናይ ምቅጻል ውሕስነት ምርግጋጽ ማለት ከምዘይኮነ እቲ ዘጓነፎ ከበባን ንስክላ ዝወጸሉን ናይ መወዳእታ መዓልቲ ዓቢ ምስክር'ዩ። በዚ ኣጋጣሚ'ዚ ይኹን ካልእ ጸላኢ ብዛዕባ ቢሮክራሲ ኣጸቢቑ ክፈልጥ ስለ ዝኸኣለ፡ ኣብ ኣስመራ ናይ ምውሳእ ዕድሉ ተጻበበ። በቲ ሓደ ሸነኽ ናብ'ቲ መዋእሉ ዝተሃንጠየሉ ሜዳ ምውጽኡ ካልእ ወርቃዊ ዕድል ጌሩ ወሲዱዎ ትሃን ካልእ ገጽ ቃልሲ ረኸበ።

ቢሮክራሲ ተሰዊሩ

ቢሮክራሲ ካብ ኣስመራ ምስ ወጸ ምስ'ቶም ሸው ዝወጹ ኣባላት ሓፋሽ ውድባት ተጸምቢሩ ከምቲ ልሙድ ሓፈሻዊ ፖለቲካዊ ትምህርቲ ክወሃቦ ጀመረ። ሸው ካብቲ ኣብ ኣስመራ ምስጢራዊ ስራሕ ዝተዋህበላ ዕለት ጀሚሩ ዝነበሮ ጽዕነት ስለ ዝተቐንጠጠሉ ተዛነየ። ኣብ'ቲ ትምህርቲ ይኹን ካብቲ ትምህርቲ ተፈዲሶም ኣብ ዘዕርፍሉ እዋን፡ ኣብ መደቀሲኦም፡ ኣብ ቦታ ምግብናን ካልእን ካብኡ ዘይፍለ ሓደ ብመልክዕ ንዕኡ ዝመስል ምጭው ዕሸል ወዲ ነበረ። ንሱ እቲ ኣብታ ገዝኡ፡ ገዛ-ባንዳ ጥልያን ኣስመራ ብጸላኢ ተታሒዙ ዘምለጠ ንእሽቶይ ሓዉ፡ መስፍን'ዩ ኔሩ። በቲ ሕቑፍቁፉ፡ ብርቱዕ ናፍቖትን ፍቕርን ዝነበሮም'ዮም ዝመስሉ። መስፍን ንእሽቶ (ኣስታት 16 ዓመት ዕድሜኡ) ስለ ዝነበረ፡ ኣብ'ቲ ቢሮክራሲ ዝላደየሉ ናይ ከተማ ምስጢራዊ ስራሓት ጌና ኣይተመኩረን ዝነበረ። ኣብ ርእሲኡ ካብ ኩረም (ኣዲኦም ዝነብራሉ ቦታ ኢትዮጵያ) ናብ ኣስመራ ካብ ዝመጽእ ውሑድ ግዜ'ዩ ጸኒሑ። መስፍን ውዑይ ብምንባሩ ቢሮክራሲ ኣብ ምእላዩ እንተሓገዘ ኢላ'ያ ወላዲቶም ወይዘሮ ሮማን ወረሶም ልኢኻቶ። ኣብ'ታ ሓጻር እዋን መስፍን ብቢሮክራሲ ተመሲጡ ብምንባሩ ጽቡቕ ተወሃሂዶም ኔሮም'ዮም። ኣብ ሓደ ኣዕጋቢ ዓቢ ጉዳይ ሃገር ይዋሳእ ምንባሩ ኣይሰሓቶን። ምኽንያቱ፡

ሸዑ ውህደትን ምእዙዝነትን ኣርእዩ፡ ምስ መሳርሕቲ ቢሮክራሲ'ውን ተላልዩ ኔሩ'ዩ። ከምኡ ስለ ዝኾነ፡ ካብ'ቶም ሓየርቲ ምስ ኣምለጠ ምስ መሳርሕቲ ቢሮክራሲ ኢዩ ተራኺቡ። እቲ ኹሉ ሕቑፍቁፍን ምድፍናቕን ነጸብራቕ ናይ ዘይተጣዕመን ዘይተመንወን ፍቕሪ'ዩ።

ድሕሪ ቁሩብ መዓልታት ግን ቢሮክራሲ ተሰወረ። ካብ ኣስመራ ምስኡ ዝወጹ ናበይ ከምዘበለ ኣይፈለጡን። ኣብኡ ዝጸንሑ ኣባላት'ውን ዝጭበጥ ወረ ቢሮክራሲ ኣይረኸቡን። ገለ-ገሊኦም ብጸላኢ ተሃዲኑን ተኸርዲኑን ድሕሪ ምጽንሑ ኣምሊጡ ካብ ኣስመራ ዝቐለለ መምለጢ ስለ ዝረኸበ ናብ ካልእ ሃገር ከምዝሰገረ ገመቱ። ብዙሓት ሸዑ ጉዳይ ምስዋር ቢሮክራሲ ጋን ኮኖም። ጋህ ኢልካ ብዛዕባ ዘይምልከተካ ምሕታት ብዲስፕሊን ዝተደረተ ብምንባሩ ይፈልጡ'ዮም ንዝበልካዮም ሓቲትካ ምፍላጥ ሰገጥ በሉ። ደሃዩ ብኡ-ንብኡ ጠፍአ። ገለ ተንተንቲ ናብ ኣስመራ ተመሊሱ ከይከውን ሓሰቡ፣ እንተኾነ፡ ኣብ ኣስመራ ተኸዊሉ ክነብረሉ ዝኽእል ኩነታት ቢሮክራሲ ተጸንቂቑ ምንባሩ ከኣ ዘከሩ። ቢሮክራሲ ናበይ ከምዘበለ ኣይተፈልጠን።

13

ንቕሎ ንኣዲስ ኣበባ

ኣብረሀት ፍሰሃ [51]

ኣብርሀት ናይ ሻውዓይ ክፍሊ ተመሃሪት'ያ ኔራ። ትምህርቲ ንዓኣ ምቁር'ኳ እንተነበረ ልዕሊ ናይ ቤት ስራሕን ኣዲኣ እትወፍሮ ናይ ሕርሻ ስራሕን ግን ትርእዮ ኣይነበረትን። ቁመታ ሕጽር ዝበለ ግና በቲ ናይ'ቲ ዓዲ መዓቀኒ መርዓ ዝኣኸለት ጕርዞ'ያ። ንጥፍትን ትኩርትን'ያ። ምዕባያ ዝጉበዙ ኣሕዋት ኣለዉዋ። ክልቲኦም ኣወዳት ስለ ዝኾኑ ቀንዲ ተለኣኺትን ተሓጋጋዚትን ኣዲኣ ንሳ'ያ። ኣቦኣ ኣቶ ፍሰሃ ዶሞዝ፡ ኣብ'ቲ ዓዲ ህቡብ ሰብኣይ'ዩ። ውጹዕ እንተርእዩ ይዘርየሉ፡ ሕዉስን ተጻዋታይን ብምንባሩ ብሓይሉ ንዝፍጽሞ ዝሕዘሉ የለን። ኣዲኣ ንኣብርሀት ሕያወይትን ጸዋርን ፈታዊት ስራሕን'ያ። በዓል-ቤታ ካብ'ቲ ዓዲ፡ እምበይቶ (ስሓርቲ)፡ እናተመላለሰ ኣብ ኣስመራ እናሰርሐ ይኣቱ። በዓልቲ-ቤቱን ደቁን፡ ኣብ መነባብሮኦም ዝጕደለ ንምምላእ ኣዋፍራ ንህቢ እናወፈሩ ኣዲኦም ኣብ ዝለኣኾቶም ናይ ማሕረስ ስራሕ ይጓየዩ። ብሕልፊ ኣብርሀት ዘይትደክም ዕንጭራር'ያ። ምስኡ ድማ ምስ መሓዙታ ሕውስቲ ስለ ዝነበረት ኣብ ቤት ትምህርትን ዓዲን ኣብ ዝገብርኦ ዕላላትን ጸወታታትን ቀንዲ ተደላዩት'ያ።

ግዜኡ መፋርቕ 1977 ኢዩ። ተጋደልቲ በቲ ዓዲ ክሓልፉን ኣብኡ ከዕርፉን ይረኣዩ ኔሮም'ዮም። ኣባላት ክፍሊ ህዝቢ (ጀማሂር) ኣብ'ቲ

ዓዲ ውደባታት ጀሚሮም ንተመሃሮ'ውን ዝለኪ ነበረ። ሓደ ግዜ እቶም ተበሃግቲ ተጋደልቲ ብብዝሒ ዝርከቡሉን ርኢኻ እትጸግቦምን ዓላ ምስ ትወርድ'ዩ ተባሂሉ ይዝረብ ስለ ዝነበረ፡ ተመሃሮ ተኣኪቦም ዓላ ወሪዶም ረኺቡዎም። ኣብርሀት ምስኦም ንኽትጽንበር ተሃንጠየት። ኣብ ዓዲ ብዋህዮታት ደረጃ ኣብ ዝተገብረ ናይ ኣዋልድ ኣወዳድባ እትውቲ'ያ ኔራ። ግን በዚ ኣይዓገበትን። ካብ ፈለማ ኣትሒዛ ምስ ተጋደልቲ ክትጽንበር ኣጥቢቓ ትሓትት ነበረት። መሓዙታ'ውን ከምኣ ነበራ። ናታ ግን ሕልፍ ዝበለ ጠለብ ነበረ። ኣውራ ኸኣ ምዕባያ ዘለዉ ኣሕዋታ ቀዲሞማ ንሜዳ ከይወጹ'ሞ ሓላዊት ገዛ ኮይና ከይትተርፍ ሰግኣት። ጀማሂር እናኸመጹ ካብ ኣብርሀት ዝቐርበሎም ጠለብ ድቃስ ከልኦም። ብስራሓን ንጥፈታታ ኣብ'ቲ ውደባን ተላኢኻ ዘይትደክም፡ ዘይትበኾር ብግስቲ ሰብ ብምንባራ ኣመና ይፈትዉዋ። ብዛዕባ ምስላፍ እናኸትሓትት ተሰፋ ከሊኦማ ኣይፈልጡን። እታ መዓልቲ ግን ደንጉየታ ደኣ።

ሓደ መዓልቲ ግን ካብ'ተን ኣባላት ዋህዮ ንዓኣ መሪጾም በይና ፈልዮም ክትሰለፍ ምኳና ምስ ነገሩዋ ከበሮ ሓምሓማ ወቕዐት። ካብ ኣሕዋታን ወለዳን ተኸዊላ ቁምጣኣ ኣዳልያ ንኽትብገስ ተዳለወት። ምስ ከምኣ ዝተሓርዩ ካልኦት (ካብ እምበይቶን ካልኦት ዓድታትን) ኣብ ዓዲ ዛምር (ሰሓርቲ) ተኣኻኺቡ። ብመሳርዕ ተወዲቦም ድማ ንዓላ ኣንቈልቈሉ። ካብኡ ብእግሪ ንጽርግያ ባጽዕ ኣስመራ ብከባቢ ነፋሲት ቈሪጾም ሰለሙና (ሰሜናዊ ባሕሪ) ወረዱ። ጉዕዞ ብዘይ ዕረፍቲ'ዩ። ኣብርሀት ኣብዚ ኩሉ ጉዕዞ ሃይ ኣይበለትን። እቲ ኣብ ዓዲ ኮይና እትህንጠዮ ዝነበረት ብምርካባ ናይ ጉዕዞ ጸገማት ኣይተንከፋን። ብፍጥረታ ተራር ስለ ዝነበረት፡ ብስራሕ ዝላደየት ካብ ሓርኮትኮት ዓዲ ዘይትውዕል ብምንባራ፡ ንዝያዳ ሃልኪ ዝተቐረበት መንእሰይ ኢያ ኔራ። ጌና ኣብ ናይ ፈለማ ጉርዝናኣ ዝነበረት፡ ብትርኢታ ሕጻንነት ዘይወድኣት እኳ እንተነበረት ልዕሊ መሳቱኣ ትሪ ነበራ። ትሕቲ ዕድመ መንእሰያት (18 ዓመት ዕድሚኦም ዘይኣኸሉ ኰተቴታት) ብምንባሮም ፍልይ ዝበለ ኩስኰሳን ታዕሊምን ንኽወስዱ ናብ ብሌቓት ኣምርሑ። ኣብ'ቲ ግዜ'ቲ ሓጺር ምልመላ ተዋሂቡዎም ንሳ'ቶም ከበርክቱዎ ናብ ዝኽእሉ ዕማማት ንኽምደቡ ኣብ ውሽጢ ሰለስተ ኣዋርሕ ተዳለዉ። ታዕሊም ኣብ ዝወድኡሉ ግዜ ደቀምሓረን ከረንን ሓራ ኮይነን ነበራ። ሽዑ ኣብርሀት ናይ መራኸቢ ሬድዮ (ምልክት) ተሓዚት ክትከውን ምስ

ገለ ካብኦም ኣብ ፋሕ ተመደበት። ካብኡ ስልጠና ተዋፊቡዎም ምስ ወድኡ መመደቦም ተዋህቦም። ኣብርሀት ኣብ ከረን ኣብ ክፍሊ ምልክት ውድብ ተመደበት።

ኣብ 1978፡ ሰፊሕ ወራር ደርጊ ምዝላቕ ህዝባዊ ሰራዊት ኣገደደ። ጸላኢ ብኣስመራ ወፊሩ ንግንባር ዓዲ-ያቆብ ሰቢሩ ኣብ ዔላበርዕድ ብብርቱዕ ሓይሉ ወረደ። ኣብኡ ጽዕጹዕ ውግእ ተኻየደ። ኣብርሀት ምስ ካልኦት ብጾታ ኣብ'ቲ በሪኽ እምባ ገንፈሎም ደይቦም ነቲ እናጻዕጽዐ ዝኸይድ ዝነበረ ኲናት ብምልክት (መልእኽታት ሬድዮ) የወሃህድዎ ነበሩ። ከም ዝፍለጥ ኣባላት ምልክት እዚን ስትራተጂን ናይ ዘዝተኸፍተ ኲናት ብቐረባ ዝዋስኡሉ'ዩ ኔሩ። ኣብርሀት ኣብ ስራሕ ምልክት ኣድማዒት ነበረት። ካብ ንቡር ህይወት ተጋደልቲ ተነጺልካ ኣዚዩ በሪኽ ቦታታት ሓኹርካ ብዘይድቃስ ኮነታት ምክትታል ዘድሊ ትሪን ንያትን ብቐሊሉ ዘይግመት ብድሆ'ዩ። ኣብርሀት ኣብ ምድያብን ምውራድን ነዊሕ ዓቐበት፡ ምጽዋር ጥሜትን ጽምእን፡ ኮዳት ኣጽኒዓ ኣብ ግዜኡ መልእኽታት ምቕባልን ምስዳድን መሊኻ ምስ'ቶም ነባራት ኣባላት ዝወዳደር ብቕዓት ኣጥሪያ ኔራ። ጸላኢ ብኣቑርደት ገስጊሱ ከባቢ ሓጋዝ ኣብ ዝበጽሓሉ እዋን፡ ኣብ ዔላ በርዕድ ምትሕንናቕ ኣብ ዝካየደሉ ዝነበረ ኣዋን፡ ቀጺሉ ድማ ንኸረን ሓዲግካ ኣብ ጸባብ ዕርዲ ኣብ ዝተሰረተሉ፡ ኣብርሀትን ብጾታን ኣብ ልዕሊ ገንፈሎም ተነጺሎም፡ ነፈርቲ ብርእሶም እናሸበባ ከለዋ ስርሖም ብቑጻሊ የሰላስሉ ነበሩ። እቲ ብማዕሚደ ብጉላጉል ሰምሃር ገስጊሱ ብድሕሪት ክሃርም ዝተጓየየ ሓይሊ ጸላኢ ኣብ ዝተዓግተሉ እዋን ጌና ካብ ገንፈሎም ኣይወረዱን ዝነበሩ። ናይ ምዝላቕ ምርብራብ ኣብ ዝለዓለ ጥርዙ ኣብ ዝበጽሓሉ እዋን ግን ኣባላት ምልክት ናብ ኣፍዓበት ቦታ ቀየሩ። ኣብ ከባቢ ኣፍዓበት እናተረባረቡ ከለዉ ሓይሊ ጸላኢ ብሰሜናዊ ምብራቕ ሳሕል ብጉኒ ንምእታው ተበገሰ። ኣባላት ምልክት ሽዑ ንኣፍዓበት ገዲፎም ኣብ ከባቢ ናቕፋ ዝርከቡ እምባታት ሓኹሮም ስርሖም ቀጸሉ።

ኣብርሀት ኣብ ነሓሰ ናይ 1979 ምስ ዝተመርጹ ብጾት ናይ ሞርስ ኮድ ትምህርቲ ተዋህባ። ምርብራብ ተወዲኡ መድረኽ ጃላነት ምስ ኣተወ (ፈለማ 1980) ኣብርሀት ምስ ርሑቕ ቦታታት (ንኣብነት ሜዳን ከተማታት ሱዳንን) እተራኽብ ዓይነት ሬድዮ'ያ ሒዛ ኔራ። ሓደ መዓልቲ ኣብ ክፍላ 1980 ቀጥታዊ ሓላፊኣ፡ ዳዊት ሃይለ፡ ሬድዮኣ ኣረኪባ ናብ

ሓላፊ ስለያ ውድብ ጴጥሮስ ሰሎሞን ክትከይድ ሓበራ። እዚ ላዕለዋይ ሓላፊ፡ ንኣብርሀት ናብ ድሕሪ መስመር ናብ ሓደ ኣብ ውሸጢ ጸላኢ ኮይና ብሬድዮ እትራኽበሉ ቦታ ክትለኣኽ ምዃና ነገራ። ኣብርሀት፡ ኩሉሳዕ ቅርብትን ብግስትን ውፍይትን ምዃና፡ ከምኡ'ውን ምስጢር ኣብ ምዕቃብ ዘይተጠራጥር ምዃና፡ ሓለፍታ ኣለልዮማ'ዮም። ናብ ዝያዳ እትዓየሉን፡ ተወፋይነትን ትብዓትን እተርእየሉን ቦታ ትለኣኽ ምንባራ ካብ መጠን ንላዕሊ ኣሐጉሳ። እትኸዶ ቦታ ሓደገኛ፡ ልዕሊ-ንቡር ጥንቃቐ ዝሓትት፡ ቈራጽነትን ቅጽበታዊ ተዓጻጻፍነትን ከምዝድልዮ ተረዲኡዋ'ዩ። ግዳስ ልዕሊ ዝነበረካ ዓቕን እትውፈየሉ ስራሕ ምንባሩ መሊሱ ኣዕጊቡዋ። ሓንቲ ዕሽግቲ ደብዳበ ተዋሂባታ ምስ'ቶም ናብ ድሕሪ መስመር (ሰሜናዊ ባሕሪ - ከባቢ ኣስመራ) ዝጉዓዙ ኣባላት ንኽትብገስ ተዳለወት።

ኣብ ግንባር ናቕፋ ብገለ ጸቢብ መስሎኺ ንድፋዓት ጸላኢ ብምስጋር ናብ ጐላጉል ናሮ ብምውራድ ብድሕሪ መስመር ጸላኢ ናብ ከባቢ ኣስመራን ካልእን ናይ ምጉዓዝ ብልሓት ኣቐዲሙ ዝተሃንደሰን ዝተለምደን ጥበብ'ዩ። ኣብርሀት ምስ በዓል ሩት ስምኦን (ኣባል ክፍሊ ዜና ህዝባዊ ግንባር) ከምኡ'ውን ሂላል ተባሂሉ ዝፍለጥ ፈረንሳዊ ተጋዳላይ ህዝባዊ ግንባር (ኣባል ዜና ህዝባዊ ግንባር)፡ ገለ ኣባላት ሃንደሳ ዘለውዎም ካልኦት ተጋደልቲ በዚ መስመር'ዚ ተጓዓዙ። ድሕሪ ናይ ሸውዓተ መዓልታት ጉዕዞ፡ ሳቡር ኣተዉ። ምስኣ ዝተጓዕዙ ናበይ ትኸይድ ኔራ ዝፈልጡዎ ኣይነበሮምን። ሳቡር ምስ ኣተወት ምስ ወዲ-ልቢ (ተኽለ ዓንደ) ክትጸንሕ'ዩ ተነጊሩዋ። ዝተዋህበታ ደብዳቤ ዝቕበላ ክሳብ ዝመጽእ ኣብ ሳቡር ክትጽበ ኔሩዋ። ሰሙን ድሕሪ ምሕላፉ እቲ ዝቕበላ ላዕለዋይ ሓላፊ፡ ስብሓት ኤፍሬም፡ መጽአ። ብድሕሪ'ዚ ምስ ዝኾነ ሰብ ዘይትራኸበሉ ኣብ ስዉር ቦታ ተቐመጠት።

ንቕሎ

ኣብርሀት ሸዑ ኣብ ሸዊት ዕድሜኣ፡ ሕጽር ዝበለት ጠንካራ ዓይነት ሰብ ብምንባራ፡ ምስ'ቲ ንጡፍ ኣካይዳኣን ኣሰራርሓኣን ኣረኣኢ'ኻ ንእሽቶ ግን ክንዲ ብዕድመ ዝበሰሉ ብጾታ ክትሰርሕ ስለ ዝበቕዐት፡ ማንቿስ ኣይበሉዋን። ንድቂ ኣካላታ ዝገልጽ፡ ሳንቲም፡ ዝብል ሳጓ'ዩ'ም መሪጾምላ። ኣብርሀት ሳንቲም ናብ ሳቡር ዘምጽኣ ተልእኾ ኣቐዲሙ ስለ ዝተነግራ

ኣይተገረመትን። እቲ ዝሓደሳን ንገለ መዓልታት ዘደንጸዋን ግን ከም ሰብ ክርኢን ክርአን ዘይብሉ ፍሉይ እሱር ሕብእቲ ክትከውን ምኽኣላ ነበረ። ሕሉፍ ሓሊፉ እተን መግቢ ዘምጽኣላ ከይተረፉ ኣይርኣያእ ኣይትርኣየን ብትሕቲ ማዕጾ ኣሰሊኹን'የን ዝህባኣ ዝነበራ። ኣብርሀት ናብራን ርክብን ተጋደልቲ ወኻዕካዕ ዝመልአ፡ ጭርቃንን ስሓቕን ዝሰፈኖ፡ ሕዉስን ጥቡቕን ምኳኑ'ያ ትፈልጥ። እዚ ማዕቡጥ'ዚ ግን ዘይልሙድ ብምንባሩ ቀልጢፉ ክሓጽረላ ተመነየት። ዕላማ'ዚ ምዕባጥ'ዚ ኣይስሓተቶን። ናብ ቦታ ጸላኢ ከም ማንም ሰብ መሲላ ትሰርሓሉ ትጉዓዝ ምንባራ ትፈልጥ'ያ። ሳቡርን ከባቢኡን ድማ ውፉያት ከተማ ዝመላለሱሉ፡ ከይተራኸቡን ከይተላለዩን በብመንገዶም ተራኺቦም ዝምለሱሉ ቦታ'ዩ ኔሩ። ኣብርሀት ኣብ ሳቡር ርእየያ ዝብል ዓይኒ ከይርከብ ክትዕበጥ ግድን'ዩ ኔሩ።

ሰብሓት ኤፍሬም፡ ንኣብርሀትን ክልተ ካልኦት ዘይትፈልጦም ሰባትን ኣራኺቡ ኣኼባ ኣካየደሎም። እቲ ሓደ በየነ፡ እቲ ሓደ ድማ ንርእዮ ከምዝበሃሉ ኣላለዮም። ንሳ'ውን ሓድሽ ስም ሒዛ ተላለየቶም። ኣሰፋሽ ታደሰ ተባሂላ። ርክቦም ንሓደ ዓቢ ተልእኾ ምኳኑ ኣብ'ቲ ርክብ ተገልጸሎም። ኣዲስ ኣበባ ርእሰ ከተማ ኢትዮጵያ ክኣትዉ'ዮም። ኣብኡ ዝለዓለ ስለያዊ ስራሕን ጥርናፈ ሓፋሽ ውድባትን ክካይዱ'ዮም። ኣሰፋሽ ታደሰ እትሕዛ ናይ ርክብ ሬድዮ ክትህልዎም'ያ። ምክትታል ናይ ጸላኢ ሓዪሉ ብምንባሩ፡ ኣሰሮም ከረክብ ህርድግ ከምዝብል ተነገሮም። ዝራኸባ ሬድዮታት ኣበይ ከምዘለዋ ዝሕብር ናይ ጠለፋ መሳርሒ ስለዝወንን ካብ ሓደጋታት ጸላኢ ብርቱዕ ጥንቃቐ የድልዮም። እቲ ስራሕ ብናይ መስዋእቲ ሃዋህው ዝተመልአ ነበረ። ንመስዋእቲ ቅሩባት ኮይኖም'ዮም ክሰርሑ። ስለዚ፡ ኣብ ኣካይዳኦም ጥንቁቕን ትኩርን ሜላ የድልዮም። ብሓንሳብ ዝህልዉሉ ኣጋጣሚታት ከውሕዱ ከምዘለዎም ምኽሪ ተዋህቦም።

ምድላው ንጉዕዞ

ቅድሚ'ዚ ኣብርሀት ምስ ዘይፈለጡቶም ሰባት ምርኻብ፡ ኣብ ኣስመራን ኣዲስ ኣበባን ናይ ጠርነፍቲ ኣካላት ጸገማት ኣጓኒፉ ምንባሩ ዝዝከር'ዩ።

ጉብረሂወት ተኸለ፡ ኣዲስ-ኣበባ - ኣስመራ -ሜዳ ኣዘውቲሩ ዝመላለሰሉ መስመር'ዩ ኔሩ። ኣብ ኣስመራን ኣዲስ-ኣበባን ናይ ማእከልቲ ኣካላት

ጸገማት ኣብ ዘጓነፈሉ እዋን ናብ ሜዳ ወጺኡ ንሓደ ዓቢ ተልእኾ ዝዳለወሉ ኣተሓሕዛ ክግበረሉ ጸኒሑ'ዩ።

ቢሮክራሲ ንሜዳ ድሕሪ ምውጽኡ ንቍሩብ መዓልታት ምስ'ቶም ፖለቲካዊ ትምህርቲ ዝወሰዱ ካብ ከተማ ዝወጹ ውፉያት ድሕሪ ምርኣዩ ከምዝተሰወረ ዝዝከር'ዩ። ቢሮክራሲ ምእንቲ ንኻልእ ተልእኾ ኣብ ኣዲስ-ኣበባ ክዳሎ ንበይኑ ኣብ ሰብ ዘይርእየሉን ብሰብ ዘይረኣየሉን ዕቡጥ ቦታ ከምዝታሓዝ ስለ ዝተገብረ'ዩ ተሰዊሩ ዝመሰለ። ናበይ ከምዝኸደን ንምንታይን ክፍለጥ ዘይግብኦ ዓቢ ምስጢር ስለ ዝነበረ'ዩ ንብዙሓት ጋን ዝኾኖም።

ኣብርሀት ምስ በየነን ንርኣዮን ዝተባህሉ ዘይፈለጠቶም ብጾት ዝተላለየት ምስ ገብረሂወት ተኸለን ኣፈወርቂ ተወልደመድህንን ነበረ። በየነ ናይ ገብረሂወት ምስጢራዊ ስም ክኸውን ከሎ፡ ንርኣዮ ድማ ናይ ኣፈወርቂ (ቢሮክራሲ) ምስጢራዊ ስም'ዩ። ከምዚ'ሎም ኣሰፋሽ ታደሰ (ኣብርሀት)፡ በየነ (ገብረሂወት)ን ንርኣዮ (ቢሮክራሲ)ን ንሓደ ዓቢ ተልእኾ ናብ ኣዲስ ኣበባ ተበገሱ።

ጉዕዞ ግን በበይንኻ'ዩ።

ጉዕዞ ንኣዲስ ኣበባ

ኣብርሀት ካብቲ ሰብ ዘይትርእየሉ፡ ሰብ'ውን ዘይርእያ ማዕቡጥ ወጺኣ፡ ዝወደየቶ ስረን ካምቻን ተጋደልቲ ኣውጺኣ ቀሚሽ ኣንስቲ ተኸድነት። ብዕቅና ሸፎን ዝዓይነቱ ቀጠልያ ጀለብያ ምስ ቀምሽ ውሽጢ ተዋህባ። ሸበጥ ኤክስ (ዝተመሳቐለ ቅርጺ) ዝተባህለ ናይ'ቲ ግዜ'ቲ ገባር ኣንስቲ ዝወድያኦ ጉማ ሳእኒ ወደየት። ኣፍሮ ጸጉራ ተመሺጡ ግርምቲ ንኸተማ ዝነቐለት ጓል ሃገረ-ሰብ መሰለት። ናይ ተጋደልቲ ስረን ካምቻን ወዲኻ እናተናጠርካ ጉዕዞ ተሪፉ ሓፋር ኣንስታዊ ኣሳጉማ ተማህረት። ክልተ ሜትሮ ነጸላ ተወንዚፋ ከም ማንም ቈንጆ ክትጉዓዝ ተዳለወት። ተመሺጡ ዘው ንምባል ዘይበቐዐ ጸጉሪ ርእሳ እትጉልበበሉ መንዲል ርእሲ ኣሲራ። ከም'ዚ'ላ ተዳልያ ከላ ዝረኣዩዋ ተጋደልቲ ስለ ዝሓደሰቶም ገባር ጓለንስተይቲ ተመሲላ ሓደ መዘናግዒ ተዋስኦ ክተርእዮም ዝተዳለወት'ምበር ናብ ሓደ ዓቢ ምስጢራዊ ተልእኾ ከምዝተበገሰት ቅንጣብ ሓበሬታ ኣይነበሮምን። ሸው ቀልጢፉ ተሰወረቶም። ኣብርሀት በዚ ተዋስኦ'ዚ ልዕሊ'ቲ ዝተዓዘቡዋ ዝተጸበዩዎ ሓጉስ ተሰምዓ። ኣብ መስርሕ ናይ'ቲ ዓቢ ተልእኾ ዝተበገሰትሉ፡

ተወፋይነት ንወና ኣዝዩ ክብ ኣበሎ። ከም'ቲ ኣባላት ህዝባዊ ሰራዊት ንሓደ ዓቢ ዕርዲ ጸላኢ ከጥቅዑ ምኳኖም ምስ ተነግሮም ዘሰምዑዎ ዕልልታን ጣቕዒትን፡ ኣብርሀት ድማ ወዘ ገጻ ኣዝዩ ተወሊዑ ናብ ተልእኾኣ ክትበጽሕ ኣዝያ ተሃንጠየት።

ካብ ዝነበረቶ ማዕቡጥ ተሲኣ ካብ ሳቡር ናብ ርድእቲ ተወሰደት። ካብ ርድእቲ ናይ ገባር ክዳን ዝተኸድነ ሓደ ጉበዝ መሪሑዋ ናብ እንኮዔላ ኣተወት። ኣብኡ ንቑሩብ መዓልታት ጸንሐት። ካብኡ መሪሖም ናብ ሽቶኣ ዝወሰዱዋ ክሳብ ዝዳለዉ ግዜ የድሊ ኔሩ። ካብ እንኮዔላ ክሳብ ኣስመራ ካብ ሓደ ምስጢራዊ ተቐባሊ ናብ ካልእ ግዜ ብዘይወሰድ፡ ሰሉጥን ጽፉፍን ሰንሰለት ክትምራሕ ኔሩዋ። ካብ እንኮዔላ ሓደ በዓል ኳዜን ወሲዱዋ ኣብ ገዛኡ ሓዲራ፡ ንጽባሒቱ እምባደርሆ ኣእተዋ። እታ ኣብ ገዛኣ ዝተቐበለቶም ዓባይ ሰበይቲ ዘምቢል ሕምባሻን ካልእ ማልእን መሊኣ ኣሰከመታ። ሕቶን መልስን ዘብሃል የለን። ስቕ ኢልካ ጉዕዞ ጥራይ'ዩ። ብሎኮ ኣስመራ ሓሊፈን ኣባሻውል ኣብ ሓደ እንዳ ስዋ ኣተዋ። እታ በዓልቲ ስዋ ኣብ ውሽጢ ገዛኣ ኣጽንሓታ። ኣብኡ ሓደ ሰብ መጺኡ፡ “ንኺድ!” በላ። ሒዙዋ ኣብ ከባቢ ፒያሳ ሚኪኤለ ምስ በጽሑ፡ “ኣብዚኣ'ሞ ደው በሊ፡ ቁሊሕ ኣይትበልኒ፡ ዝብለኪ ጥራይ ስምዕኒ!” በላ። ኣብርሀት ከምዝተባህላ ገበረት። “ኣብ'ቲ ስግር ዕጥርጥር ዝተኸድነት ሰብ ትረኣየኪ ኣላ?” ሓተታ። “እወ እርእያ'ለኹ!” መለሰት ኣብርሀት። “ትኽ ኢልኪ ናብኣ ትኸዲ፡ ዘረባ የለን፡ ምስኣ ትኸዲ።” በላ። ኣብርሀት ጽርግያ ሰጊራ ናብኣ ኸደት። እታ ትጽበያ ዝነበረት ጓል ድማ “ንኺድ!” ጥራይ ኢላታ ካልእ ቃል ከየውጽኣት ተመራሪሐን ናብ እንዳ ሙፍቲ ተጓዕዛ። ኣብ ጥቓ እንዳ ደግያት ላይነ ዝርከብ ሓደ ገዛ ኣተዋ። እንዳ ደግያት ላይነ ኣብቲ ግዜ'ቲ ሻለቃ ዳዊት ወልደጊዮርጊስ ዝሰፍሮ ኣዚዩ ግሩም ህንጻ'ዩ። ሻለቃ ዳዊት ናይቲ ግዜ'ቲ ላዕለዋይ ሓላፊ ኮይኑ ኣብ ኤርትራ ናይ ኢሰፓአኮ ሓላፊ ነበረ። ሻለቃ ዳዊት ረቂቕ ስለያን ረቂቕ ኣተሓሕዛ ህዝብን ዘተኣታተወ፡ ትኩር መራሒ'ዩ ኔሩ። ንምስጢራዊ ስራሓት ገድሊ ዓቢ ብድሆ ዝኾነ ሰብ'ዩ ኔሩ። ኣብርሀት ዝኣተወቶ ገዛ፡ ነጸላ መንደቕ መንበሪ ሻለቃ ዳዊት'ዩ። ኣብቲ ገዛ ሱሌማን ዝተባህለ ምስጢራዊ ተጋዳላይን ሓንቲ ውፍይቲን'ዮም ጸኒሖማ። ሰላምታ ድሕሪ ምልውዋጥ ሱሌማን ቀልጢፉ ወጺኡ። እታ ዘምጽኣታ ሰብ'ውን ጸኒሓ ሰዓበት። ድሕሪ ገለ ሰዓታት ገብረሂወት ተኽለ (በየነ) መጺኡ ወሰዳ።

ሱሌማን ምስጢራዊ ስም ናይ ውፉይ ግርማይ መስፍን'ዩ። ግርማይ ኣዚዩ በሊሕ ብናይ ምዝካር ክእለቱን ዝርዝር ፍልጠቱን ዝተፈልጠ ሰብ'ዩ። ኣብ ኣስመራ ሓደ ካብ'ቶም ኣዚዮም ኣገደስቲ ውፉያት ኮይኑ ሰሪሑ። ኣብ ሕዳር 1980 ብሰለይቲ ጸላኢ ተታሒዙ። ምትሓዝ ሱሌማን፡ ንናይ ኣስመራ ውድባን ምስጢራዊ ኣሰራርሓን ዓቢ ሃስያ ዘውረደ ፍጻሜ ነበረ።

ኣብርሀት ብገብረሂወት ተኸለ ተመሪሓ ናብ ውሑስ ካልእ መዕቈቢ ከባቢ ገዛ ባንዳ ተወሰደት። ምሕረት ተኪኤ ንምስጢራዊ ስራሕ ምችእቲ ገዛ ተኻርያ ንበይና እትነብር ውፍይቲ'ያ። ቢሮክራሲ፡ ወዲ-ቡላን ገብሩን ብብግዜኡ ዝተመላለሱዋ ክሳብ ብረት ዝሓብኡላ ዝነበረት ገዛ'ያ ኔራታ። ኣብርሀት ኣብ'ዛ ገዛ'ዚኣ ምስ ምሕረት'ያ ተዓቚባ። ምሕረት ንኣብርሀት ምስ ረኣየታ ኣዝያ ፈርሐት። ምኽንያቱ፡ እቲ ዝተኸድነቶ'ኳ ናይ ከተማ እንተመሰለ፡ ገጻን ኣካይዳኣን ግን ተጋዳሊት ምዃና ኣብኡ ኸላ ትፍለጥ። ገጻ ናይ ዝተጋየሸት ጓለንስተይቲ ኣይመስልን። ነብሰ ምትእምማንን ናይ ዘይተጋያሸነት ስምዒትን የንጸባርቕ። ኣሳጉማኣ ተራርን ቅልጥፍትን ኣብ ርእሲ ምንባራ ጸጉሪ ርእሳ'ውን ብሓይሊ ዝተመሸጠ ኣፍሮ ምዃኑ ንዘስተብሃለ ርኡይ ነበረ። ብዝኾነ፡ ምሕረት ምስ ጐረባብታ ክተላልያ እንከላ፡ ስራሕ ደልያ ከተማ ዝኣተወት ናይ ቀረባ ዘመድ ምዃና ኣፋሊጣ ምስኣ ሓዘታ።

ሽዑ ቅነ፡ ሓደ ኢዱ ዝሃበ ሰባት ከትሕዝ ፋንፋን ይብል ምንባሩ ብወረ ሰሚዐን ስለ ዝነበራ ኣብርሀት ምእታው ምውጻእ ዘይብሉ ዕቡጥ ህይወት ክትነብር ተገደደት። ኣብቲ ካንቸሎ ዝነበራ ተቐማጦ ገዛ ምሕረት ዝኣትዉን ዝወጹን ሰብ ፍሉይ ስራሕ ምዃኖም ኣስተብሂለን'ኳ እንተኾና ተጻባእቲ ግን ኣይነበራን። ብፍላይ እተን ዓባይ ሰበይቲ ስክፍታ'ኳ እንተርኣያ ብተዘዋዋሪ መንገዲ ዋርድያ ኢየን ተቐይረን። ሓደ ግዜ ኣብርሀት ኣብኡ እንከላ ሰዓት ሕላፍ (ከባቢ ሰዓት 11 ናይ ምሸት) ማዕጾ ካንቸሎ ብብርቱዕ ድምጺ ተኳሕኰሐ። ኣብርሀትን ምሕረትን ዘይፈልጠኦ ኣኳሓኹሓ ምዃኑ ስለ ዘስተብሃላ ኣዚየን ሰንበዳ። እተን ሰበይቲ ወጺኤን፡ “መን ኢኻ?” ኢለን ሓተታ። ብዝተሰባበረ ትግርኛ ዝዛረብ ናይ ሰኽራም ድምጺ ምስ መለሰለን፡ “ጽናሕ! ኣንታ ርጉም፡ ጽሉል. . .ፈሊጠካ'ለኹ!” ኢለን መለሳሉ። ቁልዑ ኣስመራ ‘ሓናቕ ደርሁ’ ኢሎም ዝጸውዑሉ ዓንድንኪኤል ዝተባህለ ጽሉል'ዩ

ኈሩ። እተን ዓባይ ሰበይቲ ተቛይቑን ሰጎጎአ'ሞ፡ ምሕረትን ኣብርሀትን ሩፍታ ረኸባ። ክብርቲን ሓላይትን ዓባይ ጐረቤት ክልቲኤን ሰንቢደን ከምዝኾና ኣይተጠራጠራን፡ "ኣለኽንዶ ጐራዙት. . .ደሓን'ዩ፡ እዚስ ሓናቕ ደርሁ ዝብሉዎ ጽሉል'ዩ. . . ደቅሳ ደኣ!" ኢለን ኣደዓዓሰአን።

ኣብርሀት ንሓያለ እዋን ተዓቢጣ ድሕሪ ምጽናሕ ከተማ ክትለማመድ ካብ ገዛ ባንዳ ናብ ማእከል ከተማ እናተዛወረት ትምለስ ነበረት። ኣብ መወዳእትኡ ገብረሂወት መጺኡ ስእሊ ክትስኣል ብሃንደበት ኣበገሳ። ጽጉሪ ርእሳ ግቡእ ምምሻጥ ዘይረኸበ በታ ኣብ ሜዳ ዝተዋህበታ መንዲል ተጐልቢቡ'ዩ ኈሩ። ሽዑ ሃንደበት ክትስኣል ግድን ስለ ዝነበረ ጉርዲ ስእሊ ዳርጋ ብወንጫራ ተወሰደላ። በዛ ጉርዲ ስእሊ'ዚኣ መንነትን ናይ መገሺ ፍቓድን ተዳለወላ። እዚ ምስ ተገብረ ገብረሂወት ሒዙዋ ብእግሪ ናብ ካቴድራል ገጾም ወረዱ። ኣብኡ ሓደ በዓል ታክሲ ኣብ ጐድኖም ደው ኢሉ ትኽ ኣቢሉ ናብ መዓርፎ ነፈርቲ ኣስመራ ወሰዶም። ብግቡእ ናይ ገያሾ መእተዊ ኣትዮም ኣብ ሓንቲ ናይ ገያሾ ነፋሪት መገዲ ኣየር ኢትዮጵያ ተሰቒሎም ንኣዲስ ኣበባ ተበገሱ። ድሕሪ ሰዓት ኣቢሎም ኣብ መዓርፎ-ነፈርቲ ቦሌ ኣዲስ-ኣበባ ኣተዉ። ከም ክቡራት ኣጋይሽ ማኪናኣ ሒዛ እትቕበሎም ጽጌሬዳ ተወልደ ነበረት። ብማኪናኣ ናብ ገዝኣ ወሲዳ መዓርፎኦም ሓዙ።

ምብጋስ ቢሮክራሲ [52]

ቢሮክራሲ ካብ ዝተዓብጠሉ ቦታ ወጺኡ ናብ ኣዲስ-ኣበባ ብኣስመራ ኣቢሉ ክብገስ ተዳለወ። ኣብ'ቲ ህሞት'ቲ ሓደ ከቢድ ብድሆ ስዒሩ ክፍጽሞ ከምዘለዎ ኣርጊጹ ይፈልጥ'ዩ። ጸላኢ፡ ነዊሕ ዓመታት ኣብ ከተማ ኮይኑ ይሰርሕ ምንባሩ ፈሊጡ ኈሩ'ዩ። ዝሓለፎ ሕልኽላኽ ተመኪሮን ጭርጭር ዓበደ ምስ ጸላኢን ይዝክሮ'ዩ። ኩነታት ከም'ዚ'ሉ ኣሰጋእን ሓደገኛን እንከሎ ኣስመራ ኣትዩ ብኡ ኣቢሉ ኣዲስ-ኣበባ ዓሊቡ ክዓዩ ዝነበሮ ዕድል ብናይ ጸላኢ ጫካ ሰለያዊ ሰኪዑት ከይኩለፍ ዘሰግእ ኩነታት ምንባሩ ኣይሰሓቶን። ብድሆታት ሰጊሩ ኣብ ሸቶኡ ንምብጻሕ ተዳለወ። ንመሰዋእቲ ይወፍር ከምዝነበረ ብሩህ'ዩ ኈሩ። ክዳን ገባር (ሓረስታይ) ወድዩ በትሩ ሒዙ ተበጊሱ ናብ ኣስመራ ተጣቢቡ ኣተወ።

ቢሮክራሲ ኣስመራ ኣትዩ ሰፈር ክስእን ዘይሕሰብ'ዩ። ማእለያ ዘይብሉ ምስጢራዊ ቦታታት ይፈልጥ'ዩ። ንሱ ንሜዳ ክወጽእ ዝተገደደሉ እዋን ብዘይካ'ታ መንበሪት ካልእ ብዙሕ ኣይተፈልጠን ዝነበረ። ዝተሓባበሩዎ

ውፉያትን ውዱባትን ኣይወሓዱን። ጉዕዞ ናብ ኣዲስ-ኣበባ ግን ክሕሰበሉ ዝነበሮ ረቂቕ ጉዳይ ኢዩ። ሳላ በሊሕ ኣወዳድባኡን ብጾቱን ግን እቲ ዕድላት ኣይጸበበን።

ውፉይ ስእላይ ኣሰፋው ቢሮክራሲ ናብ ኣዲስ-ኣበባ ዝበጽሓሉ መንገዲ የሰላስል ነበረ። ስእላይን ብጾቱን ሓንቲ ዓባይ ናይ ጽዕነት ማኪና ወኒንካ ነጋዳይ ተመሲልካ ናይ ምኻድ ጥበብ ይሓስቡ ነበሩ። ቢሮክራሲ ንኣዲስ-ኣበባ ዝበጽሓሉ መንገድታት ቅድሚ'ዚ እዋናት'ዚ'ውን ኔሩዎ'ዩ። ሓደ መንገዲ ጥራይ ኔሩ ክይከውን ይኽእል። ኣብ'ዛ እዋን'ዚኣ ድማ ሕሉፍ ተመኩሮኡን ናይ ሽዑ ዕድላትን ኣመዛዚኑ ኣዲስ-ኣበባ ዝበጽሓሉ መንገዲ ይሓስብ ነበረ።

ሓንቲ ኣደናቒት መስመር ግን ኣብ ጸብጻብ ትኣቱ ነበረት። ኣብ ከባቢ ዩኒቨርስቲ ኣስመራ ኣብ ጥቓ ዩኒቨርሳል ሆቴል እትርከብ ስትርቲ መስርሒቱ ብኣትኩሮ እትጥመት'ያ። እታ ቦታ ዱኳን ብደጊኣ ብውሽጣ ግን ስቱር መስርሒቱን መሕብኢት ተነቃፊ ንብረቱን ነበረት። ንሳ ብሃና ዘርኣሃይማኖት ትውነን። ሃና በዓልቲ ቤቱ ንውፉይ የዉሃንስ ወልደሚካኤል'ያ። የውሃንስ ምስ ሃና ኣብ ሆቴል የሓ ትብሃል ዝነበረት ትካል እንክላ ተላልዩ፡ ምስ ኣባላት ውድብ ህዝባዊ ግንባር'ውን ሽዑ ተላልዩ። ነጋዳይ ኮይኑ ጉዕዞ ንባህርዳር ኣዲስ-ኣበባን ካልእ ቦታታት ኢትዮጵያን ዝተመኩረ'ዩ። ሓይሊ-ኣየር ኢትዮጵያ ኣብ'ቲ ግዜ'ቲ ቀረባት ካብን ናብን ኣስመራ ኣዲስ-ኣበባ ዘመላልስ ዕዉት ነጋዳይ ይደልዩ ኔሮም፡ የውሃንስ ድማ ነዚ ዕድል'ዚ ኣብ ኢዱ ኣእተዎ። ብናቶም ነፋሪት (ናይ ሓይሊ-ኣየር) ክመላለስ ከኣለ። ውፉይ የውሃንስ ኣብ ህዝባዊ ግንባር ምሉእ እምነት ሃልዩዎ ንግዱን ዝወነኖ ዕድልን ውድብ ዝጥቀመሉ ኣገባብ ምስ ወደብቱ ውፉያት ሓሰበ።

ብመንገዲ የውሃንስ ወልደሚካኤል ብዓል ቢሮክራሲ ምስጢራዊ ውደባታት ክገብሩ በቕዑ። ኣብ ዝተፈለላየ ካብን ናብን ኣዲስ-ኣበባ ዘመላለስ ነገራት ዝተሓባበሩ ሰራሕተኛታት (መኮንናት ሓይሊ ኣየር) ወደቡ። ውፉያት መዋፈሪ መጉዓዝያ ሓይሊ ኣየር ልክዕ ከም ቦትኦም ዝመላለሱዎ ቦታ ኾነ። ሓደ ሓደ ግዜ ጃኬት ሓይሊ ኣየር ለቢሶም ዕጥቀም ዝመስል ካላሽን ዓጢቖም፡ ሓደ ሓደ ግዜ ተሓባበርቲ ነጋዶ ናይ የውሃንስ ወይ ኣዝማድ መሲሎም ዘድልዮም ምፍጻም ክኢሎም ነበሩ። ቢሮክራሲ እዚ ተመኩሮ'ዚ ኣብ ጸብጻብ ብምእታው እዛ መስመር'ዚኣ

ንኣዲስ-ኣበባ ክበጽሓላ ዝኽእለላ ዕድል ምኺናን ዘይምኺናን ኣገናዘበ፡ ናይ መወዳእታ ውሳኔኡ ድማ እዛ መስመር'ዚኣ ኮነት።

ኣብ'ዚ ቅንያት'ዚ፡ ሓደ መዓልቲ፡ የውሃንስ ንውፉይ ሻምበል ባሻ ተኽለሚካኤል ርእሶም ብህጹጽ ረኺቦ ሓደ ተልእኾ ክፍጽም ሓበሮ። ውፉይ ሻምበል ባሻ ተኽለሚካኤል ኣብ'ቲ ቀንዲ ቤት-ጽሕፈት ፖሊስ ኣስመራ (ኣጀፐ) ዝሰርሕ ምስ መጉዓዝያን ጸብጻባትን ዝተሓሓዝ ስራሕ ዝነበሮ ኢዩ። ንሱ ኣቐዲሙ ኣብ ህዝባዊ ግንባር ተወዲቡ ብተወፋይነት ዝዓዩ ዝነበረ ሰብ'ዩ። ምሉእ ጸብጻባት ፖሊስ መዓልታዊ ናብ ህዝባዊ ግንባር ዘመሓላልፍ ዝነበረ ኣገዳሲ ባእታ'ዩ። ሓደ ግዜ፡ ኣብ 1978፡ ህዝባዊ ግንባር ኣስመራ ክሕዛ ተባሂሉ ውፉያት ምቅርራብ ምእንቲ ክገብሩ ቢሮክራሲን ገብረሂወትን ዝርከቡዎ ኣኼባ ኣካይዶም ንበዓል ሻምበል ባሻ ተኽለሚካኤል ፍሉይ መደባት ተዋሂቡዎም ነበረ። ኣብ ካልእ ተመሳሳሊ ንጥፈታት ምስ ቢሮክራሲን ገብረሂወት ተኽለን ዝሰርሐ ምኩር ውፉይ'ዩ። ምስ የሃንስ ኣብ'ዚ ንጥፈታት'ዚ'ዩ ዝፋለጥ። ምስ መጉዓዝያ ሓይሊ-ኣየር ዘተኣሳስር ስራሕ'ውን ስለ ዝነበሮ ርክባቶም ርሑቕ ኣይነበረን። የውሃንስ ነዚ ተልእኾ'ዚ ክሕብሮ እንከሎ ተኣማንነቱን ምስጢራውነቱን ስለዘረጋገጸ'ዩ። ሻምበል ባሻ ተኽለሚካኤል ንቢሮክራሲን ካልኣዩን ናብታ ናብ ኣዲስ-ኣበባ ክትብገስ ኣብ መደበር ሓይሊ ኣየር ተቐሪባ ዝነበረት ኣንቶኖቭ ዝዓይነታ ነፋሪት ከብጽሖም ማኪና ፖሊስ ክሕዝ'ዩ የውሃንስ ወልደሚካኤል ሓቢሩዎ። ሻምበል ባሻ ተኽለሚካኤል መኪና ፖሊስ ብዘይምኽንያት ጥራይ ዘይኮነስ ባዕሉ ሒዙ'ውን ክንቀሳቐስ ስለ ዘይክእል ብዛዕባ'ዚ ጉዳይ'ዚ ክበላሓት ኔሩዎ። ንሓደ ፖሊስ ኣውቲስታ (ኣምሓራይ) "ደቂ ሓፍተይ ኣብ ኣዲስ-ኣበባ ዝመሃሩ ንዕረፍቲ መጺኦም ዝነበሩ ብናይ ሓይሊ-ኣየር ከፋንዎም ደልየስ እዛ መኪና ሒዝካያ ተበገስ!" ኢሉ ሓውሲ ምምሕጻን ብዘለዎ ኣገባብ ኣዘዞ። ኣውቲስታ ከይተወላወለ ማኪናኡ ኣበጊሱ ተዳለወ።

ቢሮክራሲን ካልኣዩን ኣብ ከባቢ ፊያት ናይ ተመሃሮ ዝመስል ሳንጣ ጸይሮም ይጽበዩዎ ነበሩ። ሻምበል ባሻ ምስ ኣውቲስትኡ ናይ ፖሊስ ማኪና ሒዙ መጺኡ ኣብ ድሕሪት ተሰቒሎም ናብ መደበር ሓይሊ-ኣየር ኣምርሑ። ኣብኡ እቶም ውዱባት መኮንናት ተቐቢሎም ናብታ ኣንቶኖቭ ኣሰቂሎም ናብ ኣዲስ ኣበባ በረሩ።

14

ፈተነ ዳግመ ውደባ ኣዲስ ኣበባ

ኣገዳስነት ኣዲስ ኣበባ

ኣዲስ ኣበባ ኣብ ምጉዝዛይ ኣፍሪቃ ከም ዘመናዊት ከተማ ብሃጸይ ምንሊክ ንጉሰ ነገስት ኢትዮጵያ ተመስሪታ። ቀርኒ ኣፍሪቃ ባዕዳውያን ገዛእቲ ብፍላይ ከአ እንግሊዛውያን፡ ፈረንሳውያንን ኢጣልያውያንን ንሓድሕዶም ዝሩጠጡሉ ዞባ ነበረ። ጥልያን ንኤርትራ ምስ ሓዙ ናብ ኢትዮጵያ ክግስግሱ ክብሉ ኣብ ውግእ ዓድዋ (1896) ስለ ዝተሳዕሩ ተዓግቱ። እንግሊዛውያን ንሱዳንን ኬንያን ሒዞም ስለ ዝነበሩ፡ ፈረንሳውያን ድማ ጁቡቲ ስለ ዝሓዙ ዝኾነ ካብኦም ናብ ኢትዮጵያ ክጥምት ከሎ መራጸሚ ክትከውን ስለ እትኽእል ኢትዮጵያ ቀጥታዊ ግዝኣቶም ክገብሩዋ ኣይከኣሉን። ፈረንሳውያን ግና ብዘይቀጥታዊ ኣገባብ ንኢትዮጵያ ተቖጻጸሩዋ። ኣዲስ ኣበባ ከም መናገሻን ፍልማዊ ዘመናዊ ኣደኳኹናን ድማ ብሓገዝ ፈረንሳውያን ተበገሰት። ካብ ሽዑ ንደሓር ኣዲስ-ኣበባ ቀንዲ መናገሻን መንበዒት ሓይሊን ምስፍሕፋሕን ናይ ተኸታተልቲ ስርዓታት ኢትዮጵያ ኮነት።

ኣብ ዘበን ሃይለስላሴ ኣዲስ-ኣበባ፡ ኤርትራ እትጉበጠሉን እትውረረሉን ቀንዲ ማእከል'ያ ኔራ። ቃልሲ ንናጽነት ኤርትራ ብፖለቲካዊን ዲፕሎማስያውን መንገዲ ብሓይሊ ስርዓት ሃይለስላሴን ተሓባበርቱን ምስ ተኾልፈ፡ እቲ ኣብ ኤርትራ ሰሲኑ ዝነበረ ዘመናዊ

ቀጸላታት ነበርቲ ከተማ፡ ምሁራት፡ ሞያተኛታት፡ ሰብ ፍሉይ ክእለት፡ ደለይቲ ትምህርቲ ናብ ኢትዮጵያ፡ ብፍላይ ከኣ ናብ ኣዲስ-ኣበባ፡ ክግዕዙ ተገደዱ። ላዕለዋይን ናይ ሞያን ኣብያተ-ትምህርቲ ኣብኡ ስለ ዝተሓጽሩ፡ ፋብሪካታትን ቀንዲ ዋኒናትን ካብ ኤርትራ ናብ ኢትዮጵያ ከምዝግዕዙ ስለ ዝተገብረ፡ ብርክት ዝበለ ቁጽሪ ኤርትራውያን ስራሕ ንምርካብ ምስኣን ገዓዙ። ኣዲስ-ኣበባ ብዙሓት ምሁራትን ሰብ ሞያን ኤርትራውያን ብጻዕቂ ዝርከቡላ ከተማ ነበረት። ህዝባዊ ግንባር ክብገስ እንከሎ ኣዲስ-ኣበባ ብኽልተ ዓበይቲ ምኽንያታት ተገድሶ ነበረት። በቲ ሓደ ከም መናገሻ መጠን ቀንዲ ሓበሬታ ብዛዕባ ጸላኢ ዝርከበላ ቦታ ኮይና፡ በቲ ካልእ ድማ ብዙሓት ተቓለስቲ ኤርትራውያን ዝፈርዩላ ነበረት።

ንኽልቲኡ ኣገዳሲ ጉዳያት፡ ማለት ሓበሬታን ውደባ ህዝብን፡ ኣገዳሲ ቁላሕታ ክግበረላ ኔሩዎ። ህዝባዊ ግንባር ነዚ ክልተ ዕማማት'ዚ ከማልእ ንቢሮክራሲ ሓረየ። እቲ እዋን መፋርቕ 1980 ነበረ። ክሳብ ሽዑ እቲ ሓንሳብ ንሓዋሩ ንሰውራ ኤርትራ ንምድምሳስ ኣብ 1978 ብደርጊ ዝተፈነወ ወራራት (ካብ 1ይ ክሳብ 5ይ ወራር) ፈሺሉ ዘፍ ኢሉ ነበረ። ደርጊ ብዓይነቱ ዝተፈልየን ዝሓየለን ወራር ንምድላው ይሓልመሉ ኣብ ዝነበረ እዋን'ዩ ቢሮክራሲ ናብ ኣዲስ ኣበባ ዝተላእከ። ንቢሮክራሲ ከም ኣገዳሲ ተልእኾ ዝተዋህቦ፡ ስትራተጂያውን ወተሃደራውን ሕልምታት፡ ውጥናትን ዓቕምታትን ጸላኢ ብጭቡጥ ምርዳእ ኣብ ዓወት ሰውራ ዝህልዎ ዓቢ ተራ ኣብ ጸብጻብ ብምእታው፡ በቲ ኻልእ ኣብ ኣዲስ-ኣበባ ዝነበረ ማእካሊ ኣካል ሓፋሽ ውድባትን ውድባዊ ንጥፈታትን ኣብ ሚያዝያ 1980 ምስ ተበታተነ ምእርናብ ኣባላት ሓፋሽ ውድባት የድሊ ስለ ዝነበረ ኢዩ።

ቢሮክራሲ ኣዲስ-ኣበባ ምስ ኣተወ ክረኽቦም ዘለዎም ሰባት ኣቐዲሙ ይፈልጥ'ዩ። ብዓንተቦኡ ንባዕሉ ኣብ ርክብ ኣዲስ-ኣበባ ሜዳ ካብ 1973 ኣትሒዙ ክሳብ'ቲ ንሜዳ ዝወጸሉ 1980 ክሰርሕ ጸኒሑ'ዩ። ሽዑ እቲ ኣብ ኣዲስ-ኣበባ ዝነበረ ማእካሊ ኣካል ብሰንኪ ምእሳር ገብሩ ተስፋጋብርን መምህር ገብረሚካኤል (ጂሚ)ን ምስ ተበታተነ፡ ተኪኤ በየነ (ሓደ ካብ'ቶም ማእካሊ ኣካል) ካብ ኣዲስ-ኣበባ ኣምሊጡ ሜዳ ኣትዩ ስለ ዝነበረ ምስ ቢሮክራሲ ኣብ ድርፎ ተራኺቦም ኔሮም'ዮም። ተኪኤ በየነ እቶም ኣብ ኣዲስ-ኣበባ ዝነበሩ መራኽብቱ ሓቢሩዎ ኔሩ'ዩ።

ቢሮክራሲ ምስ ክልተ ብርሃነታት [53]

ብርሃነ ገብረስላሴ ኣብ ኣዲስ-ኣበባ በቅሎ-ቤት ኣብ ዝተባህለ ኣከባቢ ወናኒ መዐደሊ ነዳዲ ስለ ዝነበረ ንንጥፈታት ውዱኣት ምቹእ ኩነታት ኣብ ምፍጣር ይተሓባበር ነበረ። ኣብ 1975 ብዘርኣይ (ወዲ-ልቢ) ተወደበ። ዘርኣይ ኣብቲ ፈለማ ዓመታት 1974 - 1976 ናብ ኣዲስ ኣበባ ብምእታው ኣድላዩ ውድባዊ ዕማማት የሰላስል ኔሩ'ዩ። ወዲ-ልቢ ንብርሃነ ገብረስላሴ ምስ ብርሃነ ወልደየሱስ፡ ሃይለሚካኤል ሃብተጊዮርጊስን እምባየ (ዱቸ)ን ኣራኺቡ ብሓባር ከሰርሑ ወደቦም። ኣብ መፋርቕ 1980 ኣቢሉ ኣብ ስራሕ ብርሃነ ወልደየሱስ (ንባዕሉ ወናኒ ጋራዥ፡ ኣብ ጥቓ ስራሕ ብርሃነ ገብረስላሴ) ሓደ ጋሻ ክኣቱ ክወጽእ፡ ነዊሕ ሰዓታት ምስኡ ክጸንሕ ይዕዘብ ነበረ። ድሕሪ ገለ መዓልታት ነዚ ጋሻ'ዚ ብርሃነ ወልደየሱስ ምስ ብርሃነ ገብረስላሴ ኣላለዮ። እቲ ኣፍሮ ዝጸጉሩ፡ ጽፉፍ ዝኽዳውንቱ ምልምል መንእሰይ ቢሮክራሲ ኢዩ። ብርሃነ ገብረስላሴ ታኑስ 19 ዝዓይነታ ማኪና ነበረቶ። ክላለዮ ከሎ ካብ ሜዳ ዝተላእከ ወዳቢ ተጋዳላይ ምዃኑ ፈሊጡዎ'ዩ። ዝህቦ ሓበሬታን ዘዕልሎ ሓሳባትን መሳጢ፡ ዝምልከቶ ጉዳይ ምስ ገበረ ዝሸረብ ብጻይ ነበረ። ካብ ብርሃነ ገ/ስላሴ ነታ ታኑስ 19 ማኪና እናወሰደ ኣብ ኣዲስ -ኣበባ ስርሑ የሳልጥ። እንታይ ከምዝገብርን ናበይ ከምዝንቀሳቐስን ግና ብርሃነ ኣይፈልጥን'ዩ።

ኣብ'ቲ እዋን'ቲ መሳርሕቱን ካልኣዩን ምዃኑ ቢሮክራሲ ዘላለዮ ገብረሂወት ተኸለ'ውን ተፋሊጦሞ ነበሩ። ብጠባዩን ብኣካይድኡን ግን ከም ቢሮክራሲ ስለዘይነበረ ግር ይብሎም ነይሩ። ምስ ቢሮክራሲ ክራኸብ ኣብ ዝተዓዘቡዎ እዋናት'ውን ልሙጽ፡ ዘሰማምዕ ባህርያት ከምዘይብሎም ተገንዘቡ። ሓደ ግዜ ቢሮክራሲ ኣብ ጋራዥ ብርሃነ ኩይኑ ገብረሂወት ክመጾ ይጽበ ነበረ። ቢሮክራሲ ንሰራሕተኛታት ጋራዥ ብርሃነ ከም ነጋዳይ ስለ ዝተፋለጦም ሓደ-ሓደ ዝሸየጥ ኣቕሑት ሒዙ ይመጾም ኔሩ'ዩ።

ዳህሳስ መሳለጢታት [54]

ርክብ ቢሮክራሲ ምስ ኣባላት ውዱባት እናሰፍሐ ከደ። ከከም ኵነታቶም ከሳልጡዎ ዘለዎም ዕማማት እናሃበ ይንቀሳቐስ። ገለ ካብ'ቲ ክሰልጥ ዝነበሮ ፈላሚ ጉዳያት፡ ጉዳይ መንበሪን መስርሒ ቦታታትን መንቀሳቐሲ መኪናን ነበረ። ክፍለ ተሰፋማርያም ሓደ ካብ'ቶም

ብተደጋጋሚ ቢሮክራሲ ዘራኸቦም ኣባላት ሓፋሽ ውድባት'ዩ። ክፍለ ጌና ኣብ መባእታ ትምህርቱ ኣብ ደቀምሓረ እናተማህረ እንከሎ (መወዳእታ 1950ታት)፡ ነታ ከተማ ዘናወጸ ናይ ጦርሰራዊት ከቢድ ቃፍላይ ትርኢት ተዓዘበ። ጦርሰራዊት (ወተሃደራት ኢትዮጵያ)፡ "እምቢ ያለ ሰው ጥይት ኣጉርሰው!" (እምቢ ንዝበለ ብጥይት ዝበጦ) እናበሉ ንነባሪ ናይታ ከተማ ንምርዓድ ዓው ኢሎም ጨደሩ። ኣብ ኣእምሮ ክፍለን መሳቱኡን ዘይሃስስ ስምብራት ፈጠረ። ኢትዮጵያ ጓና ገዛኢት ኤርትራ ምኳና በቲ ተግባር'ቲ ተሰወጦም። ክፍለ ኣብ ደቀምሓረ፡ ኣብ ኣስመራ፡ ኣብ ኮሌጅ ፖሊተክኒክ ባህርዳር ኣብ ዝመሃረሉ ዝነበረ እዋን ኣብ ርሱን ተቓውሞ ኤርትራውያን ተመሃሮ ዝተሳተፈ ምኩር ውዱብ ህዝባዊ ግንባር'ዩ።

ክፍለ፡ ብመሰረት ቢሮክራሲ መስርሒ ቦታ ክረኽበሉ ዝሓተቶ፡ ሃሰስ ክብል ጀመረ። ሓደ መዓልቲ ቢሮክራሲ ንኽፍለ፡ "እትነብረሉ ገዛ ኣርእየኒ'ሞ ንገለ ስራሓት ክንጥቀመሉ ንኽእል እንተ'ኼንና ክንግምግሞ፡" በሎ። ክፍለ ናብ ገዝኡ ወሰዶ። እቲ ቦታ ኣብ ሞንጎ ብዙሓት ፊት ንፊት ዝረኣኣዩ ኣባይቲ ስለ ዝነበረ ከምዘይጥዕም ገምገሙ። እምበር፡ ካብ ሜዳ ዝመጽእ ጽሑፋት ወይ ድማ ካብ ድምጺ ሓፋሽ ተቐዲሑ ዝጸሓፍ ተባዚሑ ናብ ህዝቢ ዝዕደል ዘራብሓሉ ቦታ ንኽኸውን ሓሳብ ነበሮም።

ጸጸኒሕካ ርእሰኻ ንድሕሪት ድረዝ [55]

ቢሮክራሲ ፍሉይ ጥብቀት ምስ ሰንጋል ወልደትንሳኤ የዘውትር ነበረ። ሰንጋል ኣብ ኮሌጅ ፖሊተክኒክ ባህርዳር ዝተማህረ፡ ኣብ ህዝባዊ ግንባር ካብ 1975 ኣትሒዙ ዝተወደበ ምሁር ሰብ'ዩ። ምስጢራዊ ስሙ ሰናይ ዓንደብርሃን ኮይኑ ካብ'ቶም ብዓንደብርሃን ኪዳነ (ኣባል ናይ'ታ ኣብ ሚያዝያ 1980 ዝተበታተነት ማእካሊት ኣካል) ዝምእከል ዝነበረ'ዩ። ምስ ቢሮክራሲ ኣብ ዝራኸበሉ ዝነበረ እዋን፡ ካብ 1981 ክሳብ ፈለማ 1982፡ ኣብ ዩኒቨርስቲ ኣዲስ-ኣበባ ናይ ዲግሪ ትምህርቱ፡ እናሰርሐ ዝቕጽለሉ ዝነበረ እዋን'ዩ። ኣብ ፋብሪካ ወንጂ (ካብ ኣዲስ ኣበባ ውጽእ ኢሉ ዝርከብ ፋብሪካ ሽኮር)፡ ኣብ መተሃራ (ፋብሪካ ጡጥ)ን ናዝሬትን ዝርከቡ ኣብ ውሽጢ ኣዲስ ኣበባ ገለ ኣባላት ዝጥርንፍ ጨንፈር ይመርሕ ኔሩ። ኣብ'ቲ ዩኒቨርስቲ ስለ ዝነበረ ድማ ምስ ኣስቴር ፍቓዱ ፍሉይ

ርኩብ ኔሩዎ። ቢሮክራሲ ጉዳይ ደቀንስትዮ እትጥርንፍ ሰብ ንኣስቴር ፍቓዱ ገብረስላሴ'ዩ ሓርዩ። ሽዑ ንሳ ኣብ ዩኒቨርስቲ ኣዲስ ኣበባ ንዲግሪ እትምሃር ዝነበረት ውፍይቲ መንእሰይ ኢያ። ቢሮክራሲ ንሰንጋል ኣብ ዝረኸቦ ዝነበረ እዋናት ሓደ ካብ'ቶም ጠርነፍቲ ኣካላት ንኽኽውን ሓደ ሓደ ሓበሬታታትን ርክባትን ከምዝህልዎ ይገብር ኔሩ'ዩ። በዚ መሰረት፡ ኣስቴር ብጉዳይ ደቀንስትዮ ጸብጻባታ ንሰንጋል ከምእትህብ ጌሩ ነበረ። ኣስቴር ካልእ ኣገዳሲ ዕማም ድማ ትፍጽም ነበረት። ሓዋ ሰሎሞን ፍቓዱ ኣብ እዋን ወራር ናይ 1978 ኣብ ዓዲያቀብ ተማሪኹ ምስ ምሩኻት ኣብ ኣለምበቃኝ ተኣሲሩ ስለ ዝነበረ፡ ብመንገዳን ሓዋን ንሱ ዝፈጥረላ ርክብን ኩነታት እሱራት ንኽትከታተል ብቢሮክራሲ ዕማም ተዋሂቡዋ ኔሩ።

ርክብ ሰንጋልን ቢሮክራሲን ዕሙቕ ዝበለ ጉዳያት ዝዝቲ ርክብ እናኾነ ከደ። መጀመርያ ክራኸቡ እንከለዉ ኣብ ሓደ መዓርፎ ኣውቶቡስ ነበረ። ሰንጋል ኣብ'ታ መዓርፎ ኣውቶቡስ ምስ በጽሐ፡ "ጸጸኒሕካ ርእሰኻ ንድሕሪት ድረዝ!" ኢሉ ምልክት ሂቡዎ ስለ ዝነበረ፡ በዛ ምልክት'ዚኣ ተራኸቡ። ብድሕሪኡ መጺኡ ንሰንጋል ትንክፍ ኣበሎ'ሞ፡ ብምልክት ኢዱ ሰዓበኒ፡ ኢሉዎ ቢሮክራሲ ተዓዘረ። ሰንጋል ደድሕሪኡ ስዒቡ ኣብ ማኪና ቢሮክራሲ ተሰቒሎም፡ ሓንሳብ ደው እናበሉ ሓንሳብ እናተጓዕዙ ዕላሎም ቀጸሉ። ኣብ ዕላሎም ብዛዕባ ኩነታት ሓፋሽ ውድባት፡ ብዛዕባ ተደላይነት ማእካሊ ኣካል፡ ብዛዕባ ክርከቡ ዘለዎም ሰባትን ኣብ ቅድሚኦም ዝነበሩ ብድሆታትን ተዘራረቡ። ካብ'ቶም ቀንዲ ብድሆታት፡ ናይ ገለ ኣባላት ምእሳር ከጓንፍ እንከሎ ዝርአ ምስንባድን ኣብ ዘለኻዮ ተሰዋእ ዝብል መትከል ናይ ምኽታል ክብደትን፡ ከምኡ'ውን ስኣን ጽፉፍን ብጸቢብ ዝተሰትረ ርክብን ገለ ሰባት ምስ ዝተሓዙ ብዙሕ ዝፋለጡ ብምጽንሖም ጸላኢ ብርክት ዝበሉ ካልኦት ክሕዝ ምኽኣሉን፡ ዝኣመሰሉ ምንባሮም ተረዳድኡ። ኣባልነት ሓፋሽ ውድባት ብዘዕግብ ዓቐን ምስፍሑ፡ ዝተፈላለየ ሓበሬታታትን ጸብጻባትን ብኣጋ ዝእከብ ምዃኑ፡ ክሳብ ተጻብኦን ምዝንባል ውልቀ-ሰባትን ምስ ምንጪ ሓበሬታታት ከይተረፈ ኣባላት ሓፋሽ ውድብ ዘበርክቱ ብምዃኖም ኣብ ውደባ ጽቡቕ ሰረት ተነቢሩ ከምዝነበረ ገምገሙ። ቢሮክራሲ በቲ ልዙብ፡ ምሩጽ ቃላቱን ሓጺር ኣገላልጻኡን፡ ንኹሉ ዝሕግዝ ንቕሓት ስለ ዝኾነ ኣብቲ ዝዘተዩሉ ጉዳይ ብዝያዳ ክዕየ ከምዘለዎ ኣመልከተ።

እቲ ቡብግዜኡ ካብ ገለ ኣባላት ዝርአ ዘይምጽናዕ ከጓንፍ ዝጽበዩዎ ባህርያዊ ምኽኑን ብንቕሓት ንምውሓዱን ንምውጋዱን ጕስጓሳት ክሕይል ከምዘለዎን ኣመተ። ጸላኢ ካብ ድኽመቶም ስለ ዝኸስብ ብዝያዳ ብቕዓት ክሰርሑ ከምዘለዎም ተረዳድኡ።

ሰንጋል (ከም ሓያለ ኣብ ኣዲስ ኣበባ ቢሮክራሲ ዝረኸቦም ኣባላት)፣ ብጥንቁቕ ኣካይዳ ቢሮክራሲ ተመሰጠ። ካልእ ቅድሚኡ ዘየስተማቐሩዎ ድማ ኩሉሳዕ ሓደ ቅርጺ ውደባ (ካብ ዋህዮ፣ ናብ ጉጅለ. . .) ሒዝካ ኣብ ክንዲ ምኻድ ፍሉያት ሰባት ንፍሉይ ሓበሬታ ብውልቂ ዝተሓዙ ክህልዉ ከምዝግባእ ካብ ቢሮክራሲ ተረድአ። ሰንጋል ኣብ ፋብሪካ ወንጂ ዝሰርሕ ሓደ ኤርትራዊ (ዕባይ መቐለ) ዝወደቦ ንበይኑ ነበረ። ቢሮክራሲ ብዛዕባ'ቲ ሰብ ኣድቂቑ ሓቲቱ ሓዊ ነቲ ውዱብ ኣብ ደገ ኣብ ሓደ ኤምባሲ ሓላፍነት ዘለዎ ምኺኑ ምስ ፈለጠ ብፍሉይ ተታሒዙ ጸብጻባቱ ብፍሉይ ክሓልፍ መምርሒ ሃበ። በዚ መሰረት፣ ሓደ መስመር ሓበሬታ ተመስረተ።

ርክብ ምስ ሰንጋል ሓያለ ጉዳያት ዘጠቓልል ነበረ። ብዛዕባ መስርሒ ቦታ'ውን ተላዘቡ። ቢሮክራሲ ሓደ ስቱር ካብ ኤምባሲታት ኣስታት ፍርቂ ኪሎሜተር ዝረሓቐ ቦታ ክናዲ ንሰንጋል መዘዞ። ካብ ኤምባሲታት ዝረሓቐ ክኸውን ዝተደልየ መራኸቢ ሬድዮ ክጥቀሙ እንተክኢሎም በቲ ናይ ኤምባሲታት መጥለፊ ምእንቲ ከይርከቡ ዝዓለመ ነበረ።

ጉዳይ መንበሪ [56]

ቢሮክራሲ ክሳልጦ ዝነበሮ ስራሕ ሰፊሕ'ዩ። ምእርናብ ዝተንጠልጠለ ስርርዕ ውዱባት፣ ከምኡ'ውን ስለያዊ ሓበሬታ ምእካብ ቀንዲ ዕማማት'ዮም። ቅድሚ ዝኣገረ ግን መሳለጢ ቦታታት ከረጋግጽ ኔሩዎ። እዚ'ውን ብምትሕብባር ውዱባት ክሳለጥ ኔሩዎ። ኣቐዲሙ ምስ ጽጌሬዳ ተወልደ ፍሉይ ርክብ ጸኒሑዎ'ዩ። እታ ኣዲስ-ኣበባ ከምትኣቱ ዝተገብረት ኣብርሀት ፍስሃ፡ ኣብ እንዳ ጽጌሬዳ ተወልደ ከም እትዕቈብ ተጌሩ'ዩ። ምስ ገለ ብድሆታት ኣብ እንዳ ጽጌሬዳ ተመሳሲላ ክትጸንሕ ግድን ነበረ። ብሬድዮ ክትሰርሓሉ እትኽእል ኵነታት ብኣጋ ክመቻቻእ ኣይከኣለን። ምቹእ ቦታ'ውን ኣይተዳለወን። ኣብ እንዳ ጽጌሬዳ ነዊሕ ክትጸንሕ ተገደደት። ንግዜኡ እትጸንሕ ተመሃሪት ዩኒቨርስቲ ተባሂላ ስለ ዝተቐመጠት፣ ሸቃሊት ጽጌሬዳ ግን "ወንበዴ" ከይትኸውን

ጠርጠረት። ብኣቃውማኣን ኣዘራርባኣን ተመሃሪት'ያ ኢላ ስለዘይኣመነት ንኣተውቲ ጽጌሬዳ ጠርጠራኣ ገለጸት።

ሓደ ካብ'ቶም ኣተውቲ ሓደ መኰንን ሓይሊ-ኣየር'ዩ ኔሩ። ፈታዊ ናይ'ቲ ገዛ ስለ ዝነበረ ግን ንኣብርሀት ከም ኣባል ሰድራ የዕልላ ነበረ። ጠርጠራ ሽቃሊት ገንፊሉ ከተንጸርጽር ጀመረት። ጽጌሬዳ ንኤውሮጳ ነቒላ ስለዝነበረት ደቃ ናብ ኣስመራ ክትሰዶም ተዳለወት። ሽቃሊት ነቶም ቈልዑ ኣዝያ ተፍቅሮም፡ ንጽጌሬዳን በዓል-ቤታ ኣቶ እምባየን'ውን ከምኡ። ኣቶ እምባየ ኣቐዲሙ ናብ ሜዳ ወጺኡ'ዩ። ሽቃሊት፡ ኣቶ እምባየ ካብ ገዛ ምስዋሩ ኣዝያ ትጉሂ ስለ ዝነበረት፡ ሽዑ ጽጌሬዳ ናብ ርሑቕ ክትገይሽ ቈልዑ ድማ ክፍለዩዋ ስለ ዝኾኑ ናይ ጓሂኣ ኣንጸርጽሮት ንኣብርሀት ተማዓተታ። "ኣንቲ ወንበዴ! ብሰበብኪ ኢዩ እዚ ኹሉ ዝመጽእ ዘሎ! ቅድም ኣቶ እምባየ እዛ ግደይ ትብሃል ወንበዴ ምስ መጸት'ዩ ጠፊኡ! ሕጂ ድማ ንስኺ ወንበዴ ምስ መጻእኪ ኩሎም ይጠፍኡ ኣለዉ!" ኢላ ብዓውታ ጨደረት። ጽጌሬዳ ነገር ንምዝሓል ሽቃሊት (ኣምሓረይቲ) ምስ'ቶም ቈልዑ ናብ ኣስመራ ክትከይድ ኣፍቀደትላ። ጽጌሬዳ ንወጻኢ ቅድሚ ምብጋሳ ኣብርሀትን ቢሮክራሲን ክቕመጡሉ ዘለዎም ስቱር ቦታ ክትረኽበሎም ኔሩዋ። ምድሪ ዘቢጣ ሱማሌ ተራ ኣብ ዝብሃል ቦታ ሓደ ፍሉይ ገዛ ረኸበትሎም። ኣብርሀትን ቢሮክራሲን ናብ'ታ ቦታ ግዒዞም ጽጌሬዳ ድማ ንኤውሮጳ ተሰደደት።

ሱማሌ ተራ ካብ ማእከል ከተማ ኣዲስ-ኣበባ (ጊዮርጊስ ኣደባባይ) ንምዕራብ ቅድሚ ማርካቶ ናብ ዝተባህለ ዕዳጋ ምስጋር ዝርከብ ሓደ ሓውሲ-ሻውል ዓይነት ሰፈር'ዩ። ገዛ ቢሮክራሲ ካብቲ ከባቢኣ ብርኽ ኣብ ዝበለ ቦታ በይና ዝተደኮነት'ያ። ስፍሓታ 4 ብ 5 ሜትሮ ኣቢላ ኮይና ብጣውላ ዝተሰርሐት ባንጴሳ'ያ። ብድሕሪኣ ናብ ሩባ ዘውርድ ቁልቁል ዝበለ ከፋት ቦታ'ዩ። ምድሪ-ቤት ጣውላ ኮይኑ ኣብ ውሽጣ ክልተ ክፍልታት ኣለዋ። ሓንቲ መስኮት'ያ ዘላታ። ብውሽጢ ብወረቓቕቲ ብደቂቕ ተሸፊና ዝኾነ ብርሃን ንደገ ዘውጽእ ጩራ ዘይብላ ጌሩዋ፡ ቢሮክራሲ። ብማዕዶ ኣለዉን የለዉን ዝህብ ምልክት የለን። ኣብ ሓደ ቦታ'ታ ምድሪ-ቤት፡ ምስ ዘድሊ ከፊትካ ብኣ ብምእታው ብውሽጢ ብዝተፋሕረ ጉድጓድ ንድሕሪት ምውጻእ ዘኽእል ሕቡእ መገዲ ኔሩዋ። ኣብ ውሽጢ ገዛ ብዘይካ ኣብ ውሽጣ መሕብኢ ምስጢራዊ ወረቓቕቲ

ዘለዋ ኣረጊት ሬድዮ፡ ካልእ ዝጠቅም ንብረት ኣይነበረን። ድስቲ ኩስኩስቲ፡ ጣውላን ክልተ ዓራትን ጥራይ ይርአ።

ቢሮክራሲ ኩሉ ግዜ የንብብ። ኣብርሀት ፍስሃ፡ ምስኡ ተቐሚጣ ኣብ ዝነበረትሉ እዋን ሓደ ግዜ እናንበበ ከሎ፡ ክርትም ኢሉ ክስሕቕ ሰሚዓቶ፡ "እንታይ ደአ ተረኺቡ!" ኢላ ሓተተቶ። "እዚ መጽሓፍ'ዩ! ኣብ'ዚ ዘንብቦ ዘለኹ መጽሓፍ ሓደ መንእሰይ ሰላዩ ንሓንቲ ኣዲኡ ትኸውን ሰበይቲ ብፍቕሪ ክቐርባ ተሓቲቱ ዘጓነፎ ጸገም'ዩ ኣስሒቑኒ!" መለሰ ቢሮክራሲ። ሓደ ግዜ ኣብ ምሸት ሰዓት ሕላፍ እንታይነታ ዘይፈለጡዋ ማኪና ኣብ'ቲ ገዛ ቀሪባ ክተድሂ ሰምዑዋ። ከውታ ምሸት ብምንባሩ ቢሮክራሲ ተሲኡ በታ መስኮት ተጸናጸነ። ኣብርሀት'ውን ነብሳ ኣብ ተጠንቀቕ ኣእተወታ። ድምጺ'ታ ዘይፈለጡዋ ማኪና እናቐረበ መጸ። ኣብርሀት ብውዱእ ዝተሓዘ ዘለዉ ስለ ዝመሰላ፡ ከኒና (ብቕጽበት ነብስኻ ንምቕታል ዝወሓጥ) ክትቅርብ ሃሰስ ክትብል ቢሮክራሲ ርእዩዋ፡ ቃል ከየውጽአ "ኣይትተሃወኺ! ጽንሒ!" ዝብል ናይ ኢድ ምልክት ጌሩላ፡ ተጸበየት። ድሕሪ ቍሩብ እታ ማኪና ብድምጻ እናረሓቐት ከይዳ ህጣማ ክሳብ ዝጠፍእ ተዓዝረት። እፎይታ ረኺቦም ቀሰኑ፡ ዘረባ ግን የለን፡ ነናብ ዓራቶም ተመሊሶም ዘንብብ ኣንበበ፡ ዝድቅስ ደቀሰ።

ናፍቖት ሜዳ ኣብርሀት

ኣብርሀት፡ እቲ ዘምጽኣ ናይ ምልክት ስራሕ ከይፈጸመት ነዊሕ ኣዋርሕ ብምሕላፉ ተሻቐለት። ቢሮክራሲ ከተማ ኣዲስ-ኣበባ ከላምዳ ናብ ሓያለ ቦታታት ኣዛዊሩዋ'ዩ። ክሳብ ተኸላይ ዓደን ሜስ ዝሰትየሉ ቦታ ወሲዱ ኣርእዩዋ። ባዕላ ንበይና እናተንቀሳቐሰት ክትለማመድ'ውን ሓገዛ። ኣምሓርኛ ክትመልኽ ምስ ጕረባብቲን ካልኦትን ሌላ ፈጢራ። ኣብ ሓደ ግሮሰሪ ሰራሕተኛ ተመሲላ ክትዓዩ'ሞ ብኡ ኣቢላ ጽቡቕ ልምዲ ክተጥሪ ሓሳብ ኔሩዎ'ዩ። እንተኾነ ኣብርሀት ዝተቐመጠትሉ ግዜ ነዊሑ፡ ምጽናሕ ምጅንሑ ምስ'ቶም ፍቑራትን ምዉቓትን ኣባላት ኣሃዱኣ ኣብ ሳሕል ምንባር ተመነየት። ምንዮታ ንቢሮክራሲ ገሊጻትሉ፡ ሜዳ በጺሓ ሓንሳብ ተዛንያ ክትምለስ መገዲ ረኸበላ።

ናብ መዓርፎ ነፈርቲ ሓይሊ ኣየር፡ ቦሌ፡ ብታክሲ ተተሓሒዞም ከዱ። ኣብርሀት ኣብ ናይ ጸላኢ ኣንቶኖቭ ዝዓይነታ ነፋሪት፡ ብናይ ጸላኢ ናይ ሓይሊ-ኣየር ኣካየድቲ ዝመሓደር መዓርፎ ነፈርቲ ትኣቱ ከምዘላ

ብምርዳእ ክልቲኦም ምእታዎም ንሱ ከፋንዋ፡ ንሳ ክትኣቱ ስግኣት ሓዲሩዋ፡ "ካብ ክልቴና ኣብ ሓደጋ ንኣቱ፡ ኣነ ባዕለይ ክኣቱ፡ ንስኻ ተመለስ!" በለቶ። ቢሮክራሲ "እዚ'ሞ ዘይከውን'ዩ፡ ንስኺ ኣብ'ታ ልክዕ ነፋሪት ምድያብክን፡ ትኸዲ ከምዘለኺ ፈሊጡ ፍቓድኪ ዘረጋግጸልኪ ናትና ሰብ ምርግጋጽን ናተይ ሓላፍነት'ዩ። ኣብ'ዚኣ ሓዲግኪ ምምላስ፡ ንመን ኣረኪበኪ ክብል! ዘይከውን'ዩ፡ ኣይትሸገሪ!" ብምባል ተተሓሒዞም ኣትዮም ኣብ ኣንቶኖቭ ተሰቕለት።

እቲ ኣብ እንዳ ጽጌሬዳ ከም ፈታዊ ዝመላለስ ዝነበረ መኰንን ሓይሊ ኣየር ልዕሊ ፈታዊ'ዩ። መጉዓዝያ ሓይሊ ኣየር ካብን ናብን ኣዲስ-ኣበባ ኣስመራ ሰብ ይኹን ንብረት ንምምልላስ ብምስጢር ከምዘገልግል ብምግባር ተወዲቡ ነበረ። ኣብርሀት እዚ ርክብ'ዚ ኣድቂቓ ትፈልጥ ስለ ዘይነበረት'ያ ዝተሰከፈት። ኣብ'ታ ኣብርሀት ዝተሰቕለታ ኣንቶኖቭ ብዙሓት ኣምሓሩ ኣንስቲ ነበራ። ምስኣን ተጸምቢራ ብኣምሓርኛ (ኣምሓርኛኣ ተመሓይሹ ክተዕልል ትበቅዕ ኮይና'ያ) እናዕለለት በረረት። እተን ኣንስቲ መጋቦ ናይ ሰራዊት ኢትዮጵያ ኣብ ኣፍዓበትን ሰምሃርን ምዃነን ፈለጠት። ሽው እቲ ኣብ 1979 መወዳእታ ጸረ-መጥቃዕቲ ተጌሩ ጸላኢ ካብ ከባቢ ናቕፋ ናብ ኣፍዓበት ገጹ ምስ ተደፍአ፡ ኣብርሀትን ብጾታን ንብረት ክኣርዩ ኣብ ሩባ ሕዳይ ምስ ወረዱ ዘጓነፎም ብዙሕ እንጀራን ጸብሕን ሕሩጭ ብኰናትልን ዝረኸቡዎ ዘከረት።

ኣብርሀት ኣብ መዓርፎ ነፈርቲ ሓይሊ ኣየር ኣስመራ ወሪዳ ኣብ ኣፍ-ደገ ምሕረት ተኪኤ ትጽበያ ነበረት። ቢሮክራሲ ንምሕረት ተኪኤ ካብ ኣዲስ ኣበባ ደዊሉ፡ "ኣገዳሲ ንብረት እሰደልኪ ስለ ዘለኹ ኣብ መዓርፎ ነፈርቲ ሓይሊ ኣየር ኬድኪ ተቐበልዮ!" ኢሉዋ ኔሩ'ዩ። ምሕረት ኣብ'ቲ ኣፍደገ እናተጸበየት እንከላ ኣብርሀት ደበኽ በለት። እቲ ቢሮክራሲ ንብረት ዝበላ እታ ትፈልጣ ኣብርሀት ምንባራ ደንጸዋ።

ምሕረት ተቐቢላ ንሜዳ ክተውጽኣ ነተን ዓባይ ሰበይቲ ጉረቤታ ንእምባደርሆ ክመርሓኣ ሓተተተን። ቅድሚ ምውጽኣን ግን ንሜዳ ዝኸውን ኩሹክ ክዕድጋ ዕዳጋ ሓሙስ ወረዳ። ኣብ ፈቖዶ ዱኳን ኩሹክ እንተሓተታ ኣይረኸባን። ኣብ ሓደ ዱኳን ግን ሓደ ግዱስ ኤርትራዊ፡ "ኩሹክ ኢልክን ትሓታ! ባዕልኽን ክትጠፍኣ! ኩሹክ ኢልካ ኣይኮነን ዝሕተት፡ 'ፎጣ' ኢዩ ዝብሃል!" ኢሉ ምስ ኣለበመን

ካብ'ቲ ዕዳጋ ተመልሳ። ኩሹክ ተጋደልቲ ኣብ ክሳዶም፡ ኮፍ ክብሉ ከለዉ ሕቑኦምን ብርኮምን ጠሚሩ ኮፍ ንምባል ዝጥቀሙሉ፡ ክሕጸቡ ከለዉ ዝዕጠቑዎ ኣብ ሰምሃርን ደንከልን ሰብኡት ከም ክዳን ዝዕጠቑዎ ኣገልድም ክዳን'ዩ። ኣብርሀት ብምሕረትን እተን ዓባይ ሰበይትን ተሰንያ እምባደርሆ ኣተወት። ካብኡ ባዕላ ንኣዜን ብኡ ኣቢላ ድማ እንኮዔላ (መዋፈሪ 06) ኣትያ ብጾት ተጋደልቲ ረኸበት። ምስ መጸቶም ግን ከም'ቲ ዝሓሰበቶ ተጸምቢራ ክትዛነ ኣይተፈቕደላን፡ ንበይና ሰብ ኣብ ዘይትርእየሉን ዘይርእያን ተቐመጠት። እዚ ማዕቡጥ ሂወት'ዚ ደልያ ኣይመጸትን። እንተኾነ፡ ክትምለስ እንተኾይና ክትዕበጥ ግድን ስለ ዝነበረ ተዓቢጣ ቀነየት። ዳግም ንኣዲስ ኣበባ ክትምለስ ናብ ኣስመራ ተመልሰት። ብእምባደርሆ ኣቢላ ክትምለስ ከላ ኣብኡ ወተሃደራት ጸላኢ ጸኒሖም ሓዙዋ። ብኣምሓርኛ ምስ ተዛረበቶም ንኻልኦም ደልዮማ ኣብ ኣስመራ ክራኸቡ ብቑጸራ ኣዐሸያቶም ፈንዮማ ኣስመራ ናብ እንዳ ምሕረት ተኪኤ (ገዛ-ባንዳ) ተመልሰት። ኣብኡ እናተጸበየት ከላ ኩነታት ኣዲስ ኣበባ ስለ ዘይጠዓመ ገብረሂወት ተኸለ መጺኡ መሪሑዋ ናብ ዓላ (ሜዳ) ተመሊሳ ብኡ ኣቢላ ናብ ሳሕል ናብ ናይ ቀደማ ኣሃዱ (ክፍሊ ምልክት) ተጸንበረት።

ስንባድ ገብረስላሴ ኣነንያ [57]

ቢሮክራሲ ኣብ'ታ ብሕትውቲ ገዝኡ (መሕብኢት) ኣብ ሱማሌ ተራ፡ ኣዲስ ኣበባ ንበይኑ ተረፈ። ካብኣ እናተመላለሰ ስርሑ ቀጸለ። ኣገዳሲ ንብረት (ሰነዳት፡ ማሕተማት፡ ሽጓጉጥ፡. . .) ዝቐመጠላ፡ ምስ ገለ ኣገደስቲ ሰባት መራኸቢት እትኸውን ንሽፋን ሓደ ንግዲ ዝካየደላ ካልእ ቦታ ከናዲ ኔሩዎ። እዚ ሓሳብ'ዚ ምስ ዝተፈላለዩ ኣባላት እናተረዳድኦ ቦታ ሃሰስ ይብል ነበረ። ገብረስላሴ ኣነንያ ኣብ ሓደ ሹቕ ናይ ኣዲስ ኣበባ ወናኒ እንዳ ጎልፎ'ዩ። ካብ 1974 ኣትሒዙ ዝተወደበ፡ ምስ በዓል ተስፋማርያም መርሃጼን፡ ኣስመላሽ ፍስሓጼን፡ ሃብተ ኪዳነን ሃይሉ ንጉሰን ሓቢሩ ክሰርሕ ዝጸንሐ ውፉይ ውዱብ ህዝባዊ ግንባር'ዩ። ቢሮክራሲ ከም ሓደ ተራ ዓሚል ኣብ'ቲ ዱኳን ይመላለስ ነበረ። ብዛዕባ ገብረስላሴ ኣነንያ ኣጸቢቑ ይፈልጥ'ዩ። ገብረስላሴ ግን ብዛዕባ ቢሮክራሲ ዝፈልጦ ነገር ኣይነበሮን። ኣብ'ቲ ግዜ'ቲ ውድባዊ ርክቡ ምስ ሃብተ ኪዳን'ዩ።

ቢሮክራሲ ናብ'ቲ ዱኳን እናተመላለሰ ነታ ሰራሕተኛ ናይ'ቲ እንዳ ጎልፎ ተላለያ። ምስኣ ስለ ዝተላለየ መመጺኡ ምስኣ የዕልል። ገብረስላሴ እዚ ጽቡ'ቕ መንእሰይ ምስ'ዛ ሰራሕተኛኡ ዘዕልል ከም ሓደ በታ መንእሰይ ጓል ተሳሒቡ ክተዓራራኽ ዝደሊ ዘሎ ጌሩ'ዩ ተረዲኡዎ። ከምኡ ስለዝሓሰበ ግዲ ኣይገበረሉን።

ሓደ መዓልቲ ግን እታ ሰራሕተኛ፡ "ኣቶ ገብረስላሴ! እዚ ጋሻ ንዓኻ ዝደሊ'ዩ!" ክትብል ጸውዓቶ። "እንታይ ዘኾነ መንእሰይ ደኣ ንዓይ ዝደሊ!" ኢሉ ደንጸዎ። "እሂ! ደሓን'ዶ? እንታይ ክሕግዘካ?" ክብል ንቢሮክራሲ ሓተቶ። ሓደ ካብ ሰራሓት ቢሮክራሲ ኣብ ኣለምበቃኝ ብዛዕባ ዝተኣሰሩ ብጾት ሓበሬታ ብምርካብ ክግበር ዘለዎ ሓገዛት ምውዳድ'ዩ። ኣብ'ቲ ግዜ'ቲ ገብረስላሴ ምስ ገለ ብጾቱ ብምትሕብባር ንገለ መኮንናት ናይ'ቲ ቤት-ማእሰርቲ ብምድላል ንገለ እሱራት ናይ ምውጻእ ፈተነታት ይገብር ኔሩ'ዩ። ቢሮክራሲ ድማ ነዚ ፈተነታት'ዚ ይፈልጦ ነበረ። ሽው ዕላሎም ብዛዕባ'ዚ ኒሐኛ ፈተነ'ዚ ኾነ። ቢሮክራሲ እቲ ፈተነ ክቕጽሎ ኣተባብዖ፡ ገንዘብ እንተውሒዱዎ ድማ ክተሓባበሮ ምኳኑ ኣተንብሃሉ። መጀመርያ ርክብ በዚ ኣብቅዐ። ገብረስላሴ እዛ ርክብ'ዚኣ ኣሰንቢዳቶ ኢያ። ምኽንያቱ፡ ከምኡ ዝኣመሰለ ብሰንሰለት (ብመንገዲ ሃብተ ኪዳን) ዘይመጸ ርክብ ሳዕቤኑ ጽቡ'ቕ ክኸውን ኣይክእልን ካብ ዝብል ሓሳብ'ዩ ሰንቢዱ። በዚ ተቘጢዑ ንሃብተ ረኺቡ፡ "ከም'ዚ ዓይነት ርክብ እናገበርካ ኣብ ሓደጋ ካብ ንኣቱ ንሜዳና ኬድና ክንጋደል ይሓይሽ!" ብምባል ነዲሩ ተዛረቦ። ሃብተ፡ እቲ ሰብ ኣገዳሲ ሰብ፡ እሙን ተጋዳላይ፡ ክኢላ ምኳኑ ድሕሪ ምግላጽ፡ በዚን ወዲ ኸምዝን ካብ ኣብ ከተማ ዘጓንፍ መሰዋእቲ ምህዳም ከምዘይግባእ ኣትሪሩ ተቓወሞ። ቢሮክራሲ ንገብረስላሴ ብኣካል ክላለዮ ዝደለየሉ ምኽንያት ንፍሉይ ዕማማት ምእንቲ ክተሓባበሮ ኢሉ'ዩ። ብቐንዱ ሃይሉ ንጉሰ (ጠርናፊ ሓደ ክፋል ውዱባት ኣዲስ ኣበባ ዝነበረ) ኣብ ቤት-ማእሰርቲ ኣለምበቃኝ ተኣሲሩ ስለዝነበረ፡ ንቢሮክራሲ ብፍላይ ምስኡ ዘራኽቦ ገብረስላሴ'ዩ ኔሩ። ከምኡ'ውን ናይ ወጻኢ ባጤራ ክረክብ ክሎ ንቢሮክራሲ ኣብ ምሽራፍ ዝተሓባበሮ ንሱ'ዩ ኔሩ።

ሓደ ካብ'ቲ ኣብ ፈለማ ርክባቶም ኣዚዩ ዘገድስ ዝነበረ ጉዳይ ድማ ንምስጢራዊ መሕብኢ ንብረትን ርክብን ዘገልግል ሓደ ትካል ንግዲ ምርካብ ዝምልከት ነበረ። ኣብ ኣስመራ ቢሮክራሲ፡ በቲ ሓደ

እትዋት ዝርከበሉ፡ በቲ ካልእ ድማ ምስጢራዊ ንብረት ዝኸወለሉን ርክባት ዝግበረሉን ዱኳን ኣብ ገዛ ባንዳ ተኺሉ ምንባሩ ዝዝከር'ዩ። ከምኡ'ውን ብስም ሓፍቱ (ሂወት) እንዳ ድስቲ ኣብ ማእከል ከተማ ኣስመራ ከምዝነበሮ ዝፍለጥ'ዩ። ኣብ ኣዲስ ኣበባ ድማ ተመሳሳሊ ትካል ንግዲ ሃሰስ ይብል ነበረ። ንገብረስላሴ፡ ሓደ እንዳ ስእሊ ወይ ቤት-ሕጽቦ ንኸምኡ ዝግልገለሉ ኣብ ኣዲስ ኣበባ ክርከብ መዚዙዎ ኔሩ'ዩ። ሓደ እዋን ምስ ኣስመላሽ ፍስሓጼን ብምርድዳእ ብስም ኣስመላሽ ናይ ውድብ ጋራዥ ናይ ምኽፋት ሓሳብ ኔሩዎ'ዩ። ብዝኾነ፡ ከም ሚላ ቢሮክራሲ ንብዙሓት ኣዋፊርካ ብምዕዋት፡ ሓደ ቤት-ሕጽቦ ኣብ ምቹእ ቦታ ተረኺበ። ኣብ መስመር መንገዲ ኣስመራ፡ ካዛንቺስ ኣብ ዝተባህለ ቦታ፡ ብኽራይ ተረኺበ። ኣብኡ ኩሉ እዋናዊ ሰነዳት፡ ሽጉጥ፡ ማሕተማት፡ መንቀሳቐሲ ወረቓቕትን ታሴራታትን ይቕመጥ። እዚ ሕቡእ ንብረት'ዚ ብዘይካ ቢሮክራሲ ካልእ ዝፈልጦ የለን። ሰራሕተኛን ኣካራዩን ከም ቤት-ሕጽቦ'ዮም ዝፈልጡዎ። ይኹን'ምበር፡ እቲ ቤት-ሕጽቦ መሳርሕቱ ገብርሂወት ተኸለ'ውን ክፈልጦ ግድን ኔሩ።

ፊያት 127

ስራሕ ክሳለጥ መጉዓዝያ የድልዩ ኔሩ። ንግዜኡ ካብ ኣባላት ማኪና ወሲዱ ይንቀሳቐስ ነበረ። ስርሑ ንኽሳልጥ ዝነፍገሉ የለን። ናይ ብርሃነ ገብረስላሴ ታኑስ 19 ዓይነት መኪና፡ ናይ ጽጌሬዳ ተወልደ፡ ናይ እሙና ገብረሃዋርያትን ናይ ካልኦትን እናቐያየረ ይጥቀም ኔሩ'ዩ። ምእንቲ ከይፍለጥ መካይን ክቐያይር ስለ ዝነበሮ'ውን ናይ ዝተፈላለዩ ሰባት መካይን ክጥቀም ይግደድ ኔሩ'ዩ። ግዳ ናቱ ኣብ ዝደለዮ ዘልዕላ ማኪና ናይ ስራሕ ክትህልዎ ድማ ግድን ነበረ። ኣቐዲሙ በዓል ገብሩ ተስፉጋብር እንክለዉ ዝተገዝኣት መኪና ኔራቶም'ያ። ብብኞዓታን ዓይነታን ተመራጺት ስለ ዘይነበረት ንገለ ኣባላት ወይ ሬኖልት 4 ዝዓይነታ ወይ ከኣ ፊያት 127 ዝዓይነታ እትግዛእ ማኪና ክናድዩ ኣዋፊሩ ኔሩ'ዩ። ኣማስያኡ ብሓደ ንጉስ ታደሰ ቶልቻ ዝተባህለ ሰብ እትውነን ዝነበረት ፊያት 127 ዝዓይነታ ማኪና ተረኺበት። እታ ማኪና ንርኣዮ ኪዳነ ማና ብዝብል ስም ተገዝኣት። ናይ ቢሮክራሲ ናይ መንነት ወረቐት ንርኣዮ ኪዳነ ማና ኢዩ ዝብል። ስለዚ፡ እታ ማኪና ብስም ቢሮክራሲ ተገዝኣት። ነዛ ማኪና መግዝኢ፡ ንመካረዩ ቤት-ሕጽቦ ካብ

ኣብ ኣዲስ-ኣበባ ዝርከብ ገንዘብ ጥራይ ዘይኮነ፡ ካብ ውፉያት ሰብ ገንዘብ ኣብ ኣስመራ ዝነበሩ ናብ ኣዲስ ኣበባ ከምዝለኣኽ ብምግባር ሓገዝ ይረክብ ኔሩ'ዩ። ካብን ናብን ኣስመራ - ኣዲስ-ኣበባ ዝመላለሱ ነጋዶ ገንዘብ ንምምሕልላፍ ከምዝከኣል ጌሮም ይሰርሑ ስለ ዝነበሩ፡ ካብ ኣስመራ ገንዘብ ምምጻእ ቀሊል ከምዝኾነውን ጌሮሞ ኔሮም'ዮም።

ደቂ ቸንትሮ [58]

ሓደ ግዜ ማኪና ቢሮክራሲ ባተሪኣ ስለ ዘይጠዓየ ባተሪ ንምንዳይ ምስ ፍቓዱ ካሕሳይ ካብ ከባቢ ኣራት ኪሎ (ጥቓ ቤተ-መንግስቲ ዝርከብ ከባቢ) ክሳብ ከባቢ ቄራ ዝተባህለ ሰፈር ብእግሪ ሓቢሮም ብምጉዓዝ ፈተሹ። ኣብ ሓደ ቦታ ምስ በጽሑ ፍቓዱ ዘይተረድኦ ኣሰጋኢ ኣጋጣሚ ተጓነፎም። ቢሮክራሲ ንፍቓዱ፡ "ከም'ዛ ምሳይ ዘይጸናሕካ ንቕድሚት ስቕ ኢልካ ሕለፍ፡ ኣነ ድሕር ኢለ ከርክበካ'የ!" በሎ። ፍቓዱ ንምንታይ ከምዝበሎ'ኳ እንተዘይበርሃሉ ከም'ታ ዝነገሮ ስቕ ኢሉ ንበይኑ ጉዕዞኡ ቀጸለ። ቢሮክራሲ ድሕሪ ቁሩብ ደቓይቕ ኣርከቦ። "እሂ ደኣ! ደሓን ዲኻ?" ሓተተ ፍቓዱ። "እቶም በቲ ፊትና ዝመጹ ዝነበሩ ክልተ ሰባት፡ እቲ ሓደ ድቕቕ ኢሉ፡ ከደራይ፡ በራሕ፡ እቲ ካልኣዩ ከኣ ሓደ ሃዝራጥ ጉልብት ኢሉ፡ ብሓባር ክመጹ ኣይረኣኻዮምን?" ተወከሶ ቢሮክራሲ። "ዋላ ኣየስተብሃልኩን! ክልተ ሰባት ብቕድመይ መጺኦም ሓሊፎም፡ ግን ዘስተብሃልኩሎም የብለይን። እሂ'ሞ እንታይ ኢዮም ንሶም?" በለ ፍቓዱ። "እቲ ሓጺር ተኽላይ ዓደን'ዩ፡ እቲ ጉልብት ዝበለ ድማ ሃይለ ወልደሰላሴ'ዩ!" ምስ በሎ ፍቓዱ ሰንበደ። ተኽላይ ዓደን ኣብ 1980 ካብ ህዝባዊ ግንባር ናብ ደርጊ ዝሰለመ ዝፍራሕ ሰብ'ዩ። ሃይለ ወልደሰላሴ ካብ ተ.ሓ.ኤ. ናብ ደርጊ ዝሰለመ ብኡ መጠን ዝፍራሕ ኢዩ። ምስ'ዞም ሰባት'ዚኦም ፊት ንፊት ምርኻብ ኣዚዩ ሓደገኛ ምዃኑ ዝተፈልጠ'ዩ ኔሩ። ብጠርጠራን ሓበሬታን ረኺቦምኻ ጥራይ ዘይኮነ ብሃንደበት ኣብ ከባቢኦም ዝተረኽበ ሰብ ኣብ ዳህያ ከእትዉ ከምዝኽእሉ ዝእመነሎም ዝነበረ ሰባት'ዮም። ንሳቶም ግን ብዛዕብኡ ዝፈልጡዎ ጭቡጥ ነገር ኣይነበረን። ብዝኾነ ግን ፍቓዱ ኣብ ከጋጥም ዝኽእል ሓደጋ ከይልከም'ዩ ቢሮክራሲ ትኽ ኢልካ ሕለፍ ዝበሎ። ነዚ ሓደገኛ ኣጋጣሚ'ዚ ሓሊፎም ጉዳይ ባተሪ ማኪናኦም ኣናድዮም ስርሖም ፈጺሞም ተመልሱ።

ፍቓዱ ካሕሳይ ኣብ'ቲ እዋን'ቲ (1981-82) ኣብ መዓርፎ ነፈርቲ ኣዲስ-ኣበባ ኣብ መንገዲ ኣየር ኢትዮጵያ ዝሰርሕ ዝነበረ ውዱብ ህዝባዊ ግንባር'ዩ። ኣብ 1969-70 ዓመተ ትምህርቲ ኣብ ዩኒቨርስቲ ኣዲስ-ኣበባ ዝኣተወ ኣብ'ቲ ውዑይ ምትእኽኻባት ኤርትራውያን ተመሃሮ ዩኒቨርስቲ ክሳተፍ ዝጸንሐ መንእሰይ'ዩ ኔሩ። ኣብ 1973-74 ዩኒቨርስቲ ኣዲስ ኣበባ ብሰንኪ'ቲ ሽዑ ዝተላዕለ ምንዕዓብ ተመሃሮን ሓፋሽ ህዝቢ ኢትዮጵያን ምትሳእ ናይ ስርዓት ደርግን ምስ ተዓጽወ፡ ኣብ መንገዲ ኣየር ስራሕ ተቖጺሩ እናሰርሐ እንከሎ፡ ሓዉ ጳውሎስ ካሕሳይ (ንባዕሉ ሰራሕተኛ መንገዲ ኣየር ኢትዮጵያ) ናብ ሃገረ የመን ብስራሕ ምስ ተላእከ ብኡ ኣቢሉ ምስ ኣባላት ህዝባዊ ግንባር (በዓል ኣሕመድ ጣህር ባዱራ፡ ወልደንኪኤል ገብረማርያም ዝርከቡዎም) ርክብ ስለ ዝጀመረ ኣንጸርጽሮት ናይ'ዚ ንፍቓዱ ካሕሳይ ኣሰሩዎ። ኣብ'ቲ ግዜ'ቲ ደርጊ ዕሽል ስለ ዝነበረ ሽዑ ንሽዑ ፈነውዎ። ጳውሎስ ካሕሳይ ሓዉ ኣብ ህዝባዊ ግንባር ብዕቱብ ምእንቲ ክውደብ ብሓደ ንየመን ዝመላለስ ዝነበረ ኢንጂነር ኣሰፋው ዝተባህለ ኤርትራዊ ኣቢሉ ርክብ ክምስርት ተላበዎ። ብኡ መሰረት እንጅነር የማነ ገብረሂወት ምስ ዝተባህለ ኣብ ምህናጽ ወተሃደራዊ መዓስከራት ዝሰርሕ ዝነበረ ውዱብ ኤርትራዊ ርክብ መስረተ። እንጅነር የማነ ናይ'ቲ መዓስከራት ሓበሬታታት ብደቂቕ ጸብጻብ የቕርብ ነበረ። ንሱ ካብ'ቲ ቦታ ምስ ተኣልየ ምስ ኤፍሬም ንርኣዮ ዝተባህለ ኣባል ኣላለዮ። ኤፍሬም ኣብ ክፍሊ ማሽን መንገዲ -ኣየር ኢትዮጵያ ዝሰርሕ ዝነበረ ውፋይ ውዱብ ህዝባዊ ግንባር'ዩ። ንፍቓዱ ምስ ቢሮክራሲ ዘላለየ ድማ ኤፍሬም ነበረ።

ኣብ መንገዲ ኣየር ኢትዮጵያ ካብ ነዊሕ ኣትሒዞም ኣብ ህዝባዊ ግንባር ተወዲቦም ዝሰርሑ ዝነበሩ ኤርትራውያን ኔሮም'ዮም። ሓደ ካብኦም ገብረመድህን ቦኽሩ፡ መስፍን ደስታ ብዝተባህለ ኤርትራዊ ምሁር ዝተወደበ'ዩ። መስፍን ደስታ ካብ ኣዲስ-ኣበባ ምስ ወጸ፡ ወዲ-ቦኽሩ ምስ ተኪኤ በየነ ብምርኻብ ውድባዊ ኣገልግሎቱ ቀጸለ። ተኪኤ በየነ ኣብ 1980 ብጸላኢ ተደልዩ ናብ ሜዳ ክወጽእ እንከሎ፡ ካብ ኣዲስ ኣበባ ንኽምልጥ ተሓባቢሩዎ። ምብጽሑ ከረጋግጽ ብነፋሪት ናብ ኣስመራ ብምኻድ ክሳብ ካብ ኣስመራ ወጺኡ ኣብ ከባቢ ኣስመራ ሓራ ኣብ ዝኾነ መሬት ከይዱ ረኺቡ፡ ብደሓን ንሜዳ ምውጽኡ ኣረጋጊጹ ንኣዲስ ኣበባ ተመልሰ። ገብረመድህን ቦኽሩ (ወዲ-ቦኽሩ) ብኻልእ

መዳይ'ውን ምስ ምስጢራውያን ተቓለስቲ ርእሶም ተኸለማርያምን (ታርዛን) ገብሩ ተሰፋጋብርን ርክብ ነበሮ። ኣብ መገዲ ኣየር ኢትዮጵያ ዝሰርሑ ኤፍሬም ንርኣዮን ካልኦትን ከምኡ'ውን ክፍለየሱስ ኣብርሀን ኣብ ውድባዊ ንጥፈታት መሳርሕቱ ኮይኖም ንነዊሕ ጸኒሖም'ዮም። ጴጥሮስ እምባየ ዝብሃል ካልእ ኤርትራዊ ድማ ብመንገዱ ተወዲቡ ዝሰርሕ ዝነበረ ሰራሕተኛ መንገዲ ኣየር'ዩ ኔሩ። ጴጥሮስ ሓደ ካብ'ቶም ደቂ-ቸንትሮ (ኣስመራ) ኢዩ። ኣብ ኣስመራ ቸንትሮ ዝብሃል ከባቢ መደበር ባቡር ዝዓበዩ መንእሰያት ፍሉይ ምትእስሳር ነበሮም። ካብ ዝተፈላለየ ከባቢታትን ብሄራትን ናይ ምድሪ-ባቡር ሰራሕተኛታት ዝፍረዩዎም ስድራ-ቤታት'ዮም ኣብኡ ዝነበሩ። ወረ ገድሊን ሃገርን ብቐሊሉ ዝሰመዓሉ ቦታ ብምንባሩ ደቂ-ቸንትሮ ቅልጡፍ ሃገራዊ ጽልዋ ይሓድሮም ነበረ። ብዘይካ ጴጥሮስ እምባዬ፡ ኣብ ኣዲስ ኣበባ ሓደ ካብ'ቶም ቀንዲ ተዋሳእቲ ውዱባት ህዝባዊ ግንባር ኮይኑ ዘገልገለ ብርሃነ ወልደየሱስ ካብ ቸንትሮ ነበረ።

ገብረመድህን ቦኽሩ ንቢሮክራሲ ብመገዲ ሃብተ ኪዳነ'ዩ ተላልዩዎ። ቢሮክራሲ ኣብ ኣዲስ ኣበባ ካብ ዝመጽእ ብተደጋጋሚ ካብ ዝራኸቦም ዝነበሩ ወዲ-ቦኽሩ'ዩ። ንኸጥዕመሎም ብእግሪን ብማኪናን ኣብ ከተማ ይዛወሩ። ወዲ ቦኽሩ ብኣሰራርሓ፡ ኣካይዳ፡ ኣዘራርባን ኣተሓሳስባን ቢሮክራሲ ኣዚዩ ተማረኸ። ቢሮክራሲ ትንተናኡ ሓያል፡ ዘእምን፡ ብልሓታቱ ዝድነቕ'ዩ። ወዲ-ቦኽሩ ነዚ ክገልጽ እንክሎ፡ "ቢሮክራሲ ከም'ዞም ንነዊሕ ዓመታት ትምህርቲ ጸጊቦም ዘዕለሉና ዓበይቲ መምህራን ኮይኑ'ዩ ዝሰመዓካ። ብዝህቦካ መረዳእታ ምሉእ እምነት ተሕድር። ናይ ጸላኢ ግዙፍ ሰራዊትን ዝኳረት ማእለያ ዘይብሉ ኣጽዋርን ናይ ወጻኢ ሓገዛትን ተመኪቱ ከምዝስዓር ኣእሚኑና። ሞራል የስንቐካ። ኣብ ርእሲኡ ብርቱዕ ሰላዩ'ዩ። ንሕና ዘይነስተብህለሉ ትዕዝብታት ንሱ የተኩረሉ። ኣብ ኣእምሮኡ ብዝለቓቐቡ ናእሽቱ ምልክታትን ሓበሬታታትን ሓደ ዓቢ ስእሊ ይቕረጽ። ኣካይድኡ ከም'ዞም ኣብ ፊልምታት እንዕዘቦም ዓበይቲ ሰለይቲ'ዩ። ኣርሒቑን ኣስፊሑን ዝሓስብ ብምዃኑ ብግዝያዊ ጸገማት ኣይደሃልን። ናይ ገለ ኣባላት ወለቕ ዘለቕ ኣብ መስርሕ ቃልሲ ዘጓንፍ ባህርያዊ ተርእዮ ምዃኑ ተረዲእና ከይተሓለልና ክንሰርሕ የተባብዓና ኔሩ።" ይብል።

ሽግራት መራኸቢ [59]

ቢሮክራሲ ኣብ ኣዲስ ኣበባ ስርሑ ከሳልጥ ካብ ዝገጠሙዎ ዓበይቲ ብድሆታት መልእኽታት ናይ ምምሕልላፍ ሜላ ነበረ። ኣብ መወዳእታ 1980 (ወርሒ 11)፡ ንሱ ኣብ ኣዲስ ኣበባ እንከሎ፡ ኣብ ኣስመራ ሓደ ዓቢ ሽግር ተረኺበ። ሓደ ካብ'ቶም ቀንዲ ውፉያት ግርማይ መስፍን (ሱሌማን) ኣብ ኢድ ጸላኢ ወዲቑ ናይ ብዙሓት ውፉያትን ውዱባትን ምእሳር ኣስዓበ። ብመስመር ኣዲስ ኣበባ መልእኽታት ቢሮክራሲ ዝቕበል ዝነበረ ፍትዊ መስፍን (መሓመድ) ኢዩ ኔሩ። መሓመድ ካብ ሜዳ ተቐቢሉ ናብ ቢሮክራሲ ይልእኽ። ካብ ቢሮክራሲ ተቐቢሉ ድማ ንሜዳ ይልእኽ። ካብን ናብን ኣስመራ ብስርሖም (ንግዲ ወይ ካልእ) ብዝመላለሱ ሰባት'ዮም ዝለኣኣኹ ኔሮም። እቶም ሰባት ብገጽ ንቢሮክራሲ ኣይፈልጡዎን'ዮም። ሓደ ማእከላይ ኣድራሻ ተዋሂቡዎም ኣብኡ'ዮም ዝሓድጉሉ። ሓደ-ሓደ ግዜ ንቕልል ዝበለ መልእኽታት ብተሌፎን ይራኸቡ። እዚ መራኸቢ ሜላ'ዚ ግን ብሰንኪ ሱሌማን ምትሓዙ መሓመድ ስለ ዝተታሕዘ ተቛረጸ።

ብመራኸቢ ሬድዮ መልእኽታት ብስሉጥ ካብ ኣዲስ ኣበባ ብቐጥታ ናብ ሜዳ ንምትሕልላፍ ክከኣል ምልከት ናይ'ቲ ስራሕ ዝነበራ፡ ናይ ሞርስ ኮድ ትምህርቲ ዝቐሰመት፡ ብትብዓታን ቅሩብነታ ንስራሕን ዝተፈልጠት ሰብ ተሓርያ ምስኡ ናብ ኣዲስ ኣበባ ተላኢኻ ከምዝነበረት ዝዝከር'ዩ። ኣብርሀት ግን ኣብ ኣዲስ ኣበባ ክትሰርሓሉ እትኽእል ኵነታት ስለዘይጠዓመ ንሜዳ ተመሊሳ። ይኹን'ምበር እቲ ብሬድዮ ናይ ምርኻብ መደብ ኣይተቛረጸን። ብኡ መሰረት መራኸቢ ሬድዮታት ናብ ኣዲስ ኣበባ ከምዝለኣኽ ተገብረ። ብመንገዲ ዮሃንስ ወልደሚካኤል ዝተጣጥሐ፡ ገለ ኣባላት ሓይሊ ኣየር ኢትዮጵያ ብምሉእ ሕልናኦም ዝተሓባበሩ ዝርከቡዎ ውደባ ምርኩስ ዝገበረ ናይ ሓይሊ ኣየር መጕዓዝያ ኣብ ምጕዕዓዝ ሬድዮ፡ ብረት፡ ኣገደስቲ ሰባት ዝጥቀሙሉ ኣገባብ በዓል ቢሮክራሲ ወዲቦም ኔሮም'ዮም። ካብን ናብን ኣስመራ ዝለኣኽ ብኣብ ኣስመራ ዝርከቡ ካብን ናብን ኣዲስ ኣበባ ዝለኣኽ ድማ ብኣብ ኣዲስ ኣበባ ዝርከቡ ጌርካ ምልእኣኽን ምጕዕዓዝን ይከኣል ነበረ።

ሓደ መዓልቲ ቢሮክራሲ ከም ልማዱ ናብ ጋራዥ ብርሃነ ገብረስላሴ ከይዱ እታ ዝለመዳ ታኑስ 19 ዝዓይነታ ማኪናኡ ክጥቀመላ ምኺኑ

ሓበሮ። ቢሮክራሲ ነታ ማኪና ሒዙ ናብ መዓርፎ ነፈርቲ (ቦሌ፡ ኣዲስ ኣበባ) ኣምርሐ። ኣቐዲሙ ካብ'ቲ ኣፍደገ መዓርፎ ነፈርቲ ቁሩብ ውጽእ ኢልካ ኣብ ዝርከብ ዱኳናት ሸቐጥ ዝርከበሉ ኮይኑ ምናልባት ክዕንቀፍ ዝኽእል ምክትታል ሰለይቲ ኢትዮጵያ ከይርከብ ነቲ ቦታ ዝድህሰሰ ሰብ ልኢኹ ኔሩ'ዩ። እቲ ሰብ ውፉይ ኣባል ሰንጋል ወልደትንሳኤ'ዩ። ሰንጋል ካብ ኣፍደገ መዓርፎ ነፈርቲ ሓይሊ ኣየር ክሳብ'ቲ ዱኳናት ገለ ዘሰግእ ነገር እንተሎ ኣድቂቑ ተዓዘበ። ዘሰግእ ነገር ኣይተዓዘበን። እቲ እዋን ሰዓት 2፡00 ናይ ድሕሪ ቀትሪ ኣቢሉ'ዩ። ኣብቲ ሰዓት'ቲ ቢሮክራሲ ማኪና ሒዙ ክመጽእ ኔሩዎ። ግና ሸው ንሸው ኣይተቐልቀለን። ጽንሕ ኢሉ ማኪና ሒዙ መጸ። በቲ ቅድሚኡ ሰቕ ኢሉ ሓሊፉ፡ ተመሊሱ ብኡ ኣቢሉ ተዓዝረ። ሰንጋል፡ ኣብ'ቲ ቦታ'ቲ ከይዱ ዘሰግእ ናይ ጸላኢ ሰለይቲ ምክትታል እንተ'ሎ ክዕዘብ'ሞ፡ ዘሰግእ እንተ'ኾይኑ ኣእዳዉ ኣብ ጁባ ስሪኡ ኣእትዩ ደው ኢሉ ክጸንሕ፡ ዘሰግእ እንተዘየለ ድማ ብኢዱ ጸጉሪ ርእሱ ንድሕሪት ክደርዝ ከምዘለዎ ጥራይ ኢዩ ተነጊሩዎ።

ብዝተረፈ እቲ ስርሒት እንታይ ዓይነት ምዃኑ ኣይፈልጥን'ዩ። ቢሮክራሲ ማኪና ሒዙ ሓሊፉ ምምላሱ ኣይበርሃሉን። ቢሮክራሲ ካልኣይ ግዜ መጺኡ ሓለፎ፡ ዳግማይ ከኣ ተመልሰ። ሰንጋል ከም'ታ ዝተሓበረቶ ዘሰግእ ነገር ስለዘይረኣየ ቢሮክራሲ ክሓልፍን ክምለስን ጸጉሪ ርእሱ ብኢዱ ንድሕሪት ካብ ምድራዝ ዓዲ ኣይወዓለን። ኣብ ሳልሳይ እግሪ ቢሮክራሲ በታ ማኪና መጺኡ ኣብ ቅድሚኡ ደው በለ። ሰንጋል እቲ ናይ ደሓን ምልክት ደገመሉ። ከምዘይፋለጡ ጥቓ ንጥቓ ደው ኢሎም ነበሩ። ድሕሪ ቁሩብ ደቓይቕ በቲ ኣፍደገ መዓርፎ ነፈርቲ ቦሌ ሓንቲ ጂፕ ዝዓይነታ ወተሃደራዊት ማኪና ትኽ ኢላ መጺኣ ኣብ ጥቓ ማኪና ቢሮክራሲ ደው በለት። ሓደ መኮንን ሓይሊ ኣየር ንበይኑ ሒዙዋ'ዩ መጺኡ። እቲ መኮንን ብኡ ንብኡ ካብ ማኪናኡ ወሪዱ ባኮታት ከውርድ ጀመረ። ቢሮክራሲ ድማ ነቲ ባኮታት ኣልዒሉ ናብ ማኪናኡ ክግዕዞ ጀመረ። "ኣታ ሓውና! ንዓ'ባ ሓግዘና!" ከኣ በሎ፡ ንሰንጋል፡ ከም'ዛ ዘይፋለጡ ኣምሲሉ። ሰንጋል፡ ከም ሓደ ሕያዋይ ተሓባባራይ ባኮታት ጸይሩ ናብ ማኪና ቢሮክራሲ ክሰቅል ጀመረ። እቲ መኮንን ሓይሊ ኣየር ነቲ ባኮታት ኣውርድ ኣውርድ ኣቢሉ ከይተዛረበን ቁሊሕ ምሊሕ ከይበለን ማኪናኡ ኣልዒሉ ንከተማ ገጹ ተዓዝረ። ቢሮክራሲን

ሰንጋልን ኣቐሑቶም ሰቺሎም ናብ ውሽጢ ከተማ ተመርቀፉ። እቲ ንብረት እንታይ ምዃኑ ከየዕለሉ፡ "ኣበይ ክነራግፎ ይሓይሽ?" ክብል ቢሮክራሲ ንሰንጋል ሓተቶ። ሰንጋል እቲ ንብረት ዓይነቱ ብዘየገድስ ውሑስ መሕብኢ ዘድልዮ ንብረት ከኸውን ከምዝኽእል ብምግማት ብብቑዓት ክቕበሎ ዝኽእል ሓሰበ። "ትኽ ኢልና ናብ እንዳ ገረዝጊሄር የማነ ንኺድ!" በሎ።

ገረዝጊሄር ኣብ እምባደርሆ ተወሊዱ ዝዓበየ ናብ ኣዲስ ኣበባ ብምኻድ ህቡብ ኢደ-ጥበበኛ ከኸውን ዝበቕዐ፡ ኣብ ህዝባዊ ግንባር ተወዲቡ ንነዊሕ እዋን ብተወፋይነት ዝዓየየ ዜጋ'ዩ። ገረዝጊሄር ብዝነበሮ ናይ ድራውሊኮ ክእለት ኣዚዩ ተጠላቢ ሰብ ብምንባሩ፡ ዋላ'ኳ ብትምህርቲ ላዕለዋይ ምስክር ወረቐት እንተዘይነበሮ ብልምድን ተመክሮን ማዕረ'ቶም ላዕለዎት ክኢላታት ስለዝሰራዕ ዝነበረ፡ "ኢንጂኔር" ዝብል መጸውዒ ነበሮ። ብቴክኒካዊ ክእለቱ ንሃገሩን ንውድቡን ኩሉሳዕ ቅሩብ ብምንባሩ ኣብ ዝተፈላለየ እዋናት ይተሓባበር ኔሩ'ዩ። ከም ኩሎም ውፉያት ኣባላት ሓፋሽ ውድባት፡ ገዝኡ፡ ናይ ስራሕ ቦትኡ፡ ገንዘቡ፡ ማኪናኡን ግዜኡን ውድብ ኣብ ዘድልዮ ንምውዓል ድሕር ኣይብልን። ሰንጋልን ቢሮክራሲን ነዚ ተወፋይነትን ጥንቃቐን ናይ ገረዝጊሄር ብምስትብሃል፡ እቲ ንሰንጋል እንታይ ምዃኑ ዘይበርሃሉ፡ ብሰንኪ ልምዲ ዲስፕሊን ክፈልጥ ዘይሓተሉ ምስጢራዊ ንብረት፡ ኣብ ትሕቲ ሓደራኡ ከንብሩዎ መረጹ። ዳሕራይ እዋን እቲ ንብረት ክልተ መራኸቢ ሬድዮታት መምስ መሳርሒታተን ዝሓዘ ባኮታት ምንባሩ ንሰንጋል ተጋህደሉ። ገረዝጊሄር የማነ ብዘይካ'ቶም ኣብ ኣዲስ ኣበባ ዝነበሩ ኣባላቱ፡ ሸሸመኔ ኣብ ዝተባህለ ንእሽተ ከተማ ዝርከቡ ኤርትራውያን ወዲቡ ይጥርንፍ ኔሩ'ዩ።

ምስሊ ኤርትራ ኣብ ፎርቶ ሰገነይቲ [60]

ዝመሓላለፍ መልእኽቲ ንፈተነ ብመንገዲ ገረመስቀል ሃይሉ ኣቢሉ ናብ ሸሸመኔ ተላኢኹ ኔሩ'ዩ። ገረመስቀል ሃይሉ ኣብ ሰገነይቲ እናተማህረ እንከሎ ባንዴራ ኤርትራ ኣብ 1958 ብሓይሊ ስርዓት ሃይለስላሴ ወረደት። ነዳር ተቓውሞ ሓፋሽ ተላዒሉ፡ ተመሃሮ ሰገነይቲ ተቓውሞኦም ብፍልይ ዝበለ መልክዕ ገለጹዎ። በዓል ገረመስቀል ዝርከቡዎም ተመሃሮ ሰገነይቲ ናብ ፎርቶ ሰገነይቲ (ሰቓል ዕርዲ ጥልያን ኣብ'ቲ በሪኽ ጉቦ ሰገነይቲ) ደይቦም ኣደሙ። ኣብኡ ብጽንጽሕለይ

ካርታ ኤርትራን ባንዴራ ኤርትራን ስኢሎም ነቲ ዕርዲ ተቘጻጸሩዎ። ንገለ መዓልታት ቀነዩ። ኣሰመራ ምስ ዝነበሩ ተመሃሮ ብልኡኻቶም ጌሮም ይራኸቡ። ጽንዓትን መኸተን ተመሃሮ ሰገነይቲ ብኸም'ዚ ክካየድ ድሕሪ ምጽንሑ ብጾቶም (ካብ ኣስመራ)፡ እቲ ተቓውሞታት ክቕጽል ስለ ዘይክእል ኣብ ካልእ ግዜ ብኻልእ ሜላ ቃልሲ ክቕጽል ስለ ዝኾነ ናብ ንቡር ህይወቶምን ትምህርቶምን ክምለሱ ምስ ለኣኹሎም እቲ መኸተ ኣብቅዐ።

ገረመስቀል ኣብ ኮሌጅ ሕርሻ ኣምቦ (ከባቢ ኣዲስ ኣበባ) ኣብ ካልኣይ መፋርቕ 1960ታት እናተማህረ ኸሎ'ውን ተመሳሳሊ ተቓውሞ ኤርትራውያን ተመሃሮ ተመኩሩ ነበረ። ኤርትራውያን ኣብ'ቲ ኮሌጅ ፍልይ ዝበለ ምትእኽኻብ ኣብ መደቀሲ፡ ኣብ ቤት-መግቢን ካልእን የርእዩ ነበሩ። ኣብ'ቲ ካፌተርያ ናይ'ቲ ኮሌጅ ሓንቲ ጻዕዳ ዝሕብራ ጣውላ መመገቢት ኤርትራውያን'ያ። ካልኦት ኢትዮጵያውያን ተመሃሮ ኣይቀርቡዋን'ዮም። ሓደ ግዜ እቲ ዳይረክተር ናይ'ታ ኮሌጅ (ኢትዮጵያዊ) ነዚ ሰሚዑ ሓደ ደሃሊ መልእኽቲ ንምምሕልላፍ ኣብ ክፍሊታት እናኣተወ፡ ድሙን ኣንጭዋን ኣብ ሓደ ዕጹው ክፍሊ እንተተራኺበን ኣንጭዋ ካብ ድሙ ከምዘይተምልጥ፡ ኢሉ ብምምሳል ኤርትራውያን ከም ኣንጭዋ ስለዝመሰሎም በዚ ዝተላዕለ ኤርትራውያን ተመሃሮ ብስምረት ትምህርቲ ሓዲጎም ንዓዶም ነቒሉ። እዚ ስጉምቲ'ዚ ናብ ዝርከቡ ኤርትራውያን ከምዝበጽሕ ስለዝገበሩ ሓያል ምንቅናቕ ፈጠረ። ሽዑ ሰውራ ኤርትራ ብመጠኑ ተወዓዕዩ ነበረ። በዚ ናይ ኮሌጃት ተመሃሮ ዝተሰናበዱ ሰበ-ስልጣን እቶም ኤርትራውያን ተመሃሮ ናብ ቦትኦም ንምምላስ ክምሕጸኑን ክጥብሩን ተገደዱ። ሽዑ ግዜ ኣመሓዳሪ ኤርትራ ዝነበረ ኣስራተ ካሳ ዝርከቡዎም ሰበ-ስልጣን ነቲ ዳይረክተር ከምዝቕየር ብምግባር ተለሚኖም ናብ ቦትኦም ተመልሱ። እቲ ስርዓት ከም'ዚ ዝገበረሉ ምኽንያት ምስ'ቶም ሽዑ ናብ ሰውራ ዝውሕዙ ዝነበሩ መንእሰያት ከይጽንበሩ ብምስጋእ ነበረ።

ገረመስቀል ኣብ ኣዲስ ኣበባ ኣብ ህዝባዊ ግንባር ኣብ 1974 ምስ ሃይለሚካኤል ሃብተጊዮርጊስ ተወዲቡ። ሃይለሚካኤል ምስ ጀነራል ኣፈወርቂ (ፖሊስ) ዝብሃሉ ሓዎቦኡ መኮንን ይነብር ስለ ዝነበረ፡ ዝነብረላ ክፍሊ ዘይትጥርጠር ብምንባራ ኣብ ዳሕራይ እዋናት ሰሚያም ኣብ ቴፕ ቀዲሖም ናብ ጽሑፍ ቀይሮም ናብ ሓፋሽ ውዱባት ዝዝርግሑላ ገዛ

ኢ.ያ ኔራ። ገረመስቀል ሃይሉን ብጾቱን ከም'ዚ ዝኣመሰለ ንጥፈታት እናበርከቱ ይነብሩ ነበሩ። ገረመስቀል ናይ ሕርሻ ክኢላ ብምንባሩ ኣብ ላዕለዋይ ጽፍሒ ተመዲቡ ይንቀሳቐስ ስለ ዝነበረ ናይ ደርጊ ናይ ልምዓት መደባት እናረኸበ ናብ ውድብ የመሓላልፍ ነበረ። ብተወሳኺ፡ ኣብ ሰፊሕ ከባቢታት ናይ ምንቅስቓስ ዕድላት ስለ ዝነበሮ ብጎንደር ኣቢልካ ንሑመራ ብኡ ኣቢልካ ንኤርትራ ክኣቱ ዝኽእል ምስጢራዊ መስመር ምንቅስቓስ ክምስረት ተሓቲቱ ኣዋዲዱዎ ኔሩ'ዩ። ከምኡ'ውን ደርጊ ብምስጢር ዝፍጽሞ ተግባራት ዝምልከት ሓበሬታ ኣብ ምርካብን ምምሕልላፍን ይዋሳእ። ሓደ ግዜ ኣብ ሲዳማ (ደቡብ ኢትዮጵያ) ተቓውሞ ንዘልዓሉ ሓረስቶት ደርጊ ሓደ ገፊሕ ጋህሲ ብምኽዓት ብህይወቶም ኣብኡ ኣእትዩ ብዶዘራት ከምዝቐበሮም ዝምልከት ሓበሬታ ረኺቡ ኣመሓላሊፉ። ገረመስቀል ምስ ተስፋ ንጉሰን ምናሴ ሓይሎምን ዝተባህሉ ውፉያት ተወዲቡ ይሰርሕ ነበረ። ዋህዮኦም ኣብ ምግዛእን ምስላጥን ማኪና ቢሮክራሲ ትተሓባበር ኔራ'ያ።

ሓድሽ ብልሓት ርክብ ምስ ሜዳ

ምስ ሜዳ ናይ ምርኻብ ጉዳይ ጌና ልሙጽ ክኸውን ኣይከኣለን። ካብ ሕዳር ናይ 1980 ኣትሒዙ፡ ማለት ሱሌማን (ግርማይ መስፍን) ኣብ ኣስመራ ካብ ዝተሓዘ ጀሚሩ ዘቕስን ናይ ምልእኣኽ መንገዲ ኣይተጣጥሐን። ሱሌማን ክተሓዝ ከሎ እታ ካልኣይቲ መራኸቢት ሬድዮ ምስ ጴጥሮስ መለስ ዝነበረት (ኣብ ኣስመራ) ተታሒዛ'ያ። እታ ቀዳመይቲ ምስ ቢሮክራሲ ዝነበረት ድማ ቢሮክራሲ ንስክላ ኣብ ዝወጸላ ናይ ፈለማ 1980 ተታሒዛ ነበረት። ፍትዊ መስፍን (መሓመድ)፡ እቲ ካብ ኣዲስ ኣበባ ናይ ቢሮክራሲ መልእኽታት ዝቕበል ዝነበረ፡ ሱሌማን ምስ ተታሕዘ ተኣሲሩ'ዩ። ምእታው 1981 እምበኣር ንቢሮክራሲ ጥዕምቲ ኣይነበረትን። እታ ንርክብ ሬድዮ ተላኢኻ ዝነበረት ኣብርሀት ፍስሃ ንሜዳ ተመሊሳ'ያ። እቲ ብድሆ ሓደ ፍታሕ ክርከበሉ ግድን ነበረ። እተን ዝተቐበለን ናይ ርክብ ሬድዮታት ብጥጡሕ መንገዲ ክሳብ ዝጥቀመለን ካልእ መራኸቢ ሜላ ምፍጣር ግድን ምንባሩ ተራእዩ።

ቢሮክራሲ ካብ'ቶም ቀንዲ፡ ኣብ ናይ ሓይሊ ኣየር ናይ መጕዓዝያ መሓውራት ዝነበሮ ርክብ ክሳብ ክንደይ ኣድማዒ ምጽንሑ ኣቐዲምና ርኢና ኢና። ብመጠንን ብተመሳሳልነትን ኣብ ካልኦት ጠቐምቲ ኣካላት

ሰኪዐታት ክህልዎ ከምዝኽእል ዘመልክት ሓቂ'ዩ። ጉዳይ ምስዳድ መልእኽታት ናብ ሜዳ ክሳልጠሉ ዝኽእል ሓደ መንገዲ ኣየር ኢትዮጵያ ኢዩ። ኣብ መንገዲ ኣየር ኢትዮጵያ ዝሰርሑ ውፉያት ውዱባት፡ ኣብርሃ ግርማጼን፡ ገብረመድህን በኹሩ፡ ፍቓዱ ካሕሳይ፡ ጴጥሮስ እምባየን ካልኦትን ኤሮም'ዮም። ቢሮክራሲ ዝተጨበጠ ብልሓት ንምርካብ ዳህሳስ ክካይድ ኣብ ውሽጢ መዓርፎ ነፈርቲ (ቦሌ) ኣትዩ፡ ንኣባላት ረኺቡ ብልሓት መልእኽቱ ዘሳልጠሉ ተኽእሎ ፈተሸ። ናብ ውሽጢ መዓርፎ ነፈርቲ ከምዝኾነ ጋሻ ዘፋኑ ወይ ጋሻ ዝቕበል መሲሉ ምእታው ጸገም ኣይነበሮን። ካብኡ ናብ ውሽጢ መእተዊ ምኽንያት ግን ካልእ ጥበብ የድልዮ ኔሩ።

ቢሮክራሲ ኣብ ናይ ስራሕ ቦትኡ (እታ ቤት-ሕጽቦን ካልእ ዘይፍለጥ ቦታታትን) ናይ ቀበሌታት ኣዲስ ኣበባ፡ ናይ መንነት፡ ነባርነት፡ መንቀሳቐሲ ወረቐት፡ ማሕተማት ናይ ዝተፈላለዩ ወግዓዊ ኣካላት፡ ኮታስ ናብ ኣገዳሲ ቦታታት ከም በዓል ደሓን ዘእትውዎ መፍለጢን መፍቀድን ሰነዳት ኔሩዎ'ዩ። በዚ ኣገባብ'ዚ ዘጥረየ መሕለፊ ተጠቒሙ ናብ መኽዘናት ጽዕነታት ነፈርቲን መዕቈቢ (መዓሸጊ) ነፈርቲን ኣትዩ ዘድልዮ መጽናዕቲ ንምግባር ኣይኣገሞን። ዋላ'ኳ መሕለፊ ወረቐት ብመንገዱ ሰኒዑ እንተጥረየ ኣብ ውሽጢ'ዚ ቦታታት'ዚ ብምኽንያት ስርሖም ምስ ዝኣትዉን ኣብኡ ዝዛወሩን ኮይኑ ምስ ዝጉዓዝ'ዩ ዝያዳ ሸፋን ክረክብ ዝኽእል። ሓደ ግዜ ከምኡ ጌሩ ብምእታው ንሓደ ካብ'ቶም ኣብ'ቲ ቦታ ዝሰርሑ ውፉያት ኣባላት ደዊሉ ረኺቡ ከምዝመጾ ገበረ። ንሱ ፍቓዱ ካሕሳይ'ዩ። ምስ ፍቓዱ ተራኺቦም ኣብ ውሽጢ መኽዘናት ጽዕነታት ነፈርቲን ሃንገራትን (መዐሸጊ ነፈርቲ) ተንቀሳቐሰ። ብዙሕ ትዕዝብታት ከኣ ወሰደ። በቲ ምኮርን ትኮርን ናይ ስለያ ክእለቱ፡ ሰባት፡ ቦታ፡ ነፈርቲ፡ መሳርሒታት፡ ምንቅስቓሳት፡ ናይ ኣሰራርሓ መደባት፡ ክፍለ ግዜ፡ ካብን ናብን መዓርፎ ነፈርቲ ዝጓረት ንብረትን ሰብን ኣድቂቑ ኣስተብሃለ። ሓደ እዋን ምስ ፍቓዱ ካልእ እዋን ምስ ካልኦት፡ እሞ ኸኣ ንሓድሕዶም ብዘይፋለጡሉ ኣገባብ እናተራኸበ፡ ሕያዋይ በጻሒ ተመሲሉ ብዙሕ ሰለየ። ሽዑ እዋን እቲ ብብርቂን ተኣምርን ንሰውራ ኤርትራ ፍጹም ንምድምሳስ ዝዋደድ ዝነበረ ሻድሻይ ወራር ኣብ ዝለዓለ ጥርዚ ዝነበረሉ እዋናት ናይ 1981 ዓመተ ምህረት

ኢዩ። መዓርፎ ነፈርቲ ኣዲስ ኣበባ እዚ ዘይብሃል ኣጽዋርን ወተሃደራዊ ቀረባትን ኣብ ምቕባል ኣብ ጽዑቕ ስራሕ ዝተጸምደሉ እዋን'ዩ።

ኣብ መጽናዕትታቱ ካብ ሰራሕተኛታት መንገዲ ኣየር ኢትዮጵያ ብስሩዕ ንደገ ምስ ነፈርቲ ዝንቀሳቐሱ እሙናትን ውፉያትን ኣባላት ከምዘለዉ ኣረጋገጸ። ጴጥሮስ እምባየ ሓደ ካብ'ዚኦም ነበረ። መልእኽታት ብምስጢራዊ ኣጸሓሕፋ ኣዳልዩ ናብ ደገ ክሰድድ ከምዝኽእል ኣስተብሃለ። ሽዑ ግዜ ኣብ ከተማ ሮማ (ዓዲ ጥልያን) ሓፍቱ ኣልማዝ ተወልደመድህን ኣብ ቤት-ጽሕፈት ውድብ ህዝባዊ ግንባር ተመዲባ ትሰርሕ ከምዝነበረት ይፈልጥ'ዩ። ምስኣ ብተሌፎን እናተራኸበ ናይ ናፍቖት ሰላምታ ይለኣኣኽ ኔሩ'ዩ። ከምኡ'ውን ፍቁር ደብዳቤታት ይሰደላ ኔሩ'ዩ። ደብዳቤታት ምስጢራዊ ሓበሬታታት ብዘይርአ ቀለም ወይ ከኣ ብዛዕባ ንቡር ጉዳያት ዝዛረብ ዝመስል ብኮድ ዝትርጉም ጽሑፍ ኣዳልዩ ግሁድ ትሕዝቶኡ ግን ፍቁር ናፍቖታዊ ጽሑፍ ዝመስል ጌሩ የዳልዎ። እዚ ደብዳቤታት'ዚ ብኣድራሻ ናብ ሓፍቱ ኣልማዝ ተወልደመድህን ዝኣቱ'ዩ። ሽዑ ኣልማዝ ኮድ ስማ ኣስቴር በላይ ኢያ ትብሃል ኔራ። መልእኽታት ናብ ኣስቴር በላይ ኢዩ ዝኸይድ። እቶም ተመላለስቲ ናብ ሓደ ኣድራሻ የብጽሑዎ። ብኣካል መን ከምዝቕበሎም ኣይፈልጡን'ዮም። ግና ሓደ ፍሉይ መቐበሊ ኣድራሻ ኣብ ሮማ ሆቴል ሳተሊታ እትብሃል ተጌሩሎም። ኣስቴር በላይ ነቲ መልእኽታት ተቐቢላ ናብ'ቲ ዝምልከቶ ኣካል ውድብ ተብጽሖ።

ድውይ ተጣባባይ ከም ዝብሃል፡ ኣብ ማእከል መናገሻ ጸላኢ ኣገዳሲ ዕማም እናፈጸምካ፡ ውዑይ ሓበሬታ እናረኸብካ፡ ስሉጥ መራኸቢ ኣብ ዘይተኻእለሉ እዋን፡ ብዝኾነ ይኹን ብልሓት ሓበሬታን ጸብጻብን ናብ'ቲ ዝግብኦ ምብጻሕ ሓያል ኒሕን ተበላሓትነትን ከም ዝሓትት ፍሉጥ'ዩ። ኣብ ርእሲኡ ንዝያዳ ሓደጋ ናይ ምቕላዕ ተኽእሎ እናተራእየካ ቈራጽነትን ጥቡቕ ምክትታልን ዝሓትት ናይ ድፍረት ተበግሶ'ዩ። እዚ ተበግሶ'ዚ ብብጾቱ፡ በቲ ዝለመዱዎ ንቡር መስኖ ክራኸቦም ስለዘይከኣለ ዋላ'ኳ ዕላማኡ ኣብ ግቡኡ እንተብጽሐ ተሓታትነት ከምዘለዎ እናዘከረ ዝወሰዶ ዝነበረ'ዩ። ናይ ቢሮክራሲ ህይወት፡ ናይ ስለያ ህይወት ከም ምንባሩ መጠን ናይ ፈተነ ህወይት'ዩ። ናይ ጸላኢ ሓደጋ ጥራይ ዘይኮነስ ብዘጋጥሞ ተሓተትነት ድማ ኩሉሳዕ ደፋር ተበግሶን ኣድማዒ

ዝበሎ ሚላን ክጥቀም እንከሎ ምስ'ቲ ኩሉ ኣሰራርሓ ስለያን ርክብን ውድብ ዝተወሃሃደ ናይ ም኿ን ሕቶ ኣብ ቅድሚኡ እናተቐመጠ'ዩ ዝነብር። ናብ ኩሉ መአዝን ዝጠመተ ቃልሲ ኣካይዱ ንጹህን ውፉይን ውሽጣዊ ተጋዳላይ ናይ ምብቃዕ ጉዳይ፡ ኩለንታናዊ ተልእኾ ሂወቱ'ዩ።

ዋጢጥ ሃይለ ዘርጋው

ሓደ ግዜ እቲ ምስጢራዊ ልኡኽ ንደገ ገይሹ ኣብ ዝነበረሉ እዋን ሓደ ህጹጽ መልእኽቲ ከም ልማዱ ንሮማ ክሰድድ ደለየ። እቲ ትእዛዝ ንፍቓዱ ካሕሳይ ተዋህቦ። ፍቓዱ ካሕሳይ ነታ መልእኽቲ ኣብ ሮማ ናብ ዝርከብ ናይ ሳታሊታ ሆቴል ኣድራሻ ከይደንጐየት ከብጽሓ ተነግሮ። ፍቓዱ ክጣበብ ኤሩዎ። ሓደ ተመስገን ዝብሃል ኤርትራዊ ብውድባዊ መስመር ዘይፈልጦ ናብ ሮማ ዝመላለስ ነጋዳይ ነቒሉ ከምዝነበረ ጠመተ። ንሱ ንባዕሉ ነቲ ዝተዋህቦ ኣድራሻ (ናይ ኣስቴር በላይ ናይ ሳታሊታ ሆቴል ኣድራሻ) ብቐጥታ ስለዘይረኸቦ ምስ ካልእ ነቲ መልእኽቲ ብቐጥታ ከብጽሕ ዝኽእል ሰብ ኣራኸቦ። እቲ ሰብ ሃይለ ዘርጋው ዝተባህለ ኢትዮጵያዊ'ዩ። ደብዳቤታት ብእንዳ ቦስጣ ሰዲድካ ብኣጋ ከምዘይበጽሕ ኩሎም ስለዝፈልጡ ብነፋሪት ዝገይሽ ሰብ ደብዳቤ ክማላእ ፍቓደኛ'ዩ። ሃይለ ዘርጋው ነታ ደብዳቤ ተማሊኡዋ፡ ብዛዕባ ትሕዝቶኣን ሰዳዲኣን ግን ዝፈልጦ ኣይነበሮን። ደብዳቤ ኣብ ቦትኣ'ኳ እንተበጽሐት ገለ መዓልታት ተደናጉያ'ያ። ሽዑ ኣስቴር ዝተጸበየታ ደብዳቤ ስለዘይረኸበታ ብተሌፎን ንቢሮክራሲ ሓቲታ ኣብ መን ከምዝለኣኻ ሓተተት'ሞ ስም ተላኣኺ ክፈልጥ ንፍቓዱ ተወኪሱ ረኺቡ ንኣስቴር ነገራ። ንፍቓዱ ኣብ ዝሓተተሉ እዋን ቢሮክራሲ ስሙ ከይርስዓ ኣብ መዘከሪ ጥራዙ ጽሒፉዎ ነበረ። ዳሕራይ እዋን እዛ መዘከሪ ጥራዝ'ዚኣ ብጸላኢ ተረኺባ ሃይለ ዘርጋው ብዘይዋኒኑ ዋጢጥ ኣጓኒፍዎ ኤሩ'ዩ።

ፈተነ ዳግመ ውደባ [61]

ቢሮክራሲ፡ ኣዲስ ኣበባ ካብ ዝኣቱ ንዘጓነፎ ብድሆታት እናሰዓረ ጉዳያቱ ሓደ ብሓደ የሳልጥ ነበረ። ናይ መጀመርያ ሕቶ ጉዳይ መንበሪ ኢዩ ኔሩ። ዋላ'ኳ ምስኣም ክሓቑፍዎ ዘይስከፉ ናይ ውፉያት መንበሪ እንተነበረ፡ ንኹሉ ጥንቃቐን ምስጢራውነትን ግን ናቱ ቦታ ክህልዎ ግድን'ዩ ኔሩ። ጽጌሬዳ ተወልደ ገዝኣ ንውፉያት ኣወፍያቶ'ያ።

ንዝተወሰነ እዋን ቢሮክራሲ ምስ ብርሃነ ወልደየሱስ (ንበይኑ ስለዝነበረ) ይነብር ኔሩ'ዩ። ኣብ መወዳእትኡ ግን ናይ በይኑ መንበሪ ገበረ። ንብጻዩ ገብረሂወት ተኽለ ድማ ዘሰርሓሉን ዝነብረሉን ኣገባባት ከዋድደሉ ኔሩዎ። ኣብ'ዚ ፍሉይ ጸገም'ኳ እንተዘይነበረ ናይ ባህርያት ምውህሃድ ጸገማት ኔሩዎ'ዩ። ናይ ምልክት ብጸይቱ ኣብርሀት ፍስሃ ድማ ወይ እትሰርሓሉ ኩነታት ክጣጣሕ ኔሩዎ ወይ ድማ ናብ ሜዳ ብደሓና ክትምለስ ኔሩዋ፡ ተመሊሳ። ከምቲ ኣብ ኣስመራ እንክሎ ናይ እትዋት ምንጭታት ዝነበሮም ኣብ ኣዲስ ኣበባ ድማ ምእንቲ ክህሉ ብዝተገብረ ጻዕሪ እንዳሕጸቦ (ላውንድሪ) ተጠርያ። ማኪና ብምትሕግጋዝ ውፉያት ውዱባት ፊያት 127 ተዓዲጋ ኣብ ስራሕ ውዒላ። ብዛዕባ ምስ ሜዳ ዝህሉ ርክብ ድማ ምስ ክንደይ ጸገማቱ ኣገባብ ተገብረሉ።

ስራሕ ውደባ ሓደ ዓቢ ዕማም'ዩ ኔሩ። ውደባ ኣዲስ ኣበባ ኣብ ሚያዝያ 1980 ብሰንኪ ምእሳር ገብሩ ተስፋጋብርን መምህር ገብረሚካኤል ኣስቲፋኖስን (ጂሚ) ተዘናቢሉ ኔሩ'ዩ። እንተኾነ ብዘይካ ክልቲኦምን ካልኦት ሓደ ክልተ ኣባላትን ዝተተንከፈ ሰብ ኣይነበረን። ገብሩ ሓጺናዊ ጽንዓት ዘርኣየ ሰብ'ዩ። ዝተኸትከተ እንተተኸትከተ ቅንጣብ ሓበሬታ ከምሉቕ ኣይከኣለን። መምህር ገብረሚካኤል እስቲፋኖስ ምኩር ውፉይ ብደረጃ መሪሕነት ዝሰርሕ ዝነበረ'ዩ። ጥንቃቐን ጥበብ ኣካይዳን ምስጢራዊ ስራሕ ኣብ ኣዲስ ኣበባ ዝበሰለሉ ጉዳይ ኢዩ። ኩሉ ዓይነት ግፍዕታትን መርመራታትን ተጻዊሩ ውድባዊ ምስጢር ዓቂቡ ነገር ተለኩቱ ከምዝነብር'ዩ ጌሩ። ብጹቶም ኣባላት ማእካሊ ኣካል (ተኪኤ በየነ፡ ጽገ ሃብተማርያምን ዓንደብርሃን ኪዳነን) ክህደኑ ስለ ዝጀመሩ ኣምሊጦም'ዮም። ብዝተረፈ ውደባ ኣዲስ ኣበባ ኣይተተንከፈን። የግዳስ ኣለይትን ማእከልትን ስኢኑ። ቢሮክራሲ ኣዲስ ኣበባ ካብ ዝኣቱ ዝተተሓሓዞ ስራሕ ነዚ ሃጓፍ'ዚ ምምላእ ነበረ።

ማእካሊ ኣካል ኣብ ኣዲስ ኣበባ ዘይምንባሩ፡ ዋላ'ኳ ብማእሰርትን ግፍዕን ብዙሕ እንተዘይተተንከፈ፡ ውደባ ሃስያታት ጸኒሑዎ'ዩ። ስሩዕ ኣኼባታት ክካየድ ስሩዕ ሓበሬታትን ጸብጻባትን ክቀባበል ኣይከኣለን። ውጽኢት ካብ ኣባላት ክቕጽል ማሕተም ውድብ ዘለዎ ቅብሊት የድሊ ኔሩ። እዚ ከኣ ብሰንኪ ማእካሊ ኣካል ዘይምንባሩ ክማላእ ኣይተማልአን። ኣውራ ኸኣ ማእሰርቲ ገብሩን ጂሚን ምስ ኣጓነፈ፡ ኩነታቶም ኣጻርዩ ምርግጋጽ ኣብ ኩሎም ኣባላት ዘብጽሕ ኣካል ዘይምንባሩ ኣባላት ሓፋሽ

ውድባት ኣብ ዘዘለውዎ ድንግርግር ከኣትዎም ግድን'ዩ ኔሩ። ሬድዮ ድምጺ ሓፋሽ ብቐጻሊ በብዘለውዎ እናሰምዑ ደሃይ ሜዳ ይፈልጡ'ኳ እንተነበሩ፡ ብጥርኑፍን ብኣካልን ዘጕሳጕሶም የድልዮም ነበረ። ነቶም ድምጺ-ሓፋሽ ናይ ምስማዕ ዕድል ዘይነበሮም ብቴፕ ሪኮርደር ቀሪጽካ ኣባዚሕካ ምሃብ ወይ ድማ ናብ ጽሑፍ ቀይርካ ኣባዚሕካ ምዕዳል ክሳለጥ ዝኽእል ብመንገዲ ማእካሊ ኣካል'ዩ ኔሩ። ብዛዕባ ኣድላዪ ሓበሬታታት ኩነታት ጸላኢ ካብ ኣባላት ብኣድማዒ ደረጃ ይእከብ'ዩ ኔሩ። ናይ'ዚ ሓበሬታ'ዚ ኣገባብ ክሰርሕ ግን ምትዕርራይ ውደባ ኣባላት የድሊ ከም ዝነበረ ንጹር'ዩ። ቢሮክራሲ ሓደ ካብ ዕቱብ ንጥፈታቱ ነዚ ምትዕርራይ'ዚ ምፍጻም ነበረ።

ምስቲ ናይ ሜዳ ርክብ ዝነበረ ሽግራት (ብልኡኽ ይኹን ብሬድዮ ተሰናኺሉ ምንባሩ) ብዛዕባ ናይ ኣወዳድባ ቅጥዒ ብመንገዱ ክበላሓት ተገደደ። ጉጅለታትን ጨናፍርን ቅርጺ ንኽሕዛ ላዕልን ታሕትን ይብል ነበረ። ከም'ቲ ኣቐዲሙ ዝተገልጸ ብማእሰርትን ናይ ጸላኢ ምክትታልን ዘይተተንከፈ ስለ ዝነበረ ስርሑ ንኽሳልጥ ዓቢ ሓገዝ ኲይኑዎ'ዩ። ናይ ምርካቦም ሃልኪ'ኳ እንተነበሮ ብዙሓት ኣባላት ረኺቡ ስርርያም ከምዝበራብር ገይርዎ ነበረ። ኣብ መንገዲ ኣየር ዝሰርሑ ንዝነበሩ ፍሉጣት ኣባላት፡ ገብረመድህን ቦኽሩ፡ ፍቓዱ ካሕሳይ፡ ጴጥሮስ እምባየን ካልኦትን ረኺቡ ንኣካይዳኦም ዝምልከት ቅርጺ ኣትሓዞ። ኣብ ከተማ ገለ ናይ ብሕቶም ትካላት ዘለዎም ንብርሃነ ወልደየሱስ፡ ብርሃነ ገብረስላሴ፡ ገብረስላሴ ኣነንያ፡ ኣስመላሽ ፍስሓጼንን ካልኦትን እናረኸበ ኣወዳድባኦም ኣጽፈፈ። ንኽፍለ ተስፋማርያም ፍሉይ ዕማም ሂቡዎ ነበረ። ሓያለ ርክበን ዝተበትከን ዋህዮታት ሃሰስ ኢሉ ረኺቡ መዝጊቡ ከረክቦ ሓተቶ። ኽፍለ ብዝተዋህቦ መምርሒ መሰረት ኣብ ምፍታሽ ተዋፊሩ ምስ ሓደ ይፍጠር ዝተባህለ ኣባል ኮይኖም ሓያለ ዋህዮታት ረኸቡ። ጸብጻቡ ናብ ቢሮክራሲ ኣረከበ። ንሳተን'ውን ኣብ ውድባዊ ስርሐን ከም ዝበራበራ ተገብረ።

ኣብ ዩኒቨርስቲ ኣዲስ ኣበባ ትምህርቶም ዝቐጸሉ ዝነበሩ ሰንጋል ወልደትንሳኤን ኣስቴር ፍቓዱን ረኺቡ ድማ መምርሒታት ሃቦም። ኣስቴር ኣብ ዩኒቨርስቲ ብዝህልዋ ርክብ ኣወዳድባኣ ክተስፍሕ ኣብ ርእሲ ምንቅስቓሳ ደቀንስትዮ ብመንገዳ ከምዝጥርነፉ ተገብረ። ሰንጋል ምስ ገረዝጊሄር የማነን ሃብተን እናተራኸበ ናይ ምውህሃድ ስራሕ

ከሳልጥ ጀሚሩ ነበረ። ቢሮክራሲ ንሰንጋል፡ ገረዝጊሄር የማነን ሃብተ ኪዳነን ሓንሳብ ብሓባር ሓንሳብ በበይኖም እናረኸበ ናይ ምውህሃድ ተራ ንኽጻወቱ የተባብዖም ነበረ። ኣብ መፈጸምትኡ ደኣ ኣይበጽሐን'ምበር ሰንጋል ዝርከቦም ገለ ገለ መራሕቲ ጨናፍር ኣራኺቡ ሓደ ማእካሊ ኣካል ንኽቘሙ ሓጽዩዎም ኔሩ'ዩ።

ውደባታት ኣብ ኣዲስ ኣበባ ዝጸዓቐን ማእካሊ ኣካል ዝቘመሉን እኳ እንተነበረ ከም ሓሳብን መደብን ኣብ መላእ ኢትዮጵያ ዝህልዉ ኤርትራውያን ምጥርናፍ ዝዓለመ'ዩ ኔሩ። ኤርትራውያን ኣብ ዝተፈላለየ ኣውራጃታት ኢትዮጵያ ተዘርጊሖም ይነብሩ ከምዝነበሩ ፍሉጥ'ዩ። ኣብ መንግስቲ ዝሰርሑ ሲቪልን ወተሃደራውን ቦታታት ዝሓዙ፡ ኣብ ዝተፈላለየ ኮሌጃትን ኣብያተ-ትምህርቲ ዝምህሩን ዝመሃሩን፡ ኣብ ዝተፈላለየ ቦታታት ብሕታዊ ትካላትን ንግድን ዝነበሮምን ናይ ሞያ ሰራሕተኛታትን ኔሮም'ዮም። ዳርጋ ነፍሲ-ወከፍ ከተማ ኣውራጃታት ኤርትራውያን ዘይርከቡሉ ኣይነበረን ክበሃል ይከኣል። ውደባ በቲ ንቡርን ልሙድን ናይ ዋህዮታት፡ ጉጅለታትን ጨናፍራትን ኣሰራርዓ ኣብ ርእሲ ምኻኑ፡ ብፍሉይ ንዝተፈላለየ ዕማማት ዝተሓዙ'ውን ኔሮም'ዮም። ኣሎ ዝበሃል ኤርትራዊ ኣናዲኻ፡ ኩነታቱ ኣጽኒዕካ፡ ብቐጥታ ይኹን ብተዘዋዋሪ መንገዲ ርክብ ከምዝህልዎ ብምግባር ንሃገሩ ብኣድማዕነት ዘገልግለሉ ጥበባት ይመሃዘሉ ኔሩ'ዩ።

ኮሎኔል ተሰፋሚካኤል ገብረመድህን፡ ገዲም ኣባል ፖሊስ ኢትዮጵያ ብኽብ ዝበለ ሓላፍነት ኣብ ኣውራጃ ወለጋ ዝሰርሕ ዝነበረ ኤርትራዊ'ዩ። ቢሮክራሲ ናይ'ዚ ሰብ'ዚ ተደላይነትን ቦታን ባህርያትን ኣረኣእያን ብምጽናዕ ኣብ መሰርዕ ውድብ ዝህልዎ ተራ ንምርድዳእ ናብ ቦትኡ (ጂማ) ብምስጢር ብምኻድ ረኺቡዎ ኔሩ'ዩ። ከምኡ'ውን ናይ ደርጊ ሰልፊ ብኽብ ዝበለ ሓላፍነት ኣብ ጂማ ትሰርሕ ዝነበረት ግደይ ሃይሉ ዝተባህለት ኤርትራዊት ቀስ ብቐስ ከምትኣቱ ገበረ። ግደይ ሃይሉ ምስ ጽጌሬዳ ጥቡቕ ርክብን ፍቕርን ዝነበራ ኣብ ኣዲስ ኣበባ ናብ ቤታ እትመላለስ ዝነበረት'ያ። ኣብ ዝተፈላለየ ትካላት ኣገዳሲ ተራ ዝነበሮም ምሁራት እናመመየን እናስተብሃለን ንሃገሮም ዘበርክቱሉ ኣገባባት ይሰርዓሎም ኔሩ'ዩ። ሓደ ካብ'ዚኦም ዶክተር ኣማረ ተኸለ ፍሉጥ ናይ ፖለቲካዊ ስነ ፍልጠት ኤርትራዊ ምሁር ነበረ።

15

ድሬዳዋን ኣለም - በቃኝን

ድሬዳዋ ቅድሚ 1991 [62]

ካብ ኣብ ኢትዮጵያ ዝርከባ ብፍሉይ ስትራተጂያዊ ኣገዳስነት ዝረኣያ ከተማታት ሓንቲ ድሬዳዋ'ያ። ካብ ኣዲስ ኣበባ ንደቡባዊ ምብራቕ ኣስታት 380 ኪ..ሜ. ተጓዒዝካ፡ በረኸቲ ከበሳታት ወዲእካ፡ ናብ'ቲ ሰፊሕ ክሳብ ጂቡቲን ኦጋዴንን ዝዝርጋሕ ጐላጉል ቁላ ውርድ ምስ በልካ እትርከብ ከተማ ኢያ። እቲ ብፈረንሳውያን ዝተዘርግሐ ካብ ጂቡቲ ክሳብ ኣዲስ ኣበባ ዝበጽሕ መንገዲ ባቡር-ምድሪ ብድሬዳዋ ይሓልፍ። ጂቡቲ፡ ኣህጉራዊ ወደብ ዘለዋ ኮይና ኣብ ደቡባዊ መጻብቦ ቀይሕ ባሕሪ ስለእትርከብ ንኢትዮጵያ ዓቢ ቍጠባውን መጕዓዝያውን ኣገዳስነት ኣለዋ። ብጂቡቲ ዝኣቱ ወይ ዝወጽእ ጾጋታት ኢትዮጵያ ብድሬዳዋ ኢዩ ዝሓልፍ። ስርዓታት ኢትዮጵያ ንናይ ምስፍሕፋሕን ግዝኣትን ሕልምታቶም ትንፋስ ዝህብ ዕጥቅን ስንቅን ቁጠባዊ ረብሓን በዛ ምድራዊት ወደብ ዝኾነት ድሬዳዋ ይሓልፍ ነበረ። እቲ ታሪኻዊ ግድል ናይ ኢትዮጵያውያን ሶማላውያን ደቂ ኦጋዴን ብዓቢኡ ዝጸልዋ ከተማ ኢያ።

ድሬዳዋ ከም ዘመናዊት ንእሽቶይ ከተማ ዝማዕበለት፡ ፈረንሳውያን ሓደ ዓቢ መዓርፎ ባቡር ምድሪ ምስ ሰርሑላ'ዩ። ኣብ መዓርፎ ባቡር ብባራካታት (ብሉሕ ዝተሰርሐ ባንዴሳ ኣባይቲ) ዝቖመ ናይ ሰራሕተኛታት መንበሪ ይርከብ። ጽፍፍ ዝበለ ቪላታት፡ ብዕሙር ኣግራብን ውቁብ

ዕምባባታት ዘፍርዩ ኣታኽልትን ዝማዕረገት ከተማ'ያ። ሰሜን ካብ'ታ ከተማ ዓሰርተታት ኪሎሜተራት ርሒቑ ካብ ዝርከብ በረኽቲ ቦታታት ተኣኻኺቡ ዘውሕዝ መጋላ ዝተባህለ ሩባ በታ ከተማ ካብ ሰሜን ንደቡብ ሰንጢቑ ይሓልፍ። እቲ ዝጸበቐ ክፋል ናይ'ታ ከተማ ጽቡቕ ኣባይቲ፡ ጽቡቕ ጽርግያታት፡ ፋብሪካታት (ሰሚንቶ፡ ዓለባ፡ ስጋ) ኣብያተ-ጽሕፈት መንግስትን ኩባንያታትን ምዕራብ ካብ ሩባ መጋላ ይርከብ። ሩባ መጋላ ንግሆ ንግሆ ካብ'ቲ ከባቢን ርሑቕን ዝመጹ ነጋዶን ሰብ ዕዳጋን ዘእንግድ ዕዳጋ ዝዝውተረሉ ሩባ'ዩ። ቃፍላያት ኣግማልን መጽዓኛን እግረኛን ናብ'ዚ ዕዳጋ'ዚ ክውሕዙ ይረኣዩ። ንምብራቕ ናይ'ዚ ሩባ'ዚ ትሑት ዝመነባብሮኡ ህዝቢን ንኡሳን ዘይወግዓውያን ሽቃጦን ዝነብሩሉ ሻውላት ይርከብ።

ኣብ ውሽጢ ከተማ ዝበዝሖ ተቐማጦ ኣደሬ ዝብሃሉ ሴማዊ ቋንቋ ዝዛረቡ ህዝቢ'ዮም። ኣብ'ታ ከተማ ውሑዳት ሶማላውያን (ኢትዮጵያውያን ሰብ ኦጋዴን)፡ ከምኡ'ውን ኣምሓሩ ይቕመጡ። ቁቱ ዝበሃሉ ህዝቢ ብብዝሒ ኣብ ከባቢ'ታ ከተማ ዝርከብ ሰፊሕ ቦታ ይርከቡ። ቁቱ ሓደ ክፋል ህዝቢ ኦሮሞ'ዮም። ጣፍ፡ ማሽላ፡ ዕፉን ዝፈርየሉ፡ እተን ብሰገኣንን ብቈርበተንን ተፈተውቲ ዝኾና ከብቲ (የሃረር ሰንጋ - እናተባህላ ዝፍለጣ)፡ ኣግማልን ጤል-በጊዕን ብብዝሒ ዝፈርያሉ ሃብታም ኣከባቢ'ዩ። ጫት ብብዝሒ ተዘሪኡ ናብ ውሽጢ ሃገርን ጅቡቲን ይጓረት። ጸጋ ናይ'ቲ ከባቢ ተደሚሩዎ፡ ምስ መዓርፎ ባቡራን ኣከባብያዊ ኣገዳስነታን ድሬዳዋ ስትራተጂያዊ ተጠማትነት ዝነበራ ከተማ'ያ።

ርእሰ-ከተማ ኣውራጃ ሃረርጌ ዝኾነት ሃረር፡ ካብ ድሬዳዋ ኣስታት 40 ኪ.ሜ. ርሒቓ ትርከብ። ንድሬዳዋ ምፍላጥ ማለት ብኡ ንብኡ ንሃረር ምፍላጥ'ውን ማለት'ዩ። ከምኡ'ውን ካብ ብዙሕ ከባቢታት ኢትዮጵያ ዓመታዊ ዝንገድ ገዳም ቁልቢ ገብርኤል፡ ካብ ድሬዳዋ ኣስታት 60 ኪ.ሜ. ንሰሜን ምዕራብ ይርከብ። ንግደት ቁልቢ ገብርኤል ብዙሓት ኤርትራውያን ካብ ርሑቕ ብምጋሽ ዝነግዱሉ ምንባሩ ይፍለጥ።

ኤርትራውያን ኣብ ድሬዳዋ ኣብ ኣብያተ-ጽሕፈት መንግስቲ፡ ባንክታት፡ ፋብሪካታት ወ.ዘ.ተ. ይሰርሑ። ናይ ብሕቶም ትካላት ዘውንኑ ሰብ ሆቴላትን ካልእን'ውን ይነብሩ። ከም በዓል መንግስቱ፡ ጸጋይ፡ ነጋሲ፡ ኣስመላሽ፡ ሉቺያኖ ዝበሃሉ ንናይ'ቲ ዞባ ጋንታታት ዝና

ዘልበሱ ናይ ኩዕሶ እግሪ ፍሉጣት ኤርትራውያን ተጻወትቲ ኔሮም'ዮም።

ቢሮክራሲ፡ ድሬዳዋ ብዕቱብ ዝግደሰላ ከተማ'ያ ኔራ። ብዘይካ'ቲ ስትራተጂያዊ ኣገዳስነታ፡ ድሬዳዋ ካብ ቅድም ኣትሒዞም ኤርትራውያን ብጸላኢ ምስ ተጠርጠሩ ወይ ምስ ተሃድኑ ናብ ሶማል ወይ ጅቡቲ ዘምልጡላ ባብ ስለ ዝነበረት፡ ካልእ ፍሉይ ኣገዳስነት ነበራ። ብኡ ኣቢሎም ናብ ሃገረ ሶማል ኣትዮም ካብኡ ናብ ሜዳ ዝተሰለፉ መንእሰያት ኔሮም'ዮም። ቢሮክራሲ ናብ ድሬዳዋ እናተመላለሰ ኣድላዪ ርክባት ይፍጽም ነበረ።

ቅዱስ ገብርኤል ኣብ በረኻ እንጦጦ [63]

ሰላስ ገብረኺዳን መሓሪ ኣብ ቁልዕነታ ኣዲኣ ስለ ዝዓረፈት ምስ ምዕባያ ሓፍታ ተተሓሒዘን ካብ መበቈል ዓደን ኣማድር (ከባቢ ድባርዋ) ናብ ኣስመራ ደየባ። ኣብ ኣስመራ ኣብ ኣባሻውል መዕቈቢ ረኺበን ናይ ከድምና ስራሕ ንቑሩብ እዋን ድሕሪ ምሓዝ ሰላስ ባር ናይ ምክያድ ልምዲ ኣጥሪያ ነብሳ ዘኽእል ርእሰ-ማል ኣዋህሊላ ናይ ገዛእ ነብሳ ባር ወነነት። በቲ ስራሕ ልዑል ግስጋሰ ኣርኣየት። ሰላስ ኣብ'ቲ ግዚ'ቲ መንእሰይ እንከላ ህብብቲ ሰብ ኮነት። ሃብቲ ዘጥረያ ደቀንስትዮ ርሑቕ መገሻ ዝሓትት ክቡር ቅዱስ ንግደታት ዝሃባ ሂበን ብምብጻሕ ሓበንን ባርኾትን ዝገልጻሉ ተርእዮ'ዩ ኔሩ። ሰላስ ሓያለ መሓዙታ ብዛዕባ ሓደ ዓቢ ዝና ዘለዎ ንግደት ቅዱስ ገብርኤል (ታሕሳስ) ኣብ ቁልቢ ዝተባህለ ኣብ ምድሪ ኢትዮጵያ ናይ ዝርከብ ገዳም ከዕሉሉ ትሰምዕ ነበረት። ዝና'ዚ ንግደት'ዚ ምስ ሰምዐት ናብኡ ንምስታፍ ተሃንጠየት። ሓደ እዋን ዝኣክል ምድላው ድሕሪ ምግባር ቊሪጻ ተላዕለት። ካብ ኣስመራ ናብ ኣዲስ ኣበባ ልዕሊ ሓደ ሽሕ ኪሎሜተር ተጓዒዛ ገሸት። እዚ ርሕቀት'ዚ ዛዚማ ብኣጋ ትረኽቦ ቦታ'ኳ ይመስላ እንተነበረ ከምኡ ከምዘይኮነ ተገንዘበት። ካብ ኣዲስ ኣበባ ንደቡባዊ ምብራቕ ልዕሊ 400 ኪ.ሜ. ተጓዒዛ ክትበጽሖ ዝነበራ ቦታ'ዩ። ኣብ ጉዕዞኣ ብዙሕ ባህ ዝብሉ ቦታታት እናተዓዘበት'ያ ከይዳ። ኣውራ ዝመሰጠታ ግን ከተማ ድሬዳዋ ነበረት። ከተማ ድሬዳዋ ዝነበራ ክሊማ ማእከላይ ሙቐት፡ ጽፉፍ ጽርግያታታን ውቑብ ኣግራባን ህንጻታታን ማረኻ።

ምድራ ሑጻ ብምዃኑ፡ ጨቃው ወይ ደሮና ዝመልእ ቦታ ኣይትርእየላን። ብኹሉ ኹሉ እዛ ከተማ'ዚኣ ኣብ ልባ ሓደረት። ካብ

ቁልቢ ነጊዳ ድሕሪ ምምላስ ዓይኒ ዓይና ትረኣያ ነበረት። ኣስመራ ምስ ተመልሰት፡ ብስራሓ ዕውትን ሕጉስትን'ኳ እንተነበረት ሓደ ሽግር ኣጓነፋ። ሓደ ኣታውን ፈታውን ቦትኣ ብፍቕራ ስለዝደንዘዘ ኣብ ስራሓ ዕንቅፋት ክገብረላ ጀመረ። ምስ በዝሓ ድማ ዓዲ ክትለቅቕ ሓሰበት። ናበይ ከምትሰደድ ተጨነቐት። ሽዑ እታ ንቁልቢ ገብርኤል ክትነግድ ዘዕረፈትላ ምጭውቲ ከተማ ድሬዳዋ ትዝ በለታ። ኣይተወላወለትን፡ ናብኡ ክትግዕዝ ወሰነት። ኣብ መፋርቕ 1975 ጠቕሊላ ናብ ድሬዳዋ ብምኻድ ኣብኡ ሰፈረት።

ድሬዳዋ ከም ትምኒታ ተሰማምዓታ። ኣብኡ ሰንትራል ሆቴል ዝብሃል ዓዲጋ ዓቢ ስሕበት ዕዳጋ ፈጠረት። ምስ ብዙሓት ኣገደስቲ ሰባት ክትፋለጥን ምዉቕ ምሕዝነት ክትፈጥርን ከኣለት። ኣመሓደርቲ፡ መኮንናት ፖሊስን ሰራዊትን፡ ገለ ገለ ሰነጥበባውያንን ሰብ ጸጋን ክትፋለጥ ከኣለት። ኣውራ ኸኣ ገለ ናይ ጸጥታ ኣባላት ንሆቴላን ንዓኣን ፈትዮም ዝመላለሱ ነበሩ።

ስላስ ብጉዳይ ቃልሲ ንናጽነት ኤርትራ ብሓፈሻ ስምዒት'ኳ እንተነበራ ኣብ ፖለቲካ ኣትያ ናይ ምውሳእ ሕልና ሓዲሩዋ ኣይፈልጥን ነበረ። የግዳስ ብምውቕ ኣገልግሎት ትካላ ስሕበት ዕዳጋ ፈጢራ ናብራኣን ዋኒናን ብጽቡቕ ምንብባር ቀንዲ ናይ ህይወታ ዕላማ ነበረ። ፍትወት ኣሕዋታ ኤርትራውያን ግና መጠን ኣይነበሮን። ኤርትራዊ ጋሻ ኣብ ገዝኣ ኣዚዩ ክቡር'ዩ። ንዘተኣስሩ ቀለብ ምብጻሕን፡ ንዘተሸገሩ ተሓባቢርካ ምሕጋዝን ከም ሓደ ቅዱስ ተግባር'ያ ትርእዮ። ካብኡ ሓሊፋ ኣብ ፖለቲካ ኤርትራ ኢዳ ከየእተወት ትነብር ነበረት። እንተኾነ፡ሓደ ግዜ ብዘይ ሓሰቡቶን ዘይወዓለቶን ፖለቲካ ኤርትራ፡ ብሃንደበት ኣብ መፋርቕ 1978 ምስ ሓያለ ኤርትራውያን ብጸጥታ ኢትዮጵያ ተኣሲራ ናብ ሃረር ተወሰደት። ኣብኡ በዓል ጣህር ኢማም ሙሳ ዝብሃል ዝርከቡዎም ሓያለ ኤርትራውያን ተኣሲሮም ነበሩ። ብለይቲ ብሽፍንቲ ማኪና ናብ ዘይትፈልጦ ቦታ ተወሲዳ ተኸትከተት። “ኩሉ ትፈልጥዮ ምስጢር ወንበዴታት ንገሪ!” ተባሂላ'ያ ትኽትከት ኔራ። ብኽምዚ ንትሸዓተ ኣዋርሕ ዝኣክል ኣብ ቤት ማእሰርቲ ከርተት በለት። ስላስ፡ ኣብ'ቲ ግዜ'ቲ ሰለስተ ህጻናት ደቃ ብዘይኣላዩ ኣብ ሆቴል ሰንትራል ጠንጢና'ያ ተኣሲራ። ግዳ፡ ከምቲ ልዕል ኢሉ ዝተገልጸ፡ ፍትውትን ህብብትን ስለዝነበረት፡ ዝከራኸሩላን ዝጣበቑላን ኣገደስትን ጸለውትን

ሰባት ኣይሰኣነትን። ሓደ ፍሉጥ ጠበቓ ባዕሉ ተበጊሱ ተኸራኸረላ። ኣብ ሆቴላ ድማ መንግስቱ በላይነህ ዝተባህለ ፍሉጥ ስፖርተኛ ካብ ዝነበሮ ገንዘብ እናውጽአ ንምውጻእ ኣብ ዝግበር ዝነበረ ጻዕሪ ተቓለሰ። መንግስቱ ብተበግሶኡ ሆቴላ ኣመሓዲሩ፡ ሰለስተ ደቃ ናበየላ። በዚ ደገፋት'ዚ ሰላስ ብህይወታ ካብ ማእሰርቲ ወጽአት። እቶም ካልኦት እሱራት ግን ብኡ ኣቢሎም ሓቘቑ። እዚ ተመክሮ'ዚ ንሰላስ ነቲ ብግርህና ትኸደሉ ዝነበረት ህይወት ብኻልእ ተጠሚቱ፡ ብሰንኪ ኤርትራውነታ ግፍዒ ከምእትረክብ ስለ ዝተረድአት መንገዲ ደኣ ኣይረኸበትን'ምበር ብጉዳይ ሃገራ እትግደሰሉ ሃዋህው ፈጠረላ።

ሓደ መዓልቲ ኣብ 1981 ግን ሓደ ኣጋጣሚ ኣጓነፈ። ሰላስ ምስ ስፖርተኛ መንግስቱ በላይነህ ፍቕራዊ ዝምድና መስሪታ ስለዝነበረት፡ ግዜ ዕረፍቶም ካብ ድሬዳዋ ናብ ኣዲስ ኣበባ እናመጹ ምዝንጋዕ የዘውትሩ ነበሩ። ልሙድ መዓርፎኦም ራስ ሆቴል ዝበሃል ፍሉጥ ቦታ ነበረ። ናብ'ዚ ቦታ'ዚ ክትመላለስ እንከላ ምስ ናይ ቀረባ ፈተውታ ኤርትራውያን ተራኺባ ተዕልል። ፋኑስ ሃይለ ምስ ዝተባህለት ናይ ቀረባ መሓዛኣ ግን ሓለፋ ዘለዎ ቅርበትን ዕላልን ነበራ። ምስ ፋኑስ ሃይለ ቀንዲ መዕለሊ ኣርእስቲ ናይ ውሽጢ ጭንቀተን ዝምልከት'ዩ ኔሩ። መፈጠረን ኤርትራውያን ኲይነን ኤርትራዊ ካብ ዘጓንፎ ግፍዕታት ሓራ ከምዘይኮና ኢዩ እቲ ቀንዲ ጭንቀተን። እዚ ጭንቀት'ዚ ዘብቅዓሉ መኣስ ከምዝኸውን ኣብ ዕላለን መልሲ ዘይረኸባሉ ሕቶ'ዩ። ከም'ዚ ዓይነት ዕላል ኣብ ዝተራኸባሉ እዋን ብምዝውታር ንነዊሕ ግዜ ቀጸላ። ሓደ መዓልቲ ግን ፋኑስ፡ "ኣሕዋትና ኣብ በረኻ ሰፈሮም ንኤርትራ ሓራ ንምውጻእ ይጋደሉ ከምዘለዉ ትፈልጢ ኢኺ!" በለታ ንሰላስ።

"እወ! መን'ሞ ምስኦም ክራኸበና'ምበር ዝከኣለና'ኳ ምሓገዝና!" ብምባል ሰላስ ኣንፈት ተገዳስነታ ኣቓልቀለት።

"ንሳስ ሓቅኺ! እሞ ሰላስ ሓፍተይ፡ ሓደ ሰብ ኣሎ ከም'ዚ ንሕና ንጭነቕ ዘዕልለኒ። ንሱ ኣጸቢቑ ዝፈልጦ ሓውና'ዩ! ገለ ብዛዕባ ርክብ ምስ ገድሊ ዝፈልጥ እንተኾነ ዶ ክሓቶ?" በለት ፋኑስ ድንጋጸ ብዝተሓውሶ ቃና።

በዚ ሓሳብ'ዚ ተሰማሚዐን ብቈጸራ ተፈላለያ።

መዓልቲ ቈጸረአን ኣኺሉ፡ ፋኑስ ንእሽቶይ መርቸደዝ ዝዓይነታ መኪና ሒዛ ንሰላስ ኣብ ቦታ ቈጸራ መጸታ። ካብ ማእከል ከተማ ኣዲስ

ኣበባ ተበጊሰን ናብ ሰሜን ናይ'ታ ከተማ ኣምርሓ። ኣብ ሰሜናዊ ክፋል ኣዲስ ኣበባ ጉለሌ ዝብሃል ብቀላሚጦሳትን ካልእ ኣግራብን ዝዓመረ ሰፈር ምስ በጽሓ፥ ካብ ቀንዲ ጸሊም ጽርግያ ኣላጊሰን ነቲ ዕሙር ኣግራብ ዘኸበቦ ናይ ሓመድ ጽርግያ ተኸቲለን ካብ ከተማ ወጻኢ ጉዕዞአን ቀጸላ። እቲ መንገዲ ናብ ሓደ ነዊሕ ዓቐበት ዘደይብ'ዩ ኔሩ። ጉዕዞአን ንነዊሕ ምስ ቀጸላ ሓደ ንኣዲስ ኣበባ ዘጠምት ነዊሕ ጉቦ ምድያብ ተተሓሓዘኦ። ሰላስ እቲ ጉዕዞ ተሃንጥያ ትደልዮ'ኳ እንተነበረት እቲ ናይ በረኻ ጉዕዞ ግን ደንጸዋ። ፋኑስ ኣቐዲማ ርሕቕ ናብ ዝበለ በረኻ ወጺአን ጥራይ ነቲ ብዛዕባ ገድሊ ይፈልጥ ይኸውን ዝበለቶ ሓው ክረኽባኦ ከምዝኽእላ ኣቐዲማ ኣሚታትላ'ያ። ናበየናይ በረኻን ክሳብ ክንደይ ዝርሕቀቱን ግን ንሰላስ ብሩህ ኣይነበረን። እቲ ዝድይብኦ ዝነበራ ጉቦ እንጦጦ ተባሂሉ ዝፍለጥ፥ ሃጸይ ምኒሊክ ቅድሚ ንኣዲስ ኣበባ ምምስራቶም ዝቕመጡሉ ዝነበሩ ገዲም ሰፈርን ቤተ-ክርስትያን ኪዳነ ምህረትን ኣብ ጥርዚ ናይ'ቲ ጉቦ ይርከብ። እቲ ጉቦ ብኣግራብ ዝተሸፈነ፥ ብፍላይ እቲ ከባቢ ቤተ-ክርስትያን ድማ ዓበይቲ ኣግራብ ግሩም ጽላል ዘለዎም ዝሸፈኖ'ዩ። ኣብ ጥቓ'ታ ቤተ-ክርስትያን ለምለም ዝኾነ ለሰን (ሻኻ) ጠሊን ይርከብ። ጉዕዞአን ናብዚ ቦታ'ዚ'ዩ ኔሩ።

ቢሮክራሲ ኣብ ድሬዳዋ ይኹን ኣብ ካልእ ኣብ ውሽጢ ዘገድሱ ምንጭታት ሓበሬታ ክህሉ ዝኽእል ሰብ ምንዳይ ናይ ኩሉሳዕ ተግባሩ'ዩ። ፋኑስ ሃይለ ውድብቲ ናይ ህዝባዊ ግንባር'ያ። ቢሮክራሲ ብመንገዲ ፋኑስ ሃይለ ብዛዕባ ሰላስ ደቂቕ መጽናዕቲ ወሲዱ'ዩ። ብመንገዲ ሰላስ ክሰራሕ ዝከኣልን ክርከብ ዝከኣል ሓበሬታን ክህሉ ከምዝኽእል ገምጊሙ'ዩ። ብዝኾነ፥ ንኣገዳሲ ገድላዊ ስራሕ ሰላስ ትርከበሉ መንገዲ ተበላሒቱ ምስ ፋኑስ መኸረ። በዚ ምኽሪ'ዚ መሰረት፥ ንሰላስ ከምኦ ብዛዕባ ገድሊን ርክባቱን ዘይትፈልጥ፥ ብዛዕባ ብሰም ኤርትራውነት ስቅያት ከምዘጓንፋ፥ ከምኡ'ውን ክፈልጥ ዝኽእል ሓደ ሓው ከምዘሎ ኣዕሊላታ'ያ ጉዕዞአን ናብ ጎቦ እንጦጦ ዘምርሐ።

ሰላስን ፋኑስን ኣብ ጥርዚ ናይ'ቲ ጉቦ ምስ ደየባ፥ ቤተክርስትያን ኪዳነ ምህረት ንጉድኒ ገዲፈን ሕልፍ ምስ በላ፥ ኣብ ሓደ፥ ለምለም ሻኻ በረኻ፥ ኣብ ከባቢኡ ዓበይቲ ጽላላት ዘለዎ ምስ በጽሓ ካብ ጽላል ውጽእ ኢሉ ናብአን እናጠመተ ደው ዝበለ ምልምል መንእሰይ ኣማዕድየን ጠመታ። ፋኑስ፥ "እነሀልኪ እቲ ዝበልኩኺ ሰብ!" በለታ።

ቢሮክራሲ፡ ካብ ዝነበሮ ቁሩብ ስጉምታት ቅርብ ኢሉ ካብ ማኪና ክወርዳ ተጸበየን። ኣቐዲማ ስላስ ካብ'ታ ማኪና ምስ ወረደት፡ ቀው ኢላ ጠመተቶ። ምእማኑ ዘጸገማ ግርማ ሰብ ተገንዘበት። ካብ ሰማይ ብመለኮት ዱብ ዝበለ ፍጡር ኮይኑ ተሰምዓ። ኣብ'ዚ ጸምጸም በረኻን ለምለም ሻኻን ከም'ዚ ዝኣመሰለ መልክዕ ዝተዓደለ ሰብ ምጽንሑ ኣደንጸዋ። ብመልክዑን ኩለንተናዊ ቁመናኡን ከአ ተመሰጠት። ምድንጻውን ተመስጦን ተሓዋዊሱዋ ኣብ ሰብነታ ገለ ስምዒት ተዘርአ። ዘይንቡር ስምዒት። ምቁጽጻሩ ስኢና፡ ምሉእ ነብሳ ምንፍጥፋጥ ጀመረ። ሃንደበታዊ ፍስሃ ተሓዊሱዎ ብዘወረዳ ስምዒት ኣይፈርሐትን፡ ከም ሰብ ቅዝሕ ኢሉ ዝፍተወካ ተልእኾኡ ድማ ዘሐብን ብምንባሩ፡ ንመጀመርያ ግዜ ልኡኽ ናጽነት ኤርትራ ዝኾነ ተጋዳላይ የዓንፋ ብምንባሩ ብፍሽኽታ ተቐበለቶ። ሽዑ ንሽዑ ኣብ'ታ ማኪና ኣትዮም፡ ፋኑስ፡ “እታ ኣብ ድሬዳዋ ኣላ ዝበልኩኻ ሓፍተይ እዚኣ'ያ። እዚ ሰብ'ዚ ካብ ሜዳ ኤርትራ መጺኡ ንዓና ዘውድብ ተጋዳላይ ኢዩ፡” ኢላ ኣላለየቶም። ሽዑ ብጉዳይ ኤርትራን ገድልን ኣዕለሉ። ኣብ ሜዳ ዘሎ ምዕባሌታት ገለጸላ። ዓወት ዘይተርፍ ምዃኑ ተኣማሚኑ ኣብርሃላ። ስላስ ኣብ'ዚ ቃልሲ ዝከኣላ ዘበለ ክተወፊ ምዃና ቃል ብምእታው ፈላሚ ርክቦም ዛዘሙ። ብማኪና ድዩ መጺኡ ወይስ ብእግሩ ዝፈለጠኦ ኣይነበረን። ኣብ ዝኾነ ቦታ ማኪና ኣይረኣያን። ናበይ ከምዝኸይድ ኣይፈለጣን። ካብ'ታ ማኪና ወጺኡ ናብ'ቲ ዝመጸሉ ጽላል ገጹ ከም ደቂሕድርትና ተሰወረ። ስላስን ፋኑስን ብማኪናአን ናብ ኣዲስ ኣበባ ገጸን ኣምርሓ።

ብድሕር'ዚ ርክቦም ቀጺሉ ስላስ ክትከታተሎ ዝግባእ ሓበሬታ ከም መምርሒ ሂቡዋ ድሬዳዋ ተመልሰት። ድሕሪ ገለ እዋን ባዕሉ ቢሮክራሲ ናብ ድሬዳዋ ተንቀሳቒሱ ተወሳኺ ርክባት ኣካየደ። ናብ ድሬዳዋ ብኻልእ ምኽንያት ኣብ ዝገሸሉ እዋናት'ውን ይረኽባ ኔሩ'ዩ። ብመንገዲ ስላስ ሓንቲ ኣብ ጸጥታ ኢትዮጵያ እትሰርሕ ጓለንስተይ ወዲቡ ዘድልዮ ሓበሬታ ይረክብ ነበረ።

ናይ ቢሮክራሲ ጦብላሕታ፡ ንስላስ ንሓዋሩ ዘይሃስስ ኮይኑ ይነብር። “ኣፈወርቂ (ቢሮክራሲ) ምልኩዕ፡ ኣዘራርብኡ መዓር፡ ገጹ ባዕሉ ዝስሕበካ ምጭውን፡ ብፍላይ ክእለት ኣተሓሕዛ ሰብ ዝነበሮ፡ ብሩህ፡ ትስፉው፡ ፍሕሹው፡ ቃላቱ ምኡዝ፡ ሕያዋይ ቦቕቧቕ ከምኡ ድማ በሊሕን

ንጡፍን ኣብ ስርሑ ንፉዕን ሰብ'ዩ ኔሩ። ሰብ ኣትዩ ወጽዩ፡ ሓሊፉ ከይዱ ኢሉ ቁሊሕ ምሊሕ ዘይብል. . .ተዛንዩ ቁምነገር ዘዕልል. . . ብፍሽኽታ ከም ዋዛ ኣምሲሉ ከም ናይ ቀረባ ሰብካ፡ ሓው'ኻን ዓርክ'ኻን ኮይኑ ዘውሕጠካ. . .ዘይጋየሽ ሽዓ ተላልዩካ ከም ነዊሕ ዝተፋለጠካ ዝሕወሰካ ፍሉይ ሰብ። ኒሕ፡ ሓቦን ጽንዓትን ዘመሓላልፍ፡ ዓወት ግድን ምኳኑ ዘእምነካ ተናፋቒ ብጻይ።. . .” ክትብል ትገልጾ።

መስመር ኣሚና ሑሴን [64]

ኣብ ድሬዳዋ ሓይሎም ፍስሃየ ዝብሃል ፍሉጥ ኤርትራዊ ይቕመጥ ነበረ። ሓይሎም፡ ኮንቲነንታል ዝብሃል ሆቴል ወኒኑ ናብራኡ የካይድ። ኣብ ርእሲኡ ኣብ ድሬዳዋ ናይ ዝርከብ ጨንፈር ኩባንያ ፊያት ሓላፊ ኮይኑ ዘካይድ፡ ከም ሰብ ሌላ ምስ ሰባት ዘይእግሞ፡ ምስ ብዙሓት ሰበ ስልጣን ርክብ ኣጥሪዩ ክተዓራረኽ ዝበቕዐ'ዩ። ኣብ ሞንጎኦም እሙንን ኣገዳሲን ሰብ ስለ ዝነበረ ክሳብ ሓደ ቦታ ኣብ ምምሕዳራዊ ስልጣን ሂቦም ክሸሙዎ ይደናደኑ ኔሮም'ዮም። ከምዚ ዝኣመሰለ ሸመት ምቕባል ነቲ ምስ ህዝባዊ ግንባር ዝነበሮ ርክብ ዝጻረር፡ ናይ ንግድን ስራሕን መነባብሮኡ ዘሰናኽል ኮይኑ ስለዝረኸቦ ብሜላ ሃደመሉ።

ሓይሎም ኣብ 1956 ንእሽቶይ ተማሃራይ ኸሎ ሓደ ኤርትራ ዝተፈልየት ሃገር ምኳናን ናጽነት ከምዘድልያን ዘርኢ ዕላል ኣጓነፎ። ሓደ ግዜ ሽዑ ዓመት፡ ኣቦኡ ኣቶ ፍስሃየ ብሓደጋ ኢዶም ተሰቢሩ ወጌሳ (ክኢላ ጸጋኒ) ተደልየ። ሓደ ቀሺ ዘርእማርያም ዝተባህሉ ፍሉጥ ወጌሳ በዓል ኳዜን (ካርነሽም) ተጸዊያም ኢድ ተጸገነት። ሓይሎም ካብ ትምህርቱ ተፈዲሱ ኣብ ሓንቲ ኣፍደገ እንዳሻሂ ደው ኢሉ ናይ ሱዳን ደርፌ ሰሚዑ ናይ ምኻድ ልምዲ ስለ ዝነበሮ፡ ኩሉሳዕ ደንጕዩ ገዛ ይኣቱ። እታ ቀሺ ዘርእማርያም ዝመጹላ መዓልቲ ግን ቅልጥፍ ኢሉ ኣተወ። ኣቦኡ ኣቶ ፍስሃየ፡ “እሂ ደኣ ሎምስ ቀልጢፍካ?” ኢሎም ሓተቱ። “እታ ናይ ሱዳን ደርፌ ንሰምዓላ ሙዚቃ ናብ ዘየቋርጽ ሙዚቃ ወተሃደራዊ ማርሽ (ሰልፊ) ተቐይራ። እዚ ጥዑም ደርፌ ብኣሰልቻዊ ናይ ማርሽ ሙዚቃ ምቕያሩ ደንጽዩና እንተሓተትናስ፡ ሱዳን ሓራ ወጺኣ ሰሚዕና!” ኢሉ ሓይሎም ምስ መለሰ፡ ቀሺ ዘርእማርያም፡ ከምዚ ዝስዕብ ምስላ ኣዘንተዉ፦ “ሓደ ሰብ'ሲ ኣዲኡ ሓሚመን ኣብ ኣስፔዳል ደቂሰን ክብጸሓ ቀንየን። ካልኦት ብዙሓት ኣዴታት ድማ ምስኣን

ሓሚመን ደቂሰን ኔረን። እተን ኣደ'ቲ ሰብ ግን ኣይሓወያን፡ ዓሪፈን። እተን ካልኣት ግን ደሓን ኰይነን ሓውየን ነንገዝአን ከይደን። ሸዑ ሓዘን ናይ'ተን ዝዓረፋ ሰበይቲ ኰይኑ፡ "ኣንታ እገሌ - እዘን ኣዴኻስ ሓሚመን ዶ ኔረን?" ኢሎም በጻሕቲ ምስ ሓተቱዎ፡ "ኣደይ ምሕማመን ነየጉሃየኒ፡ መተሓምምተን ዝሓወያ'ምበር!" ብምባል ጓሂኡ ገለጸ። እወ'ዞም ደቀይ ሱዳን ሓርነታ ረኺባ። እዛ ሃገርና ኤርትራ ኸኣ ከምኣ የማስላ። ሱዳን ከም ኤርትራ ግዝእቲ'ያ ጸኒሓ። እዘን ግዙኣት ሃገራት ከም'ተን ሓሚመን ብሓባር ዝደቀሳ ኣዴታት ይምስላ። ሱዳን ሓውያ፡ ኤርትራ ኸኣ ንዓኣ የማስላ።" ክብሉ ኣምሲሎም ተዛረቡ። ኣቦ ሓይሎም፡ "ኣንቱም ኣቦይ ቀሺ! እዚኣም ቈልዑ እንድዮም እንታይ ይፈልጡ! ኣብ ዘይከእሉዎ ዘረባ ተእትውዎም!" ኢሎም ተሰከፉ። "ግዲ የብልካን፡ እዚኣም'ዮም ዘምጽኡዋ'ዛ ሃገር። ይመሃሩ እንድዮም ዘለዉ! ዘይስኣን ትምህርቲ'ምበር ቀደም እንዶ ባንዴራና ኣይምሓዝናን!" ክብሉ ኣቦይ ቀሺ ዘርእማርያም ዘይርሳዕ ለበዋ ኣመሓላለፉ። ሓይሎም ኣብ ድሬዳዋ እንከሎ ውድባዊ ርክቡ ምስ ኣብርሀ ብእምነት'ዩ ኔሩ። ኣብርሀ ብእምነት ኣብ 1978 ስለዝተኣሰረ፡ ርክቡ ተሰናኺሉ ድሕሪ ምጽናሕ ምስ ተኪኤ በየነ ቀጸለ። ተኪኤ ብጸላኢ ተሃዲኑ ናብ ሜዳ ምስ ወጸ ክሳብ ክፍላ 1980 ኣቢሉ ርክቡ ምስ ህዝባዊ ግንባር ጠልጠል ኢሉ ጸንሐ።

ሓደ መዓልቲ፡ ኣብ ምጅማር 1981፡ ገብረመድህን በኸሩ (ንጡፍ ኣባል ውድብ ኣብ ኣዲስ ኣበባ) ናብ ሓይሎም ፍስሃየ ናብ ድሬዳዋ ደዊሉ፡ "ክፍለ ዝበሃል፡ ንጡፍ፡ ብሱልን ትጉህን ዝኾነ ሰብ፡ እቲ ጠልጠል ኢሉ ዝጸንሐ ውድባዊ ርክባት ከተዓራሪ ዝመጸ ናባኻ እሰዶ'ለኹ፡ ተቐበሎ!" ክብል ሓበሮ። ኣጋ ምሸት'ዩ ኔሩ። ክፍለ ንጽብሒቱ ንግሆ ኣብ ቤት-ጽሕፈት ስራሕ ሓይሎም (ጨንፈር ኩባንያ ፊያት) ብሃንደበት ደበኽ በለ። ክፍለ ካልእ መጸውዒ ቢርክራሲ'ዩ። ጸሓፊት ሓይሎም፡ "ጋሼ ሓይሎም፡ ጋሻ ኣሎካ!" በለቶ። "እቶ በልዮ!" መለሰ ሓይሎም፡ "መን ደኣ ንግሆ ምድሪ መጺኡኒ!" ኢሉ እናሓሰበ። "ሓይሎም እባለለሁ፡ ማን ልበል?" (ሓይሎም እብሃል፡ መን ክብል) ኢሉ ብድድ ኢሉ ጋሽኡ ተቐበለ። "ክፍለ'የ ዝብሃል. . . " ኢሉ ቢርክራሲ ነብሱ ድሕሪ ምልላይ ሰላምታ ተለዋወጡ። ሓይሎም፡ "እዚ ወዲ-በኸሩስ እንታይ ደኣ ኣብኡ ኣብ ድሬዳዋ ሓዲሩ'ሎ ዘይብለኒ!" ኢሉ እናተገረመ ንክፍለ ኩሉ ቁመናኡ ኣስተብሃለሉ። "በጽሒ መንእሰይ፡

ቀይሕ ጽቡቕ፡ ሰብነቱ ቅጥን ኢሉ ተሪር ነብሲ ዘለዎ፡ ጽዕድው ዝበለ ጅንስ ጃኬትን ስረን፡ ጽፉፍ ካምቻን ተመሳሳሊ ሕብሪ ዘለዎ ኣዲዳስ ዓይነት ጫማን ዝወደየ ምልኩዕ ሰብ።" ሻሂ ኣብኡ'ኳ እንተዓደሞ ኣብ ደገ (ከተማ) ከምዝሓይሽ ተረዳዲኦም ብማኪና ሓይሎም ናብ ሓደ ራስ ሆቴል ዝተባህለ ጽሙው መዕለሊ ዝርከቦ ቦታ ኣምርሑ።

ኮፍ ምስ በሉ፡ "ብባቡርዶ ብነፋሪት ዓሊብካ?" ኢሉ ሓይሎም ሓተተ። ቢሮክራሲ "ብኽልቲኡ" ኢሉ መለሰ። ብኡ ንብኡ ተለማሚዶም ናብ ዕላሎም ኣተዉ። ቢሮክራሲ ኰነታት ሓይሎም ክፈልጥ ሓተተ። ሓይሎም ኣብ ድሬዳዋ ሸውዓተ ደቁን ሰለስተ ኣዋልድ ኣሕዋቱን እናናበየ ከምዝነብር ምስ ገለጸሉ፡ ኣብ'ቲ ንኡስ ዕድሚኡ'ቲ ድሮ ሸውዓተ ቈልዑ ወሊዱ ምህላዉ ቢሮክራሲ ደንጸዎ። ሓይሎም ብመንገዲ ኣብርሀ ብእምነትን ካልኦትን ምስ ውድብ ህዝባዊ ግንባር ርክብ ከምዝነበሮ፡ እንተኾነ ብሰንኪ ማእሰርቲታት ርክብ ተቛሪጹ ከምዝጸንሐ ዘርዘረሉ። ቃልሲ ንናጽነት ብዘይሕለል ንያት እቲ ሓደ እንተተዓንቀፈ እቲ ሓደ ከም ሸግ ተቐቢሉ ክቕጽሎ ከምዘለዎ'ኳ ዝኣምን እንተኾነ ጥንቁቕን ጽፉፍን ሜላ ክመሃዘሉ ከምዘለዎ ኣመተ። ሓደ ሰብ ብጸላኢ ምስ ዝእሰር፡ ንህይወቱን ስርሑን ዝህሉ ሓደጋ ጥራይ ዘይኮነ እንኮላይ ዝናብዮም ስድርኡ ኣብ ሓደጋ ከምዝወድቁ ብናይ ኣብርሀ ብእምነት ማእሰርቲ ኣብነት ከምዝግለጽ ኣተንብሀ። ኣብርሀ ብእምነት ንሱ ዝናብያ ኣዲኡን ኣሕዋቱን ዝረድኦን ስለዝሰኣና ፈለጥቱን ኣብ ንጥፈታት ገድሊ ምስኡ ሓቢሮም ዝዋስኡን ኣዋጺኦም ከምዝናብዩወን ገለጸ። ቢሮክራሲ ብወገኑ ኣብ ሰውራዊ ቃልሲ ከምዚ ዝኣመሰለ ዕንቅፋታት ክህሉ ባህርያዊ ምዃኑ፡ ዝፍጠር ሃጓፋት ብኣጋ እናኣለኻ ከይተሓለልካ ምቅላስ ከምዘድሊ ድሕሪ ምግላጽ፡ ንግዜኡ ዝገበሩዎ ዕላል ኣቋሪጾም ብቈጸራ ንጽባሒቱ ከምዝራኸቡ ሓቢሩዎ ተፈላለዩ።

ኣብ ልክዕ ቈጸርኡ ናብታ ቤት-ጽሕፈት ሓይሎም ከይዱ ተተሓሒዞም ወጹ። ሓይሎም ማኪና ከልዕል ደልዩ ምስ ተንቀሳቐሰ ቢሮክራሲ ብእግሪ ከምዝጕዓዙ ሓበሮ። ቢሮክራሲ ብሸጓሹግ ጽርግያታት ድሬዳዋ መሪሑዎ ክኸይድ ምስ ረኣየ ሓይሎም፡ "ንስኻ ደኣ ጋሻ ዘይኰንካ፡ ወዲ ዓዲ እንዲኻ!" ምስ በሎ፡ ቢሮክራሲ፡ "እዛ ዓዲ ጽርግያታታ ትኽ ዝበሉ ዘየጋግዩ'ዮም፡ ጋዕ ገልጠም ዘይብሎም ጽፉፋት ጽርግያታት'ዮም። እቲ ሑጻ ዝዓብለሎ መሬት ንምጭውቲ ኤርትራዊት ከተማ ከረን የመሳስላ።"

ኢሉ እናዕለሉ ትኽ ኣቢሉ ናብ ኮንቲነንታል ሆቴል ኣእተዎ። እታ ሆቴል ነቲ ብኹሉ መአዝናት ዝርከብ መንገድታት ተኸቲሉ ናብ'ቲ ፍሉጥ ዕዳጋ መጋላ ዝወርድ ብዝሒ ዘለዎ ሰብን መጽዓኛን ኣማዕዲኻ ክትርእየላ ትኽእል ቦታ'ያ ተደኲና። ኣብኡ ምስ በጽሑ፡ እቶም ኣብኡ ዝጸንሑ ተኣንገድቲ ይኹኑ ሰራሕተኛታት ንሓይሎም ምስ ረኣዩ ገሊኦም ንኽብሩ ብድድ ዝብሉ፡ ገሊኦም ኮፍ መበሊ ዝቕርቡ፡ ገሊኦም መገዲ ዘጣጥሑ ኮይኖም ብዓጀባ ተቐበሉዎ። ሓይሎም ሓደ ዓቢ ብሓለፋ ዘኽብሩዎ ሰብ ምዃኑ ንጹር ነበረ። ቢሮክራሲ ከም'ዚ ዝኣመሰለ ኣቀራርባ ብምዕዛቡ ተደናገረ። ኮፍ ኢሎም ቦታኦም ምስ ሓዙ፡ "ናይ ደሓን ደኣ እዚ ኹሉ ኣቀባብላ?" ክብል ሓተቶ ንሓይሎም። "ኣነ'ኮ ንስኻ እዚ ኹሉ መንገዲ ጠዋዊኻ ናብ'ዚ ከተምጽኣኒ ከለኻ፡ እዚ ሆቴል ዝፈለጥካዮ መሲሉኒ፡ ከመይ'ሉ ደኣ ፈሊጡ፡ ኢለ ክግረም'የ ጸኒሐ። እዚ ሆቴል'ዚ ናተይ ኢዩ። እቶም ብኽብሪ ዝተቐበሉና ሰራሕተኛታተይ ኢዮም። ብዙሓት ካብ'ዞም ተኣንገድቲ ድማ ፈለጥተይን ኣኽበርተይን'ዮም. . ." ምስ በሎ፡ "እምበኣር ከምኡ እንተኾይኑ፡ ሸበድበድ ከይበልና፡ ኣገርህ ኣቢልና ቀልጢፍና ወጺእና ቦታ ንቐይር።" ተበሃሂሎም ተቓላጢፎም ወጹ።

ካብኡ ወጺኦም ብእግሮም እናተጓዕዙ ዕላሎም ቀጸሉ።

ሓይሎም እቲ ሽዑ ደርጊ ዝሸባሸበሉ ዝነበረ ሓዲሽ ወራር (6ይ ወራር) ኣንፈታቱ ተገንዚቡ ናይ 1978 ግዙፍ ወራር ክሳብ ክንደይ ንህዝቢ ከምዝተንከፈ ዘኪሩ፡ ናይ'ዚ ሓድሽ ወራር ሳዕቤናት ብኸመይ ከምዝግጠም ንቢሮክራሲ ሓተቶ። ቢሮክራሲ ናይ 1978 ወራር ኣብ'ቲ ብቐጥታ ዘይርእዮ ህዝቢ ምትንካፍ ኣርእዩ ክኸውን ከምዝኽእል፡ የግዳስ ሽዑ ህዝባዊ ግንባር ብኣድማዕነት መኪቱ ሓይሉ ከምዝዓቀበን ንናይ ደርጊ ወራራት ዘፍ ከምዘበሎን ድሕሪ ምግላጽ፡ እዚ ናይ ሽዑ "ቀይሕ ዶ፡ ቀጠልያ ዶ" ኢሎም (የቀይ ኮኮብ ዘመቻ) ዝሸባሸብሉ ዘለዉ ወራር ድማ ብተመሳሳሊ ከምዝመክንን ከምዝፈሽልን ዘየጠራጥር ምዃኑ ገለጸ። ብዝኾነ ህዝቢ በዚ ወራር'ዚ ክሰናበድ ከምዘይብሉ ክምክት ምዃኑ ንኽኣምን ጉስጓስ ከምዘድሊ ተረዳድኡ። ሓይሎም በዚ ምስጢራዊ ርክብ'ዚ ክዓዩ ምእንቲ ሓደ ሓደ መምርሒታት ካብ ቢሮክራሲ ተቐበለ። ካበይ መጺእካ፡ ናበይ ትኸይድ፡ እንታይ ሰራሕ ኣለካ፡ ዝኣመሰለ ዝርዝር ሕቶታት ከምዘየድሊ፡ ርክብ ኣብ ዘድሊ ጉዳይ ጥራይ ዘተኮረ ክኸውን፡ ከምኡ'ውን፡ ምናልባት ብጸላኢ ምስ ዝፍለጥ

ርክቦም ብናይ ፊያት ናይ ማኪና ኣቑሑ ከምዝፋለጡ ክገልጽ፣ ሓበሮ። ክፍለ (ቢሮክራሲ) ሲንክሮኒዛቶረ ዝብሃል መቀያየሪ ዝደሊ ዓሚል ናይ ኩባንያኦም ምኻኑ ጌርካ ክውሰድ ተረዳድኡ። ሲንክሮኒዛቶረ ትብል ቃል "ኣይንፋለጥን ኢና" ዝበሃሃሉላ ምስጢራዊት መራኸቢ ክትከውን ተሰማሚዖም። ብተወሳኺ ቢሮክራሲ ንሓይሎም፣ ኣብ ድሬዳዋ ዘለዉ ኤርትራውያን ኩነታቶም ኣጽኒዑ ክሕብሮ፣ ከምኡ'ውን እታ ሓይሎም ዝፈልጣ ብድሬዳዋ ኣቢልካ ኤርትራውያን ንሶማል ዘምልጡላ መስመር ኣጽኒዑ ክደልድላ ተላበዎ።

ሓይሎም፣ ካብ ድሬዳዋ ወጻኢ ኣብ በረኻታት ኦጋዴን እትርከብ ሓንቲ ኣሚና ሑሴን እትብሃል ሶማላዊት ይፈልጥ። ምስኣ ዱልዱል ዕርክነት መስሪቱ ክሳብ ሓንቲ ጓል ካብኣ ወለደ። ኣሚና ንዝኾነ ኤርትራዊ ከም ሶማላዊ ሓዋ'ያ ትቖጽሮ። በዚ መሰረት ሓደ ሓደ ኤርትራውያን ጸገም ከጓንፎም እንከሎ ብመንገዳ ናብ ሶማል (መቓድሾ) ዝኣትዉሉ መስመር ተዳልወሎም። ሙሳ ዝተባህለ በዓል ገመል እናሻዕ ናብ ድሬዳዋ ብንግዲ ዝመላለስ እሙን ብጻያ'ዩ። ካብኣ ዝርከብ ወይ ናብኣ ዝኸይድ ሙሳ ብገመሉ ጽዒኑ የመላልሶ። ቢሮክራሲ እዚ ሓበሬታ'ዚ ስለ ዝፈልጥ፣ እታ መስመር ንዝኾነ ይኹን ኣጋጣሚ ተጻፊፋ ክትጸንሕ ሓቢሩዎ፣ ተፈላለዩ።

ቢሮክራሲ ኣብ ድሬዳዋ ንሓይሎም ጥራይ ኣይኮነን ዝፈልጥ። ንስላስ ገብረኺዳን ብኸመይ ከምዝተፋለጣ ርኢና ኔርና። ከምኡ'ውን ካልኦት ኣባላት ይፈልጥ ኔሩ'ዩ። ናብ ድሬዳዋ ተመላሊሱ'ዩ። ክመጽእ ክኸይድ ዝፈልጦ የለን። ኣብ'ታ ተድልዮ ግዜ በታ ተድልዮ ጉዳይ ምስ'ቲ ዘድልዮ ሰብ ተራኺቡ ይኸይድ። ሓደ ግዜ ሓይሎም ናይ ቢሮክራሲ ምህላው ኣብ ድሬዳዋ ከይፈለጠ ብሃንደበት ኣብ ጥቓ ሆቴል ኮንቲነንታል ተራኸቡ። ተተሓሒዞም ናብ መንበሪ ገዝኡ ከዱ። ኣጋ ምሸት ዓራርቦ ኔሩ፣ በዓልቲ ቤት ሓይሎም፣ ደቁን ኣሕዋቱን ምስ ቢሮክራሲ ኣላልዩ ብኡ ንብኡ ተላሚዱወን ምዉቕ ዕላል ተጀመረ። ቢሮክራሲ ንሓይሎም ሓደ ዕማም ኣሰኪሙዎ፣ "ዝገበርካ ጌርካ ክረዳድኣና ዝኽእል፣ ብነፋሪት ወይ ባቡር ንጂቡቲ ዝመላለስ ሰብ ረኺብካ ሓብረኒ። ብዛዕባ ሌላን ምውዳቡን ናባይ ግደፎ፣ ጥራይ ክእመን ዝኽእል ሰብ ኣናዲ። ኣነ ምስ'ዘን ስድራኻ ኣዕሊለ ኣብ'ታ ሆቴልካ ክመጸካ'የ፣ መልሲ ሒዝካለይ ጽናሕ።" ኢሉ ኣፋንዩዎ። ሓይሎም ሓሲቡ ሓሲቡ ሓንቲ ንጁቡቲ

እትመላለስ፡ ኣብ ድሬዳዋ ክትመጽእ እንከላ ምስኦም እትሓድር፡ ኣስቴር ኪዳነ ዝተባህለት ኤርትራዊት፡ ሰብኣያ ኣውቲስታ ዓባይ ማኪና፡ ዘከረ። ሽዑ ኣብ ኣዲስ ኣበባ ስለ ዝነበረት ብኡ ንብኡ ተሌፎን ደዊሉ ረኸባ። "ሓደ ክፍለ ዝብሃል ግዱስ ሓውና ክመጸኪ ኢዩ፡ ዘድሊ ምትሕብባር ግበርሉ. . ." ኢሉ ምስ ሓበራ ተሓጒሳ ተቐበለቶ። ሓይሎም ቢሮክራሲ ስለዝደንጐዩ ናብ ገዛ ተመሊሱ እንተረኣየ፡ ኩለን ኣባላት ስድርኡ ከቢበንኦ ብኣምሓርኛ ወኻዕ ክብል፡ ቡን ክሰቲ ጸንሖ። "እንታይ ድኣ ምቁር ዕላልና ከይወዳእና መጺእካ! ሰሊጡካ ዶ ኸ?" ኢሉ ቢሮክራሲ ሓተተ። ከምዝሰለጦ ምስ ነገሮ፡ "ትኣምኖ ልኢኽካ እንታይ ተረፈኒ ኣይትበል!" ብምባል ኣመስገኖ። ሓይሎም፡ "ኣነ ደኣ ኣብ'ዚ ገዛ በይንኻ ገዲፈካ ኢለ ተሰኪፈ፡ ግን ከኣ እዘን ስድራ ድሮ ተላልየናኻ ወኻዕ ትብል ምስኣን። ካባይ'ሲ ንሰን ሕሸን!" በሎ። ቢሮክራሲ "ንዐኣንስ ዘይብኣኻ'የ ረኺበየን!" ኢሉ ኣመስጊኑ፡ ክብገስ ብድድ በለ። ድሮ ጸልማት ኮይኑ ስለ ዝነበረ ክሓድር'ዩ ተጸብዩዎ። ቢሮክራሲ ግን ስምን ኣድራሻን ኣስቴር ኪዳነ ወሲዱ፡ ሓይሎም ብማኪናኡ ኣብ ማእከል ከተማ ኣብጺሒሑዎ ተፈላለዩ።

እሱራት ኣለም በቃኝ

ብዛዕባ እሱራት ውፉያት ሓፋሽ ውድባትን ኣባላት ውድብን ሓደ ካብ'ቶም ንሓንቲ ህሞት'ውን ትኹን ዘይዝንጋዕ ዕማም ገድሊ ከተማታት'ዩ። ህዝባዊ ሓይልታት ካብ ዝብገስ እቲ ናይ መጀመርታ ብመንግስቲ ኢትዮጵያ ኣብ ኣዲስ ኣበባ ዘጋጠመ ብዝሒ እሱራት ስርርዕ ጥሕሻ 1973 ብጸላኢ ምስ ተፈልጠ ነበረ። ቀንዲ ምንቅስቓስ ሰለይቲ ኢትዮጵያ ንሓደ ህቡብ፡ ምሁር፡ ንቑሕን ውፉይን፡ ኣሰናዳኢ ብምስጢር እትዝርጋሕ 'ጥሕሻ' ተባሂላ እትፍለጥ ሰውራዊት መጽሔት፡ ዝነበረ ተመስገን ሃይለ ኮነ። ተመስገን ሃይለ ናይ ስነ-ምድሪ (ጂኦሎጂ) ምሩቕ ኮይኑ፡ ኣብ ዩኒቨርስቲ ኣዲስ ኣበባ 'ቃልሲ' (ስትራግል ብእንግሊዝኛ) እትብሃል ህብብቲ ናይ ተመሃሮ መጽሔት ዘዳሉ'ዩ ኔሩ። ምንቅስቓስ ጥሕሻ፡ ናይ ፈለማ ናይ ህዝባዊ ሓይልታት ውድባት ኣብ ኣዲስ ኣበባን ካልእ ከባቢታትን ኢትዮጵያ፡ ንሁር ጽልዋታት ኣብ ብዙሓት ኤርትራውያን ፈጠረ። ተመስገን ሃይለን ሓያለ ብጾቱን ተታሒዞም፡ ተመስገን ብፓላሶ ጸዲፉ ባዕሉ ብምስዉኡ ከቢድ ጽልዋ ዝዘርግሐ

ጅግንነት ፈጸመ። ኣብ'ቲ ግዜ'ቲ ስርዓት ሃይለስላሴ ዘተነቓነቐሉን ኣብ መወዳእትኡ ንስርዓት ደርግ ዝወለደ ምንቅስቓሳት ዝተቐላቐለሉን እዋን ብምንባሩ፡ ሓያለ ሰባት ብጸላኢ ተታሒዞም'ኳ እንተነበሩ፡ እቲ ኵነታት ዝሓገዞ ፈኲስ ኣተሓሕዛ ኮይኑ ካብ ማእሰርቲ ወጺኦም ዝተጋደሉ ኤሮም'ዮም። ስርዓት ደርጊ ካብ 1975 ክሳብ 1977 ኣብ ዝነበረ እዋናት ኣብ ኤርትራ ሰፊሕ ስዕረት እናጋጠሞ ይኸይድ ብምንባሩ፡ ብውሽጢ ድማ ብናይ ስልጣን ቁርቍስ ደማዊ ግርጭታት በብግዚኡ ይኽሰት ብምንባሩ፡ ነድሪ'ቲ ስርዓት ጥርዚ በጺሑ ናይ ቀይሕ ራዕዲ (ቀይ ሽብር) ወፍሪ ብምክያድ ዓይኒ'ይብለይ ስኒ'ይብለይ ንብዙሓት ኤርትራውያን ይኣስርን ይቕንጽልን ነበረ።

ብፍላይ ኣብ 1978 ሚዛን ሓይሊ፡ ብሓገዝ ሕብረት-ሶቬትን መሓዙታን (ኣጽዋር፡ ቁጠባ፡ ዲፕሎማሲን ክኢላታትን ንደርጊ ብምብርካቶም) ናብ ደርጊ ምስ ዛዘወ ሓደ ኣጋጣሚ ተኸስተ። ኣብ ጥቅምቲ እቲ ኣብ ኣዲስ-ኣበባ ተመስሪቱ ዝነበረ ምኩር ማእካሊ ውድባት ህዝባዊ ግንባር ብጸላኢ ተፈሊጡ ተታሕዙ። ልዕሊ ሰላሳ ዝኾኑ መብዛሕትኦም ምሁራት፡ ሰብ ሞያን ልዑል ናይ ስራሕ ቦታታት ዝነበሮምን ውዱባት ተታሒዞም። እዚ ፍጻሜ'ዚ ኣብ ምስጢራዊ ምንቅስቓስን ውደባን ሃንፍ ፈጢሩ ንቐጽሪ እሱራት ድማ ክብ ኣበሎ። ኣስታት ሸሞንተ ቀንዲ ተዋሳእቲ (በዓል መልኣከ በላይ፡ ሰሎሞን በርሀ፡ ሃይለስላሴ ገብረዝጊ፡ ነጋ ሃይለ፡ ተስፋይ ኣረስዕን ካልኦትን ዝርከቡዎም መራሕቲ) ተረሸኑ። ብተወሳኺ ኣብ ሕዳር 1978 ኣብ ዝነበረ ናይ ምዝላቕን መኸተን ኩናት ዝተማረኹ ናይ ሜዳ ተጋደልቲ ንብዝሒ እሱራት መሊሱ ክብ ኣበሎ። ውግእ ዓዲ-ያቀብ እቲ ዝመረረ'ዩ ኔሩ። ጸላኢ ማእለያ ዘይብሉ ሰራዊት ኣኽቲቱ፡ ልዕሊ 30 ዘመናውያን ናይ ሩስያ ታንክታት ንዕርዲ ዓዲ-ያቀብ ሰበረኦ። ተጋደልቲ ኣብ ውሽጢ ጉድጓድ ዕርድታቶም ጸኒዖም ተዋግኡ። ገለ ታንክታት ብልዕሊ ዕርዲ ድሕሪ ተጋደልቲ ሓለፉ። ምዝላቕ'ኳ እንተተኣዘዘ ገለ ተጋደልቲ መሕለፊ ስለ ዝሰኣኑ ክሳብ መወዳእታ ጥይቶም መከቱ። ጥይቶም ምስ ወድኡ ዝተማረኹን ገለ ድማ መውጽኢ ዝሰኣኑን ተጋደልቲ ተታሕዙ። ናይ ተ.ሓ.ኤ. ተጋደልቲ ወሲኽካ ኣስታት ኣርብዓ ተጋደልቲ ምሩኻት ኣብ ቤት-ማእሰርቲ ሰምበል ኣስመራ ተዳጕኑ። ዝበዝሑ ምሩኻት ናብ ኣዲስ ኣበባ ተወሲዶም ኣለም በቃኝ ኣብ ዝተባህለ ዕሉል ቤት-ማእሰርቲ ኣተዉ።

ውሑዳት ኣዋርሕ ቅድሚ'ቲ ቢሮክራሲ ኣብ ክፍላ 1980 ኣዲስ ኣበባ ዝዓለበሉ እዋን'ውን፡ ንናይ 1978 ማእካሊ ኣካል ዝተክአ ኣካል ብጸላኢ ተፈሊጡ ገለ ቁጽሪ እሱራት ብመጠኑ ወሰኸ። ሸዑ መምህር ገብረሚካኤል እስቲፋኖስ (ጂሚ) ገብሩ ተስፋጋብርን (ዛንዛራ) ዝተታሕዙሉ ኣጋጣሚ'ዩ። ንሳቶም'ውን ኣብ ቤት-ማእሰርቲ ኣለምበቃኝ ተዳጉኑ።

ኣብ'ቲ ናይ ኣለምበቃኝ ቤት-ማእሰርቲ ሓያለ ኣገደስቲ ሰባት ተኣሲሮም ነበሩ። ገብሩ ሓደ ካብ'ቶም ላዕለዎት ኣብ ውሽጢ ከተማ ዘማእከሉ ተጋደልቲ ኢዩ ኔሩ። መምህር ገብረሚካኤል ኣብ ኣዲስ ኣበባ ንነዊሕ እዋን ኣብ ምስጢራዊ ስራሕ ተጸሚዱ ዝሰርሐ ኣብ 1980 ናይ ዝቈመ ማእካሊ ኣካል ኣባል'ዩ ኔሩ። ሃይሉ ንጉሰ ካብ 1976 ኣትሒዙ ንሓደ ኣገዳሲ ክፋል ስርርዕ ኣዲስ ኣበባ ዝምእክል ዝነበረ ውፉይ ኢዩ። ከም ብዓል ኣብርሀ ብእምነት፡ እንጂኔር ኣብርሃም ወልደሚካኤልን ካልኦትን ነበሩ። ፍሉይ ተመክሮ ሜዳ ዝነበሮም ምሩኻት ተጋደልቲ ምስኦም ተጸንበሩ።

ኣለም በቃኝ ብኣምሓርኛ 'ዓለም ደጊም ትእክለኒ' ማለት'ዩ። ኣብ'ዚ ቤት-ማእሰርቲ'ዚ ዝኣተወ ንዓለም ቀቢጹ ዳግማይ ህይወት ክርኢ ክጽበ ከምዘይብሉ ዘሰምዕ ስም ዝተዋህቦ ቦታ'ዩ። ኣለም በቃኝ ቅርጺ ስርሓቱ ሸሞንተ ጐኒታት ዘለዎ ክባዊ ቅርጺ ዝሓዘ ኣክታጎን ህንጻ'ዩ። ኣብ ማእከሉ፡ በቲ ህንጻ ዝተኸበበ፡ ሓደ ሰፍሕ ዝበለ ጥራዩ ጉልጉል ይርከብ። ኣብ ማእከል'ቲ ጉልጉል ብማሕነቕቲ ዝተፈርዱ ዝሕነቑሉ ዓሚቕ ጉድጓድን መንጠልጠሊን ይርከብ። ምሩኻት ተጋደልቲ መጀመርያ ካብ ኣስመራ (ኣብ መወዳእታ 1979) ምስ መጹ ኣብ'ዚ ከፋት ጉልጉል'ዮም ተሰጢሖም። እቲ ቦታ ብእልፊ ጕሓፍን ደገ ሰብን ዝመልአ ቦታ'ዩ ኔሩ። ጽላል ዝብሃል ኣይነበሮን፡ ዝናብን ጸሓይን እናተበራረዩ ዝቕጥቅጡዎ'ዩ። ኣብኡ ገለ 30 ዝኾኑ ጥራይ ነብሶም፡ ገለ ኸኣ ብላይ ምስ ነብሶም ዝተጣበቐ ጋዕጋዕ ክዳን ዝወደዩ ጽሉላት ይነብሩ። እቶም ጽሉላት ብገለ ገበናት ዝተኣሰሩ ከም ነበርቲ ናይ'ቲ ከፋት ቦታ ኲለል ዝብሉ'ዮም። እቶም ምሩኻት ተጋደልቲ ምስ'ዚኦም'ዮም ተጸንቢሮም። (ብዛዕባ ህይወት ኣብ ኣለም በቓኝ ኣብ "መለቀብታ" 'ትረኻ ሰሎሞን ፍቓዱ' ተመልከት።)

ቤት-ማእሰርቲ ብናይ ከተማ ተጋደልቲ ፍሉይ ኣድህቦ ዝግበረሉ ትካል'ዩ። ተጋደልቲ ከተማ ምስጢራዊ ስርርዕ ግቡእ ስርሑ ክፍጽም እንከሎ፡ ጸላኢ ከምዘከታተሎ ይፈልጡ'ዮም። ብገለ ኣጋጣሚታት ከይብሳዕ ካብ ናይ ጸጥታን ስለያን ትካላቱ ጀሚሮም ክሳብ ዓፈንቱን መርመርቱን ትካላት ማእሰርቱን ኣጥቢቖም ዘጽንዑዎ ጉዳይ ኢዩ። ብጸላኢ ተታሒዙ ኣብ ማእሰርቲ ዝኣቱ ብጻይ ክሳብ መወዳእታ ምክትታል ይግበረሉ። ህይወት ቤት-ማእሰርቲ ብደገ ኮይኖም ኣድላዪ ጽልዋታት ክም ዝህልዎ ይገብሩ። ንውዱባትን ዜጋታትን ኣጕሳጕሶም (ብምስጢር) እሱራት ዘድሊ ምትሕብባር ከምዝግበረሎም ይገብሩ። ምስ ዝከኣል ድማ እሱር ወይ እሱራት ካብ ቤት-ማእሰርቲ ዝወጹሉ ስርሒታት የሰላስሉ።

ኣድህቦ ቢሮክራሲ ኣብ እሱራት

ቢሮክራሲ ንኹሎም ዝምልከቶም ኣካላት እናረኸበ ኣወዳድበኦም ኣብ ዘተዓራረየሉ እዋን ብዛዕባ እሱራትን ቈላሕታኦምን መምርሒታት የዋፍር ነበረ። ጥቡቕ ምክትታል ብምግባር ኩነታቶም ብልክዕ ንምፍላጥ፡ ግቡእ ሓበሬታ ከምዝሰልኮም ንምግባር፡ ኣብ ውሽጦም ውደባታት ኣካይድካ ስሩዕ ጸብጻባት ከምዝህቡ ንምግባር፡ ሽግራቶም ኣብ ውሽጢን ብደገን ከምዝቃለል ንምግባር ምስኦም ኣድማዒ ርክብ ይገብር ኔሩ'ዩ። ኣብ ዝተፈላለየ እዋን ካብ ቤት-ማእሰርቲ ብጥበብ ከምዝወጹ ብምግባር ምስ ገለ ካብኦም ብኣካል ርክብ ጌሩ ጭቡጥ ስራሓት ፈጺሙ'ዩ። ሓደ ካብ'ዚኦም ምስ ሃይሉ ንጉሰ ዝገበሮ ርክብ'ዩ።

ቢሮክራሲ ምስ ገብረስላሴ ኣነንያ ተላልዩ ከምዝነበረ ኣብ ዝሓለፈ ገጻት ርኢና ኔርና። ገብረስላሴ ናብ ቤት-ማእሰርቲ ኣለምበቃኝ እናተመላለሰ ምስ ሃይሉ ንጉሰን ካልኦት እሱራት ብጾትን ይራኸብ ኔሩ'ዩ። ቢሮክራሲ ንገብረስላሴ ልኢኹ ሃይሉ ካብ ማእሰርቲ ወጺኡ ንኽረኽቦ ጠለበ። ብሕማም ኣመኽንዩ ብዋርድያ ከምዝወጽእ ተገብረ። ምስ ዋርድያ ብምስምማዕ ካብኡ ተፈልዩ ኣብ ዝጥዕም ቦታ መጺኡ። ምስ ቢሮክራሲ ኣብ ገዛ ገብረስላሴ ኣነንያ ተራኸቡ።

ኣብ'ቲ ርክብ፡ ሃይሉን ቢሮክራሲን ሰፍሕ ዝበለ ምይይጥ ኣካየዱ። ቀዳምነት ዝተዋህቦ ጉዳይ ናይ ሜዳ ምዕባሌታት ነበረ። እሱራት፡ ብዛዕባ ምዕባሌታት ሜዳ ብቑዕ መረዳእታ ምእንቲ ክረኽቡ ሓበሬታ

ተለዋወጡ። ካልእ ኣገዳሲ ጉዳይ ድማ ጉዳይ እሱራት ነበረ። ብቐዳምነት እቶም ውጉኣት ምሩኻት ተጋደልቲ ኮነታቶም ኣድቂቖም ተመያየጡ። ብዛዕባ ዝምድናታት፡ ርክባትን ጥርናፈን እሱራት ወሲኾም ኣዕለሉ። ህዝቢ እሱራት ንምሕጋዝ ዘወፍዮ ዝነበረ ኣበርክቶ ገምገሙ። እሱራት ብዛዕባ ርኩብ ዝተበትኮም ኣባላት ሓፋሽ ውድባት ብመጠኑ ስለዝፈልጡ ኣብ ምትዕርራይ ክህልዎም ዝኽእል እጃም ሓሳብ ንሓሳብ ተለዋወጡ። ኣብ መወዳእታ ዝርርቦም ናይ ዝተወሰኑ እሱራት፡ ማለት ናይ ገብሩ ተስፋጋብር፡ ሃይሉ ንጉስ፡ ገብረሚካኤል እስቲፋኖስ፡ ኣብርሀ ብእምነት፡ ሰሎሞን ፍቓዱን ካልኦትን ታሴራ ጉርዲ ስእሊ ብዝከኣል ጥበብ ንቢሮክራሲ ክወሃቦ ተረዳድኡ። ኣብ ርእሲኡ ዝያዳ ጭቡጥን ዝተማልአን ሓበሬታ ብዛዕባ እሱራት ክርከብ ሃይሉ ኣብ ዝመጽእ ርክባት ኣጽኒዑ ብጽሑፍ ጸብጻብ ከረክቦ ተረዳዲኦም ተፈላለዩ። ሃይሉ ናብ ቤት-ማእሰርቱ ቢሮክራሲ ድማ ናብ ንቡር ምስጢራዊ ስርሑ ተጓዕዙ።

ከም'ዚ ዓይነት ርክባት ኣብ ዝተፈላለየ እዋናት ተደጋገመ። ሃይሉ ኣብ ውሽጢ ቤት-ማእሰርቲ ኣለምበቃኝ ተጣቢቡ ምስ ገብሩ ተስፋጋብር፡ ገብረሚካኤል እስቲፋኖስ፡ ሰሎሞን ፍቓዱ (ካብ ምሩኻት)፡ ከምኡ'ውን ንጽገሮማን ዮሴፍ ካብ እሱራት ደቀንስትዮ ተራኺቡ ብዛዕባ እሱራት ኣጠቓላሊ ሓበሬታ ኣከበ። ጸብጻቡ ብጽሑፍ ኣዳልዩ፡ ካብ ቤት-ማእሰርቲ ብጥበብ ወጺኡ ንቢሮክራሲ ኣረከቦ። ከምኡ'ውን እቲ ዝተጠልበ ናይ ታሴራ ጉርዲ ኣሳእል ኣረከቦ።

ቢሮክራሲ ኣብ ኣዲስ ኣበባ ብዝነበረ ናይ ውፉያት ስርርዕን ካልእ ሰኪዐትን ሰባትን ኣገዳሲ መልእኽትን ንብረትን ብመንገዲ ኣየር ከንቀሳቕስ ይኽእል ኔሩ'ዩ። ብዝኾነ ኣብ'ቲ እዋን'ቲ እቶም ናይ ጉርዲ ስእሊ ዝሓዘሎም እሱራት ብጥበብ ካብ ኣለምበቃኝ ከምዝወጹ ብምግባር ታሴራን መሕለፊ ሰነዳትን ኣዳሊኻ ዝወጹሉ መንገዲ ይሓስብ ኔሩ'ዩ። እዚ ሓሳብ'ዚ ዝትግበረሉ ተኽእሎታት እናናደየ እንከሎ ካልእ ጉዳያት ስለዝተረኽበ ናብኡ ኣድሃበ።

ዝርዝር ምንጭታት
ንምዕራፋት 10 - 15
ቃለ መጠይቕ ዘካየደ ደራሲ'ዩ

34. ቃለ መጠይቕ ምስ እሱራት ኣለም በቃኝ ነበር (መወዳእታ ተመልከት)፡ 2009

35. ቃለ መጠይቕ ምስ ኢ.ንጂ. ኣብርሃም ወልደሚካኤል፡ ለካቲት 2009

36. ቃለ መጠይቕ ምስ ጽገ ሃብተማርያም፡ ታሕሳስ 2009

37. ቃለ መጠይቕ ምስ እሙና ገብረሃዋርያት፡ ታሕሳስ 2009

38. ቃለ መጠይቕ ምስ ሃይሉ ንጉሰ፡ ሕዳር 2009

39. ቃለ መጠይቕ ምስ ሰንጋል ወልደትንሳኤ፡ ታሕሳስ 2009

40. ቃለ መጠይቕ ምስ የማነ ቃልኣብ፡ ሕዳር 2009

41. ቃለ መጠይቕ ምስ ተኪኤ በየነ፡ ገብረሚካኤል እስቲፋኖስ (ጂሚ)፡ መስከረም 2009

42. ቃለ መጠይቕ ምስ ፍስሃየ ሃይለ (ኣፍሮ)፡ መስከረም 2009፡ ጋዜጣታት ሓዳስ ኤርትራ

43. ቃለ መጠይቕ ምስ መድህን ገብረመድህን (ጓል ቡላ)፡ የማነ ገብረመስቀል (ጉብየ)፡ መስከረም 2009

44. ቃለ መጠይቕ ምስ የማነ ዓንደማርያም፡ ሶኮሎቭ፡ ሕዳር 2009

45. ቃለ መጠይቕ ምስ ኢዮብ ተኽለማርያም፡ ግንቦት 2009

46. ቃለ መጠይቕ ምስ ኣኽሊሉ ሓጉስ፡ ጥሪ 2010

47. ቃለ መጠይቕ ምስ ሮዚና ቀሺ የማነ፡ ሓምለ 2010

48. ቃለ መጠይቕ ምስ ኤፍሬም መለስ፡ ጉዐይ ኪዳነ፡ ሰሎሞን ፍቓዱ፡ ነሓሰ 2009

49. መጽሓፍ፡ 'ካብ ሪቕ ሕፍንቲ' ብተኪኤ በየነ ለካቲት 2010፡ ቃለ መጠይቕ ፍትዊ መስፍን፡ ከም ኣብ ላዕሊ

50. ቃለ መጠይቕ ምስ ተኪኤ በየነ፡ ጽገ ሃብተማርያም፡ ከም ኣብ ላዕሊ

51. ቃለ መጠይቕ ምስ ኣብርሀት ፍስሃ ሰነ 2009፡ ምሕረት ተኪኤ ከም ኣብ ላዕሊ

52. ዕላል ምስ ኣብርሀት ጓል ፋኖ፡ ቃለ መጠይቕ ስእላይ ኣሰፋው ሰነ 2009፡ ሻ.ባሻ. ተኽለሚካኤል፡ ሰነ 2009

53. ቃለ መጠይቕ ምስ ብርሃነ ገብረስላሴ፡ ሰነ 2009

54. ቃለ መጠይቕ ምስ ክፍለ ተሰፋማርያም፡ ጥሪ 2009

55. ቃለ መጠይቕ ምስ ሰንጋል ወልደትንሳኤ፡ ጥሪ 2009

56. ቃለ መጠይቕ ምስ ኣብርሀት ፍስሃ ከም ኣብ ላዕሊ፡ ዕላል ጽገሬዳ ተወልደ ለካቲት 2009

57. ቃለ መጠይቕ ምስ ገብረስላሴ ኣነንያ፣ ታሕሳስ 2008
58. ቃለ መጠይቕ ምስ ፍቓዱ ካሕሳይ፣ ገብረመድህን በኹሩ፣ መጋቢት 2009
59. ቃለ መጠይቕ ምስ ኣልማዝ ተወልደመድህን፣ ፍቓዱ ካሕሳይ ከም ኣብ ላዕሊ፣ ኣብርሀት ፍስሃ ከም ኣብ ላዕሊ
60. ቃለ መጠይቕ ምስ ገብረመስቀል ሃይሉ፣ ለካቲት 2009
61. ቃለ መጠይቕ ምስ ክፍለ ተስፋማርያም፣ ሰንጋል ወልደትንሳኤ፣ ከም ኣብ ላዕሊ
62. ቃለ መጠይቕ ምስ ግርማይ ይሕደጎ፣ ጥሪ 2010
63. ቃለ መጠይቕ ምስ ሰላስ ገብረኺዳን፣ ሕዳር 2008
64. ቃለ መጠይቕ ምስ ሓይሎም ፍስሃየ፣ ሕዳር 2008

ኡሙና ገብረሃዋርያት
ሰራሕተኛ ኩባንያ ሞቢል ኣ.ኣ.

ሃይሉ ንጉሰ
ፍሉይ መስመር ኣ.ኣ.

መም. ገብረሚካኤል እስቲፋኖስ (ጂሚ)
ኣባል ማእካሊ ኣካል ኣ.ኣ.

ተኪኤ በየነ
ኣቦ-መንበር ማእካሊ ኣካል ኣ.ኣ.

ጽገ ሃብተማርያም
ኣባል ማእካሊ ኣካል ኣ.ኣ.

ጴጥሮስ መለስ
ካብ ከዋኽብቲ ከተማ መሳርሕቲ
ቢሮክራሲ

ማና ሓጐስ
መሳርሕቲ ቢሮክራሲ

ግርማይ ተስፋዝጊ
ካብ ቀዳሞት ውፉያት

ኣልማዝን ቢሮክራሲን
ኣብ ገዛ ባንዳ

16

ስለያን ስግኣትን

ናይ ስለያ ዕማማት ፍሉይ ርክብ ዝግበረሎም ብዝነበረ ሰባት'ዩ ዝፍጸም ኔሩ። ኤርትራውያን ጥራይ ዘይኮኑ፡ ኢትዮጵያውያን ኣገደስቲ ባእታታት ኣብ ሰኪዐት ስለያ ተራ ከምዝጻወቱ ብምግባር ኣብ ዓይኒ ዝብሃል ምንጪ ሓበሬታ ምእታው ይከኣል ኔሩ።

ቀንዲ ዒላማ ስለያ ወተሃደራዊ ውጥንን ንጥፈታትን ደርጊ'ዩ። ኣውራ ከኣ እቲ ስቕታ ዝመስል ዝሰፈኖ ሃዋህው ጸላኢ ብኣዚዩ ምስጢራዊ መደባት ካልእ ሕልምታት ክህልዎ ከምዝኽእል ዝኣመተ ረቒቕ ስለያዊ ስራሕ ምኽያድ የድልዮ ኔሩ። ቢሮክራሲ፡ ኣብ ከባቢ ድሬዳዋ፡ ሁርሶ ኣብ ዝተባህለ መዓስከር ንኣስታት 200,000 ሰራዊት ዝዕልም ቦታ ኣዳልዮም ድሮ ብዙሓት ሓደስቲ ይዕልሙ ከም ዝነበሩ ኣቓዲሙ ሓበሬታ ረኺቡ ኔሩ። ከምኡ'ውን ብመዓርፎ ነፈርቲ ኣዲስ ኣበባ ዕጥቂ ሰራዊት ይጓረት ምንባሩ ተገንዚቡ'ዩ። ከም'ዚ ዝኣመሰለ ኣፈናዊ ሓበሬታታት ነቲ ቀንዲ ውጥን ስለዘየብርህ ግን ብትኩር ንጥፈታቱ እቲ ምሉእ ሓቂ ንምፍላጥ ቅርበት ንቀንዲ ስርሒታዊ ማእከል ደርጊ ብዝህልዎ ኣገባብ ንኽሰርሕ ተንቀሳቒሱ። ወተሃደራዊ ውጥን ብኣዚዩ ልዑል ምስጢራውነት ኣብ ኢድ ውሱናት ዝለዓሉ ሓለፍቲ ደርጊ ከምዝርከብ ኣይተጠራጠረን።

ስለያዊ ሓበሬታ [65]

ደርጊ 6ይ ዙርያ ወራር ንምኽያድ ሰራዊት፡ ንብረት፡ ብረትን ስንቅን

የገዓዕዝ ኔሩ'ዩ። እቲ ወራር በየን፣ መኣስ፣ ብኸመይ፣ ይብገስ ዝብሉ ሕቶታት ብንጹር መልሲ ክርከበሎም ኔሩዎ። ዝተጨበጠን ዝጸረየን ሓበሬታ ንምርካብ ኩሉ ተኽእሎታትን ርክባትን ኣብ ምፍታሽ ተዋፈረ። ኣብ ከምዚ ዓይነት ምንዳይ እንከሎ ብሓደ መስመር ስለያ ናብ'ቲ ቀንዲ ምንጪ ዘድሃበ ሓበሬታ ክውሕዘሉ ተዓዘበ። እቲ ሓበሬታ ካብ ላዕለዋይ ቤት-ጽሕፈት ወተሃደራዊ ስርሒታት ደርጊ ዝምንጩ ነበረ።

ሕዳር 1981 ውሱናት ላዕለዎት ሓለፍቲ ደርጊ ዕጹው (ካብ ተኣከብቲ ወጻኢ ካልኦት ዘይፈልጡዎ) ኣኼባታት የካይዱ ከምዝነበሩ ተፈልጠ። ድሕሪ'ዚ ኣኼባ'ዚ ፍቅረስላሴ ወግደረስን ለገሰ ኣስፋውን ዝተባህሉ ላዕለዎት ሓለፍቲ ደርጊ ኣብ ኤርትራ ናብ ዝርከብ ሰራዊት ዑደት ኣካየዱ። እቲ ዕላማ፣ ኩናት ዝብሃል ከምዘየለ፣ ናብ ካልእ ውሽጣዊ ጉዳያት ከምዘድሃቡ ንምምሳል ነበረ። መንግስቱ ሃይለማርያም'ውን ብድሕሬኦም ኣስመራ በጺሑ ተመሳሳሊ ናይ ምግራህ ዑደት ኣካየደ። ብመሰረት ምስጢራዊ ስለያ፣ ቢሮክራሲ ዕላማ'ዚ ዑደት'ዚ ንምትዕሽሻው ምንባሩ ተረዲኡ ጥራይ ዘይኮነ ድሕሪ'ዚ ናይ መንግስቱ ሃይለማርያም ዑደት ወፍሪ'ቲ ተቐሪቡ ዝነበረ ሰራዊት ብቐጽበት ከምዝጅምር ፈሊጡ። እኳ ደኣ ኣብ ቀዳማይ ሰሙን ወርሒ ታሕሳስ 1981 ምንቅስቓስ ወራሪ ሰራዊት ከምዝህሉ ብጭቡጥ ተፈልጠ። ኣርባዕተ ክፍላተ ሰራዊት ናብ ከረን ከምዘምርሓ እቲ ምንጪ ኣረጋገጸ። ብተወሳኺ፣ ኣማኢት ዓበይቲ ወተሃደራውያን መካይን ዝጸዓናኦ ሰራዊት ካብ ኣኽሱም ተበጊሱ ብዓዲኳላን መንደፈራን ሓሊፉ ኣብ ኣስመራ ኣብ ከባቢ ቤት-ጊዮርጊስ ከምዘዕርፍ ኣረጋገጸ። ኣብ ኣስመራ ፍሉይ መአዘዚ ከምዝዳሎን ዝዓዘዘ ክፋል መንግስቲ ደርጊ መዋፈሪኡ ኣስመራ ከምዝገብርን ፈለጠ። መንግስቱ ሃይለማርያም ቀንዲ መራሒ ናይ'ቲ ወፍሪ ኮይኑ ንዕኡ ተባሂሉ ሓድሽ ቦታ ከምዝፍለየሉ የመልክት እቲ ሓበሬታ። መንግስቱ ነቲ ወፍሪ ንምክያድ ኣብ ኣስመራ ይቕመጥ።

ታሕሳስ ጌና ከይተፋረቐ እንከሎ ትግባሬ ወፍሪ ከምዘሎ ዘመልክት ሓደ ዓቢ ሓበሬታ ብተወሳኺ ተረኽበ። ሰራዊት ደርጊ ንስርሒታት ክዳሎ ናይ ተጠንቀቕ ትእዛዛት ተመሓላለፈሉ። እቲ ወራር ብድሕሪ መስመር፣ ማለት ብሸነኽ ፎሮን ዓላን ጀሚሩ ኣብኡ ዝርከብ ኣሃዱታት ኣጥቂዑ ክቕጽል ተወጠነ። ብተወሳኺ፣ መንግስቱ ኣብ ኤርትራ ኮይኑ

ነቲ ወራር ክመርሕ ከሎ ኣብ ህይወቱ ስግኣት ከይፍጠር ናይ ሶቬት ናይ ጸጥታ ክኢላታት ኣብ ሓለዋኡ ክዋፈሩ'ዮም።

ሓደ ዘገርም ምስጢራዊ ሓበሬታ ዝተረኽበ፡ ደርጊ ንውሱናት ካድሬታቱ ክህቦ ዝወጠኖ መምርሒ'ዩ። ዝኾነ ኢትዮጵያዊ ወተሃደር ሓንቲ ኤርትራዊት ክምርዖ እንተኽኢሉ ናይ 30 ቅርሺ (ብር) ወሰኽ ደሞዝን ቅያር ካብ ኤርትራን ከምዝረክብ ዝማባጻዕ መምርሒ'ዩ። እዚ ሓደ ኣካል ናይ'ቲ ግዙፍ ወራር'ዩ ክኸውን። ኣብ'ቲ ምስጢራዊ መምርሒ ብጥብቂ ዝተሓዝ ጉዳይ ምኳኑ የብርሀ። ምኽንያቱ ናብ ተጋደልቲ እንተደአ ዘሊቑ ከምዘይሰርሕ ክገብሩዎ ይኽእሉ'ዮም ዝብል ስግኣት ነበሮም።

ሓደ ካልእ ኣዚዩ ኣገዳሲ ሓበሬታ፡ ደርጊ ኣብ'ዚ ወራር'ዚ መርዛም ጋዝ ክጥቀም ምኳኑ ዘርኢ ነበረ። መርዛም ጋዝ ብነፈርቲ ብመልክዕ ቦምባ ተተኩሱ ተጋደልቲ ዝርከቡሉ ኣከባቢ መሪዙ ብብዝሒ ከህልቕ እምነት ዝተነብረሉ መሳርያ'ዩ። መርዛም ጋዝ ኣብ ኩናት ምጥቃም ብኣህጉራዊ ሕጊ ኣብ መላእ ዓለም ዝተኸልከለ ምኳኑ ስለዝፈልጡ ብኣዚዩ ጥንቁቕ ኣገባብ ዝተታሕዘ ውሑዳት መራሕቲ ደርጊ ዝፈልጡዎ፡ ልዑል ምስጢር'ዩ ኔሩ።

ቢሮክራሲ ቅድሚ ታሕሳስ 1981 ምዝዛሙ ምሉእ ስእሊ ናይ'ቲ ወራር ረኺቡዎ ነበረ። 26 ታሕሳስ 1981 ኣገዳሲት መዓልቲ'ያ። መንግስቱ ሃይለማርያም ነቲ ወራር ንምክያድ ኣስመራ ኣትዩ መአዘዚ ቦትኡ ዝሕዘላ መዓልቲ'ያ። ኩሎም ሶቭየታውያን ኣማኸርቲ'ውን ኣስመራ ይኣትዉ። እቲ ቀንዲን ናይ ቀረባን መአዘዚ ኣፍዓበት ክኸውን'ዩ ተመሪጹ። ንኹሎም እዚታት ናይ'ቲ ወራሪ ሰራዊት ሓደ ኮድ (ምስጢራዊ መጸውዒ) ተሰሪዑሎም። "ጂ1" መአዘዚ'ዩ፡ ላዕለዎት ኣዘዝቲ ናይ'ቲ ኩናት ዝፍለጡሉ ኮድ። "ጂ2" ምምሕዳር'ዩ፡ ዓቕሚ ሰብን ንብረትን ናይ'ቲ ኩናት ዘዋፍር እዚ ዝፍለጠሉ። "ጂ3" ላዕለዎት ኣዘዝቲ ስለያ ዝፍለጡሉ። "ጂ4" ሎጂስቲክስ'ዩ - ናይ ኣጽዋር ተተኮስቲ፡ ቀለብ፡ ክዳንን ካልእን ቀረባት ዘዋፍሩ ላዕለዎት ኣዘዝቲ ዝፍለጡሉ ኮድ።

ጀነራል ተስፋይ ገብረኪዳን፡ ጀነራል ሃይለጊዮርጊስን ጀነራል መስፍን ገብረቃልን ዝርከቡዎም ላዕለዎት ኣዘዝቲ ኣብ መፋርቕ ታሕሳስ ኣስመራ ኣትዮም ኣብ ኣፍዓበት ናይ እዚ ቦታታቶም ክሕዙ'ዮም።

ኣብ ኣስመራን ኣኽሱምን (ትግራይ) ቀንዲ ምድላዋት ድሕሪ ምውዳእ ወራር ብደብዳብ ነፈርቲ፡ ከቢድ ብረት፡ ናፓልም ቢ.ኤም ይጅምር። ብቐዳምነት ኣብ ድሕሪ መስመር የጥቅዑ (ከባቢ ፎሮ፡ ዓላ፡ ሃዘሞ፡ ከባቢ ምለዛናይ፡ ብምዕራብ ከባቢ ሽላሎን መረብን)። እዚ ካብ ወዱ-ገባ (ካብ ገድሊ ናብ ደርጊ ዝሰለሙ) ዝረኸቡዎ ምኽሪ'ዩ። ካብኡ ናቕፋን ደጀንን ይጥቃዕ።

ክፍለ-ሰራዊት 19 ካብ ሃረር (ምብራቕ ኢትዮጵያ) ተበጊሱ ኣስመራ ኣትዩ፡ ንባጽዕ ይወርድ። ካብ ባጽዕ ንሰሎሙናን (ሰሜናዊ ባሕሪ) ከባቢኡን እናዳህሰሰ ንከረን ክጽንበር። ክፍለ-ሰራዊት 18 ከባቢ ኣኽሱምን ሽረን ወፍርታት ኣካይዱ ንወያኔ እናሃደነ ብምዕራብ ኤርትራ ኣትዩ ናብ ቀንዲ ግንባራት ክጽንበር። ኣስመራ ዝርከብ መዓርፎ ነፈርቲ፡ ናይ እዚ ቦታን መራኸቢታትን ከይጥቃዕ ኣድልዩ ዝሕሉ ክፍለ-ሰራዊት ክህሉ'ዩ። እቶም ቀንዲ ወራር ዘካይዱ ሓይልታት ብእዚታት ዝቘሙ'ዮም።እዚ ንብዙሓት ክፍለ-ሰራዊት ዝጠርነፈ ወተሃደራዊ ስርርዕ ደርጊ'ዩ። ሓደ እዚ ካብ ኣቑርደት ተበጊሱ ብኹሊት ብምዕራባዊ ሸነኽ ደጀንን ግንባር ሳሕልን ከጥቅዕ'ዩ። ካልኣይ እዚ ካብ ባጽዕ ተበጊሱ ብመርሳ ጉልቡብን መርሳ ተኽላይን ኣቢሉ ብኹሊት ብምብራቓዊ ሸነኽ ደጀንን ግንባር ሰሜናዊ ሳሕልን ዘጥቅዕ'ዩ። ካልእ እዚ ካብ ኣፍዓበት ተበጊሱ ንናቕፋ ዘጥቅዕ'ዩ።

እቲ ወራር ኣብ ጥሪ ጀሚሩ ንወርሒ መመላእታ ጽዑቕ መጥቃዕቲ ብኣጋር ሰራዊት፡ ከቢድ ብረት፡ ሄሊኮፕተራት፡ ነፈርቲ ኲናት ተኻይዱ ክዛዘም'ዩ ተወጢኑ። ልክዕ ንምኽኻን ዕለት 30 ወርሒ 12 (ታሕሳስ) 1981 ጀሚሩ ዕለት 31 ጥሪ 1982 (ኣብ ሓድሽ ዓመት) ክዛዘም ተሓሰበ። ወራር ኣብ ዝካየደሉ እዋን ህዝባዊ ግንባር በዚ ግዙፍ ሓይሊ'ዚ ብቐድሚትን ብኽልተ ጕድንታትን ምስ ተጨፍለቐ ንሱዳን መዝለቒ ከይረክብ ዶብ ሱዳን ክዕጾ'ዩ፡ ከምኡ'ውን ብቐይሕ ባሕሪ መስሎኺ ከይረክብ ገማግም መዕጸዊ ይግበረሉ።

ደርጊ ዝጥቀመለን ደብደብቲ ናይ ኲናት ነፈርቲ ስርሓት ሶቭየት ዝኾና ሚግ ዝዓይነተን ነፈርቲ'የን። እንተኾነ ኣብ ሰማይ ክንዲ'ተን ኤፍ-5 ዝበሃላ ናይ ኣሜሪካ ስርሓት ዝነውሐ ሰዓታት ስለ ዘይበራ፡ ተወሲኽተ ነተን ሚግ ኣብ ሓጺር እዋን (2 ቕነ ኣብ ውሽጢ ታሕሳስ) ሓሙሽተ ኤፍ-5 ተጸጊነን ኣብ'ቲ ወራር ክሳተፋ'የን። ከምኡ'ውን ናብ

መሬት ቀሪበን ብተዛነ ረሻሽን ቦምባን ሚሳይላትን ዝትኮሳ ኤም ኣይ 24 ዝብሃላ ዓበይቲ ደብደብቲ ሄሊኮፕተራት ክጥቀም'ዩ። ኣብ ምግዕዓዝ ሰራዊትን ንብረትን ስርሓት ሶቭየት ዝኾና ኣንቶኖቭ ዝብሃላ ዓበይቲ ነፈርቲ ክህልዋ'የን። ኣብ ርእሲ'ዚኣን ብሓደ ክልተ በረራ ኣስታት 600 ኩንታል ዝኽብደቶም ሰባትን ንብረትን ከገዓዕዛ ዝኽእላ ሄርኩለስ ተባሂለን ዝፍለጣ ዓበይቲ ናይ ሊብያ ነፈርቲ ተቐሪበን'የን። እዚ'ውን ስለዘይኣኽሎም ብቐረባን ብህጹጽን ውጉኣትን ስንቅን ዕጥቅን ዘመላልሳ ኤም ኣይ 8 ዝዓይነተን ዓበይቲ ሄሊኮፕተራት ተቐሪበን። ውጉኣት ናብ ኣዲስ-ኣበባ ከምዝውሰዱ (ኣብ ኤርትራ ምእንቲ ከይረኣዩ)፡ መግቢ ሰራዊት ድማ ብነፈርቲ ከምዝቕረብ ክግበር ምኽኑ ተፈሊጡ ነበረ።

ሓፈሻዊ ስእሊ ሻድሻይ ወራር ከምዚ ዝተጠቕሰ ምኽኑ ቢሮክራሲ ፈለጠ።

ናህሪ ሻዱሻይ ወራር [66]

ደርግ፡ ሻድሻይ ወራር ቅድሚ ብወግዒ ምጅማሩ፡ መወዓዓዪ ስጉምታት ወሰደ። ናብ ቀንዲ ግንባራት ሳሕል ወፍሪታት ቅድሚ ምጅማሩ ኣብ ሕዳር 1981 ናይ ድሕሪ መስመር መጥቃዕታት ህ.ግ. ንምውሓድ ካብ ኣቑርደት ተበጊሱ ክሳብ ከርከበት ዳህሳስ ዘካየደ ሰራዊት ተዳኺሙ ተመልሰ። ሰራዊት ደርግ ኣብ ታሕሳስን መጀመርያ ጥሪን ኣብ ድሕሪ መስመር (ከባቢ ኣስመራን መሬት ከበሳን፡ ሰሜናዊ ባሕሪን ከባቢ ከረንን፡ ወ.ዘ.ተ.) ዝርከባ ኣሃዱታት ኣኽቢቡ ንምድምሳስ ናይ ኣጋር ሰራዊት፡ ከቢድ ብረት፡ ነፈርትን ተዋጋእቲ ሄሊኮፕተራትን ኣዋፊሩ ተንቀሳቐሰ። ወፍርታቱ ግን መኺኑ ተረፈ። ኣብ ፍርቂ ጥሪ 1982 ኣብ ናይ ህ.ግ. ደጀን ሳሕል ብለይቲ ከይተረፈ ጽዑቕ ደብዳብ ነፈርቲ ከካይድ ጀመረ። ኣብ 23 ጥሪ 1982 ካብ ሕቡእ መደባቱ ቦሎኽ ኢሉ ብምውጻእ ኣብ ኣስመራ ንምጅማር ሻድሻይ ወራር ዝባርኽ ብመንግስቱ ሃይለማርያም ዝተመርሐ ሓደ ሰፊሕ ጉባኤ ተኻየደ። ህዝባዊ ግንባር ሓንሳብ ንሓዋሩ ካብ ገጽ ምድሪ ከምዝጠፍእ ተጠሊዑ ኣፍለጠ። እቲ ቀንዲ ኩናት ኣብ ፍርቂ ለካቲት 1982 ብኹሉ ግንባራት ጀመረ። እቲ ብ'መብረቕ እዝ' ዝፍለጥ ካብ ኣቑርደት ተበጊሱ ብከርከበት ኣቢሉ ንኩር-ዓዳያት ፈንጢሱ ንሩባ ዛራ በቲኹ ብድሕሪት ንህ.ሰ.ሓ.ኤ. ንምጥቃዕ ሓሊኑ ዝፈተነ ግዙፍ ሰራዊት ካብ 15 ክሳብ 22 ለካቲት 1982 ኣብ ዝተኻየደ

ምርብራብ ተደምሲሱ፡ ዝተረፈ ምሉእ ብምሉእ ካብ'ቲ ቦታ ተጸሪጉ ናብ ኣቑርደት ከምዝምለስ ተገብረ። ነዚ ሓይሊ'ዚ ንኽሕግዝ ብግንባር ሓልሓል ተበጊሱ ዝነበረ ሰራዊት ደርግ'ውን ተጸፊዑ ደው በለ። በቲ ቀንዲን የማንን ጸጋምን ግንባር ናቕፋ ግንባር ኣፍሪሶም ናቕፋ ንምሓዝ ዝተመደቡ ዝተኣምነሎም ክፍለ-ጦራት እውን ከድምዑ ኣይከኣሉን። ኣብ ግንባር ሰሜናዊ ምብራቕ ሳሕል'ውን ተደጋጋሚ መጥቃዕቲ ዘኒቡ ለውጢ ክመጽእ ኣይከኣለን።

ደርግ እቲ ኩሉ ሓይሊ (ሰራዊትን ዕጥቅን፡ መርዛም ጋዝ ከይተረፈ) ደሊቡ ክሳብ መወዳእታ ለካቲት ንህ.ግ. ካብ ቀንዲ ዕርዱ ደፊኡ እንተወሓደ ከተማ ናቕፋ ሒዙ ምስ ጽምብል ውግእ ዓድዋ ከብዕሎ ኣዚዩ ተሃንጠየ። እንተኾነ ኣብ'ተን ቀዳሞት መዓልታት (ካብ 15 ክሳብ 22 ለካቲት 1982) እቲ ዝበዝሕ ናህሩ ተወዲኡ ናይ ጽዑቕ ምርብራብ ውግኣት ጥራይ ኢዩ ቀጺሉ። እኳ ደኣ ህ.ሰ.ሓ.ኤ. ኣብ ግንባር ናቕፋ ኣብ 21 - 24 ለካቲት 1982 ኣብ ዝወሰዶ ጸረ-መጥቃዕቲ ንሰራዊት ደርግ ካብ ገዛእቲ ቦታታት ኣልቀቐ። ጌና ለካቲት ከይተዛዘመ እንከሎ ፍሽለት ሻድሻይ ወራር ርጉጽ እናኾነ ከደ።

ሻምበል መብራህቱ ኣበበ [67]

ቢሮክራሲ ኣብ'ቲ ግዜ'ቲ ምክትታል ናይ'ቲ ድሮ ጨቢጡዎ ዝነበረ ስለያዊ ሓበሬታ ሻድሻይ ወራር ኢዩ ዘሰላስል ኔሩ። እቲ ናብ ናቕፋ ዘምርሐ ዝነበረ ፊተውራሪ ኣሃዱ ጸላኢ ናይ ኮሎኔል ቁምላቸው ክፍለ-ሰራዊት ምንባሩ ብመስመር'ቲ ስለያዊ ሰኪዑቱ ፈሊጡ ነበረ። ኣብ ኣዲስ ኣበባ ንዝነበሩ ውዱባት ፍሽለት ናይ'ዚ ወራር'ዚ ርጉጽ ምዃኑ ኣንዳዕዲዑ ይገልጸሎም ኔሩ'ዩ። ኣውራ ከኣ ነቶም ካብ ላዕለዋይ ማእከል ስርሒታት ደርግ ስለያዊ ሓበሬታ ዘቐብሉዎ ዝነበሩ ብጾቱ ፍሉይ ብስራት ነበረ።

እቶም ቀንዲ ምስ'ዚ ልዕል ኢሉ ዝተዘርዘረ ኣብ ኢድ ቢሮክራሲ ዝበጽሐ ናይ ሻድሻይ ወራር ስለያዊ ሓበሬታ ዝተኣሳሰር ኣገዳሲን ቀንዲን ተራ ዝነበሮም ሰባት ተስፋማርያም ጸጋይ ሰለሙንን ሻምበል መብራህቱ ኣበበ ተፈሪን ዝብሃሉ ኣባላት'ዮም። እዞም ሰባት'ዚኦም ብኣተዓባብያኦም፡ ብባህርያቶም ይኹን ብሞያታቶም (ዝተመልመሉ ሞያ) ፍጹም ዘይራኸቡ'ዮም።

ተስፋማርያም ጸጋይ ኣብ በለዛ (ካርነሽም) ዝዓበየ ካብ'ቶም ናይ 1950ታት ተመሃሮ'ዩ። ኣዲኡ ብንእሽቶኡ ዝሞተቶ ብሽግር ዝዓበየ'ኳ እንተኾነ ብትምህርቲ ዕዉት ኮይኑ ኣብ ዝለዓለ ደረጃ በጺሑ ኣብ ኣዲስ-ኣበባ ኣብ ቤት-ጽሕፈት ውድብ ሓድነት ኣፍሪቃ ዝሰርሕ ዝነበረ ምሁርን ናይ ስራሕ ምኩርን ዝኾነ ሰብ'ዩ። ብባህርያቱ ምስ ዝተፈላለዩ በብዓይነቶም ሰባት ናይ ምርኻብ ጠባይን ክእለትን'ኳ እንተነበሮ፡ ኣቀራርብኡ ተኻታዒ ብምንባሩ ቅልጡፍ ህቡብነት ዝጥሪ ሰብ ኣይነበረን። እዚ ባህርይ'ዚ ግን ምስ ኣዝዮም ብዙሓትን በብዓይነቶምን ሰባት ምስ ዘድልዩዎ ናይ ምርኻብ ሓሳባት ናይ ምውሳድን ኣብ ገለ ዘድሊ ሓባራዊ ጉዳያት ተሰማሚዕካ ናይ ምጉዓዝን ክእለት ከምዝህልዎ ገበሮ። ምሁር፡ ኣዚዩ ዘንብብ፡ ብፍላይ ፖለቲካ ሓዘል መጻሕፍትን መጽሔታትን ናይ መራኸቢ ብዙሃን ሓበሬታን ዘንብብን ዝከታተልን'ዩ። ልዑል ናይ ምዝካር ክእለቱን ዝደቃቐን ዝዓበየን ጉዳያት ኣጣሚሩ ኣብ ኣእምሮኡ ሒዙ ናይ ምግንዛብ ክእለቱን ዓቢ'ዩ። ብደቀቕቲን ዓበይቲን ጉዳያት ምስ ታሕተዎትን ላዕለዎትን ሰባት ክራኸብ ዝኽእል ባህርይን ፍልጠትን ነበሮ። ኣብ ህዝባዊ ግንባር ቀልጢፉ ዝተወደበ'ኳ እንተኾነ ጥቡቕ ድስፕሊናዊን ውድባዊን ዝምድናታት ምርኩስ ጌሩ ነብሱ ብፍሉይነት ቀይዱን ጠባያቱ ጸሪቡን ምውህሃድ ከም ቀንዲ ዕላማ ህይወቱ ኣይወሰዶን። ኣብ'ቲ ሰፊሕን በሊሕን ፍልጠቱ ኣእምራዊ ክእለቱን ጠባያቱን ነዚ ጉዳይ'ዚ ከም ዓቢ ነገር ጌሩ ዝወሰዶ ዝነበረ ኣይመስለን። ይኹን'ምበር፡ ዝምድንኡ ምስ ውድብን ቃልሲ ኤርትራን ከይበተኸ ይቕጽል ነበረ።

ምስ ቢሮክራሲ ኣብ 1980 ብቑጸራ ክራኸቡ እንከለዉ ናይ ክልቲኦም ብልሒን ጉርሒን ተገንዚቡ ተጠንቂቕካ ናይ ምጉዓዝ ጠባይ'ዩ ኣርእዩ። ቢሮክራሲ ኣብ ቀዳማይ ቈጸራ ብፍላጥ ኣይረኸቦን። ኣብ ዳሕራይ ቈጸርኡ በቲ ልሙድ ዘዘውትሮ ጥንቃቐኡ መሰረት ተራኸቡ። ተስፋማርያም ብባህርያቱ ተኻታዒ'ዩ፡ ንሰባት ብቑምነገሮምን ኣበሮምን ኣብ ዝኾነ እዋን በታቲዑ ኢዩ ዝገልጾም። ምስ ቢሮክራሲ ተራኺቡ ክሰርሕ ከሎ ዘስተብሃለሉን ዝኣመነሉን ዓቢ ጉዳይ ግን ቢሮክራሲ ውሑእ ሰላዩ ምዃኑ'ዩ። እዚ ኣስተብህሎ'ዚን፡ እቲ ናይ ባዕሉ ዝጸንሐ ዓቢ ባህጊ ፖለቲካን ናይ ምፍታሽ ባህሪኡን ተመርኲሱ ቢሮክራሲ ኣብ ዘለዎ ሃገራዊ ስለያዊ ተልእኾ ብንሀር ድልየት ተሰማምዐ። በቲ ሓታቲን

ፈታሺን ኣእምሮኡ፡ ከምኡ’ውን ከም’ቲ ምስ ዝተፈላለዩ ዓይነት ሰባት ተራኺብካ ሓሳባቶም ናይ ምፍላጥ ክእለት ዝጸንሖ ዓቢ ስለያዊ ስራሕ ክሰርሕ ከምዝኽእል ክግምገም ይከኣል።

ተስፋማርያም ዝምድንኡ ሰፊሕን ዝተጠናነገን’ዩ ኔሩ። ሓያለ ኢትዮጵያውያን ኣብ ትካላት መንግስቲ ዝሰርሑ፡ ገለ ኣባላት ኢፒኣርፒ (ናይ ተቓውሞ ውድብ)፡ ገለ ወጻእተኛታት፡ ኣባላት ኤምባሲ ናይ ገለ ሃገራት ከምኡ’ውን ብፍላጥ ይኹን ብሃውሪ ስራሕ ደልዮም ወይ ሓገዝ ደልዮም ዝቐርቡዎ ሰባት ኣማስያኡ ናብ ቀጻሊ ዕርክነት ዘእትዎም ዝተፈላለዩ ዓይነት ሰባት ይፈልጥ። ንገሊኦም መሳልል ንኻልእ ርክብ ዝጥቀመሎም፡ ገሊኦም ከኣ ኣብ ገለ ተልእኾ ዘእትዎም ሰባት ነበሩ። ነዚ ዝምድናታት’ዚ ዝዕዘቡ ገለ ሰባት መትሓዚኡ ዝጨንቀካ ሰብ ጌሮም ዝርእዩዎ ኔሮም ክኾኑ ይኽእሉ’ዮም። ይኹን’ምበር ምስ ቢሮክራሲ ኣብ ዝተራኸበሉ እዋን ስለያዊ ተልእኾኡ ጋህዲ ምስ ገበረሉ ዝነበሮ ዝምድናታትን ኣፍልጦን ንሃገራዊ ዕላማን ውድባዊ ተልእኾን ከገልግለሉ ዝኽእል ዘይሰገር ኣጋጣሚ ኮይኑ ረኺቦ።

ሻምበል መብራህቱ ኣበበ ተፈሪ ኣብ ኣስመራ ከባቢ እንዳማርያም ዝዓበየ ኤርትራዊ’ዩ። ጀነራል ኣበበ ተፈሪ ኣብ ሰራዊት ኢትዮጵያ ገዲም ወተሃደር’ዮም። መብራህቱ ማእከላይ ደረጃ ትምህርቲ ምስ በጽሐ ቀልጢፉ ውትህድርና (ተዋጋኢ ሰራዊት) ተኸቲቡ ንገለ ዓመታት ኣብ ኤርትራ ኣገልጊሉ። ብዝነበሮ ህንጡይ ወተሃደራዊ ስምዒት ስሩዕ ወተሃደራዊ ቤት-ትምህርቲ ዝረኸበሉ ናይ ሃረር ወተሃደራዊ ኣካዳሚ ኣትዩ ብናይ ምክትል ተለንተ መዓርግ ተመረቐ። ከም ወተሃደር ብቑዕን በሊሕን ምኳኑ ዝእመነሉ ብምንባሩ፡ ዓላማይ ኮይኑ ዘገልገለሉ እዋን ኔሩ’ዩ። ከም ኣካል ወተሃደራዊ ትምህርቱ ስለያዊ ኣፍልጦ’ውን ነበሮ። ደርግ ኣብ ስልጣን ድሕሪ ምምጽኡ፡ ምስ መራሕቱ ብዙሕ ስለዘይተቓደወ ብጉድለት ዲስፕሊን ኢሎም ጌና ወዲ 34 ዓመት እንከሎ ካብ ሰራዊት ተጠረዘ። ካብ 1980 ክሳብ 1981 ኣብ ዝነበረ እዋን ስራሕ ንምንዳይ ኣብ ቤት-ጽሕፈት ውድብ ሓድነት ኣፍሪቃ ተንቀሳቒሱ ንተስፋማርያም ጸጋይ ረኺቦ። ተስፋማርያም ከም’ቲ ልሙድ ባህሪኡ ምስ’ዚ ሰብ’ዚ ጥቡቕ ሌላ መስረተ። ተስፋማርያም ተመክሮ ሻምበል ብምስትብሃል ኣብ ስለያዊ ስርሑ ክጠቕሞ ከምዝኽእል ኣይሰሓቶን። ሻምበል መብራህቱ ኤርትራዊ ብምንባሩ ኒሕ ወሲኹ ከገልግሎ ከምዝኽእል

ኣመነ። ብባህሪን ብሞያን ዘይራኸቡ'ኳ እንተመሰሉ ስለያዊ ስራሕን ሃገራዊ ዕላማን ግን ካብ ዝገመቱዎ ንላዕሊ ኣጣበቖም።

ውጥን ኦሮማይ [68]

ተልእኾ ቢ.ሮክራሲ ብመንገዲ ተስፋማርያም ንሻምበል ኣበበ ምስ በጽሖ ተኣምራዊ ውጽኢት ተረኽቦ። ነዚ ኣንፈት'ዚ ዘስተብሃለ ቢ.ሮክራሲ፡ ተቐላጢፉ ብኣካል ንሻምበል መብራህቱ ረኺቡ ኣብ ምንታይ ዘተኮረ ሓበሬታን ካበየናይ ምንጪ ከናድዮ ከምዘለዎን ኣመታት ሃቦ። ኣብ መንጎ ተስፋማርያምን ሻምበል መብራህቱን ጥጡሕን ሞያዊ ስለያዊ ዝምድናን ክህልዎም ኣበርቲዑ ሰርሐ።

ሻምበል መብራህቱ ኣበበ ኣዚዩ ጥንቁቕ ወተሃደርን ሰላዩን ምዃኑ ኣብ'ቲ ስራሕ ኣመስከረ። ምስ ተስፋማርያም ዝህልዎ ርክብ ዋኒናዊ ጥራይ ከምዝኾውን ገበረ። ዘምጽኦ ሓበሬታታት ብቓል ንተስፋማርያም የጽሕፎ። ዋሕዚ ሓበሬታኡ ቀጻልን ኣብ ማእከል ዘኣተወን እናኾነ ከደ። ደርጊ መርዛም ጋዝ ኣብ ሻድሻይ ወራር ክጥቀም ምዃኑ፡ ሻድሻይ ወራር ኣብ መጀመርያ ጥሪ ክጅምር ምዃኑ፡ ዝተመደቡ ኣሃዱታት፡ ዝጥቀመሉ ናይ ኣየር መጉዓዝያን ውግእን፡ ዝመርሑዎ ኣዘዝቲን ካልእን ዝሓበረ ሻምበል መብራህቱ'ዩ ኔሩ። ቢ.ሮክራሲ እዚ ኣገዳሲን ወሳንን ሓበሬታ'ዚ ርጉጽነቱ ንምርኣይ ምስ ሻምበል መብራህቱ ተደጋጋሚ ርክብ ይገብር ነበረ። ብዛዕባ'ቲ ምንጪን ኣገባብ ኣተኣታትዋኡን ድማ ይዝትዩ ነበሩ። በዚ ሓበሬታ'ዚ ሰለስቲኦም፡ ማለት ቢ.ሮክራሲ፡ ተስፋማርያምን ሻምበል መብራህቱን ዓገቡ። ቢ.ሮክራሲ ዝደልደለን ምኩርን ውድብ ህዝባዊ ግንባር ከምዘሎ ስለ ዝፈልጥ ሻድሻይ ወራር ብዓወት ከምዝምከት ኣይተጠራጠረን። ተስፋማርያምን ሻምበል ኣበበን ግና ንህዝባዊ ግንባርን ኣገባብ ኣመኻኽትኡን ብጥልቀት ስለዘይፈልጡ ብዛዕባ ኣመኻኽትኡ ሓደ ኣገዳሲ ዝበሉዎ ሓሳብ ንምብርካት ተሃንጠዩ። በዚ መሰረት ድማ እዚ ዝስዕብ ውጥን ኣመኻኽታ ኣመሙ።

- ውጥን ሻድሻይ ወራር በጻብዕ ዝቑጸሩ ላዕለዎት ሓለፍቲ ብልዑል ምስጢር ሒዞሞ ስለ ዘለዉ፡ ብኑብሰ-ቅትለታዊ ስርሒት ኣብ ናይ ኣስመራ መኣዘዚኦም ምቕታሎም። ንሳቶም እንተተቐቲሎም እቲ ውጥን ክፈሽል ይኽእል።

- ኣብ ኣስመራ ዝርከብ መኸዘን ናፓልም ብነብሰ-ቅትለታዊ መጥቃዕቲ ምቅጻል፡
- መኸዘናት እምዳድ (ኣጽዋር)፡ መዕቈር ነዳድን ማዕከን ሎጂስቲክስን ብተመሳሳሊ ስርሒት ምዕናው፡
- ሓይሊ ጸላኢ ንምክፍፋል ኣብ ደቀምሓረ፡ መንደፈራን ዓዲ-ኳላን መጥቃዕቲ ምፍጻም፡
- ሓይሊ ጸላኢ ግንባር ዝመጥጥ ዓቕሚ ስለ ዘህልዎ ገለ ቦታታት ብፈንጂ ምሕጻር፡
- ጸረ-ነፈርትን ጸረ-ታንክን ምጥቃም፡ ካብ መጥቃዕቲ ነፈርቲ ንምድሓን ብለይቲ ምጥቃዕ፡
- ህዝቢ ከምዝዓጥቕ ምግባር፡ ህዝቢ ከይጉዳእ ናብ ዶብ ሱዳን ምግዓዙ።

ነዚ ርእይቶታት'ዚ ኣብ ኣዲስ-ኣበባ ኮይኖም ንናይ ጸላኢ ኣዚዩ ግዙፍ ሓይሊ ብምጥማት'ዮም ሓንጺጾሞ። ቀንዲ ድርኺት ናይ'ዚ ኣረኣእያ'ዚ፡ ናይ ጸላኢ ዕብለላ ውሁብ ብምግባር ብናይ ፊት-ንፊት ግጥም ክምከት ዘሎ ብድሆ ኣብ ጸብጻብ ብምእታው ኢዩ ዝመስል። እዚ ወተሃደራዊ ሓሳብ'ዚ ክርአ እንከሎ ዓቕሊ-ጽበታዊ ባእታ ከም ዘለዎ ኣየጠራጥርን። እቲ ብነብሰ-ቅትለታዊ ስርሒት ክፍጸም ዝተደለየ ናይ'ዚ ባእታ'ዚ ነጸባራቒ'ዩ ክበሃል ይከኣል። ጸላኢ እዚ ለበዋታትን ኣረኣእያን'ዚ ኣብ ዳሕራይ እዋን ኣብ ኢዱ ምስ ኣተወ (ኣብ መወዳእታ ክንርእዮ ኢና) ሓደ ሸለል ክብሎ ዘይግባእ፡ ህዝባዊ ግንባር በቲ ወራር ምስ ተጻበበ ኣብ ከምዚ ዝኣመሰለ ናይ "ኦሮማይ" ውጥናት ክኣቱ ይኽእል ዝብል ራዕዲ ከምዝፈጠረ ኣብ ናይ በዓሉ ግርማ ናይ "ኦሮማይ" መጽሓፍ ተንጸባሪቑ'ዩ። እኳ ድኣ ቀንዲ መንቀሊ መጽሓፍ "ኦሮማይ" እዚ ብተስፋማርያም ጸጋይን ሻምበል መብራህቱ ኣበበን ዝተኣመመ ለበዋ ዘመልክት ሰነድ ምስ ተረኽበ፡ በዓሉ ግርማ ክፈልጦ ስለ ዝኽእል ኣብኡ ተመርኲሱ ዝጸሓፎ ምዃኑ ነቲ መጽሓፍ ብምንባብ ክእመት ይከኣል። ኩሉ'ቲ ዝተረኽበ ሰነዳት ንቢሮክራሲ ይምልከት ስለ ዝነበረ፡ በዓሉ ግርማ ንመንነትን እንታይነትን ቢሮክራሲ ከም ሓደ መትሓዚን መለለዩን ዘይርከቦ ግኒ ወይ ደቂሕድርትና ርእዩዎ ኣብ'ቲ መጽሓፍ።

ኣውራ ግን እቲ ናይ "ኦሮማይ" ውጥን ንስርዓት ደርጊ ኣዚዩ ዘሰንብድ፣ እቲ ቢሮክራሲን ስኪዐታቱን ዝመስል ዘይተራእየ ሓረጋዊ ስኪዐት ኣብ ማእከል'ቲ ስርዓት ክህሉ ከምዝኽእል ንምእማት'ዩ በዓሉ ግርማ ጽሒፉዎ።

ቢሮክራሲን ናይ ስለያ ብጾቱን ክሳብ ክፍላ ለካቲት 1982 በብግዜኡ እናተራኸቡ ኣድላዪ ስለያዊ ሓበሬታት ይለዋወጡ ነበሩ። ኩናት ሻድሻይ ወራር ኣብ ጥርዚ ደረጃኡ በጺሑ ምርብራብ ዝካየደሉ ዝነበረ እዋን'ዩ።

ኣብ ኣጋ ምውዳእ ታሕሳስ 1981 ምእታው ሓዲሽ ዓመት 1982 ግን ንቢሮክራሲ ዘየቕስን ሓደ ዓቢ ሓደጋ ተረኽበ።ካብኡ ንደሓር ኣብ ኣዲስ ኣበባ ኣብ ዙርያ ቢሮክራሲ ስግኣት ክንጸላሎ ጀመረ።

ተንጠልጣሊ ስግኣት ቢሮክራሲ

ስግኣት ንቢሮክራሲ ኣብ መላእ ናይ ቃልሲ ህይወቱ መናብርቱን ልሙድን'ዩ። ኣብ ኣስመራ ስለያዊ ስራሕ ካብ ዝጀምር ከም'ዚ ዝኣመሰለ ህይወት ከምዝነብር ኣንጊሁ ዝነቕሓሉ ጉዳይ'ዩ። ኣብ ከም'ዚ ዓይነት ስግኣት ምንባር ማለት ጸላኢ ኣሰሩ ክረኽቦ ዘይክእል ምስጢርን ምምስሳልን፣ ልዑል ትብዓት ዘለዎ ጥበባዊ ኣሰራርሓን ከምዘድልዮ ብኣግኡ ፈሊጡዎ'ዩ። በብግዜኡ ምስጢራውያን ኣባላት ብጸላኢ ክርከቡ እንከለዉ ኣብ መስርሕ ስለያዊ ቃልሲ ግድን ዘጋጥም ምዃኑ ርዱእ ጌሩ ወሲዱዎ። ዕማምካ ምቕጻልን ፍረ ከምዝህብ ምግባርን ንኣተሓሳስባኡ ዝገዝእ ዝነበረ ጉዳይ'ዩ። ንናይ ጸላኢ ጸረ-ምስጢራዊ ኣሰራርሓ ፈሊጥካ ብትብዓትን ብልሓትን እናተጓየኻ፣ ክድሕን ዘለዎ ምድሓን፣ ክቕየር ዘለዎ ምቕያር፣ ሓድሽ ኣሰራርሓ ብምትዕጽጻፍ ምትእትታው ድኣ'ምበር ዝሓዝካዮ ተልእኾ ምውዳቕ ከምዘይግባእ ዝተረድኣ ሰብ'ዩ። ቢሮክራሲ ኣብ ኣስመራ ብጾቱ ክወርዶም ንዝኽእል ሓደጋታት ኣብ ምክልኻልን ቅልጡፍ መጠንቀቕታት ኣብ ምድላውን ብልዑል ደረጃ እናሰርሐ ዝቀላቐሉ ስግኣታት ናብ ሓደጋ ከይተቐየሩ ምስጢራዊ ስራሓት ብኣድማዕነት ክቕጽል ግቡእ እጃሙ ተጻዊቱ'ዩ። ስግኣት ክቕልቀል እንከሎ ክምህ ዝብል ስምዒትን ገጽን ኣርእዩ ኣይፈልጥን። ከም ንቡር፣ ነብሰ-ተኣማንነት ዘለዎ ኣብ እሳት ዝኾነ ኩናት ዝመርሕ ዘሎ ኣዛዚ ናይ ተዋጋኢ ሰራዊት'ዩ ዝመስል። ሸበድበድ፣ ምህዋኽ፣ ምጭናቕ፣ ስምዒታዊ ዘረባ ይኹን ተግባር ዳርጋ ከየርኣየ ሓሊፉዎ። ካብ 1973

ክሳብ 1980 ኣብ ኣስመራ ብዝለዓለ ደረጃ ይሰርሕ ኣብ ዝነበረሉ እዋን፡ ስግኣታት ውሑዶም ዘይኮነስ እዚ ዝተጠቕሰ ተባዕን ርጉእን ባህርያቱን ንናይ ጸላኢ ሰኪዐታት ኣብ ውሽጡ ኣቲኻ ቅልጡፍ ሓበሬታ ከምትረክብ ብምግባርን ክቈጻጸሮ ይኽእል ነበረ።

እዚ ኣብ ኣዲስ ኣበባ ኣብ ምጅማር ሓዲሽ ዓመት 1982 (ኣጋጣሚ ምስ ምክያድ ሻድሻይ ወራር) ዘንጸላለዎ ሓደጋ ብዓይነቱ ካብ'ቲ ቅድሚኡ ዘጓንፎ ዝነበረ ስግኣታት ፈልዩ ክርእዮ ከምዘይክእል ፍሉጥ'ዩ። ስግኣታት ከከም ኣመጻጽኣኦም ከምዝግጠሙ ብምእማን እቲ ስግኣት ኣንፈቱ እናርአዮ ኣብ ዘኽደሉ ዝነበረ እዋን ፍሉይ ሸበድበድ ኣይፈጠረሉን። ከም'ቶም ካልኦት ኣጋጣሚታት መኪቱ ከምዝሓልፎ ምትእምማን ነበሮ። ካብ'ዚ ስግኣት'ዚ ወጺኡ ንቡር ስርሑ ከምዝቕጽል ዘጠራጥሮ ምልክት ኣየርኣየን።

መወዳእታ ታሕሳስ 1981 ደርጊ ናይ ሻድሻይ ወራር ፈላሚ ምንቅስቓሳቱ ኣብ ድሕሪ መስመር፡ ማለት ኣብ ከበሳን ምብራቕን (ከባቢ ፎሮ)፡ ኣብ ልዕሊ ዝነበራ ተንቀሳቐስቲ ኣሃዱታት ህዝባዊ ግንባር ኣጽዒቑ ጀመሮ። ሰራዊት ደርግ ካብ ዓዲ-ቐይሕ፡ ዓዲ-ኳላ፡ መንደፈራን ደቀምሓረን ወፊሩ ኣብ ከባቢ ጾሮናን ማይ-ዓይኒን ዝነበረ ኣሃዱታትን ክፍልታትን ኣኽቢቡ ከጥቅዕ ፈተነ። እተን ኣሃዱታት ህዝባዊ ግንባር ንናይ ጸላኢ ምንቅስቓስ ብምስትብሃል ኣዳህሊለን ናብ ደቡባዊ ባሕሪ ኣዝለቓ። ጸላኢ ኣይተዓወተለንን። ብሸነኽ ሰለሙና፡ ማይ-ውዑይ፡ ከምኡ'ውን ካብ ኣስመራን ከባቢኣን ወፊሩ ኣብ ሰሜናዊ ባሕሪ ንዝነበሩ ኣሃዱታትን ክፍልታትን ክጭፍልቕ ዝወፈረ ሰራዊት'ውን ተመሳሳሊ ዕጫ ገጠሞ። እዚ ወፍርታት'ዚ ብተዋጋእቲ ሄሊኮፕተራትን መዳፍዓትን ዝተሰነየ ወፍርታት'ዩ ኔሩ። እተን ኣብ ሰሜናዊ ባሕሪ ዝንቀሳቐሳ ዝነበራ ኣሃዱታትን ክፍልታትን ህ.ግ. እውን ንጸላኢ ኣንፈታቱ ርእየን ንምዕራብ ኣዝሊቐን ማይ ከምዝዓሙኽ ገበረኦ።

ኣብ ሰሜናዊ ባሕሪ ካብ ዝነበሩ ኣሃዱታት ሓደ (ብዙሕ ጨናፍርን ኣካላትን ዝነበሮ) ኣሃዱ 06 ነበረ።[69] ንናይ ከተማታት ቃልሲ መትኒን ዕትብትን ኮይኑ ዝሰርሕ ዝነበረ ኣካላትን ኣሃዱታትን 06 ቀንዲ ደጀኑ ኣብ'ዚ ቦታ'ዚ ነበረ። ኣብ'ታ ታሪኻዊት ድርፎ፡ ኣብ ሳቡር፡ ኣብ ርድእትን እንኮዔላን ኮይነን ታሪኻዊ ስርሓት ዝፍጽማ ዝነበራ ኣሃዱታት በዚ ወፍሪ'ዚ ክነቓንቓ ቦታ ክቕይራን ተገደዳ።

ብሰንኪ ፈላሚ ምንቅስቓሳት ወፍርታት ሻድሻይ ወራር ቦታ ኣብ ምቕያርን ንብረትን ሰብን ኣብ ምውጋንን ብጻዕቂ ስራሕ ተጸሚደን ነበራ። መወዳእታ ታሕሳስ 1981 ኣብ ከምዚ ዓይነት ትንፋስ ዘይህብ ምንቅስቓስ እንከለዋ፡ ካብ 06 ናብ ቢሮክራሲ ሓንቲ ደብዳቤ ተጻሕፈት። እዛ ደብዳቤ'ዚኣ ብመንገዲ ውፉያት ናብ ውሽጢ ኣስመራ ኣትያ ብኡ ኣቢላ ኣዲስ-ኣበባ በጺሓ ኣብ ኢድ ቢሮክራሲ ክትኣቱ ነይሩዋ።

ምስ'ቲ ውዑይ ወፍሪ 6ይ ወራር ውፉያት ሰሊኾም ኣስመራ ዝኣትዉሉ ቦታታት ኣብ ጽዑቕ ሓለዋ ነበረ። ኣብ ዙርያ ኣስመራ፡ መፈተሺ ብሎኮታት ብብዝሒ ነበሩ። ውፉያት፡ በቲ ልሙድ ብሎኮታት ገዲፎም ኣጸናትዮም ብኻልእ መእተዊ የናድዩ። እታ ደብዳቤ ኣብ ጥቓ ዓዲ-ሰጉዶ ዝርከብ ናይ ማይ-በላ ገዛውቲ በጽሐት። ጸይራታ ክትሓልፍ፡ ኣብ ዘይሕባእ ሓቢኣ ዝተላእከት ሰብ፡ ብዓዲ-ሰጉዶ ዝርከብ መፈተሺ ብሎኮ ይሓይሽ ኢላ ገሚታ ተበገሰት። ኣብ'ቲ ግዜ'ቲ ንደቀንስትዮ ዝፍትሻ ወተሃደራት ኔረን'የን። ኣብ ብሎኮ ዓዲ-ሰጉዶ ሓንቲ ኢትዮጵያዊት ወተሃደር ንደቀንስትዮ ትፍትሽ። እዛ ወተሃደር'ዚኣ፡ ብብሎኮታት ዝሓልፉ ርግምቲ ፈታሺት ምዃና ትፍለጥ'ያ። እታ ልእኽቲ ብኡ ትጸንሕ ኢላ ኣይገመተትን። ግን ተራእያታ ክትምለስ ዕድል ስለ ዘይነበራ ተፈቲሻ ክትሓልፍ ቀረበት። በቲ ሓደ ሸነኽ ኣብ ውሽጢ ሙታንቲኣ ዝተሰትረት ደብዳቤ ቀሊዓ ክትርእያ ከምዘይትፍትን ተኣማሚና ነበረት። ፈታሺት ግን ኩሉ ነብሳ ደኣ ጐርጒረታ። ኣብ መታንቲ'ታ ልእኽቲ፡ ነታ ደብዳቤ ረኸበታ። ልእኽቲ ኩሉ ዓይነት ጥበራን ምሕጽንታን'ኳ እንተገበረት፡ ኣይተማሕረትን። ንሳን ደብዳቢኣን ናብ ቤት-ማእሰርቲ ኣምርሓ። እንታይነታ ብዘየገድስ፡ ናይ ተጋደልቲ ምስጢራዊ ደብዳቤ ጸይራ ብምእታዋ ተሓታቲት ኮነት።

ደብዳቤ ናብ ኣስመራ ምስ ኣተወት እታ ልእኽቲ፡ ንሓንቲ ማና ሓጕስ ካሕሱ ዝተባህለት ናይ ነዊሕ እዋን ውፍይቲ ክትወሃብ'ያ ተላኢኻ።
[70] ማና ሓጕስ ምስ ቢሮክራሲ ርክብ ነበራ። ምስጢራዊ ሓበሬታታትን ልኡኻን ኣብ ምቕብባልን ምጽናሕን ከምኡ'ውን ኣብ ምትሕልላፍን ንቢሮክራሲ ትተሓባበር ነበረት። ኣዚያ ምስጥርቲ ውፍይቲ ብምንባራ ብዙሓት ውዱባት ይፈልጡዋ ኣይነበሩን። ኣብ ጥቓኣ ካልኦት ውፉያት ንሓድሕዶም ዝፋለጡ እናሃለዉ ንዓኣ ግን ኣይፈልጡዋን። ጽፍፍትን ውፍይትን ብምንባራ ድማ ከይተጠርጠረት ንነዊሕ ሰርሐት።

እታ ደብዳቤ፡ ኣብ መወዳእታ ታሕሳስ 1981 ብጸላኢ ተታሒዘት። ግና ማና ሓጉስ ደብዳቤ ከምዝተላእከላ ኣይትፈልጥን'ያ። ናይ ጸላኢ ስለይቲ ንማና ኣናድዮም ቦታኣን ስርሓን ምንቅስቓሳታን ኣረጋጊጾም ፈለጡ። ይኹን'ምበር ኣይሓዙዋን፡ ኣይሓተቱዋን።

ቢሮክራሲ ሓደ ስዉር ግኒ፡ ኣሰሩ ዘይርከብ፡ ዝንኡ ግን ዝንጸባረቕ ፍሉይ ወኪል ስለያ ህዝባዊ ግንባር ምንባሩ ጸላኢ ኣንፈት ኔሩዎ'ዩ። ይኹን'ምበር ብዛዕባ'ዚ ፍጡር'ዚ ዝተጨበጠ ሓበሬታ ከይረኸበ ክሳብ ፈለማ 1980 ጸንሐ። ሽዑ ግን ምስ ምትሓዝ ጠበቓ ርእሶም ተኸለማርያም ሃለዋት ቢሮክራሲ ኣብ ኣስመራ ተፈሊጡ፡ ኣብ ገዝኡ (ገዛ ባንዳ) እንከሎ ጸላኢ ኣኸቢቡዎ ንስክላ ኣምለጠ። ካብ ሽዑ ንደሓር ስለያ ጸላኢ ንቢሮክራሲ ምንዳይ ስርሐይ ኢሉ ተተሓሓዞ። ቢሮክራሲ ግን ሽዑ'ውን ኣሰሩ ኣይተረኸበን። ንሜዳ ምውጽኡ ይኹን ኣብ ውሽጢ ኣስመራ ምንባሩ ዝጭብጦ ሓበሬታ ኣይነበሮን። ንቢሮክራሲ ምክትታል ግን ሓደ ዘየቋርጽ ስራሕ ስለያ ጸላኢ ነበረ።

እዚ ኣብ መወዳእታ ታሕሳስ 1981 ዝሓዙዎ ናብ ቢሮክራሲ ዝተላእከ ደብዳቤ ንስለያ ጸላኢ ሓደ ዓቢ መኣንፈቲ ብዛዕባ ሃለዋት ቢሮክራሲ ኣብ ውሽጢ ከተማ ኮኖም። ምእንቲ ኣበይ ከምዝርከብ ክከታተሉዎ ድማ ጉዳይ'ዛ ደብዳቤ'ዚኣ ብህድኣትን ርቀትን ክትሓዝ ተወሰነ። ተቐላጢፎም ንማና ሓጉስ ሒዞም ኣሲሮም ምምርማር ቢሮክራሲ ኣምሊጡ ክስወረሉ ዝኽእል ኩነታት ከይፍጠር ሰግኡ። ስለ'ዚ ንማና ሓጉስ ብዘይምቁራጽ ደድሕሪኣ፡ ኣብ ዝኣተወቶን ዝወፈረቶን እናተጓዕዙ ዝስልዩዋ ሰባት ተመደቡላ። ዕላማኦም ቢሮክራሲ ምስኣ ክራኸብ እንከሎ ክርእይዎ'ሞ ክረኽብዎ ነበረ። ሰለይቲ ኣሰር ማና ምስዓብ ፍረ ስለዘይረኸቡሉ ሓዲሽ ሓሳብ ወጠኑ። ካብ'ቶም ዝከታተሉዋ ሰለይቲ ኣብ ምቹእ ቦታ ሰረቕቲ ተመሲሎም ቦርሳኣ ክምንጥልዋ መደቡ። ኣብ ቦርሳኣ ወይ ቁጽሪ ተሌፎን ወይ ካልእ ኣድራሻ ቢሮክራሲ ዝእምት ነገር እንተረኸቡ ኢሎም'ዮም ሓሲቦም። ሰለይቲ ከምዝሓሰቡዎ ቦርሳ ማና ሰሪቖም ወሰዱዎ። ኣብ ቦርሳኣ ግን ዝደለዩዎ ነገር ኣይረኸቡን። ንሳ ግን ተራ ሰረቕቲ ዝወሰዱላ ጥራይ ይመስላ ነበረ።

ማና ኣብ'ቲ ግዜ'ቲ ናብ ኣዲስ-ኣበባ ኣምርሐት። ኣብኡ ንቢሮክራሲ ረኺባ ኣብ ዝተፈላለየ ኣጋጣሚታትን ቦታታትን ምስኡ ተራእየት።

ስለይቲ ጸላኢ ካብ እግሪ ማና ኣይተረፋን። እግሪ-እግራ ኣዲስ ኣበባ ክይዶም ተኸታተሉዋ። ማና ኣበይ ትኣቱ፡ ምስ መን ትራኸብ፡ እንታይ ትገብር ብዓይኒ ተኸታቲሎም ምሕባር ጥራይ ዘይኮነ ብስእሊ ምስ መን ትራኸብ ከረጋግጹ፡ ናይ ስለያ ካሜራ ተጠቂሞም'ዮም። በዚ ካሜራ'ዚ ቢሮክራሲ ይኸውን ኢሎም ምስኣ ዝተራኸበ ይስእሉ ኔሮም። ናይ ቢሮክራሲ ናይ ቅድም ስእሊ፡ ምናልባት ኣብ ዩኒቨርስቲ ኣስመራ ተመሃራይ እንከሎ፡ ኣብ ኢዶም ዝኣተወ ኔሩ'ዩ። እዚ ስእሊ'ዚ ውልዶ መንእሰይ፡ ጭሕሚ ኣብ ዘየብቈለሉ እዋን እንከሎ ዘርኢ ስለ ዝነበረ ኣብ ፈለማ 1982 ለዊጡ ክኸውን ከምዝኽእል ኣብ ጸብጻብ ብምእታው ምስ ማና ሓጒስ ዝራኸብ ሰብ ንዕኡ ይመስል ኢሎም ብምግማት'ምበር ርግጸኛታት ኮይኖም ዝሰእሉዎ ኣይነበረን። ናብ ኣስመራ (ናብ ማእከል ስለያ ጸላኢ) ይልእኩዎ ነበሩ። ዝሰኣሉዎ ስእሊ ግን ኣዕጋቢን ተደጋጋሚን ብዘይምንባሩ ኣሰር ቢሮክራሲ ብስእሊ'ውን እንተኾነ ኣረጋጊጾም ክረኽቡ ኣይከኣሉን። ቢሮክራሲ ኩሉ ግዜ ጥንቁቕ'ዩ። ሰላዩ ምኻኑ ዝዝንግዓሉ ግዜ ዳርጋ ኣይነበረን። ምስ ማና ኣብ ዝራኸበሉ ዝነበረ እዋን'ውን እንተኾነ ጥንቁቕን ቁጡብን ስለ ዝነበረ፡ ዝኣክል ስእሊ ዝወሰዱ ኣይመስልን።

ኣሰር ቢሮክራሲ ብኸምኡን ወዲ ኸምኡን ክጭብጡዎ ስለዘይከኣሉ ናይ ተስፋ ምቝራጽ ስጉምቲ ክወስዱ ተደናደኑ። ንማና ምክትታል ግዜ በሊዑሎም። ቢሮክራሲ ምስ ማና ክራኸብ እንከሎ ክሕዙዎ ዝሓሰቡ ኣይኮነሎምን። ስለዚ ንማና ኣብ ከቢድ ማእሰርቲ ኣእቲኻ ብኸቢድ ምርመራ ቢሮክራሲ ኣበይ ከምዝርከብ ንምጽማቕ ሓለኑ። ቀዳማይ ውጥኖም ፈሺሉ ናብ ናይ ዓቕሊ ጽበት ስጉምቲ ክኣትዉ ወሰኑ።

ማና ሓጎስ ተታሒዛ [71]

ክሳብ'ዚ ግዜ'ዚ ማና ትኹን ወይስ ቢሮክራሲ ኣንፈትን ሚዛንን ናይ'ቲ ሓደጋ ኣጸቢቖ ዝተፈለጦም ኣይመስልን። ኣብ ኣስመራ ሓደ ነገር ከምዝተረኽበ ውሱን ኣፍልጦ ኔሩዎም ክኸውን ይኽእል'ዩ። ስለይቲ ንማና እግሪ-እግራ ሰዒቦም ብምክትታል ንቢሮክራሲ የናድዩ ከምዝነበሩ ብልክዕ ይፈልጡ ኔሮም ክበሃል ግን ኣይከኣልን።

ኣብ ክፍላ ጥሪ፡ ቢሮክራሲ ንምርካብ ምክትታል ንማና ተስፋ ስለዘቑረጾም፡ ኣብ ኣዲስ-ኣበባ ሒዞም ካብኡ ወጻኢ ወሲዶም ስዉር

ኣብ ዝበሉዎ ቦታ ኣሰሩዋ። ዕላምኦም ማና ከምዝተኣሰረት ቢሮክራሲን ብጾቱን ፈሊጦም ከየምልጡ ብምሕሳብ'ዩ። ካብ ኣዲስ ኣበባ ኣስታት 70 ኪሎሜተር ናብ ዝርሕቀቱ ንኡስ ከተማ ናዝሬት ተወሰደት። ኣብኡ ኣብ ትሕቲ ናይ “ቀበሌ” ቤት-ማእሰርቲ ከምእትጸንሕ ተገብረ።

ቢሮክራሲ እዚ ስጉምቲ'ዚ ኣይተሰወሮን። ብዝነበሮ ናይ ስለያ ሰኪዐታቱ ኣቢሉ ማና ኣብ ኣዲስ ኣበባ ተታሒዛ ናብ ናዝሬት ከምዝተወሰደት ፈለጠ። ንምርግጋጽ ንሓደ ብሱል ኣባል ሓፋሽ ውድብ ናብ ናዝሬት ለኣኾ።

ሸዑ መዓልቲ ንውፉይ ሰንጋል ወልደትንሳኤ ዑቕቡ ጸዊዑ፡ “ኣብ ናዝሬት ሓንቲ ኣባልና ተኣሲራ ኣላ። ብኸመይ ተታሒዛ'ላ፡ እንታይ ሓበሬታ ወሲዶምላ ኣጻሪኻ ምጻእ፡” በሎ። ሰንጋል በዚ መምርሒ'ዚ ተደናገረ። መን ምዃና ስለዘይሓበሮ ድማ ዝያዳ ግር በሎ። “ኣስቴር ናይ ደቀንስትዮ ጠርናፊት ስለ ዝኾነት ብመንገዳ ዘይነጻሪ!” ክብል ንቢሮክራሲ ሓተቶ። “እዛ ተታሒዛ ዘላ ኣባልና ብመስመር ኣስቴር ፍቓዱ ዘይትጥርነፍ'ያ። ኩነታታ ፈሊጥና ዘድሊ ህጹጽ ስጉምቲ ክንወስድ ተቐላጢፍካ ኬድካ ኣጻሪ!” ኢሉ ምስ መለሰሉ፡ ሰንጋል ገለ ክገልጸሉ ዘይደለየ ምስጢር ሓዘል ጉዳይ ክኸውን ከምዝኽእል ሓሲቡ ሸዑ መዓልቲ (ዓርቢ መዓልቲ) ናብ ናዝሬት ተበገሰ። ኣብኡ ንሓደ ሃይሉ ኣርኣያ ዝተባህለ ኣቐዲሙ ዝፈልጦ ዝነበረ ኤርትራዊ ኣባል ሓለዋ “ቀበሌ” ንጽባሒቱ ቀዳም መዓልቲ ረኺቡ፡ “ሓንቲ ዘመደይ ኣብዚ ተኣሲራ ኣላ'ሞ፡ ኩነታታ ኣጻርየለይ!” ኢሉ ተማሕጸኖ። ሃይሉ ድሮ ብዛዕባኣ ይፈልጥ ስለ ዝጸንሐ “ማና ድያ ትብሃል? ንሳ ኣባል ማእከላይ ጸጥታ'ዩም ብሕድሪ ክነጽንሓሎም ኣረኪቦምና። ኣብ'ዚ መዓልታት ከይገበረት ሎሚ ቀዳም ወሲዶማ!” ክብል ኣረጋገጸሉ። ሰንጋል ናብ ኣዲስ ኣበባ ተመሊሱ እቲ ዝረኸቦ ሓበሬታ ንቢሮክራሲ ሓበሮ። ቢሮክራሲ ግን ብመንገዱ ንማና ካብ ናዝሬት ከምዝኣለዩዋ ፈሊጡ ጸኒሑ።

ካብ'ዚ ፍጻሜ'ዚ ንደሓር ኣብ ገዛእ ነብሱ ዘተኮረ ሃድን ክስዕብ ከምዝኽእል ብዓቢኡ ገመተ። ግዳ ከም ኣሰራርሓ ቢሮክራሲ፡ ንዓይ ክለኪ ዝኽእል ፍጻሜ ተረኺቡ፡ ኢልካ ውዱእ ንቕሎ ምግባር ኣይልማዱን'ዩ። ቀጻሊ ምክትታል ብምግባር ክሳብ ጭቡጥ ኣንፈት

ሓደጋ ዘጓንፍ ሸበድበድ ከይበልካ ብህድኣትን ትኩርነትን ጉዳያት ምሓዝ ከም መትከል ዘዘውትሮ'ዩ።

እቲ ታሪኻዊ ኣጋጣሚ ዘገርም'ዩ! ንስለያ ደርጊ ሓደ ዓቢ ተልእኾ'ዩ። ቢሮክራሲ ንምሓዝ ዝግበር ወፍሪ ንናይ ህዝባዊ ግንባር ውሽጣዊ ምስጢራዊ ናይ ከተማታት ስርርዕ በርቂቑካ ከም ምምሓው ቈጺሩ ዓቢ ዓወት ከመዝግብ ተሃንጠየ። እዚ ህርፋን ዓወት'ዚ ምስ'ቲ ብዓቢኡ ንህዝባዊ ግንባር ንምጥፋእ ተበጊሱ ዝነበረ ሻድሻይ ወራር፡ ዓወት ናይ ግድን መሲሉዎም ተደራቢን ዝሰማማዕን ገይሮም ስለዝወሰዱዎ ዓቢ ምህንጣይ ፈጠረሎም። ደርጊ ብግንባርን ብናይ ከተማ ጸረ-ስለያኡን ዛንታን ዝናን ዝኸውን ዓወት ክሓፍስ ማለት'ዩ።

ከም'ዚ ዓይነት ምህንጣይ ዝደረኾ ህውኽ ምእሳር ማና ሓጕስ ኣብ ልዕሊኣ መጠን-ኣልቦ ግፍዒ ዘሰነዮ ከቢድ ምርመራ ክግበረላ ኣገደደ። ማና ካብ ናዝሬት ብህጹጽ ናብ ኣስመራ ተላኢኻ ኣብ'ቲ ዕሉል ግፍዒ ዝፍጸመሉ ማርያም ግምቢ ተኣስረት። ዘሰካሕክሕ ጭፍጨፋ ኣብ ልዕሊኣ ተኻይዱ። ኣእጋራን ኣእዳዋን ቈርዩ፡ ማህጸና ተበላሽዩ ቀጻሊ መድመይቲ ዘለዎ ኮይኑ፡ ብቓንዛ ዘይትድቅስን ዘይትቐስንን ሰብ ገበሩዋ። ኣብ'ዚ መርመራ'ዚ ብርቱዕ ጽንዓት'ኳ እንተርኣየት፡ ገለ ቅንጣብ ሓበሬታ ግን ክትሃድመሉ ዘይትኽእል ነበረ። ትእመነሉ ኣይትእመነሉ ድማ እቲ ጉዳይ ንመርመርትን ሰለይትን ብሩህ ነበረ። ቁልፊ ሓበሬታኦም እቲ ኣብ ኣዲስ ኣበባ ብናይ ስለያ ካሜራ ዘልዓሉዎ ስእሊ ንሳን ቢሮክራሲን ክራኸቡ እንከለዉ ዘርኢ ነበረ። ብተወሳኺ ናይ ቀደም ስእሊ ቢሮክራሲ ኣብ ኢዶም ስለ ዝነበረ ክላገብ ዝኽእል ኣንፈት ጸኒሑዎም'ዩ። ኣውራ ኸኣ ኣብ'ታ ስእሊ ሓንቲ መኪናን ታርጋኣን ይርአ። ነዚ ቅንጥብጣብ ናይ ስእሊ ሓበሬታታት ኣላጊቦም ቢሮክራሲ ኣብ ኣዲስ ኣበባ ምህላዉን ማኪና ከምዘላቶን ገምገሙ።

ቢሮክራሲ ኣብዚ ሰዓት'ዚ ብዝበዝሕ ምናልባት ናብኡ ዘተኵረ ሃድን ይካየድ ምንባሩ ገመተ። ንማና ኣሲሮም ዝረኸቡላ ክህሉ ከምዝኽእል፡ ስለ'ዚ ዝያዳ ክጥንቀቕን ምናልባት'ውን ክኽወልን ከምዘለዎ ኣተሓሳሰቦ። ንኹሉ ምናልባታት ኣብ ጸብጻብ ኣእትዩ፡ ገለ ናይ ቅድመ-ጥንቃቐ ስጉምታት ክወስድ ተበጋገሰ።

ፍቅርቲ ፍረወይኒ[72]

ኣብ'ታ ናይ ሱማሌ-ተራ ጽምውቲ መንበሪኡ ድሕሪ ኣብርሀት ፍስሃ ንሚዳ ምምላሳ ንበይኑ'ዩ ዝቕመጥ ዝነበረ። ጸኒሑ ግን ኣብ ቀዳማይ ፍርቂ ናይ 1981 ሓንቲ መናብርቲ ነበረቶ። ንሳ ፍረወይኒ ገብረስላሴ እትብሃል ኣብ ቤት-ትምህርቲ ጥልያን ኣስመራ ብሕሳብ ትምህርታ ዝወድአት መንእሰይ ኢያ። ከተማዊ ባህሊን ብሉጽ ዘመናዊ ትምህርቲን ቀሲማ ብልዑል ውጽኢት ተመሪቓ ጌና ኳል 19 ዓመት ከይመልአት ኣብ ባራቶሎ ዘቈሞ ቤት ትምህርቲ ጥልያን ጽቡቕ ስራሕ ሓዘት።

ፋብሪካ ባራቶሎ [73]

ፋብሪካ ባራቶሎ (እንዳ ዓለባ ጕዳይፍ) ኣብ ኣስመራ ኣሽሓት ሰራሕተኛታት ዝሓዘ ትካል'ዩ ኔሩ። ኣብ ኤርትራ ሓደ ካብ'ቶም ዓበይቲ ፋብሪካታት'ዩ። ብኹሉ ኹሉ ውድብ ህዝባዊ ግንባር ዓቢ ቈላሕታ ዝንበረሉ ትካል ነበረ። ብዙሓት ኤርትራውያን ብደረጃ ሓላፍነትን ተራ ሰራሕተኛን ዝዓዩሉ ቦታ ስለ ዝነበረ ኣብዚ ትካል'ዚ ከቢድ ጽልዋ ክህልዎ ብምስጢር ሰርሐ። ብውሽጢ ውሽጢ ህዝባዊ ግንባር ተቈጻጺሩዎ ኔሩ ክበሃል ይከኣል። ጀነራል ማናጀር (ኣመሓዳሪ) ናይ'ታ ትካል በየነ ደበሳይ ኣባል ህዝባዊ ግንባር'ዩ። ናይ ዓቕሚ ሰብ ሓላፊ ጋይም ተኪኤ (ናይ ሕሳብ ምሁር) እዚ'ውን ከምኡ ኣባል ህ.ግ. ኢዩ። ናይ ዕድጊ (ፐርቼሰር) ሓላፊ ኣቶ ኣሰፋው ግርመ (ኣቡኡ ንውፉይ ስእላይ ኣሰፋው) ድማ ከምኡ። ኣብ ኣብያተ-ጽሕፈትን ኣብያተ-ዕዮን ዝርከቡ ብዙሓት ሓለፍትን ተራን ሰራሕተኛታት ባራቶሎ ኣብ ህዝባዊ ግንባር ዝተወደቡ'ዮም ኔሮም። ሓደ ዓቢ ሓላፍነት ኣብ ናይ ከተማ ኣስመራ ስርርዕ ዝነበሮ ህቡብ፡ ዓቢ ምሁር፡ ጠበቓ ርእሶም ተኽለማርያም (ታርዛን) ወግዓዊ ጠበቓ ናይ ትካል ባራቶሎ ኮይኑ ኣብኡ ቤት-ጽሕፈት ተዋሂቡዎ ይሰርሕ። እዚ ውደባታት ህዝባዊ ግንባር ኣብ 1975 - 76 ስፍሓት ነበሮ።

ጋይም ተኪኤ ኣብ ገሽናሽም (ድምበዛን) ተወሊዱ ኣብኡ ዓብዩ ክሳብ ሻሙናይ ክፍሊ ዝበጽሐ ኣብ ዓዲተከሌዛን ተማሂሩ። ኣቡኡ ህርኩት ሓረስታይ ባሕርን ዓድን ኣብ ርእሲ ምንባሩ መላሳይ ኢዩ ኔሩ። መላሳይ ማለት ነጋዳይ ናይ ከብቲ ማለት'ዩ። ኣቶ ተኪኤ በዚ ስራሕ'ዚ ዕውት ብምንባሩ ኣብ ዓዲ ገሽናሽም ጠሓኒትን ዱኳንን ተኺሉ

ነበረ። ህቡብን ቅቡልን ስለ ዝነበረ ድማ ናይ ኩብቲ ሸየጥትን ዓደግትን መድሕን (እተን ኩብቲ ናይ ስርቂ ከይኮና ፍሉጥ ዋና ከምዘለወን ዘረጋግጽ ወኪል) ኮይኑ ስለ ዘገልግል ኣብ ዕዳጋ (ሓሙስ) ኣስመራ ፍሉይ ክብሪን እትዋትን ነበሮ። ኣቶ ተኪኤ ኣብ 1967 ጌና ደቁ ጉቢዞም ኑብሶም ከይከኣሉ እንከለዉ ሓሚሙ ዓረፈ። ንጋይም፣ ኣዲኡን ኣሕዋቱን ኣቦኦም ዘጥረዮ ሃብቲ መላሳይ፣ ጠሓኒትን ዱኳንን ብብቕዓት ከካይዱ ስለ ዝጸገሞም ተዳኸመ። ጋይም ሓንቲ ካብ'ተን ናይ ኣቦኡ ሞያታት ማለት መድሕን ዕዳጋ ኩብቲ ምዃን ተለማሚዱዎ ጸኒሑ ቀጸሎ። ከምዚ እናበሉ ስድራ-ቤት ኣቶ ተኪኤ ከምሃሩን ክስልጥኑን ከኣሉ። ጋይም ትምህርቱ ቀጺሉ ብናይ ሕሳብ ትምህርቲ ተመሪቑ ኣብ ባራቶሎ ናይ ምምሕዳር ዓቕሚ ሰብ ሓላፊ ኮይኑ ሰሪሑ ደሓን ዝኾነ መነባብሮ ወኒኑ ኣላዩ ስድራ ኮይኑ ነበረ። ኣብ ህዝባዊ ግንባር ብኣጋኡ ተወዲቡ ኣብ ባራቶሎ እናሰርሐ እንከሎ ቀጥታዊ ርክቡ ምስ ውፉይ ኣለም መክብብ (ተስፋልደት መንግስቱ) ኾነ።

ኣብ 1976 ሓደ መዓልቲ ብመንገዲ ኣለም መክብብ ካብ ውድብ ህዝባዊ ግንባር ሓደ ትእዛዝ ተቐበለ። ንሓደ ኣገዳሲ ናይ ውሸጢ ከተማ ውፉይ ግድን ኣብ ባራቶሎ ስራሕ ከእትዎ ከምዘለዎ ዝሕብር ትእዛዝ'ዩ ኔሩ። ኣብ'ቲ ግዜ'ቲ ደርጊ ነቲ ፋብሪካ ተቘጻጺሩዎ ስለ ዝነበረ፣ ብኢደ ወነንካ ስራሕ ምእታው ኣሸጋሪ ስለ ዝነበረ፣ ትእዛዝ ውድብ ብኸመይ ከምዝፍጸም ንግዜኡ ኣገሞ። ሓደ ጽቡቕ ሃዋህው ግና ንሱ ብስም ህዝባዊ ግንባር ዝፍጽሞ ተግባር መሳርሕቱ ክተሓባበሩዎ'ምበር ክዕንቅፍዎ ዘይክእሉ ምንባሮም'ዩ። ዳርጋ ኩሎም ኣገደስቲ ሓለፍቲ ውድባት ህዝባዊ ግንባር'ዮም። ሽዑ ጋይም ሓደ ጥበብ ሓሰበ። ባራቶሎ ዘምጽኣን ሓደስቲ ዘመናውያን፣ ናሽናል ካሽ ረጅስተር (ዓበይቲ ሕሳባት ዘወራርዳ ናይ'ቲ ግዜ'ቲ ማሽናት) ኣእትዩ ነበረ። ነዘን ማሽናት'ዚኣን ዘሰርሐን ዓቕሚ ክኢላ ሰብ ግን ኣይነበረን። ነቲ ብውድብ ኣገዳሲ ዝተባህለ ሰብ ናይ'ዘን ማሽናት'ዚኣን ክኢላ ጌሩ ከእትዎ ሓሰበ። ሓደ መወዓውዒ ኣብ ጋዜጣ ኣውጺእካ ይፍጸም ስለ ዝነበረ ከምኡ ገበረ። ናታተን ክእለት ዝተማህረ ክርከብ ብዙሕ ዘይሕሰብ'ዩ ኔሩ፣ እንተኾነ ክልተ ኣፈወርቂ ዝብሃሉ ሰባት ናብ'ቲ ስራሕ ኣመልከቱ።

እቲ ሓደ ኣፈወርቂ ተወልደመድህን ቢሮክራሲ እዩ። ቢሮክራሲ ናይ ዩኒቨርስቲ ነጥብታቱ ኣዕጋቢ ኣብ ርእሲ ምንባሩ ናይ'ዘን ማሽናት'ዚኣን

ክእለት ከምዝተማህረ ምስክርነት ሒዙ ቀረበ። እቲ ካልእ ኣፈወርቂ እያሱ ዝብሃል በሊሕ ሰብ ነጥብታቱ ካብ ናይ ቢሮክራሲ ዘይሓምቕ፡ ከምኡ'ውን ናይ ሕሳብ ማሺን ፍልጠት ከምዝነበሮ ምስክርነት ዘቕረበ'ዩ ኔሩ። ግናኸ ትእዛዝ ውድብ ክፍጸም ስለ ዝነበሮ ናብ'ቲ ስራሕ ቢሮክራሲ ተመርጸ። እቲ ካልእ ኣፈወርቂ እዚ ተግባር'ዚ ኣይተረድኦን፡ ኣብኡ ከሎ ብሌላን ጉሌላን (ሰበይ ሰብካ) ዝተፈጸመ ጌሩ ወሲድዎ ቅርሕንቲ ኣሕደረ። ዝገብሮ ነገር ግን ኣይነበሮን። እዚ ኣፈወርቂ'ዚ ተጋዳሊ ንሜዳ ኣትዩ ኣብ ኣሃዱ ከቢድ ብረት ምስ ጋይም ተኪኤ ተራኸበ። ኣፈወርቂ እያሱ ንጋይም ምስ ረኣየ፡ "ኣብ ትሕቲ ደርጊ ኴንካ ሌላን ጉሌላን ትገብር ዝነበርካስ ኣብ'ዚ ምሳና ትጋደል ኣለኻ!" ብምባል ኣብ ቅድሚ ብጾቶም ዘረባ ተኩሰ። ጋይም ነዚ ሰብ'ዚ ኣይፈልጦን'ዩ፡ ብዛዕባ እንታይ ይዛረብ ምንባሩ ተደናገረ። ኣፈወርቂ እያሱ እቲ ናይ ባራቶሎ ናይ ሕሳብ ማሽን ስራሕ ምስ ኣዘኻኸሮ ግን ኣቲ ፍጻሜ ትዝ በሎ። "ኣብ ከንዳኻ ግድን ክነእትዎ ዝነበረና ዓቢ ምስጢራዊ ተጋዳላይ'ዩ ኔሩ፡ ስራሕ ዘእተናዮ ድማ ብውድብ ኣብኡ ክነእትዎ ስለ ዝተሓበረና'ዩ። እንቋዕ ከኣ ኣዘከርካኒ፡ ኣነ ኣብ ቃልሰይ ብሓበን ዝቑጽሮ ተግባር'የ ፈጺመ። ብኣድማዕነት ክሰርሕ ንኣፈወርቂ ቢሮክራሲ ኣብኡ ሸፋን ዝኾና ስራሕ ስለ ዝፈጠርኩሉ እኹርዓሉ'የ። ንስኻ ብናይ ውልቅኻ ጥቕሚ ኢኻ ደሊኻዮ'ቲ ስራሕ፡ ንሕና ግን ብናይ ውድብ ጥቕሚ ኢና ኬድናዮ. . . ." ብምባል መልሲ ሃበሉ።

ቢሮክራሲ ክሳብ 1975 ተመሃራይ ዩኒቨርስቲ ብምዃን'ዩ ንዝነበሮ ናይ ገድሊ ምስጢራዊ ስራሕ መሸፈኒ ዝኾኖ ዝነበረ። ኣብ 1975 ግን ደርጊ ብዝፍጽሞ ዝነበረ ግፍዕታትን ካልእን ኣብ ኣስመራ ዓቢ ዕግርግር ተፈጥረ። ብሰንኪ'ዚ ዩኒቨርስቲ ኣስመራ (ሳንታ ፋሚልያ) ተዓጽዩ ነበረ። ካብ ዩኒቨርስቲ ወጺኡ ምስጢራዊ ገድላዊ ዕዮኡ ቀጸለ። እንተኾነ፡ ንሸፋን ክኾኖ ዝኽእል ስራሕ ኣይነበሮን። ሽዑ'ዩ ናብ ጋይም ብውድብ ትእዛዝ ተመሓላሊፉ ቢሮክራሲ ሰራሕተኛ ፋብሪካ ባራቶሎ ክኸውን ዝኸኣለ። እዚ ሓድሽ ናይ ሸፋን ስራሕ ክሳብ መጀመርያ 1980 ተጠቕመሉ።

ኣብ ትሕቲ ምምሕዳር (ጋይም ተኪኤ ዝመርሓ) ናይ ፋይናንስ ጸሓፍቲ ነበሩ። ናይ'ዚ ክፍሊ'ዚ ሓላፊት ድማ ሕብረት በርሀ ዝተባህለት

ምህርቲ ኤርትራዊት'ያ። ንሳ ኣብ ኣዲስ ኣበባ ኣብ ዘመነ-ጥሕሻ (1972 - 73) ኣባል ውድብ ዝነበረት ናብ ኣስመራ መጺኣ በዓል ጋይም ተኪኤ ኣብኡ ስራሕ ዘእተውዋ'ያ ኔራ። ሕብረት በርህ ሓፍቱ ንስሎሞን በርሀ፡ ሓደ ካብ'ቶም መራሕቲ ምስጢራውያን ውድባት ኣዲስ ኣበባ ዝነበረ ምስ'ቶም ኣብ ጥቅምቲ ናይ 1978 ብጸላኢ ተታሒዞም ዝተረሸኑ፡ ኢያ። ከምኡ'ውን ሕብረት፡ ነቲ ህቡብ ናይ ጥሕሻ ወዳቢ ተመስገን ሃይሉ፡ ብፓላሶ ጸዲፉ ምስጢር ዝዓቀበ፡ በዓልቲ ቤቱ ዝነበረት'ያ። ኣብ ክፍሊ ፋይናንስ ባራቶሎ፡ ኣብ ትሕቲ'ዛ ዝተጠቕሰት፡ ንባዕላ ኣባል ውድብ ህዝባዊ ግንባር፡ ቢሮክራሲ ከም ናይ ኤን.ሲ.ኣር (ናሽናል ካሽ ረጂስተር) ክኢላ ኮይኑ ክሰርሕ ተመደበ። እተን ማሽናት ጌና ኣብ ስራሕ ኣይወዓላን። ቢሮክራሲ ንማለቱ'ዩ ቦታ ኣብ'ቲ ቤት-ጽሕፈት ዝተዋህቦ። ሕብረት ንባዕላ ስራሕ ቢሮክራሲ ኣመቱ ስለ ዝነበራ ንገድላዊ ስርሖ መሊሳ ተጠዓዕመሉ'ምበር ኣይትዕንቅፎን'ያ። ቢሮክራሲ ንኹሎም ኣብኣ ዝርከቡ ኣባላት ቤት-ጽሕፈት፡ በቲ ሕዉስ፡ ምኡዝን መስሓቕን ፈላጥን ጠባያቱ፡ ተላልዩዎም ተዓራሪኽዎም'ዩ። ኣብኡ ዝኾነ ዘመጽእ ንኽላለዩን ንኽተዓራረኾን ግዜ ኣይወሰድን።

እተን ኣብ ቤት-ትምህርቲ ባራቶሎ፡ ጉዳይፍ፡ ዝምህራ መንእሰያት፡ ፍረወይኒ ገብረስላሴን ላውራን ኣብ'ዚ ቤት-ጽሕፈት'ዚ መጺኣን ደሞዘን ይወስዳ። ከምኡ ጥራይ ዘይኮነ፡ ከም ሰራሕተኛታት ባራቶሎ ስለ ዝፍለጣ፡ ኣብ ዝተፈላለየ ናይ ምዝንጋዕ ኣጋጣሚታት ኣብ'ቲ ቤት-ጽሕፈት ምምጻእ የዘውትራ ነበራ። ክረምቲ ክኸውን ከሎ ኣብ'ቲ ፋብሪካ መጺኤን ኣብ'ዚ ቤት-ጽሕፈት'ዚ ተመዲበን ይሰርሓ። ፍረወይኒ ናይ ሕሳብ ምህርቲ ስለ ዝነበረት ቀጥታዊ ርክባ ምስ ሕብረት በርሀ ዝነበረቶ ቤት-ጽሕፈት'ዩ። ሌላ ቢሮክራሲን ፍረወይኒን ኣብ'ዚ ኢዩ ጀሚሩ።

ፍረወይኒ ኣብ ሱማሌ-ተራ [74]

ፍረወይኒ፡ ከደረይቲ ዝሕብራ፡ ኩሉሳዕ ጸጉራ ኣሕጺራ እትምሽጦ፡ ኣዝያ ግርምቲ ውልዶ መንእሰይ ኢያ። ኣብ ትምህርቲ ጥልያን ዝለመደቶ ክፉትነትን ዘይሕፍረትን ከምኡ'ውን ግርህናን ንጽህናን ደሪኹዋ ባህ ዘበላ ካብ ምዕላል ዘይትቕጠብ ምጭውቲ ሰብ። ኩሉ ናይ ፍቕሪ ዓይኒ ዘጥረየ ኣብ'ቲ ቤት-ጽሕፈት ንዓኣ ዘይጥምት ፍጡር

ኣይነበረን። ንፍቕሪ ክተስተማቕሮን ክተዘውትሮን ባህ ዝብላ ብግልጺ ኸኣ ብዛዕብኡ ክተዕልልን እኳ እትደሊ እንተነበረት፡ ኩነታትን ክብሪን ስድራ-ቤታ ብምጥማት ሃንደፍ ኢላ ኣትያ ብመንገዳ ክተዘውትሮ ቅርብቲ ኣይነበረትን። ኣብ'ዛ ቤት-ጽሕፈት ባራቶሎ ክትመላለስ እንከላ ግን ኩሉ ውኔኣ ክተረክቦ ዝበሃገቶ ሰብ ቢሮክራሲ'ዩ ኔሩ። ፍረወይኒ ኣንባቢት መጻሕፍቲ'ያ (ብጥልያን)፡ ከይረኣየታ እትሓልፍ ፊልም ኣይነበረትን። ብዛዕባ ዘንበበቶን ዝረኣየቶ ፊልምን ናይ ምዕላል ልምዲ'ውን ነበራ። በዚ ባህርያት'ዚ ምስ ቢሮክራሲ ከም ስሕበት ዝውጥጥ ስምዒታት ፈጠረላ። ቢሮክራሲ ምስ ብዙሓት ኣዋልድ ዝዘውርን ዝራኸብን'ኳ እንተኾነ፡ ብሰንኪ ስለያዊ ስርሑ ተጠንቂቑን መዚኑን'ዩ ዝጉዓዝ። ምስ ፍረወይኒ ግን ልባዊ ፍቕሪ ሓደሮ። 1978 ከይተወድአ ፍረወይኒ ዝጠበቐቶ ኣፍቃሪቱ ኮይና ክሳብ ኣብ መንበሪኡ ገዛ-ባንዳ ኣታዊትን ወጻኢትን ነበረት። ንቢሮክራሲ ከም ሓደ ብፍቕሪ ዘይምኖ መንእሰይ ጥራይ ኢያ ትፈልጦ። ብሰንኪ ስርሑ ከም'ቲ ዘስተማቐረቶ ፍቕሩ እናሻዕ ዘይጠብቕ፡ ሓደ ሓደ ግዜ ዘይርድኣ ምፍላይ፡ ዘይንጹር ምኽንያት ዘለዎ ምጥፋእ እኳ ትዕዘበሉ እንተነበረት፡ ካብ ልባ ክወጽእ ወይ ካብኡ ክትፍለ ፍጹም ኣይደለየትን። ሓደገኛ ስራሕ ሒዙ ከምዘሎ ከይፈለጠት ንነዊሕ ምስኡ ተጓዕዘት። ካብ ገለ መሳርሕቱ ብዛዕባ ምስጢራዊ ናይ ገድሊ ስርሑ በጨቕታ ዕላል ሰሚዓ ብመጠኑ'ኳ እንተጠርጠረት ንዓኣ ግን ሓደ ምጩው፡ ተራ መንእሰይ'ዩ ኔሩ። እቲ ፍቕሩ ዕዙዝ፡ ዓቢ መኻሪን መምህር ናይ ህይወትን ጌሩ'ውን ስለ ዝወሰደቶ ብኩሉ እንተናኣ ምስኡ ጠቢቓ ክትጉዓዝ'ያ መሪጻ። ቀስ ብቐስ ነቶም ኣብ ገዝኡ እትረኽቦም ኣሕዋቱ ከም ኣሕዋታ ረኣየቶም። ፍረወይኒ ክብርቲ ጋሻ ናይ'ቲ ስድራ-ቤት፡ እትው ኢላ ከም ጓል ቤት፡ ኣብ ስራሕ ገዛ ትነጣጠፍ፡ ተዕልልን ህይወት ምስኦም ተስተማቕርን።

ቢሮክራሲ ካብ ኣስመራ ክወጽእ ከሎ ዘጓነፎ ኸበባ ሰሚዓቶ'ያ፡ ዝለኸያ ከይከውን ንቑሩብ ሰጊኣ ኔራ። ደሓር ግን ኣበይ ከምዝኣተወ ጠፊኡዋ ተሻቐለት። በዚ መጸ ከይተባህለ ግን ዳግማይ ኣብ ኣስመራ ተረኸበ። ሸው'ውን ጽንሕ ኢሉ ተሰወረ። ድሕሪ ቁሩብ ኣዋርሕ ግን ኣዲስ ኣበባ ከምዝነበረ ደዊሉ ኣፍሊጡዋ ናብኡ ከደቶ። መጀመርያ ናብኡ ዝኸደትሉ፡ ኣብርሀት ፍስሃ ኣብ'ታ ናይ ሶማሌ ተራ መሕደሪቱ ስለ ዝነበረት ኣየርኣያን። ኣብርሀት ናብ ሜዳ ምስ ተመልሰት ግን

ንሳ'ውን ካብ ኣስመራ ጠቕሊላ ናብኡ ከይዳ ኣብ'ታ ናይ ሱማሌ ተራ ቤቱ ኣዘውቲራ ትሓድር ነበረት።

ፍቓዱ ተወልደመድህን [75]

ሽዑ እዋን ፍቓዱ ተወልደመድህን፡ ዝነኣሰ ሓዉ ንቢሮክራሲ፡ ኣብ ኣዲስ ኣበባ ንበይኑ ይመሃር ነበረ። ኣኮኦም ግርማይ ወረሶም ካብ እንዳዲኦም ዝነኣሰ'ዩ። ኣቦ በዓል ቢሮክራሲ፡ መምህር ተወልደመድህን ወልደመንቀርዮስ ምስ ሞቱ፡ ቀንዲ ኣላይኦም ኣኮኦም ግርማይ ወረሶም'ዩ ኔሩ። ደቂ መምህር ተወልደመድህን በብሓደ ናብ ገድሊ ምስ ኣድሃቡ ግን ግርማይ ሕጉስ ኣይነበረን። ዘኽቲሞም ብኸርተት ንዘዕበዮቶም ኣደ ከዕርፉ ኣብ ክንዲ ዝጓየዩ ጠጠንጢኖማ ናብ ገድሊ ስለ ዝተጸንበሩ ሓደ ካብ'ቲ ኣዝዩ ዝጉሃየሉ ጉዳይ ነበረ። ንሱ ኣብ መነባብሮኡ ዕዉት'ዩ ኔሩ። ጌና ከይተመርዓወ እንከሎ ኣብ ኩባንያ ፊያት እናሰርሐ ንዕኡን ነዞም ዘኽታማትን ክኸውን በቒዑ ነበረ። ንሳቶም ዓዲ ኣትዮም ኣብ ዝተባህሉሉ እዋን (ተማሂሮም ደረጃ ዩኒቨርስቲ ዝበጽሑሉ) ተመርዕዩ ሓዳር መስረተ። ኣብ'ቲ ግዜ'ቲ ግን (1978) ዳርጋ ኩሎም ደቂ ሓፍቱ ደቂ ወይዘሮ ሮማን ወረሶም፡ ናብ ገድሊ ገጾም ሰቢኾም ነበሩ። ቢሮክራሲ ድሃይ ዘይብሉ ጥፉእ'ዩ። ፍቓዱ እቲ ዝነኣሰ፡ ኣቦኡ መምህር ተወልደመድህን ኣብ ጥንሲ ከሎ ኢዮም ሞይቶም። ኣብ 1961 ተወሊዱ ኣብ ኮረም ክሳብ ሻሙናይ ክፍሊ ተማሂሩ። ካብ ታሽዓይ ክፍሊ ንላዕሊ ግን ምስ ኣኮኡ ግርማይ ኮይኑ ከመሃር ናብ ኣዲስ ኣበባ ከይዱ። ኣኮኡ ግርማይ ሽዑ ምርዑው'ዩ ኔሩ። ኣብ መነባብሮ ግን ምስ ኣኮኡ ንነዊሕ ተጠዓዒሙ ክነብር ስለ ዘይከኣለ ካብኡ ወጺኡ ኣብ እንዳ ዘመድን ፈተውትን እናሓደረ ትምህርቱ ቀጸለ።

ቢሮክራሲ ነዚ ጸገም'ዚ ፈሊጡ ብመንገዲ ኣባላት ውዱባት ኣቢሉ ኣብ ስራሕ ምርካብ ተሓጋጊዙዎ'ዩ። ጽገ ሃብተማርያም (እታ ካብ ኣዲስ ኣበባ እናመጸት ትረኽቦ ዝነበረት ውፍይቲ፡ ኣብ 1979 - 80 ኣባል ማእካሊ ኣካል ውዱባት ህ.ግ. ኣብ ኣዲስ ኣበባ ዝነበረት) ምስ ሰብ ጋራዥ ኣላልያቶ፡ ፍቓዱ ብስራሕ ነብሱ ክኢሉ (ኣብ ሰሙን 10 ብር ዝኽፈል መካኒክ) ባዕሉ ነብሱ እናኣለየ ትምህርቱ ክሳብ 11 ክፍሊ ክበጽሕ ክኢሉ'ዩ። ፍቓዱ ኣብ ኣዲስ ኣበባ እናተጸገመ ትምህርቱ እናቐጸለ እንከሎ ቢሮክራሲ ኣብ ኣዲስ ኣበባ ኣብ'ታ ናይ በይኑ ገዛ ናይ

ሶማሌ ተራ ኔሩ። ፍረወይኒ፡ ናብ ኣዲስ ኣበባ ምስ መጸት ብምስጢር ምስ ቢሮክራሲ እናተራኸበት ብግልጺ ድማ ምስ ፍቓዱ ኣብ ከተማ ትራኽብ ነበረት። ጸገም ፍቓዱ ዝተረድኣት ፍረወይኒ፡ ንቢሮክራሲ ንሓዉ ረኺቡ ሞራል ክህቦን ክተሓጋገዞን ተማሕጸነቶ። ብኡ መሰረት ንፍቓዱ ረኺቡ ነታ ናይ በይኑ ገዛ ናይ ሶማሌ ተራ ኣርኣዮ። ካብ'ዚ ርክብ'ዚ ንደሓር ፍቓዱ ክሳብ ክንደይ ተጠንቂቑ ክዋሳእ ከም ዘለዎ ተረድአ። ቢሮክራሲ "ኣብዚ ገዛ'ዚ ዝርከብ ዝኾነ ነገር ክትፈልጥ ኣይትፈትን። ክትኣቱን ክትወጽእን ተጠንቀቕ። እንተድኣ ኣጋጣሚ ኮይኑ ኣብ ኢድ ጸላኢ ኣቲኻ፡ ዘይትፈልጥ እንተጸኒሕካ በቲ ከቢድ መርመራ እተውጽኦ የብልካን፡ ትፈልጥ እንተጸኒሕካ ግን ክተውጽእ ስለ እትኽእል ዝኾነ ምስጢራዊ ስራሕ ክትሓተኒ ከይትፍትን!" ኢሉ ኣጠንቂቑዎ'ዩ። ፍቓዱ ኣባል ውድብ ብወግዒ'ኳ ኣይንበር'ምበር ዝኾነ ንቢሮክራሲ ይጠቅም'ዩ ዝበሎ ይሕብሮ ኔሩ'ዩ። ንኑብሱ ከም ምስጢራዊ ኣባል ብምውሳድ ኣብ ሓደ እንዳ ስእሊ ዝረኸቦ ዝነበረ ናይ ደርጊ ናይ ኣኼባታት ስእሊ ሰሲሒቡ የረክቦ ኔሩ'ዩ። ከምኡ'ውን ምስ ገለ-ገለ ኣባላት ጸጥታ ተፋሊጡ ሓደ ሓደ ጉዳያት ክሳልጡ ዝኽእሉ ኣዕሩኹ ጌሩዎም ኔሩ'ዩ።

ፍረወይኒ ኣብ ኣዲስ ኣበባ ንኣስታት ሽዱሽተ ወርሒ (ክሳብ መፋርቕ 1981) ምስ ቢሮክራሲ ተቐሚጣ፡ ኣድህቦኣ ንኤውሮጳ ገበረት። ናይ ምውጻእ ሰነዳት ምስ ኣሳለጠት ድማ ናብ ዓዲ-ጥልያን ተጓዕዘት። ኣብ ሮማ ንኣልማዝ ሓፍቱ ረኺባ መልእኽቲ ካብ ኣፈወርቂ (ቢሮክራሲ) ኣረከበታ።

ኣብ'ታ ብሕትውቲ ገዛ ምስ ቢሮክራሲ ዝራኸብን ዝመላለስን ፍቓዱ ጥራይ ነበረ። ሰግኣት ናይ መወዳእታ ታሕሳስ 1981 ምስ ተቓላቐለ፡ ኣብ መጀመርያ ጥሪ 1982 ፍቓዱ ዘውገነሉ ጉዳይ ንቢሮክራሲ ሓደ ብድሆ ነበረ።

"ገለ ኢዶም ዝሃቡ ስለ ዘለዉ ኣስጋኢ ኩነታት ክመጽእ ይኽእል'ዩ። ካብ'ዚ ንሜዳ ክትወጽኡ እትኽእል ዕድል ጸቢብ'ዩ። ካብ ኣዲስ-ኣበባ ግን ብቕልጡፍ ክትርሕቕ ኣለካ!" ኢሉ ቢሮክራሲ ንፍቓዱ ሓበሮ።

"ንሜዳ ምውጻእ ዘይከኣል ካብ ኮነ ናብ ሃገራት ኣፍሪቃ ዘይከይድ!" ክብል ፍቓዱ ርእይቶ ኣቐበሎ።

"ክንፍትና እንኽእል ሓንቲ መንገዲ ኣላ። ጽጌረዳ ተወልደ ኣብ ግሪኽ ስለ ዘላ ናብ ግሪኽ መእተዊ ቪዛ እትረኽበሉ ዕድል ክተዳልወልካ'ያ። ንሳ ቀልጢፋ እንተሰሊጣ ኣብ'ዚ ፓስፖርትን መውጽኢ ቪዛን ዝዳለወሉ መንገዲ ክንርኢ ኢና!" ክብል ቢሮክራሲ ሓደ ፍታሕ ኣመተሉ። ኣብ ውሽጢ ሰሙን በብወገኖም ንዘርከቡ ረኺቦም፣ ፍቓዱ ንሃገረ-ግሪኽ ክጉዓዝ ተቐረበ። ኣብ ክፍላ ጥሪ 1982 ፍቓዱ ናብ ግሪኽ ብሰላም ኣተወ። እዚ መደብ'ዚ ብምኽሪ ኣልማዝን ቢሮክራስን ዝተፈጸመ ነበረ።

17

ሃድን

ሃድን ሰለይቲ ኢትዮጵያ [76]

ሰለይቲ ደርጊ ኣብ ኣስመራ የዕወተና'ዩ ዝበሉዎ ሓበሬታ ሒዞም ንቢሮክራሲ ኣናድዮም ንምሓዝ ተዓጠቑ። ኣብ ኣስመራ ነቲ ብልኡኻቶም ዝረኸቡዎ ስእሊ ቢሮክራሲን ማናን ማኪናኡን ምስ ኣብ ኢዶም ዝጸንሐ ናይ ቀደም ስእሊ ቢሮክራሲ ኣነጻጺሮም ኣብ'ቲ ሓዲሽ ስእሊ ዝርአ ቢሮክራሲ'ዩ ኢሎም ኣመኑ። እታ ማኪና ፈያት 127 ዝዓይነታ ምኻና ምስ መለለዩ ቁጽሪ ታርጋአ ካብ'ቲ ስእሊ ፈሊጦም'ዮም። ነዚ ምርኩስ ብምግባር ንቢሮክራሲ ንምሓዝ ዕቱብ ወፍሪ ንምግባር ናብ ኣዲስ ኣበባ ንቕሎ ኮነ።

እቲ መደብ ሒዙ ብህጹጽ ካብ ኣስመራ ናብ ኣዲስ ኣበባ ዝተላእከ ሃይለ ወልደሰላሴ'ዩ ኔሩ። ሃይለ ወልደሰላሴ ኣብ ተጋድሎ ሓርነት ኤርትራ ዝነበረ ኣብ ፈለማ 1977 ናብ ደርጊ ዝሰለመ ሰብ'ዩ። እቲ እዋን መጀመርታ ለካቲት 1982 ኢዩ ኔሩ። ምስ መስርሕ ውግኣት ሻድሻይ ወራር ቅድድም ዝሓዘ ሃድን ቢሮክራሲ ሽዑ ተጀመረ።

ሃይለ ወልደሰላሴ ሒዙዎ ዝተበገሰ ግን እቲ ናይ ቀደም ስእሊ ቢሮክራሲ'ዩ ኔሩ። ንሱ ካብ ኣስመራ ብነፋሪት ብ10 ለካቲት 1982 ንግሆ ሰዓት 9፡00 ተበጊሱ ኣብ ኣዲስ ኣበባ ሰዓት 10፡00 ንግሆ ኣተወ። ተቐላጢፉ ናብ ቤት-ጽሕፈት ሚኒስተር ሃገራዊ ድሕነት ደርጊ

ኣትዩ ምስ ሚኒስተር ተስፋዬ ወልደስላሴ ተራኺቡ መምጽኢኡ ሓበረ። ሚኒስተር ተስፋዬ ወልደስላሴ እቲ ጉዳይ ብልዑል ደረጃ ተራእዩ ብቑዓት ኣባላት ስለያ ዝበሎም ኣርባዕተ ሰባት መዚዙ ሃይለ ምስኦም ክሰርሕ ኣዘዘ። ሓላፊ ናይ'ቲ ሃድን ልኡልሰገድ ዝተባህለ ላዕለዋይ መኮንን በቲ ሚኒስተር ተረቑሐ።

ካብ'ቲ ዕለት'ቲ ጀሚሮም ቢሮክራሲ ይርከበሉ ይኸውን ኣብ ዝበሉዎ ሃሰስ ክብሉ ጀመሩ። ቢሮክራሲ ግን ኣሰሩ ኣይተረኸበን። ኣብ ውሽጢ'ቲ ሰሙን'ቲ ንቢሮክራሲ ይፈልጦ ኢዩ ዝተባህለ ሓደ ዳዊት ገብረሂወት ዝተባህለ ሰብ ሃሰስ ኢሎም ክረኽቡዎ ፈተኑ። ዳዊት ግን ቅድሚ ሓያለ እዋን ንወጻኢ ሃገር ከምዝኸደ ኣረጋገጹ። ን10 መዓልታት ኣቢሎም ዘካየዱዎ ኣህላኺ ተፍትሽ ተስፋ ክህቦም ኣይከኣለን። ሃደንቲ ቢሮክራሲ ተጨኒቖም ተወሳኺ ሓበሬታ ካብ ማእከል ስለያ ኣስመራ ክመጾም ሓተቱ። ብዘይካ'ታ ሃይለ ሒዙዋ ዝመጸ ናይ ቀደም ስእሊ ቢሮክራሲ ካልእ ዝርዝራት ብጭቡጥ ኣብ ኢዶም ስለዘይበጽሐ እቲ ተሃንዲዶም ኣሰር ቢሮክራሲ ክረኽቡ ዝሓሰቡዎ ኣይቀንየምን።

እቲ ካብ ማእከል ስለያ ኣስመራ ዝጠለቡዎ ሓጋዚ ሓበሬታታት እዚ ዝስዕብ ነበረ።

1. እቲ ማናን ቢሮክራሲን ኣብ ኣዲስ ኣበባ ክራኸቡ ከለዉ ብናይ ስለያ ካሜራ ዝተወሰደ ስእሊ ክለኣኸሎም፣
2. እቲ ንማና ሓጉስ ኣብ ኣዲስ ኣበባ እግሪ-እግራ እናሰዓበ ዝስልያ ዝነበረ ሰብ ክመጾም፣
3. እቲ ንማና ሓጉስ ኣብ ማርያም ግምቢ ኣስመራ መርሚሩ ቃል ምርመራኣ ዝጸሓፈ ሰብ ናብ ኣዲስ ኣበባ ክመጾም።

እዚ ዝጠለቡዎ ሓጋዚ ዝበሉዎ ጉዳያት ኣብ ውሽጢ ውሑዳት መዓልታት ክለኣኸሎም ተጸበዩ። እንተኾነ ኩሉ እቲ ዝጠለቡዎ ሓደ ብሓደ ተጸብጺቡ ክለኣኸሎም ኣይከኣለን። እቲ ዝተላእከሎም እቲ ማናን ቢሮክራሲን ክራኸቡ እንከለዉ ዝተላዕለ ስእሊን፣ ኣቲ ከም ቃል ምርመራ ማና ዝተጻሕፈ ጽሑፍን ጥራይ ኢዩ ኔሩ። እቶም ክመጹዎም ዝጠለቡዎም ሰባት እቲ ንማና ሓጉስ ዝስሊ ዝነበረን፣ እቲ ንዓኣ ኣብ ማርያም ግምቢ ዝመርመረን ግን ኣይተላእኩን።

ካብ'ቲ ስእሊ ናይ ስለያ (ማናን ቢሮክራሲን ማኪና ፊያት 127 ምስ ታርጋኣን) ቢሮክራሲ ኣብ'ቲ ስእሊ ዝርአ ሰብ ኢዩ ኢሎም ኣመኑ። እታ ማኪና ናይ ቢሮክራሲ ክትከውን ትኽእል'ያ፡ ኢሎም ከኣ ረገጹ። ካብ'ዚ ተበጊሶም ኩሉ ገዲፎም ነታ ማኪና ክሃድኑ ወሰኑ። እታ ማኪና ነቲ ስእሊ ዝመስል ሰብ ሒዙዋ እንተድኣ ተረኺቡ ቢሮክራሲ ኣብ ኢዶም ከምዝኣቱ ተኣማመኑ። ብቐዳምነት ታርጋ ማኪናን ዓይነት ማኪናን ሒዞም ናብ ክፍሊ መጕዓዝያ ኣዲስ-ኣበባ ብምስጢር ብምኻድ ብስም መን ተመዝጊባ ከምዘላ ከረጋግጹ ተንቀሳቐሱ። ካብ'ዚ ተፍትሽ'ዚ፡ እታ ፊያት 127 ዝዓይነታ ታርጋኣ ዘለለዩዋ ማኪና ብሓደ ንጉሰ ታደሰ ቶልቻ እተባህለ እትውንን ንሓደ ንርኣዮ ኪዳነ ማና ዝተባህለ ነጋዳይ ከምዝተሸጠት ዘመልክት ሰነድ ረኸቡ።

ተቐላጢፎም ንንጉሰ ታደሰ ቶልቻ (ኢትዮጵያዊ) ኣሰሩዎ። ንዕኡ ኣሲሮም ግን ብዘይካ'ቲ ብሰነድ መጕዓዝያ ዘረጋግጹዎ ናይ መሸጣ ምምሕልላፍ ካልእ ሓድሽ ነገር ኣይረኸቡን። ንንጉሰ ታደሰ ቶልቻ ግን "ተኣሲረ ኔረ ከይትብል! እዚ ንርኣዮ ኪዳነ ማና ዝተባህለ ማኪናኻ ዝዓደገ ሰብ ምስ ዘጓንፈካ ግን ብቐልጡፍ ክትሕብረና ኢኻ! ከምኡ እንተዘይጌርካ ወይልኻ!" ኢሎም ኣፈራሪሖም ቀልጢፎም ኣፋነውዎ። ከም ሓሳቦም ንጉሰ ታደሰ ቶልቻ ኣብ ማእሰርቲ ንነዊሕ እንተሒዞሞ፡ እቲ ንርኣዮ ኪዳነ ማና፡ ብእምነቶም ቢሮክራሲ'ዩ ዝበሉዎ፡ ክሰምዕ ስለ ዝኽእል መሊሱ ከይሰወር ኢሎም ንምግራህ'ዩ። ቢሮክራሲ ይድለ ከምዘሎ ዘርኢ ዝኾነ ምልክት ከይረክብ ዝወሰዱዎ ጥንቃቐ'ዩ።

ሃይለ ወልደስላሴ ተሃንዲዱ ካብ ኣስመራ ብነፋሪት ነቒሉ ናብ ኣዲስ-ኣበባ ኣትዩ እዚ ኹሉ ሓሸውየ ክግበር ካብ 10 ለካቲት 1982 ብጠቕላላ ኣስታት 10 መዓልታት ሓለፈ። ብዙሕ ዋዕዋዕ ከይተገብረ ብሰላሕታ ንቢሮክራሲ ሒዝካ ዓቢ ስለያዊ ስርሒታዊ ዝና ምርካብ ዝዕላምኡ ሃድን'ዩ ዝኸይድ ኔሩ። ጥሪ ሓሊፉ ለካቲት መዓልታቱ ከውዳእ ሓጺር ግዜ'ዩ ተሪፍዎ ኔሩ። ሻዱሻይ ወራር ከኣ ኣብ ሳሕል ብንሁር ደረጃ ይቕጽል ነበረ። ወራር ደርጊ ተስፋ ዘይሃበ፡ ወዮ ናይ ሓደ ወርሒ ዝተባህለ ኣብ ቀዳማይ ሰሙኑ ንደርጊ ብዘደውን ኩነታት ይቕጽል ነበረ።

ቢሮክራሲ ኣብ'ዚ ግዜ'ዚ ርጉጽ ሓደጋ የንጸላልዎ ከምዝነበረ ፈለጠ። እቲ ዝዓበየ ምልክት ማና ሓጉስ ኣብ ኣዲስ-ኣበባ ሒዞም ኣብ

ናዝሬት ሓቢኦማ ጸኒሖም ብህጹጽ ናብ ኣስመራ ወሲዶም ኣብ ከቢድ ምርመራ ካብ ዘእትውዋ ልዕሊ ወርሒ ኮይኑ ምንባሩ'ዩ። እቲ ካልእ ብስለያዊ ሰኪዐታቱ ኣረጋጊጹዎ ክኸውን ዝኽእል ድማ ምንስቕስቓስ ሃይለ ወልደስላሴ ናብ ኣዲስ ኣበባ'ዩ። እቲ ኣብ 'እንተ' ኣእትዩዎ ዝኸይድ ካልእ ምናልባት ድማ ማና ሓጐስ እንተወሓደ ብዛዕባ'ታ ማኪናን ዓይነታን ብኽቱር ጸቕጥን ግፍዒን ምልክት ረኺቦምላ ክኾኑ ከምዝኽእሉ'ዩ።

ኣብ'ዚ እዋን'ዚ ዝዓበየ ቀልቡ ናብ'ዚ ጉዳይ'ዚ ኣድሂቡ ምንባሩ ዘመልክት ባህርያት የርኢ ኔሩ'ዩ።[79] ርክባት ምስ'ቶም ጠርኒፉ ኣወዳድባኦም ኣዐርዮም ክነጣጠፉ ዝኣልዮም ዝነበሩ ብጹት ካብ ምዝውታር ግን ዓዲ ኣይወዓለን። ክፍለ ተስፋማርያም፡ ሓደ ካብ'ቶም ኣብ'ቲ ቅንያት'ቲ ኣዘውቲሩ ዝራኸቦም ዝነበረ ኣባል'ዩ። ንሱ፡ "ክንራኸብ ከለና ሓደ ዘሻቕሎ ሽግር ከምዝነበረ ካብ ዘርእዮ ዝነበረ ኣዘራርባን ኢሕታን ክግምት ክኢለ። ኣብ ሞንጎ ዝን ይብል፡ የስተንፍስ ድማ። ሓድሓደ ግዜ ዝገበርናዮ ቈጸራ ይዝንግዖ። ኣብ መፋርቕ ለካቲት 1982 ክገልጸልና ዘይደለየ ሽግር ከምዘየቕሰና ንዕዘብ ኔርና።" ይብል። ብፍላይ ቅድሚ ለካቲት ምውድኡ ኣብ ዝነበረ መዓልታት ብጋህዲ ሓደ ሓደጋ ይዝንብዮ ከምዘሎ ንገለ ካብ'ቶም ኣለይቲ ዝብሎም ኣባላት ካብ ኣዲስ-ኣበባ ኣርሒቑ ክገይሽ ምኳኑ ገሊጹሎም'ዩ። ሰንጋል ወልደትንሳኤ ሓደ ካብ'ቶም ጠርነፍቲ ክኸውን ሓጽዩዎ ዝነበረ ኣባል'ዩ። ማና ሓጐስ ኣብ ናዝሬት ምስ ኣሰሩዋ ኩነታታ ከጻሪ ልኢኹዎ ኔሩ'ዩ። ሓደ ሰኑይ (22 ለካቲት 1982) ድሕሪ ፍርቂ መዓልቲ ንሰንጋል ብህጹጽ ረኺቡ፡ "እምበኣር ኣነ ብሰራሕ እገይሽ ስለ ዘለኹ ንኹሎም ኣባላትና ከምዘይረኽቡኒ ንገሮም ኢኻ።" ኢሉዎ። ሰንጋል ናይ ማና ሓጐስ ምትሓዝ ፈሊጡ ስለ ዝነበረ፡ "ካብ ሓደጋ ክኽወል'የ!" ይብሎ ከምዘሎ ጌሩ'ዩ ተረዲኡዎ። ንጽባሒቱ ሰሉስ መዓልቲ (23 ለካቲት 1982) ንፍቓዱ ካሕሳይን ገብረመድህን ቦኽሩን ረኺቡ ተፋንዩዎም'ዩ። ንኽልቲኦም በበይኖም ኣብ ገገዝኦም ከይዱ፡ ኣብ ኣስመራ ገለ ኢዶም ዝሃቡ ስለዘለዉ ካብ'ዚ (ካብ ኣዲስ ኣበባ) ክርሕቕ ምኳኑ ብግልጺ ነጊሩዎም ኢዩ። ንገለ ኣቕሑት (ሰነዳት፡ ሬድዮ መራኸቢ ወ.ዘ.ተ. ክኸውን ይኽእል) መትሓዚ ካብ ክልቲኦም ሳንጣታት ወሲዱ'ዩ። ኣርሒቑ ይገይሽ ከምዘሎ ጥራይ ዘይኮነ ኣብ ኢድ ጸላኢ ከይኣቱ መንገዲታት የናዲ ምንባሩ ግሁድ ነበረ።

ምውጋን ገብረሂወት ተኽለ [77]

እቲ ምስ'ዚ ዝተንጠልጠለ ሓደጋ ክውገን ዝነበሮ ጉዳይ ገብረሂወት ተኽለ፡ እቲ ካልኣዩ፡ ኮይኑ ምስኡ ክሰርሕ ካብ ሜዳ ዝተላእከ ናይ ከተማ ተጋዳላይ'ዩ ኔሩ። ገብረሂወት ናብ ኣስመራ ይመላለስ ከምዝነበረ ኣብ ገለ ኣጋጣሚታት ርኢና ኔርና። ንኣብነት፡ ኣብርሀት ፍስሃ ካብ ቢሮክራሲ ተፈልያ ናብ ኣስመራ ብኡ ኣቢላ ድማ ናብ ሜዳ ወጺኣስ፡ ግድን ክትምለሲ ኢኺ ተባሂላ ዳግማይ ኣስመራ ኣትያ ምስ ምሕረት ተኪኤ ተዓቝባ ምስ ጸንሐት፡ ንዓኣ ሒዙ ብብሎኮ ጉዳይፍ ኣቢሉ ናብ ሰሓርቲ ካብኡ ድማ ንዓላ ዘውጽኣ ገብረሂወት ተኽለ'ዩ ኔሩ። እዚ ኣብ ኣጋ መወዳእታ 1980፡ ምስ ቢሮክራሲ ኣብ ኣዲስ-ኣበባ ብሓባር እናሰርሑ ከለዉ ዝኾነ'ዩ። ኣብ ኣጋ መወዳእታ 1981 እውን ኣስመራ በጺሑ ተመሊሱ ኔሩ'ዩ። ሽዑ ካብ ኣስመራ ክምለስ እንከሎ መዓርፎ ነፈርቲ ቦሌ (ኣዲስ ኣበባ) ብማኪና ዝተቐበሎ ውፉይ ገረዝጊሄር የማነ'ዩ ኔሩ። ኣብ'ቲ ማና ሓጕስ ዝተኣሰረትሉ እዋናት ኣቢሉ፡ ገብረሂወት ተኽለ ካብ ኣዲስ-ኣበባ ወጺኡ፡ ሻሸመኔ ኣብ ዝተባህለ ቦታ ክጸንሕ ገረዝጊሄር የማነ ብማኪናኡ ጌሩ ወሲዱዎ ኔሩ'ዩ። ኣብኡ ክጸንሕ ምስ ከደ ግን ከምብሓድሽ ካብኡ ተንቀሳቒሱ ናብ ጅማ ዝተባህለ ርእሰ-ከተማ ኣውራጃ ከፋ (ኣብ ደቡብ ኢትዮጵያ) ከይዱ ምስ ተኽለ ጅማ ዝብሃሉ ሓምቦኡ ዝብጽሑዎ ክጸናሕ ፈቲኑ ኔሩ። ካብኡ'ውን ተመሊሱ ኣብ ኣዲስ-ኣበባ ምስ ቢሮክራሲ እናተራኸበ ስርሑ ይፍጽም ነበረ። እቶም ገብረሂወት ኣብ ሻሸመኔ ክጸንሕ ክተሓባበርዎ ቢሮክራሲ ዝሓበሮም ሰባት፡ ገረዝጊሄር የማነን ሰንጋል ወልደትንሳኤን፡ ቢሮክራሲ ናብ ርሑቕ መገሻ እናተቐራረበ እንከሎ፡ ጉዳይ ገብረሂወት (ጕራዕራዕ ዝውቱር መጸውዒኡ) ከመይ ከምዝኸውን ንቢሮክራሲ ኣግሂዶም ሓቲቶሞ'ዮም። እቲ ሓደጋ ንገብረሂወት ከምዘይለኪ፡ ቢሮክራሲ ምስ ገሸ ንገብረሂወት ኣብ ዝመጽእ መዓልታት ከምዝረኽቦም ብንጹር ሓቢሩዎም'ዩ። ብኻልእ ኣዘራርባ እቲ ሃድን ንቢሮክራሲ ጥራይ ከምዝተኩረ ፈሊጡ ኔሩ ማለት'ዩ። ሰለይቲ ጸላኢ ክሳብ'ቲ ሰዓት'ቲ ገብረሂወት ንቢሮክራሲ ካልኣዩ ኮይኑ ዝሰርሕ ኣብ ኣዲስ-ኣበባ ዝርኩብ ኣገዳሲ ባእታ ከምዘሎ ይፈልጡ ኣይነበሩን።

ቢሮክራሲን ገብረሂወትን እቲ ኩነታት ኣቕዲሞም ገምጊሞም ብኸመይ ክዋስኡ ከምዘለዎም ተማኺሮም'ዮም። ቢሮክራሲ ብህጹጽ

ካብ ኣዲስ-ኣበባ ወጺኡ ክኸወል ከምዘለዎ ገብረሂወት ግን ተጠንቂቑ ኣብ ኣዲስ-ኣበባ ክጸንሕ ከምዘለዎ ተሰማሚዖም'ዮም።

ሃድን ይቕጽል ሻድሻይ ወራር ይቕጽል [78]

እቶም ብልኡል ሰገድ ዝምርሑ ሃይለ ወልደስላሴ ዝርከቦም ንቢሮክራሲ ክሃድኑ ዝተመዘዙ ሰባት ኩሉ ነገራት ገምጊሞም ቢሮክራሲ ዝመስል (ብመሰረት እቲ ብሰለያ ዝወሰዱዎ ስእሊ) ዝሓዛ ፊያት 127 ታርጋኣ ዝፈልጡዋ ማኪና ክሕዙ ተወንጨፍቲ መካይን ተጠቒሞም ፈቐዶ ጉደናታት ኣዲስ ኣበባ ክናድዩዎ ተበገሱ።

ንጉሰ ታደሰ ቶልቻ (እቲ ቀዳማይ ዋና'ታ ማኪና) ኣሲሮም ካብ ዝፈትሑሉ 19 ለካቲት 1982 ኣትሒዞም ክሳብ ዕለት 22 ለካቲት 1982 (ንኣርባዕተ መዓልቲ ዝኣክል) ዝኾነ ኣንፈት ከይረኸቡ ቀነዩ። ዕለት 22 ለካቲት 1982 ግን ሀርመት ልቦም ዘንሃረ ሓደ ኣጋጣሚ ረኸቡ። እታ ማኪና ነቲ ዝደልዩዎ ዝነበሩ ቢሮክራሲ ዝመስል ሰብ ሒዙዋ ኣብ ከባቢ ማርካቶ (ዕዳጋ ኣዲስ ኣበባ ከባቢ ተክለሃይማኖት ሰፈር) ረኣዩዋ። ሃደንቲ መካይን ኣርኪበን ብቕድሚትን ድሕሪትን ከቢበን ክዓግታኣ ንምፍታን ተጓየያ። እታ ፊያት 127 ብናህሪ ተጓዒዛ ንቕድሚት ተወንጨፈት። ቃኘው ሻለቃበር ኣብ ዝብሃል ፍሉይ ቦታ ምስ በጽሐት ድሮ ኣብ ሞንጎኣን ሞንጎ'ተን ሃደንቲ መካይንን ኣዚየን ብዙሓት መካይን ስለ ዝነበራ እቶም ሃደንቲ ከርክቡዋ ኣይከኣሉን። ካብኡ ርሒቓ ድማ ናበይ ከምዘበለት ተሰወረቶም።

ቢሮክራሲ ነታ ማኪና ሒዙ እንከሎ ይሰዕቡዎ ምንባሮም ቀልጢፉ ኣስተብሂሉሎም'ዩ። ስለ ዝኾነ ድማ ካብኦም ርሒቑ ንጭቕጭቕ ዝበላ መካይን ሓሊፉ ካብኡ ኣዳህሊሉ ናብ ዘይረኽቡዎ ጉደና ተጠውዩ ተሰዊሩዎም። እዚ ጭቡጥ ሓደጋ'ዚ ምስ ኣጓነፎ ነታ ማኪና ናብ ገብረሂወት ዘለዎ ቦታ ወሲዱ ብሕድሪ ኣረከቦ። ንዝኾነ ይኹን ጥንቃቐ ድማ ሒዙዋ ከይንቀሳቐስ ተላብዩ ሓደገ። እንተኾነ ሸው መዓልቲ እታ ማኪና ክትንቀሳቐስ እቶም ሃደንታ ሰለይቲ ረኣዩዋ። ብየማነ ጸጋማ እናሓለፉ ምስ ረኣዩ ግን እቲ ንቢሮክራሲ ዝመስል ሰብ ዘይኮነስ ካልእ ሰብ ከምዝሓዛ ተገንዘቡ። እታ ማኪና ብርግጽ ናይ ቢሮክራሲ ስለ ዝኾነት እዚ ሒዙዋ ዘሎ ሰብ ናብ ዋናኣ ከረክባ ከሎ ንቢሮክራሲ ክሕዙ ምእንተ ስቕ ኢሎም ተኸታተሉዋ። ሸዑ'ውን እንተኾነ እታ ማኪና ኣዳህሊላ ተሰወረቶም።

ሃደንቲ ኣብ ርእሲ ዝነበሮም ጭንቂ፡ ጭንቂ ተወሰኾም። ቢሮክራሲ ክሕዙ ዝነበሮም ምህንጣይ ክዉን ክገብር ዝኽእል ኣጋጢሙዎም ኔሩ ግን ኣብ ደቓይቕ በኒኑ። ዝገደደ ድማ ካልኣይ ግዜ ክሕዙዋ ዝኽእሉ ማኪና ኣኻኺፋቶም ከላ ምስ ኣውቲስታኣ ተሰዊራቶም። ሃድኖም ቀጺሉ ውዒሉ ሓዲሩ። ንጽባሒቱ 23 ለካቲት 1982 እውን ዝኾነ ይኹን ኣንፈት ከይረኸቡ ዓሪባ።

ኣብ'ቲ ዕለታት'ቲ (23ን 24ን ለካቲት 1982) ኣብ ሳሕል እቲ ቀዳማይ ናህሪ ሻድሻይ ወራር ደርጊ ዘፍ ኢሉ ህ.ሰ.ሓ.ኤ. ድፋዓቱ ንምምዕርራይ ኣገዳሲ ጸረ-መጥቃዕትታት ይወስድ ነበረ። ሰራዊት ጸላኢ ኣደዳ ሞትን መቑሰልትን ምምራኽ ወተሃደራትን ዕጥቅን ኮይኑ ካብ ገዛኢ ቦታታት ከምዝለቅቕ ዝገብር ስርሒታት ይውሰድ ነበረ። ደርጊ ምስ ዋዜማ ዓድዋ ድግስ ክገብረሉ ዝሓለሞ ዓወታት እናረሓቖ ክኸይድ ብዓይኑ ይርኢ ነበረ። ይኹን'ምበር ህልኸኛን ትምክሕተኛን ወራሩ ብኸምኡ ፈሺሉ ንኸይተርፍ ተደጋጋሚ ጽዑቕ መጥቃዕትታት ካብ ምዝውታር ዓዲ ኣይወዓለን። ዜናታት ህዝባዊ ግንባር ዝተደምሰሱ ኣሃዱታት ጸላኢን ዝተማረኹ ወተሃደራትን የቃልሕ ነበረ። ኣብ'ቲ ግዜ'ቲ ታባታት ናይ'ቲ ግንባራት ድሮ ጥምቀቶም ኣኺሉ። ታባ ኩባንያ ተባሂሉ ዝተጠመቐ ናይ ርብርብ ታባ ነበረ። ሓንቲ ካልእ ታባ ታባ ሓሙኽሽቲ ተባሂላ። ብከቢድ ብረት ሰራዊት ደርጊ ብኣይሂ ዝኾነ ደብዳብ ተፋሒራ ሕብራ ካብ ንቡር ናብ ሓሙኽሽታይ ተቐይሩ ኔሩ። ካልእ ታባ ድማ ታባ ውፉያት ተባሂላ። እዛ ኣብ ኣፍንጫ ከተማ ናቕፋ እትርከብ ታባ፡ ጸላኢ ዝወርወሮ ክፍለሰራዊት ክድይባ ክኢሉ ንናቕፋ ኣማዕድዩ ስለ ዝረኣያ፡ ብኽቱር ናይ ዓወት ምቅርራብ ታሕጓስ መራሒ ናይ'ታ ኣሃዱ፡ "ናቅፋ ትታየኛለች!" (ናቕፋ ትረኣየኒ'ላ!) ዝበለላ ታባ'ያ። ኣብ'ቲ ግዜ'ቲ ኣብኡ ዝመከቱ ተጋደልቲ ውሑዳት'ኳ እንተነበሩ፡ ተሪሮም ስለ ዝመከቱ፡ ክሳብ ሓያለ ካብኦም ዝሰውኡ ጸላኢ ካብ'ታ ታባ ክግስግስ ኣይከኣለን። ብድሕሪኡ ሓገዝቲ ኣሃዱታት ህ.ግ. መጺኤን እቲ ሓለቓን ሰራዊቱን ኣብኣ ኣሕቀቐኦ።

ፍያት 127 ኣብ ኢድ ጸላኢ [79]

ሃብተ ኪዳነ ኣብ ባንክ ብደረጃ ሓላፍነት ዝሰርሕ ዝነበረ ውፉይ ኣባል ህዝባዊ ግንባር ኣብ ኣዲስ ኣበባ'ዩ። ኣብ ማእከል ከተማ ዝርከብ ባንክ

ክሰርሕ ውዒሉ ብጥቓ ህንጻ ውድብ ሓድነት ኣፍሪቃ ሓሊፉ መንገዲ ቤተ-መንግስቲ (ኣራት ኪሎ) ኣብ ዘደይብ ዓቐበት ጽርግያ ሓንቲ ዘለለያ ማኪና ምስ መንደቕ ተጋጭያ ደው ኢላ ረኸባ። እታ ማኪና ዓይነታ ፊያት 127 ኮይና ብዥለንትናኣ ዝፈልጣ ማኪና ነበረት። እዛ ተጋጭያ ዝረኣያ ማኪና፡ ናይ ቢሮክራሲ ማኪና ምዃና ኣይሰሓቶን። ከመይ'ላ ኣብ'ዚ ንበይና ተጋጭያ 'ሰብ የለ ኦም የለ' ትጸንሖ ደንጸዎ። መዓልቱ ረቡዕ ሰዓቱ ፍርቂ መዓልቲ ኣኺሉ ናብ ገዛኡ እናደየበ እንከሎ'ዩ ርእዩዋ። እቲ ዕለት ለካቲት 24 ናይ 1982 ኢዩ ኔሩ። ሃብተ ናብ ስርሑ ክምለስ እንከሎ እታ ማኪና ኣብኡ ኣይጸንሓቶን። ሽዑ ንሽዑ ንገብረስላሴ ኣነንያ ረኺቡ እቲ ዘጋጠሞ ሓበሮ። ተራ ሓደጋ ክኸውን ከምዝኽእል'ኳ እንተገመቱ ምስ ልዑል ምስጢራዊ ሓላፊኦም ዝተኣሳሰር ፍጻመ ብምዃኑ ኣይቀሰኑን። ብኡ ንብኡ ንቢሮክራሲ ወይ ንገብረሂወት ረኺቦም ኵነታታ ክፈልጡ ተጓየዩ። ይኹን'ምበር ደሃይ ኣይረኸቡን።

ነገር ከም'ዚ'ሉ እንከሎ፡ ሃደንቲ ቢሮክራሲ ኣብ ኣዲስ ኣበባ ኵለል ክብሉ ብዙሕ ውጽኢት ክረኽቡሉ ዘይተጸበዩዎ ሓደ ፍጻሜ ኣጓነፎም። ልክዕ ሰዓት 11:00 ናይ ንግሆ ሮቡዕ 24 ለካቲት 1982 ኣብ መንገዲ ቤተ-መንግስቲ ንህንጻ ውድብ ሓድነት ኣፍሪቃ ሓሊፍካ እታ ዝደልዩዋ ዝነበሩ ማኪና ቢሮክራሲ ምስ መንደቕ ተጋጭያ፡ ምትሳእ ኣብያ ሓደ ሰብ ደፊኡ ከንቀሳቕሳ እናፈተነ እንከሎ ኣጓነፎም።

እቶም ሰለይቲ እታ ማኪና ናይ ቢሮክራሲ ምዃና'ኳ እንተለለዩዋ፡ እቲ ክደፍኣ ዝጸንሖም ሰብ ግን ንሱ ብዘይምንባሩ ኣይተሓጎሱን። ብዝኾነ ግን ከም ተደናገጽቲን ሓለይትን ናይ'ዚ በዓል ሓደጋ ተመሲሎም ቀረቡዎ። ብዘጓነፎ ሓደጋ ድንጋጾም እናገለጹ ከዘናግዑዎ ጀመሩ። ብቐጥታ ሒዞም ኣብ ምርመራ ኣእትዮም ክፈልጡዎ ኣይመረጹን። ከም'ዚ'ሎም እናዘናግዑዎ እንከለዉ ነቲ ሓደጋ ዝምልከቶም ፖሊስ ትራፊክ ብምስጢር ጸዊዖም ኣትሓዙዎ። ዕላምኦም፡ ሕጂ'ውን ቢሮክራሲ ማኪናኡ ካብ እንዳ ትራፊክ ከውጽኣ ክመጽእ'ሞ ሽዑ ምእንቲ ክሕዙዎ ኢሎም'ዮም።

ኣብ እንዳ ትራፊክ ማኪናኡ ከናዲ ዝመጸ ዋና ስለዘተሳእነ ግን ካልእ ሓሰቡ። ብዛዕባ ምስ ቢሮክራሲ ክህሉ ዝኽእል ተሓጋጋዚ ኣብ ኣዲስ ኣበባ ንጹር ሓበሬታ ኣይጸንሖምን። ግና ሓንቲ ጭርታ ነበረቶም፡ ብገለ ስለያዊ ሓበሬታ ኣብ ኣስመራ፡ ሓደ ኣፈወርቂ ዝበሃል ንቢሮክራሲ

ክተሓጋገዞ ናብ ኣዲስ ኣበባ ክለኣኽ ዝብል ዘይተነጸረ ቅንጣብ ሓበሬታ ካብ ከባቢ ዓላ ቅድሚ ቅሩብ እዋን ዝረኸቡዎ ምንባሩ ዘኪሩ። በዛ ጭርታ'ዚኣ መሰረት ምናልባት እዚ ብትራፊክ ኣምሲሎም ተቖጻጺሮሞ ዝነበሩ ሰብ ክኸውን ይኽእል ዝብል ሓሳብ ስለ ዝመጾም፡ ሓደ መጻወድያ ኣዳልዮም ነቲ ኣብ ትሕቲ ፖሊስ ትራፊክ ዝጸንሐ ሰብ ቀረቡዎ።

ገብረሂወት ነታ ማኪና ብናህሪ ኣብ'ዚ ዝተጠቐሰ ጽርግያ እናዘወራ እንከሎ ተጋጭዩ ማኪና ሞተሬኣ ጠፊኡ በይኑ ደፊኡ ከተስኣ እናፈተነ ከሎ'ዮም እዞም ሓላላት ተመሲሎም ዝቐረብዎ ሰባት ብፖሊስ ትራፊክ ዘትሓዙዎ። ንሱ ኣብ መጻወድያ ሰለይቲ ኣትዩ ከምዝነበረ ኣይፈለጠን ዝነበረ። ኣብ ትሕቲ ፖሊስ ትራፊክ ድማ ጸቐጢን ቀውጢን ኣተሓሕዛ ስለ ዘይገበሩሉ ብናይ ማኪና ምግጫው ጥራይ ተታሒዙ ዝነበረ ኢዩ መሲሉዎ።

እቶም ሰለይቲ ግን እቲ ኣፈወርቂ ዝተባህለ ተሓጋጋዚ ቢሮክራሲ ከይከውን ንምርግጋጽ መጻወድያኦም ገብረሂወት ተኽለ ንኽረግጻ ኣዳለዉሉ። ሽው 25 ለካቲት 1982 ነበረ። ሃይለ ወልደሰላሴ "ኣነ ከማኻ ኤርትራዊ ሓውኻ'የ። እዚ ብትራፊክ ኣትሒዙካ ዘሎ ጉዳይ ክቃለለልካ ክተሓባበረካ ስለ ዝኾንኩ ነቶም ኣሕሉቕ ክዛረበልካ ምሳና ንዓናይ!" ኢሉ ሰበኾ። ገብረሂወት በዚ ሓሳብ'ዚ ተሰማሚዑ ኣብ ማኪናኦም ተሰቒሉ ተበገሰ። ኣብ ክንዲ ናብ ሓለቓ ትራፊክ ድማ ናብ ማእከላይ ምርመራ ጠውዮም ወሰዱዎ። ገብረሂወት እኪይ መጻወድያኦም ስለዝተረድኦ "ፋሽሽቲ!" ክብል ነዲሩ ተጻረፎም። "ፋሽሽቲ" እትብል ናይ ተጋዳላይ ጸርፊ ክትከውን ትኽእል'ያ ኢሎም ስለ ዝሓሰቡ መጻወድያኦም ፍረ ክህብ ተተስፈዉ። ሽው ንሽው ኣብ ነብሱ ደቂቕ ተፍትሽ ኣካየዱ።

ኣብ እንዳ ትራፊክ ዝሃቦም መንነት ሃይለ ተስፋጋብር ዝብል'ዩ ኔሩ። ኣብ ማእከላይ ምርመራ ደቂቕ ተፍትሽ ምስ ገበሩሉ ግን ኣብ ውሽጢ ዝሓብኣ ገብረሂወት ተኽለ እትብል መንነት ረኸቡሉ። እዚ ርኽበት'ዚ ንሰለይቲ ኣወንታዊ ምዕባሌ ነበረ። እቲ "ኣፈወርቂ" ብዝብል ካልእ መጸውዒ ዝሓዘ ካልኣይ ናይ ቢሮክራሲ ክኸውን ኣለዎ ዝብል ሓሳቦም ዝያዳ ደፍኡሉ። ናብ ማእከላይ ስለያ ኣስመራ ደዊሎም ብዛዕባ ገብረሂወት ተኽለ ዘሎ ሓበሬታ ክለኣኽሎም ጠለቡ። "ኣፈወርቂ"

ገብረሂወት ተኽለ ምኧኣ ዝያዳ ዘእምን ሓበሬታ ተላእከሎም።

ገብረሂወት ተኽለ ክሳብ'ዚ ሰዓት'ዚ ብተሪር ናይ ምርመራ ኣገባብ ኣይሓዙዎን። ክሳብ ሽዑ ሽሕጣንን ሽረኽን ኣሳልጦ ስለዝሃቦም፡ ሻዲኖም ሽሕጣኖም ክቕጽሉዎ መረጹ።

ሽዑ መዓልቲ፡ 25 ለካቲት 1982፡ "ሕጂ ካብ'ዚ ናይ ትራፊክ ቀይዲ ነጻ ክትወጽእ ዝወሓሰካ ሰብ እንተሎ ሓብረና'ሞ ክንጽውዓልካ!" ዝብል ዳግማይ ሽሕጣን ቀረቡሉ። ገብረሂወት ነጻ ዝኾነሉ ዕድል ንምርካብ፡ ኣብ'ታ ዝተኻረዩዋ ላውንድሪ (ቤት-ሕጽቦ) ከይዶም ዝወሓሶ ሰብ ክረኽቡሉ ኣመተሎም። ስለይቲ ናብ'ታ ላውንድሪ ከይዶም ክም'ቲ ዝተጸበዩ ዝወሓሶ ሰብ ክምጽኡሉ ዘይኮነስ ነታ ቦታ ውሽጣን ውሻጤኣን ገማጢሎም ፈተሹዋ። ገብረሂወት እታ ላውንድሪ ብምስጢር ዝተኻረዩዋ ትካል ምኧና ይፈልጥ'ዩ። ግዳ፡ ቢሮክራሲ ኣብኡ ዘቐምጦ ምስጢራዊ ንብረት ኣድቂቑ ይፈልጥ ኣይነበረን። ስለይቲ ግን በዚ ተፍትሽ'ዚ ምሉእ ብምሉእ ተኻሒሶም። ኣብኡ ዝረኸቡዎ ምስጢራት ኣዝዩ ዘሰንብድ'ዩ።

ኣብቲ ቤት-ሕጽቦ ምስጢራዊ ውደባ ኣዲስ ኣበባን ዝእከብ ዝነበረ ስለያዊ ሓበሬታን ዝሓዘ ሰነዳት ረኸቡ። ዝርዝር ኣስማት ኣባላት ውድብ ኣብ ኣዲስ ኣበባ ኣብኡ ጸንሐ። እቲ ብዛዕባ ሻድሻይ ወራር ክእከብ ዝጸንሐ ኣዚዩ ምስጢራዊ ሓበሬታ ዝሓዘ ጽሑፋት ረኸቡዎ። ተስፋማርያም ጸጋይ፡ ጸሓፊ ብዝብል ናይ ኮድ ስም በብግዜኡ ዝጽሕፎ ዝነብረ ጸብጻባት ኣብ ኢዶም ኣተወ። እቲ ብኡኡን ብሻምበል መብራህቱ ኣበበን ዝቐርብ ዝነበረ ናይ ሻድሻይ ወራር ናይ ምምካት ርእይቶታት'ውን ረኸቡዎ። ከምኡ'ውን ዝተፈላለየ ኣሳእል ረኸቡ። ብተወሳኺ ክልተ ማክሮቭ ዓይነት ሽጉጥ፡ ክልተ ናይ ስለያ ቴፕሪኮርደራትን ናይ ማሕተም ልቃማትን ኣብኡ ጸንሖም። ኣስታት 4000 ብር ገንዘብ'ውን ረኸቡ። ቢሮክራሲ እዚ ኹሉ ምስጢራዊ ንብረትን ሰነዳትን ብቐሊሉ ኣብ ዘይጥርጠር ቦታ ኣቐሚጡዎ ኔሩ ክኸውን ኣለዎ። ስለይቲ ግን እንታይነት ገብረሂወት ድሮ ኣለልዮሞ ስለዝነበሩ፡ ናይ ንግድ ቦታ ጥራይ ክኸውን ከምዘይክእል ሓሲቦም በንቃሪ ዝኾነ ተፍትሽ ብምፍጻም'ዮም ረኺቦሞ።

እዚ ኹሉ ኣዚዩ ዘሻድን ምስጢራት ምርካቦም ግን ነቲ ቀንዲ ናይ ሃድን ዒላማኦም ስለዘይረኸቡ ሩፍ ኣይበሉን። ቀንዲ ዒላማ ሃድኖም ቢሮክራሲ ንምርካብ'ዩ ኔሩ። ገብረሂወት ተኽለን እቲ ዝረኸቡዎ ሰነዳትን

ንብረትን ንቢሮክራሲ ክረኽቡ ኩብሉ ዘጓነፎም'ዩ። እቲ ዘጓነፎም ከንዲ'ዚ ዝኣክል ውጽኢት ክህቦም ኣይተጸበዩን። ክንድኡ ዝኣክል ፍረ ካብ ረኸቡ ግና ዝያዳ ንኽረኽቡ - ማለት ቢሮክራሲ ኣበይ ከምዝተሰወረ ፈሊጥካ ምሓዙ ተሃንጠዩ።

ንቢሮክራሲ ክረኽቡ ምእንቲ ካብ ንማና ሓጕስ ምክትታል ጀሚርካ ክሳብ ንገብረሂወት ተኽለ ብኣጋጣሚ ምሓዝ ህውኻት ኣይነበሩን። ቢሮክራሲ ምእንቲ ከየምልጥ ንኻልኦት ዘዘረኸብካዮም እናኣሰርካ ኣብ ከቢድ ምርመራ ምእታው ኣይመረጹዎን። እዚ ብዛዕባ ብዙሓት ኣገደስቲ ሰባት (ኣባላት ውድብ) ዝሕብር ሰነዳት ረኺብና ኢሎም'ውን ናብ ምእሳሮም ኣይተሃንደዱን። ቢሮክራሲ ከይሓዙ ዝሰልጦም ኮይኑ ኣይተሰምዖምን።

ጌና 25 ለካቲት 1982 ከይዓረበ እንከሎ፡ ሕጂ'ውን እቲ ዝሰልጦም ዝነበረ ምሽሓጥ ንገብረሂወት ተኽለ ክቕጽሉዎ መደቡ።

እቲ ሽሕጣን ከም'ዚ ዝብል ነበረ።- "ወንበዴታት (ተጋደልቲ) ከንቱ ዕላማ ከምዘለዎም ብዕምቀት ተረዲእካ ኢድካ ከምዝሃብካ ዝገልጽ ጥርዓን ኣቕርብ። ዝያዳ ክትእመን ድማ ኣፈወርቂ ተወልደመድህን (ቢሮክራሲ) ኣበይ ከምዝርከብ ሓብር።" ገብረሂወት ኣብ መንቀራቕሮ ሞትን ሕየትን ኣትዩ እንከሎ ንኽም'ዚ ዓይነት ሽሕጣን እንታይ መልሲ ክህበሉ ከምዘለዎ ተደናገረ። ካብ'ዚ ንደሓር ኣፈወርቂ ተወልደመድህን (ቢሮክራሲ) ኣበይ ከምዝርከብ ተፈልጠ።

እዚ ኩሉ ዘጽግብ ሓበሬታ ረኺቦም ተቐላጢፎም ኣብ መወዳእታኡ ክብጽሑዎ ተጓየዩ። በቲ ሓደ፡ ኣብ መጀመርያ ኣገዳሲ ዘይመስሎም፡ ምስ ሓዙዎ ግን ኣዚዩ ዘገድስ ሰብ ምንባሩ ዝፈለጡዎ ገብረሂወት ተኽለ ሒዞም። በቲ ካልእ ናይ ኣዲስ ኣበባ ስርርዕ ጋሊሁ ዘርኢ ሰነድ ረኺቦም ከም ዓቢ መኽሰብ ርእዮሞ ነበሩ። እቲ ካልእ ተስፋኦም ምሉእ ዝገብሮ፡ እቲ ቀንዲ ዒላማ ሃድኖም ዝኾነ ቢሮክራሲ ኣበይ ከምዝርከብ ምፍላጦም ኣብ ገምገም ናይ ሓደ ዓቢ ታሪኻዊ ዓወት ከምዝበጽሑ ተረድኦም። እዚ ዓወት'ዚ ምሉእ ክኸውን ግን ቢሮክራሲ ንምሓዝን ነቲ ዝረኸቡዎ ሰነዳት ብዝለዓለ ደረጃ ንኽጥቀሙሉን ህጹጽ ስጉምታት ወሰዱ።

ኣወዳድባ ሃደንቲ ቢሮክራሲ

26 ለካቲት 1982 ኩሉ ዝረኸቡዎ ሓበሬታን ፍጻሜታትን ብህጹጽ ብጸብጻብ መልክዕ ናብ ኣስመራ ተላእኸ። (መንግስቲ ዝርከቦም ዝበዝሑ ላዕለዎት ሓለፍቲ ሻድሻይ ወራር ንምክያድ ኣስመራ'ዮም ኔሮም)። እዚ ዓቢን ታሪኻውን ስርሒት'ዚ ንምዝዛም ካብ ኣስመራ ተወሲኹቲ ናይ ጸጥታ ሰባት ክለኣኹሎም ከኣ ጠለቡ። በዚ ጠለብ'ዚ መሰረት ድማ እቲ ዕሉል ናይ ማርያም ግምቢ ቤት-ማእሰርቲ መርማሪ፡ ኣብ ኤርትራ ነዊሕ ጸኒሑ ተመክሮ ዝነበሮ፡ ኣሻግሬ ደሳለኝ፡ ከምኡ'ውን እቲ ካብ ህዝባዊ ግንባር ዝሰለመ፡ ተኽላይ ገብረማርያም (ተኽላይ ዓደን)፡ ሽዑ ብህጹጽ ካብ ኣስመራ ናብ ኣዲስ-ኣበባ ተላእኩ። ምስ'ቲ ኣብ ኣዲስ ኣበባ ዝጸንሐ ሃይለ ወልደስላሴ ወሲኽካ እቶም ካብ ኣስመራ ዝመጹ ሰለስተ ሰባት ኮይኖም። ልኡል ሰገድ፡ እቲ ናይ'ቲ ስርሒት ሓላፊ ኮይኑ-ዝተመዘዘ ላዕለዋይ መኰንንን ሰለስተ ካልኦት መኰንናትን ኣቐዲሞም ኔሮም'ዮም። ጠቕላላ፡ ምስቶም ናይ ኣስመራ ሓዊስካ፡ ሸውዓተ መኮንናት ስለያ ነቲ ስርሒት ክትግብሩ ተዳለዉ። እዚ ጉጅለ'ዚ ናብ ሰለስተ ክፋላት ተመቓቒሉ ጉዳይ ምሓዝ ቢሮክራሲ ከሳልጥ ተጓየየ።

እቲ ኣከፋፍላ ስራሕ ናይ'ዚ ጉጅለ መኮንናት ከም'ዚ ዝስዕብ ነበረ፡-

1) እቲ ብሚኒስትሪ ሃገራዊ ድሕነት ደርግ ደረጃ ዝተመዘዘ፡ ብልዑል ሰገድ ዝምራሕ ጉጅለ ንቢሮክራሲ ናይ ምሓዝ ፍሉይ ዕማም ሓዘ። እዚ ኣካል'ዚ ብሚኒስትሪ ደረጃ ምቑሙን ምስያሙን፡ ንቢሮክራሲ ምሓዝ ሓደ ዓቢ ዝና ዝህብ ስርሒት ጌሮም ከምዝመዘኑዎ የርኢ። ቢሮክራሲ ሓደ ዓቢን ላዕለዋይን ሰላዩ ህዝባዊ ግንባር ከምዝኾነ ምእማኖም'ውን የመልክት።

2) ሓደ ካልእ ኣገዳሲ ክፋል ድማ፡ ክፍሊ ስርሒት ናይ'ቲ ጉዳይ ኢሎም ዝሰመዩዎ፡ በቲ መዛግብቲ እናተሓገዙ እቶም ቀንዲ ዝበሃሉ ኣባላት ውድብ ዝሕዝ ኣካል ነበረ። ነቲ ቢሮክራሲ ዝሕዝ ኣካል፡ ፍሉይ ላዕለዋይ ተልእኾ ዘለዎ'ምበር፡ ከም'ቲ ንቡር ኣሰያይማ ክፍሊ ስርሒት ኣይበሉዎን። እዚ'ውን ንቢሮክራሲ ምሓዝ ክሳብ ክንደይ ዓቢ መንግስታዊ ተልእኾ ጌሮም ከምዝወሰዱዎ የርኢ።

3) እቲ ሳልሳይ ኣካል ቴክኒካዊ ስራሕ'ዩ ተዋሂቡዎ። እዚ ሳልሳይ ኣካል'ዚ ብኣሻግሬ ደሳለኝ፡ ተኽላይ ገብረማርያም (ተኽላይ ዓደን)ን

ሃይለ ወልደስላሴን፡ በቶም ካብ ኣስመራ ዝመጹ፡ ዝቑመ'ዩ ኔሩ። እቲ ስራሕ ነቲ ብትግርኛ ዝተጻሕፈ ብዙሕ ዝረኸቡዎ ሰነዳት ዝትርጉምን ዘድሊ ሓበሬታ ዝጸሙቕን ኣካል'ዩ። ጉዳይ ኣብ መወዳእታኡ ምብጽሑ ኣይተርፎን'ዩ ካብ ዝብል እምነት ነቶም ካብ ኣስመራ ዝተላእኩ ዝዓዘዘ እጃም ኣይተዋህቦምን ማለት'ዩ።

እቶም ክልተ ኣካላት ኣብ ኣዲስ ኣበባ ኰይኖም ብኡ ንብኡ ስርሖም ክጅምሩ እንከለዉ፡ እቲ ሓደ፡ ንቢሮክራሲ ዝሕዝ፡ ጉጅለ ግን ካብ ኣዲስ ኣበባ ብህጹጽ ወጺኡ ዕማሙ ክፍጽም ተጓየየ።

18

ናይ መወዳእታ ሰዓት

ጋሻ ሓይሎም ፍስሃየ [80]

ቢሮክራሲን ገብረሂወትን ድሕሪ'ቲ 22 ለካቲት 1982 ዘጋጠሞም ንስክላ ዝወጽሉ ኣብ ከባቢ ማርካቶ (ኣብ ቃኘው ሻለቃ በር ዝተባህለ ፍሉይ ቦታ) ናይ ሰለይቲ ብመካይን ሃድን፡ ተማኺሮም ነበሩ። ቢሮክራሲ ኣርሒቑ ንኽኸወል ናብ ድሬዳዋ ቀልጢፉ ክምዝወጽእ፡ ገብረሂወት ድማ ነታ ማኪና ፊያት 127 ዝኾነት መስርሒቶም ካብ ነብሱ ኣርሒቑ ኩነታት ክከታተል ኣብ ኣዲስ ኣበባ ክጸንሕ ተሰማምዑ።

ቢሮክራሲ 24 ለካቲት 1982 ካብ ኣዲስ ኣበባ ብባቡር ተበጊሱ ድሬዳዋ ኣጋ ምሸት ኣተወ።

ሓይሎም ፍስሃየ ኣብ ድሬዳዋ ብዛዕባ ዝርከብ ኮንቲነንታል ዝብሃል ሆቴሉ ተጻብኦ ኣጓኒፉዎ ለካቲት 1982 ሃለኽለኽ ክብል'ዩ ወሪሑ። ኣብ ድሬዳዋን ሃረርን (ርእሰ ከተማ ሃረርጌ) ሓይሎም ፍሉጥን፡ ክቡርን ሕፉርን'ዩ። ሆቴል ኮንቲነንታል ኣዚያ ምዕርግትን ህብብትን ንዋናኣ ድማ ኣርባሒትን ነበረት። ሓይሎም ደርጊ ናብ ስልጣን ምስ መጸ፡ ካብ ሓደ ግሪኻዊ ብደረጃ ውክልና ተቐቢሉዋ ዝሰርሓላ ዝነበረት'ያ። ብዙሓት ጥቕማ ርእዮም፡ ኤርትራውነቱ ኣሳቢቦም ክምንጥሉዎ ላዕልን ታሕትን ዝብሉ ሰባት ኔሮም'ዮም። ሓይሎም ግን ምስ ሓያለ ሰበስልጣን ናይ'ታ ኣውራጃን ኣባላት ደርግን (በዓል ለማ ጉተማ፡ ኣብ መንግስቲ

ደርጊ ሓላፊ ምምሕዳር ዞባታት፡ ምስ መንግስቱ ሃይለማርያም'ውን ከይተረፈ) ሌላ ስለ ዝነበሮ ክፍንቅልዎ ኣይከኣሉን። ኣብ ለካቲት 1982 ግን ረኹሪኾም ረኺሪኾም መንዘዑዎ። ሓይሎም በቲ ዝነበሮ ሌላ ተኣማሚኑ ነቲ ሆቴል ካብ ኢዱ ከየውጽእ ክከራኸር ሓንሳብ ናብ ከተማ ሃረር ሓንሳብ ናብ ኣዲስ ኣበባ እናተንቀሳቐሰ ብዙሕ ፈተነታት'ኳ እንተገበረ ክኾነሉ ኣይከኣለን። ሕያዎት ኣማኸርቲ ሰበ-ስልጣን ኣዕሩኹ፡ "ኣይትድከም! እቶም ነቲ ጉዳይ ዝወሰኑዎ ላዕለዎት ሰበ-ስልጣን ሕጂ ክትረኽቦምን ክተስምዖምን ኣይትኽእልን ኢኻ። ምእንቲ ርእሱ እቶም ላዕለዎት ሓለፍቲ ለይትን መዓልትን ብጉዳይ 'የቀይ ኮኾብ ዘመቻ' ኣብ ጽዑቕ ኣኼባታትን ኣብ ተጠንቀቕን ሃልዮም ኣድህቦኦም ናብኡ ጌሮም ኣለዉ። ክትረኽቦም ይኹን ክሰምዑኻ ግዜ የብሎምን!" ኢሎም ኣለቢሞ እዮም። ኣሳቢቦም ናይ 'ሻዕብያ ኢዩ' ከይበሃል'ውን ተቓውሞኡ ደረት ክገብረሉ ተገደደ።

24 ለካቲት 1982 ናይ ሆቴል ንብረት ቈጺሩ ከረክብ ትእዛዝ ተዋህቦ። ሽዑ መዓልቲ ካብ ንግሆ ኣትሒዙ ንሱን ስድራ-ቤቱን ሰራሕተኛታት ናይ ሆቴሉን ሆቴል ንኣዘዝቱ ከረክብ ክሳብ ሰዓት 4 ናይ ድሕሪ ቀትሪ ሃለኽ ክብሉ ውዒሎም፡ ስርሖም ምስ ወድኡ ናብ'ታ እንዳ ፓስተቸርያኡ ከይዶም ኣብኡ ሆጭ ኢሎም ይዘናግዑ ነበሩ። ብዙሓት ፈተውቱ "ዓገብ ረኺብካ" ክብሉዎ ኣብ'ቲ ከፋት መካበብያ ናይ'ቲ ፓስቲቸርያ ዝርከብ ጽላላትን ኣብ ጣውላታትን ከቢቦም ዝእዘዝ ኣዚዞም እናተዘናግዑ ሆጭ ኢሎም ከደዓዕሱዎ ምድሪ ዓይኒ ክሕዝ ቀረበ።

ንሓይሎም ምስ ሓያለ ሰባት እናዕለለ እንከሎ ሓደ ሰብ ብድሕሪኡ ኣብ ዝርከብ ድነ ዝነበሮ ጽላል ገረብ ኮይኑ ይዕዞቦ ኔሩ። እቶም ንሓይሎም ዘዕልሉዎ ዝነበሩ ሰባት ግልል ክብሉሉ'ኳ ቍሩብ እንተተጸበየ፡ ምድሪ እናመሰየ ይኸይድ ስለ ዝነበረ ግን ግዜ ከሕልፍ ኣይመረጸን። ካብ ዝነበሮ ድነ ውጽእ ኢሉ ብድሕሪ ሓይሎም ደው ኢሉ፡ እቶም ዘዕልሉ ዝነበሩ ሰባት ከየስተብሃሉሉ፡ ብኢዱ ትንክፍ ትንክፍ ኣበሎ፣ "ኣንታ መን ኢኻ፡ ብድሕረይ ኴንካ ትትንክፈኒ! ንዓን'ዶ በዚ ሕለፍ ምሳና ኣዕልል!" ክብል ጭርቃን ሓዊሱ ዓደሞ። ሓደ ካብ ናይ ቀረባ ኣዕሩኽቱ፡ ከም'ቶም ካልኦት ከደዓዕሶ ዝመጸ ሰብ ጌሩ'ዩ ተረዲኡዎ።

እቲ ሰብ፡ "ሓይሎም! ሓይሎም!" ኢሉ ስሙ ጸዊዑ ከምዘድሀበሉ ገበረ። ሽዑ ሓይሎም ነቲ ደሃይ ምስ ሰምዐ፡ ግልጽ ኢሉ ከለልዮ ጠመተ።

"ክፍለ! በየን ደአ መጺእኻ?" ኢሉ፡ ሰላምታ ተለዋወጡ። ምልምል ቅርጹን ኣፍሮኡን፡ ሳንጣ ኣብ ኢዱ፡ ኣዲዳስ ዓይነት ጫማ ወድዩ ምቕልል ዝበለ ጃኬት ለቢሱ ተራእዩዎ፡ ኣለለዮ። "በል መንበር ስሒብካ ኮፍ ኢልካ ጽንሓኒ፡ ኣዝዝ ከኣ!" ኢሉዎ ናብ ኣጋይሹ ኣድሃበ። ክፍለ ዝስተ ኣዚዙ ሽጋርኡ ወሊዑ ኣብ'ታ ጥቓ ዝነበራ ድነ ጽላል ዝነበረት ጣውላ መንበር ስሒቡ ኮፍ በለ።

ኣጋይሽ ሓይሎም ነናብ ቦትኦም ምስ ከዱ ሓይሎም ንኽፍለ ተጸንበሮ። "ኣነ ደኣ ንቑዳመ ሰንበት ኢኻ ትመጽእ ኢለ እንድየ ኣዋዲቐየ ጸኒሐ። ኣይትሕተት እንዲኻ ትብል፡ ደሓን ንሱ ይትረፍ። እንቋዕ ደሓን መጻእካ፡" በለ ሓይሎም።

ክፍለ "ኣነ ደኣ ሆቴልካ ደሓን ዘላ መሲሉኒ ናብኣ ከይደ። ካልኦት ሰባት ምስ ጸንሑኒ፡ ሰላሕ ኢለ ወጺአ ናብ'ዚ መጺአ። እንታይ ደኣ ተረኺቡ?" ክብል ሓተተ።

"ሆቴል ካብ ኢደይ ክምንዝዑ ክከራኸሩኒ'ዮም ጸኒሖም። ሎሚ መዓልቲ ኣረኪብናዮም። ገለ ተረፍ ጉዳያት ስለ ዘሎ እቲ ኣካያዲ ሆቴል፡ ጸሃየ ሃይለን እታ ተቐባሊት ጋሻ ውዴ ትብሃልን ጥራይ ኢዮም ኣብኡ ዘለዉ። ደሓን ይትረፈኒ፡ ብዓንተብኡ ውልቃዊ ሃብቲ እንታይ ዓባሳይ! ብዛዕባ ኩነታት ጥራይ ኣዕልለና!" ኢሉ መለሰ ሓይሎም።

ክፍለ ናይ ቢሮክራሲ ካልእ ስም'ዩ።

ኣብ'ታ ፓስቲቸርያ ቢሮክራሲን ሓይሎምን ክሳብ ዘዕልሉ ሳንጣኡ ኣብ ማኪና ክትቅመጥ ንበዓልቲ ቤቱ ሕድሪ ሃብዋ። ግዜ ኣኺሉ ፓስቲቸርያ ምስ ተዓጽወ እናዕለሉ ናብ መንበሪ ቤት ሓይሎም ኣምርሑ። ቢሮክራሲ በቶም ስድራ ከም ተናፋቒ ኣባሎም ስለ ዝርአ ኩሎም ከቢቦም ከዕልሉዎ ጀመሩ። ሽዑ ዳርጋ ድግስ ዝመስል ሽሻይ ተቐሪቡ ድራሮም በሊዖም መመደቀሲኦም ሓዙ። ቢሮክራሲ ቀልጢፉ ይደቅስ ደንጉዩ፡ ኣንጊሁ ናይ ምትሳእ ልምዲ ስለ ዝነበሮ ኩሎም ደቂሶም እንከለዉ ንግሆ ክዳኑ ተኸዲኑ ኣብ'ቲ በረንዳ ኮፍ በለ። ሓይሎም ምስ ተሰአ ብዛዕባ ናይ ሓሙስ መደባቶም ተመያየጡ። ቢሮክራሲ ኣብ ድሬዳዋ ዝረኸቦም ካልኦት ሰባት ስለ ዝነበሩዎ ናብኦም በጺሑ ኣማስያኦም ምስ ሓይሎም

ክራኸቡ ቈጸራ ፈልዮም ተፈላለዩ። እዚ 25 ለካቲት 1982 ሓሙስ መዓልቲ'ዩ።

ኣብ ድሬዳዋ ሓያለ ኣባላት ውድብ ኔሮም'ዮም። ሓንቲ ካብኦም ሰላስ ገብረኪዳን ዝተባህለት ወናኒት ሰንትራል ተባሂሉ ዝጽዋዕ ፍሉጥ ሆቴል'ያ። ንሰላስ ኣብ ኣዲስ ኣበባ ኣብ በረኻታት እንጦጦን ሰበታን ረኺቡ ወዲቡዋ ከምዝነበረ ርኢና ኔርና። ቢሮክራሲ ሓሙስ ኣጋግዘ ንሰላስ ኣብ ሆቴላ ከይዱ ረኺቡዋ፣ ናይ ኵነታት ሓበሬታታት ድሕሪ ምልውዋጦም፣ "እምበኣር ሰላስ፣ ኣነ ኣርሒቐ ክገይሽ'የ። ኣይክንራኸብን ስለ ዝኾና፣ ቃልስኹም ጸኒዕኩም ቀጽሉ።" ኢሉ ናይ ምፍናው ቃላት ኣስሚዑዋ ተፈላለዩ። ንሰላስ በየን ኣቢሉ፣ ናበይ ከምዝኸይድ ኣይገለጸላን። ስራሕ ምስጢራዊ ገድሊ ድማ ነዘን ሕቶታት'ዚኣን ዘይምልሰ ምኳኑ ተረዲኣቶ'ያ።

ሓሙስ ከም'ዚ'ላ ዓሪባ ምሸት ምስ ሓይሎም ኣብ መንበሪኡ ተራኺቦም ቢሮክራሲ ከም'ዚ'ሉ ኣዕሊሉዎ ኔሩ፣ "ጽባሕ ንግሆ ኣብ ቤት-ጽሕፈት ስራሕካ (ወኪል ፊያት) ክንራኸብ ኣለና። ኣብኡ ቴሌፎን ስራሕካ ክጥቀም ስለ ዝኾንኩ ክተዳልወለይ ኢኻ።" ብኸም'ዚ ምድሪ ወጊሓ ንግሆ ዓርቢ ኣብ ቤት-ጽሕፈት ስራሕ ሓይሎም ተራኸቡ። ኣብ ውሸጢ'ቲ ቤት-ጽሕፈት፣ ቢሮክራሲ፣ ንበይኑ ኮይኑ ተሌፎን ደወለ። ነዊሕ እዋን ጸኒሑ፣ ካብ'ታ ውሽጣዊት ቤት-ጽሕፈት ወጺኡ ምስ ሓይሎም ክራኸብ እንከሎ፣ ሓይሎም ኣብ ገጽ ቢሮክራሲ ርእዩዎ ዘይፈልጥ ባህ ናይ ዘይምባል ስምዒት ኣንበበ። ወዮ ኣይትሕተት ዝብል መምርሒ ሂቡዎ ስለ ዝነበረ'ምበር፣ "ኣይሰለጠካን ድዩ?" ክብሎ ተቐረበ። ካብ ገጽ ቢሮክራሲ ናይ ዓወትን ብርሃንን ምልክት ጥራይ ምንባብ ዝለመደ ሓይሎም፣ እዚ ንእሽቶይ ምልክት ምጽዋግ፣ ከም ቀሊል ኣጋጣሚ ርእዩ ብኡ ንብኡ ረሲዑዎ ናብ ንቡር ወኻዕካዖም ኣተዉ።

ቢሮክራሲ ምስ ገብረሂወት ተኻሊ፣ ቅድሚ ሳልስቲ ክፈላለ እንከሎ ዓርቢ ኣብ ድሬዳዋ ኮይኑ ብቴሌፎን ክራኸቦ ምኳኑ ተረዳዲኦም ኔሮም'ዮም። እንተኾነ እታ ክጥቀመላ ዝሓሰበ ተሌፎን ናይ ሆቴል ኮንቲነንታል ዋና ቀይራ ስለዝጸንሐት መደብ ርክቦም ብመጠኑ'ኳ እንተተሰናኸለ ኣብ ካልእ ቦታ ብኻልእ ተሌፎን ክረኽቦ ጸገም ዝህሉ ኣይመሰሎን። ግናኸ ፈቲኑ ፈታቲኑ ቀበጸ።

ሸዑ ንሓይሎም ከም'ዚ በሎ፣ "ጽባሕ መዓልቲ ክገይሽ ዝሓሰብኩዎ ንሰኑይ ኣሰጋጊረዮ ኣለኹ። ክሳብ ሸዑ እቲ ዝሓሰብኩዎ ክሰልጠኒ ተስፋ እገብር፣ ንስኻ ግን ብኣይ ኣይትሸገር ስራሕካ ስራሕ። ኣብ ዘበልና ኣቢልና ርክብና ኣብ ገዛኻ'ዩ።" በሎ። ዓርቢ 26 ለካቲት 1982 ብኸም'ዚ ተወድአት።

ኣጓናፍ ምስ በዓሉ ግርማ

ሸዑ ቐነ ኣብ ዞባ ሃረርጌ ናይ ስፖርት ቅድድም ክካየድ ተወጢኑ ቀዳምን ሰንበትን ናይ ሆሆታ መዓልታት'የን ኔረን። ሓይሎም ብደረጃ ኣባልነት ኮሚቴ ኣብ'ዚ ስፖርታዊ መደባት'ዚ ዝሳተፍ ህቡብ ሰብ'ዩ ኔሩ። ሓይሎም ኩሎም ዓበይቲ ሓለፍቲ (ናይ ምምሕዳር፣ ናይ ፖሊስ፣ ዝኣመሰሉ) ኣብ'ዚ ስፖርትታት'ዚ ኣተባባዕትን ተኻፈልትን ክኾኑ በቲ ተዋዛዪን ስሓብን ዕላሉ ክጉስጉሶም ቀንዩ።

ቀዳም 27 ለካቲት 1982 ቢሮክራሲ ኣብ ዝወዓለ ውዒሉ ምሸት ምስ ሓይሎም ኣብ ገዝኡ ተራኸበ። ቢሮክራሲ ኣብ ቤት-ጽሕፈት ስራሕ ሓይሎም ተሌፎን ክረኽቦ ዝፈተነ ስለዘይሰለጦ ሸዑ መዓልቲ ናብ ኣዲስ ኣበባ ልኢኹ ኮነታት ክፈልጥ ክጽዕር ዝወዓለ'ዩ ዝመስል። እቲ ንቐዳም ካብ ድሬዳዋ ናብ ካልእ ክገይሽ ዝሓሰቦ ንሰኑይ (ሓደ መጋቢት 1982) ኣሰጋጊሩዎ'ዩ። ስለ'ዚ፣ ቀዳም ሃለኽለኽ ክብል ውዒሉ ጠጥዑሙ ምስ ሓይሎምን ስድራ-ቤቱን ከዕልል ምሸት ምስኦም ሓደረ።

ሓይሎምን ቢሮክራሲን ዝድቅሱላ በይና ፍልይቲ ክፍሊ ነበረቶም። ብዛዕባ ሰውራን ምዕባሌኡን ብሰፊሑ ዘዕልሉ ኣብ'ዛ ክፍሊ'ዚኣ ክድቅሱ ምስ ኣተዉ'ዩ። ዕላል ቢሮክራሲ ከም'ዚ ዝመስል ነበረ፡-

"ኮነታት ሜዳ ጽቡቕ'ዩ ዘሎ። እቲ ብኽንደይ ዳንኬራን ኩምራ ኣጽዋርን እልፊ ሰራዊትን ዝጀመሩዎ ሻድሻይ ወራር ናብ ሓሙኽሽቲ ይቕየር ኣሎ። እቲ ኣባና ዝሓሰብዎ ናብኦም ተሰልቢጡ። ደርጊ ኣዕለቢጡ ዓቕሉ ጸቢቡዎ። ውጥኖም ከንቱ ኮይኑ በርዒኑ። ፍናን ተጋደልትና ኣዚዩ ልዑል ኣሎ። ደርጊ ኣብ ኤርትራ ተዋሒጡ ክተርፍ'ዩ።. . . "

ኣብ ዕላሎም ሓይሎም ሓደ ዘገርም ዘጓነፎ ጉዳይ ኣልዒሉ ንቢሮክራሲ ሓተቶ። ቅድሚ ቁሩብ መዓልታት ኣዲስ ኣበባ በጺሑ ኔሩ። ምስ ብዙሓት ሰብ-ስልጣን ላዕለዎት ሓለፍቲ ቤት-ጽሕፈታትን ስለ ዝፋለጥ ኣብኡ ይኹን ኣብ ሃረር ምስኦም ይራኸብን የዕልልን'ዩ። ብርሃኑ ከበደ ናይ

ሃረር ናይ ዜና ሓላፊ'ዩ። ኣብ ኣዲስ ኣበባ ምስ ተራኸቡ ተተሓሒዞም ናብ ቤት-ጽሕፈት ሚኒስትሪ ዜና ከይዶም፡ ሽው ምክትል ሚኒስተር ዜና ዝነበረ በዓሉ ግርማ ረኺቡዎ። ክኣትዉ እንከለዉ ሓደ ከደራይ፡ ሕጽር ዝበለ፡ በራሕ ሰብ ምስ'ታ ጸሓፊቱ ከዕልል ርእዮሞ ነበሩ። ናብ ውሽጢ ቤት-ጽሕፈት በዓሉ ግርማ ምስ ኣተዉ፡ እቲ ምክትል ሚኒስተር ከም'ዚ ክብል ኣዕለሎም፦

"ትርእዩዎ'ለኹም እዚ ኹሉ ወረቓቕቲ ኣብ'ዚ ጣውላይ ዘሎ! ብዛዕባ'ዚ ኣብ ኤርትራ ዝካየድ ዘሎ 'የቀይ ኮኮብ ዘመቻ' ክጽሕፍ ኢለ ዝኣከብክዎ'ዩ። እዚ ምስ'ዛ ጸሓፊት ዝጸንሓኩም ሰብ ብዛዕባ'ዛ ዘዳልዋ መጽሓፍ ከማኽረኒ ኢለ'የ ጸዊዐዮ። ጌና'ውን ዘረባና ኣይወዳእናን ዘሎና። ንሱ ኣብ ሻዕብያ ናይ ሓለዋ ሰውራ ሓላፊ ዝነበረ ናባና ኢዱ ዝሃበ'ዩ። ሓደ ውዑይ፡ ቅልጡፍ ሰብ'ዩ፡ ስሙ ተኽላይ ዓደን ይብሃል. . ."

እዚ ዕላል'ዚ ዝሰምዐ ሓይሎም ንቢሮክራሲ ደገመሉ። "ተኽላይ ዓደን ኣብ ዝሃለወ ሃልዩ ንከታተሎ ኢና። ንሱ ምስ ሰለመ ኩሉ ምቅይያራት ስለ ዝተገብረ ዘምጽኦ ሳዕቤን የብሉን። በዓሉ ግርማ መጽሓፍ እንተጽሒፉ ፍሽለቶም ክገልጽ እንተዘይኮይኑ ካልእ ቁምነገር ክህልዎ ኣይኮነን!" ብምባል ቢሮክራሲ መለሰ።

ሕሹኽታ ኣብ ስታድዩም ድሬዳዋ

ከም'ዚ እናበሉ ኣዕልል ሓዲሮም ንግሆ ሰንበት 28 ለካቲት 1982 ሓይሎም ፍስሃየ ናብ'ቲ ናይ ስፖርት መደብ፡ ከም ኣባል ኮሚቴ መጠን፡ ክብገስ ሓሰበ። ንቢሮክራሲ ገዲፉ ምኻዱ ስለዘሰከፎ ድማ ካብ'ቲ መደብ ቦኺሩ ክውዕል ሓሰበ። ቢሮክራሲ ድማ፡ "በቲ ብሆቴል ኣሳቢቦም ከሸግሩኻ ስለ ዝቐነዩ፡ ሕጂ እንተተረፍካ መሊሶም ከይጥምቱኻ ኪዶም ድኣ!" ኢሉ ኣተባቢዑዎ ብንግሆኡ ናብ ጉዳይ ስፖርቱ ተበገሰ። ናይ ንግሆ ኩሉ ምድላዋት ፈጺሞም ናይ ኩዕሶ እግሪ ጋንታታት ንሻምፕዮንነት (ጉብለልነት) ካብ ሰዓት 2፡30 ድ.ቀ. ክሳብ ሰዓት 5፡00 ድ.ቀ. ክገጥማ መደብ ኣዳልዮም። ኣብ ናይ ድሬዳዋ ስታድዮም ህዝቢ ሆጭ ኢሉ ኣትዩ፡ ጋንታታት ርሱን ግጥማት ኣካየዳ። ኣብ'ቲ ስታድዮም ክቡራት ኣጋይሽ፡ ኣመሓደርቲ፡ ኣዘዝቲ ፖሊስ፡ ኣዘዝቲ ሰራዊትን ካልኦትን ኣብ

ዝዕዘብሉ ቦታ ኮይኖም ነንዝድግፉወን ጋንታታት ከተባብዑ ወዓሉ። ሓይሎም ኣብ መንጎኦም ኮይኑ፡ እናተዋዘየን እናስሓቐን ቲኬት ንዘይ ቑረጹ እናኸፈለ ኣብ'ቲ ምውቕ ግጥም ምርኡይ ነበረ።

ጸወታ ክውዳእ ቁሩብ ተሪፉዎ ሰዓት 5፡00 ድ.ቀ. ክኣክል ቀረበ። ሓይሎም ብንሀር ስምዒት ንዝድግፉ ጋንታ ከተባብዕ ዓው ኢሉ ይጭድር ነበረ። ሽዑ ሓደ ኣጸቢቑ ዝፈልጦ ኣባል ፖሊስ፡ "ጋሼ ሓይሎም! እዚ ጸወታ ምስ ተወድአ ሓቢርና ናብ ናይ ኣውራጃ ፖሊስ ክንከይድ ኢና!" ኢሉ ሕሹኽ በሎ። ሓይሎም፡ ሰንበት ምድሪ እንታይ ኢሉኒ'ዩ ክምኡ ዝብለኒ፡ ኢሉ ብምሕሳብ፡ "በጃኻ ኢለካ! ኣየርክብንን'የ! ማኪና ናይ ሰብ ኣላ ምሳይ! ደሓር ከኣ ደቀይ ኣለዋ ገዝአን ክብጽሖን'የ! እንታይ'ልካኒ'ኻ. . . .ወረግ ምሳኻ ኣይከይድን'የ! ክምኡ'ልካ ንሓለቓኻ ንገሮ!" ኢሉ ነጺሩ መለሰሉ። ሓይሎም ምስ ኣሕሉቕ ፖሊስ ጥቡቕ ዕርክነት ስለዝነበሮ ብሓደ ተራ ፖሊስ ክምኡ ክበሃል ዘይጽበዮ'ዩ። ደሓር ከኣ ኣየናይ ዘገድስ ጉዳይ ከይከውን፡ በቲ ሆቴል ዝመጸ ተረፍ ዘረባ'ዩ ዝኸውን ኢሉ ብምሕሳብ "ስኑይ ክመጸኩም'የ! ክምኡ በሎ ንሻለቃ ኣለማየሁ!" ኢሉ ኣጓጠጠ። ሻለቃ ኣለማየሁ ናይ ፖሊስ ሓላፊ'ዩ። እንተተደልየ ንሱ ምነገረኒ፡ ኢሉ ስለ ዝሓሰበ'ዩ ክምኡ ዝበለ። እቲ ዝተላእከ ተራ ፖሊስ ግን፡ "ጋሼ! ዘይልወጥ ትእዛዝ'ዩ! ደሓር ከኣ ቀሊል ጉዳይ'ዩ፡ ብጽሒ ኢልኩም ትምለሱ!" ክብል ትሪ ናይ'ቲ ጻውዒት ብትሕትና ገለጸ። ጸወታ ተወዲኡ ሰዓት 5፡00 ድ.ቀ. ምስ ኣኸለ፡ ሓይሎም ናብ ሻለቃ ኣለማየሁ ከይዱ፡ "ሻለቃ! ኣብዚ ሓደ ወተሃደርኩም ኣብ እንዳ ፖሊስ ንዓናይ ኢሉኒ'ሎ'ሞ ስዒብካ ደኣ ደሃየይ ፍለጥ!" ኢሉ ተላብዩዎ ምስ'ቲ ተራ ፖሊስ ተተሓሒዞም ተበገሱ። ኣብ'ቲ እንዳ ፖሊስ ምስ በጽሑ፡ እታ ናይ'ቲ ሆቴሉ ዝነበረት (ኮንቲነንታል) ተቐባሊት ጋሻ (ውዴ ትብሃል) ኣብኡ ምስ ጸንሓቶ፡ "እዛ ሆቴል'ዚኣ ነገራ ኣይውዳእን'ዩ፡ ኣማስያኡስ ተምጽኣለይ ሰበብ ኣለዋ!" በለ ንነብሱ። መምጽኢኡ ጉዳይ ሆቴል ምዃኑ ሽዑ ገመተ።

ጉዕዞ ልኡልሰገድ ናብ ድሬዳዋ [81]

እቲ ኣብ ሰለስተ ኣካላት ዝተመቐለ ጉጅለ መኹንናት ስለያ ንሃድን ቢሮክራሲ ብብወገኑ ስርሑ ክሳልጥ ላዕልን ታሕትን ይብል ነበረ። እዚ

ካብ 26 ለካቲት 1982 ዝጀመረ ህጹጽ ስራሕ'ዩ።

እቲ ንዝተታሕዘ ሰነዳት ዝትርጉምን ዝመሚን ጉጅለ ሰብ ኣስመራ (ሃይለ ወልደስላሴ፡ ተኽላይ ዓደንን ኣሻግሬ ደሳለኝን) ኣርባዕተ ቀንድን ኣገደስቲን ዝበሃሉ ውዱባት ኣስማቶም ካብ'ቲ ሰነዳት ኣጻሪዩ ነቲ ክፍሊ ስርሒት ዝተባህለ ኣካል ኣቐበለ። ብፍላይ ነቲ ናይ ስለያ ሰፊሕ እኩብ ሓበሬታ እናጸሓፈ ናብ ቢሮክራሲ ዘቐብል ዝነበረ፡ ስሙ ዘይተፈልጠ፡ ግና "ጸሓፊ" ብዝብል ናይ ኮድ ስም ዝጽሕፍ ምንባሩ ኣስተብሃሉ። እዚ ሰብ'ዚ ቁልፊ ተራ ዝጻወት ዝነብረ ክኸውን ኣለዎ፡ ኢሎም ብምሕሳብ መን ምዃኑ ንምፍላጥ ንጸብጻባቱ ኣጥቢቖም መርመሩዎ። ኣብ መወዳእትኡ፡ ቅድሚ ዓመት ናብ ከተማ ዳካር ርእሰ-ከተማ ኣፍሪቃዊት ሃገር ሰኔጋል ብናይ ውድብ ሓድነት ኣፍሪቃ ስራሕ ገይሹ ከምዝነበረ ዘመልክት ኣብ ጽሑፋቱ ተገንዘቡ። እዚ ሓበሬታ'ዚ ንዝምልከቶም ኣካላት ብምምሕልላፍ፡ ኣብ ክፍሊ ኢሚግረሽን (ናይ ገያሾ መውጽኢ ፍቓድ ዝህብ ክፍሊ) ቅድሚ ዓመት ናይ ዝገሹ ኣስማትን ናበይ ከምዝገሹን ዝርዝር ብምምልካት ስሙ ረኸብዎ። ንሱ ተስፋማርያም ጸጋይ ሰሎሞን ዝተባህለ ኣብ ኣዲስ ኣበባ ኣብ ውድብ ሓድነት ኣፍሪቃ ዝሰርሕ ኤርትራዊ ምዃኑ ኣረጋገጹ።

እቲ ስርሒታዊ ኣካል ኢሎም ዘቑሙዎ ክፋል ቀዳም መዓልቲ 27 ለካቲት 1982 ነቶም ኣርባዕተ ቀንድን ኣገደስቲን ዝበሎም ሰባት ኣብ ምእሳሮም ተጓየየ። እቲ ራብዓይ ኣብ ሓይሊ ኣየር ላዕለዋይ መኰንን ዝኾነ ኢትዮጵያዊ ኢዩ። ነቶም ኣርባዕተ ሰባት ሒዞም ድማ ዕውር ምቅጥቃጥ ብምዝውታር መርመራ ኣካየዱሎም።

ቢሮክራሲ ናብ ድሬዳዋ ከምዝኸደ፡ 26 ለካቲት 1982 ኣብ ሓደ ቦታ ኮይኑ ተሌፎን ንኣዲስ ኣበባ ክድውል ምዃኑ ፈሊጡ ዝነበረ ብልኡል ሰገድ ዝምራሕ ላዕለዋይ ኣካል ናይ'ቲ ጉጅለ ሃድን ብህጹጽ ኣብ ድሬዳዋ ሽዑ መዓልቲ ተረኺቡ ናብ'ቲ ቢሮክራሲ ክድውለሉ'ዩ ዝተባህለ ቦታ ከደ። ኣብኡ ከም'ቲ ዝተሓበሩዎ ቢሮክራሲ ከይመጸ መሬት ስለ ዝዓረበ፡ ንሱ ኣምሊጡ እቶም ካልኦት ኣብ ኣዲስ ኣበባ ዘለዉ ኣገደስቲ ሰባት ከየምልጡ ስለ ዝሰግኡ ብኡ ንብኡ ንኣቶም ክተሓዙ ኣዘዙ።

ኣብ ድሬዳዋ ዓርብን ቀዳምን (26ን 27ን ለካቲት 1982) ስእሊ ቢሮክራሲ እናረኣዩ ንዕኡ ዝመስል እንተተረኺበ ኢሎም ሃሰስ ክብሉ

ቀንዮም ተሰፋ ኣይረኸቡን።

ኣጋ ሰዓት 5 ድሕሪ ቀትሪ ሰንበት 28 ለካቲት 1982 [82]

ደቡባዊ ምብራቕ ኢትዮጵያ ጥዑም ክሊማ'ዩ ዘለዎ። ናይ ወርሒ ለካቲት ናይ ህንዳዊ ውቅያኖስ ንፋሳት እቲ ምኡዝ ጠሊ ተሰኪሞም ከበድቲ ደበናታት ፈጢሮም ንሰማያት'ቲ ምድሪ ሸፊኖሞ ወዓሉ። ኣብ ኣጋግዘ ኣዝመራኦም ኣራጊፎም ክሓልፉ ንሰማያት ድሬዳዋ ሸፈኑዎ። ሽዑ መዓልቲ ኣብ ውሽጢን ደገን ስታድዮም እቲ ንሁር ግጥም ኩዕሶ እግሪ ክዕዘብ ብዙሕ ህዝቢ ተኣኪቡ ነበረ። ዝናብ ናይ'ቲ ተንጠልጢሉ ዝነበረ ከበድቲ ደበናታት ከየርከበ ጸወታ ክውዳእ እናተማህለሉ ናይ'ተን ጋንታታት ደገፍቲ ሆ ክብሉ ድምጾም ካብ ማእከል ከተማ ይስማዕ ነበረ። ብዕድል ግን ሰዓት ኣኺሉ ጸወታ ተወዲኡ ህዝቢ በቲ ዝወዓለ ምውቕ ግጥም ዓው ኢሉ እናጨደረ ነናብ ቦትኡ ክውሕዝ ጀመረ።

ሽዑ ኣጋ ሰዓት 5፡00 ድ.ቀትሪ ኣይሂ ዝኾነ ማይ ወሪዱ ኩሉ ነናብ መዕቀሊኡ ጉየየ። እዚ ንኣስታት ፍርቂ ሰዓት ጅው ክብል ዝጸንሐ ዝናብ ከይዓጀበን ፍሉያት ዝውንጨፋ መካይን ናብ መደበር ፖሊስ ተመራሪሐን ይጕዓዛ ነበራ። ሓንቲ ካብአን ብኽብሪ ዝተዓጀበት ክትመስል ሓይሎም ፍስሃየ ዝሓዛ ሓደ ፖሊስ ምስኡ ዝተሳፈረላ ንእሽቶይ ናይ ገዛ መኪና ነበረት። ሓይሎም እቲ ኣብ ስታድዮም ብሕሹኽታ ዝመጸ ትእዛዝ ኣኽቢሩ ኣብ'ቲ መደበር ምስ በጽሐ፡ እቲ ማይ ጽሒዩ፡ ካብ'ተን ደድሕሪኡ ዝመጻ ዝነበራ መካይን ሓደ ብቕልጡፍ ወሪዱ፡ "የት ኣለ ሰውዬው? (ኣበይ ኣሎ እቲ ሰብ?)" ኢሉ ሓቲቱ ንሓይሎም ረኸቦ። ንሱ ልኡልሰገድ፡ እቲ ንቢሮክራሲ ዝሕዝ ኣካል ዝመርሕ ናይ ጸጥታ መኰንን'ዩ ኔሩ። ልኡልሰገድ ካብ ጁባኡ ሓደ ጉርዲ ስእሊ ኣውጺኡ፡

"ይኸን ሰው ታውቀዋለህ? (ነዚ ሰብ'ዚ ትፈልጦ'ዶ?)" ክብል፡ በቲ ገበታ ኣልኮል ዝጨኑ ትንፋሱ ሃፊጽ እናበሎ ሓተቶ።

ሽዑ ሓይሎም ዝረኣየ ስእሊ ወቓሕ ኢሉዎ፡ መን ምዃኑ ተረድኦ። ነገር ከምዝተበላሸወ፡ ሓደ ዓቢ ሓደጋ ከምዝወረደ ተገንዚቡ፡ ኣብ እንዳ ፖሊስ ዘምጽኦ ጉዳይ ሆቴል ከምዘይኮነ በርሃሉ። ነቲ ዓይኒ ዝሕዝ ምምሳይ መዝሚዙ፡

"ኣይፈለጥኩዎን!" ኢሉ መለሰ።

"ከመይ ዘይትፈልጦ! ጋሻሻ'ዩ! ደሓን ክትፈልጦ ኢኻ!" ኢሉ ልኡልሰገድ እናጉባዕበዐ፡ "ደይብ ኣብ'ዛ ማኪና!" ኢሉ ብነድሪ ኣዘዞ።

ነታ መኪና ዝዘውራ እቲ ናይ ቀረባ ዓርኩ ሓላፊ ፖሊስ ሻለቃ ኣለማየሁ፡ ሓይሎም ኣብ ቅድሚት ምስኡ፡ ኣብ ድሕሪት ክልተ ዱልዱላት ወተሃደራት፡ ብድሕሪኦም ሓንቲ ላንድኩሩዘርን ሓንቲ ጂፕ ዝዓይነታ ወተሃደራዊት መኪናን፡ ተመራሪሖም ናብ መንበሪ ቤት ሓይሎም ተበገሱ። ማይ ጽሕዩ'ኳ እንተነበረ እቲ ሑጻዊ ጽርግያታት ጌና ይዛሪ ነበረ፡ መካይን ብጐማታተን እናጋልሃ ጨባዕ የብልኦ ነበራ።

ኣብ ጥቓ መንበሪ ሓይሎም ምስ በጽሑ ሓይሎምን ሻለቃ ኣለማየሁን ወሪዶም ማዕጾ ካንቸሎ ኳሕኳሕ ኣበሉ፡ ከም ሰብ ደሓን።

እኔ ነኝ ኣብራሃም! ማነው የሚፈልገኝ?

ቢሮክራሲ ምስ ብጻዩ ገብረሂወት ተኸለ ኣብ ድሬዳዋ ኮይኑ ብተሌፎን ዓርቢ ክራኸቦ ምኳኑ ተረዳዲኦም ከምዝነበሩ ዝዝከር'ዩ። እቲ ኣስጋኢ ኩነታት ክኽወለሉን ክርሕቀሉን እንተኾይኑ ናይ መወዳእታ ቃል ንብጻዩ ከሰምዖ ኩነታት ብጻዩ ድማ ኣረጋጊጹ ክስጉም ግድን'ዩ ኔሩ። ዓርቢ መዓልቲ ዝፈተኖ ናይ ተሌፎን ርክባት ግና ኣይሰለጦን። ኩነታቱ ግድን ከይፈለጠ ጉዳይ ምኽዋሉን ምርሓቑን ጥራይ ክገብር ብኩለንተናዊ ኣተሓሳስባ ቢሮክራሲ ዘይከውን'ዩ። ከመይ ጌሩ ደሃይ ከይፈለጠ ናይ ነብሱ ጥራይ ክገብር! ብጻይካ ኣብ መገዲ ገዲፍካ ሓቁን ቁርጹን ከይፈለጥካ ጉዕዞ ሰውራዊ ህይወት ዝቐበሎ ሕልና ኣይኮነን። እዚ ጠንቂ ዘይተፈልጠ መሰናኽል ኣጻሪዩ ነቲ ደድሕሪኡ ዝሰዕብ ዝነበረ ሓደጋ ከም ቀደሙ በዚሁ ኣብ ገድላዊ ህይወቱ ክምርሽ ክጽዕርን ክጽመምን ግድን'ዩ ኔሩ።

ቀዳምን ሰንበትን በዚ ሕልና'ዚ ዝተደረኸ ፋሕተርተርን ዓቕሊ ጌርካ ምጽባይን ክውዕለን ተገደደ። ምናልባት ናብ ኣዲስ ኣበባ ልኢኹ መልሲ ክጽበ ዘሕለፈን መዓልታት'የን።

ሰንበት ካብ ሰዓት 2፡30 ድ.ቀትሪ ክሳብ ከባቢ ሰዓት 5፡00 ድ.ቀትሪ ሓይሎም ኣብ ስታድዮም ጸኒሑ ከምዝምለሶ ይፈልጥ'ዩ። በቲ ዝነበረ ኣይሂ ዝናብ ከይደናጕ እናሰግአ ኣብ መንበሪ ቤት ሓይሎም ብትዕግስቲ ይጽበ ነበረ። ኣብኡ ኣስቴር ፍስሃየ፡ ሓፍቱ ንሓይሎም ምስ ሓንቲ

ሰራሕተኛ ገዛን ሊሊ ዝተባህለት ንእሽቶይ ሓፍቶምን ነበራ።

ሓይሎም ገዛ ዝኣትወሉ ሰዓታት (ከባቢ ሰዓት 5፡00 ድ.ቀ.) ስለዝኣኽለ ክመጽም ይጽበዩ ነበሩ። ንግዜኡ ኣብ ሳሎን ኮይኖም ምስ ኣስቴር ካርታ ይጻወቱ ነበሩ። ኣብ ጸወታኦም ጥሒሎም እንከለዉ ማዕጾ ካንቸሎ ምስ ተኳሕኩሐ ሓይሎም ክኸውን ኣለዎ ኢሎም ተጸበዩ። ሸቃሊት ገዛ ማዕጾ ካንቸሎ ከፈተቶ። ሊሊ ድማ እትናፍቖ ሓይሎም መጺኡ ኢላ ማዕጾ ናይ ገዛ ከፊታ ምስ ተቐልቀለት ሓይሎም ምስ ናይ መዓርግ ልብሲ ዝወደየ ሓለቓ ፖሊስ ክኣቱ ምስ ረኣየት፡

"እውይ! ደሓን ዲኹም ደኣ!" ኢላ ምስ ሰንበደት፡ ስንባዳ ሰሚዓ ኣስቴር'ውን ተቐልቀለት።

ሻለቃ ኣለማየሁ ናብ'ቲ ማዕጾ ገዛ ቅልቅል ኢሉ፡

"ኣብርሃም ኣለ?" ኢሉ ምስ ሓተተ፡ ኣስቴርን ሊሊን "ኣብርሃም ዝብሃል የብልናን!" ክብላ ተኸራኸራ።

ብውሽጢ "ማነው የሚፈልገኝ! መን ኢኻ! ኣነ'የ!" ኢሉ ቢሮክራሲ ብድድ ኢሉ ተቐባበሎም። "ንሕና ኢና፡ ንደልየካ ኣለና!" ምስ በሉዎ፡ "በሉ ጽንሑ ጃኬተይ ክወዲ!" ኢሉ ንውሽጢ ገጹ ምልስ ምስ በለ ሻለቃ ኣለማየሁ ንውሽጢ ሰዓቦ። ኣብ ደገ ሽጓጉጦም ኣውጺኦም ኣብ ተጠንቀቕ ዝነበሩ ዩኒፎርም ዝለበሱ ፖሊስን ሲቪል ዝለበሱ ኣባላት ጸጥታን ብማዕጾ ካንቸሎ ኣትዮም ተፈናቲቶም ይጽበዩ ነበሩ።

ሓይሎም፡ "ንስኻ ክፍለ እንዲኻ ትበሃል! ከመይ ጌርካ ኣነ'የ ኣብርሃም ትብሎም!" ኢሉ ብትግርኛ ንቢሮክራሲ ተዛረቦ።

"ደሓን ሓይሎም! ስቕ ጥራይ በል! መን ይጽወዓኒ ከምዘሎ ፈሊጠ'ለኹ!" ክብል መሊሱሉ፡ ምስ'ቲ ሻለቃ ማዕረ ማዕረ ኮይኖም ወጽኡ።

ንቢሮክራሲ ኣብ'ታ ሻለቃ ኣለማየሁ ዝዘውራ ማኪና ብቕድሚት ሰቒሎም፡ ከም'ታ ንሓይሎም ሒዞም ዘምጽኡዎ ተመራሪሖም ናብ መደበር ፖሊስ ተጓዕዙ። ንሓይሎም ኣብ ካልእ ማኪና'ዮም ሰቒሎሞ።

ፈተነ ምምላጥ [83]

ሓደ ሽው ዝገሃደ እቲ ቦታ ብምሉኡ ብፈጣናት መካይን ዝንቀሳቐሱ ዝዓጠቑ ኣባላት ጸጥታን ተወሰኽቲ ፖሊስን ተኸቢቡ ምጽንሑ'ዩ።

ንቢሮክራሲ ሒዞም ክወጹ እንከለዉ ከካብ ተዓሺገኖአን ኣድብየናሉን ዝጸንሓ ቦሎኽ ቦሎኽ ኢለን ወጺኣን ናብ'ቲ መደበር ኣሰንየንኦም ረሓቓ።

ኣብ መደበር በጺሖም ማኪና ሻለቃ ኣለማየሁ ደው ምስ በለት ቢሮክራሲ ነቲ ሻለቃ ብጁዶ ሃሪሙ ምስ ኣንቀጾ፡ ማዕጾ (ቀዳማይ የማናይ) ተቖላጢፋ ከፊቱ፡ ነቲ ብዳሕረዋይ ማዕጾ ወሪዱ ክቃወሞ ዝፈተነ ወተሃደር ድማ በቲ ማዕጾኡ ገም ኣቢሉ ኢዱ ቀርቂሩዎ፡ ብፍጥነት ካብኦም ኣምሊጡ ሓያለ ርሕቀት ጉየየ። ሽዑ እቲ ኸባቢ ብተኹሲ ተናወጸ። እቲ ካብ መጀመርያ ጥሪ ኣትሒዞም ኣንፈቱ ዝረኸቡ ንመላእ ስለያ ኢትዮጵያ ዘገደሰ ላዕለዋይ ሰላዩ ህዝባዊ ግንባር ኣብ ኢዶም ኣትዩ ብኸም'ዚ ከምልጥ ኣሰንባዲ ስለ ዝነበረ፡ ኣብ ድሬዳዋ ብኹሉ ኰርናዓት ድምጹ ዝተሰምዐ ናይ ኢድ ብረታት ተኹሲ ኣብ'ቲ ከባቢ ዝነበሩ ኣባላት ጸጥታን ፖሊስን ብጻዕቂ ተፈነወ። ገሊኡ ናይ ስንባድ ገሊኡ ናይ ሓደጋ ምልክት፡ ገሊኡ ጨሚቱ ንቢሮክራሲ ሃሪሙ ከውድቖ ዝተተኮሰ ጠያዪቲ በርከተ።

ቢሮክራሲ ብጉያ ሓያለ ርሕቀት ኣምሊጡ እናኸደ እንከሎ ብድሕሪኡ ብዝመጸት ሓንቲ ጥይት ጸጋመይቲ ኢዱ ተሃርመት። ብኡ ንብኡ ንየማኑ ተዓጺፉ ካብ'ቲ ትኽ ዝበለ ጽርግያ ከላግስ ኣብ ሓደ ዕሙቕ ዝበለ ህጉም ዘሊሉ ኣትዩ እግሩ ተቘጽየ። ካብኡ ተሲኡ ጉያኡ ከሐድስ ኣብ ዝፈተነሉ እዋን ድሮ ኣብ ልዕሊኡ ጠበናጁኦም ገቲሮም ከበቡዎ። ካብ'ዚ ህጉም'ዚ ኣውጺኦም እናዳፍኡ ናብ'ታ መደበር ፖሊስ መለሱዎ።

ኣብ'ቲ በረንዳ ናይ'ቲ መደበር ሓይሎም ጸኒሑዎ። "በል እንቋዕ ተራኸብና! እታ ሲንክሮኒዛቶሪ ኣይትረስዕ! ብዝተረፈ ኣይትፈልጠኒ ኣይፈልጠካ። እዚ ኩነታት ትርእዮ ከምዘለኻ ገለ ኢዱ ዝሃበ ሰብ ኣሎ ማለት'ዩ። ኩሉ ዝሓቱኻ ናባይ ኣሰክሞ!" ክብሎ እንከሎ፡ ሓደ ካብ'ቶም ሓለውቲ ፖሊስ "ምዝራብ ኣይፍቀድን'ዩ! ትም በሉ!" በሎም። ከም'ዚ እናተበሃሃሉ እንከለዉ ብዓልቲ ቤቱ ንሓይሎም ሁፍ እናበለት መጺኣ፡ ምስ ረኣየቶም፡ ተጠሊዓ ኣውያት ደርጉሓቶ። እቲ ዝተረኽበ ኣብ ቤታን ኣብ በዓልቤታን ምኧኑ ፈሊጣ በቲ ተኹሲ ዝጠፍኡ ወይ ዝተሃሰዩ'ዩ መሲሉዋ። ብህይወቶም ጥዑያት ምስ ጸንሑዋ፡ "ክፍሌ

ደሓን ድዩ ኢዱ?" ኢላ መንዲላ ካብ ርእሳ ቀንጢጣ ነቲ ዝፈሰሰ ዝነበረ ደሙ ንምዕጋት ጠቕሊላ ናብ ክሳዱ እእትያ ነታ ህርምቲ ኢዱ ክትድግፍ መእንጕታ ገበረትላ። ብድሕሪ'ዚ ግን ነገር ከቢድ ክኸውን ከምዝኽእል ገሚታ፡ "ኣንታ በዓለገ ክፍለ! ንስኻ ገዛይ ክተበላሹ. . . ክተዕኑ ኢኻ ኣቲኻኒ! ከመይ ዝበልካ በዓለገ ሰብ ኢኻ!" ብምባል ዓው ኢላ ንቢሮክራሲ ክትዝልፎ ተሰምዐት። ኣብ ኣእምሮኣ ጽልኢ'ኳ እንተዘይነበራ፡ ናይ'ቲ ጉዳይ ጓና ከምዝኾነት ሰብኣያ ዘይብጽሖ ጉዳይ ምኺኑን ንምርኣይ ዝፈጸመቶ ተዋስአ'ዩ። እንታይ ጌሮም ኣብ ምንታይ ውዒሎም ገዲሱዋ ዘይኮነስ ተደናጋጺቶም ንኽይትመስል ዘርኣየቶ ምስሊ'ዩ ኔሩ።

ቢሮክራሲ፡ "ሓቅኺ ኢኺ! ዘቜጥዕ ጉዳይ ኢዩ! ክጕድኣኪ ዝሓለነ ሰብ የለን! ብዝኾነ ግን ብልቢ ይቕረ በልለይ. . .ሓደራ ኣይትሓዝለይ!" ኢሉ እናመለሰላ ኸሎ እቶም ዋርድያ ደፊኦም ፈለዩዋ።

ብድሕሪ'ዚ ንቢሮክራሲ ካብ ሓይሎም ፈልዮም፡ ብሄሊኮፕተር ናብ ኣዲስ ኣበባ ክወስዱዎ እንከለዉ ንሓይሎም ድማ ኣብ'ቲ ናይ'ቲ መደበር ቤት-ማእሰርቲ ዳጕትዎ።

19

ማሕቡስ

ኣኼባ ኣብ ፍሉይ መዳጎን [84]

ንሓይሎም ፍስሃየ ኣብ'ታ ጸባብ ክፍሊ ቤት ማሕቡስ መደበር ፖሊስ ድሬዳዋ ምስ ኣእተውዎ ክልተ እሱራት ኣባላት ኢፒኣርፒ ዝነበሩ ጸንሒዎ። እቶም እሱራት ቅልጥፍ ኢሎም "በል ናይ ሽምዓ (ኩሉ ሳዕ ኣብ ጸልማት ከይነብሩ ካብ እሱራት ኣዋጺኦም ገዚኦም ንመብራህቲ ዝጥቀሙሉ ሽምዓ) ክፈል! ከመይ ዝበለ ክቡር ኣተሓሕዛ ደኣሉ ናትካስ! ንዓኻ ንምቕባል ኣብ'ዚ ተጨቓጨቕም ዝነበሩ ብዙሓት ኣግዒዞም ንኽልቴና ንዓኻ ጊሎት ክንከውን ኣትሪፎምና። በል'ስከ እንታይ ኢዩ'ቲ ጉድ ኣዕልለና!" በሉዎ። ሓይሎም፡ "ሓደ ብጻየይ ኔሩ ንዕኡ ሒዞሞ፡ ብጅዶ ቀሊዑ ኣምሊጡ፡ እዛ ዓዲ ተኸሲ ንተኸሲ ጌሮማ ብጥይት ሃሪሞም ኣርኪቦሞ!" ኢሉ መለሰሎም። "ንሕና ድኣ መፈንቅለ መንግስቲ መሲሉና ኔሩ። እሞ ጀጋኑ ኢኹም፡ እንተዘይትኾኑ ዶ እዚ ኹሉ ተኸሲ ምኾነ። ደሓር ከኣ ከቢድ ኣቀባብላ ጌሮሙልኩም!" ክብሉ ተገረሙ።

ንቢሮክራሲን ሓይሎምን ምሓዝ ናይ መጀመርያ ኣይነበረን። ንቢሮክራሲ ተሌፎን ኣብ ሆቴል ኮንቲነንታል እናደወለ ንምሓዙ ምስ ፈሸሎም ቅድሚኡ ዝነበረ መዓልቲ ቀዳም 27 ለካቲት 1982፡ ኣብ ኣዲስ ኣበባ ካልኦት ቀንዲ'ዮም ዝብሉዎም ሒዞም ኔሮም'ዮም። ንሳቶም

ምናሴ ሓይሎም፡ ክፍለየሱስ ኣብርሀን ብርሃነ ገብረስላሴን ራብዓዮም ሓደ መኮነን ሓይሊ ኣየር ኢትዮጵያን ነበሩ።

ሰለይቲ ኢትዮጵያ በቲ ኣብ ካዛንቻስ (ሰፈር ኣብ ኣዲስ ኣበባ) ዝነበረ ምስጢራዊ ቤት ሕጽቦ በዓል ቢሮክራሲ ዝረኸቡዎ ሰነዳት ተመሪሖም ካልኦት'ውን ኣብ ምሓዝ ተጓየዩ። ንኤፍሬም ንርኣዮ፡ ገብረመድህን በኸሩ፡ ፍቓዱ ካሕሳይ፡ ጴጥሮስ እምባየ ካብ መንገዲ ኣየር፡ ንተስፋማርያም ጸጋይ፡ ሻምበል ኣበበ መብራህቱን ምስኦም ዝተኣሳሰሩን ድማ ከካብ ቦትኦም፡ ከምኡ'ውን ንኽፍለ ተስፋማርያም፡ ገብረመስቀል ሃይሉ፡ ገብረስላሴ ኣነንያ፡ ገረዝጊሄር የማነ፡ ሰንጋል ወልደትንሳኤን ካልኦት ብዙሓትን ኣኪቦም ኣሰሩዎም። ሓደ ካብ'ቲ ፍሉይ ዓገብ፡ ንገለ ካብ'ቶም ኣብ ኣለም በቃኝ ተኣሲሮም ዝነበሩ ውፉያትን ምሩኻት ተጋደልትን ብመሰረት እቲ ዝረኸቡዎ ሰነድ ስሒቦም ኣብ ዳግማይ ሕሱም መርመራ ኣእተውዎም። ገብሩ ተስፋጋብር እቲ “ኣነ ዘሚተ ዝበልዕ'ምበር ካልእ የብለይን!” ኢሉ ንመሪር ጭፍጨፋ ተጻዊሩ ዘቐበጾም፡ ንመምህር ገብረሚካኤል እስቲፋኖስ (ጂሚ) እቲ ኣባል ማእከላይ ወዳቢ ኣካል ኣዲስ ኣበባ ዝነበረ ብተጻዋርነትን ብልሓትን ከየምለቑ ኣብ ኣለም በቃኝ ዝነበረ፡ ንሰሎሞን ፍቓዱ፡ ምሩኽ ተጋዳላይ፡ ሓደ ካብ'ቶም ናይ ውሽጢ ኣለም በቃኝ ጉስጉስቲ፡ ንሃይሉ ንጉሰ 1978 ዝተኣሰረ መስመሩ ኣሕሊፉ ከይሃበ ብኽቱር ጽንዓት ዝጸንሐ፡ ንእንጂኔር ኣብርሃም ወልደሚካኤል እቲ ካብ'ቶም ኣብ 1978 ዝተኣሰሩ'ሞ ብብልህነት ጸኒዑ ዝጸንሐን ንኣብርሀ ብእምነትን ገለ ካልኦትን ሰሓቡዎም።

መራኸቢ ሬድዮ፡ ናይ ስለያ ካሜራን ቀራጺት ድምጽን ገለ ሸጓጉጥን ከኣ ተታሕዘ።

ሰለይቲ ብዝረኸቡዎ ሓበሬታ መሰረት ተሌፎን ናብ ኣስመራ ደዊሎም 27 ለካቲት 1982 ትሽዓተ ዝኣባላታ ዋህዮ ኣትሓዙዋ። ኣብ ኣስመራ'ውን ምእሳር ቀጸለ። ቀንዲ ኣተኩሮ ኣብ'ቶም ምስ ቢሮክራሲ ብስለያዊ ንጥፈታት ዝተሓባበሩ ኮነ። ሓደ ካብኦም እቲ ካብ ነዊሕ ግዜ ኣትሒዙ ብመጕዓዝያ ሓይሊ ኣየር ንበዓል ቢሮክራሲ ይኹን ካልእ ኣገዳሲ ንብረት ካብን ናብን ኣስመራን ኣዲስ ኣበባን ንምምልላስ ዘኽእሎም ሰኪዐት ኣብ ምትታዕ ዝሓገዘ ዮውሃንስ ወልደሚካል ኢዩ። ብተወሳኺ ኣብ ውሽጢ ጸላኢ ሰልኲ ንምጥራይ ኣብ ልዕሊ ዝተሓባበረ ግደይ

ገብረማርያም ነበረ። ብዝተረኽበ ሓበሬታ መሰረት ሓያለ ካልኦት'ውን ውፉያት ኣብ ኢ.ድ ጸላኢ ኣተዉ። ኣብ ኣየር ፖርት ኣስመራ ይኹን ኣብ ካልእ ብተወፋይነት ዘገልገሉ ኣባላት “ፌናንሳ ዓይነይ” ብዓል ብርሃነ ተኸሉ፡ ቶምበሳ ገብረማርያም፡ ተኸለማርያም ገብረወልዲ፡ ዝኣመሰሉ ተጠርነፉ። ኣብ ቤት-ጽሕፈት ፖሊስ (ኣጂፕ) ዝሰርሕ ዝነበረ ሻምበል ባሻ ተኸለሚካኤል ርእሶም'ውን ብጽኑዕ ተታሕዘ። እዚኦምን ካልኦትን መሪር ጭፍጨፋ ዘሰነየ ከቢድ ምርመራታት ገጠሞም።

ኣብ ኣዲስ ኣበባ ካብ ዝተታሕዙ ሓያለ ደቀንስትዮ ነበራ። ገለ ካብኣን እሙና ገብረሃዋርያት፡ ስላስ ገብረኪዳንን ግደይ ሃይሉን ነበራ። ኣብ ኣስመራ'ውን ገለ ደቀንስትዮ ተኣሰራ። እታ ፈለማ ዝተታሕዘት ማና ሓጐስ ከም ቀንዲ ክትውሰድ ትኽኣል። በዓል ሓዳስ ሃይለ ዝነበራኦን ካልኦት'ውን ነበራ።

ካብ'ቶም ዝተታሕዙ ሰብ መዓርግ ወተሃደራት'ውን ነበሩ። ኰሎኔል ተስፋሚካኤል ገብረየሱስ፡ ልዑል ደረጃ ሓላፍነት ፖሊስ ዝነበሮ ኤርትራዊ ውፉይ ኢዩ። ገለ ካልኦት ሰብ መዓርግ ኢትዮጵያውያን ወተሃደራት'ውን ነበሩ።

መብዝሕትኦም እሱራት ምሁራት፡ ሰብ ሞያ፡ ኣብ መንግስታዊ ይኹን ብሕታዊ ኣብያተ-ጽሕፈት ዝሰርሑ፡ ናይ ብሕቶም ትካላት ዝውንኑ እዮም ኔሮም። ሓደ ካብ'ቶም እሱራት ዶ/ር ኣማረ ተኸለ ልዑል ትምህርቲ ዝነበሮ ብዓል ሞያ ነበረ። ወግዓዊ ስራሕ ገድሊ ዝሞያኦም ድማ ብዘይካ'ቶም ምሩኻት፡ ቢሮክራሲ፡ ገብሩ ተስፋጋብርን ገብረሂወት ተኸለን ነበሩ።

ብጠቕላላ 113 ሰባት ብሰበብ ምርካብ ሰነዳት ኣብ ካዛንችስ ተታሕዙ። ካብዚኦም ኣስታት 95 % ኤርትራውያን ክኾኑ እንከለዉ ዝተረፉ ድማ ሰብ መዓርግን ተራን ኢትዮጵያውያን ወተሃደራትን ዜጋታትን ነበሩ። ዝበዝሑ ካብ 28 ክሳብ 30 ዝዕድሜኦም ሰዊት መንእሰያት'ዮም። ልዕሊ 20ን ትሕቲ 30ን ዝዕድሚኦም 15 ነበሩ። እቶም ዝተረፉ ካብ 35 ክሳብ 50 ዝበጽሑ ገሊኦም ሰብ ሓዳር ክኾኑ እንከለዉ በጻብዕቲ ዝቑጸሩ ልዕሊ 50 ዝዕድሚኦም ሽማግለታት ነበሩ። ብጠቕላላ 11 ደቀንስትዮ ምስኦም ነበራ።

ኣብ ኣዲስ ኣበባ ድሕሪ ናይ ኣስታት ሰለስተ ቕነ ከትካቲ ምርመራታት

ቢሮክራሲ፥ ገብሩ ተስፋጋብር፥ ሻምበል መብራህቱ ኣበበ፥ ተስፋማርያም ጸጋይን ገብረሂወት ተኸለን ናብ ኣስመራ ተወሰዱ። እቲ ዕላማ ድሕሪ ናይ ኣዲስ ኣበባ ኣባላት ምእራዮም ካብ ኣስመራ ተወሲዶም እቶም ምኩራት መርመርቲ ማርያም ግምቢ ዝያዳ ክጸምቁዎም ይኽእሉ'ዮም ስለ ዝተባህለ'ዩ። ኣብ ኣስመራ ንዝርከብ ስርርዕ ህዝባዊ ግንባር ኣብ ምንዳይ እንተሓገዞም ድማ ካልእ ተወሳኺ ምኽንያት'ዩ።

ሱር ሻዕብያ ኣይተማሕወን [85]

ኣብ ቃልሲ ከተማ ልዑል ቈራጽነትን ብቕዓትን ዘርኣዩ ማእለያ የብሎምን። ብጽንዓት፥ እምነትን ተወፋይነትን ዝተመስከረሎም ብዙሓት'ዮም። ኣብ ኢድ ጸላኢ ወዲቕካ ግሁድ ጉዕዞ ሞት፥ መግረፍትን ስቅያትን ምስ ገጠመካ እተርእዮ ባህሪ፥ ብልሓትን ድርቅናን ግን ብዓይነቱ ዝተፈልየ ኢዩ። ኣብ'ታ ናይ ተፋረድ ሰዓት'ቲኣ ዝኾነ ሰብ እንታይ ሳዕቤን ከምጽእ ከምዝኽእል ክትንበ ኣጸጋሚ'ዩ።

ሓንሳብ ኣብ ኢድ ጸላኢ፥ እሞ ኸኣ ደርጊ ኣብ ዝመሰለ ዘይምሕር ጸላኢ ዝኣተወ ሰብ ተቐዳዲምካ ከም ሰዉእ ክትሓስቦ ይቐልል። ብሓፈሻ ግና እዞም ብጸላኢ ዝተታሕዙ 113 ባእታታት መዘና ኣልቦ ጽንዓትን ብልሓትን ኣርእዮም፥ ነቲ ክወርድ ዝኽእል ዝነበረ ዕንወትን መስዋእትን ናብ ዝተሓተ ደረጅኡ ኣውሪዶሞ እዮም። ቀንዲ ምስክር ናይ'ዚ ቀንዲ ተዋሳእቲ ኣብ ምስጢራዊ ንጥፈታት ኔሮም ተታሒዞም ክንሶም ብህይወት ተሪፎም ነዚ ዝበዝሕ ትሕዝቶ ናይ'ዚ መጽሓፍ'ዚ ኣብ ምዝንታው ዝተሳተፉ'ዮም። ዘደንጹ ስነ-ኣእምሮኣውን ኣካላውን ተጻዋርነትን ብልሓትን ስለ ዘርኣዩ፥ ብህይወት ተሪፎም ዳግማይ ተቓሊሶም ከዘንትዉን ህያው ሰነድ ተመክሮ ቃልሲ ከተማ ክኾኑን በቒዖም።

መርመርቲ ጸላኢ ነዞም 113 ሰባት ኣብ ኣርባዕተ ደረጃታት ሰርዑዎም። እቶም ቀዳሞት ዝወሓዱ፥ ስርሖም ናይ ውሽጢ ከተማ ዝኾኑ ኣባላት ውድብ ብሓላፍነት ደረጃ ዝሰርሑ፥ ብረት ወይ መራኸቢ ሬድዮ ዝተረኽቦም፥ ስለያዊ ስራሕ ዝፈጸሙ፥ ስርሒታት ዘካየዱ፥ ከምኡ'ውን ጽሑፋት ዝዘርግሑን ገንዘብ ንወድብ ዘበርከቱን ተባሂሎም። ኣብ'ዞም ቀዳሞት ኣፈወርቂ ተወልደመድህን (ቢሮክራሲ)፥ ገብሩ ተስፋጋብር፥

ገብረሂወት ተኸለ፡ ዮሃንስ ወልደሚካኤል፡ ተስፋማርያም ጸጋይን ሻምበል መብራህቱ ኣበበን ይርከቡዎም። ካልኣይ ደረጃ ኣባላት ዋህዮታት (ምስጢራዊ ስርዒት) ኮይኖም ውጽኢት ገንዘብ ዘበርከቱ፡ ሓበሬታ ዘቐበሉን ጽሑፋት ዝዝርግሑን፡ ብርክት ዝበሉ'ዮም። ሳልሳይ ደረጃ ኣባላት ዝነበሩ፡ ኣብ ሞንጎ ዘቋረጹ ግና ንጸጥታ ኢትዮጵያ ነብሶም ዘየጋለጹ ተባሂሎም። እዚኦም'ውን ብርክት ዝበሉ'ዮም።

እዚኦም ዝተዘርዘሩ ደረጃታት ነቲ ሓቀኛ እጃም ኣባላት ኣየንጸባርቕን። ልዑል ተራ ዝነበሮም ኣብ ሳልሳይ ደረጃ ዝተሰርዑ ኣለዉ። ኣብ ቀዳማይ ክሰርዑ ዝነበሮም ኣብ ካልእ ዝተሰርዑ ኣለዉ። እዚ ኣሰራርዓ'ዚ እቶም ኣብ ኢድ ጸላኢ ዝኣተዉ ብጾት ክሳብ ክንደይ ንነብሶምን ብጾቶምን ኣወዳድባኦምን ከምዝተኸላኸሉ የርኢ። እቶም ራብዓይ ደረጃ ተባሂሎም ዘለዉ መብዝሕትኦም ኢትዮጵያውያን መኩንናት ኮይኖም ከምዝተደለሉ ባእታታት'ዮም ተራእዮም። እዚ ኣሰራርዓ'ዚ'ውን ነቲ ሓቂ ኣየንጸባርቕን። ልዕሊ ምድላል ዘበርከቱ ኢትዮጵያውያን ተሓባበርቲ ምንባሮም ዝክሓድ ኣይኮነን። እዚ ናይ ራብዓይ ደረጃ ኣሰራርዓ ከይተረፈ ኣብ ኢድ ጸላኢ ዝወደቑ ብጾት ክሳብ ክንደይ ከምዝተኸላኸሉሎም'ዩ ዘርኢ።

በዚ ዝተራእየ ቊጽሪ እሱራት፡ ኣውራ ኸኣ ነቲ ህቡብ ቢሮክራሲ ምሓዞም ሓደ ተራእዩ ዘይፈልጥ ዓወት ከምዝረኸቡ የምስል'ዩ። ማዕረ ማዕረ ምክያድ ሻድሻይ ወራር ዝኸይድ ዝነበረ መስርሕ ምንባሩ ድማ ካልእ ዳንኬራ ተወሰኾ። በዓሉ ግርማ (ምክትል ሚኒስተር ዜና) ዝተዋህቦ ተልእኾ ምቅላሕ ሻድሻይ ወራር ገዲፉ፡ ምትሓዝ ናይ ቢሮክራሲ ከም ቀንዲ ትሕዝቶ ገይሩ መጽሓፍ "ኦሮማይ" ምድራሱ ሓደ መርኣያ ዕብየት ናይ'ቲ ጉዳይ ኮይኑ'ዩ። (ብዛዕባ "ኦሮማይ"ን በዓሉ ግርማን ኣብ "መለቀብታ" ተመልከት።)

እዚ ናህሪ'ዚ ግን ብፍሽለት ሻድሻይ ወራር ብኡ ንብኡ'ዩ ተደዊኑ። ሱር ሻዕብያ (ኣብ ከተማታት) ከኣ ኣይተማሕወን። ህዝባዊ ግንባር ኣብ ምስጢራዊ ስራሓት ብሓደ መስመር ጥራይ ከምዘይሰርሕ፡ ሓደ መስመር ተበቲኹ፡ በቲ ካልእ መስመራት ዝቕጽል ምኳኑ ተመኩሮኡ ዝምስክሮ'ዩ።

ምንካይ መሰዋእቲ [86]

ሰነዳት ካዛንችስ ንነገራት ብብሩህ ዘርኣየ ብምንባሩ ኣብኡ ካብ ዝተጠቕሰ ክትሰወር ዘኽእል ዕድል ጸቢብ'ዩ ኔሩ። ብዙሓት ነዚ ግሁድ ሓቅታት'ዚ በዲሆም ጉዳያቶም ከምዝቃለል፡ መሰዋእቲ ዝግብኦም ክሳብ ብሂወት ዝተረፉ ኣለዉ። ኣውራ ናይ ቢሮክራሲ ጥበብን ብልሕን ብዙሕ ካብ'ቲ ስግኣት ቀንጢጡ'ዩ። ማራኺን ብልሓተኛን ኣቀራርብኡ ንመርመርቲ'ውን ሰኺኽ ከብሎም ክኢሉ'ዩ። ብዙሓት ካብ'ዞም ተኣሲሮም ዝነበሩ ከምዝምስክሩዎ ብኣደናቒ ሜላታት ቢሮክራሲ ድሒኖም'ዮም።

ኣብ'ቲ ቀዳማይ መዳጉኒኦም፡ ቤት-ማእሰርቲ ኣብ ቤት-ጽሕፈት ደርጊ (ቤተ-መንግስቲ ኣዲስ ኣበባ)፡ እንክለዉ ካብ ዝሰግኡዎ ክድሕኑ ምኽኣሎም ሓደ ሓደ መርኣያታት ኣሎ።

ሓይሎም ፍስሃየ፡ ናብኦም ምስ ጸንበሩዎ፡ ቢሮክራሲ ንሓደ ኢትዮጵያዊ እሱር ወዲቡ እታ "ሲንክሮኒዛቶረ" እትብል ምስጢራዊት ውዕሎም ኣዘኻኽሮ። "ሰንክሮኒዛቶረ" ኣብ ሰራሕ ሓይሎም (ኦፊቺና-መቀያየሪ ናይ ፊያት ኣቑሑ) እትርከብ ናይ ማኪና መቀያየሪ ንብረት'ያ። ቢሮክራሲ ነታ ንብረት ደልዩ ዝመላለሶ ዓሚል ምዃኑ ከም ሸፋን ኣብ ፈለማ ርክቦም ተሰማሚዖም'ዮም።

ገብረስላሴ ኣነንያ ንቢሮክራሲ ናይ ወጻኢ ባጤራ ኣሸሪፉሉ ስለ ዝነበረ ምስ ተታሕዘ በተን ባጤራ ኣዚዩ ሰግአ። ቢሮክራሲ ብመስኮት እታ በይኑ ተኣሲሩላ ዝነበረ ክፍሊ ተቐልቂሉ ኣብ እዋን ሸንቲ ገጽ ንገጽ ምስ ገብረስላሴ ኣነንያ ዝረኣአዩላ ህሞት ተጸናትዩ፡ ብምልክት ብዛዕብአን ክሻቐል ከምዘይብሉ ኣበሰሮ። ሽው ገብረስላሴ ኢዱ ንሰማይ ዘርጊሑ ተጠሊዑ ኣመስገነ። ነዚ ዝተዓዘበ ቢሮክራሲ ናይ ልቡ ስሓቐ። ኣብ ናይ ሞትን ሕየትን ህሞት ሓደገኛ ጉዳያት ብዋዛን ስሓቐን ተሸፊኖም።

ሰላስ ምስ ሓደ ኣገዳሲ (ብዓይኒ ጸላኢ ድማ ኣዚዩ ሓደገኛ ሰብ) ትራኽብ ከምዝነበረት ትፈልጥ'ያ። ኣብ ቤት-ጽሕፈት ደርጊ ገጽ ቢሮክራሲን ምልክትን ምስ ረኣየት ግን ራህዋ ተሰምዓ። ቢሮክራሲ ዝሀቦ ምልክት ረቂቕ ብገርሂ ዘይርአን ዋዛ ዝመስልን'ዩ። ንዓኻ እናጠመተ ሽጋራ ይሰቲ እንተልዩ ብተደጋጋሚ ኣፉ በቲ ሽጋራ ዝሰትየላ ኢዱ ብሓንቲ ኣጻብዕቱ እንተሓቲሙ ነብሳ ዝኽእለት ቋንቋ'ያ። ኣይተምሉቕ

ብወገነይ ኣይተተጠቐስካን ከም ማለት'ያ። ከም'ዚኣ ብትመስል ኣገባብ ንኣሚር ኣዝመራ ኣብ ማርያም ግምቢ ኣስመራ ማዕጾ ተኸፊቱሉ እናወጸ፡ "እታ ስም ግደፋ!" ኢሉዎ ብንቡር ዘስተንፍስ ዘሎ እናመሰለን እናኸደን። ኣሚር "ንቢሮክራሲ ትፈልጦዶ" ምስ ተባህለ ዝሃቦ መልሲ ብኻልእ ስም'ዩ። በታ ዝሃቦ ምልክት መሰረት ምስ ነገሮም ግን ራህዋ ፈጢሩሉ ጥራይ ዘይኮነ፡ ንኣሚር "እዚ ደኣ ናትኩም'ዩ ኢልና ክንቀትሎ ንሓስብ ኔርና፡" ብምባል ቢሮክራሲ ጉዳዩ ከምዝርሳዕ ጌሩ'ዩ። ኣብ ገሊኦም ንውሕ ዝበለ ዝተጠናነገ ሜላ ብምሃብ'ዩ ዘድሕኖም ዝነበረ። ዓንዶም ግደ (መንጎ) ካብ'ቶም ቀንዲ ተሓባበርቲ ኣብ ኣስመራ'ዩ ኔሩ። ቢሮክራሲ ንዛንትኡ ኣቐዲሙ ብደቂቑ ይፈልጥ ስለ ዝነበረ፡ "ዓንዶም ኣገዲድና፡ ብብረት ኣፈራሪሕና ገንዘብ ኣኽፊልናዮ ኔርና።" ብምባል ተራኡ ከምዝድፈን ገበረ።

ንባብን ስእልን [87]

ኣብ ኣብያተ ማእሰርቲ ደርጊ (ናይ ዘመን ሃይለስላሴ'ውን) እሱራት ኤርትራውያን ተቓለስቲ ያታ ሰሪቶም'ዮም። ብቐንዱ ማዕርነታዊ ማሕበራዊ ህይወት፡ ምትሕግጋዝ፡ ምትሕልላይ፡ ፍቕሪ፡ ሓድነት ዝመልኦ ምንባሩ ሓደ ያታ'ዩ። ምስኡ ኣብ ውሽጢ ማሕቡስ ዝርከቡ ኤርትራውያን ሓለውቲ ምድንጋጽን ምትሕብባርን ከርእዩ ምቅላስ ውሁብ ዕማም'ዩ። ንገለ ኢትዮጵያውያን ሓለውቲ ናብ ጐድንኻ ናይ ምስላፍ ተርእዮታት'ውን ዝስገር ጉዳይ ኣይነበረን። ኣብ መንበሪኡ ዘሎ ህዝቢ መን ናይ መን ብዘየገድስ ንኤርትራውያን እሱራት ከምዝደጋገፍ ምግባር ብኡ መጠን ድማ ብሕውነታዊ ዝምድናታት ከምዝጽሎ ምግባር ተወሳኺ ያታ'ዩ። ስፖርትን ኣዘናጋዒ ንጥፈታትን ብምዝውታር ምምቃር ሕሱም ህይወት ግቡእ ናይ እሱር ተቓላሳይ ኔሩ ክበሃል ይከኣል።

ብተወሳኺ እሱር ጉዳዩ ምክትታል፡ ጉድኣቱን ማህረምቱን ምሕዋይ፡ ጽንዓት ከርኢ ምትሕብባር ከም ኤርትራዊ ሰብኣዊ ግቡእ'ዩ ዝውሰድ።

እቲ ጠማሪን ዝዓበየን ያታ ግን ካብ ዕላማ ቃልሲ ንናጽነት ተኣሲረ ኢልካ ዘይምብኳር'ዩ። ብውሽጢ ስቱር ምትእስሳር ብምግባር ህልውነታት ምፍላጥ፡ ፖለቲካዊ ስጥመት ንምርግጋጽ ምትስንስ፡ ግርጭታት ምእላይን ክሳብ ስርሒታት ምክያድን (ምውጻእ ካብ ማሕቡስ፡ ዘድሊ

ንብረት ምእታውን ምውጻእን) ድሕር ዘይምባል ዝኣመሰሉ የካይዱ ኔሮም'ዮም።

ቢሮክራሲን ብጾቱን ካብ ከቢድ ምርመራታት ማርያም ግምቢ ወጺኦም ናብ ቤት-ማእሰርቲ ሰምበል ምስ ተጸንበሩ ነቲ ልሙድን ያታውን ንጥፈታት እሱራት ብኡ ንብኡ ተጸንበሩዎ። ከም'ቲ ኣብ መላእ ቃልሶም ምርኡያት ዝነበሩ ድማ ኣብ'ዚ ናይ ውሽጢ ቤት-ማእሰርቲ ቃልሲ'ውን ምርኡያት ነበሩ። ምስ'ቶም ኣብ ሰምበል ዝጸንሑዎም ከም በዓል መምህር ሰጊድ ገብረወልዲ፡ መምህር እስቲፋኖስ ክፍሎም ዝኣመሰሉ ውሩያት እናተሓባበሩ፡ ብፍላይ ቢሮክራሲን ገብሩን ናይ ኣላይነት ተራ እናተጻወቱ፡ ብቐንዱ ንቓልሲ ብዝምልከት፡ ከምኡ'ውን ኣብ ስፖርት፡ ትምህርትን ምዝንጋዕን፡ ልሉይ ተራ ተጻወቱ።

ቢሮክራሲ ሰፊሕ ተቐባልነት ነበሮ። ንምኽሪ፡ ንሓበሬታ፡ ንሓሳባት ይኹን ተራ ዕላል ዘይቀርቦ ሰብ ኣይነበረን። ኣብኡ ምስ ዝነበሩ እሱራት መኮንናት ኢትዮጵያ ከይተረፉ ግርም ዕርክነት ፈጢሩ ኔሩ'ዩ። ኣባ እንድርያስ ዝበሃሉ ካቶሊካዊ እሱር ካህን ጥብቕ ዝበለ ርክብ ነበሮም።

ቢሮክራሲ ብርቂ ክበሃል ዝከኣል ክልተ ፍሉይ ንጥፈታት የዘውትር ነበረ። እቲ ሓደ ንባብ መጻሕፍቲ (ዝበዝሕ ብእንግሊዝኛ) ክኸውን ከሎ እቲ ካልኣይ ድማ ስእሊ ምስኣል'ዩ። ብዓንተቦኡ ኣብ ንእስነቱ (ተመሃራይ ዩኒቨርስቲ ከሎ) ብርቱዕ ኣንባቢ ምንባሩ ርኢና ኔርና። ኣብ ናይ ከተማ ስራሕ እንከሎ'ውን ካብ ንባብ ዘይፍለ ሰብ ምንባሩ ዘረጋግጹ ሓበሬታታት ኣለዉ። ስርሐይ ኢሉ ዝተተሓሓዞን ዝለመዶን ብምንባሩ፡ ክሳብ መብራህቲ ጠፊኡ ክድቅሱ ኣብ ዝእዘዙሉ እዋን ኣብ ትሕቲ ኮበርታ ብላምባዲና የንብብ ምንባሩ ይንገረሉ። ኣንቢቡ ንበይኑ ዝዘናግዓሉ ጉዳይ ኣይነበረን። ከንብቦ ንዝኽእሉ ምትሕብባር፡ መጻሕፍቲ ምልቃሕ፡ ካብ ዘንበቦ ምስ ሰባት ምክፋል የዘውትር። ብዛዕባ ሰውራታት ዓለም፡ ልብ-ወለድ፡ ኣውራ ኸኣ ናይ ስለያ ዛንታታት ሓዘል የንብብ። ፈለማ ንጡፍ ኣባል ስራሓት ከተማ ዝነበረሉ፡ ከባቢ 1975 ሓንቲ ፍልይቲ መጽሓፍ ኣንቢቡ ኔሩ። ንሳ ፓፒዮን ዝብል ኣርእስቲ ዝተዋህባ ሓደ ብዘይግቡእ ተመስኪሩሉ ብዛዕባ ናይ ዝተኣሰረ ፈረንሳዊ ጣሕሳሳት'ያ እተዘንቱ። እቲ እሱር ፓፒዮን፡ ካብ ዝተፈርደላ መዓልቲ ጀሚሩ፡ ካብ ቤት ማሕቡስ ፈንጢሱ ናይ ምውጻእ ጣሕሳሳት

ብምዝውታር ድሕሪ ነዊሕ ዓመታት ክዕወት ከምዝኽኣለ ትገልጽ። ቢሮክራሲ ነዛ መጽሓፍ'ዚኣ ኣብ ቤት-ማእሰርቲ ተገዲሱ ዳግም ኣንቢቡዋ ጥራይ ዘይኮነ ካልኦት ዝተገደሰሎም ከንብቡዋ ኣለቂሑ።

እቲ ካልኣይ ፍሉይ ንጥፈቱ ስእሊ'ዩ። ቢሮክራሲ ብቐረባ ዘፈልጡዎ ሰባት ከም ዝምስክሩዎ ብቐደሙ ቦታታትን ሰባትን ብሓሳባት ዝቐረጹ ነገራትን ኣብ ምስኣል ቅልጡፍ ኔሩ ጥራይ ዘይኮነ፡ ልክዕነት ዝነበሮ ስእልታት ይፈጥር ከምዝነበረ ይፍለጥ። ኣውራ ኣብ ቤት-ማእሰርቲ ከኣ ከም ሓደ ፍሉይ ንጥፈቱ ተተሓሓዞ። ብዝተፈላለየ ባእታታት ሕብርታትን መሳርሒታትን እናተጠቐመ ብቐጻሊ ስእልታት ኣፍረየ። ዘዘሰኣሎን ዘዘቐረጾን ንኣባላት ማሕቡስ እናሸጠ ንደገ ከይተረፈ ብተሓባበርቲ እናዘርግሐ ሰልዲ ዘይስእን ሰብ ኮነ።

ሓደ ግዜ ንእሱር ቶምቦሳ ገብረማርያም ሓንቲ ኣብ እምኒ ዝተቐርጸት ድልድል ህያብ ኣርኣዮ። ሽዑ "ኣነ ክስዋእ'የ። ንስኻ ግን ክትወጽእ ኢኻ። እዛ ቅርጺ'ዚኣ ኣብ እንዳ ትፈልጦ ክትጸንሓካ'ያ፡ መዘከርታ'ያ!" በሎ። ቶምቦሳ ነቲ ቅርጻ ኣብ ርእሲ ምድናቑ እቲ ንሱ ክስዋእ ቶምቦሳ ግን ክድሕን ምዃኑ ጥንቁላ መሲሉ ተራእዮ። (ንሓያለ ካልኦት ከም'ዚ ዝኣመሰለ ትንበያታት ኣዛሪቡዎም ኔሩ'ዩ። እቲ ዝተተንበዮ ድማ ኣብ ዳሕራይ እዋን ሓቂ ኮይኑ።) ንሓደ ካልእ ውፉይ እሱር ሚእቲ ብር ኢትዮጵያ ሰኒዑ ኣርኣዮ። ከም ናይ ሓቂ ገንዘብ ድማ ከወፍየሉ ቃል ኣተወ። ግናኸ ስእሊ ምዃና ስለ ዝነገሮ ነገር ጸወታ ምዃኑ ሓበሮ። ቢሮክራሲ ልሉይ ሰኣላይ ኢዩ ኮይኑ። ካብ'ዚ ዝነቐለ ላዕለዎት ሓለፍቲ ዑደት ቤት-ማእሰርቲ ከካይዱ ከለዉ ስለ ዝተገንዘቡዎ ኣብ ኩሉ ቤት-ማእሰርቲ ኣሰመራ እናዞረ ክስእል ብሂጉሞ ንዝተወሰነ እዋን ከምኡ ከምዝሰርሐ ይንገረሉ። እቲ ዘሕዝን ካብ'ዚ ስልእታት'ዚ ንቐርሲ ክኸውን ዝኽእል ኣብ ኢድ ዝተታሕዘ ዘይምህላዉ'ዩ። ምናልባት ኣብ ኢድ ዘይተረኽቡ ወይ ኣብ ዘይተፈተሸ ቦታታት ከይህሉ ዳግማይ ጻዕሪ ከምዘድሊ ርዱእ'ዩ።

ሕልናታት ምፍንጣስ

ቢሮክራሲ፡ ኣብ ቤት-ማእሰርቲ ሰምበል ካብ 1982 ክሳብ መስከረም 1985 ኣብ ዝጸንሓሉ ዓመታት ዘርኣዮ ገጸ-ባህርይ ዘደንቕ ምንባሩ ይምስከረሉ። ኣካይድኡ ኳዕናን፡ ርጉእ፡ ኣዘራርባኡ ልዙብ፡ ትኩር፡

ገጹ ብሩህ፡ ኣለባብስኡ ጽፉፍን ጽሩይን፡ ኩሉ ሳዕ ፍሱህ፡ እቲ ማራኺ ፍሽኽታኡ ዘይፍለዮ፡ ብዛዕባ ዕላማ ቃል ዘየንጸርጽር፡ እኳ ደኣ ተቐዲሑ ዘይውዳእ ኣስተምሃሪ፡ ኣረኣእያኡን ፍናኑን ምሉእ ኮይኑ ኢዩ ዝርአ ኔሩ። ከቢድ ምርመራታት፡ ሃሰያታት፡ ድህከትን ወጥሪን ከም ዘይገጠሞ ኩሉሳዕ ክቡር ህድኣትን ርግኣትን ዝርኢ. ብምንባሩ ብዙሓት ብናቱ ኣብነት ሞራል ዝሰነቑ፡ ስምዒታቶም ዝወደኑን ጽንዓትን ኒሕን ዝዓጠቑን እሱራት ብጾት ኔሮም'ዮም። ህይወት ቤት-ማእሰርቲ ሕሰም ተጻዊሩ መቐረት ክህሉ ኣብ ኩሉ ንጥፈታት ምርኡይ ተራ ነበሮ። ሽዑ ቀሪቦም ዘዕለሉዎ ክሳብ ሕጂ ከቢድ ጦብላሕታ ኣሕዲሩሎም ዝነብሩ ሓያለ ሰባት ኣለዉ።

ተሪር ሽግራት፡ ምጽዋሩን ምብድሁን ዘጸግም ጉዳያት ኣይነበሮን ማለት ግን ኣይኮነን። እኳ ደኣ በብግዜኡ ጸጥታ ጸላኢ. ዘዝረኽቦም ጉዳያት ምስ ቢሮክራሲ ይተኣሳሰሩ'ዮም ብዝብል ምኽኒት ጉዳዩ ዕጹውን ውዱእን ከምዘይከውን ይገብሮ ኔሩ'ዩ። ከም በዓል ውዱእ ጉዳይ ናብ ቤት-ማእሰርቲ ሰምበል ተላኢኹ ክንሱ በብጽባሕ ናብ ማርያም ግምቢ. እናተጸውዐ ብዝሓደሰ ጉዳያት ክምርመር ላሕ ኢሉ'ዩ።

ኵነታት ሜዳ ናብ ንሁር ተበግሶ ህዝባዊ ግንባር ዘምርሓሉ ዝነበረ ዓመታት'ዩ። ሻዱሻይ ወራር ተሳዒሩ፡ ሰላሕታ ተደጊሙ፡ ብተበግሶታት ኣሃዱታት ኮማንዶ ነፈርቲ ውግእ ጸላኢ. ኣብ ኣስመራ ዝተሓምሸሹ ዓመታት'ዩ። ክሳብ ምጅማር እቲ ናይ መወዳእታ ሰፊሕ ወራር ጸላኢ. ተበግሶታቱ ተጸንቂቑ ናብ ኢድ ህዝባዊ ግንባር ምሉእ ብምሉእ ዝምለሰሉ ሃዋህው ዝነበረሉ እዋን'ዩ። ሞራላውን ስነ-ኣእምራውን ኩነታት ደርጊ ናብ ኣንጸርጽሮት ዝዓረገሉ እዋናት ምንባሩ፡ ሕነ-ቀራናት-ንኻዕማማት፡ ኣብ ኢዱ ዝነበሩ እሱራት ተጋደልቲ ግዳይ ነድሩ ከምዝኾኑ ብዙሕ ኣየጠራጥርን። ቢሮክራሲን ብጾቱን በዚ ሕሰም'ዚ ከይተጸልዉ ኣይተረፉን።

ኣብ ከም'ዚ ዝኣመሰለ ንዉጽ ኩነታት፡ ቢሮክራሲ፡ ኣሰር ፓፒዮን፡ ሕልናታት ቤት-ማእሰርቲ ፈንጢሰካ ምውጻእ ኣቋሪጹ ኣይፈልጥን። ኣብርሃም ተኽለ ዓንደሉ፡ ህቡብ ናይ ተጋድሎ ሓርነት ኤርትራ ናይ ከተማ ተጋዳላይ፡ ኣብ 1975 ኣብ ከባቢ. ማይ ኣባሻውል ምስ ናይ ጸላኢ. ኣፋኛ ጓድ ተኾሲ. ገጢሞም ብጾቱ (በዓል ዓንዳይ ተኽሰተ) ክሰውኡ

እንከለዉ፡ ንሱ ተወጊኡ ኣብ ከምልጠሉ ዘይክእል መንቀራቕሮ ኣትዩ ተታሒዙ። ኣብርሃም መእተዊኡን መውጽኢኡን ጠፊኡዎም ሰለይቲ ጸላኢ ብስሙ ርዒዶም፡ ኣሰሩ ዘይርከብ፡ ተኩሱ ዘምልጥ፡ ኮይኑዎም'ዩ ጸኒሑ። ወጊኦም ምስ ሓዙዎ ብሓለዋ ኣብ ሆስፒታል መካነ ህይወት (ኦሮታ) ኣእተዉዎ። ኣብርሃም ከይተደናገየ መምለጢ ኣጽንዐ። ኣብ ውሽጢ ናይ ሆስፒታል ሽቓቕ ኣትዩ፡ ብመስኮት ክወጽእ ከም ዝኽእል ተገንዘበ። ኣብ ውሽጢ ሽቓቕ ኣትዩ ማዕጾ ረጊጡ በታ መስኮት ቀትሪ ምድሪ ዘሊሉ ወጸ። ኣብ ውሽጢ'ቲ ሆስፒታል ተሓባበርቲ ረኺቡ ኣምሊጡ ሜዳ ኣተወ። ኣብ 1978 ኣብ ዝነበረ ወራር ደርጊ ኣብ ምግጣም እናተዋግአ ኣብ ከባቢ ጉሉጅ ተሰውአ። ቢሮክራሲ ከም ናይ ኣብርሃም ተኽለ ካብ መጻወድያ ወጺኡ ዳግም ክጋደል ዝዓበየ ምንዮት ነበሮ።

ሻምበል ባሻ ጎይትኦም [88]

ኣብ ምድሪ ብሌን ሓሸላ ኣብ ዝተባህለ ዓዲ ተወሊዱ ዝዓበየ ሻምበል ባሻ ጎይትኦም ገብሩ ሓምዶ ጌና ተመሃራይ ቤት-ትምህርቲ ቅዱስ ዮሴፍ ከረን እንከሎ'ዩ ኣብ ሰውራ ዝተወደበ። ሽዑ ኣብ 1960ታት፡ ናይ ተ.ሓ.ኤ. ናይ ካልኣይቲ ክፍሊ (ሰራዊት ተ.ሓ.ኤ. ኣብ ሓሙሽተ ክፍልታት ተመቒሉ፡ ቀዳመይቲ ክፍሊ ጋሽ-ባርካ፡ ካልኣይቲ ክፍሊ ሰንሒት፡ ሳልሰይቲ ክፍሊ ምብራቓዊ ከበሳ፡ ራብዓይቲ ክፍሊ ቀይሕ ባሕሪ፡ ሓሙሽይቲ ክፍሊ ማእከላይ ከበሳ፡ ተባሂለን ብሄራት ኤርትራ ኣብ ጸብጻብ ዘእተወ ኣመቓቕላ ኔሩዎ።) ኣዛዚ ካልኣይቲ ክፍሊ ዑመር እዛዝ ምስ ዓብደላ ጸጋይ (ተኽላይ ጸጋይ ቀንዲ ስሙ ናይ ሽዑ ተጋዳላይ ተ.ሓ.ኤ.) ኮይኖም ኣብ ውድባዊ ንጥፈታት ኣእተውዎ። ብዙሓት ተመሃሮ ከረን ኣብ ገድላዊ ዕማማት ይነጥፉ ነበሩ። ሻምበል ባሻ ጉይትኦም ድሕሪ ቁሩብ ዓመታት ብጸጥታ ኢትዮጵያ ምስ ብጾቱ ተታሒዙ ተኣሰረ። ብጽልዋ ኤርትራዊ ጀነራል ዘርእማርያም (ናይ ሽዑ ናይ ፖሊስ ኢትዮጵያ ላዕለዋይ ሓላፊ ኣብ ኤርትራ) ንሱን ካልኦት ኤርትራውያን መንእሰያትን ካብ ማእሰርቲ ወጺኦም ፖሊስ ከምዝኽተቡ ተገብረ። ምስ ተ.ሓ.ኤ. ዝነበሮ ርክብ በቲኹ ኣብ 1973 ኣብ ህዝባዊ ግንባር ብመንገዲ ዓንደብርሃን መርእድ ዝተባህለ ኣባል ተወደበ። ኣብ 1982 ድማ ኣብ ኣስመራ ብጸላኢ ተታሒዙ ኣብ ሰምበል ተኣሰረ።

ኣብ ቤት-ማእሰርቲ ሰምበል ምስ ቢሮክራሲን ብጹቱን ተላለየ። ዝነበሮም ሞራል፡ ሃገራዊ ተገዳስነትን ተበግሶታቶምን ኣዚዩ ይድነቐሉ። ብሕልፊ ቢሮክራሲ ብርሃን'ዩ፣ ንኹሉ ኣብ ኩሉ ዝምስጥ ኤርትራዊ ተቓላሳይ ኮይኑ ረኺቡዎ። በብግዜኡ ብዘምጽኦን ዝውድቦን ሓሳብ ብትግሃት ይተሓባበሩዎ። ሻምበል ባሻ ጎይትኦም ምስ ሓለፍቲ ዘራኽቦ ናይ ቤት-ማእሰርቲ ተሓዝ ጹኳን ብምንባሩ ንደገ ዝኸይድን ንውሽጢ ዝኣቱን ልኡኽ ኣብ ምቕባል ልዑል ተራ ነበር። ነዚ ዝተረድአ ቢሮክራሲ ብደቒቕን ረቂቕን ርክባት ዕላማኡ ክወቅዕ ንሻምበል ባሻ ጎይትኦም የንጣጥፎ ነበረ።

ክብሮም ሩስያ [89]

ክብሮም ባህታ በራኺ (ሳጓ ሩስያ) ኣብ 1974-75 ኣብ ከባቢ ማርካቶ (ኣስመራ) ምስ ብዙሓት ብዛዕባ ገድሊ፡ ብፍላይ ከኣ ተደናገጽቲ ህዝባዊ ሓይልታት ህንጡያት መንእሰያት ኮይኑ፡ ኣብ ዝተፈላለየ ጉስጓሳትን ንጥፈታትን ይሳተፍ ነበረ። ካብ'ዚ ዝነቐለ ንሜዳ ከባቢ ድርፎ እናወጸ ምስ ገዳይም ተጋደልቲ (በዓል ወልደንክኤል ሃይለ) እናተራኸበ ኣብ ናይ ከተማ ቓልሲ ነጠፈ። ምስ ፍሉይ ቁልፊ መራኸቢ ገረመድህን ወልዳይ፡ በዓል ድርፎ፡ ናብ ነባሪ ዕርክነትን ሕውነትን ዝተቐየረ ዝምድና መስረተ። ክብሮም ኣብ ድርፎን ከባቢኣን ዝነበሩ ተሓባበርቲ ከም ወድ ዓዲ ዝናፍቖምን ክራኸቦም ዝምነዮምን'ዮም። ኣብ 1977 ናብ ሜዳ ወጽአ። ብድሕሪኡ ኣብ ውሽጢ ከተማ ኣስመራ ኣትዩ ኣብ ኣገዳሲ ፍጻሜታት ተሳተፈ።

ክብሮም ኮለት ኣብ እትብሃል ከባቢ ሰንዓፈ 1956 ተወሊዱ፡ ጌና ብቑልዕነቱ ኣስመራ ኣትዩ ምስ ኣዝማዱ ዓበየ። ኣብ ኣስመራ ንናብራኡ ዝኸውን ስራሕ እናናደየ ይነብር ነበረ። ኣብ እዋን ቀንዲ ጉብዝንኡ ግን ብሰውራ ተመሲጡ ቀንዲ ኣድህቦኡ ናብኡ ገበረ።

ኣብ 1982 ብጸላኢ ተታሒዙ ሰምበል ተኣሰረ። ኣብኡ ምስ ቢሮክራሲ፡ ዮሃንስ ወልደሚካኤል፡ ሻምበል መብራህቱ ኣበበን ካልኦትን ተላለየ። ጉዳዩ ፈኺሱ ብምንባሩ ኣብ 1983 ተፈትሐ። ክብሮም ካብ'ዚ ሌላ'ዚ ዝነቐለ ምስ በዓል ሻምበል ባሻ ጎይትኦም እናተሓባበረ በዓል ቢሮክራሲ ኣብ ዘውጥኑዎ ጉዳያት ብዕምቈት ክሳተፍ ከኣለ።

ወይዘሮ ውበት [90]

ወይዘሮ ውበት "ሓደራኻ ሚኪኤል" ኢላ ዝወለደቶ ፍቁር ውላዳ ናብ ሜዳ ህዝባዊ ግንባር ምስላፉ ንኹሉ ውኔአ ሰሊቡዎ ኢዩ። ከም'ቲ "ሓደራኻ ሚኪኤል" ኢላ ዝተማህለለቶ፡ ሚኪኤል፡ ኢላ ሰምያቶ። ዓሰርተ ሸሞንተ ዓመቱ ይምላእ ኣይምላእ ኣብ 1977 ተሰለፈ። ልቢ ኣዲኡ ስለ ዝፈልጥ እንተረግአት ኢሉ ሸሁ ናብ "ኣሕዋተይ ከይደ'ለኹ!" ኢሉ ጽሒፉ ገዲፉላ ኢዩ።

ወይዘሮ ውበት ሃብተ ተዓረ ኢያ ትብሃል። ኣብ ዘበን ጥልያን በራኽ (ከባቢ መንደፈራ) ኣብ እትበሃል ዓዲ ተወሊዳ ብህጻና ከላ ምስ ስድራኣ ኣስመራ ኣትያ ኣብኡ ዓብያ። ኣቦኣ ኣቶ ሃብተ ተዓረ ብቐደሞም ኣብ ኣስመራ ኮኮ (ክኢላ ምኽሻን መግቢ) እናሰርሑ ኣብ ኣስመራ ይነብሩ ነበሩ። ውበት ዕሽል እንከላ'ዮም ኣመርዕዮማ። ሽዱሽተ ከብዳ ወሊዳ ሚኪኤል ሳልሳይ መትሎ'ዩ።

ሚኪኤል ድሕሪ ምስላፉ ተጋደልቲ ይርከቡዎ'ዮም ኣብ ዝተባህለ ፈቖዶ በረኻ ኩለል ካብ ምባል ኣየዕረፈትን። ሓደ ግዜ ኣብ ከባቢ ሓሬነ-ገደለ (ካብ ኣስመራ ኣስታት 40 ኪ.ሜ. ንደቡብ) ተራእዩ ሰሚዓ ነዛ ክትርእዮ ነቐለት። ጉዐይ ዝተባህለት ኣብ ሓሬን እትነብር ኣሞኡ፡ "ሚኪኤል ወድኺ ብርግጽ ርእየዮ፡ በዚ ጥቓ ገዛና ክሓልፉ ከለዉ ምስ ረኣኹዎ ደድሕሪኡ ሰዒበ፡ ሚኪኤል! ሚኪኤል! ኢለ ኣድህየዮ ኣጽቅጥ ኣቢሉ ሓሊፉ። ሰዒበ፡ ኣንታ ሚኪኤል ወዲ ኣብርሃ ሓወይዶ ኣይኮንካን! እንተበልኩዎ፡ 'ተጋጊኺ! ኣይኮንኩን፡' ኢሉኒ። ኣነ ግን እቲ ብሩህ ሕብሩን ቅጥኑን ኣውራ ኸኣ በዘን ኣእዛኑ ኣይገገኹዎን፡" ኢላ ምስ ኣዕለለታ'ያ፡ መገዱ'ውን ከይፈለጠት ፈኹኽታኣ (ቡኩያ) ኣዳልያ ዝተበገሰት። ኣብ'ቲ ከባቢ ምስ በጽሐት ሓደ ሓላፊ ዝመስላ ተጋዳላይ ኣጓኒፉዋ፡ ደንጽዩዎ ንኽትምለስ ደረኻ። ውበት፡ "ወደይ ከይረኣኹ ኣይምለስን!" ኢላ ስለ ዘቐበጸት ተገዲዱ ምስ ወዳ ከም እትራኸብ ገበረ።

ሓደ መዓልቲ ክልተ ዱልዱላት መንእሰያት እንቋቑሖን ባኒን ሒዞም ኣብ'ቲ ጉረባብታ ከብሰላሎም ክልምኑ ንዝረኣየቶም ጸዊዓ ክትብስለሎም ፈቐደት። ሽሁ ግዜ መብሰሊ ዕንጨይቲ ይሰኣን ስለ ዝነበረ በቲ ካልእ ድማ ጸጥታ ደርጊ ንዝኾነ ጋሻ ምቕባል ብዓይኒ ጥርጣረ ከምዝርእዮ

ኣዊጁ ብምንባሩ፡ ዝሕግዞም ሰብ ጨኒቑዎም'ዩ ጸኒሑ። ንሳ ዱኳ ፈሊጻ ኣጋይሻ፡ ኣፋነወት። ነቶም ኣጋይሽ "ወደይ'ኳ ዓዲ ዓዲ ኢዩ ዝልምን ዘሎ፡ ኣዴኡ ምስኡ ስለዘየላ!" ክትብል ኣዕሊላቶም'ያ። ብድሕሪኡ ወዳ በዚ ድርፎ ተራእዩ ስለ ዝሰምዐት፡ ከም ልማዳ ፈኹኽታኣ ደርዲራ፡ ካብ "ቀበሌ" ዕንጨይቲ ናይ ምእራይ መውጽኢ ኣፍቂዳ፡ ነቶም ብበረኻ ዓዲ-ንፋስ ዝርከቡ ዋርድያ ድማ "ጓለይ ሓሪሳ ክበጽሓ!" ኢላ ኣእሚና፡ መገዲ ድርፎ ተተሓሓዘቶ። ሓያለ ምስ ከደት፡ ሓደ ግራት ዝጉልጉል ዝነበረ ጉበዝ ከቲሩ ናበይ ትኸይድ ከም ዝነበረት ኣዋጠራ። ኣውራ ሽዑ ከብዳ ተዘብሐ። ኰነታታ ተረዲኡ፡ "በሊ ደሓን ሕለፊ!" ኢሉ ኣፋንዩዋ ከብቅዕ ደድሕሪኣ ሰዓበ። ተጋደልቲ ኣብ ዝርከቡዎ ምስ በጽሐት ንሱ'ውን ድምብር በሎም። ሽዑ እታ ኣብ ገዛ ከንሻ እንቋቝሖ ዘብሰለትሎም፡ "ወደይ'ኳ ዓዲ ዓዲ ኢዩ ዝልምን ዘሎ!" ዝበለቶም ብርኽቲ ሰበይቲ ምኻና ከምዘለለያ ገለጸላ። ንሱ ንባዕሉ ከተማ ዝኣቱ ተጋዳላይ ምኻኑ በርሃላ። ብሓገዝ ናይ'ዚ ተጋዳላይ'ዚ ድማ ሚኪኤል ወዳ ክትረኽቦ ከኣለት።

ኣብ 1981 ንገለ ኣዋርሕ ህጣም ሚኪኤል ሰኣነት። ድሕሪ ግዜ ምውሳዱ ግን ካብ ቤት-ማእሰርቲ ሰምበል ወረ ረኸበት። ሚኪኤል ወዳ ምሩኽ ተጋዳላይ ኮይኑ ኣብኡ ተኣሲሩ ነበረ። እዚ ካብ'ቲ ብእህህታ ትነብሮ ዝነበረት ጸቕጢ ዝነበሮ ጓሂ ናብ ካልእ ተቐየረ። ደሃይ ወዳ ምስ ሰምዐት ረኺባ ገጹ ክትርኢ ተሃንጠየት። ንዕኡን ንብዙሓት ከምኡን ስፔዛ ተሰኪማ ናብ ሰምበል ጒየየት። ንብዓትን ብኽያትን ግን ኣይተፈልያን።

ሚኪኤል ኣብርሃ ተማሪኹ ኣብ ቤት-ማእሰርቲ ሰምበል ኣብ ዝነበረለን ዓመታት፡ ወላዲቱ ወይዘሮ ውብት ከይሰልከየት፡ ንሓደ ወዳ ጥራይ ዘይኮነስ ክንዲ ዝረኸበቶን ክንዲ ዝኸኣለቶን ሰንበት ሰንበት ግዙፍ ስፔዛ ኣብጺሓ። ወዳ ነዚ ገዛእ ዘንኩል ተግባር ክትንክዮ ኣብ ዝተላበዋ ግዜ፡ "ከምኣ ኣይትበለኒ! ጾም የብለይ! ቤተክርስትያን የብለይ! ክንዲ ጾመይ ስግዳነይ እዘን ንዓኻ ዘምጽኣን ኣስቤዛ ንኹሎም ምሳኻ ዘለዉ ብጾትካ ሓሓደ ኩላሶ ምቐሎም።" ብምባል ትምልሰሉ ነበረት።

ኣቐዲማ ብዛዕባ ገድሊ ምስ ወይዘሮ ትብለጽ (ወናኒት ባር ትብለጽ-ኣስመራ) ኮይና ብመጠኑ ትግደስ'ኳ እንተነበረት፡ ብግቡእ ዝተኸትበትሉ

ጉዳይ ኣይነበረን። ወዳ ሚኪኤለ ዝኣተዎ ዋኒን ግን ዋኒነይ ኢላ ሓዘቶ። ሕሉፍ ሓሊፋ መድሃኒት ኣብ ውሽጢ ሳላጣን ካልእን እናእተወት ንእሱራት ተብጽሓሎም። ምስጢራዊ ልኡኻቶም፡ እዚ ይረኽበኒ'ዩ ከይበለት፡ ኣብ ዝደለዩዎ ተብጽሓሎም። ተደጋጋሚ ልኡኽ ካብ ብዓል ቢሮክራሲ ናብ ማእከል ከተማ ዝርከቡ ብጾት ተብጽሕ ነበረት።

ንውብት፡ ኣብ ክፍላ 1984፡ ውኔኣ ዘጥፈኣላ ሓደ ጉዳይ ተረኽበ። ሚኪኤል ወዳ ኣብ ቤት-ማእሰርቲ ሰምበል የለን ተባህለት። ናብ ሓውሲ ጽልልቲ ተቐይራ፡ ደሃይ ወዳ ከይረኽበት ገዝኣ ክትምለስ ኣይደለየትን። እቲ ከቢድ ጸብሓን እንጀራኣን ሒዛ ምሩኻት ተጋደልቲ ይርከቡዎ'ዩ ዝብሃል መዓስከራት ወተሃደራት ኣስመራ ኩለል በለቶ። ኣማስያኣ በየን ትኣቱ፡ ንመን ትሓትት ከይፈለጠት፡ ናብ መዓስከር ቓኘው ኣተወት። መዓስከር ቃኘው ማእከል ወተሃደራዊ እዚታትን ክፍልታትን ኮይኑ፡ ብጻዕቂ ወተሃደራት ዝሕሎ ቦታ ኢዩ ኔሩ። እዚ ኹሉ ከይፈለጠት ስፔዛኣ ሒዛ ትኽ ኢላ ንውሽጢ ክትኣቱ ከላ ዘስተብሃለላ ኣይነበረን። ኣብ ውሽጢ ንሓደ ወተሃደር ደው ኣቢላ ምሩኻት ተጋደልቲ በየን ከምዝርከቡ ሓተተቶ። ንሱ ሰንቢዱ ብቕጽበት ክትወጽእ ከብኪቡ ኣብ ኣፍደገ እቲ መዓስከር ኣብጽሓ። ውብት ኣብ'ቲ ኣፍደገ ምስ በጽሐት፡ ጉህያ ባዕላ ጻሕ ኢላ ወደቐት። ጸብሓ ተደፊኡ ክዳውንታ ተጸያየቐ። ምስኡ ኣምሪራ በኸየት። ሓደ ብላንድኩሩዘር ዝሓልፍ ዝነበረ ኩሎኔል፡ ውብት ኣብ ምድሪ ተሰጢሓ እናበኸየት ክተንገርግር ረኣያ። ማኪናኡ ደው ኣቢሉ፡ ኣተሲኡ ኰነታታ ክፈልጥ ብህድኣት ሓተታ። ውብት "መኺነ ዝወለድኩዎ ወደይ ምሩኽ ጠፊኡኒ እደሊ ኣለኹ!" ኢላ ዘይመኻን መኻን ኮይና ገለጸትሉ። ኩሎኔል ተደናገጸ። ንሱ'ውን ደሃይ ዘይብሎም ደቂ ከምዘለዉዎ (ንዓኣ ከደዓዕስ'ዩ ዝኸውን) ኣረዲኡ፡ ስማን ኣድራሻኣን ስም ትደልዮ ዘላ ውላዳን መዝጊቡ፡ ባዕለይ ፈቲሸ ከረጋግጸልኪ'የ፡ ኢሉ ንሓደ ወተሃደር ኣዚዙ ናብ ኣውቶቡስ ኣኽርያ ትስቀለሉ ኣሰንዩ ኣፋነዋ። ውብት እሰርቲ መሲላ ብወተሃደር ተሓልያ ጽርግያ ጽርግያ ተጓዒዛ ናብ ገዝኣ ተፋነወት።

ወተሃደር ምስ ሓደጋ፡ ኣንጸርጽሮታ ጌና ዘይተወድአ ስለ ዝነበረ፡ ክዳና ተጸያይቑ ጽልልቲ ክትመስል ሁፍ እናበለት ናብ እንዳ ሓፍታ እንዳማርያም ኣምርሐት። ሓደ ዱልዱል መኩራብቢ ደንጉላ ሒዛ ንኽትፋጋእ ተዳልያ ንውሽጢ ገዛ ሓፍታ ተበገሰት። ደቂ ሓፍታ

"እውይ! ሓትነይ ተጸሊላ! ደንጕላ ሒዛ ክትፈግኣኪ ትመጽእ ኣላ!" ኢለን ነዲኣን ሳላ ዘጠንቀቓኣ ተኸወለት። ውብት ገዛ ሓፍታ ኣትያ ብኸያታ ምስ ወደኣት ሃድኣት። "ኣነ ወደይ ጠፊኡ ኮለል እብል፡ ንሳን ከኣ ደቃ ሓቝፋ በጥ ኢላ!" ብምባል ናይ ደንጕላኣ ኣንጸርጽሮት ገሊጻ፡ ሸው ሃጽ ኢላ ተበገሰት። ኣብ ፈቐዶ ክተናድየ። ኣብ ሓደ ጉደና ምስ በጽሐት ሓደ ቤት-ሰብ ማኪና ሒዙ ረኺቡዋ ደው ኣቢሉ ምስ ዝተጻየየቐ ክዳና ሰቐላ። ሸው ጥራይ ክዳና ብጸብሒ ከምዝተለኸለኸ ተፈለጣ። እቲ ቤት-ሰብ ኣደዓዒሱ ናብ ገዝአ መለሳ።

ሚኪኤል ወዳ ኣብ ግንቦት 1984 ምስ ሓያለ ብጾቱ ተረሺኑ'ዩ። ውብት ግን ምቕባጽ ኣብያ፡ ብፍላይ ዝለመደታ ቤት-ማእሰርቲ ሰምበል ከም ቀደማ ስፔዛኣ ኣኸቢዳ ተመላለሰት። ቀስ ብቐስ ሚኪኤል ምእንቲ ሃገሩ ከምዝተሰውአ ተሰወጣ። ኣብ ዝኾነ እዋን ኣብ'ቲ ወዳ ዝተሰውኣሉ ዋኒን ክትሳተፍ ነብሳ ቀረበታ።

ውብት ምስ ምሩኻት እሱራት፡ ምስ በዓል ቢሮክራሲ፡ ከምኡ'ውን በዓል ክብሮም ባህታን ሻምበል ባሻ ጎይትኦምን ተላልያ ኢያ። ኣውራ ንእሱራት ምዕንጋልን ልኡኻቶም ኣብ ምብጻሕን ዘይትሕለል ብጸይቶምን ኣዲኦምን ምዃና ፈሊጦም'ዮም።

መፍትሒ ኣብ ሳሙና [91]

ከምቲ ኣቐዲሙ ዝተጠቕሰ ቢሮክራሲ ካብ ማእሰርቲ ምፍንጣስ ኣዋዲቑዎ ኣይፈልጥን። እዚ ሕልና'ዚ ናይ በይኑ ሸው ዝሓሰቦ ክኸውን ኣይክእልን'ዩ። ኣብ ኣዲስ ኣበባ፡ ቤት-ማእሰርቲ ኣለም በቃኝ፡ ሓደ ዮሃንስ ዝተባህለ ምሩኽ ተጋዳላይ ፈንጢሱ ንበይኑ ወጺኡ ሳዕቤኑ ድማ ተሪር ኣተሓሕዛን ዝምታ ትሕዝቶታቶምን ካልእ ግፍዕታትን ኣብ'ቶም ዝተረፉ ኮነ። ስለዚ ጉዳይ ምፍንጣስ ከይተረፈ ከም'ቲ ኣብ ካልእ ንጥፈታት ዝርአ ናይ ውልቀ ጉዳይ ዘይኮነስ ሓባራዊ'ዩ። ምፍንጣስ ክፍጸም እንተኾይኑ፡ ነዚ ኣብ ጸብጻብ ዘእተወ ሚዛን ብምስልሳል ከምዝኸይድ ውሁብ'ዩ። ንኹሉ ሳዕቤናት ኣብ ጸብጻብ እናእቶኻ ካብ ምሕላኑ ዓዲ ዘይወዓለሉ ጉዳይ ምዃኑ ድማ ኣይዝንጋዕን። ቢሮክራሲ ኣብ ኣዲስ ኣበባ እናሰርሐ እንከሎ ንገለ እሱራት ናይ ምውጻእ ውሕሉል መደባት ከምዝነበሮ ርኢና ኔርና። ኣብ ኣስመራ ቤት-ማእሰርቲ ሰምበል እሱር ኣብ ዝኾነሉ እዋን ድማ ተመሳሳሊ ስርሒታት ናይ ምፍጻም ፈተነታት ኔሩዎ'ዩ።

ንሓለውትን ሓለፍትን ካልኣት ጸለውቲ ዝበሃሉ ሰባትን ዝሃብካ ሂብካ ንቢሮክርሲ ክወጽእ ክተሓባበሩ ዝተገብረ ፈተነታት ኔሩ'ዩ። በዚ ጥራይ ንቢሮክራሲ ካብ ማእሰርቲ ምውጻእ ግን ኣይተኻእለን። ብዝያዳ ንሱን ብጾቱን ዝውጥኑዎ ሓበራዊ ፈተነ ግን ውጽኢት ክህልዎ ብዝኽእል መንገዲ ተዋሲኦም ኔሮም'ዮም።

ኣብ 1984 ነፈርቲ ንምዕናው ናይ ህ.ግ. ኣሃዱ ኮማንዶ ኣብ ዝነጥፈሉ ዝነበረ እዋን ሓደ ፈተነ ኣካይዶም ነበሩ። ሻምበል ባሻ ጎይትኦም ገብሩ ሓምዱ ነዚ ስርሒት'ዚ ኣብ ምፍጻም ኣድማዒ ተራ ካብ ዝተጻወቱ እሱራት'ዩ ኔሩ። ንሱ ተሓዝ ዱኳን ናይ ቤት-ማእሰርቲ ሰምበል ኮይኑ ስለዝተሓርየ ብመንገዱ ምስ ቀንዲ ሓለውቲን ኣሕሉቕን ጽቡቕ ዝምድና ፈጢሩ ነበረ። መምህር ሰጊድ ኣብኡ ስለዝጸንሐ፡ ዕዙዝ ተራ ነበሮ። እቲ ቀንዲ ውጥን ቢሮክራሲን ብጾቱን መፋትሕ ካሚራታትን ካንሸሎን ቤት-ማእሰርትን ቀዲሕካ ብምስናዕ ባዕላቶም ዘርሕውሉ ዕድል'ዮም ክፈጥሩ ጽዒሮም። መፋትሕ ቤት-ማእሰርቲ ሰምበል ኣብ ሳሙና ቀሪጾም ብመንገዲ ሻምበል ባሻ ጎይትኦም ንውፍይቲ ሓዳስ ሃይለ (በዓልቲ ባር ኣብ ማይጭሆት) ተዋህበ። ንሳ ኣብ እንዳ ትኣምኖም ቀረጽቲ መፋትሕ ኣሰሪሓቶ። መፍትሕ ብመንገዲ ሻ.ባሻ ጎይትኦም፡ ብኡ ኣቢሉ ድማ ናብ መምህር ሰጊድ፡ ኣብ ኢድ እሱራት ኣተወ። እቲ ዝሓዙዎ መፍትሕ ግና ተፈቲኑ ዝኸፍት ምኳኑ ክረጋገጽ ስለ ዝነበሮ ሓደ ካብኦም ኣብ ፊስቶ ሓቢኦም፡ መደቀሲኡ ዝሓመመ ዝመስል ሰብ ዝደቀሶ ከም ህሉው ኣምሲሎም (ዋርድያ ኣብ ግዜ ድቃስ ማዕጾ ካሚራ ዓጽዮም ምስ ቈጸሩ ሓደ የለን ምእንቲ ከይብሉ) ኣብ ደገ ስኑዕ መፋትሕ ሒዙ ክምዝሓድር ገበሩዎ። መጀመርያን ካልኣይን መዓልታት መፋትሕ ክሰርሕ ኣይከኣለን። ኣብ ሳልሳይ መዓልቲ ግን መፋትሕ ግርም ሰርሓሎም።

ቀዳማይ ክፋል ውጥን ተዓዊቱ ናብ ካልኣይ ተሰግረ። እቲ ካልኣይ መደብ እሱራት ህዱድ ኢሎም ኣብ ክንዲ ዝወጹ ብዝተወደበ መንገዲ ወተሃደራት መሲሎም ክዋስኡ ናይ'ቶም ሓለውቲ ዝመስል ክዳን ወተሃደራት ክረኽቡ ኔሩዎም። እዚ መደብ'ዚ'ውን ሰሊጡ፡ ክዳን ወተሃደራት ብገንዘብ ገዚኦም ኣብ ዝጥዕም ቦታ ሓቢኡዎ። እቲ ካልእ ሕሳቦም ብጥበብ ንሓለውቲ ኣገሪህካ ብረት መንዚዕካ መላእ ቤት-ማእሰርቲ ምቊጽጻር'ዩ ኔሩ። ከም'ዚ'ሎም ዝጥዕሞም መዓልቲ ተጸበዩ።

መዓልቲ ትግባሬ (ዜሮ ሰዓት) ኣኺላ ብንሁር ስምዒት እናተጸበዩ ከለዉ ኣብ'ታ ናይ ዜሮ ሰዓት ቤት-ማእሰርቲ ሰምበል ብብዙሓት ታንክታትን ሓደስቲ ወተሃደራትን ብለይቲ ተኸበበት። ውጥን ኣብ መዓልቦኡ ከበጽሕ ኣይከኣለን። ብገለ መንገዲ ጭርታ ውጥኖም ኣብ እዝኒ ጸላኢ በጺሑ። ብሰንኪ'ዚ ገለ ካብ እሱራት ብጾት ተቐትሉ። እቲ ምሉእ ውጥንን ዝበዝሑን ቀንዲን ተዋሳእቱ ግን ኣይተፈልጡን ስለዝነበሩ ንኻልእ ዕድል ዝፍትኑሉ ዕድመ ረኸቡ።

ኣባቡ ደሴ

ኣብ 1985 ድማ ካልእ ኣወናዋኒ ፈተነ ኣካየዱ። ቢሮክራሲን ብጾቱን ቀሊል ተኽእሎ ዝነበሮ ሓደ ኣጋጣሚ ኣጽኒዖም። እቲ ተኽእሎ ንዓኣቶም ብቐንዱ ዘውጽእ ዘይኮነ ንሓደ ኣገዳሲ ሰብ (ኢትዮጵያዊ መኮንን) ከምዝወጽእ ድሕሪ ምግባር፡ ብተመሳሳሊ ኣገባብ ንነብሶም (ወይ ንገለ ካብኦም፡ ሳዕቤኑ ብምምዝዛን) ንምውጻእ ዝሓለነ ነበረ። ኣብ'ዚ ስርሒት'ዚ ቀንዲ ተዋሳእቲ ሻምበል ባሻ ጎይትኦም ገብሩ፡ ወይዘሮ ውበት ሃብተ፡ ክብሮም ባህታ (ሩስያ) ነበሩ። ብውሽጢ ቤት-ማእሰርቲ በዓል ቢሮክራሲ ብደገ ድማ "ጎይትኦምን ሙሉጌታን" ዝተባህሉ ውፉያት የወሃህድዎ ነበሩ።

ኣባቡ ደሴ ዝተባህለ ኣባል ሓይሊ ኣየር ኢትዮጵያ ኣብ ኣስመራ ብገለ ምኽንያት ኣብ ቤት-ማእሰርቲ ሰምበል ተኣሲሩ ነበረ። ኣብኡ ምስ ብዓል ቢሮክራሲ ጥቡቕን ዓሚቑን ሌላ ነበሮ። ንሱ ዳርጋ ዘይርከብ ቴክኒሻን ነፈርቲ ኩናት ስለ ዝነበረ ቀትሪ ቐትሪ ብዋርድያ እናተሓለወ ናብ መደበር ሓይሊ ኣየር ተወሲዱ ኣብ ምዕራይ ነፈርቲ ከገልግል ውዒሉ ምሸት ናብ ቤት-ማእሰርቲ መሊሶም የሕድሩዎ ነበሩ። እዚ ኩነት'ዚ ንበዓል ቢሮክራሲ ንኣባቡ ኣብ ጉድኖም ኣሰሊፎም ቀሊል ተኽእሎ ዘለዎ ስርሒት ክፍጽሙ ኣወናወኖም። ንኣባቡ ደሴ ናብ ሜዳ ምውጻእ'ሞ፡ ካብ'ቲ ተመክሮ'ቲ ካልእ ተኽእሎ ምፍንጣስ ምርኣይ ሓሰቡ። ሓትኖኡ ንኣባቡ ደሴ ኣብ ኣስመራ ንሓደ ኤርትራዊ ተመርዕያ እትነብር ሃብታም ሰብ ነበረት። ኣባቡ ብመንገዳ ብዛዕባ ፍትሓውነት ቃልሲ ኤርትራ ተረዲኡ ኔሩ'ዩ። ንዕኡ ንምውጻእ ክሕሰብ ከሎ ካብ ኣዲስ ኣበባ ብርክት ዝበለ ገንዘብ ከምዝተላኣከሉ ኣምሲላ ናብ ሓደ ባንክ ኣስመራ ብስሙ ከምዝኣትወሉ ክትገብር ተሰማሚዓ ነበረት። ኣባቡ

ብዋርድያ ተሓልዩ ነቲ ገንዘብ ከውጽኦ ከፍቅድ፡ ንዋርድያ ብላዕ ሂቡ ምስ ኣዕሩኽቱ ኣብ ከተማ ተዘናጊዑ ሰዓት 3፡00 ድ.ቀ. ኣብ ከባቢ ባር ሰምበል (ማእከል ከተማ) ክራኸቡ ተሰማምዑ። እቶም ኣዕሩኽቱ ተባሂሎም ዘለዉ ምስጢራውያን ኣባላት በዓል ክብሮም ባህታ'ዮም። ብውሽጢ ድማ ሻምበል ባሻ ጎይትኦም ብመሰረት ዝጸንሖ ሌላ ምስ ሓለውቲ ቤት-ማእሰርቲ ብዛዕባ ፍቓዱን ምስኡ ዘኸይድ ዋርድያን ኣብ ምርድዳእን ምስላጥን ሓላፍነት ተሰከመ። ቢሮክራሲ ንክብሮም ባህታ ብዛዕባ'ታ እትተሓባበሮ ቤት-ሰቡን ናብ ቤት-ማእሰርቲ ዝግበር ርክብን መምርሒ ሂቡዎ'ዩ።

ልክዕ ከምዝተወሰነ ኣባቡ ደሴ ወጺኡ ገንዘቡ ሒዙ ንዋርድያ ብላዕ ሂቡ ኣብ ከባቢ ሰምበል ተፈልዩ። ክብሮም ባህታ ምስ ካልኦት ውፉያት ኮይኑ ንኣባቡ ብማኪና ናብ እንዳማርያም፡ እንዳ ትምኒተይ ዝብሉዋ ወሰዶ። እቶም ውፉያትን ክብሮምን ተማኺሮም ማኪና ዓባይ ካብ ሓደ ውልቀሰብ ካብ ነፋሲት ጽዕነት ከምጽኡላ ኣምሲሎም ተኻርዮም፡ ኣባቡ ደሴ ኣውቲስታኣ፡ ክብሮም ባህታ ኣይታንቲአ ጌሮም ብቤት-ገርጊሽ ናብ ነፋሲት ክወርዱ ኣንቀሉዋ። ኣብ'ታ ጥቓ ሚዛን ድሕሪ እንዳማርያም ናይ ጽዕነት መካይን ምስ በጽሑት ግን እታ ማኪና ተበላሽያ ክኸዱ ኣይከኣሉን። ቁጸራ ምስ'ቲ ኣብ ሰምበል ዝገደፉዎ ዋርድያ ናብ ምእካል ገጹ ተቐራሪቡ ነበረ። ድሕሪ ቍሩብ እቲ ዋርድያ ኣባቡ ደሴ ጠፊኡኒ፡ ኢሉ ምስ ኣመልከተ ከተማ ኣስመራ ብተፍትሽ ክትምሽጥ'ያ። ብሎኮታት ተዓጽዩ ጽኑዕ ሓለዋ ክግበር'ዩ። ስእሊ ኣባቡ ደሴ ኣብ ፈቐዶ ጉደናታት ተጠቂዑ፡ ዝረኣየ ዓይኑ ትብራህ! ዝብሃሉ ሓበርቲ ክዝርኡ ኢዮም። በቲ ኻልእ ኣባቡ ደሴ ዋላ ኣቃውማኡ ከይተረፈ ፍሉይ ሰብ ስለዝነበረ ክሳብ ካልእ ብልሓት ዝምህዙ ንክብሮም ባህታን ውፉይ ጎይትኦምን ጨነቖም። ክብሮም ውሻጠታት ኣስመራ ዘይጠፍኦ ሰብ ስለ ዝነበረ ውፉይ ጎይትኦም ሓላፍነት ንዕኡ ኣሰከሞ።

ክብሮም ብቕጽበት ክበላሓት ነበሮ። ኣብ'ቲ ከባቢ እንዳሚዛን ዝፈልጦ ባር ስለ ዝነበረ ንኣባቡ ንግዜኡ ኣብኡ ክጸንሕ ወጠነ። ካብኡ ናብ እሙን ቦታ ክወስዶ እንዳመን ከምዝሓይሽ ሓሰበ። ሓንቲ ስድራ ኣብ ኣእምሮኡ መጸትሉ። ለተኺዳን ዝተባህለት ብዓልቲ ሓዳር ምሉእ እምነት ዝነበረላ ምኻና ዘከረ። ለተኺዳን ኣብ ጥቓ ባር ትብለጽ ዝርከብ ገዛ ትነብር። ከይተደናገዩ ንኣባቡ ደሴ ኣብኣ ወሲዶም ሸጉጡዎ።

ክብሮም ናብ ጎይትኦም (ውፉይ) ናብ እንዳማርያም እንዳ ትምኒተይ ተመሊሱ ሓደ ሓሳብ ኣንቀለ።

ናይ ኣባቡ ደሴ ወተሃደራዊ ናይ በረኻ መደቀሲ ነፊሕካ ድሉው ኩንታል ክመስል ስለ ዝኽእል፡ ነዚኣ መንቀሊት ጌሩ ሓንቲ ጥበብ ተራእየቶ። ነታ ስሊፒንግ ባግ (ነፊሕካ መደቀሲት እትኸውን መንጸፍ) ነፊሕካ ኣብ ክሻ ኣእቲኻ ናይ ደፋእ ዓረብያ ኮምፕላሰዮነን ቀቢዕን (ርስሕ ዝበለ) ኣናዲኻ ምብጋስ። ከምኡ ዝብል ሓሳብ ካብ መጸ ኩንታል ሽኮር ምግዛእ'ውን ዘዋጽእ ኮነ። በዚ ሓሳብ'ዚ መሰረት ኮምፕላሰዮን፡ ቀቢዕን ሽኮርን ገዚኦም ዓረብያ ተኻርዮም ናብ እንዳ ለተኺዳን ጥቓ ባር ትብለጽ ገስገሱ። ኣብኡ ንኣባቡ ከም ደፋእ ዓረብያ ኣለባቢሶም ኣዳለውዎ። ምድሪ መስዩ፡ ኮብሪፎኮ ክይኣቱ ከምኡ'ውን ንኣባቡ ዝፍትሹ ሃሱሳት ከየጓንፉዎም ንጽባሒቱ'ዩ ክትግበር። መሕደሪ ግን ካልእ ክናድዩሉ ኔሩዎም።

ወይዘሮ ውብት ስውእ ሚኪኤል ወዳ ዝኣተዎ ዋኒን ብዝመጾ መልክዕ ክትዋሰኣሉ ልዑል ድልየት'ዩ ኔሩዋ። ንዝዀነ 'ደቂ-ኣሞይ-ጉዐይ' (ንሳን ወዳን ንተጋደልቲ መጸውዒ ዝጥቀመሉ ኣስያይማ ካብ'ታ ኣብ ሓሬነ-ገደለ ዝረኣየቶ ኣሞኡ ጉዐይ ዝነቅል ስም) ዝደለዩዎ ምፍጻም ከም ሞባእ ንቤተ-ክርስትያን፡ ከም ጾምን ስግዳንን፡ ጸሎትን ምህለላን ኢያ ትቖጽሮ። ወዳ ምስ ተሰውአ ነቶም ብጾቱ ከይትጠልም ናብ ቤት-ማእሰርቲ ሰምበል ስፔዛ ምውሳድ ተዘውትሮ ኔራ ኢያ። ልኡኽ ወይ ሓደራ ደቂ-ኣሞይ-ጉዐይ ንሓደጋታቱ ብጥበባ መሊኻ ብትግሃት ክትፍጽም ቃል ኣትያ። ወዳቢ ዘይብላ ባዕላ ዝተወደበት ውፍይቲ!

ክብሮም ሩስያ ንወይዘሮ ውብት ኣጸቢቑ ይፈልጣ'ዩ። ገዛኣን ስድራ-ቤታን ብቐደሙ ተላልዩዎ'ዩ ጸኒሑ። ንኣባቡ ኣብ እንዳ ለተኺዳን ጥቓ ባር ትብለጽ ምሕዳሩ ምስ'ቲ ጽዑቕ ተፍትሽ ዘዋጽእ ስለዘይነበረ ናብ ውስን ዝበለ ቦታ ምሕዳሩ መረጸ። ውብት ሰፈራ ኣኽርያ ብምንባሩ ብዓጀባ ከምእትቕበሎ'ውን ስለዝተኣማመነ ንኣባቡ ናብኣ ወሰዶ። ውብት ከምዝተጸበዩዋ ብዓጀባ ተቐበለቶም። ስድራ-ቤታ በቲ ተግባር ማይ ሓቒፋ። ውብት ግን፡ "ሽግር ዝረኸበ ናብ ደቅና ዝደለየ 'ትንፋስ ኣሕድሪ' ተባሂለ ትንፋስ ኣሕዲረለኹ፡" ብምባል ብተግባራ ከምእትጸድቕ ነገረቶም።

እቶም ንኣባቡ ዘፋነዉ ናይ ሰምበል እሱራት ናይ ኣባቡ ብደሓን ምውጻእ ዜና ክሰምዑ ሃንቀው ይብሉ ነበሩ። ኣይሓቱ ኣይሕተቱ። ናይ ምውጻእ ዜና ብምስጢራዊ ምልክት'ዮም ክፈልጡ። ሓንቲ ሰልጣንያ ሰንበት እትመጸም ብቀይሕ እንተተሸፊና ኣባቡ ብደሓን ከምዝወጸ ይብሰሩ። እታ ቀዳመይቲ ሰንበት ኣይተበሰሩን። ተጨነቑ ድማ።

ካብ እንዳውበት ኣባቡ ከም ደፋእ ዓረብያ፣ ክብሮም ከም ዋና ጽዕነት ኮይኖም ካብ ኣኽርያ ተበጊሶም፣ ኣርባዕተ ኣሰመራ ሓሊፎም ናብ ቤትገርግስ ደየቡ። ኣብኡ ኣብ እንዳ ውፉያት ገዛ (እንዳ ጽገሃና) ኣትዮም ኣባቡ ኣብኡ ተዓቚቡ፣ ክብሮም ድማ ዓረብያ ናብ ዋናኣ ክመልስ ንከተማ ኣተወ።

ሰዓት 11፡00 ናይ ምሸት በዓል ክብሮም ንኣባቡ ካብ'ታ ዘተዓሸገላ ቤት ኣውጺኦም ብሓደ ዘጽንዑዎ መስሎኺ ሓሊፎም ድርፎ ምስ ወረዱ መሬት ወጊሑ ብምትሕብባር እሙናት ኣባላት ነባሮ ድርፎ ተሓቢኦም ወዓሉ። ንምሸቱ ተሪር ዓቐበት ደይቦም ነዊሕ ቁልቁለት ለማልሞ ወሪዶም ንሩባ ማደት ጥቓ ጊንዳዕ ወሪዶም፣ ብውዱባት ኣባላት ህዝቢ እናተሓገዙ ኣብ ውሑስ ሓራ መሬት ኣብጺሖም ኣብ ኢድ ተጋደልቲ ኣረከቡዎ። ቀያሕ ሰልጣንያ ኣብ ሰምበል ከኣ ናይ ብስራት ዜናኣ ዘርግሐት።

እዚ ስጉምቲ'ዚ ንበዓል ቢሮክራሲ ብተመሳሳሊ ቤት-ማእሰርቲ ሰምበል ፈንጢሶም ክወጹ ዓቢ ተስፋ ሃቦም።

ከተመ

ይኹን'ምበር ንኻልእ ናይ ምፍንጣስ ዕድል ዝህብ ግዜ ድሮ ኣብቂዑ ነበረ። ድሕሪ ኣባቡ ደሴ ንሜዳ ዝወጸሉ ሓጺር እዋን፣ ጸላኢ ብዛዕባ ቢሮክራሲን ብጾቱን ናይ መወዳእታ ፍርዶም ድሮ ኣዋዲዱ ናብ ምትግባሩ ዝቀዳደም ዝነበረ'ዩ ዝመስል።

ጉዳዮም ከም ውዑይ ተታሒዙ ኮሚቴ መርመርቲ ትእዛዝ ተቐባበሉ። ዓሰርተ ክልተ ኣስማት ኣብ ቅድሚት ተመዝገቡ። ንሳቶም፦ (1) ኣፈወርቂ ተወልደመድህን፣ (2) ገብሩ ተስፋጋብር፣ (3) ገብረሂወት ተኽለ፣ (4) የውሃንስ ወልደሚካኤል፣ (5) ሻምበል መብራህቱ ኣበበ፣ (6) ወ/ት ማና ሓጐስ ከምኡ'ውን (7) መብራህቱ ተስፋይ በኺት፣ (8)

ተኸሉ ኣፈወርቂ፡ (9) ወልደጊዮርጊስ ሰሎሞን፡ (10) ወልዱ ግደይ፡ (11) ሃብተጼን ሃብተማርያም፡ (12) ገብረስላሴ ኣርኣያ ነበሩ።

ኣብ'ዚ ዝርዝር ከምእንርእዮ ነቶም ካብ ቍ.1 ክሳብ ቍ.6 ዘለዉ ካብ ኣዲስ ኣበባ ናብ ኣስመራ ኣምጺኦም ንኣስታት ሰለስተ ዓመትን መንፈቕን ሒዞሞም ዘጸንሑ ምስ ምትሓዝ ቢሮክራሲ ዝተተሓሓዘ ጉዳይ ዘለዎም'ዮም። ማና ሓጕስ ኣብ ሓዝሓዝ'ያ ተኣሲራ ዝነበረት። እቶም ካልኦት ሓሙሽተ ግን ሰምበል ዝነበሩ'ዮም። ክሶም ኣብ ሓደ ፋይል ተታሒዙ ብሓደ ዓይኒ ዝተራእየ ኮይኑ፡ ፍርዶም ሓደ ከምዝኸውን ዘርኢ ነበረ።

ቢሮክራሲ ኣብ'ቲ ቅንያት'ቲ በቲ በሊሕ ስለያዊ ክእለቱ ኣቐዲሙ ፍርዲ ናይ ዝቕንጸሉ፡ ዝተርፉን ዝመሓሩን ግዲ ፈሊጡ ኮይኑ ትንበያ ብዝመስል መንገዲ ክነግር ጸኒሑ'ዩ።

ብፍላይ ነቶም ዝመሓሩ፡ "ክትወጹ ኢ'ኹም፡ ተማሒርና ኢልኩም ከይትድህለሉ፡ ኣብ ዕላማ'ኹም ጽንዑ. . .ብዘይመስዋእቲ ሃገር ኣይርከብን'ዩ። ኣይትጅጅዉ. . ." ዝዓይነቱ ም'ኽሪ ክህብ ቀነየ። ነቶም መስዋእቲ ዘይተርፎም ድማ፡ "ጸላኢ ጸላኢ'ዩ! ዕላማና ብዘይመስዋእቲ ዝዕወት ኣይኮነን! መስዋእቲ ቀሪቡልካ ከሎ ዝምሕረካ መሲሉ ም'ቕራቡ ከታልለና የብሉን። ንመስዋእቲ ቅሩባት ክንከውን ኣለና። ዓወት ንሓፋሽ መዝሙርና ጌርና ተፈሲህና ክንቕበሎ ኣለና፡" ዝብል ዓይነት ቅሩብነት ንምስራጽ ጕስጕሱ። ብፍላይ ንገብረሂወት ተ'ኸለ፡ ኣብ'ቲ ፈለማ ክትሓዙ ከለዉ ዝምሕሩዎን ዘንግሱዎን መሲሎም ክምዝምዙዎ ስለ ዝፈተኑ፡ በዚ ተታሊሉ ካብ ብጾቱ ኣትሪፎም ዝምሕሩዎ ከይመስሎ ኣብ ጕድኒ ብጾቱ ኒሕን ሞራልን ተዓጢቑ ዓወት ንሓፋሽ እናበለ ነብሱ ክ'ቕርባ ኣጥቢቑ ተማሕጸኖ። ብዝነኣሰ ደረጃ ክም'ሓር'የ ክብል ዝጸንሐን፡ ጸላኢኡ ፈሊጡ ምእንቲ ሃገሩ ክሰዋእ ም'ዃኑ ነብሱ ዝቐረበን ኣብ ም'ቕባል መስዋእቲ ሓደ ኣይኮኑን። ገብረሂወት ጅግና ናይ ከተማ ተጋዳላይ ብምንባሩ ኣብ'ዚ ናይ ፍርዲ እዋን ሓቢሮም ንመስዋእቲ ክዳለዉ ም'ዃኖም ንቢሮክራሲ ኣረጋገጸሉ።

ሰነዳት ኮሚቴ መርመርቲ ተጻርዩ ኣስማት ናይ'ዞም ኣብ ላዕሊ ተጠቒሶም ዘለዉ ናብ ብሓላፍነት ጉዳዮም ዝሓዞ ኣምሳ ኣለቃ ኣሻግሬ ደሳለኝ ብትእዛዝ መልክዕ ተመሓላለፈ። ኣሻግሬ ካብ ሰምበልን ሓዝሓዝን

ኣዋጺኡ ኣዳለዎም። ተጸዊዖም ናብ ብሓላፍነት ዝርከቦም ሓደ መቶ ኣለቃ ናይ ፖሊስ ዝመርሖም ድሉዋት ወተሃደራት ከረክቦም'ዩ።

ሽዑ መዓልቲ እቶም ዝሰሓቡ እሱራት ሰምበል ወይ ሓበሬታ ረኺቦም ወይስ ነብሶም ነጊሩዎም፡ ኣብ ናይ ኣጋግዘ ሰዓታት (ሰዓት 4፡ 00 ድ.ቀትሪ ኣቢሉ) ኣሰማቶም ንኽጽዋዕ ባዕላ'ቶም ተዳለዉ። ከም'ቲ ዝተጸበዩዎ ኣስማቶም ተር ኢሉ ብሓደ ወተሃደር ተጸውዐ። ንመላእ እሱር ዘነቓንቐ ኒሒኛ መዛሙር፡ ደርፍታትን ጭርሖታትን ደርጕሖም ካሜራታት ብድምጾም ኣንጉድጉዳ። ንኣሰርቶም ዘርዓደ፡ ንተዓዘብቶም ዘደንጸወ ድምጺ "ዓወት ንሓፋሽ! መስዋእትና ሓላል ንሃገርና!" ዝብል ጭርሖታት ዳሕድሕዎ። ኩሉ እሱር እንኮላይ ኢትዮጵያውያን እሱራት ሕንቕንቕን ሓበንን ተሰምዮም። ገለ ኢትዮጵያውያን እሱራት መኮንናት፡ ብሞቶም ከይዓጀቦም ብኒሕ ዕላማኦም ዘቃልሑ፡ ኣዔታቶም ብርግጽ ኣይመኸናን፡ ክብሉ ጦብላሕትኦም ዝገለጹ ኔሮም'ዮም። ዓወት ኤርትራ ዘይተርፍ ምዃኑ ድማ በዞም ንመስዋእቲ ብዕልልታ ዝቕበሉ ጀጋኑ በርሃሎም።

መስከረም 14 ናይ 1985 ኢዩ ኔሩ። እዞም ዝተጠቕሱ ብጾት ፈርገጥገጥ ከምዘይብሉ ኣሲሮም ኣብ ዕፍንቲ ማኪና ንሓዋሩ ተወሰዱ። ዋጋ ዘውጽኣሉን ዘርዕድን መሲሉዎ ደርጊ ብእኩብ ከምዝረሸኖም ሽዑ ንሽዑ ኣወጀ። ዝተወሰዱሉ ሰዓት ካብ ሰምበልን ሓዝሓዝን ኣጋግዘ'ኳ እንተነበረ ምድሪ ምስ ጸልመተ ግን ናብ ቤት-ገርግስ'ዮም ተወሲዶም ዝብል ኣረኣእያ ኣሎ። ካብኡ ኣብ ሓደ ጋህሲ ብኣድራጋ ጠያይት ተቐትሉ።

ሰምብራት [92]

ዜና ስዉኣት ብጾት ኣብ ሰምበል ጸጥ ዝበለ ሃዋህው ፈጠረ። ወግዓዊ ሓዘን ክገብሩ ኣይፍቀዶምን'ዩ። ክወሰዱዎም ከለዉ ንመስዋእቲ ከምዝኸዱ ብወግዒ ዝነገሮም ኣይነበረን። ብኹሉ ምልክታት ጥራይ ዘይኮነ እቶም ፍሩዳት ናበይ ይወስዱዎም ከምዝነበሩ፡ በቲ ዝፈነዉዎ መቓልሕ ኣዊጆም'ዮም። እሱራቶምን ሓለውቶምን፡ ኢትዮጵያውያን እሱራት ከይተረፉ፡ ዝን በሉ። ገሊኦም ብጾት ምኽኣል ስለ ዝሰኣኑ ኣብ ውሽጢ ኮበርታኦም ኮይኖም ንብዓቶም ወድኡ። ኣብ ገሊኦም ናይ ኤይ! ኤይ! ድምጺ ተተኮሶም። በዚ ዝተበራበሩ ዋርድያታት

ድምጺ ጸጥ ከብሉ ሕልናኦም ኣይፈቕደሎምን። ከም'ዚ ዓይነት ሃዋህው ንሳልስቲ ቀጸለ።

ንጽባሒቱ ማዕከናት ዜና ንኹሉ ሰማዒ መስዋእቲ በዓል ቢሮክራሲ ኣብጽሓሉ። መስዋእቲ ቢሮክራሲ ዝተሓብአ ቤት-ሰብ ዳርጋ ኣይነበረን። እቲ ከም ቁርሲ ብድምጺ ሓፋሽ ይኹን መጽሔት ህዝባዊ ግንባር ዝዕደል ዜና ኩሉ ሰብ ብኣትኩሮ'ዩ ዝከታተሎ። ጸጋይ ተወልደመድህን፣ ንእሾቶ ሓዉ ንቢሮክራሲ ሕውስ፣ ዓውዓው በሃሊ፣ ሽዑ ኣብ ደጀን (ሳሕል)፣ ቴክንሻን ድምጺ ሓፋሽ፣ ነበረ። መስዋእቲ ሓዉ ብማዕከናት ዜና ህዝባዊ ግንባር ምስ ተረድአ ዘይነበሮ ጠባይ ከርኢ ብጾቱ ተዓዘቡዎ። ባህሊ ሜዳ ንስዉኣት ናይ ሓዘን መዓልታት ክፈልየሎም ዕድል ኣይነበሮን። ምስ ግዜ እናተቖዳደምካ ስዉእ ብቐጽበት ቀቢርካ ብቕልጡፍ ናብ ዋኒንካ ምድሃብ'ዩ ኔሩ። እዚ ባህሊ'ዚ ምስኡ ዝሳነ ስነ-ኣእምራዊ ኣቃውማን ብዛዕባ መስዋእቲ ውልቀ ሓዉኻ እተቃልሖ ነገር ከይህሉ ዝዓግት'ዩ ኔሩ። ጸጋይ ኣብ ማእከሉ ስለ ዝነበረ በዚ ባህሊ'ዚ'ዩ ዝነብር። ጦብላሕታ ቢሮክራሲ ስለ ዝኸበዶ ጓሂኡ በይኑ ተፈልዩ ወድአ። ናብ ብጾቱ ምስ ተጸንበረ'ውን ዝንታ ኣይገደፎን። ካልእ ባህሊ ኣባላት ህዝባዊ ግንባር ሓደ ኣባሎም ዘይልሙድ ባህርያት ምስ ዘርኢ ቀሪብካ ናይ ምርድኡን ምድዕዓሱን ጻዕሪ ምዝውታር'ዩ። በዚ ኣገባብ'ዚ ሓዉ ቢሮክራሲ ቃልሱ ከም ብዙሓት ብጾቱ ብመስዋእቲ ከምዝተዛዘመ ዓጊቡ ናብ ንቡር ባህርያቱ ተመልሰ።

ካልኦት ኣሕዋቱን ቤት-ሰቡን ብተመሳሳሊ'ዮም ሓሊፎሞ። ቢሮክራሲ ቅድሚ ናብ ድሬዳዋ ምብጋሱ ኣልማዝ ብተሌፎን ረኺባቶ ኔራ፣ ክቕበላ ከሎ "ሃየ!" ኢሉ'ዩ ዝጅምር። ሽዑ ቃና ድሃዩ ተቐይሩዋ ባህ ኣይበላን፣ "ተሌፎንካ ሓሚማ ኣላ!" በለቶ'ሞ ንሱ'ውን "ክኸውን ይኽእል!" ኢሉ መለሰላ። እዛ ዝሓመመት ደሃዩ ንነዊሕ እዋን ኣብ ኣእምሮኣ ዘይትለቕቕ ነበረት። ኣልማዝ እቲ ኩሉ ጽኑዕ ባህርያታ ብመስዋእቲ ቢሮክራሲ ተሰብረ። ወላ'ኳ ንኻልእ ሰብ (ብዘይካ ንበዓል ቤታ የማነ ገብረመስቀል-ሚኒስተር) እንተዘየርኣየቶ ሓዘና ግን ንውሽጢ ዞረቶ። እና ኽትድቅስ ንብዓታ ዛረየ። ጸኒሓ ግን፣ ካልኦት ኣሕዋታ ጌና ዘይወለዱ ስለ ዝነበሩ በኹራ ወሊዳ ብምንባራ ከም መጸናንዒ ወሰደቶ።

ናይ ወላዲቱ ሮማን ወረሶም ግን ዝተፈልየ'ዩ። ቢሮክራሲ ኣብ ህልም ዝበለ ናይ ገድሊ ዕማም ኣትዩ ምንባሩ ኣቐዲማ ተረዲኣቶ'ያ።

ቢሮክራሲ ንዓኣ ፍሉይ ኢዩ ኔሩ። ካብ ቊልዕነቱ ኣትሒዙ ከም ወድን ጓልን ዘገልገላ ኣዚዩ ምሩጽ ውላዳ'ዩ። ደቃ ጉዛዝያ ንኸይትርኢ እንተዘይኮይኑ ዝሓለፈ ምጭውነቱ ኣስተማቒራቶ'ያ። ፍሉይ መጸውዒ ኔሩዋ፡ ረኻብ ልበይ (ብኣምሓርኛ እንደ ልቤ)፡ ኢላ'ያ ትዝክሮ። ረኻብ ልባ ቢሮክራሲ ግን ልቢ ብጾቱን ጸላእቲ ሰውራን ብዝለዓለ ክእለት ረኺቡ ንሃገር ተወፍዩ። ኣብ ኣስመራን ኣዲስ ኣበባን ዝነበሮ ቃልሲ ብግልጺ'ውን እንተዘይነገራ በቲ ሓደ እናሰግኣት በቲ ካልእ ድማ ሓዚን ይሰምዓ ከምዝነበረ ኣይሰሓትን። እቲ እትፈርሆ ዝነበረት ሓደጋ ክዉን ኮይኑ ብጸላኢ ምስ ተታሕዘ ግሂዱላ'ዩ። ብምህልላን ብልሓትን እንተወጸላ ናብ ኣስመራ መጺኣ ፈታቲና'ያ። የግዳስ ተስፋኡ ርሑቕ ምኳኑ ብኣጋ ዝተረድኣት'ያ ትመስል። ኣልማዝ'ውን ክትቀብጽ ኢላ'ያ ክትርእዮ ዝደረኸታ። መስዋእቱ ካብ ዝተረድኣትላ መዓልቲ ንደሓር ንዓለም ቶባ ኢላታ'ያ። ዘይቅበጽ ቢሮክራሲ ምቕባጽ ብፍሉይ ባህሪ ክትገልጾ ወሰነት። እቲ ግሩም መልክዐኛ ገጹ፡ እቲ ጽፉፍ ውርዙይ ኣከዳድናኣ ዳግማይ ከይትርእዮ ቶባ በለት። መስትያት ዘይትጥቀመሉ ንብረት ኮነ። እንትርፎ እንዳሓዘን ኣብ ካልእ ናይ ደስ ደስን ወኻዕን ውራያት ምጽንባር ሕሩም በሉቶ። ሓጐሳ ምስ መስዋእቱ በነነ። ግርማኣን ሰብነታን ውኄኣን ምኡዝ ዕላላታን እኳ እንተዘይበረሰ፡ ፍርቂ ዓለማ ምስኡ ከምዝተቐብረ ጌራ ወሰደቶ። ንሳ ኮርዓትን ሓበንን ዋጋ መስዋእቲ ወዳን ኣሕዋቱን ብጾቱን ዝምዘን ሓርነት ኤርትራ ክተስተማቕር ክኢላ'ያ። ኣብ 2000 ኣብ'ታ ደቃ ዝጸፈየትላን እትናፍቓን ሓውሲ ከተማ ኮረም (ኢትዮጵያ) ክትበጽሕ ምስ ከደት ብሕማም ዓረፈት።

ቢሮክራሲ በይኑ ኣስመራ፡ ገዛ ባንዳ፡ ይነብረሉ ኣብ ዝነበረ እዋን ክትበጽሖ ትመጽእ ኔራ ኢያ። ረኻብ ልባ ኩሉ'ዩ ዝኽእል። ገዛ ምምሕዳር፡ ጽፈት ምርግጋጽ፡ ቡን-ሻሂ ኣምጺእካ ምቕራብ። ኩሉ ዓይነት መግብታት ኣመቂርካ ሰሪሕካ ብስሉጥ ምቕራብ፡ ምስኡ ምቁር ዘየጋይሽ ዋዛ ምስ ቁምነገር ዕላላት ብውሕልነት ዝኽእሎ'ዩ። ኣዲኡ ፍስህቲ ጋሻ ጌሩ ንምቕባላ ኣየጸግሞን'ዩ። ግዳ እቲ ሰውር ገድላዊ ስርሑ ድማ ትንፋስ ዝህቦ ኣይነበረን። ኣብ ርእሲኡ ከምዘፍቅራ መጠን ንሱ ዘፍቅራ ጓለንስተይቲ ትረድየላን ኣይትረድየላን ንኽፈልጥ ብዝመስል ኣገባብ፡ "ማማ! ተቐባሊት ጋሻ ዶ ከምጽኣልኪ?" ኢሉ ሓተታ። ብዓጀባ ተቐበለቶ።

ፍቐሪ ቢሮክራሲን ፍረወይኒ ገብረስላሴን፡ ባህርያዊ ጽዕዱው ዝኾነ ይኹን ጥውይዋይ ጥበባት ዘይተሓወሶ ብዝኾነ ይኹን ዝተጋነነ ዕላማታት ህይወት ዘይተበከለ፡ ምስ ተራኣኣዩ ማግኔታዊ ብዝመስል ስሕበት ሕድሕድ ከምዝጣበቑ ዝገበሮም፡ ኣብ ዝኾነ ሰዓት ብሓንሳብ ክህልዉ፡ ፍቕሪ ዘፍቅዶ ዘበለ ፍስሃን መቐረትን ክቐስሙ ዘወናውኖም ርክብ ጌርካ ክግለጽ ይከኣል። ካልእ ዕላማታት ህይወት ነናቶም ኔሩዎም። ንሱ ኩለንትናኡ ንገድሊ፡ ንሳ ድማ በኾሪ ገዛን ኣቦኣ ኣብ ዕብየቶም ዘወለዱን ብምኳኖም ተቐላጢፉ ረዳኢት ቤት ክትከውን። ዘራኸቦም ጻዕዳ ፍቕሪ ጥራይ ነበረ። ፍቕሮም ዝተዓዘበ ትምኒታዊ ቅንኢ የሕድረሉ፡ ከምኦም ክማሰል፡ ብዓይኒ ውላድ ዝረኣዮም ድማ ፍቕሮም ዘለኣለማዊን ፈራዩን ክኸውን ይምነየሎም።

ተቐባሊት ጋሻ ፍረወይኒ፡ ብተሌፎን ተጸዊዓ መጸት። ቤት ቢሮክራሲ ኣቐዲማ ተላሚዳቶ ኢያ። ህርኩትትን ትኩርትን ኣላይት ገዛ ብምንባራ ኣይትጋየሽን። ቢሮክራሲ ስድራ-ቤቱ ኣዕዚዙ ከምዘኽብር ትርድኦ ኢያ። ገዛ ባንዳ ምስ መጸት ኣዚያ ጥዕምቲ ጓል ቤት ብምኳን ንወይዘሮ ሮማን ብዓጀባ ኣእንገደት። ወ/ሮ ሮማን ሽዑ ርጉጽ ፍቕራዊ ዝምድና ከምዘለዎም ተገንዘበት። ሓንሳብ ኣብ ቤቶም ዝኣተወት ተፈታዊት ሰይቲ ፍቁር ወዳ ምርካባ ኣዚያ ተሓጐሰት። ውላድ ቢሮክራሲ ከይጸወዓቶ እንከላ ደበኽ ከምዝብላ ኣመነት። በዚ ከም መርዓ ዝፈጸመትሎም ክትመስል ብሓጐስ ተኻሒሳ ናብ ኮረም ተመልሰት።

እዚ ዓቢ ትምኒት'ዚ እናሃለወ እንከሎ ትምኒታ ብመስዋእቱ ብምቑጻዩ ዘይወጽእ ሰምብራት ገደፈላ። ንፍረወይኒ ዘለዋ ፍቕሪ ኣይነከየትን። ግዳ ድሕሪ መስዋእቲ ረኻብ-ልባ ንፍረወይኒ ምርኣይ ማለት ንጓሂ ልባ ምሕዳስ ማለት ኮይኑ ተሰሚዕዋ ቶባ ኢላ ኣዋደቐቶ።

ኣፍቃሪት ቢሮክራሲ፡ ፍረወይኒ ገብረስላሴ፡ ሸዊት ኣፍቃሪኣ ለይለይ መንእሰይ እንከሎ'ያ ትፈልጦ። ኣብ 1976 ወዲ 22 ዓመት እንከሎ ክሳብ 1980 መወዳእታ ወዲ 26 ዓመት እንከሎ ብኣካል ኣስተማቒረቶ። ክሳብ ግዜ መስዋእቱ ወዲ 31 ዓመት ዝኾነሉ ድማ በተን ዘይበኾራ ብምስጢር ኣብ ዘላቶ (ኤውሮጳ) ዝበጽሓኣ ዝነበራ መርሆ ኩይነን ብመንፈስ ዝዕንግላኣ ደብዳቤታት ብምርኻብ ህያው ፍቕራ ትኾስኩስ ነበረት። ንሱ ዝብሎ ትኣምኖ ስለ ዝነበረት፡ ኣብ ዝሃለወት ሃልያ ክትመሃርን ክትምዕብልን ከምዘለዋ፡ ሓደ መዓልቲ ክራኸቡ ምኳኖም፡

ይእምተላ ስለ ዝነበረ፡ ነዚ ከም መምርሒ ህይወታ ወሲዳ ትጉዓዘሉን ትጽበዮን'ያ ኔራ። ብሓደጋ ተኸቢቡ ይነብር ከምዝነበረ፡ መሰዋእቲ ተኹልኩሉ ይጉዓዝ ከምዝነበረ ሓደ መዓልቲ እዚ ሓደጋ'ዚ ክወስዶ ከምዝኽእል፡ ቢሮክራሲ ሓደ ዓቢ ተጋዳላይ ምንባሩ ጭርታ'ኳ እንተነበራ ካብ'ቲ ዝህባ ዝነበረ ተስፋ ወጻኢ ጥፍኣቱ ክትሓስብ፡ እንተኾነኸ ኢላ፡ ብዘይብኡ ህይወት ክህልዋ ግን ኣብ ልባ ኣሕዲራቶ ኣይትፈልጥን።

ብጸላኢ ምስ ተታሕዘ ሽው ንሽው ምልክት ምድዋን ህይወታ ተራእያ። ብውድብ ተላኢኻ፡ በሪራ ኣዲስ ኣበባ ኣትያ ደሃዩ ኣጣይቓ። ንዓኣ'ውን ክልክም ዝኽእል ምኺኑ ሰባት ኣማኺሮማ ናብ ኤውሮጳ ተመሊሳ ሓዘና ቀጸለቶ። ደሓር ኣብ ገዝኣ ንበይና ተዓቢጣ ዝርንዝሕ ነብዐት። ረዳእን ኣባዲን ዘይብላ ንሓያለ መዓልታት በኸየት። ስራሕ በኹራ፡ ትምህርቲ ኣቋረጸቶ። ግና ካብ ኣስመራ ብመንገዲ ስድራ-ቤታ እተን መርሆን ተስፋን ዝህባ ናኣሸቱ ደብዳቤታት ቢሮክራሲ ክበጽሓኣ ምስ ጀመራ ውኔኣ ተመልሰ። ኩሉ ዝከኣላ ሓይላን ዓቕማን ኣኪባ ከም'ቲ ተስፋኣ ክኾነላ ተጋደለት። መሰዋእቱ ምስ ተቓልሐ ግን ኩሉ ውኔኣ፡ ጥሙሓታን ህይወታዊ ስምዒታታን በነነ። ንህይወት ጸልማት ጌራ ወሰደታ። ብኹለንተናዊ ኣተሓሳሰበኣን ህዋሳዊ ኩነታታን መሰዋእቱ ምቕባል ኣበየቶ።

ብቓላታ ከም'ዚ'ላ'ያ ትገልጾ፦ "ስምዒተይ ተቛሲሉ፡ ዕላማ ህይወተይ ተደናጊሩኒ ማሲኑ። መለሳ እንተኾነ ዓዲ ቐይረ፡ በልጅዩም ናብ ዝተባህለ ሃገር ከይደ። ኣብኡ ተቐሚጠ። ኣፈወርቂ በይነይ ኣብ ሃዋህው ወይ ኣብ ምድረ-በዳ ዝሓደገኒ'ዩ ኮይኑ ተሰሚዑኒ። ስሓቕ ረሲዐዮ፡ ዕዝምቲ ዓይነት ሰብ ኮይነ። ንሱ ካብ ዝጠፍእ ንኣስታት ሽዱሽተ ዓመታት ቁዛሚት ኮይነ ተሪፈ። ኣብ ዓዲ ጓና ክነብር ስለዝነበረኒ ናይ ፋሕተርተር ስራሕ እሰርሕ ኔረ። ኣፈወርቂ ካብ ቅድመይ ምኽዋል ኣብዩኒ። ብዛዕብኡ እሓስብ። እዚ ዘለኹዎ ኩነታት ከመይ ምተዓዘቦ፡ ኢለ ብቐትሩ ኣስተንትን። ኣብ ኣዲስ ኣበባ ካብ ዝገድፎ ኣትሒዘ ዕላለይ ብዛዕብኡ'ዩ። ክሳብ ሕጂ ቀንዲን ዘይመንዎን ዕላለይ ኣፈወርቂ'ዩ። ክሳብ ግዜ ሞተይ ዝርስዖን ካብ ኣፈይ ዘውድቖን ሰብ ኣይኮነን።

"ፍቕሪ ሓንሳብ ጥራይ ኢያ ትርከብ ወይ ትስኣን ዝብል ብሂል ሰሚዐ ኣለኹ። ፍቕሪ ኣፈወርቂ ድማ ሓንሳብን ንሓዋሩን ኮይናትኒ

ኣይሰኣንኩዋን። ብኣጋ ምጥፍኡ ግን ኣመና ተደዊኑ። ፈውሲ ግዲ ዝኾነኒ ኮይኑ ድማ ዕላለይ ንሱ ሕልመይ ንሱ ኮይኑ።

"ኣፈወርቂ (ቢሮክራሲ) ኩለንትናኡ ምሳይ ኢዩ ዝነብር። በይነይ ምስኡ እዛረብ። ከም'ዚ'ዶ መድለዩ፡ እዚ ዶ ምፈተዎ፡ ኢለ ዝተፈላለየ ባህ ይብሎ ይኸውን ዝበልኩዎ ብሓሳባተይ ኣርየ እቕርበሉ። ከም'ዚ ኢለ፡ እንተዝዛረብስ እንታይ ምበለ፡ ኢለ ኣስተንትን። ሰብ እንተረኺበ ቀንዲ ዕላለይ ንሱ'ዩ። እታ ዝዓረበላ ህሞት ውነይ፡ ጥሙሓተይን ስምዒተይን ጠጠው ምስ በለ ኣይተነቓነቐን። ኩሉ ብድሕሪኡ ዘለኒ ህይወት ጉደሎ፡ ዘይምሉእ ኮይኑ ይስምዓኒ። ኣፈወርቂ ዋላ ተቐቢሩ ከምዘይሰደኒ ተረድኣኒ።

"ሓደ-ሓደ ግዜ ንነብሰይ፡ ድሕሪ መስዋእቱ ምውሳበይ የምሕረለይ ዶ ኢለ እዋጠር። ኣፈወርቂ ብመለኮት ምሳይ እናሃለወ ጠሊመ ዶ የብለኒ! ኢለ እጭነቕ። ስድራቤቱ ኸ! እብል።

"ብፍጥረተይ ሰሓቒት'የ ኔረ። ብዝጠቅም ዘይጠቅም ወካኺት። ንሱ ምስ ዓረበ ሕትም ኢሉ፡ ከይተፈለጠኒ ሰሓቕን ዋዛን ኣጥፊኤዮ። ጓለይ ቁልዓ ከላ፡ ናይ ዝኾነ ሰብ ኣሰሓሕቓ ቀዲሓ ተስምዓና፡ እክብ ምስ በልና። ናይ ኩሎም'ቶም ዝነበሩ ክትደግም ጸኒሓ ኣባይ ምስ በጽሐት፡ ማማ! ከመይ ዲኺ ትስሕቂ! ኢላ ምስ ሓተተትኒ ሰሓቐይ ከምዘጥፋእኩ ኣዘኪራትኒ ስንብድ ኢለ፡ ልኡም ሰሓቕ ኣበርኪተላ። ብርግጽ ንሳ'ያ ካብ ሕልሚ ቀትሪን ለይትን ተበራብረኒ ብልቢ እተረሳርሰኒ።

"እምበር ኣፈወርቅስ እንተወሓደ ሓደ ግዜ ኣብ ሰሙን ኣብ ሕልሚ ለይተይ ይረኣየኒ። ከም'ዚ ደው ኢሉ ዝገብሮ ነገራት ዝዕዘበኒ ኮይኑ ይጥምተኒ። ይዛረበኒ፡ ናባይ ጽግዕ ኢሉ ሕቑፍ የብለኒ። ሓንሳብ ሓንሳብ ከኣ ኣብ ጥቓይ መጺኡ ኮፍ ይብል።

"ኣዲኡ እቲ ኣብ ገዛ ባንዳ ክመጻ ከለዋ፡ ዘይትወልዲ ይብላኒ ኔረን'የን። ሸው እቲ ዘረባ ኣይጸላእኩዎ ኣይፈተኽዎ፡ ከም ሓደ እዋናዊ ጉዳይ ኣይጠመትኩዎን። ወሊደሉ ኔረ እንተዝኸውን ብመንፈስ ምሃብተምኩ፡ ሕልመይ ምተኻሕሰ ኔሩ። መን'ሞ ክህበኒ ከም'ዚ ዝበለ ዕድል!

"ከምዚ'ለ'ኳ እንተሓዘንኩሉ ብታሪኻዊ መስዋእቱ ግን እሕበን። ኣብ ከንቶ ከምዘይጠፍአ እፈልጥ'የ። ታሪኹ ባዕለይ ክጽሕፍ ሓይሊ

ኣይረኸብኩን። ደሓር ከኣ እቲ ናይ በይነይ ስምዒት ናብ ካልእ ምዝራው ኣይተራእየንን። ሕጂ ግን ታሪኹ ተጻሒፉ ሓወልቲ ክትከለለይ መመሊሰ ከድንቖን ከፍቅሮን ሃንቀውታ ኣለኒ። ናይ መዋእለይ ትጽቢት ከኣ ንሱ ኢዩ። ሕልመይ ምቁር ክኾነለይ!"

ኣብ ስድራ-ቤት ፍረወይኒ ተመሳሳሊ ስምብራት ገዲፉ። ኣዲኣ ወ/ሮ ርሻን ምስ ደቃ ሩታን ኣስካለን ብሓዘን ተኹርመያ። ንሰለስተ ዓመት ዝኣክል ናብ ማሕቡስ ስልጣንያ ጸይረን ተመላሊሰን ዝተኸናኸነኦ ብኸም'ዚ ምድምዳሙ ንነዊሕ ኣደወነን።

ዕጫ ንታሪኽ

ስለያዊ ውደባን ውጥንን ህዝባዊ ግንባር ተኣምር ሰሪሑ'ዩ። ክንዲ ናይ ቢሮክራሲ ወይ ሓለፋኡ ዝሰርሑ ባእታታት ብህይወትን ዓወትን ከምዝህልዉ ኣየጠራጥርን። ነዞም ባእታታት'ዚኣቶም ኣብ ምጉሳይ፣ ድሕነት ምርግጋጽን ካብ ኣፍ ገበል (ጸላኢ) መዝሒቕካ ምውጻእን ንስለያ ህዝባዊ ግንባር ርሑቕ ከምዘይነበረ ክእመት ይከኣል'ዩ። ቢሮክራሲ ፍርያት ናይ'ዚ ታሪኻዊ ትካል'ዩ። ብቕዓት ቢሮክራሲ ከዕቀብ፣ ብህይወቱ ድሒኑ ካልእ ዝዓዘዘ ተራ ክጻወት፣ ትምኒት ህዝባዊ ግንባር ኔሩ ክኸውን ኣለዎ። ምኽንያቱ ምስ ውድቡን መምርሒታቱን ዝተፈናተተሉ መርኣያ ብግሉህ ዝተራእየ ስለዘየለ።

ግዳ፣ ሓደ ሓደ ግዜ ንዕጫኻ ክትልውጦ (ሓደጋ፣ መስዋእቲ፣ ብጸላኢ ምትሓዝ) ዘየኽእሉ ዘይሕግዙኻ ኩነታት ይኸቡኻ'ዮም። ዕጫኻ መስዋእቲ እንተኾይኑ ብኡ ይውዳእ። ዕጫኻ ድሕነት እንተኾይኑ ድማ ዝኸበቡኻ ኩነታት ብኣንጻሩ ክንሶም ብተኣምር ትድሕን። ቢሮክራሲ ዕጫኡ መስዋእቲ ንታሪኽ ኮይኑ።

ዝርዝር ምንጭታት

ምዕራፋት 16 - 19

ቃለ መጠይቕ ዘካየደ ደራሲ'ዩ

65. ሰነዳት ምርመራ ቢሮክራሰን ብጾቱን ብጸላኢ.
66. ሰነዳት ተመስገን ትኩእ፡ ዕላል ሰሎሞን ንጉሰ፡ ሕዳር 2008
67. ሰነዳት ምርምራ ቢሮክራሲን ብጾቱን ብጸላኢ.
68. ሰነዳት ምርመራ ቢሮክራሲን ብጾቱን ብጸላኢ.
69. ቃለ መጠይቕ ምስ ኢዮብ ተኽለማርያም፡ ከም ኣብ ላዕሊ.
70. ቃለ መጠይቕ ምስ ኢዮብ ተኽለማርያም፡ ኣኽሊሉ ሓጐስ ነሓሰ 2010፡ ሰነዳት ምርመራ ቢሮክራሲን ብጾቱን
71. ቃለ መጠይቕ ምስ ሰንጋል ወልደትንሳኤ፡ ጋዜጣ ሓዳስ ኤርትራ
72. ቃለ መጠይቕ ምስ ፍረወይኒ ገብረስላሴ፡ ሓምለ 2010
73. ቃለ መጠይቕ ምስ ኃይም ተኪኤ፡ ለካቲት 2010
74. ቃለ መጠይቕ ምስ ፍረወይኒ ገብረስላሴ፡ ከም ኣብ ላዕሊ.
75. ቃለ መጠይቕ ምስ ፍቓዱ ተወልደመድህን፡ ነሓሰ 2009
76. ሰነዳት ምርመራ ቢሮክራሲን ብጾቱን ብጸላኢ.
77. ቃለ መጠይቕ ምስ ክፍለ ተሰፋማርያም፡ ሰንጋል ወልደትንሳኤ፡ ፍቓዱ ካሕሳይ፡ ገብረመድህን በኹረ፡ ከም ኣብ ላዕሊ.
78. ሰነዳት ምርመራ ቢሮክራሲን ብጾቱን፡ ሰነዳት ተመስገን ትኩእ
79. ሰነዳት ምርመራ ቢሮክራሲን ብጾቱን ብጸላኢ.
80. ቃለ መጠይቕ ምስ ሓይሎም ፍስሃየ። ከም ኣብ ላዕሊ.
81. ሰነዳት ምርመራ ቢሮክራሲን ብጾቱን ብጸላኢ.
82. ቃለ መጠይቕ ምስ ሓይሎም ፍስሃየ፡ ከም ኣብ ላዕሊ.
83. ቃለ መጠይቕ ምስ ሓይሎም ፍስሃየ፡ ሰላስ ገብረኺዳን፡ ኣስቴር ፍስሃየ፡ ከም ኣብ ላዕሊ.
84. ሰነዳት ምርመራ ቢሮክራሲን ብጾቱን ብጸላኢ.
85. ሰነዳት ምርመራ ቢሮክራሲን ብጾቱን ብጸላኢ.
86. ቃለ መጠይቕ ምስ ሓይሎም ፍስሃየ፡ ገብረስላሴ ኣነንያ፡ ሰላስ ገብረኺዳን፡ ኣሚር ኣዝመራ፡ ዓንዶም ግደ (መንን)፡ ከም ኣብ ላዕሊ.
87. ቃለ መጠይቕ ምስ ዓንዶም መንን፡ ቶምቦሳ ገብረማርያም፡ ብርሃነ ተኽሉ፡ መ/ም እስቲፋኖስ ክፍሎም፡ ከም ኣብ ላዕሊ.
88. ቃለ መጠይቕ ምስ ሻ.ባሻ ጕይትኦም ገብሩ፡ መስከረም 2009
89. ቃለ መጠይቕ ምስ ክብሮም ባህታ፡ መስከረም 2009
90. ቃለ መጠይቕ ምስ ወይዘሮ ውብት ሃብተ፡ መስከረም 2009
91. ቃለ መጠይቕ ምስ ክብሮም ባህታ፡ ሻምበል ባሻ ጕይትኦም፡ ወ/ሮ ውብት ሃብተ፡ ከም ኣብ ላዕሊ.
92. ቃለ መጠይቕ ምስ ጸጋይ ተወልደመድህን፡ ኣልማዝ ተወልደመድህን፡ ፍረወይኒ ገብረስላሴ፡ ከም ኣብ ላዕሊ.

ሻምበል መብራህቱ ኣበበ
ተሓባባሪ ስለያ ኣ.ኣ.

ፍረወይኒ ገብረስላሴ
ኣፍቃሪት ቢሮክራሲ

ፍቓዱ ተወልደመድህን
ንእሽቶ ሓው ቢሮክራሲ

ኣብርሀት ፍስሃ
ምልክት ኣ.ኣ.
ድሕሪ ናጽነት (2014)

ኣብርሀት ፍስሃ (ሓራስ)
ኣብ ሜዳ

መም. እስቲፋኖስ ክፍሎም
ውፉይ ሌላ ቤት ማሕቡስ ኣስመራ

ስውእ ሚኪኤል ኣብርሃ
ቤት ማሕቡስ ኣስመራ

ወ/ሮ ውብት ሃብተ
ኣደ ሚካኤል ኣብርሃ

ወ/ሮ ሮማን ወረሶም
ኣደ ቢሮክራሲ

ክብሮም ባህታ (ሩሲያ)
ተሓባባሪ ኣብ ቢት ማሕቡስ

ሓይሎም ፍስሃየ
ድሬዳዋ

ስላስ ገብረኪዳን
ድሬዳዋ

መለቀብታ

ፍቁር ቢሮክራሲ

ኣብ ትሕቲ እዚ ኣርእስቲ'ዚ ዘሎ ትሕዝቶ ሓደ ዛንታ ቢሮክራሲ ኣብ ፍቕሪ ዘርኢ ስለ ዝኾነ ንኸይስገር ኣብ'ዚ ናይ መወዳእታ ትሕዝቶ ክኣቱ ተመሪጹ። ምስ ኣዘንታዊት ቃለ መጠይቕ ዘካየደ ደራሲ'ዩ።

ቢሮክራሲ ተፈቃሪ ሰብ ነበረ። ምልኩዕ፡ ምርኡይ ወዲ ኸተማ፡ ልዕሊ ኹሉ ምስ ዝኾነ ዓይነት ሰብ ቅልጡፍ ሌላ ብምምስራት ዘይርሳዕ ተመስጦ ኣብ ሰባት ኣብ ምሕዳር ብሉጽ ክእለትን ባህሪን ነበሮ።

ዝተፈላለዩ ሰባት ብዝተፈላለየ መልክዕ ይፈልጡዎ። ንዘበዝሐ ዝራኸቦም ዝነበረ ብገድላዊ ስርሑ'ዩ። ገለ ፍሉያት ሰባት ድማ ከም ዓርኪ፡ ከም መተዓልልቲ፡ ከም መጻውቲ፡ ገሊኦምስ ከም መናግድቲ ይፈልጡዎ ነበሩ። ንኣፍቃሪቱ ፍረወይኒ ገብረስላሴ ግን ከም ማይ ዝጸምኣ፡ ምስ ተራኸቡ ዘረስርሳ፡ ምጭውቲ እቲ እንኮ ኣብ ልባ ዝሓደረ ኣፍቃሪኣ መንእሰይ ጥራይ ነበረ። ብዛዕባ ገድላዊ ስርሑ ግን እትፈልጦ ነገር ኣይነበራን።

ንሳ ንዛንታ ፍቕሮም ከም'ዚ ዝስዕብ ትገልጾ፡-

"ኣብ'ዚ ቀረባ ግዜ ኣብ ሓደ ናይ ስለያን ፍቕርን ናይ ልብ-ወለድ መጽሓፍ (ጎልደን ፎክስ፡ ብዊልበር ስሚስ 1990) ንኣፈወርቂ ዘዘኻኽረኒ ሓደ ዛንታ ኣንቢበ። ኣብ'ቲ ዛንታ ዘላ ጓል ኣዚያ ተፈታዊት ጓል ሓደ ሃብታም በዓል ስልጣን'ያ። ንፍቕሪ ብኣጋ ዝተመኩረቶ'ኳ እንተነበረት ከም ራሞን ዝምስጥ ግን ኣጓኒፉዋ ኣይፈልጥን። ምስ'ዚ ምልምል መንእሰይ ዝተራኸበትሉ ኣጋጣሚ ሃንደበት'ዩ። ኣብ ሓደ ናይ ምዝንጋዕ ናይ መድረኽ ክፋት ምርኢት ክትዕዘብ ኣብ ማእከል ጽቕጽቕ ዝበሉ ሰባት ስለዝጸንሐት ነቲ መጋረዲ ዝተሓሰበ ገመድ ዘሊላ ብሞንጎ መካይን ክትሓልፍ እናኸደት እንከላ ሓደ ደርጋፍ ሓላዊ ወተሃደር ደድሕሪኣ ጉዩ ኣብ ጽምዋ ቦታ ሓዛ። እቲ ደርጋፍ ወተሃደር ኢዳ ጠውዩ ክዕምጻ ተኸራኸረ። እቲ ምልምል ራሞን በዚኣ መጺ ከይተባህለ ነቲ ወተሃደር

ብዘየስተብሃለትሉ ጥበብ ሃሪሙ ናብ መሬት ሰጥሖ። ንራሞን ምስ ጠመተቶ ኣዝዩ ዝምስጥ ከድሕና ዝተላእከ መልኣኽ ኮይኑ ተራእያ። ክትላለዮ ተሃንጠየት። ክራኽቡ ምኺኖም ተሰማሚያም ተፈላለዩ። ካብ'ዛ ኣጋጣሚ'ዚኣ ዝጀመረት ምውቕቲ ፍቕሮም ክሳብ ውላድን መርዓን ተቐራረቡ። ክሳብ'ዚ እዋን'ዚ እታ ጓል፡ ንራሞን ዕሉልን ክኢላን በሊሕን ሰላዩ ምንባሩ እንዶ ኣይነበራን። ንሳ ብዛዕባ ሰለያን ሰለይትን ትፈልጦ ዘይብላ ግርህትን ንጽህትን መንእሰይ ኢያ ኔራ።

"ኣፈወርቂ ነዚ ብዝመስል ኣጋጣሚ'ዩ ተላልዩኒ። ሓደ ግዜ (1976 ኣቢሉ) ኣብ ከባቢ ካቴድራለ (ጐደና ሓርነት፡ ኣስመራ) ንጐዳይፍ ናብ እንዳ ዓለባ (ባራቶሎ) እትወስደና ኣውቶቡስ ተሰቒልና ክንብገስ እንከለና፡ ኣነን ላውራ እትብሃል መሓዛይን ሓደ ፈጣጥ ዓይኑ ደልዳላ ሰብ ክሰርቕ ጁባ ሃሰስ ክብል ረኣናዮ። ሽዑ ናይ ነገር ዋዒ ኣነን መሓዛይን፡ ሰራቒ! ሰራቒ! ኢልና ምስ ጨደርና፡ ኣብ ጥቓ ማዕጾ ብምንባርና፡ ብፍላይ ንዓይ ኣራጺሙኒ ወጺኡ ክሃድም ክብል፡ ሓደ ሰብ ብምናተይ ሒዙ ስሕብ ኣቢሉ ካብ ሓደጋኡ ኣለየኒ። ሽዑ እቲ ከምዚ ዓይነት ድሕነት ዝገበረለይ ሰብ ብስንባድ ዝኣክል ከስተብህለሉ ዕድል ኣይረኸብኩን።

"ኣነ ፍረወይኒ ገብረስላሴ እብሃል። ኣቦና ብቑልዕነቱ ካብ ዓዲ (ዓዲ ባዕኬል) ካብ ስድርኡ ተፈልዩ ፈቐዶ ኣድባራት ኰብሊሉ ትምህርቲ ክህነት (ተዋህዶ) ቀሲሙ ክሳብ ወዲ 50 ዓመት ዝኸውን ኣይተመርዓወን። ምስ ተመርዓወ ኣነ ዝቦኽሮም ደቂ ወሊዱ። 1957 ኣብ ኣስመራ ተወሊደ። ምሁር ካህን ኮይኑ ኣብ ቤት ትምህርቲ ብዜን (እንዳማርያም) ይምህር ስለ ዝነበረ፡ ብሕንቁቕን ከተማውን ኣተሓሕዛን ኣመሃህራን ኣዕበየና። ኣመና ዝሓሊ ወላዲ ብምንባሩ ንዓይ ኣብ ቤት ትምህርቲ ጥልያን ኣምሂሩኒ። ኣብኡ ምስ ወዳእኩ ኣብ ጐዳይፍ ብሓልዮት ወናኒ ፋብሪካ ዓለባ ባራቶሎ ዝቐመት ቤት ትምህርቲ መምህር ተቖጺረ ሰራሕተኛ ፋብሪካ ባራቶሎ ኮይነ ማለት'ዩ። ንኣፈወርቂ ኣብ'ዚ ቦታ'ዚ'የ ንመጀመርያ ግዜ ፈሊጠዮ።

"ንሱ ኣብቲ ቤት ጽሕፈት ዝሰርሕ ኣዚዩ ምልኩዕ፡ ሕዉስ፡ ተጻዋታይ፡ ዝምስጠኒ መንእሰይ ኢዩ ኔሩ። ብቑመናኡን ጠባዩን ዕላሉን ባህ ስለ ዝበለኒ ክጥምቶ ጀመርኩ። ናይ መጀመርያ ስምዒተይ ብዛዕብኡ ጥርዚ ዝበጽሐ፡ ሓደ መዓልቲ ኣብ ጥቓይ ቀሪቡ እናዕለልና ከለና ኢደይ ሕዝ ምስ ኣበለኒ'ዩ። ካብኡ ንንየው ከይተፈለጠኒ ኣብ ኮፍ ዝበሎ ኮፍ ክብል፡ ናብ

ዝተበገሶ ክብገስ ጀመርኩ። ንሱ'ውን ኣየርሓቓንን፣ ከም ጠለበይ ከዕልለኒን ንገዛይ ከሰንየንን ጀመረ።

"ለካ ንሱ ቅድሚ'ዚ ኣጋጣሚ'ዚ ኣስተብሂሉለይ ኔሩ'ዩ። እቲ ኣብ'ቲ ካቴድራል ኣውቶቡስ ጉዳይፍ ምስ ተሰቐልና ከራጽመኒ ካብ ዝሓሰበ ሰራቒ ዘድሓነኒ ኣፈወርቂ ምንባሩ ኣብ'ቲ ዕላላት ሓቢሩኒ። ሎሚ ክርእዮ እንከለኹ ኣብ'ታ ዘንበብኩዋ መጽሓፍ ዘሎ ኮኸብ ራሞን ብሓያለ ረቋሒታት ንኣፈወርቂ ይመስል'ዩ። ኣውራ ኸኣ እቲ ቀንዲ እንታይነት ኣፈወርቂ ከይፈለጥኩ ንዓመታት ዝሕለፍናዮ ፍቕሪ ብርግጽ ዝመሳሰል'ዩ።

"ብዘይካ ኣብ'ታ እንዳ ባራቶሎን ካብኣ ክንወጽእ እንከለናን ንፍቕሩ እዋንን ቦታን ስኢንሉ። ከማይ ፊልምን መጻሕፍትን ከምዝፈቱ ተረዲኣ ኢየ። እንተኾነ ሓቢርና ሲኔማ ንኣትወሉ ወይ እንዘናግዓሉ ስኢኑ። ቁጸራ እንተሓተትኩዎ ዘይተሓዝ ሰብ ኮይኑኒ። ስድርኡ ስለዝፈቱ፡ ናብኣም'ዩ፡ ብምባል ግዜ ኣይሃበንን። ኣብ ከተማ ብኣጋጣሚ እንተረኺበዮ ከም'ዛ ዘይፈልጠኒ ረጊጹኒ ብምሕላፍ ክርክቦ እንተሰጕምኩ፡ በቲ ነዊሕ ኣሳጕማኡ የምልጥ። ጸዊዐዮ የጽቅጥ፡ ጉዱ ጠፊኡኒ ኣብ'ታ ልምድቲ ቦታና ረኺበ እንተሓተትኩዎ ገለ ኣመኽንዩ የእምነኒ። ደሓር ግን ኣብ ዘይንቡር መዓልታት፡ ሰብ ብብዝሒ ኣብ ዘይኣትወሉ ሰዓታትን መዓልታትን ሲነማ ምሳይ ክኣቱ ጀሚሩ። ዋላ'ኳ ኣዚየ እንተኣፍቀርኩዎ ርክብና ኣበይ ከምዝበጽሕ ኣይሓሰብኩሉን። ሓደ መዓልቲ ግን ደፋር ዘረባ ኣውከኣለይ። ምሳይ ሕደሪ! በለኒ። ፍቕራዊ ዕርክነት ከምዚ ዝበጽሕ ጌረ እወስዶ ስለ ዘይነበርኩ 'ኣ ዲራቱራ! (ብጥልያን ማለት ካን ብዘይሕብእብእ)' ኢለ ናይ ስንባድ መለስኩሉ።

"በዚኣ ትኣክል እናክንራኸብ "ኣዲራቱራ" ኢሉ ይጽውዓኒ ነበረ። ድልየተይ ድልየቱ ምኳኑ ኣይተጠራጠርኩን። ናይ ነገር ቃልዓለም ግን ቀልጢፍና ኣይኣተናዮን።

"ዝምድናና ኩሉ ሰብ ፈሊጡዎ፡ ቃል ዓለም ዝብሃል ኣብ ሞንጎና እናሃሰሰ ከደ። እንተኾነ መትሓዚ ሰኣንኩሉ። ደሓር ግን ኣዲኡ ወይዘሮ ሮማን ካብ ኮረም (ኢትዮጵያ) ክበጽሐኦ መጺኣን፡ ናብ ገዝኡ ጸዊዑ ኣላለየኒ። ካብ'ዚ ንደሓር ጓል ገዛ ኮይነ። ገዝኡ ሸው ካልእ ሰብ ኣይነበሮን። ግዜኡ፡ ድሕሪ ምዝላቕ (1978) ኮይኑ፡ ኩሎም ኣሕዋቱ ንሜዳ ዝወጹሉ ግዜ ኢዩ ኔሩ። እዚ ጋህዲ ፍቕሪ'ዚ ዓሚቑ እናተጕዓዘና እንከለና ገና ምሉእ ምልጋብን ውሑስ ቀጻልነቱን ስለ ዘይተራእየኒ ኣንጸርጺረ።

"ኣፈወርቂ ዝጥንጠን ኣፍቃሪ ስለ ዘይኮነ'ምበር፡ ናተይ ናይ በይነይ ኢዩ ክይብሎ፡ ናበይ ከምዝገይሸ፡ ስለምንታይ ከምዝሰወር፡ ንዓይ ጥራይ ድዩ ዝደሊ ወይስ ካልኦት'ውን ከማይ ኣለዋኦ ክበርሃለይ ኣይከኣለን። ስለዚ፡ ቀሪጸ ክርሕቕ ወሰንኩ። ንዓዲ ጥልያን ክኸይድ ምሉእ ምድላው ጌረ ተቒናኒነ ተቐሪብኩ። ንምሽቱ ግን ፍቕሩ ተራእዩኒ መደብ መገሻይ ፋሕ ኣበልክዎ። ኣፈወርቂ ሓቲትካዮ ዘእምነካ ኣፈ ምቁር፡ ምኡዝ ሰብ ስለ ዝነበረ፡ ብኡ ንብኡ ርክብ ቀጸልና። ከም'ዚ'ልና እናተጉዓዝና ግን ኣብ መጀመርያ 1980 ንሓዋሩ ዝፈላልየና ዝመስል ፍጻሜ ተረኽበ።

"ዓቢ ጠበቓ ርእሶም ተኽለማርያም (ታርዛን) ብጸላኢ ተኣሲሩ ተሰምዐ። ምስ ኣፈወርቂ ዝነበሮ ርክብ ዝፈልጦ ኣይነበረንን። ምስኡ ግን ገዛ ኣፈወርቂ ብወተሃደራት ተኸቢቡ ሰሚዐ። ብተሌፎን ክረኽቦ ፈቲነ ኣይከኣልኩን። ብድሕሪኡ ቀንዩ፡ ተሌፎን ጌሩ ንግዜኡ ክኸወል ከምዘሎኒ ሓቢሩኒ ህልም በለ። ናበይ ከምዝኣተወ ኣንፈት ሰኣንኩ። ጸኒሑ ግን ሓደ ጴጥሮስ መለስ ዝተባህለ ኣብ ገዘኡ ክመላለስ ዝርእዮ ዝነበርኩ ዓርኩ ሓደ መዓልቲ ጉፍ ምስ በለኒ ደሃይ ኣፈወርቂ ሓቲተዮ ገይሹ ከምዘሎ ሓበረኒ። ኣነ ሽዑ ደብዳቤ ጽሒፈ ናብኡ ክሰደለይ ሓቲተዮ ተቐበለኒ። ኣብ'ታ ደብዳቤ፡ ከም'ታ ነቢዩ መሓመድ ንሱ ነታ ጉቦ እንተዘይከዳ እታ ጉቦ ባዕላ ትኸዶ፡ ዝበሃል፡ ኣነ'ውን ንስኻ እንተዘይመጻእካኒ ባዕለይ ክመጸካ ኣበይ ኣለኻ፡ ኢለ ጽሒፈሉ። ብድሕሪኡ ኣስታት ወርሒ ጸኒሑ ኣፈወርቂ ብቴሌፎን ጸዊዑ ረኺቡኒ። ነብሱ ጽሩይ ክዳኑ ጽፉፍ'ኳ እንተነበረ፡ ኣብ ጸጉሩ ግን ቁማል ጸኒሑዎ። ኣበየናይ በረኻ ከይዱ ከምዘምጽኦም ኣይተረደኣንን። ሕቶ ምሕታት ነውሪ ምኳኑ ኣልሚዱኒ'ዩ። ዝግድሰኒ ፍቕረይ ምርካበይ'ምበር ካልእ ኣይነበረን። ሽዑ ቕንያት ኣብ ዝተፈላለየ ቦታታት እናተራኸብና ፍቕርና ኣስተማቒርና። መሊሱ ኸኣ ህልም በለ። ካብ'ቲ ጠፊኡዎ ዝነበረ እዋን ዝነውሐ ጠፍአ።

"ሓደ መዓልቲ ግን ኣብ ኣዲስ ኣበባ ኮይኑ ደወለለይ፡ ኣብ ነሓሰ 1980። ተቐላጢፈ ንኣዲስ ኣበባ ተበገስኩ። ኣብ ኣዲስ ኣበባ ቀዋሚ ቦትኡ ኣየርኣየንን። ኣብ ማኪና፡ ኣብ ሆቴልን ካልእ ቦታታትን እናቐያየረ ኣስታት ወርሒ ብሓንሳብ ጸኒሕና። ብድሕሪኡ ኣነ ናብ ኣስመራ ተመሊሰ።

"ድሕሪ ገለ ኣዋርሕ፡ ግንቦት 1981፡ ጠቕሊለ ናብ ኣዲስ ኣበባ ከይደ። ብቐንዱ ንኣፈወርቂ ምርካብ፡ ብኡ ኣቢለ ድማ ይስለጥ ኣይስለጥ ንዓዲ ጥልያን ንምኻድ መሰርሕ ንምዝዛም'የ ከይደ። ሽዑ ግዜ ትኽ ኣቢሉ

ናብ'ታ ቀዋሚትን ምስጢራዊትን ቦትኡ'ዩ ወሲዱኒ። ካብ 'ጊዮርጊስ ኣደባባይ' ዝብሉዎ ማእከል ከተማ ኣዲስ ኣበባ ንምዕራባዊ ክፋል ናይ'ቲ ከተማ ኣምሪሕካ ንማርካቶ ዝብሃል ህቡብ ዕዳጋ ቅድሚ ምብጻሕካ ዝዓነዋ መካይንን ሓጺን-መጺንን ዝመልአ ሱማሌ ተራ ኣብ ዝብሃል ሰፈር'ያ። በቲ ቦታ ዝሓልፍ ድልድል ዘለዎ ሩባ ኣሎ። ገዛ ኣፈወርቂ ኣብ ሓደ ደንደስ (ሰሜን) ኣብ ብርኽ ዝበለ ወሰን ዝተደኰነት ገዛ ኢያ። ንዓኣ 'ፓላሲታ' ዝብል ስም'የ ሂበያ። ናይ ትሑት መነባብሮ ገዛ'ያ። ግን ከኣ ኣብ ብርኽ ዝበለ ተሰሪሓ፣ በዚ'የ 'ፓላሲታ' (ንእሽቶይ ፓላሶ) ዝበልኩዋ። ኣብኣ ምስኡ ንኣስታት ሽዱሽተ ወርሒ ተቐሚጠ። ዓዲ ጥልያን ምኻድ እንተተረፈ ኣይገደሰንን። ምስኡ ኣብ ምውቕ ህይወት ኔረ። ደሓር ግን ዝሓሰበ ሓሲቡ ንዓዲ ጥልያን ክኸይድ ደፋፍኣኒ። ጥቅምቲ 1981 ዓዲ ጥልያን ኣትየ።

"ኣፈወርቂ ኣፍቃሪየይ ጥራይ ኣይነበረን። ብሶላ ናተይ'ዩ፣ እንተበልኩ ኣየጋንንኩን። ፍቕሪ ናቱ ጥራይ ዘይኮነ ፍቕሪ ስድራቤቱ ኣልሚዱኒ። ቈጢብካን ሓሲብካን ምዝራብ ኣሰሩ ዝተኸተልኩዎ'ዩ። ኣውራ ኸኣ ከስርሓኒ ዝኽእል ትምህርቲ ምቕሳመይ ጥራይ እኹል ጌረ ወሲደዮ ኔረ። ኣፈወርቂ ግን ትምህርቲ ክቕጽል፣ ንባብ ከስፍሕ፣ ዝለዓለ ሞያ ከጥሪ ይደፍኣኒ ነበረ። ስለዘፍቅሮ፣ ዘእምን ልዙብ ቋንቋኡ ተፈሲሀ ስለ ዝቕበሎ ምኽሩ ተኸቲለ እነብር ኔረ። ሓደ ካብ'ቲ ክሳብ ሎሚ ዝገርመኒ ንምንታይ ኣብ'ቲ ንሱ ዝዋስኣሉ ዝነበረ ቀንዲ ህይወት - ሓደገኛ ናይ ከተማ ምስጢራዊ ገድሊ - ዘየዋስኣኒ'ዩ። ከም እንቋቑሖ ይከናኸነኒን ይበቀንን ከምዝነበረ'የ ገምጊመ። እምበር ኣብ ዘእተወኒ እሳት ምኣተኹ ኔረ። ንሱ ኸሎ ፈሪሐ ኣይፈልጥን። ሓደ ግዜ ንሓደ ፓድረ (ቀሺ ካቶሊክ) ብስሙ ብመራኸብ ኣቕሒት ክነእቱ ሕተትየ ኢሉኒ፣ ከይተወላወልኩ ኣብ ቤት ጽሕፈቱ ከይደ ተዛሪበዮ። ኣብ ኣዲስ ኣበባ'ውን ተመሳሳሊ ልኡኽ ሂቡኒ ኔሩ'ዩ። ሚላን ጉርሕን'ውን ኣይሓሰብኩሉን። ንሱ ዝደልዮ ብዘይ ገለ ቅድመ-ኩነት ክፍጽም ድልውቲ'የ ኔረ። ንሱ ግን ልዕሊ ሰብ በቒቒኒ።

"ዓዲ ጥልያን ምስ ኣተኹ ምርሕሓቕና እኳ እንተመረረኒ፣ ንሱ ክንራኸብ ምኽንና ኣእሚኑ'ዩ ሰዲዱኒ። ኣብ ሰሙን ክልተ ግዜ ብተሌፎን ንራኸብ። ደብዳቤ ብቐጻሊ ይጽሕፈለይ። እታ ደብዳቤ ኣብ ገበራ ናይ ዓባይ ዑፍ ስእሊ ብኢዱ ይስእለላ። ወሓለ ሰኣላይ'ዩ። ኩፍ ኣበሃህላይ፣ ልክዕ ቅርጸይ ምስ ጉብጥ ዝበለ ሕቖይ ስኢሉ ይህበኒ ኔሩ'ዩ። ካልእ

ዝተፈላለየ ብርቂ ስእልታት ስኢሉ ይህበኒ። ኣብ ደብዳቤኡ መምርሒ ህይወተይ ኢዩ ዝጽሕፍ። ክመሃር ክምዝለኒ፡ ክመይ ጌረ ክም ዝቐስንን ክምዝሕጉስን፡ ምስ ሰባት ብኸመይ ክላዘብ ክምዝለኒ ይመኽረኒ።

"መወዳእታ ናይ ፍቕርና ግን ካልእ ኮይኑ።"

ትረኻ ሰሎሞን ፍቓዱ

ትረኻ ሰሎሞን ፍቓዱ፡ ድሕሪ ባይታ፡ ታዕሊም፡ ገድልን ቤት ማእሰርቲ ጸላኢን ዘጣመረ፡ ንዘመናዊ ኤርትራዊ ጥምረትን ባህግን ዘንጸባርቕ ተመክሮን ናይ እሱራትን ውሽጣዊ ቃልስን ምትእስሳርን ዘርኢ ፍሉይ ተርእዮን ስለዝኾነ ኣብ'ዚ መለቀብታ ክምዝለዎ ክሰፍር ተመሪጹ። ምንጪ ትረኻ ደራሲ ምስ ሰሎሞን ፍቓዱ ዝገበሮ ቃለ-መጠይቕ ኢዩ።

ሰሎሞን ፍቓዱ ገብረስላሴ ሓደ ካብ'ቶም ምሩኻት'ዩ። ኣቦኡን ኣዲኡን ዘመናዊ ትምህርቲ ዝቐሰሙ መምህራን እዮም። ኣብ ኣስመራ ኣብ ከባቢ ፌሮብያ፡ ገዛ ከኒሻን ኣልፋሮማዮን ዓብዩ። ፌሮቭያ ከባቢ መዓርፎ ባቡር ብምንባሩ ካብን ናብን ኣስመራ ዝርከብ ሓበሬታ ብቐሊሉ ዝመሓላለፈሉ ስለ ዝነበረ ብዛዕባ ፖለቲካ ኤርትራ ቅልጡፍ ጽልዋ ዝዘርግሓሉ ቦታ'ዩ። ሰሎሞን ኣብ እዋን ፈለማ ጉብዝንኡ ካልኣይ ደረጃ ትምህርቲ ወዲኡ ኣብ 1974 ኣብ ዩኒቨርስቲ ኣስመራ ጀሚሩ ነበረ። ሽዑ ሰውራ ኤርትራ ደንፊዑ፡ ስርዓት ሃይለስላሴ ወዲቑ ደርጊ ዝተቐላቐለሉ እዋን'ዩ ኔሩ። መንእሰያት መዘና ሰሎሞን ፍቓዱ ብዛዕባ ሰውራን ፖለቲካ ኤርትራን ብውዕውዕ ደረጃ ይሳተፉዎ ነበሩ። ኣብ ዩኒቨርስቲ፡ ኣብ ክለባት መንእሰያት (ማሕበር መንእሰያት ገዛ ኬኒሻ፡ ዋይ ኤም.ሲ.ኤ፡ ማሕበር መዛኑ ብዝተፈላለየ ኣስማት) ይነጣጠፉ ኔሮም'ዮም። ክልተ ውድባት ተ.ሓ.ኤን ህ.ሓ.ሓ.ኤ.ን ኣብ ከባቢ ኣስመራ ብዱልዱል ሓይልታት ተቐላቒሎም ህዝቢ፡ ኣውራ ድማ መንእሰያት ካብ ኣስመራ እናወጹ ይራኸቡወን ነበሩ። ሰሎሞንን ብጾቱን ድሕሪ ኣፈናዊ ትዕዝብታት ጸግዒ ህ.ሓ.ሓ.ኤ. ወሲዶም ኣብ ከተማ ተወዲቦም ተንቀሳቐሱ።

ሓደ መዓልቲ (ኣብ 1975) ሰሎሞን ፍቓዱ ምስ ጴጥሮስ መለስ ዝተባህለ መዘናኡ (ጴጥሮስ መለስ ሓደ ካብ'ቶም ኣገደስቲ ውፉያት ናይ ከተማ ኣስመራ ብምዃን ክሳብ 1980 ዝጸንሐ ኢዩ) ጽሑፋት ካብ 06

ተቐቢሎም ናብ ኣስመራ ክኣትዉ እንከለዉ ብወተሃደራት ተኸቢቦም ተታሒዞም። ሽዑ ኣብ ካልኣይ መደበር ምስ ኣብጽሑዎም ጴጥሮስ ነቲ ወረቓቕቲ ኣብ ውሽጢ'ቲ መደበር ዝርከብ ናይ ኣታኽልቲ ቦታ ደርብዩ ካብ ነብሶም ኣርሓቖ። ጭብጢ ዘይተረኽቦም ሰሎሞንን ጴጥሮስን ናብ'ቲ ግፍዐኛ መዳጉኒ ኤክስፖ ተወሰዱ። እቲ እዋን'ቲ (ካብ 1975 - 1976) ኩሎኔል ዘነበ ዝተባህለ ጨካን ሓላፊ ኣብ ኤክስፖ ኢደ ወነናዊ መቕተልቲ ዘካይደሉ ዝነበረ ኢዩ። ጴጥሮስ መለስ ምስ ወተሃደራት ብዝነበሮ ርክባት ካብ ማእሰርቲ ወጸ። ሰሎሞን ግን ካብ መቕተልቲ'ኳ እንተደሓነ ንኣዲስ ኣበባ ተጠረዘ። ሰሎሞንን ብጾቱን ካብ ኣዲስ ኣበባ ናብ ሜዳ ተበጊሶም ሳሕል ኣተዉ። ታዕሊም ወሲዶም ኣብ ውግእ ምሕራር ናቕፋ፡ ምሕራር ከረን፡ ፈተነ ምሕራር ባረንቱ፡ ምክልኻል ወፍሪ ጸላኢ ናብ ከባቢ ኣስመራ፡ ኣጋጣሚ ውግእ ሕድሕድ ምስ ተ.ሓ.ኤን ከምኡ'ውን ምክልኻል ቀዳማይ ወራር ናይ 1978 ተሳቲፎም። ኣብ ሕዳር 1978 ኣብ'ቲ መሪር ውግእ ዓዲ- ያቆብ፡ ሰሎሞን ምስ በረኸት ጸጋይ (ማንጁስ)፡ ጊሎም ተስፋጼንን ኪዳነ ገብረሚካኤልን (ቈራይ) ዝተባህሉ ብጾቱ ተማሪኾም፡ መጀመርያ ናብ ሰምበል ቀጺሎም ድማ ናብ'ቲ ዕሉል ቤት-ማእሰርቲ ኣለምበቃኝ (ኣዲስ ኣበባ) ተወሰዱ። እቲ ንሜዳን ቤት-ማእሰርትን ዘንጸባረቐ ተመክሮ፡ ሰሎሞን ብኸምዚ ዝስዕብ ይገልጾ፤

"ታዕሊም ወተሃደራዊ ስልጠና ጥራይ ዝቕሰመሉ ቦታ ኣይነበረን። ዓኺይ፡ ሰበኽሳግም፡ ሽቃላይ፡ ምሁር፡ ካብ ሱዳን፡ ካብ ኤውሮጳ ዝመጹ መንእሰያት ዝራኸቡሉ ሓቀኛ ምስሊ ኤርትራውያን ዝገልጽ ቦታ'ዩ። ልዕሊ መጽሓፍን ዩኒቨርስቲን እንታይነትካ ትምሃረሉ። ኣቦይ ተኸለ ዝተባህለ ዕብይ ዝበለ ካብ ሱዳን ዝተሰለፈ ተዓላማይ ምሳና ነበረ። ኩሉ ተዓላማይ ዘለዎ ትርፊ ንብረት ናብ ውድብ'ዩ ዘረክብ። ኣቦይ ተኸለ ግን ሓንቲ ምልእቲ ሻልኛ ዝተፈላለየ ውልቃዊ ንብረቱ ዝሓዘት ምርካብ ኣብዩ ኣብ ዝኾነ ምንቅስቓስ ተሰኪሙዋ ኩለል ይብል ነበረ። ሓደ መዓልቲ ግን ሰልክዩዎ ነታ ሻልኛ እናተራገመ ብሓደ ጸድፊ ኣብ ቅድሚ ኩሎም ብጾቱ ሸለው ኣበላ። ኣቦይ ተኸለ ምንጽርጻሩ መስሓቕ ኩልና ኮይኑ፡ በብወገንና ኣደዓዒስናዮ ሻልኛ ናብ ዝምልከቶ ኣረኪብናያ። ዝተፈላለየ ጠባያት ከከም ኣመጻጽእኡ ኣብ ሓደ ከም ዝሰምር ዝገብር ፈላሚ መስርሕ ታዕሊም'ዩ። ኣብ ማይላባ፡ እማህሚመ ምስ ጽንኩር ዋዒን ውሱን ዘይጽሩይ መግቢ ወዲዓክርን ሰብ ኩሉ ሕጉስ ኮይኑ ንዕላማኡ ምጽንዑ ዘደንጹ ተርእዮ'ዩ።

ታዕሊም ተወዲኡ ቅድሚ ናብ ኣሃዱታት ምምዳብ ንኣዋርሕ ዝቐጸለ ወፍሪ ማእቶት ኣብ ህንጻታት ትሕቲ ምድሪ ተዋፊርና ሰሪሕና። ኩሉ ኣእጃሙ ኣበርኪተ። ገሊኦም ብመፈጠሮም ናይ ስራሕ ሰባት ስለ ዝነበሩ ከየዕረፉ ብህርፋን ይሰርሑ ነበሩ።

“ድሕሪ ታዕሊም ናብ'ተን ሽዑ ናቕፋ ንምሕራር ጽንኩር ውግእ ዘካይዳ ዝነበራ ኣሃዱታት (ቦጦሎኒታት) ተመደብና። እቶም ምኩራት ተዋጋእቲ ነቶም ፈለማይና ውግእ ንርኢ ዝነበርና በቘቖም ሓዙና። ድፍረት ክንረክብ ባዕላቶም ወጢጦም ስራሕ የትሕዙና። ከይንስንብድ ቀስ ብቐስ ውጉኣት ምልዓል፡ ጥይት ምቕባል፡ ተኹሲ ምፍታን ዝኣመሰለ እናርኣዩ የላምዱና። ውግእ ዘየቋርጽ'ዩ ኔሩ። ዋሕዲ መግቢ ስለዝነበረ መራሕቲ መሳርዕ ብጻይካ እናረኣኻ ክተልዕል ይሕልዉኻ። መራሕ መስርዕ ንባዕሉ ሓደ ወይ ክልተ ኩላሶ'ዩ ዘልዕል። ምስ'ዚ ኩሉ ውግእ ኣብ ዘዕርፈሉ ሓጸርቲ ህሞታት ክኢላታት ብግጥሚ፡ ብክራር የዘናግዑኻ። ኣብ ጽንኩርን ደማዊን ኩነታት ከምዘየለኻ ብብርቱዕ ንያትን ወኻዕታን ትዘናጋዕ።

“ውግእ ናቕፋ ተወዲኡ ናብ ምሕራር ኣፍዓበት መረሽና። ኣፍዓበት ሓራ ጌርና ናብ ከረን ገስገስና። ብድሕሪ'ዚ ምስ ተ.ሓ.ኤ. ብምትሕብባር ንባረንቱ ሓራ ምውጻእ ውግእ ተኻይዱ ዓወት ኣይተረኽበን። መፋርቕ 1978 ተቐራሪቡ፡ ኣብ ሞንጎ ተ.ሓ.ኤ.ን ህ.ግን ኣብ ከባቢ ማይ-ዓይኒ ብርቱዕ ግጭት ተላዒሉ ብልጭ ኢሉ ዝጠፍአ መሪር፡ ጉታቲን መጉሃይን ኩናት ሓድሕድ ተኻየደ። ጸላኢ ንከባቢ ኣስመራ ንምቁጽጻር ወፊሩ ኣብ ከባቢ እምባደርሆ ብርቱዕ ግጥም ተኻየደ። ወራር 1978 ብሰፊሑ ጀሚሩ ኣብ ዓዲ-ያቀብ ኣብ ወርሒ ሕዳር ብርቱዕ ውግእ ገጠምና። ጸላኢ ምድሪ ዘጸልመተ ናይ ኣስታት ሓደ ሰዓት ደብዳብ ኣካይዱ ብቕድሚ ድፋዕና ኣስታት 30 ታንክታትን ማእለያ ዘይብሉ ሰራዊትን ኣገዲሙ ጽዕጹዕ ተኹሲ ገጠምና። ጸላኢ ምስ ታንክታቱ ንድሕሬና ሓሊፉ ጋንታና ኣብ ፍሒራ ዝሃደመቶ ድፋዕ ኮይና ትምክት ነበረት። ኩልና ካብ ንጉበጥ ብዘጥዕም ንምግጣም ፍርቅና ንድሕሪት ከምንወጽእ ገበርና። ነቶም ፍርቅና፡ ሸውዓተ ሰባት ኣብ ውሽጢ ድፋዕና ተሪፍና ክሳብ ቦምባታትናን ጠያይትናን ንውድእ ተዋጋእና። ጸላኢ ዘዝደርበየልና ቦምባታት ኣልዒልና ንከላኸል ነበርና። ካብ'ቶም ሸውዓተ ኣርባዕተ ጥራይ ተሪፍና ካልኦት ተሰውኡ። ብየማነ ጸጋም ኣብ ጕዳጕድና ኣትዮም ክሳብ ዝሕዙና መከትና። ምስ ሓዙና ዘዝመጹ ወተሃደራት እናነደሩ ክቐትሉና ምስ ደለዩ ሓደ

ጀነራል ምስ ታንክ መጺኡ ኣብ'ታ ታንኩ ሓቢኡ ቃኘው (ናይ ሕጂ መዓስከር ደንደን) ኣእተወና። ካብኡ ናብ ቤት-ማእሰርቲ ሰምበል ካሜራ ቁ 12 ኣተና። ካብትን ካብትን ዘተማረኹ ኣስታት 40 ተጋደልቲ ኣብኡ ኣከቡና።

"ካሜራ ቁ.12 ናይ ጽሉላት ቦታ'ዩ። ኣብኡ ኣዚዮም ዝተበሳበሱ ሰለስተ ጽሉላት ጸንሑና። ጠሚና ስለ ዝነበርና ሓደ ኩምራ ኮረሾ ረኺብና ካብኡ ቀመስና። ምስ ጠዓምናዮ ግን እቶም ጽሉላት ሓሪኦም መዓኮሮም ዝሓበስሉ እኩብ ኮረሾ ምዃኑ ፈሊጥና። ኣብ ሰምበል ኣብ ካልኣት ካሜራታት ዝነበሩ እሱራትን ናይ'ቲ ቦታ ሰራሕተኛታትን ብምስጢር ተራኺቦና። ኣጆኹም ዝብል መቓልሕ በብኩርናዕ ኣስምዑና። መግቢ፡ መድሃኒትን ካልእ ዘድሊ ነገራትን እገለ ሰዲዱዎ ዘይብሃል ክውሕዘና ጀመረ። ንሕና'ውን ሞራልና ክብ ኣቢልና ተወዳዲብና ጥርናፈና ኣረጋገጽና። ብኡ ንብኡ ትምህርትናን ጉስጓስናን ጀመርና። ናይ ሜዳ ምዕባሌታት ብስሩዕ ንቕበል ነበርና። ኩነታትና በብግዜኡ ብጸብጻብ መልክዕ ነመሓላልፍ።

"ከምኡ ኢልና እናነበርና፡ ጸላኢ ኣብ ዒላ-በርዕድ ብርቱዕ ክሳራ ድሕሪ ምስካሙ፡ ሓደ ዘገርም ነገር ኣጋጠመና። ኣነ፡ በረኸት ማንጁስ፡ ኪዳነ (ቀራይ)ን ዓብደላን ብፍሉይ ተጸዊዕና ኣብ ሓንቲ ዕፍንቲ ማኪና ኣእተዉና። ሓርዮም ክቐትሉና ዝደለዩ መሲሉና፡ ኩሉ መሰዋእቲ'ዩ ኢልና፡ እናሓሰብና ናብ ግቢ (ቤተ-መንግስቲ) ወሰዱና። ኣብ'ቲ እሱራት ዝርከቡሉ (እንዳፍራስ) ኣውሪዶም ናብ ሓደ ግሩም ቤት-ጽሕፈት ኣእተዉና። ኣብኡ ሓደ ግርማ ዘለዎ ናይ ጀነራል ክዳን ዝለበሰ፡ ኣብ ኤርትራ ምኩር ተዋጋኣይ ምዃኑ ዝገለጸልና ሰብ ጸንሓና። እቲ ዘገርም ኣብ ክንዲ ምጉብዕባዕን ምፍርራሕን "ኣጆኹም! ኣይትፍርሑ፡ ዘጋጥመኩም ጸገም ኣይክህሉን'ዩ። ንስኻትኩም ከም ተዋጋእቲ ግቡእኩም ዝፈጸምኩም ኢኹም!" እናበለ ከተባብዓና ጀመረ። መን ኮይኑ፡ ንምንታይ የተባብዓና ኔሩ፡ ፍጹም ክርድኣና ኣይከኣለን። ክሳብ ሎሚ እዚ ፍሉይ ኣጋጣሚ'ዚ ከመይ'ሉ ክኸውን ከምዝኸኣለ ክርድኣና ኣይከኣለን።

"ድሕሪ ነዊሕ እዋን ግን ሃንደበታዊ ጉዳይ ወረደና።

"ነቶም ዝነበርና ምሩኻት ተጋደልቲ ካብ ካሜራና ኣውጺኦም ንኹሉና ብገመድ ኣሰሩና። ሸው ኣብ ማኪና ጽዒኖም ኣበገሱና። ሓለዋና ሓንቲ ምሉእ ዕጥቂ ዝነበራ ጋንታ ወተሃደራት ኣብ'ታ ማኪና ተሰቒለት። ብቕድሚናን ድሕሬናን ታንክታት ኣሰንየናና። ኣብ ሓደ በረኻ ወሲዶም

ክቐትሉና እናተጸበና ጉዕዞና ናብ መዓርፎ ነፈርቲ ኣስመራ ኣምርሐ። መደንጸ'ዩ ኔሩ። ኣብ መዓርፎ ነፈርቲ መቕተሊ ከምዘሎ ኣይገመትናን። ኣብኡ ምስ በጻሕና ንሕናን ሓላዊትና ጋንታን ካብ'ታ ማኪና ወረድና። ኣብ ቅድሜና ናይ ጽዕነት ኣንቶኖቭ ዝዓይነታ ነፋሪት ነበረት። መሊሱ ደንጸወና። ኣብ'ታ ነፋሪት ምስ ሓለዋና ኣደየቡና።

"እታ ኣንቶኖቭ ድሕሪ ናይ ኣስታት ሓደ ሰዓት በረራ ኣዲስ ኣበባ ኣብጽሓትና። ካብ መዓርፎ ነፈርቲ ቦሌ (ኣዲስ ኣበባ) ከም'ታ ካብ ሰምበል ዘበገሱና ኣብ ወተሃደራዊት ማኪና ጽዒኖም ናብ'ቲ ዕሉል ቤት-ማእሰርቲ ኣለምበቃኝ ኣብጽሑና።

"ኣብ ኣለምበቃኝ፡ ኣብ'ቲ ማእከሉ ዝርከብ ሰጣሕ ከፋት ቦታ ብዘይመጽለሊ ደርበዩና። እቲ ቦታ ብመዓት ርስሓትን ደገ ሰብን ዝበሰበሰ'ዩ። ጽሉላት ጥራይ ነብሶም ዝነበሩ ክንዳና ዝብዝሖም ጸንሑና። ሳላ'ቲ ፍቱን ተመክሮ ናይ ሜዳ፡ ድስፕሊን፡ ጥርናፈ፡ ሞራልን ንቕሓትን ተወዲብና ሰፈርና ኣጽሪና ኣዕረፍና። ንግሆ ንግሆ ተሲእና ጽሬት ናይ'ቲ መላእ ቦታ ተተሓሓዝናዮ። ብዝረኸብናዮ ጨርቀ-መርቂ መጽለሊና ኣዳለና። ነቶም ጽሉላት ኣኪብና ንሓጽቦም፡ ብግቡእ ከምዝምገቡ፡ ጥዕናኦም ከምዝሕሎ ምግባር ስራሕና ኢልና ሓዝናዮ። ደሓን ይእተዉ ጽሉላት ድማ ዝምእዘዙና ኮኑ። ሽዑ ወቕቲ ዝናብ ስለ ዝነበረ ማይ ዳርጋ ኣብ ዝባንና ኢዩ ዝጽሐ። ኣብ'ቲ ቦታ ፍሉጣት ቀተልቲ ሰብ ንሰብ እናፈራርሐ ዝነብሩ ነበሩ። ብፍላይ ሓደ ክንዲ ዓጭቀል ዝኸውን ግርማይ ጃክ ዝብሃል ቀታል ሰብ ናይ በይኑ ቴንዳ ገቲሩ ኣብኡ ይነብር። ኩሉ ሰብ ዝፈርሖ ድላዩ ዝገብር ዕሉል ገበነኛ'ዩ። ሓደ መዓልቲ ብርቱዕ ማይ ሃሪሙ ገለ ካብ ብጾትና ከዕቅሉ ብደገ ንቴንዳኡ ተጸግዑዎ። እቲ ተፈራሒ ግርማይ ጃክ፡ 'መን'ዩ ቴንዳይ ዝተንከፈ!' ኢሉ እናጓረረ ተቐልቀለ። ግርማይ ጃክ ተላዒሉ ኢሎም ዝገብሮ ክርእዩ ብዙሓት ዕጉግ በሉ። ብጾትና ብናይ ግርማይ ጃክ ምጉብዕባዕ ከይተዳህሉ መሊሶም ኣጓጠጡሉ። ከም'ዚ ዓይነት ድፍረት ኣጋጢሙዎ ዘይፈልጥ ግርማይ ጃክ ብኡ ንብኡ ተዳህለ። ኣብ'ቲ መላእ ቤት-ማእሰርቲ እዚ ፍጻሜ'ዚ ተወርየ። ንግርማይ ጃክ ዝድህሉ ፍጡራት ተጋደልቲ ኤርትራ ምምጽኦም ዓቢ ዝና ኾነ። ነቶም ጽሉላት ዳስ ሰሪሕናሎም መዕቆቢ ረኸቡ። ከባቢና ኣጽሪና፡ ናይ ካልኦት ሕማቕ ርኢና ክነጽርየሎምን ክነተዓራርየሎምን ጀመርና። ኣብኡ ዝጸንሑ እሱራት ናይ ኢፒኣርፒ፡ ወያኔ፡ ኦሮሞ ከምኡ'ውን ናይ እንዳ ጃንሆይ (ስርዓት

ሃይለስላሴ) ሞራሎም ውዱቕ፡ ገዛውቶም መናድቑ ዝተፈናኸሐ፡ ፍርናኻቶም ጠስጢሱ መዓት ባልዕ ዝወረሩዎ፡ ነብሶም ዘይከናኸኑ ጨጕርጕር ዝበሉ ኮይኖም'ዮም ጸኒሖምና። ባዕልና ወፈራ ብምክያድ ጽሬትን ምትዕርራይን ኣተኣታተናሎም። ጽባሕ ንንመውት ኢሎም ነብሶም ኣውዲቐም። ንሕና ግን ዋላ ንሓንቲ መዓልቲ ትኹን ነብሰ-ምክንኻንን ሞራልን ክህሉ ኣለዎ ብምባል ኣጕሳጕስናዮም ተዓወትና። በዚ ዝኣክል ክቡር ምሕዝነትን ዝተበራበረ ንጥፈታትን ፈጢርና።

"ብኡ ንብኡ፡ በዓል በየነ ሃይለማርያም፡ ኪዳነ ተስፋይ፡ ገረዝጊሄር ጋይም፡ ያቀብ ምስግና ዘለዉዎም ወከልቲ መሪጽና ተወዲብናን ተጠርኒፍናን ፖለቲካዊ ዕላማና፡ ትምህርትናን ንባባትናን ቀጸልና። ኣብ'ቲ ማሕበረ-ሰብ እሱር (ብገበን፡ ብፖለቲካን ካልእን ዝተኣሰሩ ኢትዮጵያውያንን ኤርትራውያንን) ዓቢ ክብሪን ሕውነትን ረኺብና። ኣብ'ቲ ቦታ ብሓይሎም ዝሰርቁ ኤሮም'ዮም። ሓደ መዓልቲ ሓደ ካብ'ዚኦም ካብ ብጾትና ንብረት ሰሪቑ ሒዝና ቀጥቂጥና ንብረትና መለስና። ካብኡ ንንየው ንብረት ሻዕብያ (ምሩኻትን ውፉያትን) ወዲቓ ዘልዕላ ኣይነበረን። ርክብ ምስ'ቶም ናይ ኢፒኣርፒ፡ ኦሮሞ፡ ወያኔ፡ እንዳ ጃንሆይ ብርቱዕ ፖለቲካዊ ምጕት ዘሰንዮ ምሕዝነት ይሕዝ ነበረ። ኣብኡ ዝኣቶና እሱራት ኤርትራውያን ዝተማህረን ዘይተማህረን ዕላምኡ ዘይፈልጥን ነብሱ ዘይገልጽን ኣይነበረናን። ታሪኹ ፈሊጡ ታሪኽ ናይ 3000 ዓመታት ጽውጽዋይ ኢትዮጵያ ቦታ ከምዘይብሉ ኣብ ብዙሓት ኢትዮጵያውያን ከምዝሰርጽ ገበርና።

"ኣብ ኣለምበቃኝ እትው ምስ በልና ብኡ ንብኡ ዝጸንሑ ውፉያት ኤርትራውያን እሱራት ምሳና ርክብ መስረቱ። በዓል ኣብርሀ ብእምነት፡ ኢንጂኔር ኣብርሃም ወልደሚካኤል፡ ገብሩ ተስጋፋብር፡ መምህር ገብረሚካኤል እስቲፋኖስ፡ ሃይሉ ንጉስ፡ በብመንገዶም ተራኺቦምና ዘድሊ ምትሕብባር ገበሩልና። ኮበርታታት፡ መንጸፋት፡ መግብታት፡ መድሃኒት ንውጉኣትን ሕሙማትን ክውሕዘና ጀመረ። ከምኡ'ውን ምሉእ ሓበሬታ ብዛዕባ ምዕባሌ ቃልስና ኣብ ሜዳን ኣብ ውሽጥን ንረክብ ነበርና። ቀስ ብቐስ ኣብ'ቲ መሪር መዓር፡ ኣብ'ቲ ጸልማት ብርሃን ክንቀስም ጀመርና። ኩልና ኤርትራውያን እሱራት ልክዕ ከም'ታ ናይ ሜዳ መራሕን ተመራሕን ዘይፈላለየሉ፡ ዝተረኽበ ጸገም ብሓባር፡ እትረኽቦ ሽሻይ ብሓባር፡ ንጽጉማትን ሽጉራትን ሓልዮትን ክንክንን፡ ዝጸንከረ እንተጸንከረ ጽንዓት፡ ንጸላኢ ኢድካ ዘይምሃብ እናዘውተርና ንነብር። ኣብኡ ንዝነበሩ ኢትዮጵያውያን

ተሰፋን ኣብነትን ኈንና ነባሪ ክበሃል ዝከኣል ምሕዝነት ኣጥሪና። ብሓጺሩ ነጸብራቕ ሃገራዊን ውድባዊን ዕላማና ኣብኡ ክቡር፡ ቅቡልን ርዱእን ቦታ ክረክብ ከኣለ።

"ካብ ደገ ዝመጸና ናይ መግቢ፡ ክዳን፡ መድሃኒት እገለ ንእገሌ ልኢኹዎ ከይተባህለ ማእለያ ዘይብሎም ኤርትራውያን ይልእኩልና። ብዘይኣፈላላይ ኣብ ኩልና ከምዝበጽሕ ይግበር። ብምስጢር ተወዲብና ሓበሬታታት ተቐቢልና ኣብ ኩሉና ከምዝበጽሕ ይግበር። ከምኡ'ውን ብወገንና ጽሑይን ስሩዕን ጸብጻባት ናብ'ቶም ብምስጢር ኣብ ከተማ ዝተወደቡ ንልእኽ።

"እቶም ናይ ሜዳ ተመክሮ ዝነበረናን ናይ ከተማ ውፉያትን ተመክሮታትና ኣወሃሂድና ጽኑዕ ምትእስሳር ነበረና። እቶም ሜዳ ዘይረኣዩ፡ ኣሕ ኣብ ሜዳ ወጺና ግቡእና ከይፈጸምና ክብሉ፡ ንሕና ድማ ዝዓዘዘ ተወፋይነት ዝፈጸሙ ምዃኖም ክነእምን፡ ተደናጋጽን ውሁድን መንፈስ ፈጠርና። ብናይ ሓባር ቅልጽም ኣብ'ቲ ናይ ጸላኢ ቤት-ማእሰርቲ ምቁር ናይ መኸተ ህይወት ኣሕለፍና። ጸላእትና ነዚ ቅልጽም'ዚ ከዳኽሙ ህርድግ'ኳ እንተበሉ ጸኒዕና መኪትናዮ። ቅድሚና ዝነበሩ ዝተቐትሉ ውፉያት ዝና ኣጽኒሖምልና ኢዮም። ንጸላኢ ካብ ምምስሳልን ዕላማኻ ኣብ ዋጋ ዕዳጋ ካብ ምእታውን መስዋእቲ ከምዝምረጽ ኣስሪጾም ሓሊፎም'ዮም። መስዋእቲ ትምህርቲ ጽንዓት ምዃና፡ ኣይኮነን ንዓና ነቶም ኢትዮጵያውያን እሱራት'ውን ዝጸለወ ዝና'ዮም ኣጽኒሖምልና።"

ብርዕታት

ቢሮክራሲ ናይ ከተማ ስርሑ ካብ ዝጅምር ንዝፈልጡዎን ዘይፈልጡዎን በሃር'ዩ ኮይኑ። እቶም ብቐጥታ ዝፈለጡዎ ኣድኒቖም ኣይጸግቡዎን'ዮም። እቶም ብወረ ዝፈልጡዎ ድማ ከም ደቂ ሕድርትና ዘይድህሰስ ግኒ ኮይኑ ግዳ ሃለዋቱን ተግባራቱን ዝናኡን ዝተረጋገጸ ጌሮም'ዮም ዝርእይዎ ኔሮም። ካብ'ዚ ዝነቐለ ድማ ብዛዕባኡ ክጽሕፉ ዝተበገሳ ብርዕታት ኔረን'የን። ኣውራ ግን "ኦሮማይ" እትብል ብበዓሉ ግርማ ብኣምሓርኛ ዝተደርሰት መጽሓፍ ውላድ በሃርነት ቢሮክራሲ'ያ።

ቢሮክራሲ ብጸጥታ ደርጊ ተሃዲኑ ኣብ ድሬዳዋ እንከሎ፡ ቅድሚ ቊሩብ መዓልታት ምትሓዙ፡ ኣብ ኣዲስ ኣበባ ንብጻዩ ገብረሂወት ተኸለ ምስ ሓዙ፡

ምስጢራዊ ሰነዳት ኣብ'ታ ምስጢራዊት ቤት-ሕጽቦኦም ተረኺቡ ነበረ። እቲ ቀንዲን ተነቃፍን ሓበሬታ ካብ ገብረሂወት ወይ ቢሮክራሲ ዘይኮነ ካብ'ዚ ሰነዳት'ዚ ተረኺቡ። ገለ ካብ'ቲ ሰነድ፡ ውጥን ወራር ቀይሕ ኮኾብ (ሻድሻይ ወራር) ብዝርዝር ዘርኢ ነበረ። እቲ ሓበሬታ ሻምበል መብራህቱ ኣበበን ተስፋማርያም ጸጋይን ብዝተባህሉ መሳርሕቲ ቢሮክራሲ ተጻሒፉ ዝቐረበ'ዩ ኔሩ። ማእለያ ዘይብሉ ዕጥቂ፡ ሰራዊት፡ ነፈርትን ታንክታትን ርእዮም ህዝባዊ ግንባር ኣብ ንቡር ግጥም ከይህሰ ብምሕላይ፡ ዓቕሊ-ጽበታዊ ስርሒታት ብምፍጻም እቲ ወራር እንተተገጥመ ኢሎም እዚ ዝስዕብ ወተሃደራዊ ምኽሪ ጽሒፎም ኣብ'ቲ ዝተታሕዘ ሰነድ ተረኺቡ፣ ከፊላዊ ትሕዝቶኡ እንሆ፡-

ገለ ቦታታት ብፈንጂ ምሕጻር፡- ኣብ መራኸቢታት፡ እምዳዳት፡ ማዕከን ናፓልምን ብነብሰ-ቅትለታዊ ስርሒት ምጥቃዕ፤ ኣቓዲምካ መዳኸሚ መጥቃዕትታት ምፍጻም፤ ናይ እዚ ቦታታት ብነብሰ-ቅትለታዊ መጥቃዕቲ ምድምሳስ፤ ነቲ ውጥን ወራር ዝፈልጡዎ ውሱናት ሳዕለዎት ሓለፍቲ ስለ ዝኾኑ ነዚኦም ብምቕንጻል ወራር ክመክን ይኽእል...።

እዚ ትሕዝቶ'ዚ በዓሉ ግርማ ፈሊጡዎ ክኸውን ኣለዎ። እዚ ዝተገልጸ ወታሃደራዊ ለበዋ "ኦሮማይ" ማለት ደጊም ንቡር ገድላዊ ሃለዋት ኣብቂዑ ዝብል ስምዒት ዝደረኾ ምዃኑ ግሉጽ'ዩ። ስለዚ ድማ "ኦሮማይ" ዝብሃል ዓቕሊጽበታዊ ውጥን ምህላዉ በዓሉ ግርማ ከም መርትዖ ወሲዱ፡ ኣርእስቲ መጽሓፉ ጌሩ ኣሰፊሩዎ። እቲ ነዚ ሓሳብ'ዚ መራጕዲ ዝኸውን ስውርነት ናይ ቢሮክራሲ'ዩ። ቢሮክራሲ ብዙሕ መንነት፡ ኣሰማትን መልክዕን ዘለዎ ብቐሊሉ ሃለዋቱ ዘይፍለጥ፡ ዓርክኻ፡ ጐረቤትካን መሳርሕትኻን፡ ሓላፊኻ ክሳብ ክኸውን ዝኽእል ፍጡር ምዃኑ ይገልጾ። እቲ ዝዓበየ ስግኣት ናይ ቢሮክራሲ መርበብ ከብቅዕ ምዃኑ፡ ኣብ ድሬዳዋ ክተሓዝ ምዃኑ ኣብ'ቲ መጽሓፍ ይጠቅስ። ግዳ ሻዕብያ ኩሉ ውሽጥን-ውሻጠን ዝፈልጠሉ ስልኩታት ክህልዎ ከምዝኽእል፡ እቲ ናይ ኦሮማይ ውጥን ድማ በዚ መርበብ'ዚ ኣቢሉ (ስእላይ ካብ ሻዕብያ ዝሰለመ ሓላፊ) ክትግበር ከምዝኽእል ይእምት በዓሉ።

ተልእኾ ናይ'ቲ መጽሓፍ እምበኣር ነዚ ናይ ኦሮማይ ሓደጋ ንምቕጻይ ንሱ በዓሉ ግርማ፡ ተራ ብዝጻወትሉ መንገዲ ዕቱብ ስለያዊ ስራሕ ንምፍጻም ዝእምት'ዩ። ብናቱን ካልኦት መኮንናት ስለያን ኣበርክቶ

ውጥን ኦሮማይን ካልእ ስለያዊ መርበብን (እንኮላይ ናይ ቢሮክራሲ) እቲ ወዳቢን ኣካያዲን ውጥን (ስእላይ) ይተሓዝ። እዚ ብመልክዕ ልብ-ወለድ ዝተገልጸ'ኳ እንተኾነ እቶም ተዋሳእቲ መን ምዃኖም ዳርጋ ብሩህ'ዩ። ብሓጺሩ ናይ ማእከላዊ ስልጣን ተኣመንቲ ከም ናይ ቢሮክራሲ መርበብ ዘካይዱ ከይህልዉ ዘጠንቅቕ ዛንታ'ዩ።

እቲ መጽሓፍ ነዚ ከርሲ መልእኽቲ ዘህስስ ዝመስል ዛንታታት ምቅርራብ ሻድሻይ ወራር፡ ሓለፍቱን ፍልማዊ ወተሃደራዊ ግጥማት ናቕፋን ኣብዚሑ የዕልል'ዩ። በዓሉ ግርማ ብሉጽ ጸሓፊ ስለ ዝኾነ ኣብ ዘልዓሎ ኣርእስቲ መሳጢ ተዋስኦታት የርእየና'ዩ። ብዛዕባ ምትሓዝ ቢሮክራሲን ኣብ ሰነዳቱ ዝጸንሐ ውጥን ኦሮማይ ዝመስል ትሕዝቶታትን ከይፈለጠ ዝጸንሐ ኣንባቢ እዚ ዝተጠቕሰ ተልእኾ ከምዘለዎ ከየስተብህል ይኽእል'ዩ። ይኹን'ምበር፡ ነዚ ምስ ምትሓዝ ቢሮክራሲ ዝተታሕዘ ሰነዳትን ካልእ ሓበሬታታትን እንተደኣ ዘኪርና መልእኽቲ እቲ መጽሓፍ ንሱ ምዃኑ ኣንዳዕዲዕና ክንጠቅስ ንኽእል።

ተራን መንነትን በዓሉ ግርማ ምስ እንምልከት'ውን መልእኽቲ መጽሓፍ ኦሮማይ ካብ ቢሮክራሲ ዝመስል ስውር መርበብ ንጠንቀቕ፡ ምዃኑ ዝያዳ ይበርህ። በዓሉ ግርማ ሓደ ካብ'ቶም በርቂታት ኢትዮጵያውን መንእሰያት ናይ 1960ታት'ዩ። ኣብ ጀነራል ዊንጌት ዝተባህለ ብሉጽ ቤት-ትምህርቲ ተማሂሩ። ኣብ ዩኒቨርስቲ ኣዲስ ኣበባ ብዲግሪ ተመሪቑ፡ ብናይ ማስትሬት ዲግሪ (ጋዜጠኝነት) ኣብ ኣሜሪካ ተመሪቑ ናይ'ቲ ኣንጻር ዘውዳዊ ስርዓት ሃይለስላሴ ዝነበረ ዉዕውዕ ተቓውሞታት ደጋፊ'ዩ ኔሩ። ምስ ምምጻእ ደርጊ በዓሉ እቲ ዝምነዮ ዝነበረ ሱር-ቡተኽ ለውጢ መሪሕነት መንግስቱ ሃይለማርያም ከምዝተረኽበ ብምእማን ደጋፊኡ ነበረ። ከምኡ ጥራይ ዘይኮነ ትኩርን ንቑሕን ብምንባሩ ምስ ናይ ስለያ ሓለፍቲ ምምኽኻርን ምትሕብባርን ኔሩዎ'ዩ። ከምኡ ስለ ዝነበረ'ዩ ናይ ቢሮክራሲ ሰነዳት ምስ ተታሕዘ ክፈልጦን ክጥቀመሉን ዝኽኣለ። (ነዚ ሓቂ'ዚ ኣብ'ዘን ዝስዕባ መጻሕፍቲ ተንጸባሪቑ ይርከብ፦ (1) የሌ.ኮ መንግስቱ ሃይለማርያም ትዝታዎች፡ ብገነት ኣየለ ኣንበሴ 1994 ሚጋ ኣሳታሚዎች፡ ኣዲስ ኣበባ (2) ሬድቴርስ፡ ብዳዊት ወልደጊዮርጊስ፡ 1989 ሬድሲፕረስ (3) ብላክ ላየንስ፡ ብረይዶልፍ ከይ.ሞልቫኢር፡ 1997 ሬድሲፕረስ)።

በሃርነት ቢሮክራሲ ንኻልእ ብርዒ'ውን ኣበጊሳ'ያ። ኣሰፋው ገረዝጊሄር

ዕባይ ኣባሻውል ወደስመራ ኢዩ። ናይ ሕክምና ስልጠና ወሲዱ ቀልጢፉ ስድርኡ ክኣሊ ኣብ መፋርቕ 1970ታት ስራሕተኛ ሆስፒታል መካነ-ህይወት (ሸዑ እተጌመነን) ኮይኑ። ቢሮክራሲ ተጋዳላይ ምንባሩ ከይፈለጠ ከም ሓደ ነጋዳይ ንሓንቲ ዓርኩ ዝመሰለቶ (ውፍይቲ) ሕክምና ይምህረሉ ኔሩ። ኣብ 1981 ብጸላኢ ተኣሲሩ ንቢሮክራሲ ድማ ኣብ 1982 ኣብ ቤት-ማእሰርቲ ሰምበል ዳግማይ ይረኽቦ። እቲ ተራ ነጋዳይ ዝመሰሎ ካልእ ምዃኑ ኣብ መሳጢን ኣገራሚን ዕላላት ቢሮክራሲ ፈለጠ። እዚ ዕላላት'ዚ ንመምህር ገብርኤል በየነ ድሕሪ ናጽነት ይደግመሎም። ካብ'ዚ ብምንቃል "ቢሮክራሲ" እትብል መጽሓፍ (1999፡ ቤት ማሕተም ኤደን ኣስመራ) መምህር ገብርኤል ይደርሱ። ኣብ'ታ መጽሓፍ ኣዚዩ ውሱን ሓበሬታ'ዩ ዝንጸባረቕ። ማና ትበሃል መሳርሕቲ ቢሮክራሲ ከምዝነበረት፡ ተኣሲራ ከም ዝተቐጥቀጠት፡ ገብረሂወት ተኽለ ብጻይ ቢሮክራሲ ኣቐዲሙ ከምዝተታሕዘ፡ ቢሮክራሲ ኣብ ድሬዳዋ ከምዝተታሕዘ ዝኣመሰሉ ውሱናት ሓበሬታታት።

ከም'ቲ በዓሉ ግርማ፡ ውጥን ኦሮማይ ዝመስል ዘይብሱል ወተሃደራዊ ለበዋ፡ ርእዩ መጽሓፍ ዝደረሰ ብዝመስል ኣገባብ፡ መምህር ገብርኤል ተመሳሳሊ ፈተነ ብምግባር'ዮም ልብ-ወለድን ሓቅን ኣምሲሎም ጽሒፎማ። ብሓጺሩ ኣሰር "ኦሮማይ" ዝተኸተለት መጽሓፍ ኮይና፡ ክእለት ናይ በዓሉ ግርማ ይጐድላ።

ካልእ ኣዚያ ትስፍውቲ መጽሓፍ "ምስጢር" ዘርእስታ ብገረዝጊሄር ጋይም ብመልክዕ ልብ-ወለድ ዝተጻሕፈት'ያ። ገረዝጊሄር ናይ ከተማ ቃልስን ተቓለስቱን ኣፍልጦ ከምዝነበሮ እታ ልብ-ወለድ ተመልክት'ያ። በሃርነት ቢሮክራሲ ከምዝጸልዋ ድማ ንቢሮክራሲ መስፍን ብምባል፡ ንገብረሂወት ተኽለ ድማ ፍረሽ (ሓንቲ ካብ'ተን ሓቀኛ ናይ ምስጢር ስሙ) እናበለት ተዘንትወሎም። ቀንዲ ተልእኾኣ ኣብ'ቶም ኣረውሕ ተቓለስቲ ዝነበሩ ናይ ባህሪ ምስሕሓብ'ያ ተመልክት። ቀስ ኢልካ እቶም ብልብ-ወለዳዊ ስም ዝጥቀሱ ቢሮክራሲ፡ ገብረሂወት ተኽለ፡ ክብሮም ወዲ-ቡላ፡ ኣለም መክብብን ካልኦትን ምዃኖም ምርዳእ ይከኣል'ዩ። መጽሓፍ "ምስጢር" ጽብቕቲ ሰነድ ቃልሲ ከተማታት ምኾነት፡ ግዳ ብመልክዕ ልብ-ወለድ ስለዝተጻሕፈት ንታሪኽ ጀጋኑ ኣብ ድነ ገዲፋቶ።

ብሓፈሻ ቃልሲ ከተማታት ኣዝዩ ዘደንጽዩ ዛንታታት ዘለዎ'ዩ። እዚ

ንባህጊ ዘለዎም ጸሓፍቲ ዘወናውን ተርእዮ'ዩ። ዋላ'ኳ ብዛዕባ ፍሉያት ፍሉጣት ሰባት እንተዘይአዘንተዋ፣ ክልተ ካልኦት ልብ-ወለዳዊ መልክዕ ዝሓዛ መጻሕፍቲ ተደሪሰን'የን። ሓንቲ ክሳብ ብፊልም ደረጃ ዝተቓልሐት (ባሩድ 77) ብተመስገን ትኩእ ዝተደርሰት፣ "ደሓን ኰኒ እንዳፍራሰ" እትብል ብዛዕባ ብስርሒት ውፉያት እሱራት ምውጻእን ህይወት ቤት-ማእሰርትን እትገልጽ'ያ። ሓንቲ ካብ'ተን ስርሒት ውፉያት እንታይ ተኣምር ክሰርሕ ከምዝኽእል ዘርኢያ መጽሓፍ'ያ። ሓንቲ ካልእ መጽሓፍ ብትግርኛን ኣምሓርኛን ዝተሓትመት፣ "የኣስመራው ተልእኮ" እትብል ብብርሃነ ኪዳነ (ጃሌ) ዝተደርሰት ኣላ። ናይ ኣየናይ ውድብ ምንባሩ ዘይተብርሀ ናይ ሓደ ጅግና ፈዳይን ምክትታል ንሓደ ዕሉል ሰላዪ ኢትዮጵያ ኢያ ተርኢ። ተወራራሲ ተመክሮታት ተቓለስቲ ከተማታት ተርኢ ስለዘኾነት ጠቓሚት መወከሲት'ያ።

"ኤርትራውያን ኮማንዶ" እትብል ብስልትን ጽፍፍትን መጽሓፍ ንቓልሲ ከተማ ብመጠኑ ተብርህ። ካብ ሜዳ ብዛዕባ ኣትዮም ታሪኻዊ ዓወት ዝፈጸሙ ኮማንዶ ስለእተተኩር ግና ኣብ ቃልሲ ከተማ ዘለዋ ኣድህቦ ድሩት'ዩ። "ካብ ሪቕ ሕፍንቲ" እትብል ብተኪኤ በየነ ዝተደርሰት መጽሓፍ ግን ናይ መጀመርታ ፈተነ ብዛዕባ ዛንታ ቃልሲ ከተማ ብምኳና ብቐዳምነት ትምስገን። ተኪኤ በየነ ዝነበሮ ውልቃዊ ተመኩሮ ምርኩስ ዝገበረት ብምኳና ብገፊሕ ክተቕርቦ ትጽቢት ክግበረላ ግን ኣይከኣልን'ዩ።

ሓንቲ ክትጉሰ ዘይግብኣ ቅድሚ ኩለን ዝቐረበት "ደቂ ኣራዊት" እትብል ብዳዊት ፍስሃየ (ወዲ ፖሊስ) ዝተጻሕፈት መጽሓፍ'ውን ኣብ ታሪኽ ቃልሲ ከተማ ኣበርክቶ ኣለዋ። ብቐሊሉ ዘይርከብ ገለ ሓቅታት መወከሲት ትበቅዕ'ያ። ንኣብነት ኣመሰራርታ መሓውራት ቃልሲ ከተማ ኣብኡ ይርከብ።

ኣብ ሓዳስ ኤርትራ በብዓመቱን በብግዚኡን ዝመጽእ ዛንታታት ቃልሲ ከተማ ዝምስገን ምኳኑ ከይተጠቕሰ ክሕለፍ ኣይግባእን።

እዛ ብስም ቢሮክራሲ ትቐርብ ዘላ መጽሓፍ ከም'ዘን ዝተጠቕሳ ብርዕታት ኣበርክቶ ክህልዋ ተስፋይ ወሰን የብሉን።

ተረኽቲ

እዞም ስዒቦም ኣስማቶም ዝዝርዝር ነዚ ታሪኽ'ዚ መሰረት ዝኾነ ሓበሬታ ብኸፋት ቃለመጠይቕ ዘበርከቱ ሰባት'ዮም። ኩሎም ይንኣስ ይዕበ ኣብ'ቲ ውፉይ ገድሊ ከተማ እጃም ዝተጻወቱ'ዮም። እዚ መጽሓፍ ኪኖ ኣርእስቱ ናቶምን ናይ ብዙሓት ዘዘንትውሎምን ውፉያት መጽሓፍ'ዩ። ንኽብሪ ኣበርክቶኦም ድማ ኣስማቶም ብዝርዝር ክሰፍር ተመሪጹ። ናይ ነፍሰ-ወከፎም መለለዪ ሓበሬታ ክልቀቦ ዝግባእ'ኳ እንተኾነ ሰፊሕ ስለዝኸውን ብኮም ተመቒሎም ገለ መዘከሪኦም ንምርኣይ ሰፊሮም ኣለዉ።

ኣባላት ስድራቤትን ቀረብን ቢሮክራሲ

1. ኣልማዝ ተወልደመድህን(ቸስ) - ሓብቲ ቢሮክራሲ-ምዕባዩ
2. ኣስካለ ተወልደመድህን - ሓብቲ ቢሮክራሲ-ምዕባይ ምዕባዩ
3. ሙሉጌታ ተወልደመድህን - ሓው ቢሮክራሲ-ምንኣሱ
4. ጸጋይ ተወልደመድህን - ሓው ቢሮክራስ-ምንኣስ ምንኣሱ
5. ፍቓዱ ተወልደመድህን - ሓው ቢሮክራሲ-ምንኣስ ምንኣስ ምንኣሱ
6. ኪሮስ ወልደስላሴ - በዓል ቤት ኣስካለ
7. ብርሃነ ተስፋማርያም - ወዲ ሓዎቦ ቢሮክራሲ
8. ክፍለማርያም ኣብርሃ - ሓሙት ዓባይ ሓፍቱ ሂወት ተወልደመድህን
9. ኣርኣያ ወረሶም - ኣኮ ቢሮክራሲ
10. ርሻን ወልደሩፋኤል - ኣደ ኣፍቃሪት ቢሮክራሲ
11. ፍረወይኒ ገብረስላሴ - ኣፍቃሪት ቢሮክራሲ
12. ምሕረት ተኪኤ - ዘመድ ቢሮክራሲ
13. ሰመረ ሃብተሚካኤል - ናይ ልምዲ ቤተ-ሰብ

ኣካየድቲ ገድሊ ከተማን ተመሳሰልቲን

14. ፍስሃየ ሃይለ - ኣፍሮ
15. መብራህቱ ተኽለኣብ - ሻይናክ
16. ደሱ ተስፋጼን
17. የማነ ዓንደማርያም - ሶኩሎሽ

18. ዓብደልቃድር ሓጅ ዓሊ - ወዲ ሓጂ
19. በረኸት ጠዓመ - ናፍያ
20. የማነ ገብረመስቀል - ጕብየ
21. ክብርኣብ ኪዳነ - ጠበቕ
22. ስእላይ ኣሰፋው - ባርያ
23. የማነ ቃልኣብ
24. ገብረሂወት ቀለታ
25. ጋይም ተኪኤ

መሳርሕቲ ኣብ ኣስመራ

26. ፍትዊ መስፍን - መሓመድ
27. ካሌብ ሰሎሞን
28. ኣሚር ኣዝመራ
29. ወልደማርያም ሃይለ - በዓል ጋራኘ
30. ብርሃነ ተኽስተ ገደ - ጁንጀሪዮ
31. ኢዮብ ተኽለማርያም
32. ብርሃነ ገብረማርያም
33. ቓስም ዓሊ ሸኽ ዑመር

ምንጪ ፍሉይ ሓበሬታ

34. ግርማይ ገብረመስቀል
35. ገረዝጊሄር ገብረመድህን ጭሩም - ገሬጀገም
36. ብርጋደር ጀነራል ከሰተብርሃን ገብረሂወት
37. ኤፍሬም መለስ
38. በላይ ኣርኣያ
39. ኣስመላሽ ኪዳነ ዑቕባዝጊ
40. ኣሰፋው በየነ ተኽሊት

"ፊናንሳ ዓይነይ" - ኣባላት ፊናንሳን ፖሊስን ነበር፡ መሳርሕቲ ኣስመራ

41. ቶምበሳ ገብረማርያም መንገሻ
42. ተኽለማርያም ገብረወልድ ተስፎም
43. ብርሃነ ተኽሉ ኢዮኣስ

44. ተኽለሚካኤል ርእሶም - ሻምበል ባሻ

ሌላ ቤት ማሕቡስ ሰምበል

45. መምህር እስቲፋኖስ ክፍሎም
46. ዓንዶም ግደ - ሞጎጎ
47. ክብሮም ባህታ - ሩስያ
48. ጎይትኦም ገብሩ ሓምዶ - ሻምበል ባሻ
49. ኣሰፋው ገረዝጊሄር - ነርስ
50. ውብት ሃብተ ተዓረ - ኣደ ምሩኻት
51. ዝማም ተኽለ ሃብተማርያም - ዱጓና
52. ኣብርሃም ገብረወልድ - መምህር

ቀለቤት ከተማን 06ን

53. ገብረመድህን ወልዳይ - ድርፎ
54. ተስፋጋብር ተወልደ - በዓል ካሮሳ
55. ቀሺ ተወልደ - እምባደርሆ
56. ተወልደ ዑቕባሚካኤል - ዓርጎሎ (ድርፎ)

ፍሉያት ደቀንስትዮ

57. ኣብርሀት ፍስሃ ደሞዝ - ሬድዮ ርክብ ኣዲስ ኣበባ
58. ሃና ዘርኣሃይማኖት - በዓልቲ ቤት የዉሃንስ ወልደሚካኤል
59. ኣበባ በርሀ - ቤት ትሕቲ ምድሪ ደፖዚቶ
60. መድህን ገብረመድህን ገብረሄት - ጓል ቡላ፡ ዓዲሓወሻ
61. ጉዐይ ኪዳነ ተኪኤ - ቤተ-ሰብ ጴጥሮስ መለስ
62. ግደይ ኪዳነ - በዓልቲ ቤት ዓንዶም ሞጎጎ
63. ሓዳስ ዘርኣይ - ኣደ ስእላይ ኣሰፋው ግርመ

ዓርከ-መሓዛ ቢሮክራሲ

64. ኣኽሊሉ ኣባይ - ዕላል ፓፕዮን
65. ሚኪኤል ተኽስተ - በዓል ዱኳን ገዛ ባንዳ

ርክባት ኣዲስ ኣበባ

66. ጽጌሬዳ ተወልደ መርእድ
67. እሙና ገብረሃዋርያት

68. ስላስ ገብረኪዳን መሓሪ - ድሬዳዋ
69. ኣስቴር ፍስሃየ ገብራት - ሓፍቲ ሓይሎም
70. ሓይሎም ፍስሃየ - ድሬዳዋ

ኣባላት ማእካሊ ኣካል ኣዲስ ኣበባ

71. ተኪኤ በየነ
72. መምህር ገብረሚካኤል እስቲፋኖስ - ጂሚ
73. ጽገ ሃብተማርያም

ቤት-ማእሰርቲ ኣለም በቃኝ ኣዲስ ኣበባ

74. ሃይሉ ንጉሰ
75. ሰንጋል ወልደትንሳኤ
76. ሰሎሞን ፍቓዱ ገብረስላሴ
77. ኣብርሃም ወልደሚካኤል - እንጂኔር
78. ገብረመድህን በኹሩ
79. ፍቓዱ ካሕሳይ
80. ገብረስላሴ ኣነንያ
81. ብርሃነ ገብረስላሴ
82. ገብረመስቀል ሃይሉ
83. ግርማይ ይሕደጎ
84. ግርማይ ገብረሚካኤል - ባህርዳር
85. ክፍለ ተሰፋማርያም
86. በርሀ ኣብርሃ ባህታ
87. ፍስሃየ ገብረስላሴ
88. ኣፈወርቂ ተወልደ ባህታ

መወከሲታት

ነዚ መጽሓፍ'ዚ ንምድራስ ኣብ ዝተገብረ ዳህሳስ ምንጪ ሓበሬታታት ኮይኖም ዘገልገሉ ብቐንዶም እቶም "ተረኽቲ" ኣብ ትሕቲ ዝብል ኣርእስቲ ቀሪቦም ዘለዉ ሰብ ቃለ-መጠይቕ ኢዮም። ዝያዳ ንምብራህ ግን ዝርዝር መወከሲታት ከም'ዚ ዝስዕብ'ዩ፦

(1) ዝርዝር ኣስማት ሰብ ቃለ-መጠይቕ ኣብ "ተረኽቲ"

(2) ናይ ደርጊ ሰነዳት ምርመራ እሱራት ቢሮክራሲን ብጾቱን

(3) "ብርዕታት" ኣብ ዝብል ኣርእስቲ ዝተገልጹ መጻሕፍቲ

(4) ንቓልሲ ከተማ ዝምልከት ዓንቀጻት ጋዜጣ ሓዳስ ኤርትራ ካብ 1992 – 2010

ኣይኮነንዶ መጽሓፍ ሓደ ዓንቀጽ ንምጽሓፍ'ኳ ጽሑፋትን መጻሕፍትን ሃሰስ ኢልካ ብምንባብ'ዩ ዝበሰለ ስራሕ ክፈሪ ዝኽእል። ነዚ መጽሓፍ'ዚ ንምድራስ ኣብ ምብጋስ ናይ ስለያ መጻሕፍቲ፡ ናይ ስነ-ጽሑፍ (ልብ-ወለድን ካልኦ ኖቨላትን) መጻሕፍቲ፡ ናይ ታሪኽ ህይወት መጻሕፍቲ፡ መጻሕፍቲ ታሪኽ፡ ስነ-ማሕበራዊ ጽሑፋት ንእግሪ-መንገድ'ኳ ምንባብ ኣገዳሲ'ዩ ኔሩ። ብኣጋጣሚን ብፍላጥን ገለ መጻሕፍቲ ተዳህሲሶም'ዮም። ኣብ ምድራስ እዚ መጽሓፍ'ዚ ኣብ ገለ ኣርእስታት ሓሳባት፡ ሜላ ኣጸሓሕፋን ብቐጥታ ይኹን ብተዘዋዋሪ ጥቕስን ኣገልጊሎም'ዮም ክበሃል ይከኣል።

ፍሉይ ዝምስገን መጻሕፍቲ ዶ/ር ተኸስተ ፍቓዱ ንምዕባሌታት ህ.ግ. ዘገልግል መወከሲታት ጠቓሚ ኔሩ።. ከምኡውን እኩብ ሰነዳት ተመስገን ትኩእ ወርቃዊ ኣገልግሎት ዘለዎ ኢዩ።. መጽሓፍ ዳን ኮኔል ኣገይንስት ኦል ኦድስ እውን ግርምቲ መወከሲት ኢያ።

ካብ ውፉያት ኣዲስ ኣበባ

ኣብርሃ ግርማጽዮን

ኣብርሀ ብእምነት

ኣፈወርቂ ተወልደ

ኣርኣያ ገብረመስቀል

በላይ ገብረሂወት

በርሀ ኣብርሃ

በርሀ ተወልደ

በረኸት ይግዛው

ብርሃነ ገብረስላሰ

ብርሃነ ወልደየሱስ

በርሀ ወልደሊባኖስ

ኤፍሬም ንርኣዮ

እስቲፋኖስ ሰዩም

ኢዮብ ሃብተማርያም

ፍቓዱ ካሕሳይ

ፍስሃየ ገብረስላሰ

ገብረመስቀል በርሀ

ገብረኣምላኽ ገ/ልኡል

ገብረሂወት ፍስሃጼን

ገብረመስቀል ሃይሉ

ገብረመድህን ኣስፍሃ

ገብረስላሴ ኣነንያ

ገብረልኡል ዮሴፍ

ግርማይ ገብረሚካኤል

ግርማይ ተስፋዝጊ

ግርማይ ይሕደጐ

ገረዝግሄር የማነ

ሃይለ ኣብርሃ

ሓይሎም ፍስሃየ

ሃይለሚካኤል ሃብተገርጊስ

ሃይሉ ንጉሰ

ክፍለ ተስፋማርያም

ክፍለ ዮሃንስ

ክፍለየሱስ ኣብርሀ

መለስ ሃይለ

ተኽለ ፍስሃጼን

ተኽስተ ተወልደብርሃን

ገብረመድህን በኹሩ

ተኽስተ ሓድሽ

ተስፋማርያም ዮውሃንስ

ተስፋማርያም ተስፋይ

ተኽስተ ንርኣዮ

ወልዱ ገብረመድህን

ወረደ ጸሃየ

ዑቕበ ተወልደመድህን

ጸጋይ ሓጐስ

ዘካርያስ ገብረታትዮስ

ዘርኣጼን ዓንደሚካኤል

ካብ ሰነዳት ፍረወይኒ ገብረስላሰ

ቢሮክራሰን ፍረወይኒን

ሓንቲ ካብ ናይ ኢድ ስእልታት ቢሮክራሲ

ቢሮክራሲ

www.ingramcontent.com/pod-product-compliance
Ingram Content Group UK Ltd.
Pitfield, Milton Keynes, MK11 3LW, UK
UKHW021523300326
11578UKWH00032B/1069

9 789994 857753